böhlau

Schriften zur rheinisch-westfälischen Wirtschaftsgeschichte
Band 48

Herausgegeben von der
Stiftung Rheinisch-Westfälisches Wirtschaftsarchiv zu Köln

Clemens von Looz-Corswarem

Schifffahrt und Handel auf dem Rhein vom Mittelalter bis ins 19. Jahrhundert

Beiträge zur Verkehrsgeschichte

Mit digitalem Verzeichnis der Akten der Handelskammer Köln im RWWA zur Schifffahrt und zum Stapelrecht, 1795 bis 1830

Böhlau Verlag Wien Köln Weimar

Gedruckt mit freundlicher Unterstützung durch den Landschaftsverband Rheinland

LVR
Qualität für Menschen

Die Stiftung RWWA bedankt sich bei folgenden Förderern für die Unterstützung,
die die Veröffentlichung ermöglichte:
Häfen und Güterverkehr Köln AG
Landschaftsverband Rheinland
Neska Schiffahrts- und Speditionskontor GmbH, Duisburg,
Schifferbörse zu Duisburg-Ruhrort e. V.
Dr. Kurt Schrömgens, Köln
Stadt Düsseldorf
Volks- und Betriebswirtschaftliche Vereinigung im
Rheinisch-Westfälischen Industriegebiet

Bibliografische Information der Deutschen Nationalbibliothek:
Die Deutsche Nationalbibliothek verzeichnet diese Publikation in der
Deutschen Nationalbibliografie; detaillierte bibliografische Daten sind
im Internet über https://dnb.d-nb.de abrufbar.

Umschlagabbildung: Kolorierte Antiquaradierung von Johann Bachta, um 1822, nach:
Bettina Mosler, Köln von seiner schönsten Seite, Köln 2005, S. 88 (Stadtmuseum Köln).

Einbandgestaltung: Guido Klütsch, Köln
Druck und Bindung: Hubert & Co., Göttingen
Gedruckt auf chlor- und säurefreiem Papier
Printed in the EU

Vandenhoeck & Ruprecht Verlage | www.vandenhoeck-ruprecht-verlage.com

ISBN 978-3-412-51771-7

Inhalt

Vorwort

Der Rhein hat für die Wirtschaft von jeher eine immense Bedeutung. Schon unter den Römern brachte die Lage am Fluss einen besonderen wirtschaftlichen Vorteil. Mit dem Stapelrecht, das nicht nur für den Warentransport auf dem Fluss galt, aber dort eine herausgehobene Bedeutung gewann, erlebte Köln als größte Stadt am Rhein eine besondere Blüte. Die Wasserstraße war und ist ein bedeutender Standortfaktor. Dies galt und gilt auch für die anderen Städte, allen voran Düsseldorf und Duisburg, die dem Rhein ihr Wachstum verdankten.

Die ökonomische Bedeutung des Rheins spiegelte sich in vielfacher Hinsicht wider. Vor allem profitierte konstant ein Wirtschaftszweig von der natürlichen Lage – das Transportwesen. Die Rheinschifffahrt hat eine lange Tradition, die bis heute anhält. In Ermangelung anderer schneller Beförderungsmöglichkeiten war sie bis zum Aufkommen der Eisenbahnen und später der Fernstraßen im Zuge der Motorisierung konkurrenzlos. Aber es war auch ein Geschäft, keine Gemeinwohleinrichtung. Schiffer verdienten ihren Lebensunterhalt auf dem Rhein, teilweise unter schwierigen Bedingungen. Im 19. Jahrhundert kamen Gesellschaften hinzu, die, mit dem Kapital des Bürgertums ausgestattet, den technologischen Sprung zur Dampfkraft vollzogen. Diese Veränderung brachte einen Wandel, der die Strukturen von Jahrhunderten ins Wanken brachte.

Die Wirtschaftsgeschichte kennt solche Veränderungen, denn der Wandel ist ein systemimmanentes Merkmal. Entsprechende Prozesse lassen sich anhand von Quellen nachvollziehen. Gerade in den Akten der Kölner Handelskammer sind für die Frühzeit des 19. Jahrhunderts besondere Unterlagen zur Rheinschifffahrt zu finden. Die Handelskammer, 1797 als Handelsvorstand gegründet und 1802 in eine amtliche „Chambre de commerce" umgewandelt, war eine Institution der Wirtschaft, die den Staat bei der Erfüllung seiner Aufgaben unterstützte. Der Rhein war damals nicht frei von Grenzen, Beschränkungen, Vorschriften und Regelungen. Da war es gut, die Handelskammer mit ihrem ökonomischen Sachverstand an der Seite zu wissen. Der Sachverstand kam von den Unternehmern, allen voran von Peter Heinrich Merkens (1777–1854). Die Gründung der Preußisch-Rheinischen Dampfschiffahrts-Gesellschaft 1826 war sein Werk, ebenso wie die Gründung der Rheinschiffahrts-Assekuranz 1818, die den Transport auf dem Rhein versichern sollte.

Über die Gründung der Preußisch-Rheinischen Dampfschiffahrts-Gesellschaft schrieb Clemens Graf von Looz-Corswarem in einem seiner frühen Beiträge im Katalog- und Begleitband „Kölner Unternehmer und die Frühindustrialisierung im Rheinland und in Westfalen (1835–1871)" zu einer Ausstellung des Rheinisch-Westfälischen Wirtschaftsarchivs zu Köln im Jahr 1984. Von Looz-Corswarem war damals am Historischen Archiv der Stadt Köln beschäftigt, bevor er an das Stadtarchiv Düsseldorf wechselte, dessen Leitung er später übernahm. Sein beruflicher Werdegang ging einher mit der steten und produktiven Beschäftigung mit Themen zur Rheinschifffahrt. Das profunde Wissen und die intensive Beschäftigung mit den Archivalien des Wirtschaftsarchivs waren Anlass, den Band mit den gesammelten Beiträgen zur Rheinschifffahrt in diese Schriftenreihe aufzunehmen.

Ein besonderer Dank gilt dem Autor dafür, dass er nicht nur 16 höchst spannende Beiträge lieferte, sondern zudem in jahrelanger Arbeit ein über 1.300 Seiten umfassendes Regest der Rheinschifffahrtsakten der Kölner Handelskammer aus dem frühen 19. Jahrhundert, die im Bestand Abt. 1 des RWWA für die Forschung zur Verfügung gestellt werden, erarbeitete. Dieses Regest wird im Herbst 2020 online veröffentlicht (s. S. 508). Diese äußerst sorgfältige Arbeit ermöglicht es der Forschung in Zukunft, sehr viel genauer auf die Unterlagen zurückzugreifen und daraus neue Schlussfolgerungen zu ziehen.

Wie in den letzten zwei Jahrhunderten sind Unternehmen und Institutionen am Rhein ansässig. Einige von ihnen haben die Herausgabe dieses Bandes ermöglicht. Als Herausgeber der Schriftenreihe danke ich der Häfen und Güterverkehr Köln AG und der Neska Schiffahrts- und Speditionskontor GmbH, Duisburg, dem Landschaftsverband Rheinland, der Stadt Düsseldorf, der Volks- und Betriebswirtschaftlichen Vereinigung im Rheinisch-Westfälischen Industriegebiet und der Schifferbörse zu Duisburg-Ruhrort e. V. sowie Dr. Kurt Schrömgens, Köln, für die großzügige Unterstützung. Ohne diese wäre die Veröffentlichung nicht möglich gewesen.

Dieser Band mit der Nummer 48 ist der erste der Reihe „Schriften zur rheinisch-westfälischen Wirtschaftsgeschichte", der nicht mehr im Selbstverlag des RWWA erscheint, sondern beim Böhlau Verlag. Nach 47 Bänden der neuen Folge, zwölf der alten Folge und acht Sonderbänden hat das Wirtschaftsarchiv die verlegerische Betreuung seiner Schriftenreihe in professionelle Hände gelegt. Wir versprechen uns davon einen sehr viel höheren Verbreitungsgrad und eine Aufwertung der Reihe, um so wirtschaftshistorisches Wissen noch mehr zu teilen. Mein besonderer Dank gilt Kirsti Doepner vom Böhlau Verlag für die aufmunternde und kompetente Betreuung.

Dr. Ulrich S. Soénius
Direktor
Stiftung Rheinisch-Westfälisches Wirtschaftsarchiv zu Köln

Einleitung

Die Geschichte des Rheins und des Rheinlandes kann unter den verschiedensten Aspekten betrachtet werden. Entweder steht der Rhein als Strom mit seinen geologischen und ökologischen Fragen im Mittelpunkt, oder es geht um ihn als Wasserstraße und Verkehrsweg, als Impulsgeber für Städte- und Wirtschaftsregionen, als Ziel für Touristen, die sich vom romantischen (Mittel-)Rhein faszinieren ließen, oder es geht um den Rhein als politische Grenze und seinem Einfluss auf die Mentalität seiner Anrainer. Letztlich kann man diese verschiedensten Sichtweisen nicht genau voneinander abgrenzen, sie berühren sich, gehen ineinander über.

In den vorliegenden Beiträgen geht es im Wesentlichen um den Rhein als Verkehrsweg und Wasserstraße. Als Verbindung zwischen Basel und Rotterdam, der Alpenregion und der Nordsee, letztlich als Handelsroute zwischen Italien und England. Über Jahrhunderte, vielleicht sogar Jahrtausende besaß und erfüllte der Rhein, und tut das bis heute, die Funktion des Austauschs, des Austauschs von Menschen und Waren, aber auch von Ideen, geistigen Strömungen und wirtschaftlichen Neuerungen. Dabei wurde durch die schiffbaren Nebenflüsse, Neckar, Main, Lahn, Mosel, Ruhr und Lippe, sowie frühe Kanalverbindungen ein weit über das engere Rheinland hinausgehendes Gebiet mit einbezogen. Es geht aber auch um den Rhein als Lebensraum von Menschen, um die Schiffer, die Reisenden, die Kaufleute und Unternehmer, die Fährleute und Treidelknechte, letztlich die, die den Fluss als Transport- und Reiseweg nutzen. Dass die Fischerei keine Berücksichtigung erfährt, hängt damit zusammen, dass diese in zahlreichen meist lokalen oder regionalen Publikationen ausführlich dargestellt wird.

Über Jahrhunderte war das Reisen auf dem Rhein bequemer als die Fahrten mit ungefederten Wagen auf unbefestigten Straßen, etwas, was nicht zuletzt auch die am Rhein lebenden Fürsten bewog, sich eigene, prunkvolle Schiffe anzuschaffen.

Der Rhein ist aber auch ein gewaltiges und beeindruckendes Stück Natur. Er hatte und hat seine Eigenheiten, sein Eigenleben. In der Zeit vor dem 19. Jahrhundert, ja teilweise bis heute, gebärdete er sich auch wild und unberechenbar. Er vernichtete durch Hochwasser und Eisgänge ganze Städte und Dörfer, blockierte durch seine Launen, auch bei Niedrigwasser, die Schifffahrt, die sich auf Laufveränderungen, neue Inseln und immer neue Untiefen einstellen musste. Erst durch den Ausbau als Wasserstraße, die „Kanalisierung“ und die Begradigungen des Industriezeitalters wurde er in seinem Lauf domestiziert.

Das Wasser kennt nur eine Richtung, es fließt dem Meere zu. War die Fahrt mit der Strömung meist leicht und angenehm, nur bisweilen durch Segel oder Ruder unterstützt, so musste der Mensch bei dem Versuch, die Schiffe und Waren stromauf zu bringen, die verschiedensten arbeitsaufwändigen Techniken anwenden. Er konnte die Kähne und Schiffe selbst ziehen, was am Oberrhein üblich war, er konnte rudern, versuchen zu segeln, wenn der Wind günstig war, oder er musste, und das war bei größeren Schiffen die Regel, Pferde vorspannen. Das war mühsam und langwierig. Deswegen ist es verständlich, dass die Kaufleute, die an einem möglichst schnellen Transport ihrer Waren interessiert waren, die Erfindung des Dampfschiffs dankbar aufgriffen und in den 1820er und 1830er Jahren alles taten, um die Dampfschifffahrt auf dem Rhein einzuführen. Damit änderte sich aber im Laufe von zwei Generationen der Schiffsverkehr grundlegend.

Die vorliegenden Beiträge zur Rheinschifffahrt sind über einen Zeitraum von rund 40 Jahren entstanden, wobei die älteren Aufsätze mehr oder weniger stark überarbeitet und in den Anmerkungen aktualisiert wurden. Die ersten Arbeiten gehen in die 1970er Jahre zurück, als ich als Student im Landeshauptarchiv Koblenz auf Pläne des Barockbaumeisters Seiz für eine Leibjacht des Trierer Kurfürsten Clemens Wenzeslaus stieß, die mich faszinierten und die ich zu einem kleinen Aufsatz in den „Beiträgen zur Rheinkunde" verarbeitete. Das hat damals mehrere andere Forscher angeregt, sich mit dem weiteren Schicksal dieses Schiffes zu beschäftigen. Allerdings war ich, was die Rheinschifffahrt anbelangt, vorbelastet. In Koblenz-Ehrenbreitstein auf der Festung aufgewachsen, hatte ich vom Küchenfester aus einen hervorragenden Blick auf das Deutsche Eck und den Zusammenfluss von Rhein und Mosel, vom flachen Dach aus eine weite Übersicht über das Neuwieder Becken bis hin nach Weißenturm. Das Tuten der Schiffe, wenn sie sich warnten oder abends einen Ankerplatz suchten, war mir so vertraut wie das Ticken einer Uhr.

Meine Volksschule in Ehrenbreitstein (das heutige Rheinmuseum) war im Januar 1955 geschlossen, weil der Schulhof überflutet war und die Schulräume als Notquartiere benutzt wurden. Die Schulkameraden aus dem „Dahl" waren teilweise mit ihren Familien in den ersten Stock der Häuser gezogen. Das Hochwasser kam und ging, niemand wäre auf die Idee gekommen, im Erdgeschoss Teppichboden zu legen oder etwas im Keller zu lagern. Im Sommer des folgenden Jahres, 1956, konnte ich, aufgeschreckt durch das SOS-Notsignal eines Schiffes, von der Festung aus beobachten, wie der Raddampfer der KD „Mainz", von einem Frachtschiff gerammt, abtrieb und unterhalb des Deutschen Ecks auf einer Sandbank zum Liegen kam, so dass nur noch das oberste Deck aus dem Wasser sah. Auf dem Weg zum Gymnasium in Koblenz musste ich die Fähre nehmen, entweder den „Schängel" oder die „Lis", die zuverlässig fuhren und selbst bei Hochwasser den Fährbetrieb solange wie möglich aufrecht hielten. Einer der Schiffsführer erlaubte mir manchmal, zu ihm ins Führerhaus zu steigen. Einen zugefrorenen Rhein habe ich nicht mehr erlebt, aber an große Eisschollen und zugefrorene Ufer kann ich mich gut erinnern. Als die Mosel im Dezember 1962 zugefroren war, fuhren meine Eltern mit uns Kindern mit dem Zug nach Cochem, um dort den Fluss zu Fuß zu überqueren. Geprägt haben mich wohl aber auch die Stunden, die ich, wenn in der Schule Prüfungen anstanden, am Rheinufer gesessen habe und den – wie ich heute weiß – letzten Raddampfern zugesehen habe, wie sie keuchend und schwarze Qualmwolken ausstoßend ihre eisernen Schleppkähne zu Berg zogen.[1]

Diese Kindheitserinnerungen mögen keine Qualifikation für die seriöse Beschäftigung mit der Rheinschifffahrt begründen, diese kam dann durch das Studium der Sozial- und Wirtschaftsgeschichte in Bonn mit Arbeiten über die Geschichte der Stadt Köln im 16. und 18. Jahrhundert, mit der Ausbildung zum Archivar und der Tätigkeit in Archiven in Köln und Düsseldorf. Das erklärt auch, warum sich die meisten Arbeiten auf die Schifffahrt des Mittel- und Niederrheins beziehen und warum das Stapelrecht Kölns und die wirtschaftliche Rivalität von Köln und Düsseldorf eine gewisse Rolle spielt.

Die Arbeiten sind z. T. an abgelegenen Orten erschienen, in Festschriften, Sammelbänden und Schiffszeitschriften, so dass ich gerne die Anregung von Kollegen aufgegriffen habe, sie einmal gesammelt wiederzugeben. Da es sich um Aufsätze handelte, sind die Quellen- und Literaturangaben in den Anmerkungen verarbeitet, was hier beibehalten wurde. Danken möchte ich schon an dieser Stelle all den Herausgebern und Vereinen für die bereitwillig eingeräumte Erlaubnis des Wiederabdrucks der Beiträge.

Mehrere Beiträge greifen auf die Quellen im Rheinisch-Westfälischen Wirtschaftsarchiv in Köln und hier besonders den älteren Bestand der Handelskammer von der Franzosenzeit bis in die Mitte des 19. Jahrhunderts zurück. Dieser Bestand ist eine wahre Fundgrube für die Wirtschaftsgeschichte des Rheinlandes in der Franzosenzeit und den ersten Jahrzehnten der Preußenzeit, da sich die Handelskammer im Detail um den Ablauf des Handels in der Stadt kümmerte, der zum größten Teil per Schiff über den Rhein abgewickelt wurde. So sind Akten über den Frei- und Sicherheitshafen, den Kampf um die Stapelgerechtigkeit Kölns, die Probleme der Schiffer bei Hochwasser und Eisgang und nicht zuletzt die Entstehung der Kölner Dampfschifffahrtsgesellschaft aus der Kölner Kaufmannschaft heraus vorhanden. Das hat den Verfasser dazu gebracht, die Akten, die sich auf die Schifffahrt im weitesten Sinne beziehen, Blatt für Blatt aufzunehmen und knappe Inhaltsangaben zu machen. Damit ist ein ca. 1300 Seiten umfassendes Findmittel entstanden, das ergänzend zum Buch als digitales Zusatzmaterial angeboten werden kann.[2] Dieses Verzeichnis soll anregen, ebenso wie die vorliegenden Beiträge, sich mit der Wirt-

---

1 Heinz Weber, Die Dampfschiffahrt auf dem Rhein geht zu Ende, in: Jahrbuch des Kölnischen Geschichtsvereins 48, 1977, S. 113–138.

2 Vgl. Beitrag 17 in diesem Band.

schaftsgeschichte des Rheinlandes und der Schifffahrt in der Umbruchszeit von der Segel- zur Dampfschifffahrt zu beschäftigen.

Die Publikation ist mit zahlreichen Abbildungen ausgestattet. Die Abbildungen sollen nicht nur der Illustration dienen, sondern sie sind auch wichtige Quellen. Gerade in letzter Zeit wurde die zeitgenössische Abbildung als wirtschaftshistorische Quelle gewürdigt, die ergänzend zu den Schriftquellen Auskunft über historische Zusammenhänge geben kann.[3] Wurde der berühmte Woensam-Stich des Kölner Rheinpanoramas von 1531 schon immer von der Forschung genutzt, um die verschiedenen nieder- und oberrheinischen Schiffstypen zu erklären, so hat erst Kurt Schwarz in seiner Dissertation über die Typenentwicklung des Rheinschiffs 1926 Rheinansichten als Quelle herangezogen.[4] Mit großer Wahrscheinlichkeit würde eine systematische Durchsicht der Rheinansichten des 17. bis 19. Jahrhunderts weitere Auskünfte über die Entwicklungen der Schiffe und der Technik des Verkehrs auf dem Rhein bringen. Allerdings ist bei diesen Bildquellen, wie bei allen Quellen, eine äußerst kritische Betrachtung nötig, wobei die Eigenheiten der einzelnen Zeichner und Maler zu berücksichtigen sind.

Bei der Beschaffung der zahlreichen Abbildungen habe ich vielfältige, häufig unkonventionelle und unbürokratische Hilfe erhalten. So haben mir einige Kolleginnen und Kollegen der Archive und Museen in den Städten längs des Rheins erlaubt, ihre Graphiksammlungen durchzusehen und die Rheinansichten auf der Fensterbank abzufotografieren, andere haben mich an ihren Rechner gelassen und mir die ausgewählten, bereits digitalisierten Abbildungen als Mailanhang zugesandt. In Einzelfällen wurden Fotos von Schiffsmodellen und Objekten extra angefertigt, ohne dass ich an den Kosten beteiligt wurde, wofür ich besonders danke. Erwähnt werden muss allerdings auch, dass es Museen gibt, die sich die Nutzung ihrer Bestände gut bezahlen lassen, eines forderte für die Genehmigung des Abdrucks einer bereits digital vorliegenden Zeichnung des 18. Jahrhunderts ca. 120 €, so dass ich auf diese Abbildung verzichtet habe.

Besondere Unterstützung habe ich erfahren von Dr. Ingrid Botsch (Bonn); Dr. Christoph Danelzik-Brueggemann (Düsseldorf); Dr. Rainer Doetsch (Koblenz); Dr. Annette Fimpeler (Düsseldorf); Thomas Häuser (Brühl); Prof. Dr. Irmgard Hantsche (Duisburg); Thomas Hardy (Koblenz); Sigrid Kleinbongartz (Düsseldorf); Michael Koelges (Koblenz); Dr. Mario Kramp (Köln); Dr. Cornelius Lehmann (Duisburg); Dr. Benedikt Mauer (Düsseldorf); Dr. Jens Metzdorf (Neuss); Dr. Alheydis Plassmann (Bonn); Dr. Max Plassmann (Köln); Susanne Richter (Jülich); Dr. Martin Wilhelm Roelen (Wesel); Elmar Scheuren

3 Wilfried Reininghaus, Bild- und Sachquellen der vormodernen Wirtschaftsgeschichte. Ein Problemaufriss an westfälischen Beispielen, in: Westfalen, Bd. 95, 2017, S. 5–50.

4 Kurt Schwarz, Die Typenentwicklung des Rheinschiffs bis zum 19. Jahrhundert, Diss. Karlsruhe 1926.

(Königswinter); Deborah Schott (Luxemburg); Dr. Stephen Schröder (Zons); Ulrike Stursberg M. A. (Düsseldorf); Andrea Trudewind (Düsseldorf); Rita Wagner (Köln); Dr. Bernhard Weber (Duisburg); Klaudia Wehofen (Düsseldorf); Sander Wegereef (Amsterdam); Gerhard Wicke (Bingen) und Bernd Willscheid (Neuwied). Für ihre Hilfe bedanke ich mich von ganzem Herzen, zeigt es doch kollegiale Verbundenheit und das gemeinsame Interesse an der Förderung von Forschung.

Danken möche ich auch Frau Ulrike Stursberg M. A. für das Gegenlesen des Manuskriptes. Sie hat mich auf Ungereimtheiten hingewiesen, die sich nicht zuletzt wegen der unterschiedlichen Entstehungszeit der Beiträge eingeschlichen hatten. Das Buch wäre so nicht veröffentlicht worden ohne die Unterstützung von Dr. Ulrich Soénius. Er hat mir nicht nur über viele Jahre Gastrecht im Rheinisch-Westfälischen Wirtschaftsarchiv gewährt und meine Verzeichnungsarbeiten wohlwollend begleitet, er hat sich auch bereiterklärt, den Band in seine Reihe der „Schriften zur Rheinisch-Westfälischen Wirtschaftsgeschichte" aufzunehmen und sich für die Finanzierung stark zu machen. Ihm sei daher besonders gedankt. Nicht zuletzt danke ich auch dem Böhlau Verlag, besonders Frau Kristi Doepner und Frau Julia Beenken, die aus den unterschiedlich strukturierten Aufsätzen und der großen Zahl von Abbildungen ein attraktives Buch gemacht haben.

1 Ansicht der Stadt Wesel. Kolorierter Kupferstich von Wenzel Hollar, 1647, nachgestochen 1782, Ausschnitt.

1 Handelsstraßen und Flüsse

Die Verkehrsverhältnisse am Niederrhein zur Hansezeit

Voraussetzung jeden Verkehrs und Handels sind geeignete Verkehrswege, seien es natürliche oder künstliche. Der Verkehr am Niederrhein wurde bis weit in die Neuzeit hinein durch die natürlichen Verkehrswege, die Flüsse und hier insbesondere den Rhein, bestimmt. Der Rhein besaß bis ins 19. Jahrhundert, bis zum Aufkommen der Eisenbahn und dem Ausbau der Straßen als befestigte Kunststraßen und Chausseen, den ersten Vorrang als Handels- und Verkehrsweg.

Wie wichtig für einen Aufschwung des Handels eine gute Infrastruktur ist, war auch den mittelalterlichen Menschen bewusst; allerdings verhinderte die geringe ökonomische Kraft und die Zersplitterung der Interessen hier geeignete Lösungen. Vor allem die Städte, die ihren Wohlstand vornehmlich aus dem Handel zogen, waren an bequemen und vor allem sicheren Verkehrsverbindungen interessiert. So waren es die Hansestädte, die als erste die sie verbindenden Straßen durch Verträge und z.T. auch durch eigene militärische Maßnahmen zu sichern und ihre Kaufleute zu schützen versuchten. Aber auch die Landesherren, an die im beginnenden Spätmittelalter das Königsrecht des Schutzes auf den Flüssen und Nebenwegen sowie auf den Königs- und Heerstraßen übergegangen war, waren an einer Belebung des Verkehrs interessiert. Die Zahl der Zölle auf dem Rhein und auf Überlandverbindungen zeigt, wie ertragreich dieser garantierte Schutz der Kaufleute und Reisenden war. Während die Zölle, Abgaben und Licenten immer mehr zu rein fiskalischen Einnahmen wurden, ist der Unterhalt der Straßen und Leinpfade häufig vernachlässigt worden. Der Effekt war somit ein gegenteiliger. Wegen immer höherer Zölle wich der Fernverkehr zunächst vom Fluss auf die Straße aus, um dann, als durch kriegerische Ereignisse seit dem 16. Jahrhundert die Rheinstrecke zeitweise blockiert war, das Niederrheingebiet ganz zu meiden.

Man kann für die Hansezeit davon ausgehen, dass die Straßen, so man diese überhaupt als solche bezeichnen kann, denkbar schlecht waren. Je nach Witterung konnten sie nicht oder nur unter großen Schwierigkeiten benutzt werden. Dadurch ist die Vorliebe für die Benutzung der Wasserwege, wo nur immer dies möglich war, zu erklären, zumal man zu Schiff flussabwärts in der Regel auch wesentlich schneller vorankam als mit dem Karren oder Wagen. Die große Bedeutung, die für den Handel und Verkehr im spätmittelalterlichen und frühneuzeitlichen Niederrheingebiet dem namengebenden Fluss zukommt,

2 Der Rheinlauf (Le cours du Rhin), nördlicher Teil. Kupferstich von Georges Louis le Rouge, 1744, Ausschnitt.

rechtfertigt es, dass hier dem Schiffsverkehr auf dem Rhein ein besonderes Augenmerk gewidmet ist.

Unter Niederrheingebiet wird vornehmlich der Gebietsteil Nordrhein des Landes Nordrhein-Westfalen verstanden. Allerdings ist es für die Darstellung nötig, auch die Nachbargebiete, den Mittelrhein, Westfalen und vor allem die Niederlande mit zu berücksichtigen, da diese einen gemeinsamen Verkehrsraum bilden.

1.1 Der Niederrhein als Verkehrslandschaft

Das Niederrheingebiet ist in mehrfacher Hinsicht eine der wichtigsten europäischen Durchgangslandschaften. Die Rheinschiene war von großer Bedeutung für den Handelsverkehr zwischen Italien und Oberdeutschland einerseits und Nordostfrankreich, Flandern, England und den Niederlanden andererseits. Aber nicht nur für den Durchgangsverkehr war der für die Landschaft namengebende Strom mit seinen ihn begleitenden Straßen bis weit in die Neuzeit der Hauptverkehrsweg Deutschlands in Nord-Süd-Richtung. Auch für den Regionalverkehr war der Rhein, zusammen mit seinen Nebenflüssen, die als Verkehrswege vor allem in das östliche Bergland und über Westfalen nach Osten genutzt wurden, sowie für die großen Überlandstraßen, die den Rhein an seinem Unterlauf querten, von herausragender Bedeutung.[5]

Durchgangslandschaft war das Niederrheingebiet vor allem, und es ist es bis heute, im Austausch mit dem niederländischen Wirtschaftsraum.[6]

Der Rheinstrom war ganz ohne Zweifel für das Früh- und auch noch das Hochmittelalter der gegebene Verkehrs- und Handelsweg von Norden nach Süden. Dieser Funktion verdankten zahlreiche Orte und Handelsplätze am Rhein ihren Aufschwung, zahlreiche Städte ihre Gründung. Mit der Entwicklung des Städtewesens, der Spezialisierung einzelner Städte oder Landschaften auf bestimmte Gewerbe und der durch die Notwendigkeit des Austauschs von Waren hervorgerufenen Zunahme des Handels und Verkehrs nahm auch die Zahl der Landstraßen stark zu. Wenn sich auch über den Zustand der Straßen, die diesen Namen wohl in den meisten Fällen noch nicht verdienten, streiten lässt, so ist doch festzuhalten, dass seit dem hohen Mittelalter im Niederrheinbereich einige Überlandrouten sehr stark frequentiert wurden. Es war das vor allem natürlich der Straßenzug parallel des Rheins, der z. T. auf alten Römerstraßen verlief und dann vom deutsch-niederländischen Grenzraum aus direkten Zugang zu den Küstenstädten suchte. Hier ist linksrheinisch die Straße Köln–Neuss–Xanten–Kleve–Nimwegen mit Abzweig über Arnheim nach Utrecht, Rotterdam und Amsterdam oder über Herzogenbusch nach Brügge oder Antwerpen zu nennen. Rechtsrheinisch ging der Straßenzug von Köln aus über Düsseldorf, Duisburg, Wesel in Richtung Zutphen, Deventer, Zwolle nach Kampen am Ijsselmeer.[7] Daneben bestanden

---

5 Anton Fiegl, Der Rhein als Handels- und Verkehrsstraße. Teil 1: Bis ins 16. Jahrhundert, in: Jahresbericht des k.k. Staatsgymnasiums mit deutscher Unterrichtssprache zu Laibach, Laibach 1911, S. 3–39, hier S. 21 ff.

6 Bruno Kuske, Die wirtschaftlichen und sozialen Verflechtungen zwischen Deutschland und den Niederlanden bis zum 18. Jahrhundert, in: Deutsches Archiv für Landes- und Volksforschung, 1. 1937, wieder abgedruckt in: Ders., Köln, der Rhein und das Reich. Beiträge aus fünf Jahrzehnten wirtschaftsgeschichtlicher Forschung, Köln/Graz 1956, S. 200–256.

7 Friedrich Bruns/Hugo Weczerka, Hansische Handelsstraßen (Quellen und Darstellungen zur

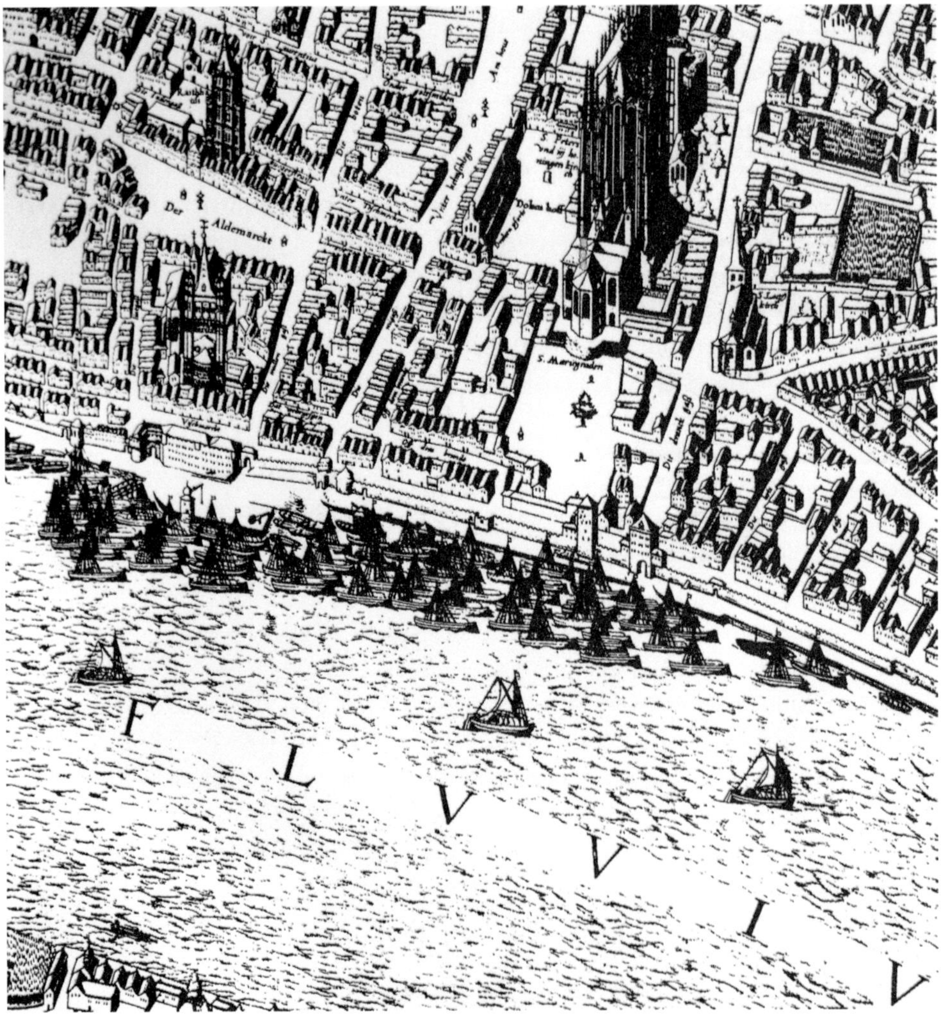

3a Liegeplatz der niederrheinischen Schiffe am Kölner Rheinufer. Vogelschauplan der Stadt Köln. Kupferstich von Arnold Mercator (1537–1587), 1571, Ausschnitt.

die Verkehrswege, die von diesem Hauptstrang nach Westen und Osten abgingen, diesen Hauptstrang querten oder von ihm abzweigten. Da dem Rhein nördlich von Köln keine größeren, problemlos schiffbaren Nebenflüsse zufließen, trat hier der Wasserweg gegenüber

Hansischen Geschichte, N.F. Bd. XIII), 3 Bde., Köln/Graz 1962–1968, Bd. 1: Atlas, Karte IV und V; Irmgard Hantsche, Atlas zur Geschichte des Niederrheins (Schriftenreihe der Niederrhein-Akademie, Bd. 4), Bottrop/Essen 1999, Nr. 20, S. 56 f.

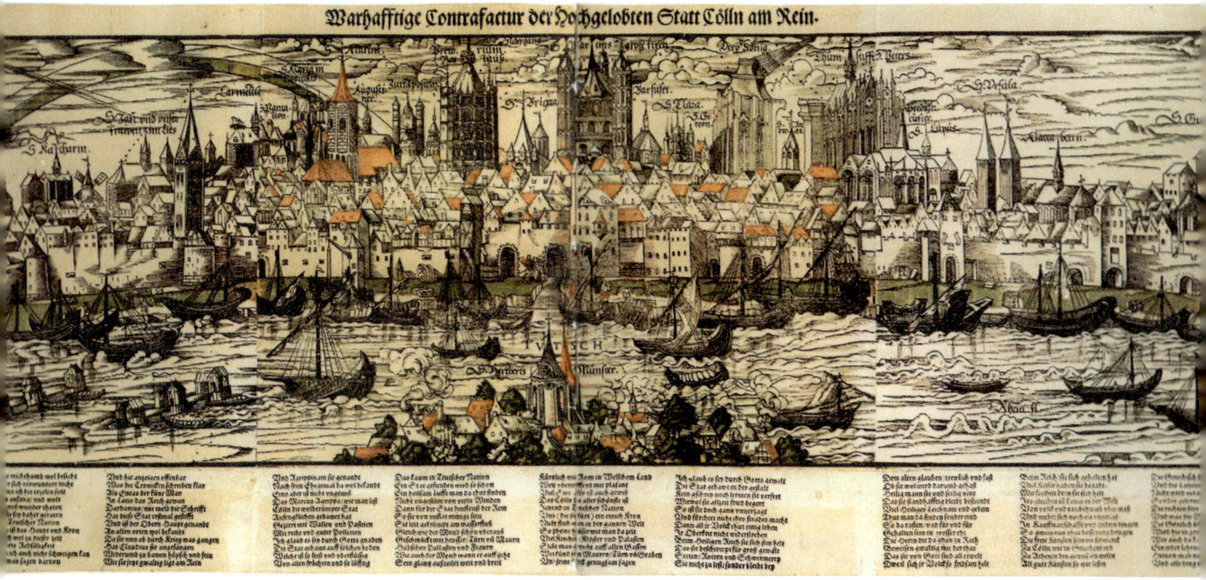

3b Große Stadtansicht von Köln. Kolorierter Holzschnitt (aus drei Stöcken) von Hans Weigel (um 1520 – um 1577), ca. 1570, Ausschnitt.

dem Landweg zurück. Allerdings sind auch kleinere Flüsse wie die Ruhr und die Lippe und im westfälisch-niederländischen Bereich die IJssel, Berkel und Vechte als Verkehrsweg genutzt worden. Sie konnten aber nur bedingt ein größeres Verkehrsaufkommen bewältigen.[8]

Die Straßenzüge und Landwege waren ganz stark auf die alte Handelsmetropole Köln hin ausgerichtet. Köln, die mit ca. 40.000 Einwohnern größte deutsche Stadt des Mittelalters,[9] nahm auch im Verkehrsnetz eine überragende Stellung ein. Als Handelsmetropole, Stapelplatz, Exportgewerbestadt und nicht zuletzt auch bevorzugter Wallfahrtsort zog sie den Verkehr an und bewirkte, dass sich fast alle Handelswege und Straßen auf diese Stadt hin orientierten.[10]

---

8 Martin Eckoldt, Schiffahrt auf kleinen Flüssen Mitteleuropas in Römerzeit und Mittelalter (Schriften des Deutschen Schiffahrtsmuseums 14), Oldenburg/Hamburg/München 1980; Clemens von Looz-Corswarem, Zur Wirtschafts- und Sozialgeschichte Wesels. Von den Anfängen bis 1609, in: Geschichte der Stadt Wesel, 2 Bde., Düsseldorf 1991, Bd. 2, S. 148–202.

9 Hektor Ammann, Wie groß war die mittelalterliche Stadt?, in: Die Stadt des Mittelalters, Bd. 1 (Wege der Forschung 243), hrsg. v. Carl Haase, Darmstadt 1978, S. 415–422, hier S. 419; Eberhard Isenmann, Die deutsche Stadt im Spätmittelalter, Stuttgart 1988.

10 Bruno Kuske, „Köln". Zur Geltung der Stadt, ihrer Waren und Maßstäbe in älterer Zeit (12.–18. Jahrhundert), in: JbKGV 17, 1935, wieder abgedruckt in: Ders., Köln, der Rhein und das Reich (wie Anm. 2), S. 138–176.

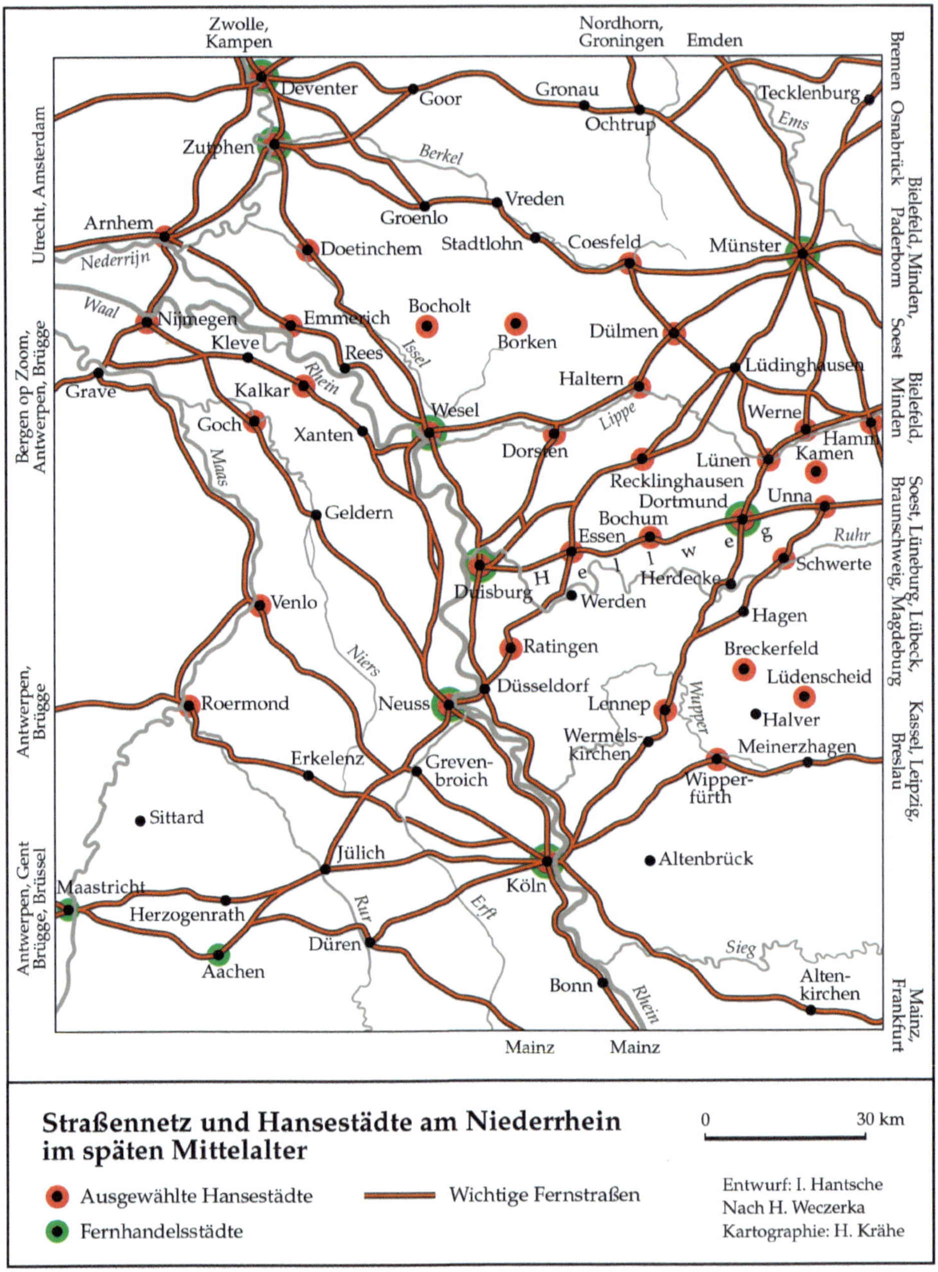

4 Straßennetz und Hansestädte am Niederrhein im späten Mittelalter.

Rechtsrheinisch führte ein von Frankfurt bzw. Mainz kommender Handelsweg über Limburg und Altenkirchen auf Köln zu. Ein anderer wichtiger Weg verband Köln mit dem Siegerland, ein weiterer führte ins Bergische über Wipperfürth weiter nach Meinerzhagen, Grevenbrück, Winterberg und Korbach nach Kassel, ein weiter nördlicher, die sogenannte Kölnische Straße, dann über Wermelskirchen und Hagen auf Dortmund zu und von dort auf dem Hellweg weiter nach Soest und Paderborn bzw. nach Nordosten in Richtung Münster und Osnabrück.[11]

Auf der linken Rheinseite war Köln Mittelpunkt eines Fächers von Straßen, die hauptsächlich in den brabantischen und niederländischen Raum führten. Die Hauptverbindung war sicherlich die alte Straße über Aachen und Maastricht nach Antwerpen, Mecheln, Gent und Brügge oder über Lüttich die Maas aufwärts nach Huy und Dinant bzw. nach Namur und damit in den als Gewerbelandschaft wichtigen nordfranzösischen Raum. Daneben aber gab es auch einen Strang, der über Jülich und Sittard ebenfalls in Richtung Antwerpen verlief, ein weiterer, der über Erkelenz nach Roermond und weiter nach Eindhoven, Tilburg, Breda bzw. Dordrecht ging, sowie eine Straße, die von Köln aus über Grevenbroich nach Venlo verlief und von dort, der Maas folgend, nach Grave, Nimwegen bzw. Herzogenbusch und in das Rhein-Maas-Schelde-Mündungsgebiet weiterführte.

Fast jede dieser radial auf Köln hinführenden Straßen kann mit bestimmten Handelsgütern in Verbindung gebracht werden, die diese Stadt anzog, um sie umzuschlagen, zu veredeln und wieder in alle Himmelsrichtungen zu verteilen.

Die Dominanz der Handelsstadt Köln war so groß, dass in einem Umkreis von ca. 30 Kilometern keine andere Stadt eine größere wirtschaftliche Bedeutung gewinnen konnte. Das kurkölnische Deutz spielte, wenn man von der seit dem 14. Jahrhundert bestehenden Judengemeinde absieht, als Wirtschaftsfaktor praktisch keine Rolle. Der bergische Flecken Mülheim konnte trotz der Förderung durch die bergischen Grafen und Herzöge nicht aufblühen; so sehr sah Köln darauf, dass es klein gehalten wurde.[12] Rheinabwärts von

11 Walter Stein, Handels- und Verkehrsgeschichte der Deutschen Kaiserzeit, Berlin 1922, ND Darmstadt 1977, S. 94 f.; Emil Dösseler, Der Handel und Verkehr Westfalens mit Köln zur Hansezeit, Diss. Berlin 1932, S. 43 ff.; Hugo Stehkämper, Die Stadt Köln und Westfalen. Versuch eines ersten Überblicks, in: Westfalen. Hefte für Geschichte, Kunst und Volkskunde 51, 1973, S. 346–377, hier S. 354 f.

12 Bruno Kuske, Die rheinischen Städte, in: Geschichte des Rheinlandes von der ältesten Zeit bis zur Gegenwart, 2 Bde., Bonn 1922, Bd. 2, S. 51–112, hier S. 64 f.; Hubert Kruppa, Ein Kölner Vorort mit großer Geschichte: Deutz, Köln 1978; Marianne Gechter, Das Kastell Deutz im Mittelalter, in: Kölner Jahrbuch für Vor- und Frühgeschichte 22, 1989, S. 373–416; Clemens von Looz-Corswarem, Köln und Mülheim am Rhein im 18. Jahrhundert. Reichsstadt und Flecken als wirtschaftliche Rivalen, in: Civitatum communitas. Studien zum europäischen Städtewesen. Festschrift für Heinz Stoob (Städteforschung A 21), Bd. 2, Köln/Wien 1984, S. 543–564.

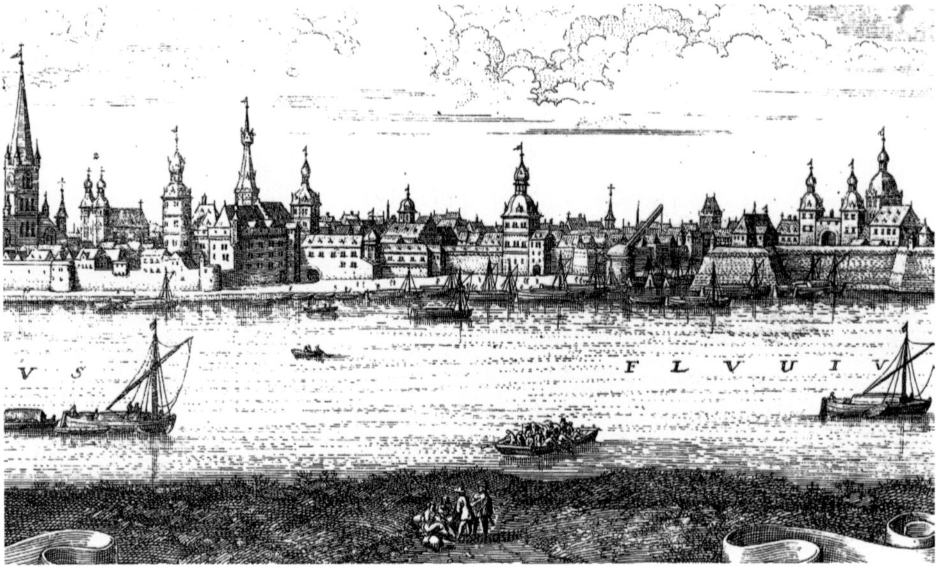

5 Ansicht von Düsseldorf. Fähre bei Düsseldorf. Die Rheinquerungen waren bis zum 17. Jahrhundert aufwändig. Kupferstich von Matthäus Merian, 1645/47, Ausschnitt.

Köln konnte sich erst Neuss in bescheidenem Maße im Wirtschaftsleben behaupten, wozu seit dem 16. Jahrhundert auch die kleine Residenzstadt Düsseldorf trat. Beiden Städten gelang es aber bis zum Ende des Alten Reiches nicht, sich stärker zu entwickeln und besonders im Schiffsverkehr deutlicher hervorzutreten, da der Kölner Stapel hier bis ins 19. Jahrhundert hinein seine den Verkehr bestimmende Wirkung besaß.

So verwundert es nicht, dass nördlich von Köln erst bei Düsseldorf und Neuss ein Handelsstrang den Rhein querte. Es war dies eine Querverbindung, die von Aachen über Jülich, Grevenbroich, Neuss und Düsseldorf weiter nach Werden und Essen führte, wo sie auf den Hellweg traf. Im Bereich Neuss–Düsseldorf scheinen drei Fähren den Handelsverkehr vermittelt zu haben; so gab es zwischen Neuss und Hamm, zwischen Grimlinghausen und Volmerswerth sowie zwischen Düsseldorf und Oberkassel je eine Fährverbindung.[13]

Die nächste Rheinquerung bestand, was den überregionalen Handelsverkehr angeht, bei Wesel. In Wesel hatte die Stapelpolitik Kölns ihre Kraft verloren. Hier vermittelte die Fähre Wesel-Büderich die Handelsströme zwischen Westfalen, dem Emsgebiet und dem

13 Bruns/Weczerka (wie Anm. 3), Atlas, Karte 17; Annette Fimpeler, Den Strom überwinden. Fähren am heutigen Düsseldorfer Rheinufer, in: Das Heute hat Geschichte. Forschungen zur Geschichte Düsseldorfs, des Rheinlandes und darüber hinaus. Festschrift für Clemens von Looz-Corswarem, hrsg. v. Benedikt Mauer (Quellen und Forschungen zur Geschichte des Niederrheins, Bd. 10), Essen 2012, S. 13–38.

friesischen Raum mit dem Maasraum, Brabant bis hin nach Flandern. Die zeitweise parallel zur Lippe verlaufende Straße von Münster über Dülmen und Dorsten führte nach Wesel. Auch die Straße aus dem südlichen Westfalen, die bei Dortmund oder Unna (über Lünen und Recklinghausen) vom Hellweg abzweigte und auf Dorsten zuführte, strebte der Weseler Fähre zu. Über diese Straße war die Verbindung mit Braunschweig und Magdeburg wie auch mit Kassel und Leipzig gegeben.[14] Von Norden her kam die Straße, welche die direkte Verbindung von den Handelsstädten Kampen, Zwolle, Deventer, Zutphen und Doetinchem bildete, auf den Weseler Rheinübergang zu. Auf der linken Rheinseite traf dieser Verkehrsstrom auf die parallel zum Rhein verlaufende Straße Köln–Neuss–Xanten–Kleve. Von Xanten, wo sich auch eine Fähre befand, verlief eine möglicherweise nicht so stark frequentierte Straße nach Südwesten über Sonsbeck, Geldern, Straelen nach Venlo, wo sie Anschluss an die parallel zur Maas verlaufenden Verkehrswege fand.[15]

Von der Rheinschiene ausgehend, nicht sie querend, nahm bei Duisburg eine Straße ihren Anfang, die Hauptverkehrsträger in der West-Ost-Richtung war: der Hellweg. Diese möglicherweise schon in prähistorische Zeit zurückgehende Überlandverbindung, die von Duisburg über Essen, Dortmund, Unna, Werl, Soest, Erwitte, Paderborn weiter zum Weserübergang bei Höxter und dann gefächert über Hildesheim und Braunschweig in den niedersächsischen Raum oder über Gandersheim, Goslar, Halberstadt und Halle nach Leipzig führte, besaß ihre Bedeutung vom 8. Jahrhundert bis in die Zeit der Industrialisierung. Diese Straße, die unter den Karolingern Etappenstraße nach Sachsen und in ottonischer und salischer Zeit Königsstraße und Heerweg war, wurde dann seit dem 13. Jahrhundert zu einem der bedeutendsten europäischen Handelswege. Der Hellweg verband nicht nur die westfälischen und rheinischen Hansestädte miteinander, sondern schuf auch in seiner Fortführung über Höxter und Magdeburg bzw. Leipzig die Verbindung nach Brandenburg und Preußen bzw. nach Böhmen. Den Namen hatte der Hellweg möglicherweise von „helwech", was so viel wie „lichter Weg" bedeutet und auf die hochmittelalterliche Heerstraße hinweist, die überall auf die Breite einer Lanzenlänge befahrbar sein musste.[16]

---

14 Georg Landau, Beiträge zur Geschichte der alten Heer- und Handelsstraßen in Deutschland (Hessische Forschungen zur geschichtlichen Landes- und Volkskunde 1), Kassel/Basel 1958, S. 78 ff.

15 Bruns/Weczerka (wie Anm. 3), Atlas, Karte 17.

16 Paul Kletler, Nordwesteuropas Verkehr, Handel und Gewerbe im frühen Mittelalter (Deutsche Kultur. Historische Reihe 2), Wien 1924, S. 53 ff. u. 153 ff.; Paul Leidinger, Der westfälische Hellweg als Verkehrsweg und Landschaftsbezeichnung, in: Vergessene Zeiten. Mittelalter im Ruhrgebiet, hrsg. v. Ferdinand Seibt u. a. Katalog zur Ausstellung im Ruhrlandmuseum Essen, Essen 1990, Bd. 2, S. 72–79; Albert Homberg, Der Hellweg, sein Werden und seine Bedeutung, in: Ders., Zwischen Rhein und Weser. Aufsätze und Vorträge zur Geschichte Westfalens, Münster 1967, S. 196–207; Hugo Weczerka, Mittelalterliche Verkehrswege, in: Köln Westfalen 1180–1980. Landesgeschichte zwischen Rhein und Weser, Ausstellung, Münster/Köln 1981, Bd. 1, S. 297–304.

Durch dieses dichte, hier nur in den Hauptlinien skizzierte Geflecht von Wasserwegen und Straßen waren die Städte und Orte des Niederrheinraumes miteinander verbunden. Sie waren aber auch in ein überregionales System von großen europäischen Fernhandelswegen eingebunden, die die Niederrheinlande zu einer bevorzugten Durchgangslandschaft machten.

1.2 Der Rhein als Verkehrs- und Handelsweg

Natürliche Bedingungen

Der Rheinstrom teilte sich im Mittelalter und in der Frühen Neuzeit in mehrere Stromabschnitte, auf denen z. T. völlig unterschiedliche Schifffahrtsbedingungen herrschten. Einen eigenen Stromabschnitt bildete der Oberrhein, der von Basel bzw. Straßburg bis Mainz reichte. Von Mainz bis Köln reichte der Mittelrhein mit seinen vor allem südlich von Koblenz sehr schwierigen Schifffahrtsverhältnissen. Den Niederrhein bildete dann der Rheinlauf von Köln bis ins Meer, wobei Dordrecht als Endpunkt galt. Die Städte Mainz, Köln und Dordrecht, an denen sich die Beschaffenheit des Flusses änderte, hatten sich seit dem hohen Mittelalter, nicht zuletzt aufgrund dieser natürlichen Voraussetzungen, zu Stapelstädten herausgebildet.[17] Die Bezeichnungen Nieder- und Oberrhein hingen jeweils vom Standpunkt des Betrachters ab. In Köln wurde die Schifffahrt nach Norden die niederrheinische, die nach Süden die oberrheinische genannt. Auf dem Niederrhein, nördlich von Köln, lagen andere Schifffahrtsbedingungen vor als auf dem Mittelrhein. Konnten unterhalb von Köln relativ große, bauchige Schiffe, z.T. auch Küstenfahrer und kleine Seeschiffe, den Strom befahren, so war auf dem Mittelrhein nur die Schifffahrt mit flacheren, kiellosen Schiffen möglich. Diese besaßen ein wesentlich geringeres Volumen. Für die Frühe Neuzeit rechnete man mit einem Verhältnis im Ladevolumen der niederländischen zu den oberländischen Schiffen von eins zu zwei. So war Köln an der Schnittstelle zwischen Mittel- und Niederrhein zum natürlichen Umschlagplatz für die Bergschifffahrt, aber auch in gewisser Weise — zumindest aus wirtschaftlichen Gründen — für die Talschifffahrt geworden.[18]

---

17 Otto Gönnenwein, Das Stapel- und Niederlagsrecht (Quellen und Darstellungen zur Hansischen Geschichte, N.F. 11), Weimar 1939.

18 Bruno Kuske, Der Kölner Stapel und seine Zusammenhänge als wirtschaftspolitisches Beispiel, in: JbKGV 21, 1939, S. 1–46. Clemens von Looz-Corswarem, Zum Stapelrecht von Köln und der Schiffahrt auf dem Niederrhein in der frühen Neuzeit, in: Köln und die Niederrheinlande in ihren historischen Raumbeziehungen (15.–20. Jahrhundert), hrsg. v. Dieter Geuenich (Veröff. d.

6 Die Sieben Berge bei Bonn. Beim Siebengebirge südlich von Bonn verlässt der Rhein das Mittelgebirge und tritt in die norddeutsche Tiefebene ein. Kupferstich von Hendrik de Leth, 1767.

Der Rheinstrom brachte, so beliebt er im Mittelalter und in der Frühen Neuzeit als Verkehrsweg war, doch für die Anwohner und die Schiffsleute und Reisenden zahlreiche Schwierigkeiten und Gefahren mit sich. Zunächst ist festzustellen, dass es keine feste Fahrrinne gab, dass die Hauptströmung häufig ihren Verlauf änderte, Sandbänke und Untiefen entstanden und auch die unbefestigten Ufer häufig ihre Gestalt veränderten. Von dem Punkt an, da der Rhein aus dem Mittelgebirge in die Kölner Bucht eintrat, begann sein Lauf langsamer zu werden; das Flussbett verbreiterte sich, der Strom begann zu mäandrieren. Bevor im 19. Jahrhundert eine durchgehende Uferbefestigung geschaffen wurde, konnte es geschehen, dass sich der Rhein nach einem Hochwasser, das jeweils weite Flächen der Niederungsterrasse überspülen konnte, ein neues Bett gesucht hatte. So bildeten sich zahlreiche Altrheinarme. Die Folgen dieser Hochwasser und Stromveränderungen konnten für die Rheinanwohner katastrophal sein.

Zahlreiche Siedlungen am Niederrhein sind durch diese Verlagerungen des Rheinstroms im Laufe der Jahrhunderte untergegangen; andere mussten auf höhergelegenes Ge-

Hist. Vereins für den Niederrhein 17), Pulheim 2000, S. 323–338 (Vgl. Beitrag 3 in diesem Band); Gerd Schwerhoff, Der Kölner Stapel (1259–1831). Werden und Wandlungen einer alteuropäischen Institution, in: Jahrbuch des Kölnischen Geschichtsvereins 80, 2009/10, S. 43–69.

7 Der Rheinlauf und die Erftmündung bei Neuss. Durch die Rheinlaufverlagerungen waren unklare Rechtsverhältnisse entstanden, die zu ständigen Rechtsstreiten führten und Stromarbeiten notwendig machten. Kolorierte Federzeichnung von Michael Hupertz, 1616, Ausschnitt.

lände verlegt werden, wie z. B. Uerdingen, Haus Knipp bei Duisburg und die Orte Birten, Werrich und Beek bei Xanten, die wegen der Verlagerung der Bislicher Schleife z. T. mehrfach ihre Lage änderten. Bei Düsseldorf wurde um 1491 das Dorf Niel, das im Bereich des heutigen Hafens in der Lausward lag, völlig weggeschwemmt.[19]

Andere Siedlungen waren in ihrer wirtschaftlichen Entwicklung stark beeinträchtigt. Es sei hier nur an das kurkölnische Zollstädtchen Zons erinnert, das nach der Verlagerung des Rheins vom Strom abgeschnitten war und damit seine Funktion verlor.[20] Das gleiche gilt für den Zoll zu Lobith und zu Schmithausen. Auch von Neuss entfernte sich der Rhein, so

19 Christine Hoppe, Die großen Flußverlagerungen des Niederrheins in den letzten zweitausend Jahren und ihre Auswirkungen auf Lage und Entwicklung der Siedlungen, Bonn-Bad Godesberg 1970; Rudolf Strasser, Die Veränderungen des Rheinstroms in historischer Zeit, Bd. 1: Zwischen der Wupper und der Düsselmündung (PGRhGk 68), Düsseldorf 1992; Franz Bens, Geschichtliche Nachrichten über die Insel hinter Lüttingen und den Rheinlauf unterhalb des Fürstenberges bei Xanten, in: AHVN 90, 1911, S. 101–119; Clemens von Looz-Corswarem, Niel, in: Das große Düsseldorf-Lexikon, hrsg. v. Clemens von Looz-Corswarem/Benedikt Mauer, Köln 2012, S. 518; Irmgard Hantsche, Atlas zur Geschichte des Niederrheins, Bottrop/Essen 1999, S. 44 f.

20 Aenne Hansmann, Geschichte von Stadt und Amt Zons, Düsseldorf 1973.

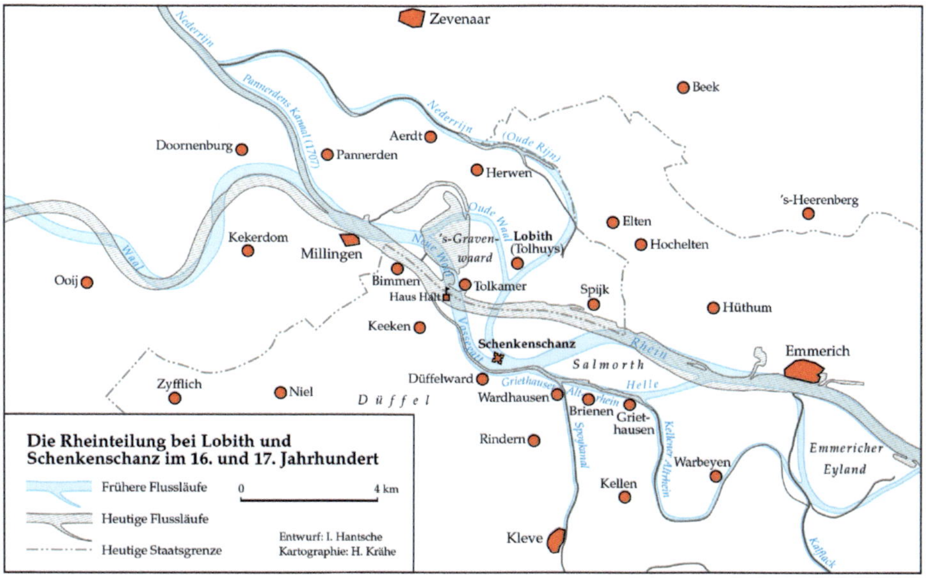

8 Die Rheinteilung bei Lobith und Schenkenschanz im 16. und 17. Jahrhundert.

dass aufwendige Hafeneinrichtungen an der Erftmündung notwendig wurden.[21] Bei Uerdingen wurden 1279 durch eine Überschwemmung die Ufer eingerissen und weite Flächen Land abgeschwemmt, so dass die Stadt landeinwärts verlegt werden musste.[22] Bei Wesel hielt sich die Stromverlagerung des Rheins in Grenzen; hier war es die Lippe, die durch die Eigenwilligkeit ihrer Mündungsarme die Stadt stets vor neue Probleme des Wasserbaus stellte.[23]

Ganz in die Breite ging der Rheinstrom unterhalb von Emmerich, wobei er sich in verschiedene Arme teilte. Von den beiden Hauptrheinarmen erreichte der nördliche als Niederrhein oder Lek westlich von Rotterdam die Nordsee. Der südliche Rheinarm, die Waal, floss an Nimwegen vorbei zusammen mit der Maas nicht weit von Dordrecht in

21 Hans Scheller, Laufänderungen des Rheins bei Neuß, in: Beiträge zur Rheinkunde 17, 1965, S. 3–11; Josef Nagel, Die niederrheinischen Häfen in ihrer historischen Entwicklung und gegenwärtigen wirtschaftlichen Struktur. Ein Beitrag zur Hafenwirtschaft, Berlin 1936, S. 18 f.; Rudolf Strasser, Veränderungen des Rheinlaufs zwischen Wupper- und Düsselmündung seit der Römerzeit (Geschichtl. Atlas der Rheinlande, Karte und Beiheft 1/6, PGRhGk 16 N.E), Köln 1989.

22 Karl Rembert, Handel und Verkehr über Uerdingen am Rhein, in: Uerdinger Festschrift. Zur Siebenhundertjahrfeier der Rheinstadt, Krefeld-Uerdingen 1955, S. 69–80, hier S. 69 f.

23 Hoppe, Die großen Flußverlagerungen (wie Anm. 15); Kuske, Die rheinischen Städte (wie Anm. 8), S. 68.

9 Älteste bekannte Hochwassermarke in Köln an der Schifferkirche St. Maria Lyskirchen. Die Inschrift „Hic stetit magnus ren" wird auf das verheerende Hochwasser vom Januar 1374 bezogen. Über dem Türsturz des Eingangs der Kirche befindet sich der Hinweis auf den Wasserstand im Januar 1784.

das Mündungsgebiet. Von diesen beiden Hauptrheinarmen scheint im Mittelalter wohl zunächst der nördliche als Hauptverkehrsträger gedient zu haben. Wie die Verteilung des Schiffsverkehrs war, muss vorerst offenbleiben; wahrscheinlich wurde im Spätmittelalter eher die Waal befahren. Im 17. Jahrhundert wandte sich infolge einer Laufveränderung des Rheins alles Wasser der Waal zu, so dass der Lek an der Schenkenschanze kaum mehr befahrbar war. Man kann davon ausgehen, dass die beiden Rheinarme je nach den äußeren Umständen und schifffahrtstechnischen Möglichkeiten genutzt wurden.[24]

Die Gefahren, denen die Uferbewohner und die Schifffahrt auf dem Rhein durch Hochwasser und Eisgang ausgesetzt waren, waren beachtlich, war doch fast im Jahres-

24 H. Hardenberg, De Rijnverdeeling in den romeinschen tijd en in de vroege middeleeuwen, in: Bijdragen en Mededelingen „Geize" 38, 1935, S. 29–49; Eberhard Gothein, Rheinische Zollkongresse und Handelsprojekte am Ende des 17. Jahrhunderts, in: Beiträge zur Geschichte vornehmlich Kölns und der Rheinlande (Mevissenfestschrift), Köln 1895, S. 361–400, hier S. 365 ff.

rhythmus meist im Winter und Frühjahr nach der Schneeschmelze mit Überschwemmungen zu rechnen. Die Chroniken vermerken meist nur die Naturereignisse, bei denen besonders großer Schaden angerichtet wurde und Menschen zu Tode kamen. In fast allen Städten und Orten am Rhein sind an älteren Gebäuden Hochwassermarken angebracht, die uns noch heute einen Eindruck von der Höhe des Wasserstandes geben. Die älteste erhaltene Hochwassermarke ist wohl die an der Schifferkirche St. Maria Lyskirchen am Kölner Rheinufer, an der am rechten Pfosten des Hauptportals zu lesen ist: „Hic stetit magnus ren".

Im Vergleich mit der Schrift und den aus der Literatur bekannten Hochwassern kann man diese Marke der großen Überschwemmung von 1432 zuordnen. Hochwasser, die nach heutigen Maßstäben die Schadensgrenze erreichen würden, also über 9 Meter Wasserstand am Kölner Pegel hatten, hat Weber für folgende Jahre festgestellt: 1279, 1342, 1374, 1432, 1459, 1496, 1497, 1535, 1552, 1571, 1595, 1651, 1658, 1682, 1740, 1753, 1758, 1784, 1799. Das höchste bekannte Hochwasser war sicherlich das vom 28. Februar 1784, das 12,55 Meter erreicht und sich tief in die Geschichte der Rheinorte eingeschrieben hat. Häufig waren die meist im Winter entstehenden Hochwasser mit starkem Eisgang verbunden, wodurch zusätzliche Schäden an Schiffen und Häusern entstanden.[25]

Rheinbaumaßnahmen

Schon seit dem späten Mittelalter bemühten sich die Anrainerstaaten und -städte um eine Regulierung des Stroms. Dazu gehörten sowohl der Bau von Schutzdeichen als auch der von Kribben und Buhnen, die die Fahrrinne stabilisieren und dem Fluss eine bestimmte Strömungsrichtung geben sollten. Vor allem versuchte man, die Ufer an den Stellen, an denen die Strömung Teile herauszureißen drohte, durch Schutzbauten aus Holz, Flechtwerk und Steinen zu befestigen, denn auf diese Weise gingen z. T. wertvolle Uferweiden oder sogar Ackerflächen verloren.[26]

Von besonderem Interesse war die Beeinflussung der Strömung für die Handelsstädte, allen voran Köln. Hier bestand die Gefahr, dass durch eine Verlagerung der Hauptströmung das Kölner Rheinufer versandete und damit der Hafenverkehr beeinträchtigt würde.

25 Vgl. Heinz Engel, Hochwasser: Begriff, Entstehung, Hochwasser am Rhein, in: Beiträge zur Rheinkunde 42, 1990, S. 5–27; Heinz Weber, Hochwasser im Rheingebiet, in: Beiträge zur Rheinkunde 29, 1977, S. 50–62.

26 Vgl. z. B. Vera Foerster, Zwei Rheinkarten aus dem 17. Jahrhundert, in: Meerbuscher Geschichtshefte 1, 1984, S. 65–67; Clemens von Looz-Corswarem, Das Ancien Régime (1600–1794), in: Geschichte der Stadt Meerbusch, Meerbusch 1991, S. 169–381, bes. S. 176 f.

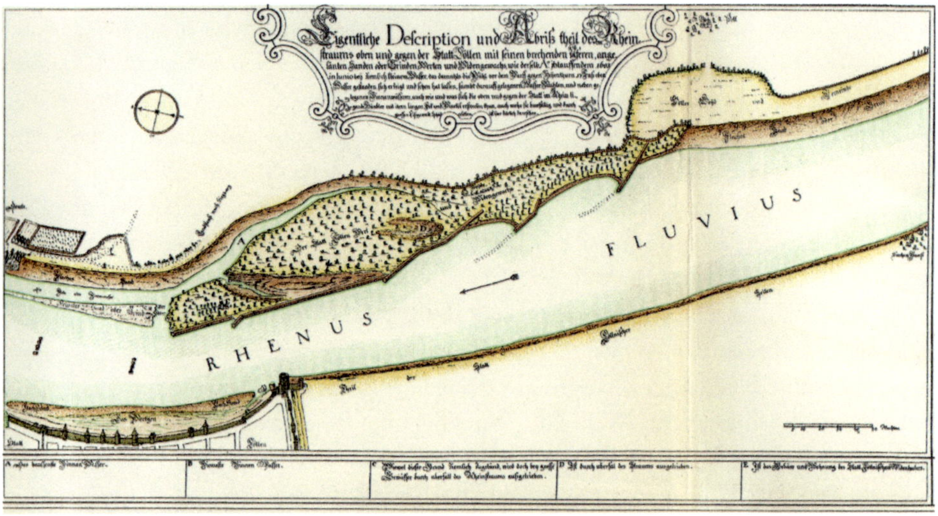

10 Wasserbauarbeiten an den Poller Köpfen oberhalb von Köln, um die Rheinströmung auf das Kölner Ufer zu lenken, damit der Hafen nicht versandet, 1603.

Deshalb haben die Kölner seit etwa 1400 auf kurkölnischem Gebiet, oberhalb von Deutz beim Dorfe Poll, mit Korrekturarbeiten begonnen und auf einer Rheininsel, dem Poller Werth, Kribben in den Strom gebaut, die die Strömung auf die Kölner Rheinfront hin leiten sollten. Diese sogenannten Poller Köpfe, die die Stadt Köln seit 1557 vom Kurfürsten in Erbpacht hatte, stellten in der Frühen Neuzeit einen ständigen Streitpunkt zwischen Kurköln und der Stadt Köln dar. Ähnliche Maßnahmen wurden auch bei Neuss und den anderen größeren Städten am Rhein durchgeführt.[27]

Aber auch Hochwasserdeiche und Eisbrecher wurden errichtet, wobei meist die Besitzer der Ufergrundstücke und die Ufergemeinden für den Unterhalt zuständig waren. In der Frühen Neuzeit wurden diese Maßnahmen von landesherrlichen Kommissaren koordiniert. Auch trugen die Landstände zur Finanzierung großräumiger Sicherungsmaßnahmen am Rhein bei. Zu den Rheinbaumaßnahmen am Niederrhein gehörten sicherlich auch

27 Joseph Hansen, Das Rheinufer bei Köln und seine Bedeutung für die Entwicklung der Stadt bis zum Schlusse der reichsstädtischen Zeit, in: Neue Werft- und Hafenanlagen zu Köln. Festschrift zum 14. Mai 1898, Köln 1898, S. 3–30; Clemens von Looz-Corswarem, Das Finanzwesen der Stadt Köln im 18. Jahrhundert. Beitrag zur Verwaltungsgeschichte einer Reichsstadt (Veröff. des KGV 34), Köln 1978, S. 323 f.; Markus Trier, Die „Poller Köpfe" oder zwei Tonnen Heringe und ein vergoldetes Geschirr. Archäologische Untersuchungen an einem bedeutenden Wasserbauwerk der frühen Neuzeit, in: Kölner Museums-Bulletin 2/2004, S. 19–39; Rainer Stahlschmidt, Die Domestikation des Rheins: Strombau – Schiffahrt – Brückenbau, in: Der Rhein. Mythos und Realität eines europäischen Stroms, Köln 1988, S. 83–107.

der sogenannte Pannerdens-Kanal, der seit 1701/12 bei Pannerden in den Niederlanden den Waal mit dem Niederrhein verband und über den später die Wasserzufuhr so geregelt wurde, dass zwei Drittel zur Waal und ein Drittel in den Pannerdens-Kanal und damit in den Niederrhein und die IJssel floss. Der um 1776 bzw. 1790 gegrabene Bislicher Kanal bei Wesel sollte den Eisstau in der engen Rheinkrümmung verhindern und zur Beschleunigung der Schifffahrt beitragen.

Seit dem 17. Jahrhundert wurden in bestimmten Abständen Rheinbefahrungen durchgeführt, wobei Fachleute der landesherrlichen Regierungen Gutachten über die notwendigen Baumaßnahmen erstellten. Viele an sich notwendige und wünschenswerte Einrichtungen scheiterten aber an den unterschiedlichen Interessen der Anrainerstaaten. Auch hier galt, dass der Strom, indem er auf dem einen Ufer Land anschwemmte, das auf dem anderen Ufer abgebrochen war, dem einen Territorium zu zusätzlicher Fläche verhalf, die einem anderen genommen wurde. Da am Niederrhein der Strom auf weite Strecken die Grenze zwischen den Territorien bildete, kam es sogar zu den gegenseitigen Beschuldigungen, die jeweiligen Rheinkorrekturen durch böswillige Gegenmaßnahmen wieder aufzuheben.[28]

1.3 Nebenflüsse und Kanäle als Verkehrswege

Nebenflüsse

Im Mittelalter und in der Frühen Neuzeit wurden auch kleine und kleinste Wasserläufe als Verkehrsweg genutzt. In Ermangelung von ausgebauten Wegen und Straßen griff man dabei sogar auf Bachläufe zurück, die nur in den regenreichen Jahreszeiten, also im Herbst, Winter und Frühjahr genügend Wasser führten, um ein schmales Boot zu tragen. Auch wurden diese kleinen Flussläufe dann nur in einer Richtung, nämlich flussabwärts, befahren, was bedeutete, dass die Kähne am Endpunkt der Reise verkauft werden mussten.[29]

Nördlich von Köln fließt dem Rhein von Westen nur die Erft zu, die bei Grimlinghausen oberhalb von Neuss einmündet. Selbst dieser nur wenige Meter breite Fluss hat möglicherweise zum Transport von Schwergütern, z. B. Steinen, gedient.[30] Von weitaus

28 Johann Joseph Eichhoff, Topographisch-statistische Darstellung des Rheines mit vorzüglicher Rücksicht auf dessen Schifffahrt und Handlung, Köln 1814, S. 79 u. 82–84; Walther Föhl, Lörick und das Löricker oder Mönchen Werth, in: Aufsätze aus zwei Jahrzehnten (Schriftenreihe des Kreises Viersen 28), Kempen 1976, S. 314–333.

29 Eckoldt, Schiffahrt (wie Anm. 4).

30 Martin Eckoldt, Die Nebenflüsse des Rheins als Wasserstraßen in ihrer geschichtlichen Entwicklung, in: Beiträge zur Rheinkunde 40, 1988, S. 38–61, hier S. 56 f.; ders. (Hrsg.), Flüsse und Kanäle. Die Geschichte der deutschen Wasserstraßen. Hamburg 1998.

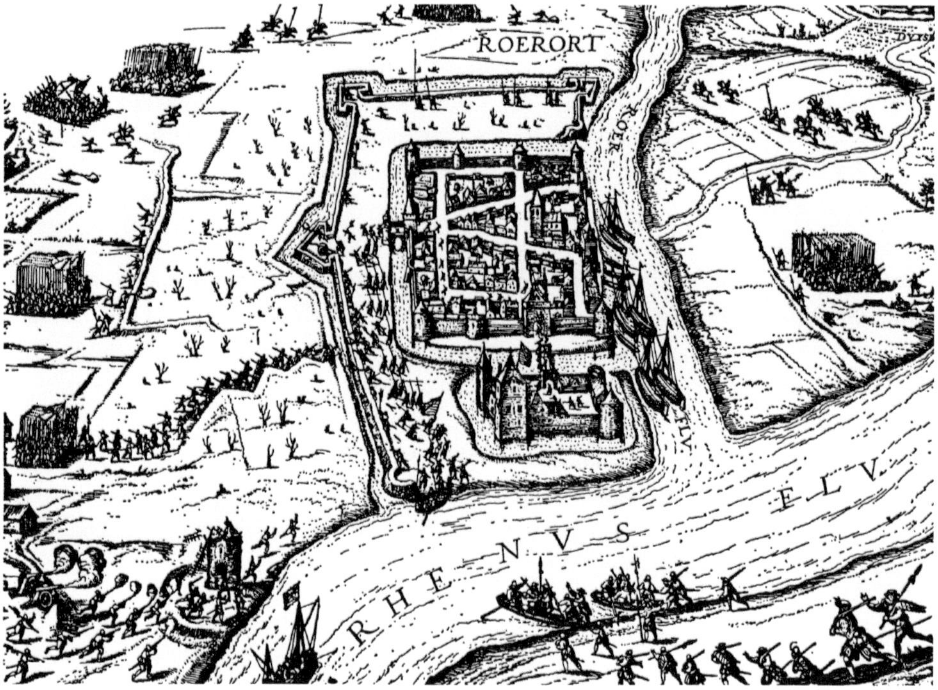

11 Ruhrort mit der Mündung der Ruhr. Kupferstich aus einem Atlas von Willem Janszoon Blaeu, 1648, Ausschnitt.

größerer Bedeutung für den Schiffsverkehr waren aber die rechts dem Rhein zufließenden Flüsse Ruhr und Lippe.

Von der Ruhr wurden wohl zunächst regelmäßig nur die unteren 14 Kilometer von Mülheim an befahren. Gelegentliche Schifffahrt wird auch bis Kettwig bzw. Werden möglich gewesen sein. Von Mülheim aus entwickelte sich seit dem 17. Jahrhundert die Steinkohlenschifffahrt. Im Jahre 1649 begann man die Ruhr oberhalb von Mülheim für den Kohlentransport herzurichten, wobei es allerdings erst in der zweiten Hälfte des 18. Jahrhunderts gelang, die Widerstände der Anrainerstaaten zu überwinden. Bis dahin mussten die Waren, vor allem Salz und Kohle, an jedem Stauwehr (Schlacht) von einem Schiff in ein anderes umgeladen werden, was nicht nur den Unterhalt vieler Schiffe, sondern auch großen Zeitverlust bedeutete. Mit dem Bau von Schleusen und Wehren wurde 1774 begonnen, und schon 1780 konnte die Wasserstraße von Herdecke an dem Verkehr übergeben werden.[31]

31 P. F. Weddingen, Von der Schiffahrt auf der Ruhr, in: Westfälisches Magazin, Bd. 2, H. 5, Bielefeld 1786, S. 89–93; W. Kliche, Die Schiffahrt auf der Ruhr und Lippe im achtzehnten Jahrhundert,

Ein außerordentlich wichtiger Verkehrsweg war jedenfalls im Mittelalter die Lippe, da sie die Verbindung vom Rhein nach Westfalen darstellte. Die Lippe war ganzjährig, auch flussaufwärts, bis Dorsten befahrbar. Schon in der zweiten Hälfte des 15. Jahrhunderts kam der Plan auf, die Stadt Soest durch die Regulierung des Soestbaches und des Oberlaufs der Lippe an das Flussnetz anzuschließen. Hier zeigt sich, wie wichtig die Lippe für den Handelsverkehr zwischen Westfalen und dem Rheinland war. Je nach Wasserstand scheint sie regelmäßig von Hamm, Lünen (dem Lippehafen von Dortmund), Haltern (dem Hafen von Münster) als Schifffahrtsweg genutzt worden zu sein. Zum Flößen bzw. zum Transport von Holz scheint die Lippe auch oberhalb von Hamm genutzt worden zu sein. Zu Beginn des 17. Jahrhunderts tauchte wieder ein Projekt zur Schiffbarmachung der Lippe auf. Der Kurfürst von Köln wollte damit die Ausfuhr des in Werl gewonnenen Salzes sichern. Eine durchgängige Schiffbarmachung wurde aber auch hier erst in der zweiten Hälfte des 18. Jahrhunderts geplant. Sie konnte wegen der unterschiedlichen Territorialinteressen der Anlieger schließlich erst zu Beginn des 19. Jahrhunderts realisiert werden, nachdem der gesamte Flusslauf in preußischer Hand war.[32]

Zu den kleineren, bedingt schiffbaren Flüssen im niederrheinländischen Raum müssen auch die IJssel und die Berkel gezählt werden, obwohl sie keine Nebenflüsse des Rheins im engeren Sinne sind. Selbst die Bocholter Aa konnte man bei gutem Wasserstand mit leichten Schuten bis Doesburg bzw. Zutphen befahren. Die Berkel wurde in der ersten Hälfte des 17. Jahrhunderts durch die Stadt Zutphen wieder schiffbar gemacht, wodurch

in: ZBGV 37, 1904, S. 1–178; Eckoldt, Nebenflüsse (wie Anm. 26), S. 56 f.; Gustav Adolf Wüstenfeld, Die Ruhrschiffahrt von 1780 bis 1890 (Monographien zur Geschichte des Ruhrgebietes 2), Wetter 1978; Heinrich Scheucken, Die Frachtschiffahrt auf der Ruhr, in: Mülheimer Jahrbuch 1955, S. 93–99; Heinrich Klipper, Geschichtliche Betrachtungen zum Ruhrschiffahrtsweg, in: Mülheim-an-der-Ruhr-Jahrbuch 1978, S. 81–87; Gernot Tromnau, Wasserwege und Schiffahrt, in: Vergessene Zeiten. Mittelalter im Ruhrgebiet, Katalog zur Ausstellung im Ruhrlandmuseum Essen, Essen 1990, Bd. 2, S. 68–71.

32 Bruno Kuske, Wirtschaftsgeschichte Westfalens in Leistung und Verflechtung mit den Nachbarländern, 2. Aufl., Münster 1949, S. 164; Paul Brandt, Studien zur Wirtschaftsgeschichte der Stadt Wesel 1814–1914, zugleich ein Beitrag zur Geschichte der Rhein- und Lippe-Schiffahrt, Masch. Diss. Köln 1921; Kliche, Schiffahrt (wie Anm. 27); G. Strotkotter, Die Bestrebungen zur Verbesserung der Schiffbarkeit der Lippe im 15., 17. und 18. Jahrhundert, Münster 1895; Hans-Bernd Rohling, Der Lippeschiffahrt Glanz und Ende, in: Heimatkalender Kreis Dinslaken 1959, S. 45–52; Herbert Münker, Die Weseler Schiffahrt vornehmlich zur Zeit des spanisch-niederländischen Krieges, Wesel 1908, Nachdruck 1986, S. 93; Werner Koppe, Die Bedeutung der schiffbaren Lippe für die Wirtschafts- und Sozialgeschichte der Stadt Dorsten, in: „Am Gespräch des menschlichen Geistes über die Jahrhunderte teilhaben …“. Festschrift für Hans Georg Kirchhoff zum 60. Geburtstag, hrsg. v. Klaus Goebel u. a., Bochum 1990, S. 172–180; Dietrich Ebeling, Rohstofferschließung im europäischen Handelssystem der frühen Neuzeit am Beispiel des rheinisch-niederländischen Holzhandels im 17./18. Jahrhundert, in: RhVjbll. 52, 1988, S. 150–170.

sie einen Teil des ehemals über die Lippe geführten Westfalenhandels an sich ziehen konnte.

All diesen kleinen Wasserläufen war gemeinsam, dass sie mit dem Ausbau der Straßen seit dem 17. Jahrhundert Konkurrenz bekamen. Bedeutsamer aber war, dass die Anlieger seit dem Spätmittelalter die Wasserkraft abzweigten und an den Flussläufen Mühlen- und Hammerwerke unterhielten, die zu fast unüberwindbaren Verkehrshindernissen wurden. So war die Schifffahrt manchmal vom guten Willen der Müller abhängig, die ihr Stauwehr öffnen mussten, damit die Kähne genügend Wasser unter den Kiel bekamen. Erst mit dem zunehmenden Verkehr seit der zweiten Hälfte des 18. Jahrhunderts wurden die kleinen Flussläufe wieder wirtschaftlich interessant, so dass überall Pläne zum Ausbau und zur Schiffbarmachung ausgearbeitet wurden. Wegen der territorialen Zersplitterung und der Eigeninteressen der Anlieger kam eine durchgehende Schiffbarmachung meist erst zu Beginn des 19. Jahrhunderts zustande.[33]

Kanäle

Wo die Straßen und natürlichen Wasserläufe den Verkehrsbedürfnissen nicht gerecht wurden, hat man schon früh Kanäle geplant und gebaut. Am bekanntesten ist sicherlich der Kanal, den Karl der Große im Altmühltal graben ließ, um Rhein und Donau miteinander zu verbinden. Aber auch im Bereich des Niederrheingebietes gab es mehrere Kanalprojekte, die der Schifffahrt auch noch in der Hansezeit von Nutzen waren.

Im Jahre 1380 gruben die Bürger von Neuss den verlandeten Rheinarm als Schifffahrtskanal aus und leiteten für Mühlenzwecke einen Arm der oberhalb in den Rhein mündenden Erft hinein. Dieser Kanal wurde immer wieder erweitert und diente der Stadt als Hafen.

Von Rheinberg aus wurde im 17. Jahrhundert die sogenannte Fossa Eugeniana gebaut, die auf Befehl der Erzherzogin Isabella Clara Eugenia den Rhein mit der Maas verbinden sollte. Der Hintergrund war ein politischer. Im Zusammenhang mit dem niederländischen Befreiungskrieg sollte der Handel nicht mehr durch die feindlichen, protestantischen vereinigten Niederlande, sondern durch die zu Spanien gehörenden südlichen Provinzen geführt werden. Die Spanier begannen 1626 mit dem Bau des Kanals, den sie bis nach Geldern weitgehend fertigstellten, dann aber nicht weiterführten. Auf der fertiggestellten

33 Kuske, Wirtschaftsgeschichte (wie Anm. 28), S. 164; Eckoldt, Schiffahrt (wie Anm. 4), S. 73 f.; Hermann Terhalle, Die Berkelschiffahrt in der Wirtschaftsgeschichte des niederländisch-westfälischen Grenzraumes (Beiträge des Heimatvereins Vreden zur Landes- und Volkskunde 4), Vreden 1975.

12 Fossa Eugeniana, im Jahre 1626 begonnener, nie vollendeter Kanal, der den Rhein und die Maas miteinander verbinden sollte. Kupferstich von Willem Janszoon Blaeu, 1645.

Strecke konnte er genutzt werden. Hingewiesen werden soll noch auf den sogenannten Nordkanal, der in Napoleonischer Zeit zwischen Neuss und Venlo Rhein und Maas miteinander verbinden sollte.[34]

34 Hans Hubert Hoffmann, Kaiser Karls Kanalbau – „wie Künig Carl der Große unterstünde die Donaw vnd den Rhein zusammenzugraben“, Sigmaringen 1969; Wolfgang Saal, Wasserstraßen, in: Das Rheinische Landesmuseum. Berichte aus der Arbeit des Museums 2/1991, S. 23–26; Martin Eckoldt, Schiffahrtskanäle im Rheingebiet in alter und neuer Zeit, in: Beiträge zur Rheinkunde 14, 1962, S. 48–61; Stahlschmidt, Domestikation (wie Anm. 23), S. 102 f.; Fossa Eugeniana. Weltgeschichte in der Region. Sonderausstellung 1997 (Führer des Niederrheinischen Museums für Volkskunde und Kulturgeschichte Kevelaer 36), Kevelaer 1997; Axel Heimsoth, Die Fossa Eugeniana. Ein Kanalprojekt als transnationaler Erinnerungsort, in: DJb. 83, 2013, S. 13–49; Walter Föhl, Der Rhein-Maas-Schelde-Kanal. Ein geschichtlicher Überblick, in: Ders., Aufsätze aus zwei Jahrzehnten (Schriftenreihe des Kreises Viersen 28), Viersen 1970, S. 364–392; Hans Scheller, Der Nordkanal zwischen Neuss und Venlo (Schriftenreihe des Stadtarchivs Neuss 7), Neuss 1980; R.-G. Pistor/H. Smeets, Die Fossa Eugeniana. Eine unvollendete Kanalverbindung zwischen Rhein und Maas, Köln 1979.

1.4 Die Schifffahrt

Einige der wichtigsten Bedingungen für den Handel und Verkehr auf dem Rhein und seinen Nebenflüssen waren ein praktikables Treidelwesen, geeignete Transportmittel, eine gut funktionierende Schifffahrtsorganisation und ein ausgebautes Hafenwesen. Hier lassen sich sowohl für die einzelnen Stromabschnitte des Rheins als auch für die verschiedenen Zeiten sehr unterschiedliche Entwicklungen feststellen.

Die großen Unterschiede zwischen der Berg- und Talfahrt auf dem Rhein werden in dem Bericht des englischen Rheinreisenden Thomas Coryate (1577–1617) von 1608 deutlich:

> Hier muß ich noch etwas über den Rhein sagen, was ich noch nicht erwähnt habe. Wer immer auf dem langen Weg von Basel bis hierher [Nimwegen] und auch noch hier auf der Waal stromabwärts fährt, bezahlt auf allen Booten, Schiffen und Nachen nur einen geringen Preis, da die Reise schnell und mit Hilfe der Strömung leicht vonstatten geht. Wer jedoch den umgekehrten Weg kommt, muß viel mehr bezahlen, da alle Fahrzeuge mit Mühe und Schweiß von Pferden gezogen werden, die sich langsam gegen den Strom plagen müssen.[35]

Leinpfade

Voraussetzung für den Schiffsverkehr auf dem Rhein stromaufwärts war ein ausgebauter Leinpfad oder Treidelweg. Während die Schiffe sich stromab von der Strömung treiben ließen, bisweilen unterstützt durch Segel sowie Heck- und Bugsteuer, mit denen das Schiff in der Strömung gehalten wurde, waren rheinaufwärts fahrende Schiffe auf das Treideln angewiesen. Der Einsatz des Segels konnte nur subsidiär sein bzw. nur bei relativ kleinen Booten genügend Vorschub geben, um gegen die Strömung anzukommen.

Während kleine Boote oder Kähne von einigen Männern gezogen werden konnten, brauchte man für große beladene Schiffe, wie sie auf dem Niederrhein seit dem Spätmittelalter üblich waren, mehrere (oft acht und mehr) Pferde. Damit diese die Schiffe aufwärts ziehen konnten, war ein einigermaßen ausgebauter Pfad am Ufer nötig. Der Leinpfad bildete mit dem Fluss eine Einheit. Er unterlag dem Stromregal und gehörte wie der Fluss dem König bzw. Landesherrn, der für die Einrichtung, den Unterhalt und die Sicherheit darauf verantwortlich war. Was die Baulast betraf, so bemühte sich der Landesherr häufig, diese auf die Anrainer abzuwälzen.[36]

35 Thomas Coryate, Die Venedig- und Rheinfahrt A. D. 1608 (Bibliothek Klassischer Reiseberichte), Stuttgart 1970, S. 352 f.

36 Vgl. Detlef Ellmers, Frühmittelalterliche Handelsschiffahrt in Mittel- und Nordeuropa (Schriften

13 Kleine Schiffe konnten von Menschen den Strom hinauf gezogen werden. Kolorierter Kupferstich von L. Janscha und J. Ziegler, 1798.

Einen Leinpfad, benannt nach der Leine, die vom Treidelmast[37] des Schiffes zum Zugtier führte, gab es schon zur Römerzeit; für das Mittelalter in Köln nachweislich seit 1180, im Spätmittelalter dann mit Unterbrechungen meist auf dem linken Ufer des Rheins von etwa Nimwegen bis Köln und dann natürlich weiter den Rhein hinauf. Auf dem rechten Rheinufer scheint dieser Leinpfad nicht durchgängig vorhanden gewesen zu sein. Auf den niederländischen Stromstrecken im flachen Überschwemmungsgebiet gab es auf weite Strecken keinen Treidelweg, hier waren die Schiffer auf das Segel angewiesen, das wegen der größeren Breite des Stroms und den günstigeren Windverhältnissen hier besser eingesetzt werden konnte als am deutschen Nieder- oder Mittelrhein. Von Gorcum an stand dann ein Lein-

des Deutschen Schiffahrtsmuseums Bremerhaven, Bd. 3), Neumünster 1972, S. 264 ff.; Quellen zur Geschichte des Kölner Handels und Verkehrs im Mittelalter, hrsg. v. Bruno Kuske (PGRhGk 33), 4 Bde., Bonn 1923–1934, hier Bd. 2, S. 747, Nr. 1467 (1497 Okt. 17/18); Heinrich Steins, Der Personenverkehr auf dem Rhein von seinen Anfängen bis zur Gegenwart (Beilage zum 59. Jahresbericht 1913 des Königlichen Wilhelms-Gymnasiums zu Krotoschin), Krotoschin 1913, S. 29 ff.; Heinz Weber, Allerlei über die Treidelei, in: Beiträge zur Rheinkunde 39, 1987, S. 23–28; Ulrike Stursberg, Innovation auf dem Rhein. Das Ende der Treidelwirtschaft, Essen 2015, bes. S. 12–42.

37 Treidel = Seil, Tau; treideln = einen Lastkahn mit Menschenkraft bzw. mit Hilfe von Zugtieren ziehen (spätlat. Tragulare = schleppen), vgl. Stursberg, Innovation (wie Anm. 32), S. 12 f.

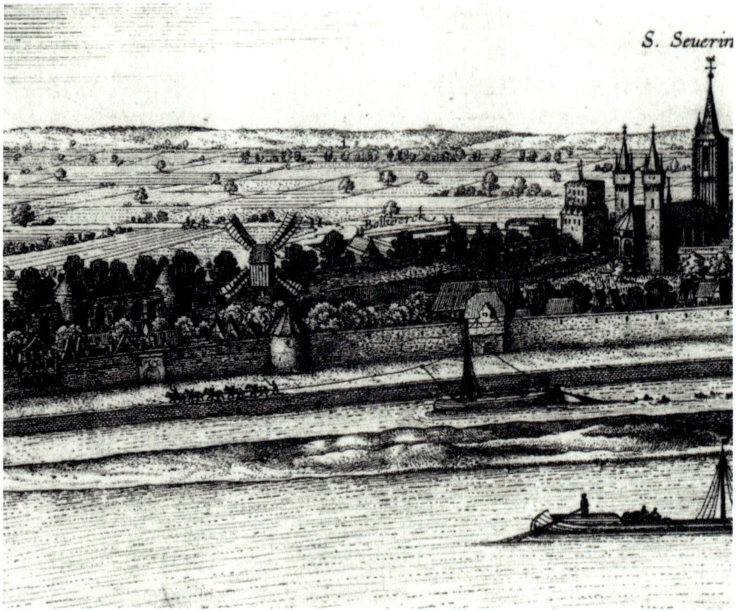

14a Ansicht von Köln. Treidelzug vor Köln. Kupferstich von Wenzel Hollar, 1635, Ausschnitt.

14b Schenkenschanze. Treidelzug an der Schenkenschanze. Kolorierter Kupferstich von Willem Janszoon Blaeu, 1649, Ausschnitt.

pfad zur Verfügung.[38] Immer wieder gab es Unterbrechungen des Treidelweges durch Fluss- und Bachläufe, die in den Rhein mündeten, oder durch Befestigungsbauten an Städten, die in den Rhein hineinragten. Im 18. Jahrhundert wechselte der Leinpfad zwischen Düsseldorf und Köln mehrfach das Ufer. Von etwa Büderich (bei Neuss) und der Schnellenburg lief er bis Heerdt auf der linken, dann wich er wegen der Inseln und der Erftmündung bis Grimlinghausen auf die rechte Rheinseite aus, um dann bis Monheim wieder linksrheinisch geführt zu werden. Von Monheim bis Hitdorf lag der Leinpfad wieder rechtsrheinisch und von da bis Köln dann auf dem linken Rheinufer.[39]

Beim Uferwechsel und bei größeren Flussmündungen, die man nicht mit dem Pferd durchwaten konnte, musste die Leine mit einem Boot übergefahren werden. Dazu gab es spezielle Treidel- oder Pferdefähren. Auch an Bastionen, wie z. B. in Köln am Kunibertsturm und am Bayenturm, wurde die Treidelleine umgestochen. Im 18. Jahrhundert war das Umstechen der Treidelleine am Kunibertsturm das Privileg der Mülheimer Beurtschiffer, die mit einem tüchtigen Nachen am Turm liegen mussten, um gegen eine feste Gebühr das Ende der neuen Leine zum Schiff bringen zu können.[40] Hindernisse bildeten auch die dem Ufer vorgelagerten Werthe oder Inseln, die Sandbänke, am Ufer liegende Schiffe, das Weidengebüsch, über dessen schnelles Wachstum die Treidelknechte klagten, sowie der unterschiedliche Wasserstand des Rheins. Was hier zu den Leinpfaden am Rhein gesagt ist, gilt in gewisser Weise auch für die flussaufwärts schiffbaren Nebenflüsse. Bei Kanalprojekten wurden die Leinpfade gleich mit angelegt.[41]

Im Mittelalter und wohl auch noch bis zur ersten Hälfte des 17. Jahrhunderts scheinen die Schiffseigner auch die Treidelpferde besessen zu haben. Sie waren dadurch von Mietpferden unabhängig und konnten das Treideln selbst bestimmen. Die Pferde wurden, da viele Schiffe von ihrer Bauart für eine Unterbringung der Tiere auf dem Schiff selbst nicht geeignet waren, zu Tal auf flachen Kähnen mitgeführt.[42] Diese flachen, pontonarti-

38 Heinz Weber, Allerlei über die Treidelei, in: Beiträge zur Rheinkunde 39,1987, S. 23–28; Werner Böcking, Schiffe auf dem Rhein in drei Jahrtausenden. Die Geschichte der Rheinschiffahrt, 2 Bde., Moers 1979/1980, Bd. 2: Textband, S. 148.

39 Hans Seeling, Leinpfad und Treidelschiffahrt, in: Der Neusser Hafen, Ausstellungskatalog, Neuss 1988, S. 27–29, hier S. 28.

40 Bruno Kuske, Die Rheinschiffahrt zwischen Köln und Düsseldorf vom 17. bis 19. Jahrhundert (Mit einer Darstellung der älteren Kölner Schifferverbände), in: Beiträge zur Geschichte des Niederrheins (JbDGV) 20, 1905, S. 250–354, hier S. 304.

41 Kurt Schwarz, Die Typenentwicklung des Rheinschiffs bis zum 19. Jahrhundert, Diss. Karlsruhe 1926, S. 18 ff.; Weber, Treidelei (wie Anm. 34); Bruno Kuske, Die Bonner Schiffahrt im 18. Jahrhundert, in: AHVN 81, 1906, S. 1–45, hier S. 23 f.

42 Vgl. Quellen zur Kölner Handels- und Verkehrsgeschichte (wie Anm. 32), Bd. 1, S. 299, Nr. 599; Bd. 2, S. 301, Nr. 603, S. 407, Nr. 774; Wenzel Hollar, 1607–1677. Reisebilder vom Rhein. Städte und Burgen am Mittelrhein in Zeichnungen und Radierungen, Ausstellungskatalog, Mainz 1987;

15 Treidelzug von Düsseldorf. Die Pferde ziehen ein außerhalb der Abbildung befindliches Schiff. Gouachierter Stich von Johann Heinrich Weiermann, 1820.

gen Kähne waren wie verschiedene kleinere Nachen und Boote bei der Talfahrt fest an das Hauptschiff angebunden. Wohl erst gegen Ende des 17. und im 18. Jahrhundert werden sich am Leinpfad die Organisationen der Peerdsburen, Treidelknechte oder Rheinhalfen ausgebildet haben, die in bestimmten Abschnitten des Rheins auf Mietbasis die Schiffe stromauf zogen. Möglicherweise sind die Pferdewechselstationen, die zugleich auch Gasthäuser und Kaufläden zur Versorgung der Schiffsbesatzungen waren, erst eine Entwicklung des beginnenden 19. Jahrhunderts, da sich die Schiffer vorher meist für längere Strecken mit Pferden versorgten.[43]

Eine Organisation der Treidelknechte, Rheinhalfen oder Peerdsburen, die am Rhein für bestimmte Abschnitte bereitstanden, hatte sich wohl erst mit der Umstrukturierung des Schiffsverkehrs auf dem Rhein in der zweiten Hälfte des 17. Jahrhunderts entwickelt. Wie das Treidelwesen vorher organisiert war, können wir bisher nur vermuten.[44]

---

dass die Zugpferde der Schiffe auf den Schiffen mitgeführt wurden, hat es auf belgischen und französischen Kanälen noch bis ins 20. Jahrhundert gegeben.

43 Seeling, Leinpfad (wie Anm. 35), S. 29. Dass die Pferdewechselstationen ins Mittelalter zurückreichen, ist eher unwahrscheinlich, die Schiffer mieteten die Pferde von der holländischen Grenze bis Köln und von Köln bis Mainz, die Stationen dienten der Übernachtung der Pferde und Knechte.

44 „Seit dem späten Mittelalter mußten die Uferbewohner die Pfade in ihrer Gemarkung erhalten,

16 Oberländisches Schiff auf der Ansicht der Stadt Köln 1531. Es muss als Ausnahme angesehen werden, dass die oberländischen Schiffe gerudert wurden. Im Hintergrund Schiffe, die mit dem prahmartigen Bug am Ufer anlegen. Holzschnitt von Anton Woensam von Worms, 1531, Ausschnitt.

Oberländische Schiffstypen

Seit dem 14. Jahrhundert scheint die Rolle der Stadt Köln als Stapelstadt und damit als Endpunkt der niederrheinischen wie auch der oberrheinischen Schifffahrt auch Auswirkungen auf den Schiffsbau gehabt zu haben. Jedenfalls lassen sich für das späte Mittelalter schon unterschiedliche Schiffstypen für den Niederrhein und den Mittelrhein fassen, selbst wenn wir noch keine rechte Vorstellung von deren Aussehen haben.

Auf dem Mittel- und Oberrhein gab es an Großschiffen im 15. und 16. Jahrhundert den sogenannten Oberländer, ein klinkergebautes, oben geschlossenes Schiff mit flachem Boden, einem prahmartig verbreiterten Bug und einem hochgezogenen Heck, in das eine Kajüte eingebaut werden konnte. Diese Kajüte war Aufenthaltsort des Schiffseigners oder

ein häufiges Streitobjekt mit den organisierten Schiffschleppern, die mit Pferdezug oder Menschenkraft die Schiffe treidelten. Dabei wurden für 15 t Schiffslast ein Treidelpferd oder sieben bis acht Treidelknechte gebraucht"; Detlef Ellmers, Frühmittelalterliche Handelsschiffahrt (wie Anm. 32), S. 264; Carl Vossen, Düsseldorf linksrheinisch, einst und jetzt, Düsseldorf 1961, S. 110 f.; Stursberg, Innovation (wie Anm. 32), S. 12–51.

17 Ansicht von Oberwesel. Schiff auf dem Mittelrhein im 18. Jahrhundert. Kupferstich von Peter Schenk, 1794, Ausschnitt.

Kapitäns. Das Schiff war nach hinten höher gebaut, so dass das Deck nach vorne zu abfiel. Es besaß im ersten Drittel einen kurzen, kräftigen Treidelmast, der nicht für das Segeln geeignet war. Auf kurze Strecken und zum Manövrieren konnte der Oberländer auch mit langen Riemen gerudert werden. Gesteuert wurde das Schiff durch ein großes, schweres Senkruder, das am Heck an der Steuerbordseite angebracht war. Ließ man das Schiff in der Strömung treiben, so konnte man es mit einem hölzernen Lappen, der vorne am Bug herausragte und wohl von mehreren Knechten bedient werden musste, in der Strömung halten. Gerudert wurde der Oberländer wahrscheinlich nur, wenn er in einen Hafen manövrieren musste. Das Besondere an dem Oberländer-Schiff mit seinem geringen Tiefgang war, dass es mit dem Bug am Ufer aufsetzen und dann über eine Planke be- oder entladen werden konnte. Beim Beladen sank das Schiff zwar tiefer in das Wasser ein, jedoch ohne dass der Auflagepunkt stärker belastet wurde. Dieses Schiff war also nicht auf ausgebaute Kaianlagen oder Kräne angewiesen, sondern konnte fast überall am Rheinufer anlanden und ent- und beladen werden. Die Tragfähigkeit des Oberländers dürfte 50 Tonnen nicht überschritten haben.[45]

45 Schwarz, Typenentwicklung (wie Anm. 37), S. 67; Schiffahrt-Museum im Schloßturm, hrsg. v. Stadtmuseum Düsseldorf, Düsseldorf [1984], S. 14; Detlev Ellmers, Mittelalterliche Schiffe am

Dieser Oberländer ist in seiner Grundform bis in das 17. Jahrhundert nachzuweisen. Allerdings veränderte er seine Form stark. Das hochgezogene Heck wird heruntergenommen und beherbergt später keine Kajüte mehr, auch spitzt sich der prahmartige Bug zu und die nach vorne abfallende Deckschräge wird geringer. Auch wird der kurze kräftige Treidelmast so verändert, dass eine einfache Segeleinrichtung angebracht werden kann. Im 18. Jahrhundert entwickelte sich aus dieser Grundform unter niederländischem Einfluss der Bönder, der bis ins ausgehende 19. Jahrhundert in Gebrauch war.[46]

Neben dem Oberländer gab es spätestens seit dem 15. Jahrhundert auf dem Mittel- und Oberrhein eine weitere Schiffsform, den Schelch. Dieses Schiff unterschied sich vom Oberländer dadurch, dass es stets offen war und nur am Heck einen gedeckten Raum besaß. Auf dem Dach dieses Raumes hatte der Steuermann seinen Platz. Die Ladefähigkeit lag bei 8–10 Tonnen.[47]

Niederländische Schiffe

Der Oberländer als Großschiff des Mittelrheins ist unterhalb Kölns nur selten anzutreffen. Wie der bekannte Woensam-Stich von 1531 zeigt, befanden sich die Liegeplätze der Oberländer vor dem Kölner Rheinufer südlich des Salzgassentores. Nördlich davon lagen die etwas größeren, bauchigeren Niederländer, die einer anderen Schiffbautradition verpflichtet waren. Wenn man das Verhältnis zwischen Ober- und Niederländern betrachtet, so finden sich fast doppelt so viele Oberländer vor Köln als Niederländer, was mit der unterschiedlichen Größe und Tragfähigkeit korrespondiert.[48]

Im 13. und 14. Jahrhundert scheint Köln möglicherweise noch von Seeschiffen angelaufen worden zu sein, d. h. von Schiffen, die seetüchtig und mit einer Segeleinrichtung ausgestattet waren, so dass sie auch als Küstenfahrer die flandrischen Städte und die Seehansestädte erreichen konnten und vielleicht sogar bis England kamen. Dass dieser direkte Rhein-See-Verkehr aufhörte, lag wahrscheinlich an dem Ausbau der Stapelgerechtigkeit von Dordrecht und daran, dass sich neue, sehr viel größere Seeschiffstypen, die Kogge und

---

Rhein, in: Beiträge zur Rheinkunde 32, 1980, S. 3–14; Böcking (wie Anm. 34), Bd. 1, S. 82 ff.; P. V. M. Sopers, Schepen die verdwijnen, Amsterdam 1974, S. 111 ff.; Annette Fimpeler, Die Schifffahrt und ihre Fahrzeuge auf dem Niederrhein vom späten Mittelalter bis ins 18. Jahrhundert (Studien zur Düsseldorfer Wirtschaftsgeschichte, Bd. 5), Düsseldorf 2008, bes. S. 343–374.

46 Schwarz, Typenentwicklung (wie Anm. 37), S. 65 ff.; Böcking (wie Anm. 34), Bd. 1, S. 81 ff; die Darstellung ist mit einer gewissen Vorsicht zu benutzen.

47 Schwarz, Typenentwicklung (wie Anm. 37), S. 71 ff.

48 Josef Dollhoff, Die Kölner Rheinschiffahrt. Von der Römerzeit bis zur Gegenwart, Köln 1980, S. 25 ff.

18 Niederländisches Schiff auf der Ansicht der Stadt Köln 1531. Freizeichnung nach Anton Woensam, 1531.

der Holk, entwickelt hatten, die nicht mehr tiefer in die Flüsse vordringen konnten. Die Rhein-See-Schiffe des 13. Jahrhunderts werden kaum größer gewesen sein als die Niederländer des 15. und 16. Jahrhunderts.[49]

Die sogenannten Niederländer, wie sie uns im 15. bis 17. Jahrhundert begegnen, waren flachbodige, bis ins 16. Jahrhundert klinkergebaute Frachtschiffe mit rechteckigen Formen des Vorderteils und des Rumpfes. Diese Schiffe besaßen einen Mast mit Takelage zum Segeln, ein festes Steuerruder am Heck und häufig Seitenschwerter, die beim Segeln den geringen Tiefgang wettmachen sollten. Die Grundform hieß Aak; sie soll zunächst in Dorsten an der Lippe entwickelt worden sein, befuhr dann aber in den verschiedensten Größen und Ausformungen, offen und geschlossen, den Niederrhein und seine Nebenflüsse.

Die Kölner Aak (Keulsze Aek) war gedeckt, zeigte halbrunde Lukenabdeckungen und ein leicht erhöhtes Heck. Die Takelung bestand aus einem schmalen Spriet- und einem Focksegel. Die Länge dürfte nicht über 20–25 Meter betragen haben, die Breite nicht über 4 Meter. Als Tragfähigkeit wird man zwischen 40 und 60 Tonnen, im Höchstfall 80 Tonnen annehmen können.

49 Schwarz, Typenentwicklung (wie Anm. 37), S. 28 f.

19 Keulenaar (Kölnaak). Niederrheinschiff, das im 18. Jahrhundert mit der niederländischen Samoreuse verschmolz, Druckgraphik 1789

Im 17. Jahrhundert entwickelte sich diese Schiffsform weiter zur sogenannten Samoreuse, die in Holland noch oft Keulenaar genannt wurde und die der großen Niederrheinfahrt zwischen Dordrecht bzw. Amsterdam und Rotterdam und Köln diente.[50]

Kleinere Schiffe

Sowohl auf dem Mittel- als auch auf dem Niederrhein gab es eine große Zahl verschiedener kleinerer Schiffstypen, die z. T. verkleinerte Ausführungen der großen Schiffe waren, z. T. sich aber auch aus Kähnen und Nachen entwickelt hatten.

Am beliebtesten war wohl im 15. und 16. Jahrhundert die Lauertanne (auch Lordanne), ein offenes, klinkergebautes Boot mit flachem Boden, bisweilen mit prahmartig erweitertem Bug und Heck sowie häufig einem Mast mit Segelmöglichkeit. Diese Schiffe waren Einwegschiffe. Sie wurden am Oberrhein, auf dem Main oder am Mittelrhein ge-

50 Böcking, Rheinschiffahrt (wie Anm. 34), Bd. 1, S. 98 ff.; Schwarz, Typenentwicklung (wie Anm. 37), S. 36 ff.; Sopers, Schepen (wie Anm. 41), S. 112 ff.; Schiffahrtmuseum (wie Anm. 41), S. 17 ff.; Fimpeler Schifffahrt (wie Anm. 41), S. 375–427.

20 Zahlreiche kleinere Schiffe, Lauertannen, Kähne und Nachen bevölkern 1531 den Rhein. Diese Fahrzeuge muss es in sehr großer Zahl gegeben haben. Holzschnitt von Anton Woensam von Worms, 1531, Ausschnitt.

baut, dienten dem Transport von Wein, Holz, Steinen, sonstigen Gütern und Personen den Rhein herunter und wurden am Zielort als Bau- oder Brennholz verkauft. Für den Bau wurden vornehmlich Tannenhölzer verwendet, die auch nur mit hölzernen Pflöcken zusammengefügt waren. Die Lauertannen waren häufig in Mainz und Köln vom Stapel befreit, weshalb sie als beliebte Fahrzeuge zum Transport von Massengütern eingesetzt wurden und auch auf dem Niederrhein und in den Niederlanden auftauchten. Ihre Tragfähigkeit schwankte zwischen 25 und 40 Tonnen.[51]

Auf dem Niederrhein gab es in der Frühen Neuzeit auch kleinere Schiffstypen, die stark von Bauformen der Küstenschifffahrt beeinflusst waren. Es waren dies sogenannte Kaekschuiten und die Schietschuiten, offene oder teilgedeckte Schiffe mit flachem Boden, einem Mast und ausgebauter Takelage, die etwa 30–45 Tonnen Last aufnehmen konnten. Sie besaßen wie die holländischen Küstensegler Seitenschwerter. Diese Art Schiff wurde seit dem 16. Jahrhundert auch als Beurtschiff eingesetzt.[52]

Außer den genannten kleineren bzw. mittelgroßen Schiffen belebte noch eine große

51 Schwarz, Typenentwicklung (wie Anm. 37), S. 79 ff.; Schiffahrt-Museum (wie Anm. 41), S. 15 u. 87 f.; Fimpeler, Schifffahrt (wie Anm. 41), S. 343 f.

52 Böcking, Rheinschiffahrt (wie Anm. 34), Bd. 1, S. 105 f.

21 Modell einer holländischen Staatenjacht, die für Kurfürst Karl Albrecht von Bayern (1697–1745) gebaut wurde. Modell von Hans Koenen.

Zahl anderer kleinerer Schiffe den Rhein: Nachen, Boote, Kähne, Fähren, die, ebenfalls mit Masten und Segeln ausgestattet, zum Transport von Personen, Vieh und Waren dienten. Ihre Bauart hat sich im Laufe der Jahrhunderte nur wenig verändert, wie z. B. die Form des 1972 bei Krefeld gefundenen Lastkahns aus dem 13./14. Jahrhundert zeigt.[53] Alle diese Schiffe unterlagen im Prinzip den Stapel- und Zollrechten auf dem Rhein, so dass auch für diese Schiffe nicht von einem freien Verkehr gesprochen werden kann.

Jachten

Für den Personenverkehr dienten seit dem 16. Jahrhundert eigens dafür hergerichtete Schiffe der oberländischen oder niederländischen Bauart. In den Niederlanden hießen diese Schiffe Jachten. Sie waren wohl kleiner und vor allem leichter gebaut als die Frachtschiffe, mit besserer Takelage ausgestattet und wohl auch am Mittel- und Oberrhein teilweise für das Rudern ausgelegt. Im Laufe der Frühen Neuzeit entwickelten sich ganz bestimmte Aufbauten, die im 18. Jahrhundert einen gewissen Komfort erreichten. Als regelmäßig verkehrende „Wasserdiligencen“ wurden sie dann ein beliebtes Reisemittel.

53 Vgl. Detlef Ellmers, Schiffe der Hanse, in: Hanse in Europa. Brücke zwischen den Märkten 12.–17. Jahrhundert, Ausstellungskatalog, Köln 1973, S. 57–64, hier S. 63 f.

Daneben gab es für Sondertarife noch Extra- und Eilnachen oder Schnelljachten, die man mieten konnte.[54]

Die Fürsten der Territorien am Rhein besaßen wahrscheinlich schon seit dem Spätmittelalter eigene Schiffe, obwohl wir erst für das 17. und 18. Jahrhundert darüber genauer informiert sind. Hingewiesen werden soll nur auf das um 1500 gebaute Schiff der Stadt Köln, das der Rat zu Lustfahrten verwandte.[55] Herzog Johann Wilhelm II. von der Pfalz, der in Düsseldorf residierte, um nur ein Beispiel zu nennen, ließ sich am Ende des 17. Jahrhunderts Jachten in den Niederlanden bauen, die auf der Grundform der Schuit bzw. Tjalk sehr kunstvoll ausgeführt waren. Auch die Kurfürsten von Köln und Trier sowie viele andere rheinanliegende Fürsten besaßen Prunkschiffe für den eigenen Gebrauch.[56]

Flöße

Ein im Mittelalter und in der Frühen Neuzeit nicht zu unterschätzendes Transportmittel stellten auch Flöße dar. Diese dienten natürlich zunächst dem Holztransport selbst, wurden aber häufig auch mit Waren aller Art beladen.[57] Der Holzhandel den Rhein hinunter und auch über die anderen Nebenflüsse, besonders die Lippe, stellte einen bedeutenden Wirtschaftsfaktor dar. Für die Flöße galten immer eigene Regelungen, da sie wegen ihrer Größe und Form schwerer zu manövrieren waren. Allerdings gehören die ganz großen Flöße, die sogenannten Holländerflöße, die über 100 Meter lang sein konnten und aus mehreren beweglichen Teilen bestanden, erst dem 18. und 19. Jahrhundert an. Die Flöße des Spätmittelalters und des 16. und 17. Jahrhunderts werden wesentlich kleiner gewesen sein.

54 Bruno Kuske, Gewerbe, Handel und Verkehr, in: Geschichte des Rheinlandes, Bd. 2 (wie Anm. 8), S. 149–248, S. 232; Fimpeler, Schifffahrt (wie Anm. 41), S. 257 f.; vgl. auch Cornelius Neutsch, Reisen um 1800. Reiseliteratur über Rheinland und Westfalen als Quelle einer sozial- und wirtschaftsgeschichtlichen Reiseforschung (Sachüberlieferung und Geschichte. Siegener Abhandlungen zur Entwicklung der materiellen Kultur, Bd. 6), St. Katharinen 1990, S. 161–164; Heinz Weber, Die Kölner Marktschiffahrt, in: Jahrbuch des Kölnischen Geschichtsvereins 49, 1978, S. 199–228.

55 Clemens von Looz-Corswarem, Das Ratsschiff der Stadt Köln im 16. Jahrhundert, in: Beiträge zur Rheinkunde 32,1980, S. 51–56 (Vgl. Beitrag 14 in diesem Band); Fimpeler, Schifffahrt (wie Anm. 41), S. 263–294.

56 Karl Bernd Heppe, Fürstliches Reisen auf dem Rhein, Ausstellungskatalog, Stadtmuseum Düsseldorf, Düsseldorf 1987; Schiffahrtmuseum (wie Anm. 41), S. 26 f. u. 90; Hans Wolfgang Kuhn, Die große Rheinjacht des Trierer Kurfürsten Franz Georg von Schönborn von 1747, in: Jahrbuch für westdeutsche Landesgeschichte 12, 1986, S. 97–106; ders., Barock auf dem Wasser. Die Jachtschiffe der Kurfürsten von der Pfalz auf Rhein und Neckar, in: Oberrheinische Studien 1985, S. 205–249.

57 Ellmers, Frühmittelalterliche Handelsschiffahrt (wie Anm. 32), S. 112 ff.

22 Großes Holländerfloss bei Unkel. Kolorierter Kupferstich von L. Janscha und J. Ziegler, 1798, Ausschnitt.

Das meist im Schwarzwald geschlagene Holz, für das es in Kehl bei Straßburg und bei Mannheim Stapelplätze gab, wurde in kleineren Flößen den Mittelrhein hinuntergeflößt. Bei Koblenz-Neuendorf und vor Namedy bei Andernach wurden die kleineren Flöße zu größeren Einheiten zusammengebunden. Diese erreichten Köln, wo ein Stapelplatz für Holz war und viel Holz verkauft und verbraucht wurde, oder sie wurden — mit Sondergenehmigung — weiter stromab in die Niederlande geführt. Bei diesen Holzgeschäften werden bis ins 16. Jahrhundert hinein Kölner Holzhändler eine führende Rolle gespielt haben, die sie dann im 17. und 18. Jahrhundert an die Holländer abgeben mussten.[58]

Eine bedeutende Flößerei gab es auch auf der Lippe, was mit einem gewissen Holzhandel in Wesel korrespondierte.[59]

58 Jürgen Delfs, Die Flößerei in Deutschland und ihre Bedeutung für die Volks- und Forstwirtschaft, in: Flößerei in Deutschland, hrsg. v. Hans Walter Keweloh, Stuttgart 1985, S. 34–54; Hans Walter Keweloh, Flößerei und Stapelrecht – Zur Holzversorgung in Mittelalter und Neuzeit, in: Ders., Auf den Spuren der Flößer. Wirtschafts- und Sozialgeschichte eines Gewerbes, Stuttgart 1988, S. 40–53; Karl-Peter Wiemer, Die Flößerei auf Mittel- und Niederrhein im 18. Jahrhundert, in: ebd., S. 111–128, hier S. 112; ders., Die Flößerei auf dem Rhein, in: Der Rhein (wie Anm. 23), S. 109–116; Elmar Scheuren, Floßbau und Holzhandel am Rhein, in: Flößerei auf dem Rhein. Ausstellungskatalog der Stadt Königswinter 1989, S. 18–22; Böcking, Rheinschiffahrt (wie Anm. 34), Bd. 1, S. 270 ff.; Dietrich Ebeling, Der Holländer-Holzhandel in den Rheinlanden. Zu den Handelsbeziehungen zwischen den Niederlanden und dem westl. Deutschland im 17. und 18. Jahrhundert (VSWG, Beiheft 101), Stuttgart 1992.

59 Kuske, Wirtschaftsgeschichte Westfalens (wie Anm. 28), S. 105; von Looz-Corswarem, Wirtschafts-

Markt- und Beurtschifffahrt

Marktschiffe gab es wohl seit dem 14. Jahrhundert. Es waren dies Schiffe, die nach einem bestimmten Fahrplan Personen und Waren zu den Märkten und Messen der einzelnen am Rhein liegenden Orte und Städte brachten. In der ersten Hälfte des 14. Jahrhunderts scheint schon eine regelmäßige Schiffsverbindung zwischen den Märkten in Koblenz und Andernach bestanden zu haben; in der zweiten Hälfte des 14. Jahrhunderts gab es ein täglich verkehrendes Schiff zwischen Mainz und Frankfurt. 1394 wird dem Vogt von Köln das Recht einer regelmäßigen Schifffahrt zwischen Neuss und Köln bestätigt, das dieser von seinen Vorfahren übernommen habe. Im 15. Jahrhundert finden wir jedenfalls zahlreiche Marktschiffe auf dem Rhein, dem Main und auf der Maas. Albrecht Dürer benutzte 1520 von Frankfurt nach Mainz das Frühschiff, was darauf hindeutet, dass mindestens zweimal am Tag eine Schiffsverbindung bestand. Von Mainz aus reiste er mit dem Kölner Schiff weiter.[60]

Diese regelmäßig verkehrenden Schiffe wurden am Mittelrhein, in Köln und z. T. auch am Niederrhein Marktschiffe genannt. Am weiteren Niederrhein und in den Niederlanden taucht dann für das 16. und 17. Jahrhundert der Begriff „Beurth-", „Beurt-" bzw. „Börtschiff" auf, der wohl zunächst teilweise mit dem Begriff „Marktschiff" identisch ist. Allerdings werden mit „Beurtschiff" auch Frachtschiffe benannt, die in festgelegter Reihenfolge zu bestimmten Terminen auf bestimmten Strecken fuhren. Für die Personenbeförderung wird in den Niederlanden auch der Begriff „Fehrschiff" oder Fähre gebraucht.

Mit großer Wahrscheinlichkeit hat es im Mittelalter Marktschiffe am Niederrhein nicht nur zwischen Köln und Neuss, sondern auch zwischen den anderen Orten und auch den niederländischen Städten gegeben. Wenn hier erst für das 16. Jahrhundert Nachrichten auftauchen, so vielleicht deshalb, weil in diesem Jahrhundert zeitweise der Verkehr auf dem Niederrhein und in die Niederlande so stark zugenommen hat, dass auch mehrere

geschichte Wesels (wie Anm. 4), S. 152 f., 179; vgl. Ebeling, Rohstofferschließung (wie Anm. 28), S. 151 ff.

60 Quellen zur Kölner Handels- und Verkehrsgeschichte (wie Anm. 32), Bd. 1, S. 88, Nr. 246 (Neusser Marktschiff 1394 Juni 25), S. 282, Nr. 817 (Neusser Marktschiff 1431 Juni 27), S. 434, Nr. 1226 (Frankfurter Marktschiff 1448); Bd. 2, S. 254, Nr. 538 (Zündorfer Marktschiff um 1470), S. 576, Nr. 1148 (Marktschiff zwischen Maastricht und Roermond 1489); Heinrich Averdunk, Die Duisburger Börtschiffahrt, zugleich ein Beitrag zur Geschichte des Gewerbes in Duisburg und des Handelsverkehrs am Niederrhein (Schriften des Duisburger Museumsvereins 2), Duisburg 1905; Albrecht Dürer, Tagebuch der Reise in die Niederlande, in: Ders., Schriften und Briefe, Leipzig 1989, S. 55–99, hier S. 57; vgl. auch Heinrich Steins, Der Personenverkehr auf dem Rhein von seinen Anfängen bis zur Gegenwart (Beilage zum 59. Jahresbericht 1913 des Königlichen Wilhelms-Gymnasiums zu Krotoschin), Krotoschin 1913, S. 26 ff.

23 Niederländisches Beurtschiff, wie es im 18. Jahrhundert offensichtlich auch zur Personenbeförderung benutzt wurde, Stich 1789

Marktschiffe gleichzeitig ausgelastet waren und sich daher in mehreren Städten Marktschiffer privilegieren ließen.[61]

Im Jahre 1559 privilegierte der Rat der Stadt Wesel ein Marktschiff nach Nimwegen, das damals für Wesel ein ganz wichtiger Markt war. Wenige Jahre später erhielt dieses Marktschiff die Erlaubnis, nach Antwerpen durchzufahren.[62] Zu Beginn des 17. Jahrhunderts wird die Beurtschifffahrt von Wesel nach Rheinberg, Orsoy, Düsseldorf und Köln als seit langem bestehend bezeichnet.[63] Eine Duisburg-Nimwegener Beurt wurde 1664 geplant und 1674 eingerichtet.[64] Seit dem ausgehenden 15. Jahrhundert und vor allem dann im 16. Jahrhundert, als sich der niederländische Einfluss auf fast den gesamten Niederrhein erstreckte, nahm auch der Einfluss der holländischen Binnenschiffer und ihrer Organisationen zu. In den Niederlanden erreichte das System der Beurtfahrten, die einen regelrechten Liniendienst zu bestimmten Terminen versahen, seine hervorragende Ausprägung. Auch die starken lokalen Schifferverbände, deren Aktivitäten bis

61 Kuske, Gewerbe, Handel und Verkehr (wie Anm. 50), S. 233.

62 Münker, Weseler Schiffahrt (wie Anm. 28), S. 13 ff.

63 StAWesel, A1/57/5; Steins, Personenverkehr (wie Anm. 56), S. 26 f.

64 Averdunk, Börtschiffahrt (wie Anm. 56), S. 3 ff.; Nijmegen, bearb. v. Friedrich Gorissen (Niederrheinischer Städteatlas 2: Geldrische Städte, PGRhGk 51), Kleve 1956, S. 63; Joseph Milz/Hans-Georg Kraume, Duisburgs Entwicklung als Handels-, Hanse- und Hafenstadt, in: Duisburg und der Rhein. Begleitbuch und Katalog, Duisburg 1992, S. 47–62, hier S. 53–55.

24 Marktschiff bzw. Wasserdiligence vor Schloss Biebrich bei Wiesbaden, Ende 18. Jahrhundert. Kolorierte Zeichnung, unbekannter Maler.

nach Köln spürbar waren, scheinen den niederrheinischen Schiffern als Vorbild gedient zu haben.[65]

Die Beurtschifffahrt für Frachten nahm am Niederrhein im 17. Jahrhundert auch die Form der Reihefahrt an, d. h., die Frachtschiffe fuhren in einer festgelegten Reihenfolge, wenn sie beladen waren, ab. So sollte jedem Schiffer die gleiche Chance bei Frachtaufträgen eingeräumt werden. Da manche Firmen bestimmte Schiffer bevorzugten, auch Schiffer besondere Absprachen trafen, lag hier eine Ursache für häufige Streitigkeiten.

65 Vgl. Klaus Spading, Holland und die Hanse im 15. Jahrhundert (Abhandlungen zur Handels- und Sozialgeschichte 12), Weimar 1973, S. 149 ff.

25 Niederländisches Frachtschiff, sogenannte Samoreuse, auf dem die Besitzer mit ihrer Familie lebten. Modell von H. Tournay.

Schiffer und Schiffergesellschaften

Wohl seit dem Beginn der Frühen Neuzeit war für die Große Fahrt zwischen den Stapelstädten Köln und Dordrecht bzw. Rotterdam/Amsterdam die Niederrheinische Schiffergesellschaft und für die Große Fahrt zwischen Köln und Mainz die Oberrheinische Schiffergemeinde, beide mit Sitz in Köln, zuständig. Außerdem gab es die Mainzer Schifferzunft, die den Verkehr oberhalb von Mainz kontrollierte, die aber auch an der Fahrt auf dem Mittelrhein beteiligt war. In der Niederrheinischen Schiffergemeinde waren rheinische und niederländische Schiffer eingeschrieben, die für die Große Fahrt auf dem Niederrhein zugelassen waren. Sie wurden von der kurkölnischen Strombehörde in Köln, dem sogenannten Salzamt, kontrolliert. Innerhalb der Großen Fahrten bildeten sich für kürzere Strecken zwischen den Städten für den Markt- oder Beurtverkehr eigene Schiffergesellschaften, die städtische oder landesherrliche Privilegien erlangten. Diese regelten die Beurt- bzw. Reihefahrt meist unter sich. Die starke Konkurrenz im Schiffs- und Transportgewerbe seit dem 16. Jahrhundert förderte auch hier, wie bei den städtischen Zünften, die Abgrenzung.[66]

Wahrscheinlich waren auch schon im Mittelalter und im 16. Jahrhundert die Schiffsführer gleichzeitig Eigentümer der großen oberländischen oder niederländischen Frachtschiffe, die sie auf eigenes Risiko führten. Inwieweit Kaufleute daran finanziell beteiligt waren, ist ungewiss. Im 17. Jahrhundert war die Große Fahrt auf dem Niederrhein fast ganz in die Hände der Holländer übergegangen. Die Besitzer der großen Samoreusen, die ihnen häufig auch als Wohnung dienten, wurden im 18. Jahrhundert allgemein als wohlhabend bezeichnet.

Die Schiffer und Schifferknechte stammten meist aus den kleineren Orten am Rhein. Dies wird in den Zollrechnungen deutlich, bei denen der Herkunftsort der jeweiligen Schiffer angegeben ist. In manchen Orten hat sich eine starke Schiffertradition herausgebildet. Das gleiche gilt auch für die Flößer und Floßknechte, die allerdings meist in kleinen Orten des Mittelrheins beheimatet waren.[67]

1.5 Häfen und Verkehrsorganisation

Häfen und Kaianlagen

Für einen geordneten Handelsverkehr auf dem Rhein waren auch entsprechende Hafeneinrichtungen notwendig. Das Mittelalter und die Frühe Neuzeit kannten keine Handelshäfen mit eigenen Hafenbecken, wie sie sich in der zweiten Hälfte des 19. Jahrhunderts ausgebildet haben. Nur da, wo durch Rheinlaufveränderungen die ursprünglichen Landeplätze in Altrheinarme gerieten, wie in Neuss oder Duisburg, entstanden hafenähnliche Situationen. Häfen waren, so sie vorhanden waren, immer Sicherheitshäfen, in die die Schiffe bei Hochwasser und Eisgang gebracht werden konnten. Da die Schiffe in der Regel am offenen Strom be- und entladen wurden, mussten dort auch die entsprechenden Einrichtungen vorhanden sein. Da sind zunächst Kaianlagen zu nennen, die im Mittelalter aber noch recht selten vorausgesetzt werden können. Die Möglichkeit, das Wasser für größere Schiffe tief genug auszubaggern und diese Tiefe zu halten, war begrenzt; sie stellte auch eine sehr hohe Investition dar, die nur bei sehr großem Handelsaufkommen lohnte.[68] Wir sahen

66 Kuske, Gewerbe (wie Anm. 50), S. 232 f.

67 Z.B. Urdenbach bei Düsseldorf: Helmut Ackermann, Schiffahrt in voller Blüte. Urdenbach: Schiffer im 15. und 16. Jahrhundert, in: Rheinische Post Benrath vom 15.–19.1.1991.

68 Ellmers, Frühmittelalterliche Handelsschiffahrt (wie Anm. 32), S. 150 ff.; Detlef Ellmers, Mittelalterliche Hafeneinrichtungen am Rhein, in: Beiträge zur Rheinkunde 33, 1981, S. 36–46, hier

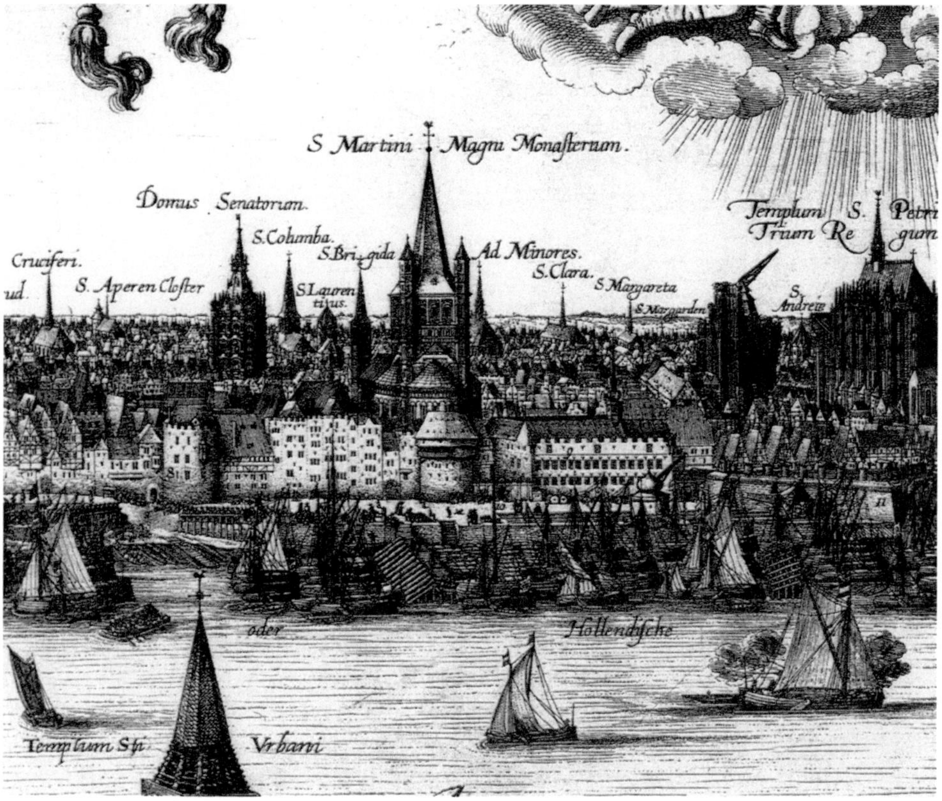

26 Große Ansicht der Stadt Köln. Niederländische Schiffe am Kölner Rheinufer mit dem Mühlengassenkran. Stich von Wenzel Hollar, 1635, Ausschnitt.

schon, dass die Oberländer von ihrer Bauart her darauf eingerichtet waren, mit dem Bug am Ufer aufzusetzen. Anders war es bei den Schiffen niederländischer Bauart, die größer waren und einen höheren Bord besaßen. Hier waren Kaianlagen sinnvoll.

Normalerweise konnten alle Waren, die in Säcken oder als Ballen verpackt waren, aus den Schiffen getragen werden. Zahlreiche Güter waren auch in Fässern verpackt, die gerollt werden konnten, so u. a. Ventwaren (Butter, Käse, Speck), Fisch, Metall (Nägel, Eisen und Kupfer in Scheiben oder Stäben), ja sogar Hausrat und Bücher. Das Fass war sozusagen der Container des Mittelalters.[69] Nicht gerollt werden konnten Fässer mit wertvollen Flüssigkeiten, vor allem mit Wein. Beim Rollen über den unebenen Boden wären die Fässer undicht geworden, was zum Auslaufen des Weins geführt hätte. Für den Transport

S. 44 f.

69 Ellmers, Schiffe der Hanse (wie Anm. 49), S. 63.

der Weinfässer standen eigene Handels- und Verkehrsarbeiter, die Schröder, bereit, die die großen Fuderfässer auf speziellen Wagen fuhren oder auf Kufen und Schlitten zogen und mit Windeeinrichtungen in die Keller brachten. In die Schiffe mussten die Fässer mit Hilfe eines Krans gehoben werden.[70] Es ist deshalb nur ganz natürlich, dass die Städte und Orte am Rhein, die am Weinhandel stark beteiligt waren, über feste oder schwimmende Kräne verfügten. Auch der Handel mit großen Mühlsteinen, die nicht über Planken ins Schiff gerollt werden konnten, setzte Krananlagen voraus.

Kräne

Von Köln abgesehen wird es am Niederrhein im Mittelalter keine festen Tret- oder Hauskräne am Rheinufer gegeben haben. Noch bis ins 18. Jahrhundert waren fast überall Schwimmkräne im Gebrauch, die seit dem 16. Jahrhundert nach und nach durch feste Kräne ergänzt oder ersetzt wurden. Diese Schwimmkräne, auch Tretradkräne, waren auf flachen Pontons montiert, die zwischen dem Schiff und dem Ufer lagen und so die Waren vom Schiff auf das Werft setzen konnten. Dass der Betrieb von Schwimmkränen nicht ganz ungefährlich war, zeigen die wiederholten Anweisungen der Stadt Köln, keine Mühlsteine mit den Schwimmkränen zu heben, da diese leicht umschlagen könnten.[71]

Um 1500 gab es am Kölner Rheinufer einen Hauskran an der Markmannsgasse und mindestens vier Schwimmkräne; 1537 wurde ein weiterer steinerner Landkran errichtet, und am Ende des 16. Jahrhunderts gab es mindestens sieben Kräne am Kölner Rheinufer.[72] In Neuss scheint es vom Spätmittelalter bis ins 18. Jahrhundert jeweils ein bis zwei Kranschiffe gegeben zu haben, was bei der besonderen Struktur des Neusser Hafens im Erftkanal auch sinnvoll gewesen sein wird.[73] In Düsseldorf ist ein Schwimmkran erstmals 1450

---

70 Bruno Kuske, Die städtischen Handels- und Verkehrsarbeiter und die Anfänge städtischer Sozialpolitik in Köln bis zum Ende des 18. Jahrhunderts (Kölner Studien zum Staats- und Wirtschaftsleben, H. 8), Bonn 1914, S. 22 ff.

71 Michael Matheus, Hafenkrane. Zur Geschichte einer mittelalterlichen Maschine am Rhein und seinen Nebenflüssen von Straßburg bis Düsseldorf (Trierer Historische Forschungen 9), Trier 1985; ders., „Accipio, trado, qvodlvbet expedio“: Flußhäfen und ihre Hebewerke, in: See- und Flußhäfen vom Hochmittelalter bis zur Industrialisierung (Städteforschung A 24), hrsg. v. Heinz Stoob, Köln/Wien 1986, S. 89–127.

72 Clemens von Looz-Corswarem, Die Ausgaben der Stadt Köln 1500/01 nach dem Ausgabenbuch der Mittwochsrentkammer, Masch. Staatsarbeit 1973, S. 37 f.; Kuske, Handels- und Verkehrsarbeiter (wie Anm. 66), S. 13; Matheus, Hafenkrane (wie Anm. 67), S. 53 f.

73 Erich Wisplinghoff, Geschichte der Stadt Neuss von den mittelalterlichen Anfängen bis zum Jahre 1794, Neuss 1975, S. 379 f.

27 Der im 17. Jahrhundert gebaute steinerne Rheinkran am Rheinort in Düsseldorf. Ölgemälde von August Wilhelm John (1813–1881), ca. 1830.

bezeugt, der in diesem Jahr vom Herzog der Stadt überlassen wurde. 1598 bat die Stadt den Herzog um eine Beihilfe zum Bau eines festen Krans, der dann bis ins 19. Jahrhundert bestand. Der Engländer Thomas Coryate beschreibt ihn 1608 so:

> Etwas außerhalb der Stadtmauer sah ich eine gewisse Vorrichtung Kran genannt, die hierzulande viel zum Heben von Lasten jeden Gewichts beim Ausladen von Schiffen gebraucht wird. Ich nenne ihn, da er in seiner Art der ansehnlichste Kran war, den ich in Deutschland sah.[74]

Bei den kleineren Städten wie Zons, Kaiserswerth und Uerdingen scheint es im Mittelalter und in der Frühen Neuzeit keinen Kran gegeben zu haben. Auch für Ruhrort und Duisburg ist für das Mittelalter kein Kran belegt. In Wesel dagegen ist seit 1355 ein Kran nachgewiesen, bei dem es sich wahrscheinlich um einen Schwimmkran handelte. Im Jahre 1523 wurde ein neuer Kran gebaut, der wohl schon ein fester Kran war und der möglicherweise zusätzlich zu einem Schwimmkran in Gebrauch kam. Nach Bränden wurde der Kran 1536/37 und 1590/91 erneuert.[75] Weitere Kräne am Niederrhein sind in Emmerich, Nimwegen, Deventer und Dordrecht nachgewiesen.[76].

Die Kräne bildeten nicht nur technische Einrichtungen zum Beladen oder Löschen der Schiffe, sondern sie hatten noch zahlreiche andere Funktionen. Sie waren zuvörderst auch Einnahmequelle, denn sehr bald wurden die Krangebühren von den Städten auch für andere Zwecke verwendet und als allgemeine Einnahme für die Stadtkasse behandelt. Um den Kran herum befanden sich meist Lagermöglichkeiten für die verschiedensten Waren. Der Kran am Rheinufer wurde somit neben dem Kaufhaus und dem Markt zum Zentrum des städtischen Wirtschaftslebens, was sich auf vielen Abbildungen vor allem aus dem 17. und 18. Jahrhundert nachweisen lässt.[77]

---

74 Coryate, Rheinfahrt (wie Anm. 31), S. 342; Erich Wisplinghoff, Vom Mittelalter zum Ende des Jülich-Klevischen Erbstreits (ca. 700–1614), in: Düsseldorf. Geschichte von den Ursprüngen bis ins 20. Jahrhundert, 4 Bde., Düsseldorf 1988–1990, Bd. 1, S. 161–445, hier S. 196 u. 201.

75 Von Looz-Corswarem, Wirtschaftsgeschichte Wesels (wie Anm. 4), S. 153; Christian Reinicke, Der Weseler Rheinkran im 16. und 17. Jahrhundert, in: Wesel. Beiträge zur Stadtgeschichte (SQGW 7), Wesel 1985, S. 49–81.

76 Nijmegen (wie Anm. 60), S. 105; Matheus, Hafenkrane (wie Anm. 67), S. 15 u. 111.

77 Matheus, Hafenkrane (wie Anm. 67), S. 15 u. 111.

Hafen- und Verkehrsarbeiter

In den Häfen und an den Kranen war eine große Zahl von Hafen- und Verkehrsarbeitern tätig. Es handelte sich dabei vor allem um Träger, Karrenschieber und sonstige Transportarbeiter, die manchmal auf bestimmte Waren spezialisiert waren. Hierzu gehörten die Schröder, die für den Transport von Weinfässern zuständig waren. Am Kran waren die Kranknechte beschäftigt, die die Waren an den Haken brachten, die Krantreter, die in den Tretkränen auf Zuruf hin die Wellen in Bewegung setzten, die Kranschreiber und Kranmeister sowie die Schürger und Wiegeknechte am Rheinufer. In den Stapelstädten, vor allem Köln, gab es das Kontrollpersonal für die verschiedenen Waren: die Weinröder, die Holzzähler und Leyenmesser, die Eisenzähler, Kannenzähler und Träger, die Kohlenmüdder und Wieger, die Heringsröder und Tranmesser, die Werft- und Zollschreiber und die Boten. Für die Stadt Köln hat Kuske das gesamte als Handels- und Verkehrsarbeiter tätige Personal inklusive der auf den Märkten und in den Kaufhäusern tätigen Personen im Spätmittelalter auf rund 400 Personen geschätzt.[78] In Neuss erhielten die Sackträger 1495 einen Amtsbrief, der ihre Aufgaben genau festhielt. Damals gab es sieben organisierte Träger, die aus ihrer Mitte einen Amtsmeister zu wählen hatten. 1562 war die Zahl der Hafenarbeiter in Neuss auf 28 gestiegen, die das Vorrecht, Trägerdienste durchzuführen, gegen Fremde verteidigten. In der Frühen Neuzeit wurden diese Sackträger im Hafen in Neuss „Erftkadetten" genannt.[79] Die Handels- und Verkehrsarbeiter, die jedenfalls in Köln teilweise als städtische Bedienstete angesehen wurden, schienen sich entsprechend der allgemeinen Konjunktur bisweilen recht gut gestanden zu haben. Wie sonst ließen sich die häufigen Bitten an den Rat um Zuweisung einer Verkehrsarbeiterstelle und die Verbote des Rates an die Kaufleute verstehen, z. B. den Kranknechten mehr als eine bestimmte Menge Trinkgeld oder pro gekrantes Fuder Wein mehr als eine Flasche Wein zu geben?[80]

1.6 Belastungen des Handelsverkehrs

Zu den durch die natürlichen Verhältnisse des Stroms hervorgerufenen Gefahren und Belastungen traten andere, die den Verkehr z. T. erheblich behindern, wenn nicht gar unmöglich machen konnten. Es waren dies die bei kriegerischen Ereignissen auftretenden

78 Kuske, Handels- und Verkehrsarbeiter (wie Anm. 66).

79 Peter Stenmans, Die „Erftkadetten" in der „guten alten Zeit", in: „Erftkadetten" des alten Neusser Hafens. Zur Denkmalseinweihung am 20. August 1980, Neuss 1980, S. 6–11.

80 Kuske, Verkehrsarbeiter (wie Anm. 66), S. 18; von Looz-Corswarem, Ausgaben (wie Anm. 68), S. 38.

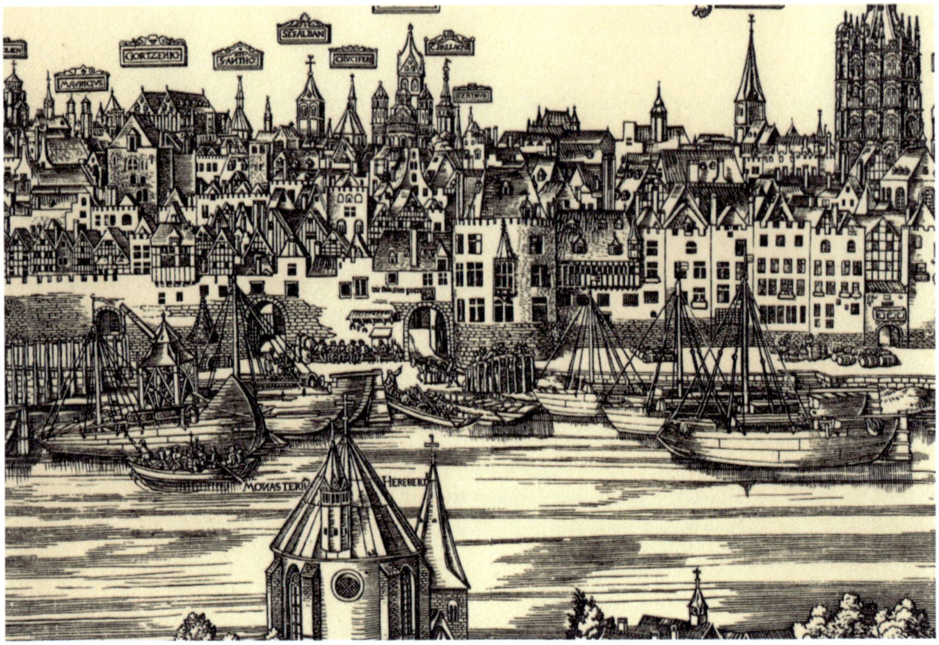

28 Sichtbares Zeichen des Stapelrechts von Köln war das Be- und Entladen der niederrheinischen unterhalb und der oberrheinischen Schiffe oberhalb des Salzgassentors. Im Prinzip durfte kein Schiff an dieser magischen Grenze vorbeifahren. Fast alle Waren mussten vor dem Weitertransport in die Stadt gebracht werden. Holzschnitt von Anton Woensam von Worms 1531, Ausschnitt.

Stromsperren, Beschlagnahmungen von Handelswaren, Piraterie, Erhebung ungerechtfertigt hoher Abgaben, Zölle, Licenten und Gebühren, Verschärfungen von echten oder vermeintlichen Handelsbeschränkungen für Kaufleute, Schiffer oder Waren aus bestimmten Städten oder Ländern. Schnell war bei einer Fehde der Strom gesperrt; leicht konnte man, indem man bestimmten Schiffen die Durchfahrt versagte oder Waren beschlagnahmte, Druck auf eine Stadt oder ein Territorium ausüben.

Andere Belastungen waren sozusagen permanenter Art. Es waren das die zahlreichen Zölle auf dem Rhein und die Stapelrechte der Städte Mainz, Köln und Dordrecht. Für den Niederrhein sind vor allem die Stapelrechte von Köln und Dordrecht von Bedeutung. Dordrecht, das den Zugang von der See zur Waal kontrollierte, erhielt wieder zunehmend Gewicht, als sich der Verkehr im 17. Jahrhundert aus stromtechnischen Gründen stärker diesem Rheinarm zuwandte. Sowohl die Zölle und Stapelrechte als auch die durch Fehden, Handelsstreitigkeiten und Kriege hervorgerufenen Stromsperrungen und Belastungen haben der Schifffahrt und dem Handel auf dem Rhein sehr zugesetzt und nicht zuletzt zum starken Rückgang seit dem 16. Jahrhundert beigetragen.[81]

Das Stapelrecht der Stadt Köln

Beherrschend für den Handel des gesamten Niederrheins hatte sich das Stapelrecht der Stadt Köln ausgewirkt. Erste Ansätze lassen sich schon seit dem hohen Mittelalter fassen. Hintergrund für den Stapel war, wenn man von den natürlichen Gegebenheiten des Stroms absieht, das Bemühen der Stadt, die für die Versorgung der Bürger notwendigen Güter in die eigenen Mauern zu zwingen. Zur bevorzugten Versorgung gehörte, dass alle Fremden eines bestimmten Umkreises gezwungen wurden, ihre Handelswaren nach Köln zu bringen und dort den Bürgern — meist drei Tage — zum Kauf anzubieten. Erst wenn die Waren dann nicht verkauft waren, durften sie weitergeführt werden. Zunächst beschränkte sich der Stapel auf Lebensmittel, sogenannte Ventgüter, dehnte sich aber im Laufe des Mittelalters auch auf Baustoffe, Wein und andere Güter aus, ja es war das Bemühen der Stadt Köln, letztlich alle Handelswaren unter das Stapelrecht fallen zu lassen.[82]

Im Spätmittelalter bildete sich eine weitere Funktion des Stapels heraus: die der Lebensmittelkontrolle. Die Stadt nahm für sich das Recht in Anspruch, alle leicht verderblichen Ventwaren, die meist aus den Niederlanden nach Köln gebracht wurden, zu kontrollieren, in neue Gefäße umzupacken und dann mit einem stadtkölnischen Qualitätssiegel zu versehen. Hierunter fielen vor allem jene, die in Tonnen bzw. Fässern verpackt waren, wie Fische, Butter, Schmalz, Talg, Speck, Tran, Honig, Käse, Rüb- und Leinöl und Ähnliches. Besonders für den Handel mit gesalzenem oder getrocknetem Fisch, der für Köln eine große Rolle spielte, gab es eigene Regeln. Die Fische wurden in neue Fässer umgepackt und mit einer neuen Salzlake übergossen. Die Fässer erhielten dann ein eingebranntes Zeichen mit dem Kölner Wappen. Mit dem kölnischen Brand versehen wurden diese Waren weiter stromauf gebracht. Sollte sich herausstellen, dass die Waren trotzdem verdorben waren, so war die Stadt Köln schadenersatzpflichtig.

Zum Stapel gehörten auch Bannmeilenbestimmungen, die den Verkauf bestimmter Waren im Umkreis der Stadt verboten und die seit dem 15. Jahrhundert stark ausgeweitet wurden. Die Stadt Köln vertrat die Ansicht, dass Waren aus den Niederlanden „auf ganzem Boden“, d. h. unangebrochen nach Köln gebracht werden mussten. Für einige Güter, z. B. für Fisch, hat sie darüber auch Abkommen mit der Stadt Dordrecht getroffen. In der

81 Gothein, Zollkongresse (wie Anm. 20).

82 Gönnenwein, Stapel (wie Anm. 13), S. 97 ff.; Kuske, Kölner Stapel (wie Anm. 14); von Looz-Corswarem, Stapelrecht (wie Anm. 14); Schwerhoff, Kölner Stapel (wie Anm. 14).

Praxis sah das so aus, dass die Frachtschiffe der Großen Fahrt aus den Niederlanden ohne auszuladen nach Köln fahren mussten. Dort mussten die Waren ausgeladen und von einem Kölner Kaufmann weiterverteilt werden. So sollten auch die Städte Mülheim/Rhein, Zons, Neuss und Düsseldorf ihre niederländischen Waren aus Köln beziehen. Dass es hier Widerstände gab, ist verständlich. Es gelang dem Kurfürsten von Pfalz für Jülich-Berg selbst im 18. Jahrhundert nicht, sich vom Kölner Stapelzwang zu lösen. Nicht durchsetzen konnte Köln sein vermeintliches Stapelrecht allerdings in den Städten Wesel, Emmerich und Nimwegen, in denen die aus den Niederlanden kommenden Schiffe als letzte Stationen halten und ausladen konnten. In der Stadt Köln musste bei Handelsgeschäften ein stadtkölnischer Kaufmann oder Spediteur beteiligt werden.

Die Tatsache, dass Köln den Handel auf dem Rhein in die eigenen Mauern zwang und die Waren dann durch eigene Kaufleute, Kommissionshändler oder Spediteure weiterverfrachten ließ, mag im Spätmittelalter zum Aufschwung der Stadt beigetragen haben. Allerdings hatte es schon zu Beginn des 15. Jahrhunderts starke, beinahe militärische Auseinandersetzungen zwischen der Stadt Köln, den Kurfürsten von Köln und Trier und dem Pfalzgrafen bei Rhein um den Kölner Stapel gegeben.[83] In der Frühen Neuzeit hatte die Kölner Stapelgerechtigkeit eher negative Auswirkungen. Sie behinderte den Handel sehr, da die meisten Güter ja fest bestellt waren und die Kölner Kommissionshändler kein kaufmännisches Risiko mehr einzugehen brauchten. Ihr Eigenhandel ging immer mehr zurück. Sie wurden aus dem aktiven Handel immer stärker herausgedrängt und mussten zusehen, wie seit dem 17. Jahrhundert der Fernhandel zunehmend an holländische Kaufleute überging. Köln lebte vornehmlich von den Gebühren für das Ein- und Ausladen, Hin- und Hertransportieren, Messen und Umpacken der Ware, was diese natürlich unnötigerweise verteuern musste.[84]

Zölle auf dem Rhein

Seit dem hohen Mittelalter war der Handelsverkehr auf dem Rhein durch zahlreiche Zölle belastet. Ursprünglich waren Zölle Gebühren für den Unterhalt des Leinpfades und den Schutz der Kaufleute. Das zeigt sich schon daran, dass im 12. und 13. Jahrhundert Zölle nur von den aufwärts getreidelten Schiffen je nach ihrer Größe erhoben wurden.

Besaßen zunächst nur die rheinanliegenden Kurfürsten das vom König verliehene Recht, Zölle zu erheben, so dehnte sich dieses Recht im Spätmittelalter auch auf andere

83 Vgl. Quellen zur Geschichte des Kölner Handels und Verkehrs (wie Anm. 32), Bd. 1, S. 207, Nr. 613 (1418).

84 Kuske, Stapel (wie Anm. 14); Gönnenwein, Stapel (wie Anm. 13).

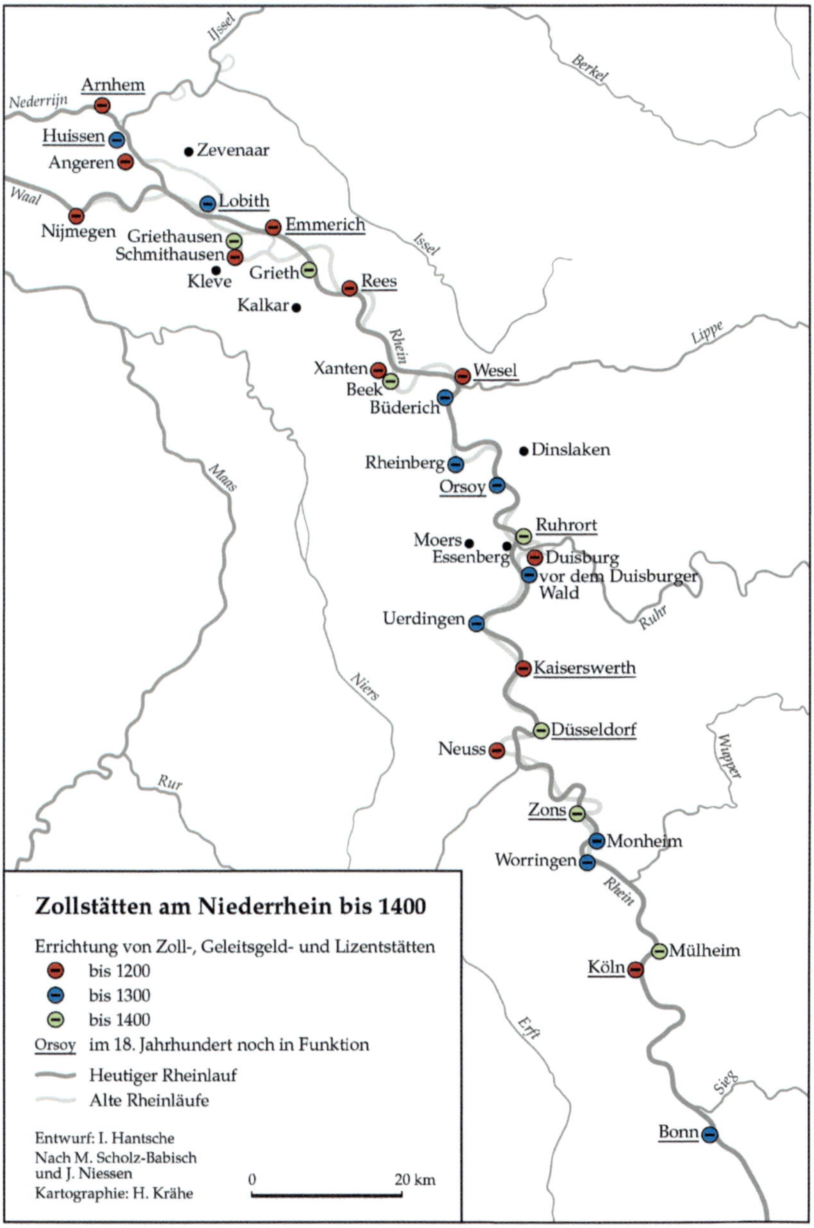

29 Zollstellen am Niederrhein vom 12. bis zum 15. Jahrhundert.

Fürsten und sogar Städte aus. Für die meisten Fürsten war der Rheinzoll die Haupteinnahmequelle, was gemünztes Silber anging. Für Zollzwecke wurden im 14. Jahrhundert sogar eigene Münzen geprägt, über deren Wert sich die Kurfürsten einigten. In dem Maße, in dem die Macht der Territorialmächte wuchs, wurden bestehende Zölle verlegt, geteilt, ausgedehnt und traten neue hinzu. Seit dem 13. Jahrhundert mehrten sich die Klagen über neue, ungenehmigte Zölle, die den Rheinhandel beschwerten.[85]

Für die verschiedensten Zölle gab es auch schon sehr früh Zollbefreiung für bestimmte Personen- bzw. Warengruppen. Vor allem Klöster und Stifte sowie Adelige erhielten Zollbefreiungen oder Zollvergünstigungen. Geistliche waren meist für den Eigenbedarf befreit. Auch sprachen Territorialherren häufig Befreiungen oder Vergünstigungen für die eigenen Kaufleute aus, die allerdings auch auf bestimmte Waren beschränkt werden konnten. Die Städte ihrerseits bemühten sich um Zollbefreiungen oder Reduzierungen bei anderen fremden Zollstellen oder in fremden Ländern. Eine Aufgabe der Hanse als Organisation war es, Zollvergünstigungen und Handelserleichterungen für die Kaufleute der Mitgliedsstädte im Ausland zu erreichen.

Die Erhebung des Zolls auf dem Rhein kann man sich recht einfach vorstellen. An bestimmten Stellen, Zollstätten oder Zolltürmen, mussten die zu Tal fahrenden Schiffe am Ufer anlegen, ihre Ware deklarieren und davon, wenn sie keine Befreiungsbriefe vorweisen konnten, nach bestimmten Tarifen eine Abgabe leisten. Zahlreiche dieser Zollhäuser sind noch vorhanden, so z. B. am Mittelrhein der Mäuseturm bei Bingen und die Pfalz bei Kaub, wo die Schiffe sogar durch eine über den Rhein gespannte Kette an der Durchfahrt gehindert worden sein sollen.

Die zu Berg fahrenden, getreidelten Schiffe waren leichter zu kontrollieren, zumal die Zollstation oft auch Treidelstation war. Bei der Berechnung des Zolls wurde seit dem Spätmittelalter ein sogenanntes Zollfuder zugrunde gelegt, das für die verschiedenen Warengattungen unterschiedlich ausfiel und auch mehrfach Änderungen unterworfen war. Kompliziert wurde die Zollerhebung dadurch, dass es eine außerordentliche Fülle von Ausnahmevorschriften und Regeln gab, die sowohl der Zollunterschlagung als auch der ungerechtfertigten Zollerhebung Vorschub leisteten. Vor allem bei den Zollbefreiungen kam es vor, dass ein Kaufmann, dessen Waren zollfrei waren, auch Waren eines befreundeten, nicht zollbefreiten Kaufmanns als seine eigenen ausgab. Auch scheinen Geistliche und geistliche Institute für den Eigenbedarf zollfrei transportierte Waren dann zum Schaden der Kaufleute verkauft zu haben. Die Zahl der Quellen aus dem Spätmittelalter und der Frühen Neuzeit, die sich mit Zollstreitigkeiten befassen, ist außerordentlich groß.

85 Stein, Handels- und Verkehrsgeschichte (wie Anm. 7), S. 221 ff.; Theo Sommerlad, Die Rheinzölle im Mittelalter, Halle 1894, ND Aalen 1978; Friedrich Pfeiffer, Rheinische Transitzölle im Mittelalter, Berlin 1997.

30 Das Zollhaus zu Lobith. Teilansicht auf einem Stich der Schenkenschanze. Kolorierter Kupferstich, 17. Jahrhundert, Ausschnitt.

Die Zöllner mit ihren Zollknechten waren entweder landesherrliche Beamte oder Pächter. Im Spätmittelalter nahm die Zahl der Pächter zu, die dann natürlich auch hoheitliche Aufgaben wahrnahmen. Da die Zölle mit einer gewissen Regelmäßigkeit bares Geld in die Kasse des Landesherrn brachten, wurden zahlreiche Anweisungen gleich auf die Zollstelle ausgeschrieben; häufig waren die Zölle ganz oder teilweise verpfändet.

Zu den Zöllen traten im 16. Jahrhundert noch sogenannte Licenten hinzu, entstanden als Sonderabgaben für den Handel mit dem Feind im Spanisch-Niederländischen Krieg. Während der Kriege des 16. und 17. Jahrhunderts sind die Zölle und Licenten am Niederrhein oft sehr willkürlich erhoben und erhöht worden, was zum Rückgang des Verkehrs auf dem Rhein und zu einem Ausweichen auf andere Routen bzw. die Landwege beigetragen hat. War während des Niederländischen und des Dreißigjährigen Krieges nicht an eine Verringerung der Belastungen für den Handel auf dem Rhein zu denken, so versuchte man dann doch seit der Mitte des 17. Jahrhunderts, auf Zollkongressen und Zollkapiteln der Zollinhaber zum Abbau der übermäßigen Belastungen zu kommen.[86]

Welche Bedeutung die Zölle bzw. die Zollbefreiungen für den Handel besaßen, erkennt man daran, dass sich der Preis der Waren durch die zahlreichen Zölle auf dem Rhein ver-

86 Gothein, Zollkongresse (wie Anm. 20), S. 365 ff.; Marie Scholz-Babisch, Quellen zur Geschichte des Klevischen Rheinzollwesens vom 11. bis 18. Jahrhundert (Deutsche Zolltarife des Mittelalters und der Neuzeit, Teil 3 und 4. Deutsche Handelsakten des Mittelalters und der Neuzeit 12 u. 13), 2 Teile, Wiesbaden 1971, hier Teil 1, Einleitung; Karl E. Demandt, Das Katzenellenbogener Rheinzollerbe 1479–1584 (Veröff. d. Hist. Komm. f. Nassau 25), 3 Bde., Wiesbaden 1978, zur Handelswirklichkeit vgl. Bd. 1, S. 15 ff.

doppeln bis verdreifachen konnte.[87] Von großem Nutzen konnten Zollbefreiungen auch für einfache Reisende sein, die vielleicht nur etwas Gepäck mit sich führten. Albrecht Dürer beschreibt in seinem Tagebuch der Reise in die Niederlande, dass er dem Bischof von Bamberg ein Marienbild geschenkt habe, worauf dieser ihm einen Zollfreibrief verehrte. Dieser war Gold wert. Immer wieder schreibt Dürer: „[...] und wies meinen Zollbrief, da ließ man mich zollfrei fahren." So musste er zwischen Bamberg und Frankfurt 25 mal seinen Zollbrief vorzeigen. Auch auf der Schiffsreise von Frankfurt nach Mainz in Höchst und dann weiter auf der Fahrt nach Köln in Eltville funktionierte der Zollfreibrief des Bamberger Bischofs. In Ehrenfels musste Dürer am Zoll dann 2 Gulden zahlen, die man ihm erstatten wollte, wenn er innerhalb zweier Monate einen Befreiungsschein beibrächte. In Bacharach, St. Goar und Kaub musste Dürer schriftlich versichern, in zwei Monaten einen Freibrief beizubringen oder Zoll zu zahlen. Am Zoll in Boppard, der dem Erzbischof von Trier gehörte, wurde wieder der Freibrief des Bamberger Bischofs voll anerkannt. „Allein ich mußt anzeigen mit ein Schriftle unter meinem Signet, daß ich nit gemeine Kaufmannswar führet." Auch an den Zollstellen in Lahnstein, Engers, Andernach und Bonn wirkte das Schreiben des Bamberger Bischofs und man ließ Dürer frei fahren. Von Köln aus nahm er den Landweg nach Antwerpen.[88]

Allein diese Beschreibung zeigt, wie sehr der Handel und Verkehr durch die unzähligen Zölle beeinträchtigt wurde — von dem Zeitverlust ganz zu schweigen.

Auch am Niederrhein gab es zahlreiche Zollstellen. Da sie häufig verlegt und wieder zurückgelegt wurden, ist es hier nicht möglich, alle aufzuführen und zeitlich genau zuzuordnen. Kaiser Friedrich III. hatte der Stadt Köln nach dem Krieg gegen Karl den Kühnen 1475 einen Zoll bewilligt, aus dessen Einnahmen sie einen Teil ihrer Kriegskosten decken sollte. Dieser Zoll ist aber auf den starken Widerstand aller anderen Rheinanlieger und der Kaufmannschaft gestoßen, so dass er sich nicht durchsetzen ließ und nach 19 Jahren eingestellt werden musste. Um die Stadt Köln zur Aufgabe des Zolls zu zwingen, ergriffen die Kurfürsten von Mainz, Trier und der Pfalz die verschiedensten Maßnahmen. Zunächst erhob der Pfalzgraf in Bacharach und Kaub von Kölner Bürgern den dreifachen Satz, dann sperrten die Kurfürsten 1489 bei Oberwesel den Rhein und zwangen die Kaufleute, die Waren auf dem Landwege unter Umgehung von Köln nach Zons und umgekehrt von Zons nach Oberwesel zu bringen. In Verhandlungen wurden dann zahlreiche Zollbefreiungen und eine Einstellung des ungeliebten Zolls zum 24. Juni 1494 erreicht.[89]

Kurkölnische Zölle wurden am Mittelrhein in Andernach, Linz (kurzfristig auch in Königswinter), Honnef und Bonn, am Niederrhein in Zons, Neuss, Kaiserswerth, Uerdingen, Xanten, Rheinberg und Rees erhoben. Allerdings haben nie alle Zölle gleichzeitig bestanden,

87 Scholz-Babisch, Rheinzollwesen (wie Anm. 82), Bd. 1, S. XLIII ff.

88 Dürer, Tagebuch (wie Anm. 56), S. 55 ff.

89 W. John, Der Kölner Rheinzoll von 1475–1494, in: AHVN 48, 1889, S. 9–123.

sondern die hohe Zahl von Zollstellen ergab sich durch die häufige Verlegung von Zöllen. Der Reichszoll von Andernach fiel mit der Verpfändung 1167 an Köln; er wurde 1366 nach Linz, 1475 wieder nach Andernach verlegt. Der alte kurkölnische Zoll zu Neuss wurde wegen der Rheinlaufveränderung 1372 nach Zons verlegt. Der 1174 von Kaiser Barbarossa von Tiel nach Kaiserswerth verlegte Reichszoll gelangte im 14. Jahrhundert an Jülich bzw. Berg und 1424 an Kurköln. Er war einer der ergiebigsten Zölle des Spätmittelalters.[90]

Die Grafen von Berg hatten schon 1324 die Erlaubnis erhalten, ihren Zoll in Duisburg, den sie als Reichspfandschaft innehatten, nach Düsseldorf zu verlegen. Aber erst 1377 richtete Graf Wilhelm den Zoll zu Düsseldorf ein, was sofort zu Streitigkeiten mit den umliegenden Territorien führte. Besonders kritisch war es, weil Graf Wilhelm hier einen Extrazoll unter dem Namen „Geleitgeld" erhob. Einen besonderen Zoll erhoben die Herzöge von Berg auch in Monheim. Diese Zölle bestanden bis zu ihrer Aufhebung in der Franzosenzeit.[91]

Die Grafen und Herzöge von Kleve unterhielten Zölle in Schmithausen, Orsoy, Ruhrort sowie in Büderich, Wesel, Grieth und Rees. Auch Nimwegen, Emmerich, Huissen und nach 1479 Lobith kamen je nach politischer Lage als Zollstellen in Frage.[92]

Der wichtigste und einträglichste geldrische Rheinzoll war der zu Lobith, der 1224 von Arnheim dorthin verlegt worden war und den Rheinverkehr auf dem nördlichen Niederrheinarm erfasste. Ab 1479 wurde der Lobither Zoll auch vom Herzog von Kleve erhoben, der ihn 1473 von Karl dem Kühnen als Dank für seine Unterstützung gegen Geldern erhalten hatte. Kleve hatte große Mühen, die Umfahrung dieses Zolls zu verhindern.[93]

Bekümmerungen und Stromsperren

Eine starke Beeinträchtigung und Gefährdung von Handel und Verkehr entstand auch im Falle von Kriegen oder Fehden, die im Spätmittelalter nur allzu häufig waren. Diese konnten

90 Vgl. Reinhold Kaiser, Kaiserswerth (Rheinischer Städteatlas 8, Nr. 46), Köln 1985; Sommerlad, Rheinzölle (wie Anm. 81), S. 72–82; Georg Droege, Die kurkölnischen Rheinzölle im Mittelalter, in: AHVN 168/169, 1967, S. 21–47; Karl Spahn, Studien zur Geschichte des Andernacher Rheinzolls, Diss. Bonn 1909.

91 Hans Mosler, Der Düsseldorfer Rheinzoll bis zum Ausgang des 16. Jahrhunderts, Diss. Münster 1906; auch JbDGV 21, 1906/7, S. 97–275.

92 Scholz-Babisch, Rheinzollwesen (wie Anm. 82).

93 W. Jappe Alberts, Der Rheinzoll Lobith im späten Mittelalter (Rheinisches Archiv 112), Bonn 1981; ders., Het Rijnverkeer bij Lobith anno 1306. De tolrekening van Lobith over het jaar 1306–1307 betreffende invoer en uitvoer van handelsgoederen, Zutphen 1986; Scholz-Babisch, Rheinzoll (wie Anm. 82).

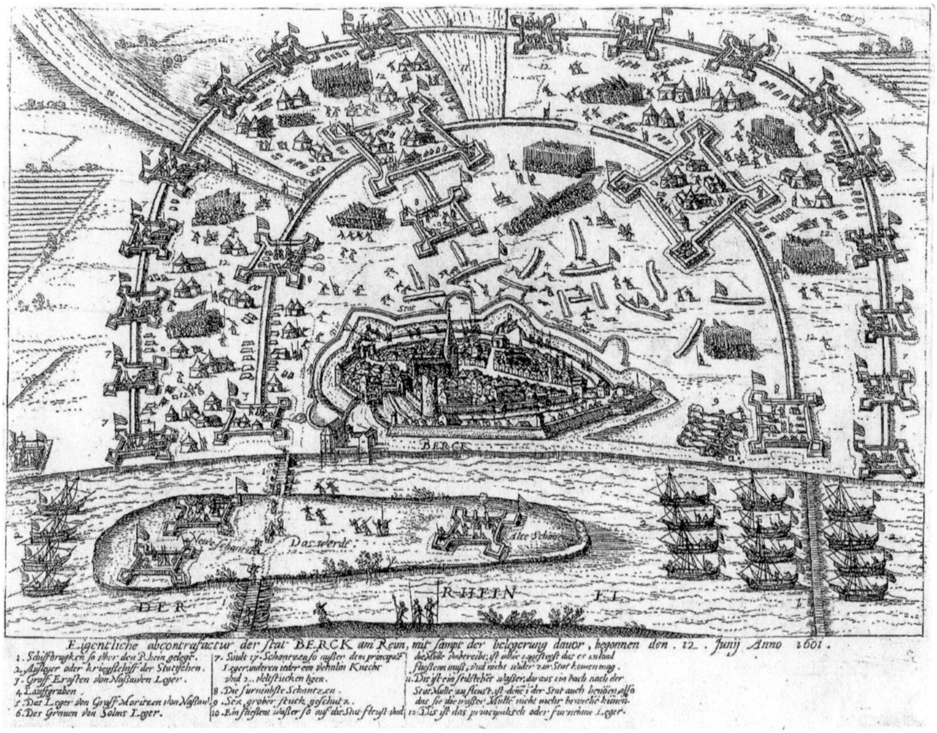

31 Belagerung von Rheinberg durch Moritz von Oranien am 12. Juni 1601. Kupferstich, aus: Franz Hogenberg, Geschichtsblätter.

sich sowohl auf einzelne Schiffe und Kaufleute als auch auf Schiffer und Kaufleute bzw. deren Waren aus bestimmten Städten oder Ländern beziehen. Dann war es immer schwierig, die Besitzverhältnisse auseinanderzuhalten. Häufig kam die Beschlagnahmung von Waren bzw. die Bekümmerung einzelner Kaufleute vor. Es war dies ein Mittel, um Forderungen, die man gegen diesen Kaufmann hatte oder zu haben glaubte, geltend zu machen. Konnte man diesen Kaufmann nicht selbst belangen, so ließ man durch die Stadtobrigkeit die Güter von Kaufleuten aus der Stadt des Schuldners bekümmern, was dann meist zu ausgedehntem Schriftverkehr der Städte untereinander führte. In den meisten Fällen wird die Angelegenheit gütlich beigelegt worden sein; in einigen Fällen, vor allem dann, wenn die Landesherren involviert waren, weitete sich der Streit aus. Entstehen konnten solche Auseinandersetzungen auch durch die Weigerungen von Kaufleuten, an bestimmten Stellen Zölle zu zahlen, weil sie bestimmte Stapelvorschriften nicht einhielten oder weil eine Stadt verhanst wurde.

Als Beispiel für eine Fehde, die eine starke Beeinträchtigung des Handels auf dem Rhein darstellte, soll hier der Streit zwischen der Stadt Köln und Geldern 1465 dienen. In

Geldern waren Kölner Kaufleute widerrechtlich bekümmert, ihre Waren beschlagnahmt und sie selbst gefangengesetzt worden. Darauf beschloss am 5. Oktober 1465 der Rat der Stadt Köln seinerseits die Bekümmerung und Gefangennahme aller Geldrischen auf dem Rhein vor der Stadt und auch innerhalb ihrer Bannmeile auf dem Lande, bis den Kölner Bürgern ihr in Geldern bekümmertes Gut wiedergegeben sei. Schon eine Woche zuvor hatte die Stadt in einem Schreiben die rheinischen Fürsten und Städte gebeten, ihre Untertanen und Bürger zu warnen, dass sie nicht mehr geldrische Güter als die ihrigen mit sich führen, da Köln alle beschlagnahmen werde.

An konkreten Maßnahmen ergriff die Stadt Köln nun folgende: Am Rheinufer wurde der städtische Schützenmeister Peter Rabbe beauftragt, mit 20 Schützen, zwei Schiffsknechten und einem Büchsenschützen alle Schiffe an Land zu zwingen und das darin befindliche geldrische Gut zu beschlagnahmen. Das gleiche sollten Söldner auf der Landstraße tun. Alle Schiffer mussten schwören, keine geldrischen Waren zu transportieren. Außerdem wurde auf der Deutzer Seite der Leinpfad durch Pfähle unpassierbar gemacht, um die Schiffe auf das linke Rheinufer zu zwingen. Nachts wurde die Schutztruppe am Rhein verstärkt und auf dem Hauskran eine Kanone postiert. Am Kunibertsturm wurde überdies eine Aak im Strom verankert, auf der auch Büchsenschützen postiert waren. Ende Oktober wurden zusätzliche Schiffe mit Bewaffneten, Schützen und Schiffsknechten in den Strom gelegt.

Jeder Schiffer musste Auskunft über die Herkunft seiner Ware geben. Johann Leipgijn, Schiffer aus Düsseldorf, z. B. schwor, dass der Hering, den er geladen hatte, von einem Holländer aus Schiedam stamme; das Salz habe er zu Remmerwale selbst gekauft und die Pakete habe er in Büderich bei Wesel erhalten. Diese gehörten dem Haus zum Drachen in Köln auf dem Heumarkt, wohin er sie auch bringe. Johann Dorenbusch von Wesel durfte das Schiff, das er in Geldern gekauft hatte, an Land bringen, wenn er 54 oberländische Gulden dafür verbürge, dass er binnen vier Wochen einen Schein der Stadt Wesel beibringe, wonach er den Kauf vor Kenntnis des Verbotes abgeschlossen habe. Selbstverständlich stellte ihm die Stadt Wesel eine solche Bescheinigung aus. Der Streit mit Geldern dauerte an. 1466 teilte Herzog Johann von Kleve der Stadt Köln vertraulich mit, dass er von einem geplanten Überfall durch den Herzog von Geldern auf Kölner und Aachener Bürger, die vom Antwerpener Markt zurückkehrten, am „Übergang über die Maas" erfahren habe.[94]

Besonderen Belastungen war der Verkehr auf dem Rhein nach dem Ausbruch des Achtzigjährigen Krieges in den Niederlanden seit der zweiten Hälfte des 16. Jahrhunderts unterworfen. Die kriegsbedingten Bekümmerungen und Stromsperrungen können in diesem Zusammenhang wegen ihrer Vielzahl nicht dargestellt werden.

---

94 Kuske, Quellen zur Geschichte des Kölner Handels und Verkehrs (wie Anm. 32), Bd. 2, S. 161, Nr. 389 (1465 Sept. 26), S. 162 ff., Nr. 390, S. 184, Nr. 414 (1466 Okt. 5).

Räuberei und Piraterie

Der Strom und der Leinpfad waren auch vor Straßen- bzw. Stromräubern nicht sicher. In den Kölner Quellen erscheinen immer wieder Schriftstücke, die sich auf Überfälle, Raub und Bekümmerungen beziehen, die von gewöhnlichen Räubern verübt wurden. Oft wurden den Schiffern dabei auch die Pferde geraubt, die die Schiffe rheinaufwärts zogen.[95]

Dass es auch regelrechte Piraterie auf dem Rhein gab, zeigt die von dem Kölner Ratsherrn Hermann Weinsberg in seinen Erinnerungen festgehaltene Szene, die er 1531 als Schüler in Kleve erlebte:

> Schon am andern Tag nach meiner Ankunft zog ich nach Cleve mit vielen Bürgern und Studenten, denn dort sollten etliche Straßen- und Stromschänder hingerichtet werden. Diese hatten auf dem Rhein, zwischen Engers und Andernach, etliche treffliche Kaufleute mit vielen Gütern in ihrem Nachen oder Schiff gewalttätig angegriffen, gefangen und um Geld und Gut gebracht, in ihr Schiff gelegt und gefesselt und beraubt und sie ruder- und riemenlos treiben lassen, sie selbst aber sind mit dem Schatz unter aufgerichtetem kaiserlichen Fähnlein Tag und Nacht an allen Zoll-Stationen vorbeigefahren, als ob sie frei seien, bis gen Dinslaken im Clevischen, wo sie den Raub teilten und den Nachen mit Erde beschwert versenken wollten, worüber sie angetroffen und gefangengenommen wurden.[96]

Andere Beispiele ließen sich den Beschwerdebriefen der Städte an die Landesherren, den Bitten um Geleit und den Protokollen auf den Landtagen und hansischen Tagungen entnehmen.

1.7 Die Straßen

Die Hauptverkehrsstraßen im späten Mittelalter und in der Frühen Neuzeit am Niederrhein sind schon genannt worden. Relativ wenig wissen wir über die Frequenz, mit der sie benutzt wurden, ihren Zustand, die Pflicht zur Unterhaltung, die Wegezölle und Schlagbäume, Furten, Fähren und Brücken. Wenig Zuverlässiges wissen wir auch über die Organisation des Verkehrs, über die Gasthäuser und Herbergen, über das Fuhrgewerbe, die Karren und Wagen, die Frachttarife und die Fuhrleutegesellschaften.

---

95 Vgl. Quellen zur Geschichte des Kölner Handels und Verkehrs (wie Anm. 32), Bd. 1, S. 306, Nr. 888 (1435); Bd. 2, S. 299, Nr. 599 (1473); S. 301, Nr. 603 (1473); S. 4071 Nr. 774 (1479).

96 Johann Jacob Hässlin (Hrsg.), Das Buch Weinsberg, 2. Aufl., München 1981, S. 71.

32 Hügelige Landschaft. Straßen und Wege waren bis zum 18. Jahrhundert oft in einem schlechten Zustand. Gemälde von Jan Wijnants (ca. 1632–1684), 1666, Ausschnitt.

Der Zustand der Straßen

Linksrheinisch wird man auch im späten Mittelalter auf den Hauptstrecken noch weitgehend die Trassen der alten Römerstraßen benutzt haben, die als Kies- oder Steinstraßen relativ gut ausgebaut waren. Interessant waren hier vor allem die Strecken Köln–Tongern über Jülich, Köln–Goch–Kleve–Nimwegen, Köln–Kaster–Roermond sowie die Querverbindung von Neuss an die Maas. Außerordentlich wichtig war auch die Straße Köln–Aachen–Maastricht.[97] Die große mittelalterliche Verkehrsverbindung Köln–Herzogenrath–Maastricht–Flandern folgte weitgehend der römischen Trasse. Bei Aldenhoven zweigte eine Route nach Aachen–Maastricht ab.[98]

97 Joseph Hagen, Römerstraßen der Rheinprovinz (PGRhGk 12: Erläuterungen zum Geschichtlichen Atlas der Rheinprovinz 8), Bonn 1931.

98 Günter Bers (Hrsg.), Die Rechnung des Zolls in der Stadt Jülich von 1554/1555 (Veröff. des Jülicher Geschichtsvereins 2), Jülich 1983, S. 11 f.

Aber selbst auf dem linksrheinischen Gebiet, wo man weitgehend auf das römische Kunststraßennetz zurückgreifen konnte, gab es im Mittelalter zahlreiche parallele Straßenführungen. Der Verkehr ließ sich nicht auf bestimmte Routen festlegen, obwohl das von den Obrigkeiten immer wieder versucht wurde. Der Zustand der Straßen, Unsicherheit in Waldgegenden, territoriale Rücksichten, Straßenzölle, auch Veränderungen in den Reisegewohnheiten führten dazu, dass man nur von Routen oder Strängen sprechen kann, nicht aber von festen Straßen. Hinzu kam, dass bis ins 14. Jahrhundert hinein nur wenige Wagen unterwegs waren, so dass Pfade und Wege, die für Fußgänger und Reiter gangbar waren, ausreichten. Noch zu Beginn des 16. Jahrhunderts konnte man sich auf der Strecke Aachen–Köln verfahren, wie Dürer in seiner Beschreibung mitteilt: „[...] dann der Fuhrmann kunnte den Weg nit und ward irre auf dem Weg." Sie mussten in einem unidentifizierbaren Ort übernachten und kamen erst am Morgen nach Jülich und von da über Bergheim nach Köln.[99]

Mehr oder weniger befestigte Straßen waren nur die Königs- oder Heerstraßen. Hier gab es die Forderung, dass ein Wagen dem anderen ausweichen können muss, was auf eine Breite von mindestens vier Metern schließen lässt. Diese Königsstraßen waren laut Sachsenspiegel besonders geschützt.[100] Wo genau im Niederrheingebiet alte Königs- und Heerstraßen verliefen, scheint noch nicht in allen Einzelheiten aufgearbeitet zu sein. Auf jeden Fall ist Vorsicht bei heutigen Straßennamen und Flurbezeichnungen geboten, da diese sich häufig auf Traditionen aus dem 19. Jahrhundert stützen.

Mit dem Ausbau des Territorialstaates im 14. Jahrhundert und dem zunehmenden Interesse der Städte an einer funktionierenden Verkehrsstruktur ging die Sorge für die Straßen an die Landesherren und Städte über, die dafür auch Zölle und Abgaben diverser Art erhoben. Zahlreiche Städte ließen in ihrem Einflussgebiet Steinstraßen anlegen. Im 15. Jahrhundert scheint der Bedarf an ausgebauten, für Fuhrwerke geeignete Straßen sehr stark zugenommen zu haben. Die Beschwerden über den schlechten Zustand der Straßen nahmen zu.[101] Am Niederrhein bemühte sich die brandenburgisch-preußische Regierung seit der Mitte des 17. Jahrhunderts sehr um eine Verbesserung der Straßen und Wege, wobei wohl vor allem militärische Gesichtspunkte im Vordergrund standen. Es gab zwar

---

99 Dürer, Tagebuch (wie Anm. 56), S. 99.

100 Norbert Ohler, Reisen im Mittelalter, 2. Aufl., München/Zürich 1988, S. 158 ff.; Arno Borst, Lebensformen im Mittelalter, Frankfurt/Berlin/Wien 1979, S. 154 ff.

101 Rolf Sprandel, Gewerbe und Handel 1350–1500, in: Handbuch der Deutschen Wirtschafts- und Sozialgeschichte, Bd. 1, Stuttgart 1971, S. 334–382, hier S. 344 ff.; Hans-Friedrich Rosenfeld/Hellmut Rosenfeld, Deutsche Kultur im Spätmittelalter 1250–1500 (Handbuch der Kulturgeschichte, Erste Abt.: Zeitalter Deutscher Kultur), Wiesbaden 1978, S. 252 ff.; Ohler, Reisen (wie Anm. 96), S. 47 ff.; Reinold Wacker, Das Verkehrswesen im Rheinland vom 15. Jahrhundert bis 1794, Trier 2008, bes. S. 225–269.

eine teilweise Übernahme der Kosten für den Straßenbau durch die Regierung oder die Landstände, aber meistens beschränkte sich die Initiative der Regierung auf die Mahnung an die Amtsleute und Städte, im Straßenbau aktiv zu werden. Einen systematischen Straßenbau durch die Landesherren scheint es bis zum 18. Jahrhundert im Rheinland nicht gegeben zu haben. Erst nach dem Siebenjährigen Krieg begann der Bau von „englischen" oder „chaussierten" Kunststraßen.[102]

Wegezoll

Wegezölle und Schlagbäume muss es sehr viele gegeben haben. Allerdings scheinen nur die an den Hauptstrecken gelegenen Zölle wirklich einträglich gewesen zu sein. Das Recht, auf dem Lande Zoll zu erheben, ergab sich aus dem Geleitsrecht der Landesherren, das auch vom König verliehen wurde. Da die Landzölle in ihrem Ertrag geringer als die Rheinzölle lagen, vielleicht auch leichter zu umgehen waren, gab es seit dem 15. Jahrhundert die starke Tendenz des Handels, vom Rhein auf die Straße auszuweichen, auf jeden Fall bestimmte Zollstellen zu umgehen. Wie die Rheinzollstellen konnten auch die Landzollstellen leicht verlegt werden, je nachdem, welchen Weg der Handelsverkehr sich gerade gesucht hatte. In bestimmten Fällen, z. B. bei Fehden, wurden vom Fernhandel manchmal ganze Territorien umgangen.

Es ist an dieser Stelle nicht möglich, ausführlicher auf das Landzollwesen am Niederrhein einzugehen, zumal es hier bisher fast nur regionale und lokale Untersuchungen gibt. Die noch vorhandenen Quellen sind nur in geringem Maße ausgewertet. Es gab jedenfalls auch hier Zolltarife, Zollbefreiungen, Zöllner, Zollknechte und Zollschreiber, die den Schriftverkehr erledigen mussten. Es gab auch im Landzollwesen Proteste der Kaufleute, Städte und der Landesherren der Nachbarstaaten, wenn ein Zoll neu eingerichtet, erhöht oder verlegt wurde, oder wenn bisher bestehende Zollbefreiungen nicht mehr anerkannt wurden. Wegen der zahlreichen Zollbefreiungen ist es leider meist nicht möglich, aus den Zollrechnungen genaue Aussagen über den Umfang des Handels zu erhalten.[103]

---

102 Kuske, Gewerbe, Handel und Verkehr (wie Anm. 50), S. 227 ff.; Clemens von Looz-Corswarem, Wirtschafts- und Sozialgeschichte Wesels in brandenburgisch-preußischer und französischer Zeit (1609–1814), in: Geschichte der Stadt Wesel (wie Anm. 4), S. 230–278, S. 239; Neutsch, Reisen (wie Anm. 50), S. 64 f.

103 Vgl. Bers (Hrsg.), Jülicher Zoll (wie Anm. 94); Walther Föhl, Der Landzoll der Ämter Uerdingen und Linn im Handels- und Zollwesen am Niederrhein (1600–1765), in: Uerdinger Festschrift (wie Anm. 18), S. 111–262.

33 Das Bonner Rheinufer. Schalden-Fähre bei Bonn. Öl auf Leinwand von Abraham Storck (1635–1710), 1674, Ausschnitt.

Fähren und Brücken

Über den Rhein gab es nördlich von Basel vom Ende der Römerzeit bis ins 19. Jahrhundert keine feste Brücke. Der gesamte West-Ost-Verkehr über den Fluss erfolgte mit Fähren, die seit dem frühen Mittelalter Regal, königliches Recht, waren. Aber auch die Fähren gelangten früh in die Hand von geistlichen Instituten und Landesherren und konnten bei lebhafter Benutzung zur Einnahmequelle werden. Die Zahl der Fähren am Niederrhein war recht groß. Bei jedem größeren Ort, der durch einen Handelsweg berührt wurde, wird auch schon im Mittelalter und in der Frühen Neuzeit eine Fähre gewesen sein. Bei rheinanliegenden Dörfern wird sich das Bedürfnis weniger gestellt haben, da die Fischer ja über Kähne verfügten und auch die Bauern, die Felder auf Inseln oder Werthen bewirtschafteten, Boote besessen haben dürften.[104] Die Fähren des Mittelalters werden entweder

104 Stein, Handelsgeschichte (wie Anm. 7), S. 213 ff.; Josef Sandkaulen, Fährgerechtsame unter besonderer Berücksichtigung niederrheinischer Verhältnisse, in: JbDGV 32, 1925/26, S. 1–56; Josef

34 Fliegende Brücke bei Düsseldorf. Ansicht der Stadt Düsseldorf von der Rheinseite. Aquatintaradierung von John Carr, 1807, Ausschnitt.

einfache Nachen oder flache, breite Kähne gewesen sein, die am Bug und Heck Planken herablassen konnten, um Fuhrwerken die Auf- und Abfahrt zu ermöglichen. Die Fähren wurden gerudert oder mit langen Stangen gestakt. Erst im 17. Jahrhundert wurde die Gierponte oder sogenannte Fliegende Brücke eingesetzt, die an einem langen Seil oder einer langen Kette mitten im Fluss verankert war und durch die Stellung des Schiffskörpers zur Flussrichtung von der Strömung von einem Ufer zum anderen getrieben wurde. Pontonbrücken als dauerhafte Einrichtung für den Zivilverkehr wurden erst im 18. Jahrhundert eingerichtet.[105]

An Hauptübergangsstellen, z. B. Köln–Deutz, Neuss–(Düsseldorf-)Hamm, Langst–Kaiserswerth, Büderich–Wesel, Xanten/Beek–Bislich, Grieth–Grietherort usw. werden

Elben, Die Deutz-Kölner Rheinfähre, ein Kurkölner Regal (Veröff. d. KGV 9), Köln 1933; Hans Brück, Die Mondorfer Rheinfähre, in: AHVN 79, 1905, S. 156–168; Ulrike Stursberg, Rheinfähren bei Düsseldorf (Führungshefte des Schiffahrt-Museums Düsseldorf IV), Düsseldorf o.J.; Annette Fimpeler, Den Strom überwinden – Fähren am heutigen Düsseldorfer Rheinufer, in: Das Heute hat Geschichte. Forschungen zur Geschichte Düsseldorfs, des Rheinlandes und darüber hinaus. Festschrift für Clemens von Looz-Corswarem zum 65. Geburtstag, hrsg. v. Benedikt Mauer (Quellen und Forschungen zur Geschichte des Niederrheins, Bd. 10), Essen 2012, S. 13–38.

105 Böcking, Rheinschiffahrt (wie Anm. 34), Bd. 1, S. 274 ff.

möglicherweise mehrere Fährschiffe im Einsatz gewesen sein. Große Fähren, die mehr als zwei bis drei beladene Wagen übersetzen konnten, hat es vermutlich am Rhein nicht gegeben.[106]

Auch über die größeren Nebenflüsse des Rheins gab es Fähren, so über die Ruhr und über die Lippe. Welche Stellung jeweils das Fährpersonal besessen hat, wird im Einzelnen für jede Fähre zu untersuchen sein. In der Frühen Neuzeit waren die Fährleute meist Pächter, die das Fährrecht von der Stadt, vom Landesherrn oder dem Lehnsnehmer häufig jährlich pachten mussten.[107]

Brücken über Bachläufe und kleinere Flüsse hatten in der mittelalterlichen und frühneuzeitlichen Gesellschaft immer einen besonderen Stellenwert, da sie neben dem Straßenbau selbst die ersten infrastrukturellen Maßnahmen für den Verkehr darstellten. Brücken standen daher auch unter besonderem Schutz. Ihre Errichtung und ihr Unterhalt wurden sehr häufig über Zölle bzw. Passagegebühren finanziert, die auch zu Einnahmequellen für den Brückenbauer oder Nutznießer werden konnten.[108]

1.8 Der Verkehr im Mittelalter und in der Frühen Neuzeit

Transportmittel

Bis ins 18. Jahrhundert ging der weitaus größte Teil der Menschen, die unterwegs waren, zu Fuß. Die Benutzung eines Verkehrsmittels war die Ausnahme. Im Mittelalter waren es nur Adelige und hohe Geistliche, die ritten. Auch die adeligen Frauen ritten. Wer zu alt und gebrechlich zum Reiten war und es sich leisten konnte, fuhr auf einem Ochsen- oder Pferdewagen. Bis ins 14. Jahrhundert scheint die Bauart der Wagen so gewesen zu sein, dass mangels jeglicher Federung und wegen der schlechten Straßen das Reiten dem Fahren im Wagen vorzuziehen war. Erst um 1340 soll der Wagenkörper an Ketten aufgehängt worden sein, wodurch ein gewisser Federungskomfort erreicht wurde. Durch die Verwendung dünnerer Speichen in den Rädern wurden die Wagen leichter. Allerdings scheinen die Reisewagen im Spätmittelalter noch hauptsächlich von Frauen benutzt worden zu sein. Nach heutigen Maßstäben müssen längere Reisen mit solchen Wagen eine Tortur gewesen sein:

106 Ohler, Reisen (wie Anm. 96), S. 151 ff.; zu fast jeder Fähre am Niederrhein gibt es Heimatliteratur, die an dieser Stelle nicht aufgelistet werden kann.

107 Für Wesel vgl. von Looz-Corswarem, Wirtschaftsgeschichte Wesels (wie Anm. 4), S. 149 f.

108 Zu Brücken vgl. Erich Maschke, Die Brücke im Mittelalter, in: Die Stadt am Fluß (Stadt in der Geschichte. Veröff. d. Südwestdt. Arbeitskreises für Stadtgeschichtsforschung 4), Sigmaringen 1987, S. 9–39.

35 Stapeln und Transport von Holz am Rhein bei (Köln-)Rheinkassel. Radierung von Wenzel Hollar, um 1630.

Hier wird deutlich, warum man im Mittelalter und in der Frühen Neuzeit den Wasserweg der Straße vorzog, wo nur immer dies möglich war.

Kaufleute begleiteten bis ins 14. Jahrhundert ihre Waren, die von Saumtieren getragen wurden, zu Fuß oder zu Pferd. Aus Sicherheitsgründen zogen sie meist in Hansen, Gruppen, Geleitzügen oder Karawanen. Erst mit der zunehmenden Bedeutung der Stadtwirtschaft und einem Anwachsen des Handelsvolumens im Spätmittelalter übergaben sie ihre Waren Fuhrunternehmern, die die Waren auf großen, z.T. mehrspännigen Frachtwagen zu bestimmten Korrespondenzpartnern transportierten.[109]

Das Pferd als Reit- und Zugtier konnte sich im Handelsverkehr deshalb nur langsam durchsetzen, weil es anspruchsvoll und teuer im Unterhalt war. Sollte es Leistung erbringen, musste es mit Hafer gefüttert werden, wovon es eine wesentlich größere Menge verbrauchte als der Mensch. Die Unterbringung und Versorgung eines Pferdes in einem Gasthof über Nacht war in der Regel teurer als die eines Menschen. Die weitaus genügsameren Ochsen, Esel und Maultiere waren dafür wesentlich langsamer. Esel waren als Zugtiere

109 Rosenfeld, Kultur (wie Anm. 97), S. 256; Borst, Lebensformen (wie Anm. 96), S. 154 ff.; Ohler, Reisen (wie Anm. 96), S. 45 ff.; Abbildungen aus: Georg Steinhausen, Kaufleute und Handelsherren in alten Zeiten, Leipzig 1899, ND 1976, S. 21 ff.; Václav Husa, Der Mensch und seine Arbeit. Die Arbeitswelt in der bildenden Kunst des 11. bis 17. Jahrhunderts, Prag 1967, Abb. 115 ff.; Wulf Schadendorf, Zu Pferde, im Wagen, zu Fuß. Tausend Jahre Reisen, 2. Aufl., München 1961.

überhaupt nicht zu gebrauchen, und für Ochsenwagen konnte man eine doppelt so lange Reisezeit ansetzen wie für Pferdewagen oder gar Pferde als Saumtiere.[110]

Reisende

Unterwegs waren aber auch Pilger, Geistliche, Boten, Söldner, Schüler und Studenten, Bettler, Kleinhändler, Schausteller usw. Dabei werden die Straßen im Rheinland besonders stark von Pilgern und Wallfahrern frequentiert worden sein, da viele Städte auch mehr oder weniger bedeutende Wallfahrtsorte waren, besonders natürlich Köln und Aachen. Auch die vielen Markt- und Messtermine, zu denen die Bewohner eines weiten Umkreises zu Fuß anreisten, die vielen kirchlichen Feste, die willkommene Gelegenheit zum Verwandtenbesuch boten, die auch Kleinhändlern, Spielleuten, Gauklern und Scharlatanen Verdienst versprachen, müssen berücksichtigt werden. Auch Veranstaltungen wie Fürstenbesuche, Turniere, Adelshochzeiten usw. zogen das Volk an. Die relative Dichte von Städten im Rheinland wird zur Mobilität der Bewohner beigetragen haben. Nur der geringste Teil davon wird geritten sein oder sich eines Wagens bedient haben. Mehr werden wohl, vor allem stromab, Schiffe benutzt haben. Rheinaufwärts war der Fußgänger ebenso schnell, wenn nicht schneller als das Schiff.

Auch die Schüler und Studenten, die z. B. die Universität in Köln besuchten und die im Mittelalter aus einem weiten Umkreis, aus Westfalen und den Niederlanden kamen, liefen wahrscheinlich zu Fuß, ebenso die einfachen Geistlichen, die Mönche und Nonnen, die von einem Kloster zum anderen geschickt wurden. Auch Handlungsdiener sowie Schiffer und Flößer, die ihre Ware in den Niederlanden verkauft hatten, werden auf den Straßen längs des Rheins unterwegs gewesen sein. Dass sich die Wanderer unterwegs in Gruppen zusammenfanden und sich die Reise durch Erzählen von Geschichten verkürzten, ist zum literarischen Topos geworden. Zu Pferd waren die städtischen Delegationen unterwegs, die zu Städtetagungen, Hansetagen, Friedenskongressen oder an die Höfe der Fürsten oder gar nach Wien oder Berlin unterwegs waren.[111]

Boten und Posten

Berufsmäßig unterwegs waren die Boten und Herolde, die im Auftrag einer Stadt, eines Fürsten oder von Privatpersonen Nachrichten und Briefe überbrachten. Bis ins 15. Jahr-

110 Ohler, Reisen (wie Anm. 96), S. 40 ff.; Holger Thomas Gräf/Ralf Pröve, Wege ins Ungewisse. Reisen in der Frühen Neuzeit 1500–1800, Frankfurt 1997, S. 111–147.

111 Ohler, Reisen (wie Anm. 96), S. 45 ff. u. 82 ff.; Gräf/Pröve, Wege (wie Anm. 106), S. 17–46.

hundert überwogen die laufenden Boten, die meist als Zeichen ihrer Legitimation die Wappen ihres Auftraggebers und eine längliche Botenbüchse aus Holz, Blech oder Silber trugen. Es waren dies fest angestellte Personen, die auf ihre Tätigkeit vereidigt waren. Sie erhielten oft ein festes Grundgehalt und Zulagen für jeden Einsatz; Spesen wurden extra berechnet. Am Ankunftsort wurden die Boten meist vom Adressaten versorgt und erhielten ein Geschenk, dessen Wert von der Art der überbrachten Nachricht abhängen konnte. Häufig waren diese Boten gleichzeitig fest angestellte Spielleute. Über den Einsatz der städtischen Boten und Spielleute geben die Stadtrechnungen meist ausführliche Auskunft, auch über die Geldgeschenke an fremde Boten. Außer den laufenden Boten gab es reitende Boten für eilige Sendungen.[112]

Seit dem 15. Jahrhundert werden die städtischen Boten auch Briefe für Privatleute mitgenommen haben; auch gab es Privatboten von einzelnen oder Kaufleutegesellschaften. So soll Erasmus von Rotterdam einen eigenen Boten beschäftigt haben, der seine Schriften und Briefe an den Adressaten brachte, ohne dass sie vorher von jemandem abgeschrieben und als Raubdruck veröffentlicht werden konnten. In der Regel werden die Kaufleute neben den städtischen Boten auch die Boten befreundeter Kaufleute für ihre Schreiben als „Gelegenheit" genutzt haben, die Briefe in die jeweilige Stadt mitzunehmen. Die Städte selbst sandten ihre Rundschreiben und Einladungen in hansischen Angelegenheiten nur von Stadt zu Stadt. Die Empfängerstadt schrieb die Schriftstücke ab und leitete sie an die nächsten Städte weiter.[113]

Von den Städten fest angestellte Boten gab es meist mehrere; in Wesel waren es 1429 drei feste und eine größere Zahl Hilfsboten, die vielleicht aus der städtischen Dienerschaft oder Miliz genommen wurden. Schon 1406 gab es in Wesel Dienstverträge mit den „brievedreghern", in denen festgehalten ist, dass sie auch Briefe anderer Personen gewissenhaft befördern sollen. Um 1450 scheint es schon regelmäßige Abgangszeiten der Weseler Boten nach Bocholt, Kleve, Borken und Dorsten gegeben zu haben. In den Ankunftsorten werden es meist Gasthäuser gewesen sein, in denen die Boten Station machten. Eine ausführliche Botenordnung für Wesel ist aus dem Jahre 1604 erhalten, allerdings stand die Weseler Stadtpost damals schon in Konkurrenz zu den landesherrlichen Posten sowie zu der Ende

112 Vgl. Stadtrechnungen von Wesel, bearb. v. Friedrich Gorissen (Regesten zur Politischen Geschichte des Niederrheins 1, PGRhGk 55), 5 Bde., Bonn 1963–1968; von Looz-Corswarem, Ausgaben (wie Anm. 68).

113 Klaus Gerteis, Reisen, Boten, Posten, Korrespondenz in Mittelalter und früher Neuzeit, in: Die Bedeutung der Kommunikation für Wirtschaft und Gesellschaft. Referate der 12. Arbeitstagung der Gesellschaft für Sozial- und Wirtschaftsgeschichte 1987 in Siegen, hrsg. v. Hans Pohl (VSWG, Beiheft 87), Stuttgart 1989, S. 19–36; Heinz-Dieter Heimann, Zum Boten- und Nachrichtenwesen im niederrheinischen Raum, vornehmlich der Stadt Köln im Spätmittelalter, in: Geschichte in Köln 28, 1990, S. 31–46.

des 15. Jahrhunderts privilegierten kaiserlichen Taxischen Post. 1649 beschloss der Große Kurfürst, das „Post-Regal" auch in klevischen Landen zu handhaben, was zur Einrichtung einer Poststrecke von Kleve über Wesel nach Berlin und Königsberg führte.[114] 1577 hatte die Taxische Post in Köln festen Fuß gefasst und 1604 ein Oberpostamt eingerichtet. In Neuss wurde 1654 ein Taxisches Postamt eingerichtet.[115]

Seit dem 16. Jahrhundert hatten sich in allen Ländern feste Postdienste herausgebildet, die regelmäßig an bestimmten Wochentagen zu bestimmten Uhrzeiten abgingen und ankamen, so dass man sich darauf einstellen konnte. Häufig gab es zwischen den Trägern der einzelnen Postlinien Streit, der in mühsamen Verhandlungen beigelegt werden musste.[116]

Reisegeschwindigkeit

Da bis zum 19. Jahrhundert die meisten Reisenden zu Fuß gingen, waren die Reisegeschwindigkeiten gering. Für einen Fußgänger konnte man 25–40 Kilometer als Tagesmarsch ansetzen. Auch die mit Pferden reisenden Kaufleute waren, wenn sie Pausen einlegten und keinen Pferdewechsel in Anspruch nahmen, nicht wesentlich schneller; sie mussten mit 30–50 Kilometer Durchschnittsleistung pro Tag rechnen. Erst berittene Kuriere mit Pferdewechsel konnten es auf 80–100 Kilometer am Tage bringen. Wenn bei Nachrichtenübermittlungen größere Leistungen genannt werden, so muss das als Ausnahme gelten. Relativ schnell war man, wenn man mit einem Schiff flussabwärts fuhr; damit konnte man auch 100–150 Kilometer pro Tag zurücklegen. Flussaufwärts dagegen, wenn das Schiff getreidelt wurde, lag man unter der Geschwindigkeit für Fußgänger. Ein Treidelzug mit Pferden wird dabei auf 15–20 Kilometer pro Tag gekommen sein. Erst mit der Einrichtung von Kunststraßen im 18. Jahrhundert erhöhten sich die Reisegeschwindigkeiten auf dem Lande.[117]

Um den Zeitaufwand für eine Reise zu verdeutlichen, kann man wieder auf das Tagebuch von Dürer zurückgreifen. An einem Tag war Dürer trotz zahlreicher Aufenthalte an Zollstellen mit dem Schiff von Mainz bis Andernach gekommen, wo er übernachtete. Schon am Nachmittag des folgenden Tages traf er in Köln ein. Auf seiner Weiterreise über Land fuhr er mit dem Wagen unter Umgehung des Jülicher Zolls über Rödingen und Büs-

114 Friedrich Stricker, Zur Geschichte des Weseler Botenwesens, in: Ders./Günter Warthuysen, Briefträger, laufende Boten und Postillione. 600 Jahre Weseler Postwesen (SHVW 3), Wesel 1980, S. 9–88.

115 Wisplinghoff, Neuss (wie Anm. 69), S. 389.

116 Wilhelm Fleitmann, Boten- und Postwesen, in: Köln Westfalen (wie Anm. 12), S. 305–308; Stricker, Boten (wie Anm. 110); Neutsch, Reisen (wie Anm. 50), S. 40 f.

117 Ohler, Reisen (wie Anm. 96), S. 56 f. u. 138 ff.; Borst, Lebensformen (wie Anm. 96), S. 155 f.; Rosenfeld, Kultur (wie Anm. 97), S. 255 f.

36 Der Hafen von Antwerpen. Silberstiftzeichnung von Albrecht Dürer, 1520.

dorf nach Freialdenhoven bei Jülich, wo er übernachtete, dann weiter über Gangelt und Sittard nach Stockheim an der Maas, wo er wieder übernachtete. Bis Antwerpen brauchte er auf dem Landwege fünf Tage. Bei einer anderen Reise, ebenfalls 1520, fuhr Dürer von Köln mit dem Schiff in die Niederlande. Von Köln ging es über Zons nach Neuss und zu den Steinen bei (Düsseldorf-)Hamm, wo er wohl zu Mittag aß. Auch in Düsseldorf hielt er an, um zu essen. Dann ging es weiter den Rhein hinab an Kaiserswerth, Duisburg, Angerort, Ruhrort und Orsoy vorbei nach Rheinberg, wo er über Nacht blieb. Am anderen Tag besuchte er Wesel und Rees, hatte in Emmerich während des Mittagessens noch Zeit, ein Bild zu malen, und übernachtete in Nimwegen. Weiter ging es nach Tiel, wo er den Rhein verließ und auf der Maas über Heerewaarden nach Bommel weiterreiste. Wegen eines Sturmes musste er auf einem Bauernpferd ohne Sattel nach Herzogenbusch reiten. Zwar brauchte Dürer auf diesem Wege bis Antwerpen auch fünf Tage, aber diese hat er wahrscheinlich wesentlich bequemer hinter sich gebracht, als wenn er die ganze Strecke in einem Wagen über schlechte Straßen gefahren wäre.[118]

118 Dürer, Tagebuch (wie Anm. 56), S. 57 ff. u. 74 ff.

Da die Menschen bei ihren Reisen meist tagelang unterwegs waren, wären Aufschlüsse über das Herbergswesen von hohem Interesse. Hier scheinen jedoch für den Niederrhein keine Vorarbeiten vorzuliegen, so dass dieses Thema hier ausgeklammert werden muss.[119]

1.9 Veränderungen in der Frühen Neuzeit

In der Frühen Neuzeit, im ausgehenden 16. und im 17. Jahrhundert, verändert sich die Verkehrssituation am Niederrhein grundsätzlich. Durch den Achtzigjährigen Krieg in den Niederlanden und den Dreißigjährigen Krieg in Deutschland wird die Rheinschiene als Verkehrsweg so stark in Mitleidenschaft gezogen, dass sich die überregionalen, europäischen Handelsströme verlagerten. Dazu haben die zahlreichen Stromsperren und die oft willkürliche Erhebung neuer Zölle und Licenten durch die rheinanliegenden Territorien beigetragen. Köln verlor seine überragende Stellung als Handelsmetropole im westdeutschen Raum. Statt auf aktiven Handel beschränkte sich seine Kaufmannschaft immer mehr auf die Nutzung des Stapelrechtes sowie auf Kommissions- und Speditionsgeschäfte. Die Holländer wurden bestimmend im Handel; sie fanden unter Umgehung von Wesel und der Lipperoute den direkten Weg nach Westfalen, und es gelang ihnen auch weitgehend den Kölner Stapel zu neutralisieren.

Die Hanse als Organisation war nicht mehr in der Lage, für die Kaufleute ihrer Mitgliedsstädte Privilegien und Vorteile im Ausland zu sichern. Die alten Vorrechte der Hansen in Brügge und London, auf die ein großer Teil des Handelsverkehrs, der über die Rheinschiene lief, zurückging, existierten nicht mehr. So haben wir es für das 16. und 17. Jahrhundert langfristig mit einem Rückgang des Handels im Rheinland zu tun.

Andererseits können wir im 17. Jahrhundert, besonders nach dem Dreißigjährigen Krieg, eine Veränderung in der Verkehrsstruktur feststellen. Durch den Einfluss der Holländer änderten sich die Schiffstypen auf dem Rhein. Die Frachtschiffe wurden größer. Auch wurden die Leinpfade ausgebaut, vielleicht auch die Bereitstellung von Treidelpferden verbessert, wodurch sich die Treidelgeschwindigkeit erhöhte. Technische Veränderungen in der Takelage erlaubten nun ein zusätzliches Benutzen des Segels. Auch scheint schon im 17. Jahrhundert eine Verbesserung des Straßennetzes einzusetzen, was dem Landverkehr zugutekam. Die verschiedenen Posten bauten ihr Netz aus. Schließlich gab es Neuerungen mit der merkantilistischen Förderung des Handels im 18. Jahrhundert, wozu

119 Ohler (wie Anm. 96), S. 113 ff.; für Köln vgl. die Arbeiten von Herborn, Irsigler und Lassotta; vgl. auch Gräf/Pröve, Wege (wie Anm. 106), S. 159–176.

auch der Ausbau der Infrastruktur, die Errichtung von Kunststraßen, die Anlage von Kanälen und Zollerleichterungen gehörten.[120]

120 Max Braubach, Vom Westfälischen Frieden bis zum Wiener Kongreß (1648–1815), in: Rheinische Geschichte, hrsg. v. Franz Petri u. Georg Droege, Bd. 2, Düsseldorf 1976, S. 219–365, hier S. 311 ff.; Kuske, Gewerbe (wie Anm. 50), S. 230 ff.

1 Abbildung der Stadt Köln in der Koelhoff'schen Chronik 1499.

2 Koggen vor Köln

Seeschiffe auf dem Rhein im Mittelalter

Wohl seit der Römerzeit ist der Rhein die bedeutendste Verkehrsader Deutschlands. Er verband (und verbindet) den Alpenraum mit der Nordsee, Italien mit England. Er bezieht durch seine schiffbaren Nebenflüsse, vor allem den Neckar, den Main, die Lahn, die Mosel, die Wupper, die Ruhr und die Lippe weite Teile Süddeutschlands, Frankreichs und Nordwestdeutschlands in seine Handels- und Verkehrslandschaft ein.[1] Zu berücksichtigen ist auch, dass bis in die Frühe Neuzeit auch kleine und kleinste Wasserläufe für Transportzwecke benutzt wurden, bis sie durch die Anlage von Stauwehren für Mühlen und Hammerwerke und den Ausbau von Fahrwegen auf dem Lande unrentabel wurden.[2]

Schon Karl der Große hatte die Bedeutung des Rheins als überregionalen Verkehrsweg erkannt. Er versuchte, den Rhein im Altmühltal mit der Donau zu verbinden, in etwa da, wo heute der Rhein-Donau-Kanal verläuft.[3] Dies zeigt, dass schon in der Karolingerzeit Fernhandel auf dem Wasser über sehr weite Strecken und in nennenswertem Umfang üblich war, den zu fördern sich die Herrscher angelegen sein ließen. Wahrscheinlich spielten

1 Klaus van Eickels, Große Schiffe, kleine Fässer: Der Niederrhein als Schiffahrtsweg im Spätmittelalter, in: Der Kulturraum Niederrhein. Von der Antike bis zum 18. Jahrhundert, Bd. 1, hrsg. v. Dieter Geuenich, Bottrop/Essen 1996, S. 43–66, hier S. 43 f.; Horst Johannes Tümmers, Der Rhein. Ein europäischer Fluss und seine Geschichte, München 1994; Rüdiger Homberg, Der Rhein als Transportweg, in: Handbuch Rhein, hrsg. v. J. Rahe/M. Stieghorst/U. Weber, Darmstadt 2011, S. 69–74; Walter Stein, Handels- und Verkehrsgeschichte der deutschen Kaiserzeit, 2. Aufl., Darmstadt 1967, S. 247; Walther Vogel, Geschichte der deutschen Seeschiffahrt, Bd. 1: Von der Urzeit bis zum Ende des XV. Jahrhunderts, Berlin 1915, S. 76 f.

2 Van Eickels, Große Schiffe (wie Anm. 1), S. 45; Martin Eckoldt, Schiffahrt auf kleinen Flüssen Mitteleuropas in Römerzeit und Mittelalter (Schriften des Deutschen Schiffahrtsmuseums 14), Oldenburg/Hamburg/München 1980; Gernot Tromnau, Wasserwege und Schiffahrt, in: Vergessene Zeiten. Mittelalter im Ruhrgebiet, Katalog Essen, Bd. 2, Essen 1990, S. 68–71; Stein, Handels- und Verkehrsgeschichte (wie Anm. 1), S. 210 f.

3 Hanns Hubert Hofmann, Kaiser Karls Kanalbau, Sigmaringen 1976; Dieter Hagermann, Karl der Große und die Schiffahrt, in: Häfen, Schiffe, Wasserwege. Zur Schiffahrt des Mittelalters (Schriften des Dt. Schiffahrtsmuseums, Bd. 58), Hamburg, 2002, S. 11–21; P. Ettel/F. Daim/St. Berg-Hobohm/L. Werther (Hrsg.), Großbaustelle 793. Das Kanalprojekt Karls des Großen zwischen Rhein und Donau, Mainz 2014; Ralf Molenthin, Straßen aus Wasser. Technische, wirtschaftliche und militärische Aspekte der Binnenschifffahrt in Westeuropa des frühen und hohen Mittelalters, Berlin 2006, S. 54–80.

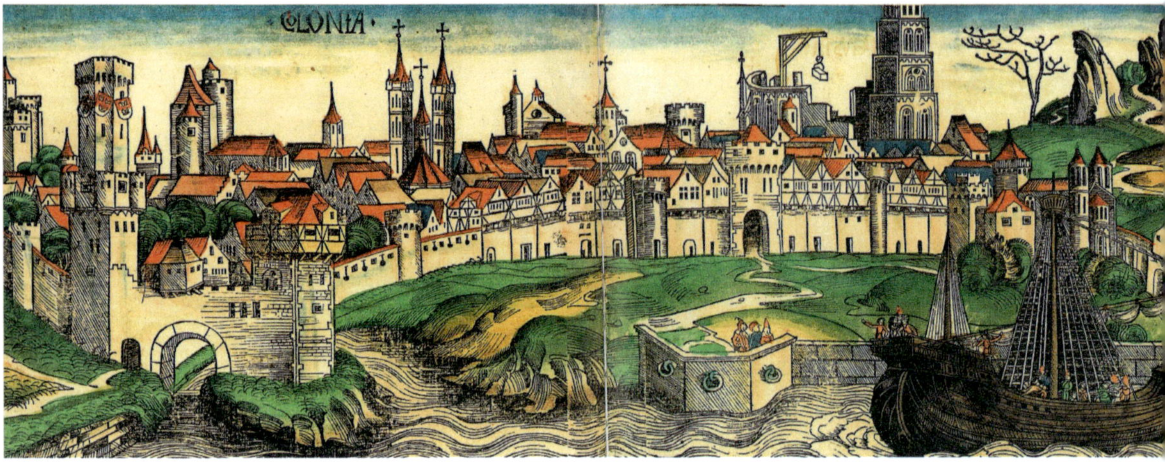

2 Seeschiff vor dem Kölner Stadtpanorama. Kolorierter Holzschnitt von Hermann Schedel, 1493.

die Wasserstraßen im überregionalen Warentransport im frühen, hohen und späten Mittelalter eine ungleich höhere Rolle als in der Frühen Neuzeit, denn nutzbare Fernstraßen waren – wenn man von einigen reaktivierten Römerstraßen absieht – selten.[4] Welchen hohen Stellenwert der Rhein für Handel und Verkehr besaß, zeigen nicht zuletzt die im Mittelalter an seinen Ufern entstandenen (Handels-)Städte, die von Basel über Straßburg, Worms, Speyer, Mainz, Koblenz, Köln, Duisburg, Wesel, Nimwegen bis Dordrecht entlang des Flusses eine beeindruckende Kette bilden. Das zeigen auch die z. T. schon aus der Römerzeit bzw. dem frühen und hohen Mittelalter stammenden Handelsorte an den Nebenflüssen des Rheins, wie z. B. Frankfurt, Würzburg, Bamberg, Trier und Metz. Von Köln wissen wir, dass seine Kaufleute schon seit dem 10. Jahrhundert ebenso in England und in Nordeuropa wie in Oberdeutschland und Italien Handel trieben.[5] Auch der berühmte Koblenzer Zolltarif von 1104 zeigt, dass Kaufleute von der Maas, aus Flandern und vom Niederrhein mit ihren Schiffen und Waren auf dem Rhein an Koblenz vorbeikamen und hier den damals noch freien Rhein für ihren Warenaustausch nutzten.[6]

Aber es scheint nicht nur einen regen Handels- und Schiffsverkehr auf dem Rhein,

4 Josef Hagen, Römerstraßen der Rheinprovinz, 2. Aufl. (PublGesRhGkde 12), Bonn 1931; Vogel, Seeschiffahrt (wie Anm. 1), S. 76; Stein, Handels- u. Verkehrsgeschichte (wie Anm. 1), S. 210–220; van Eickels, Große Schiffe (wie Anm. 1), S. 43 f.

5 Leonard Ennen, Geschichte der Stadt Köln, Bd. 1, Köln/Neus 1863, S. 480; Edith Ennen, Kölner Wirtschaft im Früh- und Hochmittelalter, in: Zwei Jahrtausende Kölner Wirtschaft, hrsg. v. Hermann Kellenbenz, Köln 1975, Bd. 1, 87–215, S. 113, 140.

6 Stein, Handels- u. Verkehrsgeschichte (wie Anm. 1), S. 248 f.; Dieter Kerber, Wirtschaft im Mittelalter, in: Geschichte der Stadt Koblenz, Bd. 1, Stuttgart 1992, S. 313–332, hier S. 313 f.

seinen Nebenflüssen und dem Deltagebiet gegeben zu haben, sondern auch aus den Flusssystemen hinaus ins offene Meer hinein. Dafür spricht der rege Handel Kölns mit England. Dabei wäre es wichtig, die Quellen einzuschätzen, nach denen z. B. Kölner Kaufleute auf eigenen Schiffen in England Handel trieben,[7] oder die Nachrichten, nach denen z. B. Kaufleute von der Maas mit ihren Schiffen am Mittel- und Oberrhein handelten.[8]

Es soll im Folgenden danach gefragt werden, ob es im Mittelalter einen direkten Schiffsverkehr von Köln in die offene See, z. B. nach England und zurück, gegeben hat und ob es sich dabei um Seeschiffe handelte, die den Rhein befuhren, oder um Binnenschiffe, die die Fahrt übers Meer wagten.

Die Stadt Köln wurde auch für das spätere Mittelalter als Hafen für Seeschiffe angesprochen.[9] Dazu beigetragen hat sicherlich, dass in zahlreichen spätmittelalterlichen Tafelbildern und Drucken, wie z. B. auf Darstellungen der Ursula-Legende oder in der Schedel'schen Weltchronik von 1493, eindeutig Seeschiffe vor dem Kölner Stadtpanorama gezeigt werden.[10] Kamen Seeschiffe nach Köln, waren das auch die Koggen des Spätmittelalters? [11] Da das, wie Bruno Kuske schreibt, ein „Irrtum“ sei, ist zu fragen, ab wann und warum die noch für das hohe Mittelalter vermutete Praxis der direkten Rhein-See-Schifffahrt außer Gebrauch kam.[12]

---

7 Natalie Fryde, Ein mittelalterlicher deutscher Großunternehmer. Terricus Teutonicus de Colonia in England, 1217–1247 (VSWG, Beiheft 125), Stuttgart 1997, S. 40.

8 Stein, Handels- und Verkehrsgeschichte (wie Anm. 1), S. 263–267.

9 Vgl. Bruno Kuske, Die wirtschaftliche und soziale Verflechtung zwischen Deutschland und den Niederlanden bis zum 18. Jahrhundert, in: Ders., Köln, der Rhein und das Reich. Beiträge aus fünf Jahrzehnten wirtschaftsgeschichtlicher Forschung, Köln/Graz 1956, S. 200–256, hier S. 222; Carl Dietmar/Csaba Peter Rakoczy, Köln, der Rhein, das Meer. 2000 Jahre Kölner Schifffahrts- und Hafengeschichte, Köln 2002, S. 42–47.

10 Hermann Schedel, Weltchronik, Nürnberg 1493, hrsg. v. Stephan Füssel, Köln u. a. 2001, Bl. 91r; ein ähnliches Seeschiff findet sich bei zahlreichen Städten, so bei Paris (Bl. 39), Konstantinopel (Bl. 130 u. 257) u. Magdeburg (Bl. 180), es soll wohl als Zeichen für Handel gelten; Hermann Maria Wollschläger, Hansestadt Köln. Die Geschichte einer europäischen Handelsmetropole, Köln 1988, S. 8.

11 Clemens von Looz-Corswarem, Handelsstraßen und Flüße. Die Verkehrsverhältnisse am Niederrhein zur Hansezeit, in: „Zu Allen theilen Inß mittel gelegen“. Wesel und die Hanse an Rhein, Ijssel und Lippe, Ausstellungskatalog, Wesel 1991, S. 94–115, hier S. 101 (Vgl. Beitrag 1 in diesem Band).

12 Bruno Kuske, Die Wirtschaft der Stadt in älterer Zeit, in: Köln, hrsg. v. d. Stadt Köln, Köln 1950, S. 89–142, hier S. 127: „Daß das spätmittelalterliche Köln selbst Seehafen gewesen sei, ist ein Irrtum, der sich anscheinend aus einer falschen Auslegung der Stellung Kölns als Hansestadt erklärt“. Die Darstellung von Fritz W. Achilles, Seeschiffe im Binnenland. Der kombinierte Binnen-Seeverkehr in Deutschland (Schriften des Deutschen Schiffahrtsmuseums, Bd. 10), Hamburg 1985, bezieht sich vornehmlich auf das 19. und 20. Jahrhundert, die Bemerkungen über den Rhein-See-Verkehr im Mittelalter sind recht allgemein.

***

Nach der ersten Passio der heiligen Ursula aus der zweiten Hälfte des 10. Jahrhunderts, die in ähnlicher Version in der zweiten Passio um 1100 und dann in der Legenda aurea von ca. 1270 wiederholt wird, kam die englische Königstochter Ursula mit ihren elftausend jungfräulichen Begleiterinnen per Schiff den Rhein hinauf. Dem Verfasser der in sich geschlossenen Geschichte, die Wilhelm Levison einem Mönch Herrich aus St. Bertin (Saint Omer in Französisch-Flandern) zuschreibt,[13] scheint es durchaus plausibel, dass eine große Menge von Menschen auf in England gebauten, seetüchtigen Fahrzeugen über den Kanal in die Rheinmündung einfuhr, sich in Tiel mit Lebensmitteln versorgte, und dann den Strom weiter hinauf nach Köln kam, um weiter nach Mainz und Basel zu reisen. Von dort zog die englische Königstochter mit ihrem Gefolge zu Fuß über die Alpen und pilgerte weiter nach Rom. Das Tiel an der Waal erster Anlaufhafen für die Flotte war, ist durchaus glaubhaft, hatte sich doch der Handelsverkehr mit England nach der Zerstörung Dorestads am Lek durch die Normannen auf die Waal verlegt, so dass sich Tiel schon um 900 zu einem bedeutenden Hafen im Englandverkehr entwickeln konnte.[14] Das Schiff schien hier für eine Reise von London nach Basel das übliche Transportmittel gewesen zu sein. Allerdings heißt es in der ältesten Fassung der Passio, dass die pilgernden Jungfrauen mit ihrer Begleitung zunächst bis Köln fuhren, weil sie nicht weiterfahren konnten.[15] Daraus kann man schließen, dass die aus England kommenden Pilger möglicherweise wegen der Größe der Schiffe hier ihr Ziel fanden und die fromme Schar auf ihrer Fahrt weiter stromauf andere Schiffe nutzen musste. Auch wird in der Passio festgehalten, dass die Schiffe in Basel auf die Rückkunft der Pilger warteten. Wenn es allerdings heißt, dass die Pilger in Basel „Trieren", Dreiruderer, zurückließen, die sie bei ihrer Rückkehr aus Rom wieder vorfanden, so muss vermutet werden, dass es sich bei diesem Begriff um ein Synonym für „navis" handelte, denn Trieren waren zu dieser Zeit nur auf dem Mittelmeer beheimatet und die einzigen Großruderschiffe auf dem Rhein, die es im 9. und 10. Jahrhundert gegeben hatte, waren die berüchtigten Wikingerschiffe gewesen. Möglicherweise sind aber auch einfach Ruderboote gemeint.[16] Vielleicht passt dazu der Hinweis aus der zweiten Pas-

13 Wilhelm Levison, Das Werden der Ursula-Legende. SA aus H. 132 der Bonner Jahrbücher, Köln 1928, S. 76 f.

14 E. D. Rink, Beschrijving der Stad Tiel, Tiel 1836, S. 5–7; Levison, Ursula-Legende (wie Anm. 13), S. 76; Detlef Ellmers, Frühmittelalterliche Handelsschiffahrt in Mittel und Nordeuropa (Schriften des Deutschen Schiffahrtsmuseums Bremerhaven, Bd. 3), Neumünster 1972, S. 264 ff.

15 „...quia ulterius ire noch poterunt", Levison, Ursula-Legende (wie Anm. 13), S. 151.

16 „Ibi (in Basel) egredientes, in tuta portus statione relegatis trieribus, propere pedestris phalanx Romam petit." Levison, Ursula-Legende (wie Anm. 13), S. 151; vgl. auch Frank Günter Zehnder, Sankt Ursula. Legende – Verehrung – Bilderwelt, Köln 1985, S. 28; Hugo Borger/Frank Gün-

3 Koggeähnliche Schiffe vor Köln. Ursulaschrein von Hans Memling im St.-Jans-Hospital in Brügge, 1489.

4 Koggen vor Köln. Martyrium der Hl. Ursula auf dem Georgsaltar in der St. Nikolaikirche in Kalkar, um 1500.

sio aus dem 12. Jahrhundert, dass neben den Jungfrauen auch Männer auf den Schiffen waren, nicht nur geistliche und adelige Begleiter, sondern auch Schiffer und Knechte, die die schwere Arbeit auf und an den Schiffen zu bewältigen hatten. Diese wurden dann ungewollt Mitopfer des Martyriums, als die Schiffe wieder zurück vor das von den Hunnen belagerte Köln kamen.[17] Nur so ließ sich letztlich erklären, dass auf dem römischen Gräberfeld um St. Ursula in Köln im 12. Jahrhundert nicht nur weibliche Skelette gefunden wurden.[18]

In den zahlreichen Darstellungen der Ursula-Legende seit dem 15. Jahrhundert spiegelt sich die Erinnerung an den direkten Schiffsverkehr zwischen England und Köln wider. Entweder finden wir – besonders bei aus den Niederlanden oder aus Süddeutschland stammenden Künstlern – das im 15. Jahrhundert übliche Seeschiff, die große Kogge oder den Hulk, oder bei den eher dem Rheinland zuzuordnenden Malern kleinere Schiffe, die aber, als Seeschiffe definiert, Elemente der Koggenbauweise – meist ein Hinterkastel – besitzen.[19]

Auf eine direkte Schiffsverbindung zwischen England und Köln weist auch der Wunderbericht über den Heiligen Ägidius, eines der 14 Nothelfer, aus dem ersten Drittel des

ter Zehnder, Köln. Die Stadt als Kunstwerk. Stadtansichten vom 15. bis 20. Jahrhundert, Köln 1982, S. 88–91.

17 Levison, Ursula-Legende (wie Anm. 13), S. 123.

18 Zehnder, Sankt Ursula (wie Anm. 16), S. 36.

19 Wollschäger, Hansestadt (wie Anm. 10), S. 8 f.

5 Schiffe mit Kogge-Attributen auf dem Ursulazyklus in Köln, um 1450/60.

12. Jahrhunderts hin. Der deutsche Kaufmann Bruning aus Nimwegen kam mit seinem mit Salz beladenen Schiff von England den Rhein herauf. Er und seine Knechte zogen das Schiff auf dem Leinpfad an Stricken aufwärts, während seine beiden jungen Söhne mit dem Steuermann im Schiff geblieben waren. Etwa vier Meilen unterhalb von Köln geschah das Unglück. Der ältere der Söhne, Ezelon, der mit dem Ausschöpfen von Wasser aus dem Schiff beschäftigt war, fiel aus Unvorsichtigkeit beim Ausleeren des Schöpfgefäßes über die Bordwand und geriet sofort unter Wasser. Nur durch das Eingreifen des Hl. Ägidius, den der verzweifelte Vater spontan anrief, konnte er in einer dramatischen Aktion glücklich gerettet werden.[20] Hier zeigt sich, dass in England mit Salz beladene Schiffe von Menschen den Rhein hinauf bis Köln gebracht wurden. Auch ist es ein früher Beleg für einen Leinpfad am Niederrhein.[21]

Auch der aus Vorarlberg stammende Dichter Rudolf von Ems lässt in seiner um 1220 entstandenen Erzählung „Der Gute Gerhard“ den Kölner Kaufmann Gerhard mit einem Schiff von Köln aufbrechen und nach zahlreichen Abenteuern in Livland, Preußen, in der Levante vor Damaskus und Ninive mit seinem Schiff wieder nach Köln zurückkehren. Statt der erwarteten Schätze hatte er aber nur Ballast an Bord, sein Handelsgut hatte er

20 MGH SS XII: Miracula b. Egidii auctore Pietro Guillelmo 1120, S. 316–323, hier S. 319 f.; Stein, Handels- und Verkehrsgeschichte (wie Anm. 1), S. 284 f.

21 Einen Leinpfad muss es schon zur Römerzeit gegeben haben, er wurde im Mittelalter als zum Stromregal gehörig angesehen, durfte nicht gesperrt werden. Bruno Kuske, Quellen zur Geschichte des Kölner Handels und Verkehrs im Mittelalter (PublGesRhGkde XXXIII), Bd. 1, Bonn 1923, Nachdruck Düsseldorf 1978, S. 207, Nr. 613 (1418 Sept. 20); Ulrike Stursberg, Innovation auf dem Rhein. Das Ende der Treidelschifffahrt (Düsseldorfer Geschichtsverein. Kleine Schriftenreihe H. 3), Essen 2015, S. 42–50.

zur Befreiung einer englischen Königstochter und ihrer Begleiter verwandt.[22] Wenn eine solche Schifffahrt um 1220 technisch nicht möglich gewesen und praktiziert worden wäre, hätte sie wohl kaum als Hintergrund erbaulicher Erzählungen dienen können.

***

Am 27. April des Jahres 1147, dem Sonntag nach Ostern, machte sich in Köln eine große Menge von Kreuzfahrern oder auch Pilgern, wie sie bisweilen in den Quellen genannt werden, auf zahlreichen Schiffen auf den Weg ins Heilige Land.[23] Sie wollten an einem Kreuzzug gegen die Mauren teilnehmen und die über Land ziehenden Kontingente des französischen und deutschen Königs unterstützen. Es ist wohl auf die mehrtägige Predigt Bernhards von Clairveaux in Köln zurückzuführen, dass gerade diese Stadt als Sammel- und Ausgangspunkt für die deutschen Teilnehmer gewählt wurde, die lieber den bequemen, wenn auch nicht ungefährlicheren Seeweg bevorzugten.[24] Die in Köln zusammengestellte Flotte begab sich den Rhein hinunter, wahrscheinlich über die Waal zunächst in Richtung England, wo sie am 19./20. Mai im Hafen von Dartmouth an der Mündung des Dart River (in der südenglischen Grafschaft Devon) eintraf. Hier vereinigten sich die mit Deutschen und Flamen besetzten Schiffe mit anderen, englischen und evtl. skandinavischen Flotten. Von Dartmouth stach das Kriegsheer schon drei Tage später, am 23. Mai 1147, in See. Es sollen ca. 10.000 Mann, darunter ca. 5200 Flamen und Deutsche, die Letzteren unter der Führung des Grafen Arnold van Aerschot, gewesen sein, die auf rund 160 bis 190 Schiffen aufgebrochen waren. Die Flotte umfuhr schon am 25. Mai die Westspitze der Bretagne, blieb dann jedoch zeitweise wegen Windstille liegen und geriet am 28./29. Mai in einen Orkan, der den Verband auseinanderriss. Etwa 50 und damit wohl die meisten der deutschen und flandrischen Schiffe fanden sich am 30. Mai bei dem asturischen Hafen Gozón an der spanischen Ostküste ein, wo sich die Kreuzfahrer von den Strapazen auf See erholten und die Gelegenheit nutzten, zu dem nahe gelegenen Santiago de Compostela zu pilgern.[25] Wir wissen, dass diese zum Zweiten Kreuzzug gehörende Gruppe nicht bis

22 Rudolf von Ems, Der gute Gerhard, hrsg. v. Moritz Haupt, Leipzig 1840, bes. S. 93 f.; L. Ennen, Geschichte (wie Anm. 5), S. 481.

23 Ernst Duemmler, Ein Brief des Koelner Priesters Winand über den Kreuzzug gegen Lissabon im Jahre 1147, o.O., o.J. [ca. 1850], S. 3.

24 Georg Waitz, Chronica Regia Coloniensis (MGH SS reg. Germ. 18), Hannover 1880, S. 84 f. (1147).

25 Hugo Stehkämper, Niederrheinische Schiffskriege und „Kriegs"schiffe im Mittelalter, in: Ders., Köln – und darüber hinaus. Ausgewählte Abhandlungen, Bd. 1 (Mitteilungen aus dem Stadtarchiv von Köln 93), Köln 2004, S. 307–350, hier S. 309–312; zu den Kreuzzugsfahrten vgl. auch Hans

Palästina kam, sondern auf Wunsch des portugiesischen Königs in den Kampf gegen die Mauren in Portugal eingriff und im Oktober 1147 nach mehrmonatiger Belagerung Lissabon eroberte.[26]

Was uns hier interessiert, ist die Nachricht, dass Kreuzfahrer in Köln in Schiffe stiegen, mit denen sie den Rhein hinab in die offene See und über die Nordsee in einen englischen Hafen fuhren. Dort scheinen die Kölner Schiffe in den größeren Flottenverband der Flamen und Engländer integriert worden zu sein und die Fahrt durch den Golf von Biskaya und den Atlantik bis an die portugiesische Küste mitgemacht zu haben. Sie haben einen schweren Sturm überstanden und sind dann auch in den Tajo wieder aufwärts bis Lissabon gekommen. Möglicherweise waren es dieselben Schiffe, mit denen die erfolgreichen Kriegerpilger nach der Eroberung von Lissabon den Heimweg nach Köln antraten. Das heißt, die Schiffe, in die die Kreuzfahrer in Köln gestiegen sind, müssen – wenn uns die Quellen nicht das Umsteigen und Umladen der Vorräte und Ausrüstung verschwiegen haben – nicht nur fluss- sondern auch hochseetauglich gewesen sein.[27]

Bestätigt wird diese Möglichkeit durch einen Eintrag in der Kölner Königschronik zum Dritten Kreuzung 1189.[28] Auch hier war Köln der Sammelpunkt der Kreuzfahrer und auch von hier ging es per Schiff zunächst nach England. Abfahrtszeitpunkt in Köln war Maria Lichtmess, d.h. der 2. Februar 1189. Wieder sammelte sich die Flotte in England im Hafen Dartmouth, von wo sie am 27. Februar 1189 mit 55 Schiffen aufbrach. Die Zahl der Kreuzfahrer bei dieser Expedition wird auf ca. 5000 geschätzt. Wieder machte die Flotte Halt im Norden Spaniens und bei Lissabon, wo das Heer für den portugiesischen König die Maurenfestung Alvor eroberte. Die Kölner Schiffe sollen dann schon an Maria Lichtmess 1190, also genau nach einem Jahr, voll mit Beute beladen, wieder in Köln angekommen sein.[29]

Diesmal sollen es 1500 Kreuzfahrer gewesen sein, die von Köln aus auf vier Schiffen starteten. Die Zahl von 1500 Kreuzfahrern auf nur vier Schiffen, d.h. 375 Personen auf einem Schiff, ist für die damalige Zeit nicht vorstellbar. Schon Hugo Stehkämper merkte an, dass die Königschronik in ihren Zahlenangaben „gelegentlich der Übertreibung beschuldigt“ wird.[30] Zu den Personen kam ja noch die Ausrüstung und, wie die Chronik

---

Horstmann, Der Ursprung der Bistumswappen von Köln, Trier und Utrecht, in: Vierteljahrsblätter der Trierer Gesellschaft für nützliche Forschungen, 4. Jg., 1958, H. 3, S. 41–48, hier S. 41–43.

26 Friedrich Kurth, Der Anteil niederdeutscher Kreuzfahrer an den Kämpfen der Portugiesen gegen die Mauren, Diss. Berlin 1909, Innsbruck 1909, S. 7–9.

27 Das Umsteigen und Umladen auf andere, größere seetüchtige Schiffe wäre bei dem engen Zeitplan, den uns die Quellen mitteilen, kaum möglich gewesen, auch hätte jemand dann entsprechend große Schiffe zur Verfügung stellen müssen.

28 Waitz, Chronica (wie Anm. 24) S. 140 f.

29 Stehkämper, Schiffskriege (wie Anm. 25), S. 313 f.

30 Stehkämper, Schiffskriege (wie Anm. 25), S. 314.

berichtet, Proviant für drei Jahre. Beachtlich ist auch der Hinweis der Chronik, dass diese Schiffe in Köln gebaut worden seien.[31] Ob es sich wirklich um Riesenschiffe handelte, die in Köln vom Stapel gelaufen waren, sei dahingestellt. Wenn die an den Kreuzzügen beteiligten Seeschiffe im Durchschnitt, wie sich aus Berechnungen von Kurth ergibt, 60 bis 80 Mann fassen konnten, so ist es unwahrscheinlich, dass die in Köln gebauten Schiffe ein wesentlich größeres Volumen hatten, zumal ja Ausrüstung und Proviant dazukamen.[32] Der Hansehistoriker Paul Heinsius will in den 1188/89 ausgerechnet in Köln gebauten Schiffen die ersten greifbaren Koggen sehen.[33] Immerhin waren die in Köln gebauten Schiffe, wie die 1147 genutzten Schiffe, seetüchtig genug, um die Fahrt über den Atlantik nach Portugal und zurück zu machen, was wiederum voraussetzt, dass in Köln Schiffsbaumeister und Schiffszimmerer vorhanden waren, die zur Konstruktion von seetüchtigen Schiffe in der Lage waren. Es galt ja nicht nur einen entsprechend stabilen Rumpf herzustellen, sondern auch für die Seefahrt geeignete Masten, Takelage und Segelausrüstung einzubringen. Die Schiffe mussten andererseits aber auch so konstruiert sein, dass sie auf dem damals noch nicht regulierten Rhein, in dem es noch keine Fahrrinne und auch am Niederrhein zahlreiche Untiefen gab, sicher geführt werden konnten. Wenn es dieselben Schiffe waren, mit denen die Kreuzfahrer wieder nach Köln zurückkamen, so müssen diese Schiffe auch treideltauglich gewesen sein, d.h. eine Ausrüstung besessen haben, mit der sie den Rhein gegen die Strömung (von Menschen oder Pferden) wieder hinaufgezogen werden konnten.

***

Wenig wissen wir darüber, wie der Schiffsverkehr auf dem Rhein vom 9. bis 12. Jahrhundert aussah. Bei der Spärlichkeit von auf den Handel und Verkehr bezogenen Quellen aus dieser frühen Zeit ist es nicht verwunderlich, dass wir zunächst vornehmlich Nachrichten über die Aktivitäten geistlicher Grundherrschaften und Klöster haben, die ihre Erzeugnisse z. T. über weite Strecken transportieren ließen und dazu auch eigene Schiffe unterhielten.[34]

31 Waitz, Chronica (wie Anm. 24) S. 140 f.; „(Interim) naves fabricantur per diversas regiones et civitates in expeditionem, e quibus quatuor de Colonia moverunt, in quibus erant ad quindecim centum homines: tam / hi quam ceteri omnes ad tres annos victualia copiose habebant, armis precipuis et omni genere resistendi muniti“; Hugo Stehkämper/Carl Dietmar, Köln im Hochmittelalter 1074/75–1288 (Geschichte der Stadt Köln, Bd. 3), Köln 2016, S. 250 u. 499, Anm. 97.

32 Kurth, Anteil (wie Anm. 26), S. 9.

33 Paul Heinsius, Das Schiff der hansischen Frühzeit (Quellen und Darstellungen zur Hansischen Geschichte, NF. XII), 2. Aufl., Köln/Wien 1986, S. 98, 159.

34 Konrad Elmshäuser, Facit Navigium. Schiffahrt auf Seine, Marne, Mosel und Rhein in Quellen zur frühmittelalterlichen Grundherrschaft, in: Häfen, Schiffe, Wasserwege. Zur Schiffahrt des Mittelalters (Schriften des Deutschen Schiffahrtsmuseums 58), hrsg. v. Konrad Elmshäuser, Hamburg 2002, S. 22–53.

6 Anna Selbtritt und die Heiligen Christophorus, Gereon und Petrus. Niederrheinische Flussschiffe vor Köln. Tafelbild, 2. Hälfte 15. Jahrhundert.

Im 9. Jahrhundert scheint der Schiffsverkehr auf dem Rhein von den friesischen Händlern beherrscht worden zu sein, die wohl mit ihren in ihrer Heimat entwickelten Schiffen sowohl auf den Flüssen als auch im Wattenmeer und im Küstenbereich unterwegs sein konnten. Sie fuhren mit ihren Schiffen in allen Flusssystemen und auch nach England, sie sind in Duisburg, Köln, Mainz, Worms und an der Mosel nachweisbar.[35] So wird ein Friese Ibbo genannt, der zur Familia des Trierer Klosters St. Maximin gehörte, und der mit einer Flotte von sechs Schiffen Wein nach England brachte. Ob die Weine in Trier in die Schiffe eingeladen und in London oder York ausgeladen wurden, ohne entweder in Köln oder angesichts des Meeres in größere Schiffe umgeladen zu werden, sei dahingestellt, ist aber durchaus möglich. 893 waren zum Kloster Prüm in der Eifel gehörende Friesen in Duisburg stationiert, von wo sie für das Kloster Handel trieben. Auch in Köln gab es eine Gruppe von friesischen Händlern. In England selbst sind schon in der zweiten Hälfte des

35 Hans Wilkens, Zur Geschichte des niederländischen Handels im Mittelalter, in: HGbll 1908, S. 295–356, hier bes. S. 317–321; Joseph Milz/Hans-Georg Kraume, Duisburgs Entwicklung als Handels-, Hanse- und Hafenstadt, in: Duisburg und der Rhein. Begleitband und Katalog zur Ausstellung 1992, Duisburg 1992, S. 47–62.

8. Jahrhunderts Friesen im Handel tätig.[36] Offensichtlich pflegte man in karolingischer Zeit aus England kommende Seeschiffe den Strom hinaufzuschleppen.[37]

Um 830 stellte der Kölner Erzbischof Hadebald dem Missionar und späteren Bremer Bischof Ansgar ein Schiff zur Verfügung, das ihn über Dorestad, der Handelsniederlassung an der Gabelung des Rheins in Lek und Krummen Rhein, nach Dänemark brachte. Es muss sich bei diesem Schiff nicht nur um ein bequemeres mit zwei Kajüten ausgestattetes, sondern wahrscheinlich auch um ein für die Fahrt über das Wattenmeer und die Küstengewässer sehr gut angepasstes Fahrzeug gehandelt haben.[38]

Wahrscheinlich schon im 10. Jahrhundert gab es einen direkten Handel zwischen Köln und England. Unter den homines imperatoris, die in einem Londoner Zollverzeichnis von um 1000 genannt werden und die dort Wolle, Öle und Fette einkauften und graue und braune Tücher, Pfeffer und Essig verkauften, waren sicherlich auch Kölner.[39] Hauptartikel werden außer der schon genannten Wolle und den Fetten Teer, Schweine, Tierhäute und Felle gewesen sein, im Gegenzug wurden wohl vor allem Wein, Tuch und Getreide nach England und in die skandinavischen Länder gebracht. Vielleicht war auch schon Salz als Handelsgut dabei. Man kann davon ausgehen, dass dieser Handel auf eigenen Schiffen der Kölner abgewickelt wurde. Andererseits fanden sich wohl auch Schiffe anderer Städte und Nationen auf dem Rhein. Nach Leonard Ennen war es im Hochmittelalter der Kölner Hafen, „wo die Seefahrt in die Flußschiffahrt überging", wobei allerdings Köln noch keinen Zwangsumschlag kannte. Vom Rhein gingen die Schiffe über die Waal nach Tiel, wo sie einen Pfundzoll entrichteten, dann über die Merwede in die offene See und über den Kanal in die Themsemündung nach London oder an der Ostküste Englands entlang nach Lynn.[40]

Erste Privilegien in England erhielten die Kölner um 1157 und 1175.[41] 1194 erließ König Richard den Kölnern die Abgaben von ihrer Gildhalle in London und sicherte ihnen freien Verkehr in England zu, was von König Johan 1204 bestätigt wurde.[42] Im Jahre 1203 lieferte Köln dem englischen König Johann zwei Fass Wein und am 9. März 1230 ließ sich Hilde-

36 Ellmers, Handelsschiffahrt (wie Anm. 14), S. 18; England und Köln. Beziehungen durch die Jahrhunderte in archivalischen Zeugnissen. Ausstellung im Historischen Archiv der Stadt Köln 1965, Köln 1965, S. 5–7.

37 Vogel, Seeschiffahrt (wie Anm. 1), S. 89 u. 112.

38 Der Kölner Erzbischof Hadebald „dedit eis navem optimam, ubi sua reponerent, in qua erant duae mansiunculae satis oportune praeparatae". MGH SS II: Vita Sancti Anscarii, hrsg. v. C. F. Dahlmann, S. 683–725, hier S. 695; Vogel, Seeschifffahrt (wie Anm. 1), S. 94; Ellmers, Handelsschiffahrt (wie Anm. 14), S. 18 u. 29, Anm. 88: Ellmers hält das Schiff Ansgars evtl. für eine frühe Kogge.

39 E. Ennen, Kölner Wirtschaft (wie Anm. 5), S. 113.

40 L. Ennen, Geschichte (wie Anm. 5), S. 480; Stein, Handels- und Verkehrsgeschichte (wie Anm. 1), S. 264 f.

41 England und Köln (wie Anm. 36), S. 8–14; Fryde, Großunternehmer (wie Anm. 7), S. 28.

42 Kuske, Quellen, Bd. 1 (wie Anm. 21), S. 3 Nr. 7 (1194 Febr. 16), S. 4, Nr. 9 (1204 April 11).

brand von Köln für sein Schiff „De Welifare“ (die Wohlfahrt) einen Schutzbrief ausstellen. Im Zusammenhang mit dem Englisch-Französischen Krieg 1223/24 ließ der König alle Kaufmannsschiffe über einer bestimmten Tonnage in englischen Häfen beschlagnahmen. Der Kölner Kaufmann Terricus konnte sein Schiff in Lynn nur dank eines königlichen Schreibens freibekommen. Auch Schiffe von elf weiteren deutschen oder flandrischen Kaufleuten, darunter mindestens drei Kölner, fielen unter diese Beschlagnahmeaktion. Es waren Schiffe, die den Kaufleuten gehörten, sie waren mit Getreide und Malz beladen. Später nutzte der Kölner Kaufmann Terricus auch „kleine“ Schiffe, um Tuche und 40 Sack Wolle von England auf den Kontinent zu bringen.[43] Vom 10. bis 12. Jahrhundert scheint der Rhein-See-Handel eine Art Höhepunkt erreicht zu haben, noch im 12. Jahrhundert befuhren eine große Zahl Kölner Schiffe die Nordsee.[44]

Wenn Seeschiffe bis nach Köln kamen, dann müssen sie auch bei anderen Städten am Rheinlauf nachweisbar sein. Ende des 12. Jahrhunderts schreibt Gottfried von Viterbo über die Stadt Utrecht, sie stehe mit dem Ozean in Verbindung und die Ufer des Rheins wären mit Schiffen gefüllt. Hier führen die Schiffe des Ozeans hin und wieder. Auch Engländer würden hier Handel treiben. Utrecht war ein wichtiger Umschlagsplatz, an dem aber kein Zwang herrschte.[45] Es spricht also einiges dafür, dass Seeschiffe die Rheinmündungsarme hinauffuhren, bis Tiel und Utrecht sowieso, aber auch bis Köln. Vogel vermutet sogar, dass kleinere Seeschiffe über Köln hinaus bis in die Mosel fuhren.[46] Auch Ellmers weist darauf hin, dass seegehende Handelssegler mit flachen Böden außerordentlich weit flussaufwärts fahren konnten, wobei sie möglichst ausgiebig ihre Segel nutzten, möglicherweise, weil sie für den Seilzug, das Treideln, flussaufwärts, nicht eingerichtet waren. Wir können also davon ausgehen, dass bis zum 12. Jahrhundert Seeschiffe von London bis Köln fuhren und umgekehrt in Köln gebaute Schiffe so seetüchtig waren, dass sie mindestens die Nordsee und nordische Gewässer, vielleicht sogar den Atlantik befuhren. Allerdings werden auch die seegehenden Schiffe des frühen und hohen Mittelalters im Vergleich mit späteren Verhältnissen noch recht klein gewesen sein. Wahrscheinlich können wir diese kleinen Seeschiffe noch nicht als Koggen bezeichnen.[47]

Wenn wir die Quellen richtig interpretieren, dann ist ab dem 13. Jahrhundert ein di-

43 Fryde, Großunternehmer (wie Anm. 7), S. 40 u. 86 f.

44 Kurt Schwarz, Die Typenentwicklung des Rheinschiffs bis zum 19. Jahrhundert. Diss. Karlsruhe 1926, S. 18 f.

45 Wilkens, niederländischer Handel (wie Anm. 35), S. 135; Stein, Handels- und Verkehrsgeschichte (wie Anm. 1), S. 282; Otto Gönnenwein, Das Stapel und Niederlagsrecht (Quellen und Darstellungen zur Hansischen Geschichte, NF XI), Weimar 1939, S. 33.

46 Vogel, Seeschifffahrt (wie Anm. 1), S. 109; Bernhard Hagedorn, Die Entwicklung der wichtigsten Schiffstypen bis ins 19. Jahrhundert (Veröff. des Vereins für Hamburgische Geschichte, Bd. 1), Berlin 1914, S. 20.

47 Ellmers, Handelsschiffahrt (wie Anm. 14), S. 82 und 228.

rekter Verkehr zwischen Köln und England nicht mehr nachzuweisen. Dass die See befahrende Schiffe auf dem Niederrhein fuhren, war wohl zur Ausnahme geworden. Die Seeschiffe, die im Besitz von Kölnern waren oder an denen sie Anteile hatten, lagen in Seehäfen wie Brügge, Kampen und Antwerpen und wurden ausschließlich für den Seeverkehr genutzt.[48] Bei den Gründen für diese Veränderung wird es sich um ein ganzes Bündel von Faktoren gehandelt haben.

***

Als einer der Gründe dafür, dass seit im 13. Jahrhundert der direkte Seeverkehr auf dem Rhein zum Erliegen kam, wird eine „Revolution" im Schiffbau im 12. und 13. Jahrhundert angesehen. So konnte sich erst mit dem Aufkommen des festen Steuerruders im 12. Jahrhundert eine selbständige Segelschifffahrt entwickeln.[49] In den Küstenstädten wurden immer größere Seeschiffe gebaut und neben dem englischen Kiel und anderen Schiffstypen konnte sich die Kogge, als bauchiges, seetaugliches Handelsschiff allgemein durchsetzen.[50] Das mag mit der Zunahme des Seehandels der Ostseestädte mit dem Westen und mit dem Aufstieg Brügges zum zentralen Umschlag in der zweiten Hälfte des 12. und dem 13. Jahrhundert zusammenhängen, da sich hier der Seehandel zwischen der Ostsee, den nordischen Ländern, dem Rheindelta, England, der französischen Küste und Italien konzentrierte.[51]

Ganz gleich, ob sich nun die Kogge aus einem flachbodigen friesischen Wattfahrer entwickelt hat oder andere Vorbilder besaß,[52] im 13. Jahrhundert erschienen die Koggen als Seeschiffe von rund 30 Meter Länge, 7 Meter Breite und einem Tiefgang von 2 bis 3 Metern. Größe und Ladegewicht nahmen im Laufe des folgenden Jahrhunderts schnell zu.

48 Kuske, Kölner Wirtschaft (wie Anm. 12), S. 128; Vogel, Seeschiffahrt (wie Anm. 1), S. 86; Schwarz, Typenentwicklung (wie Anm. 44), S. 28 f.

49 Schwarz, Typenentwicklung (wie Anm. 44), S. 22–24; Detlev Ellmers, Wege und Transport: Wasser, in: Die Stadt im Wandel. Kunst und Kultur des Bürgertums in Norddeutschland 1150–1650 (Ausstellungskatalog Landesausstellung Niedersachsen 1985), Bd. 3, S. 243–255, hier S. 252 f. Zur „Revolution" im Schiffbau und im Transportwesen vgl. van Eickels, Große Schiffe (wie Anm. 1), bes. die in Anm. 4, S. 60 f. genannte Literatur.

50 Detlev Ellmers, Schiffe der Hanse, in: Hanse in Europa. Brücke zwischen den Märkten 12.–17. Jahrhundert, Katalog zur Ausstellung Köln 1973, Köln 1973, S. 57–64, hier S. 62; Heinsius, Schiff (wie Anm. 33), S. 160; Schwarz, Typenentwicklung (wie Anm. 44), S. 28 f.: „Eine unmittelbare Rheinseeschifffahrt bis Köln hat höchstens bis zum Beginn des 13. Jahrhunderts bestanden. Als um diesen Zeitpunkt die großen Schiffstypen der Kogge, des Nef und später der Hulk in den Vordergrund traten, die einen Tiefgang von 3–3 ½ m besaßen, hörte die Befahrung des Niederrheins auf".

51 Wim Blockmans, Brügge als europäisches Handelszentrum, in: Brügge und Europa, Antwerpen 1992, S. 41–55; Werner Paravicini, Brügge und Deutschland, in: ebd., S. 99–127.

52 Ellmers, Schiffe der Hanse (wie Anm. 50), S. 59.

Möglicherweise wird man im Küstenbereich und im Rhein-Maas-Delta zwischen See- und Binnenschiffen zunächst nicht genau unterschieden haben, denn nach Ellmers entsprach die Bauweise der Binnenschiffe, was ihre Grundform anging, wohl im Großen und Ganzen der der Seeschiffe, sie waren nur kleiner und wohl auch stärker den Bedingungen der Flussschifffahrt angepasst.[53] Was die großen Seeschiffe angeht, so soll es schon zu Beginn des 13. Jahrhunderts Schiffe für 35–40 Last, das sind 70–80 Tonnen Ladung, gegeben haben.[54] Im 14. Jahrhundert konnten die Koggen dann schon bis zu 100 Last (200 t) fassen.[55] Als Truppentransporter sollen diese Großschiffe zwischen 220 und 330 Personen befördert haben.[56] Im Durchschnitt wird das Ladegewicht der Koggen im 14. Jahrhundert jedoch bei 60–75 Last oder 120–150 Tonnen gelegen haben. Koggen dieser Größe kamen dann beladen auf rund drei Meter Tiefgang.[57] Die bei Bremen 1962 gefundene Kogge von um 1380 besaß einen geschätzten Tiefgang von rund 2 Metern.[58] Ein Nachbau dieser Kogge konnte ca. 45 Last (90 t Ladung) aufnehmen. Leer wurde ein Tiefgang von nur 1,25 Metern, beladen dann allerdings von 2,25 Metern gemessen.[59] Das heißt, die Bremer Hansekogge gehörte Ende des 14. Jahrhunderts damit zu den kleineren Fahrzeugen dieser Art. Sie wäre beladen bei hohem Wasserstand den Rhein hinauf bis Köln gekommen, wenn man nur den Tiefgang berücksichtigt. Sie hätte dann aber mit starker Strömung zu kämpfen gehabt. Von der Bauart her, auch was das Segeln anging, wäre sie nicht für die Fahrt auf dem Rhein geeignet gewesen. Denn die tiefgehenden Koggen brauchten, um vor dem Wind zu kreuzen, relativ viel Wasserfläche von gleichbleibender Tiefe, die auf dem Rhein in der Regel nicht gegeben war. Auf dem Mittelrhein und dem Niederrhein bis etwa Nimwegen verläuft der Rhein von Süden nach Norden. Die Winde pflegen aber am Mittel- und Niederrhein meist von Westen zu wehen. Wollte man den Rhein aufwärts gegen die Strömung mit dem Segel bezwingen, hätte man ständig vor dem Wind kreuzen müssen, was letztlich bei den damaligen Stromverhältnissen nur mit leichten und flachen Schiffen geringen Tiefgangs möglich war. Das heißt, größere Schiffe, also auch die Koggen, hätten stromauf, jedenfalls ab Nimwegen, getreidelt werden müssen.[60]

53 Ellmers, Schiffe der Hanse (wie Anm. 50), S. 63.

54 Ulrich Pietsch, Die Lübecker Seeschiffahrt vom Mittelalter bis zur Neuzeit (Hefte zur Kunst und Kulturgeschichte der Hansestadt Lübeck 5), Lübeck 1982, S. 25.

55 Heinsius, Schiff (wie Anm. 33), S. 89.

56 Heinsius, Schiff (wie Anm. 33), S. 91.

57 Pietsch, Lübecker Seeschiffahrt (wie Anm. 54), S. 25.

58 Wolf-Dieter Hoheisel, Die Bremer Kogge, in: Hanse in Europa. Brücke zwischen den Märkten 12.–17. Jahrhundert, Katalog zur Ausstellung Köln 1973, Köln 1973, S. 65–79, S. 70.

59 Dirk Meier, Seefahrer, Händler und Piraten im Mittelalter, Ostfildern 2004, S. 41.

60 Auf die Organisation des Treidelns und die Zahl der Pferde, die man pro Last für die verschiedenen Stromabschnitte benötigte, soll hier nicht eingegangen werden, vgl. Stursberg, Innovation (wie

Was den Pegel des Rheins angeht, so sei nur daran erinnert, dass noch zu Beginn des 19. Jahrhunderts der sogenannte Kasselberg bei Rheinkassel nördlich Kölns den Maßstab für den Tiefgang der Niederrheinschiffe angab.[61] An dieser Untiefe, einer festen Kiesbank, die von den Schiffen überwunden werden musste, betrug die Wassertiefe bei durchschnittlichem, normalem Wasserstand 6 ½ – 7 Fuß, was ca. 2, 00–2,20 Metern entsprach. Das heißt, Frachtschiffe mit größerem Tiefgang mussten entweder leichtern oder höheres Wasser abwarten.[62] Eine Versuchsfahrt mit einem Segelschiff direkt von London den Rhein hinauf ergab 1829, dass dieses, obwohl es nun einen Tiefgang von 5 ½ Fuß besaß, nicht kostendeckend nach Köln gebracht werden konnte, weil das Seeschiff, ein Schoner, nicht auf das Treideln eingerichtet war und beim Hinaufziehen zusätzliche hohe Kosten verursachte.[63]

Man kann davon ausgehen, dass Koggen der Art, wie die bei Bremen gefundene von 1380, selbst wenn es sich um kleinere Exemplare handelte, nicht auf dem Rhein eingesetzt wurden, da der Tiefgang zu groß und sie nicht für das Treideln eingerichtet waren.[64]

***

Mag die zunehmende Größe der Seeschiffe und die wohl auch bei kleineren Seeschiffen spezialisierte Bauweise einer der Gründe dafür gewesen sein, dass diese nicht mehr den Weg von London bis nach Köln fanden, so werden auch ökonomische Gründe eine Rolle gespielt haben. Es ist zu vermuten, dass mit dem Aufkommen der großen Koggen und der entsprechenden Hafeneinrichtungen, der Kaianlagen und Kräne in den Seestädten im 13. Jahrhundert, der Transport kleiner Warenmengen in kleinen Schiffen über See zu gefährlich und zu unwirtschaftlich geworden war. Die Waren in Utrecht, Dordrecht, Kampen, Brügge oder Antwerpen aus spezialisierten Binnenschiffen in große und sichere Seeschiffe umzuladen, war wohl ökonomischer, als das Risiko einer Fahrt mit kleinen Binnenschiffen über den Kanal nach England, nach Skandinavien oder gar an die atlantische Küste einzugehen.[65]

Anm. 21), S. 18–24.

61 J. F. Ockhart, Der Rhein nach der Länge seines Laufs und der Beschaffenheit seines Strombettes, Mainz 1816, S. 201 f.; J. J. Eichhoff, Topographisch-statistische Darstellung des Rheines mit vorzüglicher Rücksicht auf dessen Schifffahrt und Handlung, Köln 1814, S. 62 f.

62 Rheinisch-Westfälisches Wirtschaftsarchiv Köln (RWWA), Best. 1, Abt. 30, Nr. 16, f. 40 (1822).

63 RWWA, 1-30-21, f. 154 (1831); hinzu kamen hohe Durchgangszölle in den Niederlanden, Achilles, Seeschiffe (wie Anm. 12), S. 109.

64 Bei den reinen Treidelfahrzeugen z.B. des Mittelrheins sitzt der Mast nicht in der Mitte des Schiffs, sondern im ersten Drittel, um leichter gegensteuern zu können, da der Pferdezug die Schiffe in Richtung Ufer zieht, vgl. Stursberg, Innovation (wie Anm. 21), S. 22 f.; von Looz-Corswarem, Handelsstraßen (wie Anm. 11), S. 99 f.

65 Paravicini, Brügge (wie Anm. 51), S. 99–127; Kuske, Wirtschaft (wie Anm. 12), S. 128.

Vermutlich wird hier ein ähnliches Phänomen greifbar, wie es im Spätmittelalter und in der Frühen Neuzeit in Bezug auf den Umschlag vom Nieder- zum Mittelrhein in Köln zu beobachten ist. Da die den Niederrhein befahrenden Frachtschiffe wegen der Beschaffenheit des Stroms etwa das doppelte Ladevolumen der oberhalb auf der Strecke zwischen Köln und Mainz verkehrenden Fahrzeuge besaßen, war es selbst für die Kaufleute, die Waren den Strom herabbrachten, in vielen Fällen kostengünstiger, in Köln umzuladen, zumal hier große und spezialisierte Schiffe zu den verschiedenen niederländischen Seehäfen, z. B. Utrecht, Kampen, Dordrecht, später auch Rotterdam, Amsterdam zur Abfahrt bereitlagen.[66] Das mag zu einem Zeitpunkt, an dem es nur kleine Schiffe gab, die sowohl den Mittel- wie den Niederrhein und vielleicht auch das Delta und das Meer befuhren, nicht von Bedeutung gewesen sein.

Noch im 11. und 12. Jahrhundert war Köln wohl noch „Seehafen", aber keineswegs der End- oder Anfangspunkt allen Handelsverkehrs, denn es gab noch Handel an Köln vorbei.[67] Das zeigen verschiedene Beispiele. Zum einen fuhren Schiffe vom Oberrhein und aus den Nebenflüssen, vor allem der Mosel, an Köln vorbei bis in das Mündungsgebiet und möglicherweise in den Küstenbereich des Rhein-Maas-Deltas. Andererseits finden wir Kaufleute vom Niederrhein oder aus den heutigen Niederlanden weit über Köln und Mainz hinaus am Oberrhein. Die Koblenzer Zollrolle von 1104 beweist, dass der Rhein zu diesem Zeitpunkt frei war. Kaufleute von Huy, Dinant, Namur, Lüttich, Flandern, Antwerpen, Zaltbommel, Tiel, Utrecht, Deventer, Duisburg und Neuss fuhren an Koblenz vorbei, d. h., dass sie mit ihren Schiffen auch an Köln vorbeigefahren sein müssen, wobei Stein sogar vermutet, dass die Kaufleute aus Lüttich und Huy auf eigenen oder fremden Schiffen ihre Waren in direkter Fahrt von England rheinaufwärts, auch über Köln und Koblenz hinaus brachten.[68] Wahrscheinlich fuhren sie mit ihren Schiffen den gesamten Rhein sowohl hinauf als herab, um ihre Produkte, kupferne Kessel und Becken (von der Maas), Felle, Käse, Fisch und andere Waren zu bringen und Wein und evtl. Getreide zu holen. Es war noch keine Rede davon, dass sie in Köln umladen mussten.[69] Noch 1155 konnte ein Schiff von Duisburg ungehindert nach Mainz fahren, mit Wein und Holz beladene Schiffe aus Straßburg entluden in Duisburg. Auch mit Wein beladene Schiffe aus

66 Zur Größe der Rheinschiffe vgl. van Eickels, Große Schiffe (wie Anm. 1), S. 58; Schwarz, Typenentwicklung (wie Anm. 44), S. 21–24.

67 L. Ennen, Geschichte (wie Anm. 5), S. 480 f.; Kuske (Wirtschaft [wie Anm. 12], S. 128) bezweifelt das: „Nachrichten von der Einschiffung von Köln aus über See, z.B. zu Kreuzzügen usw., besagen nie, daß diese unmittelbar stattgefunden hat."

68 Stein, Handels- und Verkehrsgeschichte (wie Anm. 1), S. 264.

69 Kerber, Wirtschaft (wie Anm. 6) S. 313 f.; Zeitschrift f. vaterländische Geschichts- und Altertumskunde Westfalens, Bd. 5, 1842, S. 275 f.

Trier fuhren im 12. Jahrhundert an Köln vorbei[70] und andersherum Kaufleute von Dinant an Köln vorbei in die Mosel,[71] auch Schiffe aus Nimwegen sind am Mittelrhein und an der Mosel anzutreffen.[72] 1245 finden wir Kaufleute aus Utrecht, die in Speyer Handel treiben.[73] Und noch 1165 hat Kaiser Friedrich den Rhein als „libera et regia stata" bezeichnet.[74]

Ab dem 13. Jahrhundert wurde dann aber aus dem freiwilligen Umschlag in Köln ein Zwangsumschlag, indem die Stadt das schon im 12. Jahrhunderts beanspruchte sogenannte Stapelrecht ausbaute.[75] Das Verbot der Vorbeifahrt an Köln, der Zwang, alle Waren auszuladen und in der Stadt zum Verkauf anzubieten, sowie der verpflichtende Weitertransport durch Kölner Kaufleute oder Spediteure ließ sich die Stadt 1259 verbriefen, womit sie wohl zu den ersten Städten gehörte, die dieses Instrument als wirtschaftspolitische Maßnahme zu ihren Gunsten anwandte.[76] Damit blockierte Köln neben dem freien Warenverkehr auf dem Rhein auch die freie Schifffahrt, was zu einer eigenständigen Entwicklung der Schiffstypen auf dem Mittel- und Niederrhein führte.[77]

***

Eine ähnliche Entwicklung wie in Köln vollzog sich im Rheindelta im Ausfluss des Rheins in die dem Meer vorgelagerte Inselwelt. Von den beiden Rheinarmen Waal und Lek wurde bis ins 13. Jahrhundert wohl zunächst vornehmlich der nördlich gelegen Lek als Hauptstrom befahren. Von da erreichte man über die IJssel Kampen und über den Lek Utrecht,

70 Gönnenwein, Stapel (wie Anm. 45), S. 18 f.

71 Stein, Handels- und Verkehrsgeschichte (wie Anm. 1), S. 266.

72 Stein, Handels- und Verkehrsgeschichte (wie Anm. 1), S. 284.

73 Wilkens, niederländischer Handel (wie Anm. 35), S. 147.

74 Hansisches Urkundenbuch 1, bearb. v. Konstantin Höhlbaum, Halle 1876, S. 11 f., Nr. 18 (1165 Nov. 25).

75 L. Ennen, Geschichte (wie Anm. 5), S. 494; Gönnenwein, Stapel (wie Anm. 45), S. 18; E. Ennen, Kölner Wirtschaft (wie Anm. 5), S. 141 f.; Bruno Kuske, Der Kölner Stapel und seine Zusammenhänge als wirtschaftspolitisches Beispiel, in: JbKGV 21, 1939, S. 1–46; von Looz-Corswarem, Handelsstraßen (wie Anm. 11), S. 105 f.; Gerd Schwerhoff, Der Kölner Stapel (1259–1831). Werden und Wandlungen einer alteuropäischen Institution, in: Jahrbuch des Kölnischen Geschichtsvereins 80, 2009/10, S. 43–69.

76 Gunther Hirschfelder, Anja Ostrowitzki, Auf dem Weg zur Wirtschaftsmacht: Erzbischof Konrad verleiht der Stadt Köln das Stapelrecht am 7. Mai 1259, in: Quellen zur Geschichte der Stadt Köln, Bd. I. Antike und Mittelalter von den Anfängen bis 1396/97, hrsg. v. W. Rosen/L. Wirtler, Köln 1999, S. 215–224.

77 Schwarz, Typenentwicklung (wie Anm. 44), S. 25–27; van Eickels, Große Schiffe (wie Anm. 1), S. 58 f.; Clemens von Looz-Corswarem, Zur Entwicklung der Rheinschiffahrt vom Mittelalter bis ins 19. Jahrhundert, in: Düsseldorf und seine Häfen. Zur Verkehrs- und Wirtschaftsgeschichte der Stadt aus Anlaß des 100jährigen Hafenjubiläums 1896–1996, Düsseldorf 1996, S. 9–31, hier S. 12 f.

das über die Vechte eine Verbindung zur Zuidersee besaß.[78] Über die seit dem Spätmittelalter bevorzugte Waal ging die Fahrt an Dordrecht vorbei durch das Gewirr von Inseln und Binnenwassern in die See oder zur Schelde und in die Zwin nach Brügge.[79]

Die günstige Lage Dordrechts an der Merwede, am Zusammenfluss von Rhein und Maas, nutzte die dem Grafen von Holland gehörende Stadt, um einen Stapel zu errichten. Dordrecht war erst in der Zweiten Hälfte des 13. Jahrhunderts zu einer wichtigen Handelsstadt geworden, sie hatte 1249 Zollprivilegien, 1291 ein Reglement für die Warenmakler und 1293 Privilegien für den Handel mit Wein und Salz erhalten.[80] Erste Stapelprivilegien erhielt die Stadt von Graf Johann I. im Jahr 1299, womit sie versuchte, den holländischen Getreide- und den englischen Wollhandel in die Hand zu bekommen.[81] Mit dem 1304 bestätigten und 1350 und 1355 ausgeweiteten Stapelrecht kontrollierte die Stadt die Einfahrt in die Flusssysteme und erzwang ein Umladen von Seeschiffen in Binnenschiffe und umgekehrt.[82] Dieser Zwangsumschlag in Dordrecht führte dazu, dass kleine Seeschiffe, die vom Tiefgang her den Rhein hätten hinauffahren können, nun nicht mehr in die Flusssysteme kamen. Zwar führte der Dordrechter Stapel auch dazu, dass der Verkehr im 14. Jahrhundert über die Waal und die Maas zurückging, auch kam es zu Anfeindungen und Auseinandersetzungen mit anderen Städten und Landesherren, aber bis zur Beginn der Neuzeit, bis zum Aufkommen von Rotterdam, konnte die Stadt ihre beherrschende Stellung am Schnittpunkt zwischen Meer und Fluss behaupten.[83]

Auch wegen des Dordrechter Stapels ist „das Befahren des Niederrheins mit Koggen, wenigstens oberhalb Dordrechts einwandfrei zu bestreiten!“[84] Nach Kuske vollzog sich der Schiffswechsel auf den Fahrten der Kölner nach England in Antwerpen und Dordrecht.

78 Franz Irsigler, Kölner Wirtschaft im Spätmittelalter, in: Zwei Jahrtausende Kölner Wirtschaft, hrsg. v. Hermann Kellebenz, Bd. 1, Köln 1975, S. 217–319, hier S. 289.

79 Walter Vogel, Die Binnenfahrt durch Holland und Stift Utrecht vom 12. bis 14. Jahrhundert, in HGbll. 1909, S. 13–36; van Eickels, Große Schiffe (wie Anm. 1), S. 46; Kuske, Wirtschaft (wie Anm. 12), S. 127.

80 Schon im 11. Jahrhundert beklagten sich die Tieler beim Kaiser über eine Behinderung des Englandhandels durch Zölle in Dordrecht, 1288 wurde hier ein „huelec tolne“ erhoben, ein Holk-Zoll, der auf englische Seeschiffe hindeutet. Ellmers, Handelsschiffahrt (wie Anm. 14), S. 60.

81 Gönnenwein, Stapel (wie Anm. 45), S. 33–38; Bernhard van Rijswijk, Geschiedenis van het Dordtsche Stapelrecht (Proefschrift Leiden 1900), Den Haag 1900, S. 14 u. 20–24.

82 Rijswijk, Geschiedenis (wie Anm. 81), S. 26–30.

83 Dieter Seifert, Der Streit um den Dordrechter Stapel. Wesel, der Niederrhein und Holland in der Mitte des 15. Jahrhunderts, in: „Zu Allen theilen Inß mittel gelegen“. Wesel und die Hanse an Rhein, Ijssel & Lippe. Ausstellungskatalog, Wesel 1991, S. 116–134; Rijswijk, Geschiedenis (wie Anm. 81), S. 32 f.

84 Schwarz, Typenentwicklung (wie Anm. 44), S. 29 f.

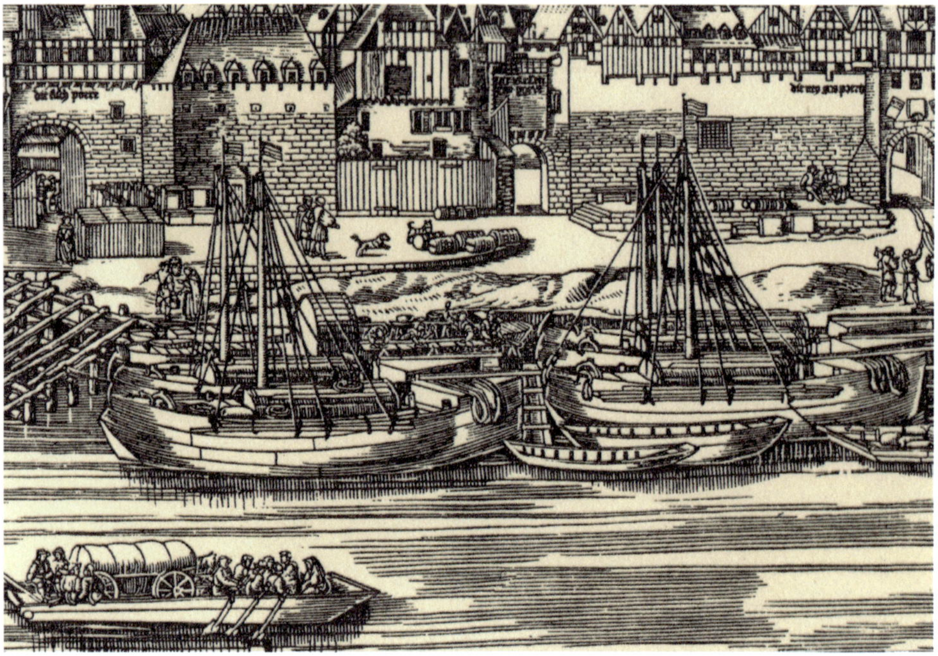

7 Niederrheinschiff vor Köln. Holzschnitt des Anton Woensam von Worms, Köln 1531, Ausschnitt.

„Die Legende von der ‚Seestadt' Köln ist entsprechend zu reduzieren".[85] Im 15. Jahrhundert jedenfalls hatte Köln keine Seeschiffe. Im August 1441 versicherte die Stadt Köln dem Herzog von Burgund, dass das Schiff, das vor der englischen Küste ein anderes Kaufmannsschiff gekapert haben soll, unmöglich ein Kölner Schiff gewesen sein könne, denn die Stadt besitze keine Seeschiffe mehr.[86] Das war gleichzeitig ein Eingeständnis des wirtschaftlichen Niedergangs Kölns, was den Fern- und Eigenhandel Kölner Kaufleute anging.

Die Abbildungen von Koggen oder großen Seeschiffen auf Tafelbildern oder in Druckwerken des 15. Jahrhunderts entsprechen damit nicht der damaligen Realität, sondern sind Reminiszenzen an eine große Vergangenheit, als es im 10.–12. Jahrhundert noch einen direkten Rhein-See-Verkehr gab.[87] In der Schedel'schen Weltchronik ist das dort vor Köln

85 Kuske, Wirtschaft (wie Anm. 12), S. 128.

86 Mitt. aus dem Stadtarchiv Köln 8, H. 22/23 (1892/93), S. 9: Die stadtkölnischen Kopienbücher IX 1441–1444: An den Herzog von Burgund: Das Schiff, welches am der englischen Küste bei Yarmouth mit dem des Simon Ortsoen von Vlissingen feindlich zusammengestoßen ist, gehört nicht der Stadt Köln, da diese keine Seeschiffe besitzt. Bei einzelnen Kölner Kaufleuten aber soll nach der Frankfurter Messe Nachfrage gehalten werden; Rijswijk, Geschiedenis (wie Anm. 81), S. 7; Kuske, Wirtschaft (wie Anm. 12) S. 128.

87 Wollschläger, Hansestadt (wie Anm. 10), S. 9.

abgebildete große Seeschiff als Topos für die Handelsstadt anzusehen, denn ein ähnlicher Druckstock wird bei mehreren Stadtansichten verwendet. Auf den Tafelbildern des 15. Jahrhunderts will die Darstellung von Schiffen in Koggebauart – mit Hinterkastell und entsprechendem Bug – wohl den inhaltlichen Bezug der Heiligenlegende zur See herstellen. Auf Tafelbildern, die diesen Bezug nicht haben, wie z. B. dem Kölner Retabel „Anna selbdritt" aus der zweiten Hälfte des 15. Jahrhunderts, sind die ober- und niederrheinischen Schiffe sowohl in Form als auch Größe durchaus realistisch dargestellt. Das wird bestätigt durch das bekannte Panorama von Anton Woensam von Worms aus dem Jahre 1531. Die darauf dargestellten Schiffe werden bereits im 15. Jahrhundert ähnlich ausgesehen haben. Das heißt, dass sich im Spätmittelalter, unabhängig vom Seeschiffbau, auf dem Niederrhein ein Binnenschiffstyp entwickelt hatte, der später als Kölner Aak bezeichnet wird, und der in entsprechender Weiterentwicklung bis weit in die Neuzeit in Gebrauch war.[88]

Zu Beginn des 19. Jahrhunderts bemühte sich die Kölner Handelskammer, angesichts der bevorstehenden Aufhebung der Stapelprivilegien, an die glorreiche mittelalterliche Vergangenheit anzuknüpfen und den Rhein-See-Verkehr wieder zu aktivieren. So wurde Ende der 1820er Jahre eine Delegation nach England gesandt, um für einen direkten Handel mit Köln zu werben.[89] Allerdings kam dieser auch nach der Rheinschifffahrtsakte von 1831 nicht in Gang, da zum einen ungünstige Zollverträge zwischen Preußen und Holland bestanden und zum anderen die technischen Probleme nicht gelöst waren. Sowohl mit Seeschiffen den Rhein als auch mit Stromschiffen die See zu befahren war wenig zielführend. Der liberale Unternehmer und Bankier Ludolf Camphausen schrieb, dass diese Versuche unvollständig blieben, „weil die Aufgabe, durch Änderungen im Baue die Stromschiffe für die Seefahrt, die Seeschiffe für die Stromfahrt tauglich zu machen, offenbar eine verlorengegangene Kunde der Vorfahren" sei.[90] Hier wird Rekurs auf das frühe Mittelalter genommen. Letztlich brachten erst die Dampfschifffahrt und die Stromregulierungen und Vertiefungen des Rheins in der zweiten Hälfte des 19. Jahrhunderts die technischen Voraussetzungen für einen direkten Rhein-See-Verkehr.[91]

---

88 Schwarz, Typenentwicklung (wie Anm. 44), S. 37–39 u. Abb. 7 u. 8; Annette Fimpeler, Die Schifffahrt und ihre Fahrzeuge auf dem Niederrhein vom späten Mittelalter bis ins 8. Jahrhundert (Studien zur Düsseldorfer Wirtschaftsgeschichte, Bd. 5, Veröff. aus dem Stadtarchiv Düsseldorf, Bd. 19), Düsseldorf 2008, S. 375 f.

89 RWWA, 1-33-6 (1829).

90 Paul Schulz-Kiesow, Die Verflechtung von See- und Binnenschifffahrt, 1: Der Seeverkehr der deutschen Binnenhäfen, Jena 1938, S. 4–6.

91 R. van der Borght, Die wirtschaftliche Bedeutung der Rhein-Seeschiffahrt, hrsg. v. der Handelskammer Köln, Köln 1892; Schulz-Kiesow, Verflechtung (wie Anm. 90), S. 13 f.

1 Stapelprivileg für Köln von 1259. Urkunde des Kölner Erzbischofs Konrad von Hochstaden vom 7. Mai 1259, in der er der Stadt Köln Stapelrechte verlieh.

3 Zum Stapelrecht von Köln und der Schifffahrt auf dem Niederrhein in der Frühen Neuzeit

Kaum eine Institution des Alten Reiches stand so im Mittelpunkt überregionaler wirtschaftspolitischer Auseinandersetzungen wie das Stapelrecht der drei Städte Dordrecht, Köln und Mainz. Von der Entstehung und Durchsetzung des Stapels im Spätmittelalter bis zu seiner endgültigen Aufhebung in der ersten Hälfte des 19. Jahrhunderts gab es einen verbissenen Kampf der Territorien und Städte, auch der Kaufleute und Schiffer um die Stapelgerechtigkeit und um Privilegien und um Exemtionen. Es gab bewaffnete Auseinandersetzungen, Prozesse an landesherrlichen und Reichs-Gerichten, Kongresse, Streitschriftenkampagnen, diplomatische Vorstöße auf Reichstagen und nicht zu vergessen die zahllosen kleinen Schikanen und Ärgernisse im täglichen Handelsverkehr. Trotz aller Anfeindungen konnte sich das Stapelrecht der drei Rheinstädte über eine Umstrukturierung des Handels und der Schifffahrt in der Frühen Neuzeit hinaus bis in die Franzosenzeit, ja in abgewandelter Form als Umschlagsrecht bis zum Jahre 1831 bzw. 1868 behaupten.[1]

Grund für das Beharrungsvermögen des Stapels war, dass er ein außerordentlich komplexes wirtschafts- bzw. handelspolitisches Instrument war. Von den Beteiligten und Betroffenen, seien es die Fürsten, die Stadtobrigkeiten, die Kaufleute, Spediteure, Schiffseigner und schließlich die Handwerker und Verbraucher, wurde der ordnungspolitische Aspekt des Stapels weitgehend akzeptiert, auch die Notwendigkeit eingesehen, dass es Regulierungen im Schiffs- und Warenverkehr geben musste. So konnte der Kölner Stapel, der uns hier interessieren soll, über 500 Jahre seine Stellung und seinen prägenden Einfluss auf den Handel und die Schifffahrt im gesamten Niederrheingebiet behaupten.[2]

---

1 Zum Stapelrecht allgemein: Otto Gönnenwein, Das Stapel- und Niederlagsrecht (Quellen u. Darstellungen zur Hansischen Geschichte, NF, Bd. XI), Weimar 1939; Eberhard Gothein, Geschichtliche Entwicklung der Rheinschiffahrt im XIX. Jahrhundert (Schriften des Vereins f. Sozialpolitik CI, Bd. 2), Leipzig 1903; R. Sprandel, Stapel, in: Lexikon des Mittelalters, Bd. VIII, München 1997, Sp. 59 f.

2 Vgl. Bruno Kuske, „Köln". Zur Geltung der Stadt, ihrer Waren und Maßstäbe in älterer Zeit (12.–18. Jahrhundert), in: Jahrbuch des Kölnischen Geschichtsvereins 17, 1935, wieder abgedruckt in: Ders., Köln, der Rhein und das Reich. Beiträge aus fünf Jahrzehnten wirtschaftsgeschichtlicher Forschung, Köln/Graz 1956, S. 138–176.

2 Ansicht der Stadt Köln von Matthäus Merian, erschienen bei Gerhard Altzenbach, 1620.

3.1 Der Kölner Stapel: Entstehung und Funktion

Was hatte es nun mit dieser „Stapelgerechtigkeit" auf sich? Im 12. und 13. Jahrhundert mag auch bei Köln, wie bei zahlreichen anderen Pfalzorten, Hofhaltungen und Städten im gesamten Reich, bei der Entstehung von Stapelrechten der Versorgungszweck im Vordergrund gestanden haben.[3] Das von der Herrschaft ausgehende Vorkaufsrecht zwang Güter des täglichen Bedarfs sowie Baumaterialien und sonstige, auch militärisch wichtige Güter in die Stadt, indem die Kaufleute eines bestimmten Umkreises gezwungen wurden, diese Güter in der Stadt zu „stapeln" und den Bürgern, meist drei Tage lang, zum Kauf anzubieten, ehe die Waren weiterverkauft werden durften.

Lassen sich schon um 1170 Versuche der Stadt Köln nachweisen, die flandrischen Kaufleute in die Stadt zu zwingen und damit Einfluss vornehmlich auf den Wein- und Tuchhandel zu gewinnen, so ist es der Stadt doch erst 1259 gelungen, von Erzbischof Konrad

3 Vgl. Bruno Kuske, Der Kölner Stapel und seine Zusammenhänge als wirtschaftspolitisches Beispiel, in: Jahrbuch des Kölnischen Geschichtsvereins 21, 1939, S. 1–46; Gerd Schwerhoff, Der Kölner Stapel (1259–1831). Werden und Wandlungen einer alteuropäischen Institution, in: Jahrbuch des Kölnischen Geschichtsvereins 80, 2009/10, S. 43–69; Stefan Gorissen, Strukturbilden durch Handelshemmnisse? Der Kölner Stapel und der Handel der kleinen niederrheinischen Häfen im 18. Jahrhundert, in: Zeitschrift des Bergischen Geschichtsvereins, Bd. 101, 2004–2007, S. 71–94.

von Hochstaden eine erste rechtliche Anerkennung des Stapels zu erwirken.[4] Diese bezog sich allerdings nur auf eine beschränkte Anzahl Waren, die in der Stadt ausgeladen und den Bürgern während der drei Stapel-Tage zum Kauf angeboten werden mussten.

Unter das Vorkaufsrecht[5] der Stadt bzw. ihrer Bürger fielen um 1500 zunächst einmal Güter des alltäglichen Lebens: Lebensmittel, Fisch, Salz, Vieh, Wein und Bier. Dann aber auch Pferde, Baumaterialien und gewerbliche Güter wie Holz, Steine, Kalk, Kohlen, Eisen, Blei, auch Wolle, Flachs, Häute, Lohe, Pech, Teer etc., dann auch, die Stellung Kölns als Weinhaus der Hanse bestärkend, Fassreifen und Weinbergspfähle.[6] Getreide unterlag sowieso einer besonderen Aufsicht, ebenso in der Frühen Neuzeit Branntweine.[7] Hinzu kamen seit dem 16. Jahrhundert zunehmend auch alle Kolonialwaren. Durch zahlreiche Verordnungen für einzelne Handelszweige erweiterte die Stadt die Zahl der unter den Stapel fallenden Güter seit dem 15. Jahrhundert kontinuierlich, wobei es ihr Bemühen war, letztlich alle Handelsgüter unter den Stapel zu zwingen.[8]

Den wichtigsten Teil der unter den Stapel fallenden, d.h. im Großhandel nach Köln gebrachten Lebensmittel machten die sogenannten Ventgüter aus[9]. Diese, meist aus den Nie-

---

4 Kuske, Stapel (wie Anm. 3), S. 6f.; Text der Urkunde vom 7. Mai 1259 mit Einleitung vgl.: Gunther Hirschfelder/Anja Ostrowitzki, Auf dem Weg zur Wirtschaftsmacht: Erzbischof Konrad verleiht der Stadt Köln das Stapelrecht am 7. Mai 1259, in: Quellen zur Geschichte der Stadt Köln, Bd. I. Antike und Mittelalter von den Anfängen bis 1396/97, hrsg. v. W. Rosen/L. Wirtler, Köln 1999, S. 215–224.

5 Der Vorkauf (Fürkauf) bei Versorgungsgütern, d.h., die Möglichkeit oder das Recht, Waren zu erwerben, bevor sie zum öffentlichen Verkauf kamen, war umstritten und wurde in der Regel von den nicht Bevorrechtigten bekämpft, da es meist zu einer Verteuerung der Waren führte. Vgl. R. Holbach, Fürkauf, in: Lexikon des Mittelalters IV, Sp. 1027 f.; vgl. auch Kuske, Stapel (wie Anm. 3), S. 10.

6 Kuske, Stapel (wie Anm. 3), S. 11.

7 Vgl. Franz Irsigler, Kölner Wirtschaft im Spätmittelalter, in: Zwei Jahrtausende Kölner Wirtschaft, Bd. 1, Köln 1975, S. 217–319, hier S. 240 f.; Clemens von Looz-Corswarem, Das Finanzwesen der Stadt Köln im 18. Jahrhundert. Beitrag zur Verwaltungsgeschichte einer Reichsstadt (Veröff. Kölner GV 34), Köln 1978, S. 178 ff.

8 Vgl. Bruno Kuske, Die Kölner Wirtschaftsentwicklung in älterer Zeit, in: Köln, hrsg. v. der Stadt Köln, Köln 1950, S. 89–142, hier S. 94 ff.; Gönnenwein, Stapelrecht (wie Anm. 1), S. 43 ff.; Die Arbeit von Johann Wilhelm Windscheid, Commentatio de Stapula que praecipue Ducatibus Juliae et Montium libertas navigandi et comercandi in Rheno contra iniustas Agrippinatum molitiones vindicatur, Düsseldorf 1775, ist gegen das Kölner Stapelrecht gerichtet. Sie versucht die unrechtmäßige Ausdehnung des Stapelrechts durch die Stadt Köln in der frühen Neuzeit nachzuweisen und enthält zahlreiche Quellenstücke zur Geschichte des Kölner Stapels.

9 Vgl. J. A. van Houtte, Die Beziehungen zwischen Köln und den Niederlanden vom Hochmittelalter bis zum Beginn des Industriezeitalters (Kölner Vorträge zur Sozial- und Wirtschaftsgeschichte, H. 1), Köln 1969, S. 11 f.

3 Das von Köln beanspruchte Gebiet, für das der Stapelzwang gelten sollte, reichte von etwa Wesel bis Koblenz. In der Großen Fahrt durften Schiffe in Orten zwischen Rotterdam/Amsterdam und Köln und zwischen Köln und Mainz nicht ausladen. Rheinlaufkarte von G. L. le Rouge, 1744, Ausschnitt.

derlanden kommenden, nicht lagerfähigen Verkaufsgüter waren empfindliche und leicht verderbliche Waren, wie die verschiedensten Sorten gepökelter und getrockneter Fische[10], Rüböl, Butter, Käse, Talg, Schmalz, Speck, Tran, Honig und ähnliche Handelsgüter, die einer besonderen Behandlung bedurften.[11]

10 Bruno Kuske, Der Kölner Fischhandel vom 14.–17. Jahrhundert, in: Westdeutsche Zeitschrift 24, 1905, S. 227–331; Franz Brill, Der Heringshandel in der Reichsstadt Köln und seine museale Darbietung, in: Im Schatten von St. Gereon. Erich Kuphal zum 1. Juli 1960 (Veröff. d. Kölner GV 25), Köln 1960, S. 45–52.

11 Kuske, Kölner Stapel (wie Anm. 3), S. 20 f.; Vgl. auch „Erneuerte Ordnung des Kauff-Hauses

Einigten sich Stadt und Kurfürst im Großen Schied vom 28. Juni 1258 noch, die auswärtigen Kaufleute, die auf dem Rheinstrom auf- und abwärts fahren, nicht über von alters her festgesetzte Grenzen hinausfahren zu lassen[12], so ließ sich die Stadt schon am 7. Mai 1259 ein Privileg des Kurfürsten geben, das den Stapelzwang als Umschlagszwang definierte.[13] Das bedeutete, dass der fremde Kaufmann seine Waren in Köln verkaufen musste, dass seine Reise, komme er aus Süddeutschland, vom Oberrhein oder aus den Niederlanden, aus Westfalen, dem Bergischen Land oder aus dem brabantischen Raum, auf jeden Fall in Köln endete. Die Handelsware ging dann an einen Kölner Kaufmann über oder doch durch seine Hände.[14]

Ausnahmen wurden „ex speziali gratia" gemacht, so wurden auf Antrag bergab Holz und Steine, Mühlsteine, Sand und anderes Schüttgut sowie Ware für kirchliche Gemeinschaften und adelige Hofhaltung, bergauf Schüttgut, wie Getreide, oder seit dem 16. Jahrhundert Kohlen von der Ruhr vom Stapel befreit, wobei – aus verständlichen Gründen – auch auf den Umschlag verzichtet wurde. Allerdings wurden bei den Befreiungen in Köln trotzdem das Umschlagsgeld und die Krangebühren fällig.[15]

Seit dem Spätmittelalter wurden die Handelsgüter nicht mehr – wie im Hochmittelalter – von dem reisenden Kaufmann, der mit eigenem Schiff oder Fuhrwerk auf „aventuire" ging und einen günstigen Ort für den Verkauf suchte, selbst angeboten. Wir haben es seit dem 15. Jahrhundert vornehmlich mit dem Kaufmann zu tun, der die Waren von seinem Kontor aus an einen Korrespondenzpartner in einer anderen Stadt auf Reisen schickte, und dem auf eigene Rechnung arbeitenden Schiffseignern als Transportunternehmern zu tun.[16]

Auf die Zeit aber, in der der Kaufmann selbst seine Waren begleitete, ging das Instrument der Wirte oder sogenannten Unterkäufer zurück. Wie allgemein üblich war auch in Köln der Handelsverkehr fremder Kaufleute untereinander verboten. Gast durfte nicht

---

Gürzenich in des Heil. Reichs freyer Stadt Cölln 1707", Köln 1786, Nachdruck Archiv Verlag [Braunschweig] 1987; Windscheid, Commentatio (wie Anm. 8), z.B. S. 164 f., 174 f.

12 Der Große Schied von 1258 ist zuletzt wieder abgedruckt in: Quellen zur Geschichte der Stadt Köln, Bd. 1 (wie Anm. 4), S. 173–214 (Leopold G. Jahn).

13 Vgl. Hirschfelder/Ostrowitzki, Auf dem Weg (wie Anm. 4), S. 215 f.

14 Kuske, Stapel (wie Anm. 3), S. 29 ff.

15 Bruno Kuske, Die städtischen Handels- und Verkehrsarbeiter und die Anfänge der städtischen Sozialpolitik in Köln bis zum Ende des 18. Jahrhunderts (Kölner Studien zum Staats- und Wirtschaftsleben, H. VIII), Bonn 1914, S. 16 f.; vgl. von Looz-Corswarem, Finanzwesen (wie Anm. 7), S. 112 ff.

16 Franz Irsigler, Der hansische Handel im Spätmittelalter, in: Die Hanse. Lebenswirklichkeit und Mythos, 2., verb. Aufl. des Textbandes zur Hamburger Hanse-Ausstellung 1989, Lübeck 1998, S. 700–721, hier S. 717 ff.

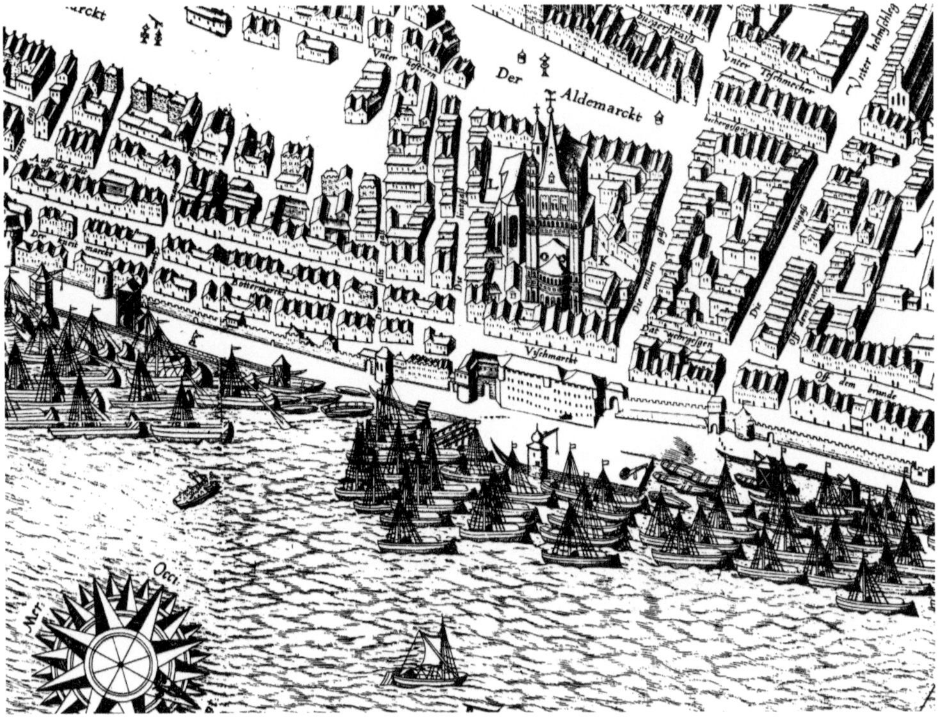

4 Großer Stadtplan von Köln. Das Fischkaufhaus (heute Stapelhaus) am Rheinufer bei Groß St. Martin in Köln war eines der großen spezialisierten Kaufhäuser für den Großhandel. Arnold Mercator, Kupferstich 1570/71, Ausschnitt.

mit Gast handeln. Ein Nichtkölner Kaufmann durfte nur an einen Kölner Vollbürger verkaufen. Was lag näher, als dass der Wirt, bei dem der fremde Kaufmann abzusteigen pflegte, als Ankäufer oder doch als Vermittler bzw. Makler oder Agent in Erscheinung trat, da er die Kontakte besaß und die Marktchancen vor Ort besser einzuschätzen wusste als der Fremde. Diese Wirte oder Unterkäufer wurden in Köln zur festen Institution, sie waren – als von der Stadt mit einem Amt Beliehene – für korrekte Kaufabschlüsse, Kontrolle der Waren und vor allem die vollständige Zahlung der verschiedensten Gebühren verantwortlich. Mit der Zeit wurden die Unterkäufer zu Adressaten der Sendungen, sorgten als Kommissionäre für den Weiterverkauf und bei Weitertransport als Spediteure für die Auswahl des Schiffers oder Fuhrunternehmers und die Versendung der Güter.[17]

17 Kuske, Stapel (wie Anm. 3) S. 10 ff.; Wilfried Feldenkirchen, Der Handel der Stadt Köln im 18. Jahrhundert (1700–1814), Diss. Bonn 1975, S. 241 ff.; Hans Pohl, Wirtschaftsgeschichte Kölns im 18. und beginnenden 19. Jahrhundert, in: Zwei Jahrtausende Kölner Wirtschaft, Bd. 2, Köln 1975, S. 9–162, hier S. 72.

5 Der Gürzenich war 1440 bis 1447 als Tanz- und Festhaus erbaut worden, diente wohl aber schon von Beginn an im Erdgeschoss auch als Kaufhaus für den Großhandel. Stahlstich von Joh. Poppel nach einer Zeichnung von L. Lange, ca. 1840.

Wenn der Kölner Stapel also seit dem Spätmittelalter große Mengen an Waren in die Stadt zwang, von denen nach Berechnungen für das 18. Jahrhundert ca. 75 % auf dem Rhein oder den parallelen Verkehrswegen rheinab- oder rheinaufwärts oder in andere Gegenden weitergeführt wurden, so war das zwangsweise Anbieten der Stapelgüter natürlich nicht für den Kölner Bürger und Endverbraucher bestimmt, zumal nur ganze Partien verkauft werden mussten. Die Stapelware wurde in den für den Großhandel bestimmten Kölner Kaufhäusern, dem Kaufhaus am Alter Markt, dem Gürzenich, dem Fischkaufhaus, oder Lagerplätzen am Rheinufer (z. B. für Holz, Steine) oder hinter der Mauer gelagert, mit Ausnahme des Weins, den die Weinhändler, Unterkäufer und Wirte in ihren Kellern einlagerten. In den Kaufhäusern mussten die Schiffer bzw. Kaufleute noch im 18. Jahrhundert einen Eid ablegen, dass die Ware nicht vorbestellt ist und zum freien Verkauf steht, was de facto nur noch in den seltensten Fällen der Wahrheit entsprochen haben wird.[18] Denn der Eigenhandel Kölner Kaufleute hatte seit dem 17. Jahrhunderts stark abgenommen und die Kölner waren fast nur noch im Kommissions- und Speditionshandel tätig.[19]

Die Einhaltung der verschiedensten, z. T. sehr differenzierten und komplizierten Bestimmungen über die einzelnen Waren setzte voraus, dass das Handelsgut von dem Moment an, in dem es auf Kölner Stadtgebiet gelangte, in einem aufwendigen und bürokratischen Verfahren erfasst, gemessen, gewogen und von Hand zu Hand verfolgt wurde. Außer den bereits genannten Unterkäufern und den obersten städtischen Aufsichtsbeamten, den Rhein- und den Weinmeistern, gab es für die Kontrolle des Handelsverkehrs in Köln ein ganzes Heer von Handels- und Verkehrsarbeitern, vereidigten Kranschreibern, Weinmessern, Holz- und Eisenzählern, Fischmengern und Kannenzählern, Schürgern und anderen, deren Zahl von Bruno Kuske für das 18. Jahrhundert auf ca. 400 geschätzt wird.[20]

Stark ausgebaut wurde seit dem 15. Jahrhundert der Aspekt der Lebensmittelkontrolle auf Fisch, Salz und Ventgüter. Besonders der in Fässern angelieferte Fisch, meist Hering, musste nach der Ordnung des Fischkaufhauses von speziellen Arbeitern einzeln in neue Fässer umgepackt und mit einer neuen Salzlake übergossen werden. Die Fässer erhielten dann den sogenannten Kölnischen Brand, einen Stempel mit den drei Kronen als Qualitäts- und Garantiezeichen. So konnte die Stadt mit Recht argumentieren, dass, „wer mit Kölner Stapelgut handele, nie betrogen werde". Allerdings war sie schadenersatzpflichtig, wenn verdorbenes Gut an den Oberrhein ging, wie zahlreicher Schriftwechsel u. a. mit der Stadt Straßburg belegt.[21]

Lebensmittelkontrolle, aber auch Berechnung der Frachten, der Höhe der Zölle und Abgaben sowie Rechtssicherheit beim Verkauf setzt Normierung und Absprachen über Einheiten und Qualität voraus. Im Rahmen ihrer Stapelgerechtigkeit und im Sinne eines reibungslosen Handelsverkehrs traf die Stadt daher Abkommen mit den Herkunftsstädten über Verpackungsgrößen, Haltbarmachung, Bezeichnung der Ware und Art und Weise des Transportes.[22]

18 Kuske, Stapel (wie Anm. 3), S. 41 ff.

19 Feldenkirchen, Handel (wie Anm. 17), S. 241 ff.; Kuske, Stapel (wie Anm. 3) S. 10 ff.; Bruno Kuske, Die Märkte und Kaufhäuser im mittelalterlichen Köln, in: Jahrbuch des Kölnischen Geschichtsvereins 2, 1913, 75–133, hier S. 80 f.; Pohl, Wirtschaftsgeschichte (wie Anm. 17), S. 72.

20 Bruno Kuske, Die städtischen Handels- und Verkehrsarbeiter und die Anfänge städtischer Sozialpolitik in Köln bis zum Ende des 18. Jahrhunderts (Kölner Studien zum Staats- und Wirtschaftsleben VIII), Bonn 1914; von Looz-Corswarem, Finanzwesen (wie Anm. 7), S. 65 ff.

21 Kuske, Fischhandel (wie Anm. 10).

22 Zahlreiche Beispiele finden sich in den von B. Kuske bearbeiteten Quellen zur Geschichte des Kölner Handels und Verkehrs im Mittelalter (PublGesRhGkde XXXIII), 4 Bde., Bonn 1923–1934, Nachdruck der Bde. 1–3, Düsseldorf 1978.

6 Mit einem Schiffskran werden am Rheinufer Weinfässer entladen. Freie Nachzeichnung nach Anton Woensam von Worms.

3.2 Das Einzugsgebiet des Kölner Stapels

Das Bemühen der Stadt, den Stapelzwang in der Frühen Neuzeit auszuweiten, bezog sich nicht nur auf die Handelsgüter, sondern auch auf die Verkehrswege.[23]

Galt der Stapelzwang zunächst nur für die mit dem Schiff angelieferten Waren, dehnte die Stadt Köln ihn nach der Bestätigung durch Kaiser Karl IV. von 1349 und 1355[24] zunehmend auch auf die auf der Straße ankommenden Handelsgüter aus. Einen Höhepunkt im Bestreben der Stadt um die volle Stapelgerechtigkeit war die ausdrückliche Anerkennung

23 Vgl. Windscheid, Commentatio (wie Anm. 8), S. 136 ff.; Kuske, Stapel (wie Anm. 3), S. 27 f.

24 Privilegienbestätigung für die Stadt Köln durch Kaiser Karl IV. vom 8. Februar 1349 in: Köln 1475. Des Heiligen Reichs freie Stadt, Ausstellung, Köln 1975, S. 27, Nr. 20, und vom 8. Dezember 1355: „Et ut haec aptius et cautius fieri possint, nos eisdem civibus et civitati Coloniensi illam consuetudinem, qua quandam libertatem que dicitur Burchban et Banmile habuisse et habere dinoscuntur, presentibus confirmamus et etiam nostra auctoritate eis de novo concedimus huiusmodi libertem Buchban et jus habendi banleucam, quod dicitur Banmile circumcirca civitatem predictam per terram et aquam.“ Theodor Joseph Lacomblet, Urkundenbuch für die Geschichte des Niederheins etc., Bd. 3, Nachdruck Aalen 1960, Nr. 547, S. 453–457, hier S. 454.

Erneuerte
Ordnung
Des Kauff-Hauses Gürzenich in des Heil.
Reichs freyer Stadt Cölln.
Daraus zu ersehen/ wie sich die Richter
Haußmeister, Kauffhaußdiener, Bestädere und
Kahrbender, wegen Niederlag der Waaren
und Vent-Güter, Erlegung des Waag-
Fuhr-Lieffer-Hauß-Leger-Gelds und
sonsten verhalten sollen.
1707.

Köln, aufs neu gedruckt bey Johan Joseph Rüttgers auf der
Stolkgassen Eck im halben Mond 1786.

7 Ordnung des Kaufhauses Gürzenich 1707.

des Stapels durch Kaiser Maximilian bei seinem Besuch in Köln 1505.[25] In dieser Urkunde wird auch erstmals zwischen dem Stapelrecht und dem zukunftsweisenden und für die Stadt lukrativeren Umschlagsrecht unterschieden. Auch in den folgenden Jahrhunderten gelang es der Stadt immer wieder, kaiserliche Privilegien zur Stärkung ihres Stapels zu erhalten. Die wirkliche Ausgestaltung des Stapels und die effektive Durchsetzung ging aber immer von der Stadt Köln selbst aus.[26]

Die „Ordinancie vom Fischkaufhaus"' von 1476 z. B. zwang den gesamten Heringshandel in das Fischkaufhaus[27] und durch die „Ordinancie des Kaufhauses Altermarkt" von 1486[28] wurde erstmals festgelegt, dass alles im Umkreis von 10 Meilen (ca. 80 km) von Köln

25 Windscheid, Commentatio (wie Anm. 8), S. 152 ff.; Gönnenwein, Stapelrecht (wie Anm. 1), S. 144.

26 Gönnenwein, Stapel (wie Anm. 1), S. 143 ff., 189, 192 f.

27 Bruno Kuske, Quellen zur Geschichte des Kölner Handels im Mittelalter (wie Anm. 22), Bd. 2, Nr. 714, S. 369–379.

28 Walther Stein, Akten zur Geschichte der Verfassung und Verwaltung der Stadt Köln im 14. und

gewonnene Eisen unter den Kölner Stapel fällt. Auch alles Leder musste im Kaufhaus Alter Markt zum Verkauf gebracht werden, ebenso alles Vieh im Umkreis von 7 Meilen.

Hinzu kam, dass den Kölner Bürgern immer wieder das Verbot des „Vorkaufs" eingeprägt wurde, d.h., dass ein Kölner fremde Waren, auch Gewerbeprodukte, nicht in der Umgebung der Stadt erwerben durfte, sondern auf den Kölner Markt verwiesen war. Die Kölner Bürger sollten nicht zu einem Unterlaufen des Stapelrechts beitragen, zumal dadurch der Stadt verschiedene Gebühren und Einkünfte, die nur der Fremde zu zahlen hatte, verloren gegangen wären.[29]

Den stärksten Widerstand gegen die Ausweitung des Stapelrechts leistete im späten Mittelalter die Stadt Neuss, die bis ins 15. Jahrhundert hinein vor allem im Handel mit niederländischen Waren, Ventgütern und Fisch mit Kaufleuten vom Oberrhein makelte und deren Bürger auch selbst am Oberrhein Handel trieben. Die Stadt Köln unterband diesen Handel 1446, indem sie auch die in Neuss umgeschlagenen Waren unter den Kölner Stapel zwang und Neusser Schiffe mit für den Oberrhein bestimmten Waren in Köln nicht mehr durchfahren ließ.[30] Ähnlich erging es dem allerdings weitaus schwächer ausgebildeten Handel von Mülheim, Düsseldorf und Duisburg. Köln verlangte, dass Waren aus den Niederlanden unangebrochen, auf „ganzem Boden" direkt von den Niederlanden nach Köln geliefert werden.[31] Es schloss während der gesamten Frühen Neuzeit immer wieder entsprechende Verträge mit niederländischen Städten, vor allem Dordrecht, das eine ähnliche Stellung wie Köln am Ausgang zur See innehatte,[32] aber auch Antwerpen, Rotterdam, Amsterdam, Delft, Leiden und Utrecht ab, u. a., damit die Schiffsladungen komplett in die Frachtpapiere eingetragen und damit kontrollierbar wurden.[33]

Die Tatsache, dass die sogenannte Große Fahrt, also der Großhandel aus den Niederlanden, nicht zwischendurch löschen durfte, führte zu dem Paradoxon, dass z. B. die Stadt

---

15. Jahrhundert, 2 Bde. Bonn 1893 u. 1895 (PublGesRhGkde X), Bd. 2, Nr. 460, S. 596–622.

29 Z.B. Stein, Quellen (wie Anm. 28), Bd. 1, Nr. 299, S. 537 f. (1490 Juli 5).

30 Kuske, Quellen (wie Anm. 22) Bd. I, Nr. 1108, S. 383 (1446 März); vgl. auch Jürgen Huck, Neuss, der Fernhandel und die Hanse, Teil 1, Neuss 1984, bes. S. 135 f.

31 Vgl. Bruno Kuske, Die Rheinschiffahrt zwischen Köln und Düsseldorf vom 17. bis 19. Jahrhundert. Mit einer Darstellung der älteren Kölner Schifferverbände, in: Jahrbuch des Düsseldorfer Geschichtsvereins, Bd. 20, 1906, S. 250–354, hier S. 251; Franz Theodor Cramer, Gewerbe, Handel und Verkehrswesen der Freiheit Mühlheim a. Rh. im 18. Jahrhundert, in: Jahrbuch des Düsseldorfer Geschichtsvereins, Bd. 22, 1908/09, S. 1–100, bes. S. 47 ff.

32 Vgl. Dieter Seifert, Der Streit um den Dordrechter Stapel. Wesel, der Niederrhein und Holland in der Mitte des 15. Jahrhunderts, in: „Zu Allen theilen Inß mittel gelegen". Wesel und die Hanse an Rhein, Ijssel & Lippe. Ausstellungskatalog, Wesel 1991, S. 116 ff.

33 Vgl. Kaufmann Justus (Pseudonym für A. Dolleschall), Geschichte und Verfolgung der Stadt-Kölnischen Frachtwage von ihrem Ursprung her bis zu End des Jahres 1791, Amsterdam 1791; Kuske, Stapel (wie Anm. 3), S. 22 f., 29 f.; Gönnenwein, Stapelrecht (wie Anm. 1), S. 145 f.

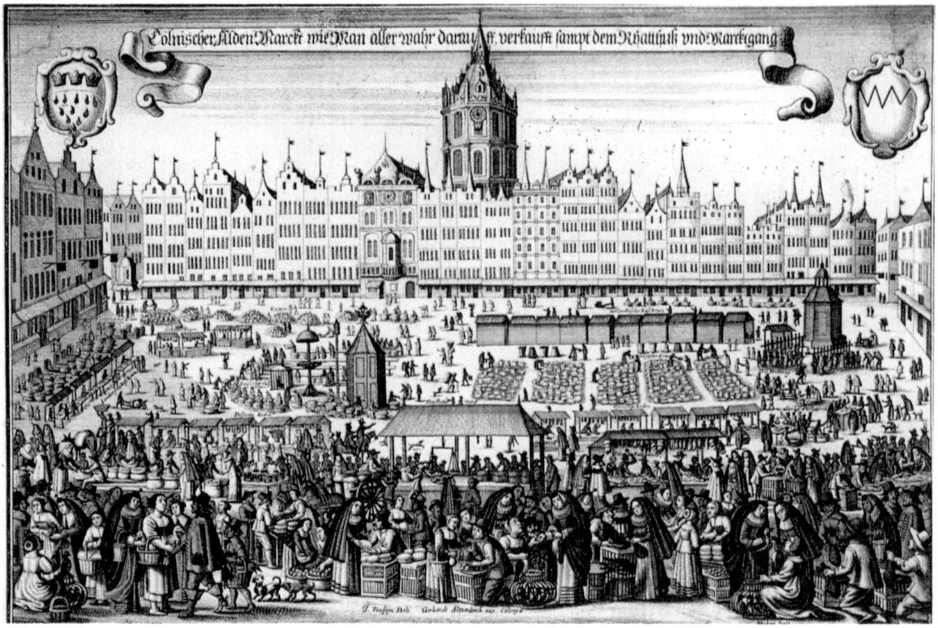

8 Marktgeschehen auf dem Alter Markt zu Köln. Kupferstich nach einer Zeichnung von Johann Toussyn, um 1660.

Neuss ihren aus den Niederlanden kommenden Hering in Köln kaufen musste, nachdem er dort im Fischkaufhaus von den Fischmengern umgepackt, mit dem Kölner Brand versehen und durch die Hand eines Kölner Maklers gegangen war. Das gleiche galt in gewisser Weise für Düsseldorf, das auch seine niederländischen Waren über Köln beziehen musste. Nördlich von Duisburg nahm der Einfluss der Stadt Köln ab.[34] So war Wesel die südlichste Stadt, in der aus den Niederlanden kommende Schiffe löschen durften, auch Emmerich und Nimwegen konnten sich den Kölner Ansprüchen mit Erfolg widersetzen, obwohl es auch nach dem Dreißigjährigen Krieg noch Versuche der Stadt Köln gab, hier seine Bannmeilenbestimmungen geltend zu machen. Das galt auch für den Landweg. So wurden die niederländischen, niedersächsischen und westfälischen Viehhändler verpflichtet, die im Herbst nach Köln getriebenen Herden vollständig nach Köln zu bringen. Verkauf einzelner Tiere unterwegs hatte den Ausschluss vom Kölner Viehmarkt zur Folge.[35]

Auch rheinaufwärts gelang es Köln, den Handel der Nachbarstädte klein zu halten. Ende des 16. Jahrhunderts wurde die Stadt Bonn abgemahnt, weil sie zugelassen hatte,

34 Kuske, Stapel (wie Anm. 3), S. 27 f.; Jürgen Huck, Neuss, der Fernhandel und die Hanse, Teil 2, Neuss 1991, S. 31 ff.

35 Gönnenwein, Stapelrecht (wie Anm. 1), S. 192 ff.

dass rheinabwärts geführtes Handelsgut von Bonn aus auf der Achse in Richtung Aachen weiterverfrachtet wurde.[36]

Die Stadt Köln hatte sich auf diese Weise längs des Rheins ein Einflussgebiet, eine Bannmeile von ca. 80–100 Kilometer geschaffen, in dem sie den Großhandel monopolisieren und die Lebensmittel, Rohstoffe und z.T. auch Fertigerzeugnisse in die Stadt zwingen und letztlich mehr oder weniger in Kölner Hand halten konnte. Mit Erfolg gelang es, Handel und Wirtschaft der in dieser Einflusszone liegenden Städte in Abhängigkeit zu halten.[37]

3.3 Niederrheinische Schifffahrt

Bei der Durchsetzung und dem Erhalt des Stapels half der Stadt Köln ihre geographisch günstige Lage am Schnittpunkt zwischen Mittel- und Niederrhein. Bei Köln ändern sich die hydrographischen Verhältnisse des Stroms.[38] Diesen Vorteil besaß z. B. Mainz nicht. Mainz stützte sein Stapelrecht nur auf Privilegien und musste deshalb schon früh Konzessionen an Frankfurter Schiffer machen.[39]

Der Mittelrhein, der von Köln aus auch als Oberrhein bezeichnet wurde, war nur mit flachbodigen Schiffen befahrbar, die mit ca. 100–120 Tonnen nur etwa die Hälfte bis zu zwei Drittel des Fassungsvermögens eines niederrheinischen Schiffes besaßen. Auch mussten die größeren Frachtschiffe auf dem engeren Mittelrhein stromauf getreidelt werden,[40] während man am Niederrhein wenigstens teilweise das Segel benutzen konnte – im niederländischen Teil, wo kein Leinpfad zur Verfügung stand, musste sogar gesegelt werden – , was eine andere Bauart der Schiffe bedingte.[41] So hatten sich schon im Mittelalter für

36 Gönnenwein, Stapelrecht (wie Anm. 1), S. 145.

37 Gothein, Rheinschiffahrt (wie Anm. 1), S. 6 ff.; Kuske, Stapel (wie Anm. 3), S. 27 f.

38 Gönnenwein, Stapelrecht (wie Anm. 1), S. 97 f.; Christian Eckert, Rheinschiffahrt im XIX. Jahrhundert (Staats- und socialwissenschaftliche Forschungen, Bd. 18, H. 5), Leipzig 1900, S. 1 ff.

39 Gönnenwein, Stapelrecht (wie Anm. 1), S. 104 f.

40 Vgl. Franz H. Quetsch, Geschichte des Verkehrswesens am Mittelrhein von den ältesten Zeiten bis zum Ausgang des 18. Jahrhunderts, Freiburg 1891, S. 60 ff.; Otto Volk, Wirtschaft und Gesellschaft am Mittelrhein vom 12. bis zum 16. Jahrhundert, Wiesbaden 1998, S. 439 ff.

41 Was die verschiedenen Schiffstypen auf dem Rhein angeht, so muss noch immer auf die Arbeit von Kurt Schwarz, Die Typenentwicklung des Rheinschiffs bis zum 19. Jahrhundert, Diss Karlsruhe (ca. 1928), verwiesen werden. Vgl. auch Klaus van Eickels, Große Schiffe, kleine Fässer: Der Niederrhein als Schiffahrtsweg im Spätmittelalter, in: Der Kulturraum Niederrhein. Von der Antike bis zum 18. Jahrhundert, hrsg. v. Dieter Geuenich, Essen 1996, S. 43–66; Annette Fimpeler, Die Schifffahrt und ihre Fahrzeuge auf dem Niederrhein vom späten Mittelalter bis ins 18. Jahrhundert (Studien zur Düsseldorfer Wirtschaftsgeschichte, Bd. 5, Veröff. aus dem Stadtarchiv Düsseldorf,

9 Ansicht von Ruhrort mit niederrheinischen Frachtschiffen. Bei Duisburg, Ruhrort und Wesel wirkten sich die Bannmeilenansprüche der Stadt Köln weniger stark aus, besonders nachdem diese Orte 1609/11 brandenburgisch geworden waren. Kupferstich nach einer Zeichnung von Wenzel Hollar, 1634.

den Nieder- und Mittelrhein unterschiedliche Schiffstypen herausgebildet, die in Köln zusammentrafen. Der bekannte Prospekt des Anton Woensam von Worms aus dem Jahre 1531 zeigt sehr schön die großen, mit Takelage versehenen, auf Kiel gebauten, bauchigen niederländischen Schiffe am nördlichen Rheinufer von Köln, während südlich der Trankgassenpforte die sogenannten Oberländer liegen, flachbodige Schiffe mit prahmartig verbreitertem Bug und hochgezogenem Heck. Theoretisch hätten oberländische Schiffe auf dem Niederrhein fahren können, wenngleich dies, spätestens auf der Bergfahrt, unökonomisch gewesen wäre. Die Fahrt der größeren und tiefergehenden niederländischen Schiffe oberhalb von Köln hätte bei der nicht überall durchgehenden Fahrrinne große Gefahren mit sich gebracht. Dass es daneben auf allen Rheinabschnitten kleinere Fahrzeuge der verschiedensten Bauart gab, auch Flöße zum Warentransport dienten, ist selbstverständlich und sei nur am Rande erwähnt.[42]

Zwar haben sich die Schiffstypen im Laufe des 16. bis 19. Jahrhunderts gewandelt, z. T. in der Form auch angeglichen, aber das Verhältnis des Fassungsvermögens der Schiffe auf dem Mittelrhein zu den Schiffen auf dem Niederrhein ist bis zum Aufkommen der

Bd. 19), Düsseldorf 2008; Clemens von Looz-Corswarem, Handelsstraßen und Flüsse. Die Verkehrsverhältnisse am Niederrhein zur Hansezeit, in: „Zu Allen theilen Inß mittel gelegen“. Wesel und die Hanse an Rhein, Ijssel & Lippe. Katalog zur Ausstellung des Städtischen Museums Wesel 1991, S. 94–115 (Vgl. Beitrag 1 in diesem Band)..

42 Zu Schiffstypen auf dem Rhein noch Gernot Tromnau, Wasserwege und Schiffahrt, in: Vergessene Zeiten. Mittelalter im Ruhrgebiet, Katalog, Bd. 2, Essen 1990, S. 68–71; Josef Dollhoff, die Kölner Rheinschiffahrt von der Römerzeit bis zur Gegenwart, Köln 1980, bes. S. 23 ff.; Werner Böcking, Die Geschichte der Rheinschiffahrt. Schiffe auf dem Rhein in drei Jahrtausenden, 2 Bde. Moers 1979/80.

Dampfschleppschifffahrt im 19. Jahrhundert in etwa gleich geblieben. Dadurch war der Umschlag in Köln notwendig bzw. aus ökonomischen Gründen angeraten. Letztlich war es auch nicht möglich, den Kölner Hafen und damit den Kölner Stapel zu umgehen. Die Fahrrinne führte am Kölner Ufer vorbei, auch das weiträumige Umgehen des Kölner Stapels auf dem Landweg, was die bergische Regierung zeitweise propagierte, war letztlich auf die Dauer wirtschaftlich nicht zu vertreten. Die Tatsache, dass die Waren in Köln ausgeladen werden mussten, gab der Stadt Köln ein einzigartiges Zwangsmittel in die Hand. Sie konnte einem Schiffer oder Kaufmann, der sich nicht den Stapelregeln unterwarf, Kran und Kette sperren, d.h., das halbamtliche Kranpersonal und die Hafenarbeiter weigerten sich, die Waren auszuladen. Damit war der Schiffer oder Kaufmann vom Kölner Markt ausgeschlossen.[43]

Die Tatsache, dass auf dem Nieder- und Mittelrhein unterschiedliche Schiffstypen fuhren und die Befahrung der Stromabschnitte unterschiedliche Kenntnisse verlangte, hatte zur Folge, dass für die Große Fahrt[44], den Großhandel zwischen den Niederlanden und Köln und für die Strecke zwischen Köln und Mainz, die Schiffseigner und Schiffer in eigenen Gesellschaften zusammengefasst waren. Beide Gesellschaften, die der Niederrheinischen und der Oberrheinischen Schiffer (das sind die für den Mittelrhein zuständigen), hatten ihren Sitz in Köln. Die oberrheinischen Schiffer verbanden sich erstmal 1603 zu einer Zunft, was bedeutete, dass sie feste Regeln für die Ausbildung der Schiffer aufstellten, denen sich dann auch die Schiffer unterwerfen mussten, die keine Kölner waren. Für den Mittelrhein gab es konkurrierend die Mainzer Schiffergilde, die sich schon im Spätmittelalter zu einer Zunft zusammengefunden hatte.[45]

Die niederrheinischen Schiffer der Großen Fahrt begannen sich in der zweiten Hälfte des 16. Jahrhunderts zu formieren, als die Schifffahrt auf dem Strom durch den Aufstand in den Niederlanden, den Kölnischen Krieg und den Kampf zwischen den Generalstaaten und Spanien, zunehmend in Mitleidenschaft gezogen wurde.[46] Als Korporation konnten sie leichter gegen die nun zusätzlich zu den Zöllen von den Kriegsparteien erhobenen Licenten vorgehen und auch sonst in den schwieriger werdenden Zeiten ihre Interessen wahren. Die niederrheinische Schiffergemeinde ließ sich vom Kurfürsten von Köln pa-

43 Beispiele aus den Kurkölnischen Akten bringt Kuske, Rheinschiffahrt (wie Anm. 31), S. 289 f.

44 Die „Große Fahrt" war die durchgehende Fahrt zwischen den Stapelstädten Dordrecht, Köln, Mainz, Straßburg etc. Diese konnte nur von kapitalkräftigen Unternehmer-Schiffern durchgeführt werden, da die zahlreichen Zölle und Abgaben für die transportierte Ware vorgelegt werden mussten.

45 Kuske, Rheinschiffahrt (wie Anm. 31), S. 316 ff.

46 Vgl. Herbert Münker, Die Weseler Schiffahrt vornehmlich zur Zeit des spanisch-niederländischen Krieges. Ein Beitrag zur Verkehrsgeschichte des Niederrheins, Wesel 1908, Nachdruck Wesel 1986; Kuske, Rheinschiffahrt (wie Anm. 31), S. 323.

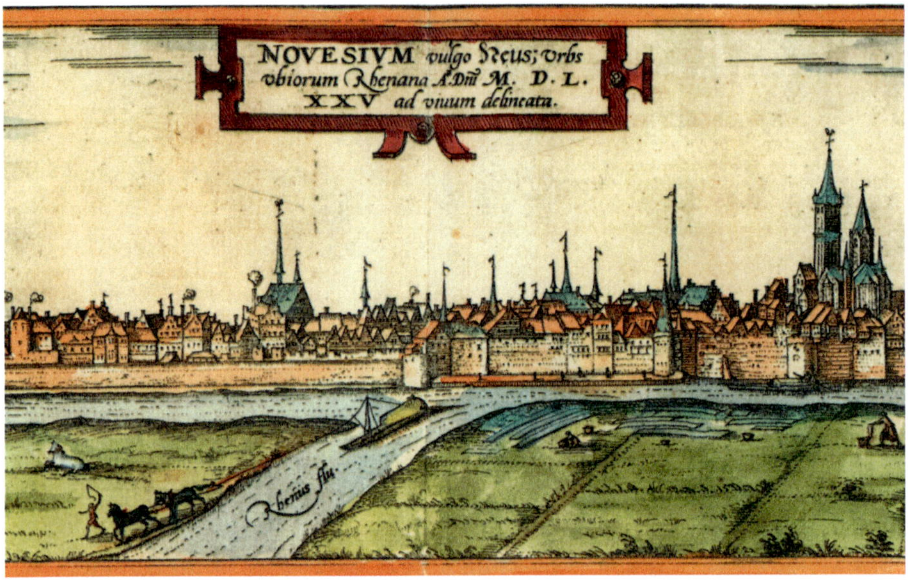

10a Der Hafen von Neuss lag in der Frühen Neuzeit an der Erft, die durch einen Kanal mit dem Rhein verbunden war. Neuss konnte sich wegen der Bannmeilenbestimmung der Stadt Köln ebenso wenig wie Düsseldorf wirtschaftlich entwickeln. Kolorierter Kupferstich nach Zeichnung von G. Braun und F. Hogenberg, 1575, Ausschnitt.

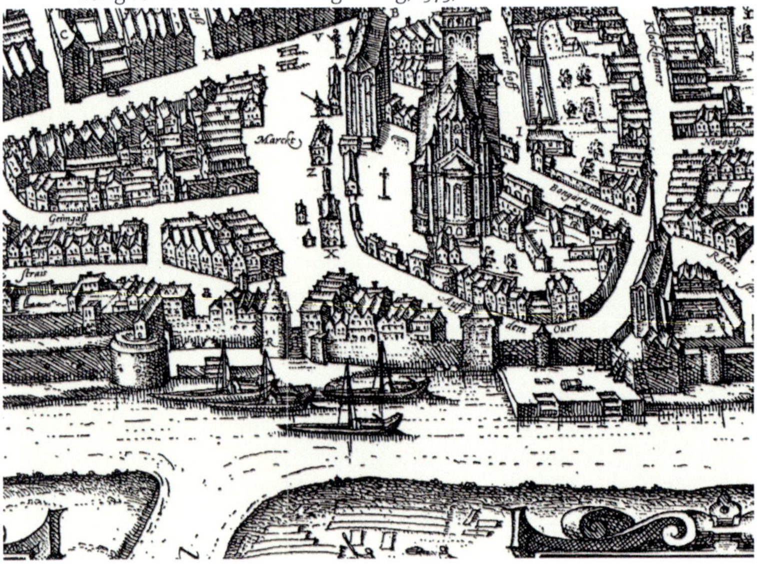

10b Neuss. Vogelschauplan aus dem Städtebuch von G. Braun und F. Hogenberg 1590, Ausschnitt.

11 Auch in Bonn durften wegen des Kölner Stapelrechts nur Schiffe der Kleinen Fahrt anlanden, die Schiffe der Großen Fahrt mussten an der Stadt vorbeiziehen. Kupferstich von Matthäus Merian, 1646.

tentieren, da ihm das Stromregal auf dem größten Teil des Niederrheins zustand. Im Jahre 1687 erließ Kurfürst Max Heinrich eine Ausbildungsordnung für die Schiffer. Nur qualifizierte Mitglieder, die sechs Jahre, davon drei als Junge und drei als Knecht, gedient hatten und ein eigenes Schiff besaßen, durften Fracht zwischen Köln und Holland nehmen, im Gegensatz zu den Eigenfahrern, die nur eigenes Gut fahren durften. Knechte durften eigene Nachen haben, mit denen sie auf der Großen Fahrt unter bestimmten Bedingungen Personen und Gepäck befördern durften. Die Kölner Schiffer mussten Mitglied der Fischmengergaffel, der politischen Organisation der Stadt sein. Die Kontrolle über die Gemeinschaft übte das erzbischöfliche Salzamt in Köln aus, die einzige in der Stadt verbliebene kurkölnische Behörde, wenn man mal vom Hochgericht absieht. 1757 gab Kurfürst Clemens August die Schifffahrt frei, die Schiffer mussten nun ihre Kenntnisse nachweisen und sich von der Hofkammer (gegen Zahlung einer Gebühr) privilegieren lassen, worauf unter Protest der Schiffergemeinde eine große Zahl von kapitalkräftigen holländischen Schiffern auf den Rhein drängte. Da die niederrheinischen Schiffer dem Kurfürsten und nicht der Stadt verpflichtet waren, gab es häufig Auseinandersetzungen auch mit dem Rat der Stadt Köln, besonders was die Organisation der Schifffahrt anging. Anlass war nicht zuletzt die Regelung der Reihe- oder Rangfahrt. Ähnlich wie heute bei Taxifahrern gab es, jedenfalls in der zweiten Hälfte des 18. Jahrhunderts – die Regel, dass die Schiffe in der Reihenfolge ihres Ankommens beladen werden und wieder abfahren durften. So einfach dieses Prinzip sein mag, so gab es doch u. a. die Frage, ob die Schiffer abfahren durften, wenn sie genug Ware hatten, um die Unkosten zu decken, oder ob sie ganz vollladen mussten. Auch die Frage, ob sie bestimmte Kaufleute bevorzugen durften, schon laden durften, wenn ein anderes Schiff noch nicht abgelegt hatte usw., gab häufig Grund zu Differenzen.[47]

3.4 Änderungen in der wirtschaftspolitischen Situation seit dem 16. Jahrhundert

Neben diesen mehr internen Streitigkeiten, die sich aus der Organisation des Frachtverkehrs ergaben, traten seit der zweiten Hälfte des 16. Jahrhunderts aber auch zunehmend Auseinandersetzungen zwischen den verschiedenen rheinanliegenden Territorien und der Stadt Köln um das Stapelrecht als solches.[48]

So versuchte nach 1588 das vom Herzog von Jülich-Kleve-Berg unterstützte Mülheim, Stapelgüter an sich zu ziehen, wogegen Köln protestierte.[49] Als Mülheim dann nach 1610 von den possedierenden Fürsten zur befestigten Stadt ausgebaut wurde, war es die Stadt Köln, die unter Berufung auf ihre aus dem Stapelrecht herrührende Bannmeile die Niederreißung betrieb, die dann 1615 von kölnischen Handwerkern unter spanischem Schutz ausgeführt wurde.[50] Auch der Kurfürst von Köln versuchte die Position seiner Städte Neuss und Bonn zu stärken. Köln klagte 1607 gegen den Kurfürsten am Reichskammergericht auf Unterlassung der Störung des Stapels, ein Rechtsstreit, der erst mit Urteil vom 12. Mai 1792 abgeschlossen wurde.[51]

Um 1700 versuchte Kurfürst Johann Wilhelm von der Pfalz (1679/1690–1716) von Düsseldorf aus eine direkte Schifffahrtslinie an den Oberrhein und den Neckar (bis Heidelberg) einzurichten und ließ die Schiffe demonstrativ an Köln vorbeifahren, was die Stadt Köln mit Gewalt zu hindern wusste. Auch hieran knüpften sich lange Verhandlungen, die

47 Kaufmann Justus, Frachtwage (wie Anm. 33); Kuske, Rheinschiffahrt (wie Anm. 31), S. 276 ff.; Gothein, Rheinschiffahrt (wie Anm. 1), S. 8 ff. Das Problem der unregelmäßigen Abfahrt und Verlängerung der Ladezeit durch die Düsseldorfer Rangschiffer war auch zu Beginn des 19. Jahrhunderts nicht gelöst. Noch 1821 beschwerte sich die Düsseldorfer Handelskammer bei der Stadt Köln über diese von der Stadt Köln geduldeten Ladeverlängerungen. Hist. Archiv der Stadt Köln, Best. 400 VII 5 D 7.

48 Windscheid, Commentation (wie Anm. 8), S. 176 ff.

49 Gönnenwein, Stapelrecht (wie Anm. 1), S. 145 f.

50 Clemens von Looz-Corswarem, Köln und Mülheim am Rhein im 18. Jahrhundert. Reichsstadt und Flecken als wirtschaftliche Rivalen, in: Civitatum communitas. Studien zum europäischen Städtewesen. Festschrift Heinz Stoob (Städteforschung 21), Köln/Wien 1984, Teil 2, S. 543–564, hier S. 544 f.

51 Gönnenwein, Stapelrecht (wie Anm. 1), S. 145.; Windscheid, Commentatio (wie Anm. 8), S. 187 ff.; vgl. auch z.B. Matthias Kordes (Bearb.), Reichskammergericht Köln, Bd. 1, Köln/Weimar/Wien 1998, Nr. 299, S. 355 (Prozeß Bürgermeister und Rat der Stadt Köln gegen Ernst von Bayern wegen Zollprivilegien und freiem Schiffsverkehr 1587–1593).

12 Modell eines kleinen niederrheinischen Frachtschiffs des 18. Jahrhunderts. Es wird von A. Fimpeler als schlechtes Modell einer Samoreuse bezeichnet. Modell von Hans Koenen, vor 1934.

mit weitreichenden Ausnahmeregelungen (Messeschiffe) endeten.[52] In generellen Kongressen und Verhandlungen versuchten die Kurfürsten vor allem das Verbot des Unterwegsausladens aufzubrechen, das sie für eine unzulässige Neuerung hielten.[53]

Streit anderer Art entstand z. B. im Jahre 1768, als die kurpfälzische-bergische Regierung in Kaiserswerth einen zusätzlichen Licent eingeführt hatte, wodurch sich die Fracht weiter verteuern musste. Die niederrheinischen Schiffer weigerten sich in Köln zu Tal zu fahren. Sie wurden dabei von der erzbischöflichen Hofkammer unterstützt, die ihnen drohte, ihnen an den erzbischöflichen Zollstellen den doppelten Satz abzunehmen, wenn sie den Licent in Kaiserswerth zahlten. Andererseits ergriff die Stadt Köln Gewaltmaßnahmen und trieb die Schiffe aus dem Hafen, indem sie drohte, die Taue zu kappen. So wurde ein Streit

52 Klaus Müller, Unter pfalz-neuburgischer und pfalz-bayerischer Herrschaft (1614–1806), in: Düsseldorf. Geschichte von den Ursprüngen bis ins 20. Jahrhundert, Bd. 2, Düsseldorf 1988, S. 1–312, hier S. 187 ff.

53 Windscheid, Commentatio (wie Anm. 8), S. 237 (19. 6.1699).

13 Ein Oberrheinschiff in der Form des 17. Jahrhunderts vor Remagen. Kolorierte Federzeichnung von Wenzel Hollar, 1636.

um Abgaben auf dem Rhein, der bis zu den höchsten Instanzen geführt wurde, auf dem Rücken der Schiffer ausgetragen.[54] Zur Debatte stand dabei letztlich auch der Anspruch der Stadt Köln, aufgrund ihrer Stapelgerechtigkeit den Schiffsverkehr auf dem Rhein dirigieren zu können. Dass gegen Ende des 18. Jahrhunderts die ca. 45 niederrheinischen Schiffer der Großen Fahrt, die meist niederländischer Herkunft waren, trotz allem recht gut verdient haben, zeigen Reisebeschreibungen, die vom Wohlstand dieser Schiffseigner berichten.[55]

---

54 Ute Teckentrup, Der Kölner Stapel im 18. Jahrhundert (untersucht am Zeitraum 1768–1776), Köln 1977, S. 14 ff.

55 Z. B. Joseph Gregor Lang, Reise auf dem Rhein vom Siebengebirge bis Düsseldorf, Köln 1976, 1. Aufl., Frankfurt 1790, S. 97 ff. Lang beschreibt ausführlich die Inneneinrichtung eines Holländerschiffes, das am Kölner Rheinufer liegt.

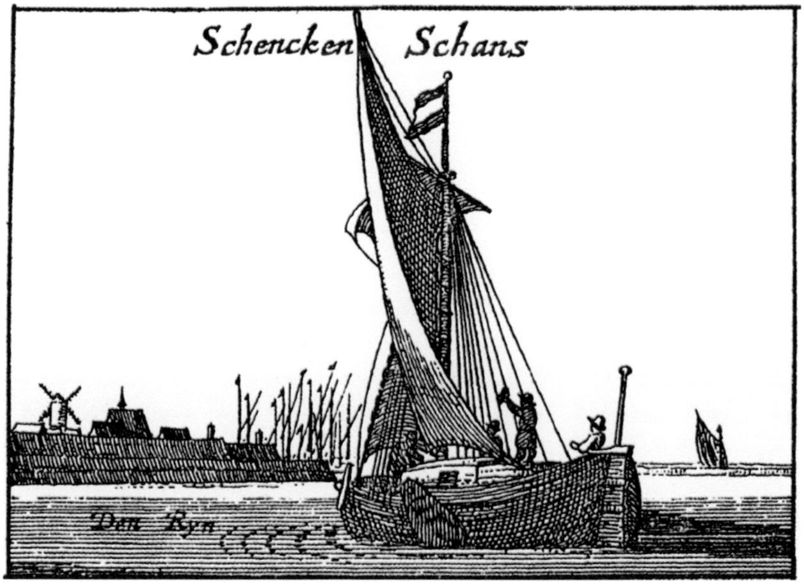

14 Beurtschiff, wahrscheinlich der Kleinen Fahrt, vor der Schenkenschanze. Kupferstich nach einer Zeichnung von Wenzel Hollar, 1634.

3.5 Die Kleine Fahrt

Folge des Stapels von Köln war aber nicht nur die Große Fahrt zwischen den Stapelstädten, sondern konsequenterweise auch die sogenannte Kleine Fahrt. Dazu gehörten die große Zahl von vom Landesherrn oder der Stadt privilegierten Schifffahrtslinien, die zu bestimmten Gelegenheiten als Messeschiffe oder zu bestimmten Zeiten als Markt- oder Beurtschiffe für Personen und Waren Köln mit den anderen Rheinstädten verbanden und den Verkehr zwischen den einzelnen Uferstädten aufrecht erhielten.[56] So gab es z. B. die ursprünglich einmal pro Woche fahrenden Marktschiffer in Hitdorf und Rheindorf, die mehr oder weniger regelmäßig Köln und Düsseldorf anfuhren, Kölner Schiffe, die von Köln nach Düsseldorf und Neuss fuhren, und Neusser Schiffe, die schon im 17. Jahrhundert zweimal die Woche nach Köln fuhren. Die Abfahrtszeiten wurden zwar festgelegt, aber die zahlreichen Klagen zeigen, dass die Schiffer in Erwartung zusätzlicher Reisender und Waren oft zu spät abfuhren. Als zu Beginn des 17. Jahrhunderts auch die Düsseldorfer ein Marktschiff nach

56 Im Folgenden vornehmlich nach Kuske, Rheinschiffahrt (wie Anm. 31), und Münker, Weseler Schiffahrt (wie Anm. 46); vgl. auch Heinrich Steins, Der Personenverkehr auf dem Rhein von seinen Anfängen bis zur Gegenwart. Beilage zum 59. Jahresbericht des Königlichen Wilhelm-Gymnasiums zu Krotoschin 1913, S. 18 ff.

Köln einrichten wollten, wehrten sich die Kölner Nachenfahrer und meinten, das wäre überflüssig. Auf den Einwand der Unpünktlichkeit – die Kölner kämen abends immer erst nach Schließung der Tore in Düsseldorf an, so dass die Reisenden die Nacht im Schiff verbringen mussten – gaben die Kölner an, das läge an den Reisenden selbst, die nicht pünktlich zur Abfahrt erschienen, und am Zoll in Zons, wo man mit vier bis fünf Stunden Aufenthalt rechnen müsse. Der Herzog von Berg setzte in Verhandlungen schließlich durch, dass Düsseldorfer Marktschiffer an zwei Tagen in der Woche fahren durften.[57]

1559 privilegierte die Stadt Wesel ein Marktschiff nach Nimwegen, das wenige Jahre später die Erlaubnis erhielt, nach Antwerpen durchzufahren. Zu Beginn des 17. Jahrhunderts wird eine Beurtschifffahrt von Wesel nach Rheinberg, Orsoy, Düsseldorf und Köln als seit langem bestehend bezeichnet.[58] Ein Duisburger Beurtschiff nach Nimwegen wurde 1664 geplant und 1674 eingerichtet.[59] So finden sich am Niederrhein für das 17. und 18. Jahrhundert zahlreiche Markt- und Beurtschiffe, die den Verkehr zwischen den Flussstädten z. T. auch auf der Ruhr und der Lippe aufrecht erhielten, die aber organisatorisch von der Großen Fahrt völlig getrennt waren.[60]

3.6 Die Aufhebung des Stapels

Mit der Ausdehnung der französischen Herrschaft zu Beginn der 90er Jahre des 18. Jahrhunderts an den Rhein musste sich auch die Situation im Hinblick auf die Stapelrechte, die Zölle und die Organisation der Schiffergemeinschaften ändern. Denn die in Frankreich schon 1790 ausgesprochene Aufhebung der Binnenzölle und die 1791 eingeführte Gewerbefreiheit mündete in dem von der französischen Nationalversammlung 1792 verkündeten Grundsatz der freien Rheinschifffahrt.[61] Auch der Rastatter Friedenskongress 1798,

57 Kuske, Rheinschiffahrt (wie Anm. 31), S. 259 ff.; Clemens von Looz-Corswarem, Zur Entwicklung der Rheinschiffahrt vom Mittelalter bis ins 19. Jahrhundert, in: Düsseldorf und seine Häfen. Zur Verkehrs- und Wirtschaftsgeschichte der Stadt aus Anlass des 100jährigen Hafenjubiläums 1896–1996, Düsseldorf 1996, S. 9–31, hier S. 17.

58 Münker, Weseler Schiffahrt (wie Anm. 46), S. 20 ff., 32 f.

59 Vgl. Heinrich Averdunk, Die Duisburger Börtschiffahrt, zugleich ein Beitrag zur Geschichte des Gewerbes in Duisburg und des Handelsverkehrs am Niederrhein, Duisburg 1905.

60 Max Knipscher, Schiffahrt und Schiffer am Niederrhein im Laufe der Jahrhunderte, in: Mitt. d. Westdt. Ges. f. Familienkunde, Bd. XIX, 1960, S. 757–766, wieder abgedruckt in: Hans Heubes, Knipscheer-Knipschaar. 400 Jahre niederrheinisch-holländische Schiffer, Köln/Düsseldorf 1973, S. 32–36.

61 Rudolf Baumgartner, Die Freiheit der Rheinschiffahrt. Ein Beitrag zur Rechtsgeschichte des internationalen Stromschiffahrtsrechtes, Bern 1926; Gothein, Schiffahrt (wie Anm. 1), S. 29 ff.; Eckert, Rheinschiffahrt (wie Anm. 38), S. 6 ff.

der den Rhein zum Grenzfluss zwischen Frankreich und Deutschland machte, sprach sich für die Aufhebung der Zölle und Stapelrechte aus. Eine Einigung mit dem Reich kam im Reichsdeputationshauptschluss im Februar 1803 zustande. Diese Übereinkunft schlug sich in der am 15. August 1804 in Paris unterschriebenen „Konvention über das Rheinschiff-fahrts-Octroi" nieder.[62] Hierin wurden alle ca. 32 Zölle und Licenten rechts und links des Flusses aufgehoben und durch 12 Oktrois-Stationen ersetzt. Eine gemeinsame Oktrois-Verwaltung sollte für die Erhebung des Oktrois und den Unterhalt des Stroms und der Leinpfade verantwortlich sein. Die Schiffergilden wurden als Zünfte angesehen und aufgehoben, sie bestanden als private Vereinigungen weiter.[63]

Auch die Stapelrechte von Köln und Mainz wurden aufgehoben, nicht aber, und das war für Köln das Wichtigste, die Umschlagsrechte. Die Letzteren wurden ausdrücklich garantiert.[64] Trotzdem versuchten Schiffer aus Koblenz und Düsseldorf den Umschlag zu umgehen, wobei sie nach der Beschlagnahme eines Düsseldorfer Schiffs in Köln die Waren auf dem Landweg bis Zündorf brachten und von dort verschifften, was wegen der in der Zwischenzeit hergestellten Chausseen wirtschaftlich rentabel war, zumal man damit auch die in Köln neu eingerichtete Oktrois-Station umging.[65] Auch als Endpunkt holländischer Schiffe wurden Düsseldorf und Duisburg attraktiver, wogegen sich Köln, vor allem die Kölner Handelskammer, zwar zur Wehr setzte, aber keine Machtmittel mehr besaß, dies zu verhindern.[66]

Der Pariser Vertrag vom 30. Mai 1814 hob die Oktrois-Verwaltung auf und legte die grundsätzliche Freiheit der Schifffahrt fest. Der Unterhalt der Leinpfade sollte Aufgabe der Einzelstaaten sein, für die Schifffahrtsorganisation wurde eine Zentralkommission in Mainz eingerichtet.[67]

Die Niederlande allerdings hielten an ihrer Sonderstellung fest und erhoben weiterhin Zölle und Gebühren, indem sie ihre Lage als „Mund zu dem deutschen Magen" ausnutz-

62 Hans Mosler, Die Einführung der Rheinschiffahrtsoktrois-Konvention am deutschen Niederrhein 1803–1807, in: Jahrbuch des Düsseldorfer Geschichtsvereins 21, 1906/07, S. 97–275.

63 Gönnenwein, Stapelrecht (wie Anm. 1), S. 213 ff.; Eckert, Rheinschiffahrt (wie Anm. 38), S. 19 ff.; Jürgen Heinz Schawacht, Schiffahrt und Güterverkehr zwischen den Häfen des deutschen Niederrheins (insbesondere Köln) und Rotterdam vom Ende des 18. bis zur Mitte des 19. Jahrhunderts (1794–1850/51), Köln 1973, S. 17 ff.

64 Baumgartner, Freiheit (wie Anm. 61) S. 21 ff.; W. J. M. van Eysinga, La commission centrale pour la navigation du Rhin, Leyde 1935, S. 27.

65 Eberhard Gothein, Verfassungs- und Wirtschaftsgeschichte der Stadt Cöln vom Untergang der Reichsfreiheit bis zur Errichtung des Deutschen Reiches (Die Stadt Cöln im ersten Jahrhundert unter Preußischer Herrschaft 1815 bis 1915), Köln 1916, S. 62 ff.

66 Schawacht, Schiffahrt (wie Anm. 63), S. 52 ff.

67 Eckert, Rheinschiffahrt (wie Anm. 38), S. 79 ff.; Gothein, Rheinschiffahrt (wie Anm. 1), S. 64 ff.

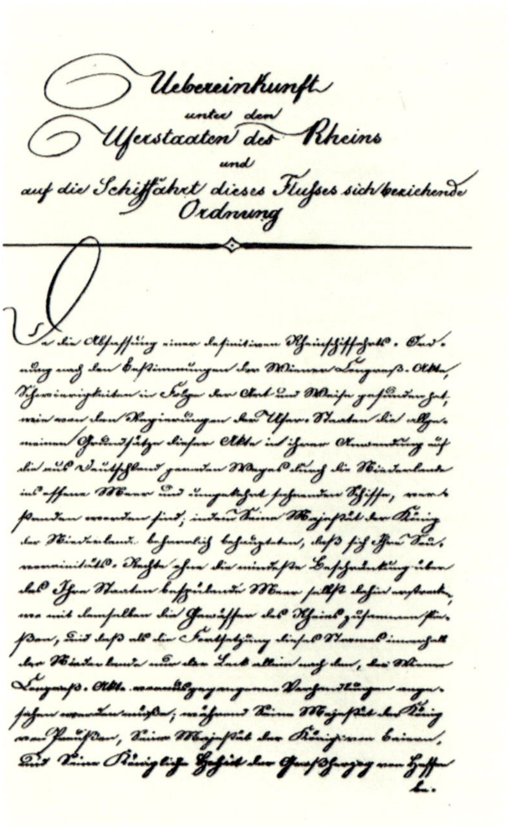

15 Erste Seiten der Rheinschifffahrtsakte von 1831 (Mainzer Konvention), mit der das Umschlagsrecht der Stadt Köln endgültig aufgehoben und die Schifffahrt auf dem Rhein bis ins Meer freigegeben wurde.

ten. Sie legten die Formulierung im Wiener Vertrag von 1815, der Rhein sei frei „jusqu'à la mer" („bis zum Meer") dahingehend aus, dass sie das Recht hätten, an den Mündungen von Lek, Waal und Schelde einen Eingangszoll zu erheben. Die preußischen und niederländischen Gegensätze in dieser Frage nutzend, gelang es der Handelskammer in Köln, die Aufhebung des Umschlagsrechts in Köln zu verhindern, es wurde sozusagen als Faustpfand für die Aufhebung des niederländischen Umschlagsrechts und der Zölle beibehalten. Ende der 1820er Jahre gab es dann eine Annäherung zwischen den Niederlanden und Preußen. Zunächst wurde der Lek als Rheinarm anerkannt und dort die Zölle aufgehoben, dann machten die ersten Dampfschiffe deutlich, dass eine Neuordnung der Schifffahrtsorganisation bevorstand, und zuletzt wurde die niederländische Position durch die Teilung des Landes 1830 geschwächt, so dass beide Niederlande einer neuen Übereinkunft zustimmten.[68]

68 Gothein, Rheinschiffahrt (wie Anm. 1), S. 82 ff.; Eckert, Rheinschifffahrt (wie Anm. 38), S. 219 ff.; Schawacht, Schiffahrt (wie Anm. 63), S. 21 ff.

Diese „Übereinkunft unter den Uferstaaten des Rheins und auf die Schifffahrt dieses Flusses sich beziehende Ordnung“ vom 31. März 1831, die sogenannte Mainzer Rheinschifffahrtsakte, stellt fest, dass die Rheinschifffahrt frei bis in die See ist, dass auch die Waal als Fortsetzung des Rheins angesehen wird, dass Transitgüter von allen Abgaben, Zöllen und Gebühren befreit sein sollen bis auf eine einheitliche Rheinschifffahrtsabgabe.[69] Außerdem wurden auch die Berechtigungen zur Rheinschifffahrt und die Organisation der Frachten und Rangfahrten behandelt. Wenn es auch weiterhin über Einzelfragen Unstimmigkeiten zwischen Holland und Preußen über die Schifffahrtsverhältnisse (Leinpfad an der Waal) oder Abgaben gab, so kann doch der Vertrag von 1831 als der Endpunkt des Stapel- und Umschlagsrechts von Köln angesehen werden.[70] Alle Behinderungen auf dem Rhein wurden endgültig erst im Jahre 1868 beseitigt, nachdem sich die Dampfschifffahrt weitgehend gegenüber der Segelschifffahrt durchgesetzt hatte und auch dem Transport auf dem Rhein mit der Eisenbahn eine fühlbare Konkurrenz entstanden war. Mit der am 17. Oktober 1868 in Mannheim von Holland, Preußen, Hessen, Baden, Bayern und Frankreich unterzeichneten sogenannten zweiten oder Revidierten Rheinschifffahrtsakte verschwanden die letzten Reste des Oktrois bzw. der Rheinzölle und Gebühren. Im ersten Artikel der neuen Akte heißt es:

> Die Schiffahrt auf dem Rhein und seinen Ausflüssen von Basel bis ins offene Meer soll sowohl aufwärtz als abwärtz unter Beachtung der mit diesem Vertrag festgesetzten Bestimmungen und der zur Aufrechterhaltung der allgemeinen Sicherheit erforderlichen polizeilichen Vorschriften den Fahrzeugen aller Nationen zum Transport von Waren und Personen gestattet sein. Abgesehen von diesen Vorschriften soll kein Hindernis, welcher Art es auch sein mag, der freien Schiffahrt entgegengensetzt werden.[71]

69 Eckert, Rheinschiffahrt (wie Anm. 38), S. 222.

70 Eckert, Rheinschiffahrt (wie Anm. 38), S. 224 f.; Vgl. u. a. Lars U. Scholl, Die Mainzer Rheinschiffahrtsakte vom 31. März 1831. „Übereinkunft unter den Uferstaaten des Rheines und auf die Schiffahrt dieses Flusses sich beziehende Ordnung“, in: Deutsche Schiffahrt. Informationen des Fördervereins Deutsches Schiffahrtsmuseum 1/1981, S. 21–24.

71 Gothein, Rheinschiffahrt (wie Anm. 1), S. 294 ff.; Baumgartner, Freiheit (wie Anm. 61), S. 48 ff.; Richard Hennig, Freie Ströme!, Leipzig 1926, S. 22 ff.; Edwin J. Clapp, Die Rheinschiffahrt. Ihre Entwicklung, die Grundlagen ihrer jetzigen Blüte und ihr Güterverkehr im Jahre 1907, Diss. Berlin 1910, S. 16 f.

1 Rheinufer mit Kran und Fliegender Brücke bei Düsseldorf. Im Hintergrund das kurfürstliche Schloss. Kolorierter Kupferstich von L. Janscha und J. Ziegler, 1798.

4 Der Rhein als Verkehrsweg im 18. Jahrhundert

> Die Geschichte der Entwicklung der Rheinschiffahrt ist lehrreich für die ganze deutsche Binnenschiffahrt, da der Rhein vor 1800 sogar mehr als jetzt der wichtigste Verkehrsstrom Deutschlands und Europas war, da die typischen Entwicklungsphasen, die die Binnenschiffahrt durchgemacht hat – wie die mittelalterliche Einrichtung des Umschlagsrechtes und der Schiffergilden sowie der Wettbewerb der Binnenschiffahrt mit der Eisenbahn – dort am schärfsten hervortraten, und da die früheren Zustände auf dem Rhein besser als die auf irgendeinem anderen Strom durch Untersuchungen beleuchtet sind.

So beginnt Edwin J. Clapp seine im Jahre 1910 erschienene Untersuchung über die Entwicklung und die Grundlagen der Rheinschifffahrt im 19. Jahrhundert.[1]

Was die Bedeutung des Rheins als Schifffahrtsweg in der Frühen Neuzeit angeht, so stimmen alle Autoren darin überein, dass der Strom „Teutschlands hochschlagende Pulsader“[2] und die „hervorragendste Karawanenstraße“ Europas [3] war. Gleichzeitig bemerken sie aber auch, dass der Handelsverkehr auf dem Strom durch die Eigensüchteleien der anliegenden Territorien und Städte mit ihren Stapel- und Umschlagsrechten, den zahlreichen Zöllen, Licenten und Gebühren sehr stark eingeschränkt wurde und zeitweise fast zum Erliegen kam.[4] Überdies war der Strom noch weitgehend in seiner natürlichen Form belassen, was bedeutete, dass der Schiffsverkehr durch Hoch- und Niedrigwasser und eine häufige Verlagerung der Fahrrinne stark in Mitleidenschaft gezogen wurde.

Die massive Behinderung der Schifffahrt auf dem Rhein durch das im Laufe der Jahrhunderte ausgeuferte Zoll- und Licentwesen war den Zeitgenossen bewusst. Seit dem 17. Jahrhundert bemühten sich vor allem die Kaufleute und Städte, aber z. T. auch die

1 Erwin J. Clapp, Die Rheinschiffahrt. Ihre Entwicklung, die Grundlagen ihrer jetzigen Blüte und ihr Güterverkehr im Jahre 1907, Diss. Berlin 1910.

2 Ernst Moritz Arndt nach Franz Irsigler, „Teutschlands hochschlagende Pulsader“. Zur wirtschaftlichen Bedeutung des Rheins bis zum frühen 19. Jahrhundert, in: Vom Zauber des Rheins ergriffen ... Zur Entdeckung der Rheinlandschaft vom 17. bis 19. Jahrhundert, hrsg. v. Klaus Honnef/Klaus Weschenfelder/Irene Haberland (Katalog zur Ausstellung in Bonn und Koblenz), München 1992, S. 67–80.

3 Christian Eckert, Rheinschiffahrt im XIX. Jahrhundert (Staats- und socialwissenschaftlische Forschungen, Bd. 18, H. 5), Leipzig 1900, S. 1 ff.

4 Irsigler, Zur wirtschaftlichen Bedeutung (wie Anm. 2), S. 73 f.

2 Le Rhin. Fleuve Considerable de l'Europe en Allemagne. Französische Rheinkarte. Anonym, um 1700.

Territorialherren um Abhilfe, dennoch verhinderten die fiskalischen Eigeninteressen der rheinanliegenden Territorien eine Gesamtlösung. In der zweiten Hälfte des 18. Jahrhunderts war dann der Ruf nach Abschaffung der künstlichen Verkehrs- und Handelshindernisse und einer freien Rheinschifffahrt immer lauter geworden[5], aber erst nachdem das linke Rheinufer de facto 1794 in einheitliche – französische – Hand gekommen war, konnten konkrete Schritte unternommen werden.

Im Folgenden sollen zunächst kurz die physikalischen Voraussetzungen für die Rheinschifffahrt vorgestellt werden. Diese, die Wasser- und Strömungsverhältnisse, hatten die Ausbildung des Stapelrechts der Städte Dordrecht, Köln und Mainz begünstigt. Das Stapelrecht bestimmte nicht nur im Mittelalter, sondern auch in der Frühen Neuzeit, ja, bis ins erste Drittel des 19. Jahrhunderts fast den gesamten Verkehr auf dem Fluss.

5 J. F. Ockhart, Der Rhein nach der Länge seines Laufs und der Beschaffenheit seines Strombettes, mit Beziehung auf dessen Schifffahrtsverhältnisse betrachtet. Ein Beitrag zur näheren Kunde der deutschen Flussschifffahrt, Mainz 1816, S. 4 f.

Ferner wird auf die Organisation der Schifffahrt im 18. Jahrhundert eingegangen werden, wobei die Große und Kleine Fahrt, die Rang- oder Reihefahrt sowie die Markt- oder Beurtschifffahrt vorgestellt und die Rolle der Schiffergilden beleuchtet werden. Dabei wird es nötig sein, auch einen Seitenblick auf die verschiedenen Schiffstypen, ihr Fassungsvermögen und die Technik der Fortbewegung zu werfen.

In einem dritten und letzten Teil sollen die obrigkeitlichen Beschränkungen, das Stapelrecht im Einzelnen, das Zoll- und Licentwesen und die widersprüchlichen Privilegien sowie die alltäglichen Belastungen der Schiffer und Unternehmer vorgestellt werden. Diese überkommenen, den Verkehr auf dem Rhein erschwerenden Verhältnisse hatten gerade in der zweiten Hälfte des 18. Jahrhunderts bei einer Zunahme des Verkehrs zu einer starken Beeinträchtigung des Handels auf dem Fluss geführt und es wird deutlich, dass eine Neuordnung der Rahmenbedingungen des Handels auf dem Rhein überfällig war.[6]

4.1 Stromverhältnisse

Die Geographen teilen den schiffbaren Rhein grob ein in den stark mäandrierenden Oberrhein zwischen Basel und Mainz, in den sich durch die Mittelgebirge zwängenden Mittelrhein von Mainz bis Köln und schließlich in den Niederrhein, der mit dem Eintritt in die Kölner Bucht beginnt. Bei Lobith, nördliche von Kleve jenseits der Schenkenschanz, teilt sich der Rhein in den südlichen Rheinarm des Waal und den nördlichen des Lek auf. Der Waal findet seinen Weg an Nimwegen vorbei in das Stromdelta der Maas, mit der er sich verbindet und bei Dordrecht in die Hollands Diep übergeht, während der Lek an Arnheim vorbei sich wieder teilend als Lek bei Rotterdam und als Oude Rijn bei Leiden das Meer erreicht. Da sich die Wasserführung in den beiden Mündungsarmen des Rheins und die Verhältnisse im Küstenbereich im Laufe der Jahrhunderte änderten, war mal der eine, mal der andere Rheinarm bevorzugter Schifffahrtsweg.[7]

Wichtig für die historische Entwicklung der Schifffahrt waren die Übergänge vom Oberrhein in den Mittelrhein und vom Mittelrhein in den Niederrhein, die durch die Städte Mainz und Köln gekennzeichnet sind. Hier änderte das Flussbett jeweils seinen

---

6 Vgl. Clemens von Looz-Corswarem, Zur Entwicklung der Rheinschiffahrt vom Mittelalter bis ins 19. Jahrhundert, in: Düsseldorf und seine Häfen. Zur Verkehrs- und Wirtschaftsgeschichte der Stadt aus Anlaß des 100jährigen Hafenjubiläums 1896–1996, hrsg. v. Horst Rademacher/Clemens von Looz-Corswarem/Annette Fimpeler-Philippen, Wuppertal 1996, S. 9–31.

7 Heinz Fischer, Der Rhein und seine Tallandschaften, in: 2000 Jahre Rheinschiffahrt. Begleitpublikation zur Ausstellung des Landesmuseums und des Rhein-Museums e.V. (Veröff. des Landesmuseums Koblenz B, 40), Koblenz 1991, S. 9–18.

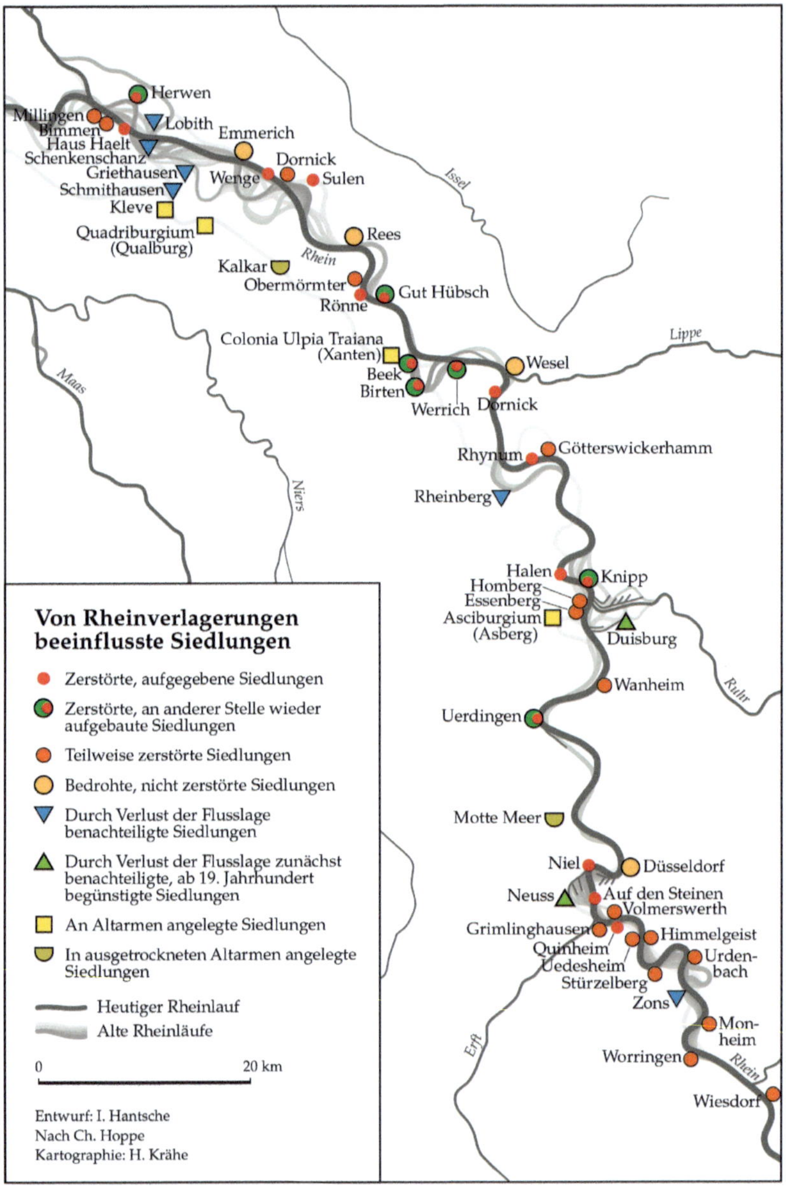

3 Von Rheinverlagerungen beeinflusste Siedlungen am Niederrhein.

Charakter. Im oberen Mittelrheintal verengte sich der Strom auf 120–180 Meter und bekam eine höhere Fließgeschwindigkeit, überdies, wenn er sich über Untiefen und durch enge Felsformationen zwängte. Bei Niedrigwasser nötigten die Felsen im Binger Loch die Schiffer, zu leichtern oder die Waren auszuladen und auf den Uferstraßen an den Hindernissen vorbeizuführen.[8] Beim Übergang vom Mittelrhein in den Niederrhein beim Eintritt in die Kölner Bucht wird der Strom breiter und kann sich wieder mäandrierend ausbreiten.

Vor der „Eindeichung" des Rheins im 19. Jahrhundert, bevor er zum „Schifffahrtskanal" degradiert wurde, besaß der Fluss keine festen Ufer und keine durchgehende Fahrrinne für größere Schiffe.[9] Sandbänke und Untiefen veränderten häufig ihre Lage, die Strömung schwemmte Teile von einem Ufer ab, um es an anderer Stelle wieder anzulanden, und nach jedem größeren Hochwasser musste man befürchten, dass sich der Rhein ein neues Bett gesucht oder seinen Lauf geändert hatte.[10] Zwar hatten die anliegenden Territorialstaaten und Städte seit dem Mittelalter versucht, den Rhein durch Deiche, Buhnen, Kribben und andere Wasserbaumaßnahmen zu disziplinieren, z. T. aber mit nur mäßigem Erfolg.[11] Besonders die Handelsstädte am Rhein waren darauf angewiesen, dass sich der Strom nicht von ihnen „abwandte", was ihre Wirtschaftsentwicklung stark beeinträchtig hätte. Die Stadt Köln war schon im Mittelalter gezwungen, rechtsrheinisch, etwas oberhalb der Stadt auf kurkölnischem Gebiet bei dem Dorf Poll, Kribben in den Fluss zu bauen, die sogenannten „Poller Köpfe", damit das Kölner Rheinufer, das als Hafen diente, nicht versandete. Auch bestand die Gefahr, dass der Rhein bei einem Hochwasser bei Poll das niedrige Ufer durchbrach und hinter Deutz einen neuen Weg nach Mülheim finden könnte, was für die Stadt Köln einer Katastrophe gleichgekommen wäre.

Diese aufwändigen Bau- und Sicherungsmaßnahmen führten zu regelmäßigen Auseinandersetzungen der Reichsstadt mit der kurkölnischen Regierung.[12]

8 Vgl. Martin Eckoldt, Das Rheingebiet, in: Flüsse und Kanäle. Die Geschichte der Deutschen Wasserstraßen, hrsg. v. Martin Eckoldt, Hamburg 1998, S. 39–122, hier S. 66 f.

9 Walther Nasse, Der Rhein als Wasserstraße, in: Die Schiffahrt der deutschen Ströme. Untersuchungen über deren Abgabewesen, Regulierungskosten und Verkehrsverhältnisse (Schriften des Vereins für Socialpolitik CII, Bd. 3), Leipzig 1905 (Nachdruck Vaduz 1990), S. 1–300, hier bes. S. 16–37.

10 Vgl. Rudolf Strasser, Die Veränderungen des Rheinstromes in historischer Zeit, Bd. 1: Zwischen der Wupper- und der Düsselmündung (PublGesRhGkde LXVIII), Düsseldorf 1992; Christine Hoppe, Die großen Flußverlagerungen des Niederrheins in den letzten zweitausend Jahren und ihre Auswirkungen auf Lage und Entwicklung der Siedlungen, Bonn-Bad Godesberg 1970.

11 Erich Wisplinghoff, Düsseldorfs „bergisches" Ufer. Wasserbauarbeiten im Düsseldorfer Bereich vornehmlich aus der 2. Hälfte des 18. Jahrhunderts, in: Düsseldorfer Jahrbuch, Bd. 53, 1968, S. 231–275.

12 Joseph Hansen, Das Rheinufer bei Köln und seine Bedeutung für die Entwicklung der Stadt bis

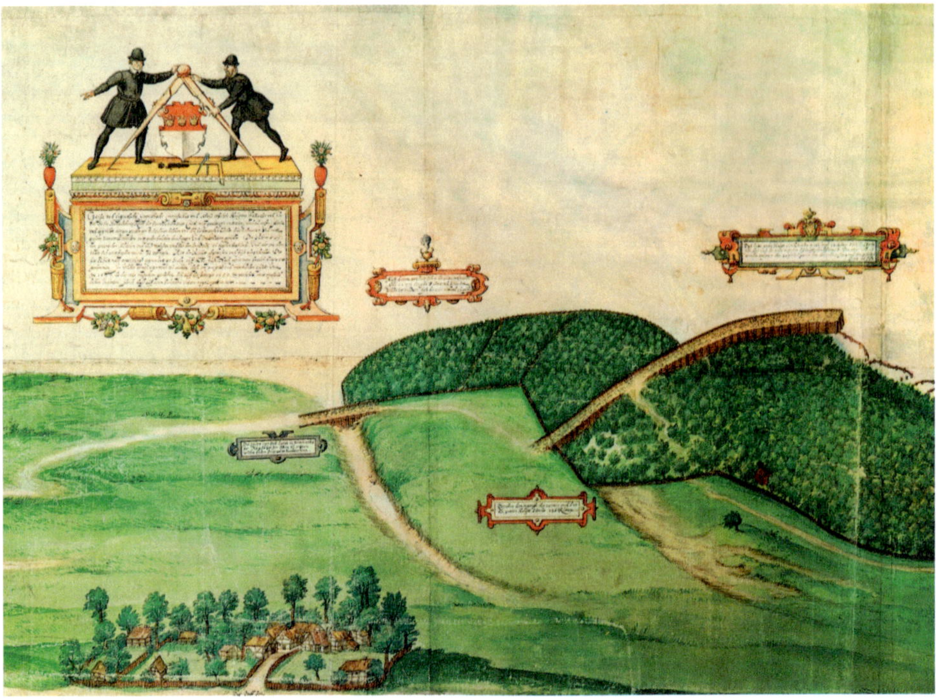

4 Uferbefestigungen beim Dorf Poll gegenüber von Köln, die eine Versandung des Kölner Rheinufers verhindern sollten. Um die von der Stadt Köln auf kurkölnischem Territorium errichteten Wasserbauwerke gab es über Jahrhunderte Streit. Kolorierte Federzeichnung 1783, Ausschnitt.

Für den weiteren Niederrhein gibt es zahlreiche Beispiele dafür, dass die Verlagerung des Flussbettes die Wirtschaftsentwicklung der Städte stark beeinträchtigt hat.[13] Die kleine kurkölnische Zollstadt Zons, die bis ins 16. Jahrhundert unmittelbar am Strom lag, musste in der zweiten Hälfte des Jahrhunderts feststellen, dass sich vor dem Rheinufer immer mehr Sandbänke und „Werther" (Inseln) bildeten und sich die Fahrrinne immer weiter von der Stadt entfernte. 1626 konnte man nachts vom Zollhaus aus die Schiffe nicht mehr

zum Schlusse der reichsstädtischen Zeit, in: Neue Werft- und Hafenanlagen zu Köln. Festschrift zum 14. Mai 1898, Köln 1898, S. 3–30, hier S. 27 f.

13 Horst Johannes Tümmers, Der Rhein. Ein europäischer Fluss und seine Geschichte, München 1994, S. 308 ff.; Oskar Teubert, Die Binnenschiffahrt. Ein Handbuch für alle Beteiligten, 2. Aufl., Berlin 1936, S. 57 ff.; Heino Kalweit, Die Schiffahrt im Rahmen der Wasserwirtschaft, in: 2000 Jahre Rheinschiffahrt (wie Anm. 7), S. 19–27; Joseph Milz/Hans-Georg Kraume, Duisburgs Entwicklung als Handels-, Hanse- und Hafenstadt, in: Duisburg und der Rhein. Begleitband und Katalog zur Ausstellung des Museums der Deutschen Binnenschiffahrt Duisburg-Ruhrort im Kultur- und Stadthistorischen Museum Duisburg 1992, Duisburg 1992, S. 47–62.

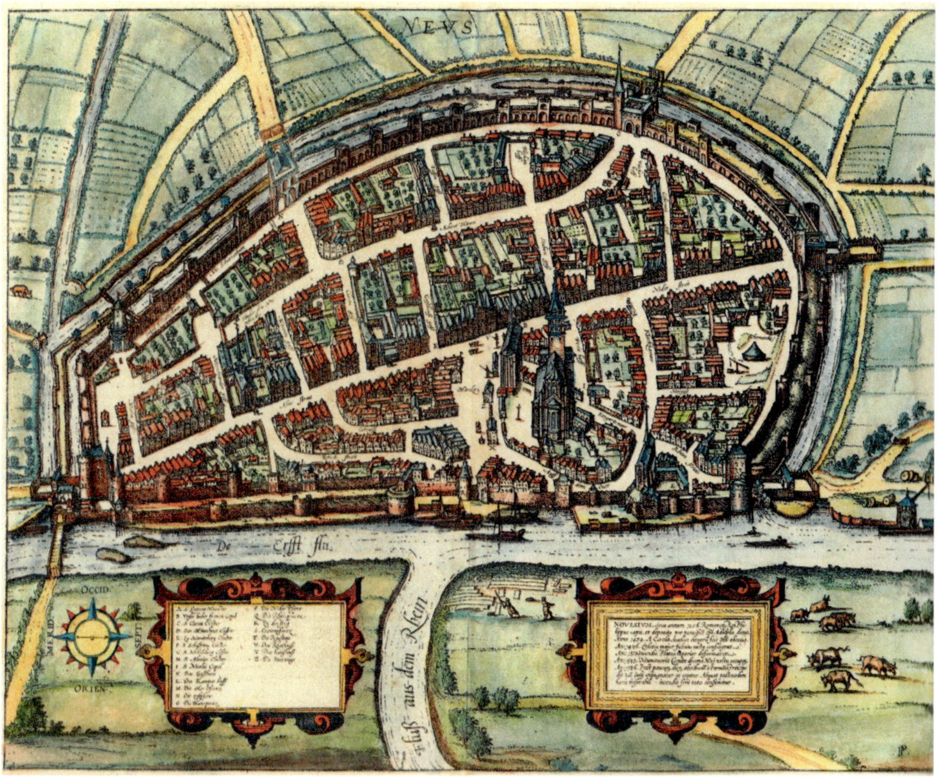

5 Vogelschauplan der Stadt Neuss mit der Erft und dem Zugang zum Rhein. Kolorierter Kupferstich von G. Braun und F. Hogenberg, ca. 1585.

beobachten, und im 18. Jahrhundert berührte der Fluss die rheinseitigen Stadtmauern nicht mehr. Von etwa 1710 bis in die 1730er Jahre bemühte sich die kurkölnische Hofkammer, den Strom wieder auf die Stadt zu leiten, was aber u. a. am Widerstand der bergischen Regierung scheiterte, die fürchtete, dass durch diese Wasserbaumaßnahmen auch die am gegenüberliegenden bergischen Ufer angelandeten Inseln wieder verschwinden könnten.[14] Bei der Stadt Neuss, von der sich der Rhein schon in der Mitte des 13. Jahrhunderts entfernt hatte, half man sich durch die Anlage des Erftkanals, der kleineren Schiffen erlaubte, bis vor die Stadtmauern zu fahren.[15] Duisburg lag bis Anfang des 13. Jahrhunderts direkt am Rhein, der sich dann nach dem Durchbruch bei Essenberg um etwa 2,5 Kilome-

14 Änne Hansmann, Geschichte von Stadt und Amt Zons, Düsseldorf 1973, S. 10 f.

15 Erich Wisplinghoff, Geschichte der Stadt Neuss von den mittelalterlichen Anfängen bis zum Jahre 1794, Neuss 1975, S. 1.

6 Die Stadt Wesel mit Lippehafen. Kolorierter Kupferstich von G. Braun und F. Hogenberg, 1572.

ter nach Westen verlagerte.[16] Auch das Städtchen Rheinberg lag zu Beginn des 17. Jahrhunderts noch am Rhein. Ende des 18. Jahrhunderts floss der Strom schon in etwa 2 Kilometer Entfernung vorbei.[17]

Wesel dagegen, das ursprünglich stärker auf die Lippe hin orientiert war, konnte davon profitieren, dass der Rhein seit dem 16. Jahrhundert direkt an der Stadtmauer vorbeifloss. Mehrere Inseln, die sich unterhalb der Lippemündung gebildet hatten, boten den Schiffen Schutz, allerdings versandete ein 1525 in einem Lippearm angelegter Hafen im 17. Jahrhundert wieder.[18]

Stärkere Eingriffe in den Rheinlauf erfolgten allerdings schon im 18. Jahrhundert besonders in den preußischen Territorien am Niederrhein. Im Jahre 1764 richtete Friedrich der Große eine Wasserbauverwaltung Niederrhein ein.

1770 wurde zur Begradigung des Rheins ein Durchstich unterhalb Wesels bei der sogenannten „Bislicher Rose“ gemacht und 1784/85 fand der Durchstich bei Wesel, der sogenannte „Büdericher Kanal“, statt. Auch danach ließ die preußische Verwaltung Wasserbaumaßnahmen am Niederrhein durchführen, die zu Veränderungen der Fahrrinne führten.[19]

Was Strombaumaßnahmen am Mittel- und Oberrhein angeht, so fielen diese, auch wegen der schwierigen territorialen Verhältnisse und Zuständigkeiten, meist in die Zeit nach 1800. In der größten Engstelle, dem sogenannten „Binger Loch“, sollen zwar schon im 17. Jahr-

16 Joseph Milz, Duisburg (Rheinischer Städteatlas IV, Nr. 21), Köln 1978.

17 Ockhart, Rhein (wie Anm. 5), S. 205.

18 Clemens von Looz-Corswarem, Zur Wirtschafts- und Sozialgeschichte Wesels. Von den Anfängen bis 1609, in: Geschichte der Stadt Wesel, hrsg. v. Jutta Prieur, Bd. 2, Düsseldorf 1991, S. 148–202, hier S. 149.

19 Oskar Teubert, Die Binnenschiffahrt (wie Anm. 13), S. 50; R. Jasmund, Die Arbeiten der Rheinstrom-Bauverwaltung 1851–1900. Denkschrift anlässlich des 50jährigen Bestehens der Rheinstrombauverwaltung [Berlin 1900], S. 13 ff.; Ockhart, Rhein (wie Anm. 5), S. 206 ff.

hundert durch ein Frankfurter Handelshaus Sprengungen vereinzelter Felsen vorgekommen sein, eine tiefgreifende Erweiterung der Schifffahrtsstraße fand aber auch hier erst 1830–32 unter preußischer Regierung statt.[20] Auch am Oberrhein kam eine umfassende Umgestaltung des Rheinlaufs zur Schifffahrtsstraße erst in nachnapoleonischer Zeit in Gang. 1817 erfolgte der erste Durchstich bei Karlsruhe, und in den 1820er Jahren wurde dann die „Rectification" des Oberrheins durchgeführt, die mit dem Namen Johann Gottfried Tullas verbunden ist.[21]

Diese unterschiedlichen Stromverhältnisse auf Ober-, Mittel- und Niederrhein werden als der wichtigste Grund dafür angegeben, dass sich im hohen und späten Mittelalter in Mainz und Köln eine Stapelgerechtigkeit entwickeln konnte. Für jeden der Stromabschnitte hatten sich im Hinblick auf die hydrographischen Verhältnisse eigene Schiffstypen herausgebildet, die auf den anderen Stromabschnitten wegen ihrer Größe oder Bauform nicht oder nicht wirtschaftlich rentabel einsetzbar waren. Dies war einer der wesentlichen Gründe, warum die Stapelstädte das Umschlagsrecht so extensiv handhaben konnten und warum Köln es auch über die Aufhebung des Stapels hinaus noch einige Jahrzehnte lang zu behaupten wusste. Auch andere Städte am Rhein, wie z. B. Straßburg und Speyer, zeitweise auch Mannheim (als Endpunkt der Neckarschifffahrt), hatten Stapelrechte ausgebildet, aber kein Stapel, mit Ausnahme vielleicht des Stapels in Dordrecht in den Niederlanden, hatte so weitreichende und langanhaltende Auswirkungen wie die Stapelgerechtigkeiten von Mainz und Köln.[22]

4.2 Hindernisse, Stapelrechte und Zölle

Der im Mittelalter entstandene, z. T. vom König oder Fürsten privilegierte Stapel einer Stadt besagte zunächst einmal, dass alle Kaufleute, die die Stadt berühren, ihre Waren dort ausladen und meist drei Tage zum Kauf anbieten mussten.[23] Diese Forderung ergab ihren Sinn in einer Zeit, in der die Kaufleute ihre Waren selbst begleiteten und die Städte darauf bedacht waren, zunächst die eigene Bürgerschaft mit Lebensmitteln und notwendigen Gebrauchsgü-

20 Eckoldt, Rheingebiet (wie Anm. 8), S. 66 f.

21 Christoph Bernhardt, Die Rheinkorrektion. Die Umgestaltung einer Kulturlandschaft im Übergang zum Industriezeitalter, in: Der Rhein (Der Bürger im Staat, hrsg. v. d. Landeszentrale für politische Bildung Baden-Württemberg, 50, 2000), S. 76–81.

22 Clemens von Looz-Corswarem, Zum Stapelrecht von Köln und der Schiffahrt auf dem Niederrhein in der frühen Neuzeit, in: Köln und die Niederrheinlande in ihren historischen Raumbeziehungen (15.–20. Jahrhundert), hrsg. v. Dieter Geuenich (Veröff d. Hist. Vereins für den Niederrhein 17), Pulheim 2000, S. 323–338 (Vgl. Beitrag 3 in diesem Band)..

23 Vgl. Otto Gönnenwein, Das Stapel- und Niederlagsrecht (Quellen u. Darstellungen zur hansischen Geschichte, NF, Bd. XI), Weimar1939.

7 Ansicht von Köln von der Rheinseite im 18. Jahrhundert. Die Kräne und Schiffe sind schematisch gezeichnet, sie sollen einen lebhaften Handelsverkehr anzeigen. Kolorierter Kupferstich, um 1740.

tern zu versorgen. Aus diesem Vorkaufsrecht für die Bürger der Stadt leiteten die Städte bzw. die einheimischen Kaufleute das Recht ab, die Ware auch zum Weiterverkauf und Weitertransport zu übernehmen. Waren zunächst reine Versorgungsgüter, vor allem Lebensmittel, dem Stapel unterworfen, so weiteten die Städte die Warengattungen stetig weiter aus, um möglichst alle Waren unter das Stapelrecht zu zwingen. Außerdem erweiterten sie den Radius, aus dem die Waren in die Stadt gebracht werden mussten, kontinuierlich, was zwar zum wirtschaftlichen Aufstieg und einer gewissen Monopolstellung der jeweiligen Stadt, aber auch gleichzeitig zu einer Verödung der näheren Umgebung der Städte beitrug. Es sei noch angemerkt, dass dem Stapel auch einige ordnungspolitische Funktionen zukamen: so mussten z. B. in Köln die Ventgüter, das sind die empfindlichen und leicht verderblichen Waren wie Fische, Rüböl, Butter, Käse, Talg, Speck, Tran, Honig und Ähnliches, von städtischen Bediensteten einer Qualitätskontrolle unterzogen werden. Dabei garantierte die Stadt mit ihrem Brandzeichen oder Siegel die Qualität der weiterzuführenden Ware und wurde für verdorbene Güter unter städtischem Siegel schadensersatzpflichtig.[24]

24 Eberhard Gothein, Geschichtliche Entwicklung der Rheinschiffahrt im XIX. Jahrhundert (Schriften des Vereins f. Sozialpolitik CI, Bd. 2), Leipzig 1903; Rudolf Sprandel, Stapel, in: Lexikon des

STAPEL
DER
UBIERN - AGRIPPINERN
VON
ANBEGINN DER STADT.
ANDERE
GESCHICHTS-REDE
DURCH
GERARD ERNEST HAMM,
beider Rechten Doktor, der berühmten Ubier-Agrippiner Universität ältern, ordentlichen, und öffentlichen Lehrer des Staatsrecht, Rath und Syndik der Stadt,
verfertiget in lateinischer Sprache
im Jahr nach Kristi Geburt MDCCLXXVI.
Herausgegeben in teutscher Sprache
im neunten Jahr der franz. Republik.
MDCCCI.
Gedrukt in der Langenschen Buchhandlung
im Gasthofe des Friedens.

8 Deutsche Zusammenfassung der Verteidigungsschrift des stadtkölnischen Syndikus Gerhard Hamm zur Verteidigung des Stapelrechts von 1776 aus dem Jahre 1801.

Für die Stadt Köln bedeutete das Stapelrecht im 18. Jahrhundert konkret: Jedes Schiff, das die Stadt auf dem Rhein von Süden her erreichte, musste am Kölner Rheinufer anlanden und die Waren ausladen. Dasselbe galt für Schiffe, die aus den Niederlanden den Rhein bis Köln aufwärts getreidelt worden waren. Auf jeden Fall endete die Reise eines fremden Kaufmanns, ganz gleich, woher er kam, bzw. seines Handelsgutes in Köln.[25]

Die stadtkölnische Interpretation des Stapelrechtes führte dazu, dass die Waren in Köln in den Besitz eines anderen Kaufmanns übergehen mussten. Da nach den städtischen Statuten „Gast“ nicht mit „Gast“ handeln durfte, war also bei jedem Handelsgeschäft immer ein Kölner Bürger als Zwischenhändler, Makler oder Agent beteiligt. Diese Agenten oder Unterkäufer, wie sie in Köln hießen, wurden in Köln zur festen Institution, sie waren – als von der Stadt mit einem Amt beliehene Bürger – für korrekte Kaufabschlüsse, Kontrolle der Waren und vor allem die vollständige Zahlung der verschiedensten städtischen Gebühren und Steuern verantwortlich. Aus den Unterkäufern entwickelten sich mit der

Mittelalters, Bd. VIII, München 1997, Sp. 59 f.; zum Kölner Stapel: Bruno Kuske, Der Kölner Stapel und seine Zusammenhänge als wirtschaftspolitisches Beispiel, in: Jahrbuch des Kölnischen Geschichtsvereins 21, 1939, S. 1–46.

25 Bruno Kuske, Die Rheinschiffahrt zwischen Köln und Düsseldorf vom 17. bis 19. Jahrhundert. Mit einer Darstellung der älteren Kölner Schifferverbände, in: Düsseldorfer Jahrbuch 20, 1905, S. 250–354, hier S. 338.

Zeit Kommissionskaufleute und Spediteure, die für die Auswahl der Schiffer und Fuhrleute und für den Weitertransport der Güter zuständig waren. Unter diesen Umständen verwundert es nicht, dass der Eigenhandel der Kölner Kaufleute im 18. Jahrhundert stark abgenommen hatte und diese als Speditionskaufleute und Kommissionäre vergleichsweise bequeme und risikolose Geschäftstätigkeiten fanden.[26] Für die Reichsstadt Köln bedeutete das auch, dass sie einen großen Teil der städtischen Einnahmen aus indirekten Steuern, die auf den Handelswaren lagen, und Gebühren aus der zwangsweisen Benutzung städtischer Einrichtungen, Kräne, Waagen und Kaufhäuser bestreiten konnte.[27]

Die Stadt Köln hatte ihr Stapelrecht auch räumlich stetig auszuweiten gewusst. So durften aus den Niederlanden kommende Schiffe ihre Waren nicht unterwegs ausladen, sondern mussten sie unangebrochen und vollständig, auf „ganzem Boden", nach Köln bringen. Die Stadt kontrollierte entsprechend die Frachtpapiere und drohte, Schiffer, die Teile ihrer Ladung in Städten unterhalb von Köln löschten, vom Kölner Hafen auszuschließen, indem sie ihnen „Kette und Kran" sperrte, d.h. dass ihre Waren nicht durch die städtischen Hafenarbeiter ausgeladen werden durften.[28]

In der Praxis bedeute das, dass ein von einem Düsseldorfer Kaufmann in den Niederlanden bestellter Sack Pfeffer oder Ballen Stoff auf dem Schiff an Düsseldorf vorbeigetreidelt und in Köln ausgeladen wurde. Dann musste er von einem Kölner Kommissionär auf ein Schiff nach Düsseldorf verfrachtet werden, wobei zusätzlich zu den erhöhten Frachtkosten in Köln natürlich noch die Gebühren für das Aus- und Einladen sowie für die Vermittlung durch den Kommissionär bzw. Spediteur fällig wurden. Auch die Stadt Neuss musste z. B. ihren aus den Niederlanden kommenden Hering in Köln kaufen, nachdem er dort im Fischkaufhaus von den Fischmengern umgepackt und die Fässer mit dem Kölner Brand versehen worden waren. Auch hier musste sich ein Kölner Makler hilfreich einschalten. Der Arm des Kölner Rates reichte weit, lediglich in Wesel und z. T. in Duisburg konnte Ware aus den Niederlanden gelöscht werden, ohne dass die Kölner eine Handhabe hatten, einzugreifen, wozu im 18. Jahrhundert auch die politischen Verhältnisse – der Niederrhein war teilweise preußisch geworden – beitrugen. Für die vom Mittelrhein kommenden Waren galt Ähnliches. Ein Neusser Gastwirt, der im Rheingau Wein gekauft hatte, konnte das Fass nicht etwa durch einen Schiffer vom Oberrhein mit dem Schiff

---

26 Jürgen Heinz Schawacht, Schiffahrt und Güterverkehr zwischen den Häfen des Deutschen Niederrheins (insbesondere Köln) und Rotterdam vom Ende des 18. bis zur Mitte des 19. Jahrhunderts (1794–1850/51) (Schriften zur Rheinisch-westfälischen Wirtschaftsgeschichte, Bd. 26), Köln 1973, S. 49 ff.

27 Vgl. Clemens von Looz-Corswarem, Das Finanzwesen der Stadt Köln im 18. Jahrhundert. Beitrag zur Verwaltungsgeschichte einer Reichsstadt (Veröff. des Kölnischen Geschichtsvereins 34), Köln 1978.

28 Kuske, Rheinschiffahrt (wie Anm. 25), S. 275.

9 Der Düsseldorfer Rheinbogen mit Kran. Pinselzeichnung vom Jan de Bisschop (zugeschrieben), um 1640.

nach Neuss bringen lassen, sondern musste es nicht nur in Mainz umladen lassen, sondern ebenfalls in Köln wieder ausladen und von einem kölnischen Spediteur weiter nach Neuss verschiffen lassen. [29]

Natürlich gab es, wie sollte es im 18. Jahrhundert auch anders sein, zahlreiche Ausnahmen. Nicht an Stapel, Umschlag und Zoll gebunden waren die privilegierten Schiffe der Fürsten und z. T. der geistlichen Institute, die ihre Wein- und sonstigen Transporte an Köln vorbeiführen durften. Sonderregelungen gab es auch für Schiffe mit Schüttgut. So durften z. B. im 18. Jahrhundert Aaken mit Ruhrkohle auch stromaufwärts an Köln vorbei getreidelt werden. Selbstverständlich war es auch einfach aus technischen Gründen nicht immer möglich, die großen Holländerflöße in Köln anzuhalten.[30] In der zweiten Hälfte

29 Eckert, Rheinschiffahrt (wie Anm. 3), S. 4 ff.; Eberhard Gothein, Geschichtliche Entwicklung (wie Anm. 24), S. 4 ff.

30 Zum Holzhandel und den Flößen: Diedrich Ebeling, Der Holländer-Holzhandel in den Rheinlanden. Zu den Handelsbeziehungen zwischen den Niederlanden und dem westlichen Deutsch-

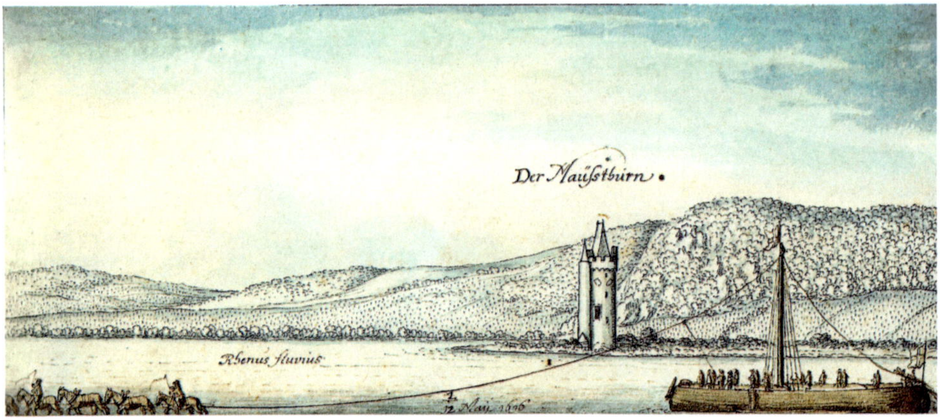

10 Der „Mäuseturm" bei Bingen, der im Mittelalter und in der Frühen Neuzeit als Mautturm und Zollstelle für das Kurfürstentum Mainz gedient haben soll. Im Vordergrund das Schiff des Lord Arundel, das von mindestens fünf Pferden stromauf getreidelt wird. Zeichnung von Wenzel Hollar, 12. Mai 1636.

des 18. Jahrhunderts scheint der Mainzer und Kölner Stapel allerdings, was den Handelsverkehr rheinab angeht, schon durchlässiger geworden zu sein. Es gibt Beispiele dafür, dass Schiffer von der Mosel oder aus der Schweiz ohne umzuladen bis in die Niederlande gefahren sind. In Köln konnten auch für bestimmte Waren Freizettel erworben werden, die vom Umschlag befreiten, wenn nur die entsprechenden Kran- und sonstigen Gebühren gezahlt wurden.[31]

J. op den Hooff schreibt noch 1826 über die Art und Weise der Zollerhebung:

> An den meisten dieser Zollämter hatte man kein anderes Mittel, sich von der Qualität und Quantität der Ladungen zu versichern, als das flüchtige Augenmaaß der Beseher und die Angabe der Schiffer, so daß es nicht möglich war, zu einer richtigen Veranschlagung zu gelangen. Man hatte ferner keine oder sehr unzweckmäßige Zolllisten, warum es dann auch an vielen Zollämtern zur Gewohnheit geworden war, daß sich jeder Schiffer so gut als möglich abzukaufen suchte. Hieraus entstanden mehrere Nachtheile, denn nebst dem, daß

---

land im 17. und 18. Jahrhundert (VSWG, Beiheft 101), Stuttgart 1991; Hans-Walter Keweloh, Flößerei und Stapelrecht – Zur Holzversorgung in Mittelalter und Neuzeit, in: Auf den Spuren der Flößer. Wirtschafts- und Sozialgeschichte eines Gewerbes, hrsg. v. Hans-Walter Keweloh. Stuttgart 1988, S. 40–53.

31 Kuske, Rheinschiffahrt (wie Anm. 25), S. 339; Bruno Kuske, Die städtischen Handels- und Verkehrsarbeiter und die Anfänge der städtischen Sozialpolitik in Köln bis zum Ende des 18. Jahrhunderts (Kölner Studien zum Staats- und Wirtschaftsleben, H. VIII), Bonn 1914, S. 16 f.

dabei vieles der Willkühr der Beamten mußte überlassen werden, wurden auch die Lasten nicht gleichmäßig getragen, der schlaue und nicht ehrliche Schiffer war im Vorteil gegen den ehrlichen schlichten Schiffer, und dem Kaufmanne war es nicht möglich, die Transportkosten auf dem Rhein im voraus zu berechnen, was doch für den Handel von so großer Wichtigkeit ist.[32]

4.3 Verschiedene Schiffe

Die verschiedenen Stromabschnitte bedingten unterschiedliche Schiffstypen, die sich z. T. an den jeweiligen Teilstücken des Rheins entwickelt hatten und dafür optimal eingerichtet waren. Sehr schön zu erkennen sind die verschiedenen Schiffsformen für den Beginn der Neuzeit auf dem bekannten Stich der Stadt Köln von Anton Woensam von Worms aus dem Jahre 1531.[33] Oberhalb der Trankgasse am Kölner Rheinufer lagen die sogenannten Oberländer Schiffe, die den Rhein zwischen Mainz und Köln befuhren, während nördlich die bauchigen Niederländer lagen. Die Oberländer waren flachbodige Schiffe, die mit ca. 100–120 Tonnen Tragfähigkeit nur etwa die Hälfte bis zu zwei Drittel des Fassungsvermögens eines niederrheinischen Schiffes besaßen. Ihr kurzer, stämmiger Mast war im ersten Drittel des Schiffes angebracht, es handelte sich um einen Treidelmast, denn auf dem Mittelrhein mussten die Schiffe rheinauf getreidelt werden, während man am Oberrhein und auf dem Niederrhein wenigstens teilweise die Segel benutzen konnte.[34] Der Typus der oberrheinischen, d.h. der auf dem Mittelrhein zwischen Köln und Mainz eingesetzten Schiffe war wohl bis ins 18. Jahrhundert hinein mit mehreren Seitenrudern und einer Doppelsteuerung ausgestattet, um die Stromschnellen bei Bingen und an der Loreley besser bewältigen zu können.[35]

Die niederländischen Schiffe waren meist auf Kiel gebaut, hatten – wie gesagt – ein größeres Fassungsvermögen und waren zum Segeln ausgerüstet, da am Niederrhein wegen der Breite des Flusses das Segel benutzt werden konnte und im niederländischen Teil, wo kein

32 J. op den Hooff, Etwas über die Rheinschiffahrt, Mainz 1826, S. 2 ff.

33 Hugo Borger/Frank Günter Zehnder, Köln. Die Stadt als Kunstwerk. Stadtansichten vom 15. bis 20. Jahrhundert, Köln 1982, S. 115–125; Anke D. Sievers (Bearb.), Köln von seiner schönsten Seite. Das Kölner Stadtpanorama in Drucken vom 15. bis zum Ende des 18. Jahrhunderts in den Graphischen Sammlungen des Kölnischen Stadtmuseums und der Kreissparkasse Köln, hrsg. v. Werner Schäfke, Köln 1997, S. 23–29.

34 Vgl. Franz H. Quetsch, Geschichte des Verkehrswesens am Mittelrhein von den ältesten Zeiten bis zum Ausgang des 18. Jahrhunderts, Freiburg 1891, S. 60 ff.; Otto Volk, Wirtschaft und Gesellschaft am Mittelrhein vom 12. bis zum 16. Jahrhundert, Wiesbaden 1998, S. 439 ff.

35 Hansen, Rheinufer (wie Anm. 12), S. 29.

11 Niederrheinische Frachtschiffe bei Düsseldorf. Kolorierte Lithographie von August Dircks (1806–1871), um 1840.

Leinpfad zur Verfügung stand, auch rheinauf benutzt werden musste. Dort, wo der Rhein mit seinen Armen vornehmlich in westlicher oder nordwestlicher Richtung floss, konnten die Schiffe den im Rheinland üblichen Westwind besser nutzen als am Mittelrhein, wo der Stromlauf vornehmlich nach Norden gerichtet war bzw. sich zwischen hohen Hügelketten Fallwinde entwickeln konnten.

Im 18. Jahrhundert hatten sich die Schiffstypen, wie wir sie vom Woensam-Stich her kennen, zwar angeglichen und es waren unter niederländischem Einfluss neue Schiffstypen bzw. Weiterentwicklungen hinzugekommen, aber die Notwendigkeit des Treidelns als einzige Möglichkeit, die schweren Frachtschiffe den deutschen Strom hinaufzubringen, blieb bis zur Einrichtung der Dampfschifffahrt und der Änderung der Stromverhältnisse im 19. Jahrhundert bestehen.[36]

36 Was die verschiedenen Schiffstypen auf dem Rhein angeht, so muss noch immer auf die Arbeit von Kurt Schwarz, Die Typenentwicklung des Rheinschiffs bis zum 19. Jahrhundert, Diss. Karlsruhe

12 Samoreuse vor Köln bei der Talfahrt. Deutlich ist die große Wohnung des wohl niederländischen Eigentümers im hinteren Teil des Schiffes zu erkennen. Kupferstich von Henrik de Leth, um 1767.

Als Beispiel sollen hier zunächst einige der auf dem Niederrhein verkehrenden Schiffstypen vorgestellt werden. Die Grundform des üblichen Frachtschiffes war die Aak, ein im Spätmittelalter möglicherweise auf der Lippe entwickeltes, flaches, etwa 20–25 Meter langes und 4 Meter breites Fahrzeug, das wohl zunächst zwischen 40 und 60 Tonnen Tragfähigkeit besaß. In den Quellen kommt dieses Schiff häufig als „Keusze Aak" vor. Im 18. Jahrhundert wurde es, wahrscheinlich unter niederländischem Einfluss, bauchiger und vor allem wesentlich größer gebaut, mit ein oder zwei Masten ausgestattet und für die Beseglung ausgerichtet.[37] Die größte, wohl in den Niederlanden weiterentwickelte Form des Niederr-

(ca. 1928) verwiesen werden. Vgl. auch Klaus van Eickels, Große Schiffe, kleine Fässer: Der Niederrhein als Schiffahrtsweg im Spätmittelalter, in: Der Kulturraum Niederrhein. Von der Antike bis zum 18. Jahrhundert, hrsg. v. Dieter Geuenich, Essen 1996, S. 43–66; Clemens von Looz-Corswarem, Handelsstraßen und Flüsse. Die Verkehrsverhältnisse am Niederrhein zur Hansezeit, in: „Zu Allen theilen Inß mittel gelegen". Wesel und die Hanse an Rhein, Ijssel & Lippe. Katalog zur Ausstellung des Städtischen Museums Wesel 1991, S. 94–115 (Vgl. Beitrag 1 in diesem Band); Annette Fimpeler, Die Schifffahrt und ihre Fahrzeuge auf dem Niederrhein vom späten Mittelalter bis ins 18. Jahrhundert (Studien zur Düsseldorfer Wirtschaftsgeschichte, Bd. 5, Veröff. aus dem Stadtarchiv Düsseldorf, Bd. 19), Düsseldorf 2008.

37 Vgl. Werner Koppe, Die Lippewasserstraße. Schifffahrt auf Lippe und Lippe-Seitenkanal im Rah-

heinschiffes war die Samoreuse, die um 1800 gut 400–500 Tonnen Ladefähigkeit erreichen konnte und von der es verschiedene, den Schleusenmaßen auf niederländischen Kanalstrecken angepasste Varianten gab, je nachdem, ob sie Amsterdam oder Rotterdam als Heimathafen hatten. Sie konnte bei besonderer Bauart, wenn sie mit Seitenschwertern ausgerüstet war, unter Umständen auch im Küstenverkehr, d. h. auch nach Antwerpen eingesetzt werden.[38]

In den Erinnerungen des Kölners Ernst Weyden stellte sich dies folgendermaßen dar:[39]

> An der Neugasse liegen weit in den Rhein hinaus in stattlichen Reihen die stolzen holländischen Beurtschiffe, große Fahrzeuge, mit zwei hohen schlanken Masten, rundem breitem Vorderteile, gewöhnlich mit zwei rot, weiß und blau bemalten Rosetten verziert. Holländischen Komfort und dem damaligen Kölner ungewohnten Luxus zeigen die über Deck gebauten geräumigen Kajüten, ein redender Beweis, daß damals der holländische Rheinschifferstand goldenen Boden hatte. Die Baas oder Patrone der Schiffe machen es sich bei ihrem Geschäfte möglichst gemakkelyck. Vierzehn Tage war, bei äußerst günstigem Winde, eine sehr, sehr seltene, sechs Wochen von Rotterdam nach Köln eine rasche Fahrt, zwei oder dritthalb Reisen wurden, letztere ausnahmsweise, jährlich gemacht. (...) Den Schiffen sieht man bei ihrer einladenden, blendenden Reinlichkeit den Wohlstand, die scheinbar unerschütterlich zuversichtliche Behäbigkeit ihrer Eigentümer an, wenn diese mit ihrer langen holländischen Pfeife selbstvergnügt auf dem Verdecke stehen, und wie ihre Schiffe mit einem selbstgefälligen Stolze auf die weit kleineren, bescheidenen, höher liegenden oberländischen Fahrzeuge herabsehen.

Neben diesen großen, holländischen Handels- und Schiffsherren gehörenden Frachtschiffen gab es auf dem Niederrhein natürlich eine große Zahl kleinerer Schiffsformen, die offenen oder teilgedeckten Schuiten mit Mast und ausgebauter Takelage, die bis zu 45 Tonnen tragen konnten, die niederländischen Tjalken, die flachen Marktschiffe bis hin zu den Kähnen, Booten und Nachen, die zwar mit Segel ausgerüstet waren, von denen ein großer Teil aber als „Einwegschiffe"" nur für die Talfahrt bestimmt war und in den Niederlanden dann als Brennholz verkauft wurden.[40]

---

men der nordwestdeutschen Binnenschifffahrtsgeschichte (Schriften der Heresbach-Stiftung Kalkar, Bd. 10), Bielefeld 2004, bes. S. 87 ff.

38 Vgl. Schwarz, Typenentwicklung (wie Anm. 36), S. 40 ff.

39 Ernst Weyden, Köln am Rhein um 1810 (Neubearbeitung der Ausgabe von 1862), eingeleitet und hrsg. v. Willy Leson, Köln 1976, S. 31 f.

40 Vgl. auch Gernot Tromnau, Wasserwege und Schiffahrt, in: Vergessene Zeiten. Mittelalter im Ruhrgebiet, Katalog, Bd. 2, Essen 1990, S. 68–71; Josef Dollhoff, Die Kölner Rheinschiffahrt von der Römerzeit bis zur Gegenwart, Köln 1980, bes. S. 23 ff.; Werner Böcking, Die Geschichte der

13 Rheinaaken bei Rodenkirchen. Stahlstich, um 1800, Ausschnitt.

Auf dem Mittelrhein hatte sich in der Mitte des 18. Jahrhunderts eine kleinere Ausgabe der Samoreuse entwickelt, der ebenfalls mit Segeln ausgestattete Bönder, ein Schiffstyp, der vereinzelt auch auf dem Niederrhein fuhr. Der Bönder war ähnlich gebaut wie die holländischen Samoreusen, aber schmaler, mit einem hochgezogenen und gewölbten Vorschiff, er konnte am Ende des 18. Jahrhunderts wohl schon bis zu 36 Meter lang und 6,40 Meter breit werden und bis zu 100 Tonnen Tragfähigkeit haben.[41] Außerdem gab es auf dem Mittelrhein das sogenannte „Frankenschiff", das offen sein konnte wie ein Schelch, aber auch gedeckt und überwölbt. Es hatte auch zwei Masten und einen erhöhten Hintersteven mit holländischem festen Heckruder, was bedeutet, dass sich auch hier der niederländische Einfluss in der Schiffbautechnik bemerkbar machte. Die Frankenschiffe waren in ihren Abmessungen obrigkeitlich beschränkt und wurden am Ende des 18. Jahrhunderts unterschieden in „einspännige" Schiffe von ca. 25 Meter Länge und 25 Tonnen Tragfähigkeit, „zweispännige" Schiffe von ca. 29,5 Meter Länge und 50 Tonnen Tragfähigkeit und „vierspännige" Schiffe von 34 Meter Länge und ca. 100 Tonnen Tragfähigkeit.[42]

Rheinschiffahrt. Schiffe auf dem Rhein in drei Jahrtausenden, 2 Bde., Moers 1979/80, Bd. 1 (Textband), S. 134 ff., Bd. 2 (Tafelband), S. 105 ff.

41 Schwarz, Typenentwicklung (wie Anm.36), S. 83 ff.

42 Schwarz, Typenentwicklung (wie Anm. 36), S. 88 f.

Zwischen Köln und Mainz wurden als Besatzung auf einem größeren Schiff ein Steuermann, zwei Schiffsknechte und ein Junge benötigt, wobei der Steuermann in der engen Bergstrecke als einheimischer und besonders geschickter Schiffer ausgewiesen sein musste. Häufig hatten die Schiffe noch kleine Schiffe als „Anhänge", die an dem Hauptschiff befestigt waren und auch bis zu 1000 Zentner Ladung tragen konnten.[43]

Auf dem Oberrhein gab es im 18. Jahrhundert neben den weiterhin gebrauchten Schniecken einen Schiffstyp, der „Rheinberger" genannt wurde und der wohl im 17. Jahrhundert in Straßburg entwickelt worden war. Das Fahrzeug hatte einen flachen Boden und war oben offen bzw. wenn gedeckt, dann nur im hinteren Teil. Auch hier gab es verschiedene Größen, wobei die größeren bis zu 34 Meter Länge und 2,5 Meter Breite erreichen konnten und zwei Masten hatten. Grundsätzlich ist festzustellen, dass um 1800 eine Verschmelzung der verschiedenen Schiffstypen unter niederländischem Einfluss stattfand, besonders was das Ruder und die Besegelung anging.[44]

Neben den Frachtschiffen gab es die Personenschiffe, die sogenannten Wasserdiligencen oder Jachten, die allerdings auf dem Mittelrhein etwas anders gebaut waren als auf dem Niederrhein, zumal sich auch hier bereits der niederländische Einfluss weitgehend durchgesetzt hatte. Johann Caspar Riesbeck beschreibt 1783 eine Fahrt von Mainz nach Köln:

> ... unser Schiff war ein ganz anderes Gebäude als die Schiffe, die man auf der Donau Schiffe nennt. Es hatte Mast und Segel, sein ebenes Verdeck mit einem Geländer, seine gemächlichen Kajüten mit Fenstern und einigen Möbeln und war überhaupt im Stil eines holländischen Jachtschiffes gebaut".[45]

Wie schon Weyden feststellte, dauerte die Fahrt von Holland bis Köln zu Berg ca. 14 Tage, flussabwärts ca. zehn Tage. Von Köln nach Mainz mussten im günstigsten Fall bergauf 8 Tage gerechnet werden, zu Tal drei bis fünf Tage. Und von Mainz bis Straßburg waren auch wegen der zahlreichen Rheinschlingen 20–30 Tage zu veranschlagen, während man zu Tal mit sechs bis acht Tagen hinkam.[46] Diese Werte werden auch durch die Aufzeichnungen des hessischen Rentmeisters Hüpeden aus St. Goar von 1780 bestätigt. Er schreibt:

43 Jürgen Johann, Rheinschiffahrt am Mittelrhein um 1780. „Von Transportschiffen und Halfen" – Aus den Aufzeichnungen des fürstlich-hessischen Rentmeisters Hüpeden aus St. Goar, in: Beiträge zur Rheinkunde 58, 2006, 40–44, hier S. 41.

44 Schwarz, Typenentwicklung (wie Anm. 36), S. 90 ff.

45 Johann Kaspar Riesbeck, Briefe eines reisenden Franzosen über Deutschland an seinen Bruder zu Paris (Zürich 1783), Bibliothek klassischer Reiseberichte, Stuttgart 1967, S. 292.

46 Teubert, Binnenschiffahrt (wie Anm. 13), S. 50; Eckert, Rheinschiffahrt (wie Anm. 3), S. 50 f.

14 Wasserdiligence vor Koblenz-Ehrenbreitstein auf Talfahrt. Kolorierter Kupferstich von L. Janscha und J. Ziegler, 1798, Ausschnitt.

> Ein beladenes Schiff kann im Sommer den Weg von Mainz bis Köln, der vielen Stunden ungeachtet, die ihm der Aufenthalt an jedem Zoll hinwegnimmt, in 2 1/2 Tagen zurücklegen. Aber ein Bergschiff hat zu seiner Fahrt von Köln nach Mainz, nach Beschaffenheit der Witterung und der Höhe des Wassers, 8, 14, auch wohl 17 Tage nötig, und allzu hohes Wasser zwingt es wohl auch 8 bis 14 Tage auf dem Wege stille zu liegen.[47]

Die Treidelpferde konnten im 18. Jahrhundert mit den Pferdeknechten an den Treidelstationen gemietet werden, denn dass die Schiffsunternehmer eigene Pferde unterhielten, kam am Rhein im 18. Jahrhundert nicht mehr vor. Allerdings war es wohl üblich, die Pferde an der niederländischen Grenze bis Köln und von Köln bis Mainz zu mieten, häufiger Pferdewechsel an Pferdewechselstationen scheint erst eine Sache des frühen 19. Jahrhunderts gewesen sein. Die großen niederländischen Samoreusen wurden angeblich von bis zu 20 Pferden gezogen, was bei den schmalen und häufig schlecht unterhaltenen Leinpfaden den

47 Johann, Rheinschifffahrt (wie Anm. 43), S. 44.

15 Ein niederrheinisches Frachtschiff segelt bei sehr günstigem Wind stromauf. Im Hintergrund Wesel. Aquarell des Weseler Malers Franz Tetsch, 1809.

Halfen ein hohes Können abverlangte. Hinzu kam, dass, je nach der Strömung des Flusses, der Leinpfad mal auf dem einen, mal auf dem anderen Ufer benutzt werden musste, was zu häufigem Queren der Leinpferde oder doch wenigsten der Leinen zwang.[48] Getreidelt wurde bis Speyer. Von dort wurde rheinaufwärts wiederum, wenn möglich, das Segel bevorzugt bzw. übernahmen wegen der sumpfigen Ufer, an denen keine Leinpfade angelegt werden konnten, Menschen die Arbeit der Pferde.[49]

Zu den Treidelkosten am Mittelrhein wird für die Zeit um 1780 angegeben:

> Der gewöhnliche Preis eines Pferdes von Köln bis Mainz tut acht bis zehn Reichstaler, aber hoher Haferpreis und die Feldarbeit lassen ihn auch wohl auf 12, 16 oder 17 Reichstaler steigen. Und dabei muss der Schiffer noch Pferd und Knecht auf der ganzen Reise in freier Kost halten. Zwei, zuweilen drei Pferde werden jederzeit von einem sogenannten Halfter-

48 Heinz Weber, Allerlei über die Treidelei, in: Beiträge zur Rheinkunde 39, 1987, S. 23–28; Böcking, Schiffe (wie Anm. 40), Textband, S. 148; Hans Seeling, Leinpfad und Treidelschiffahrt, in: Der Neusser Hafen. Ausstellungskatalog, Neuss 1988, S. 27–29; Ulrike Stursberg, Innovation auf dem Rhein. Das Ende der Treidelschifffahrt, Düsseldorf 2015.

49 Johann, Rheinschiffahrt (wie Anm. 43), S. 42.

knecht geführt, und diese Leute sind für unsere Gastwirte ebenso erwünschte Geste, als sie für Schiffahrt und Handlung beschwerliche Kostgänger sind. [...] Ein solcher Kerl hat auf der ganzen Reise selten einen nüchternen Augenblick.[50]

4.4 Schiffer und ihre Gesellschaften

Die Tatsache, dass auf dem Nieder-, Mittel- und Oberrhein unterschiedliche Schiffstypen fuhren und die Befahrung der Stromabschnitte demnach auch unterschiedliche Kenntnisse der Schiffer und Steuerleute verlangte, hatte zur Folge, dass für die Große Fahrt, d. h. die durchgehende Fahrt zwischen den Stapelstädten Dordrecht bzw. Rotterdam und Amsterdam und Köln, Köln und Mainz und schließlich Mainz und Straßburg die Schiffseigner und Schiffer der Großen Fahrt in eigenen Gesellschaften zusammengefasst waren.

In Köln hatten zwei Gesellschaften, die der niederrheinischen und die der oberrheinischen Schiffer (das waren die für den Mittelrhein zuständigen) ihren Sitz. Die sogenannten „oberrheinischen Schiffer" – alles aus Kölner Perspektive – verbanden sich erstmals 1603 zu einer Zunft. Damals sollten sich die Schiffer erklären, ob sie den Nieder- oder Mittelrhein befahren wollten. Möglicherweise hatte die bereits bestehende Mainzer Schifferzunft Pate gestanden. Vornehmlich war die Zunft aber für die Ausbildung und Qualifizierung der Schiffer zuständig. So wurde bestimmt, dass die Lehrzeit vier Jahre betragen sollte bei zwei verschiedenen Meistern. Zwei Meister waren für die Einhaltung der Ordnung verantwortlich. Diese oberrheinische Schifferzunft bestand während des gesamten 17. und 18. Jahrhunderts. Sie wurde 1701 und 1715 vom Kölner Erzbischof erneuert, der auch festlegte, dass sich alle den Mittelrhein befahrenden Schiffer dieser Ordnung bzw. Qualifikation zu unterwerfen hatten. Die Ausbildung war der der Mainzer Zunft angepasst und gleichgestellt. Innerhalb der Zunft bildeten die Steuerleute eine eigene Gemeinde mit eigener Kasse und eigenen Privilegien.

Für den Mittelrhein gab es außer der kölnischen „oberrheinischen" Gesellschaft konkurrierend die Mainzer Schiffergilde. Die Zunft der Mainzer Schiffer und Fuhrleute hatte sich schon im Spätmittelalter gebildet. Einen ersten Entwurf einer Ordnung der „Holzherren und Steuerleute" gab es 1476. Im 16. Jahrhundert trennten sich die mit Holz handelnden Kaufleute und die Fuhrleute und Schiffer, wobei die letzteren eine eigene Ordnung erhielten, die sich nur auf die Schiffs- und Steuerleute bezog. Hier war die Dauer der Lehrzeit auf drei Jahre festgelegt, danach wurde der Lehrling „freigesprochen" und als Knecht

50 Johann, Rheinschiffahrt (wie Anm. 43), S. 41.

im Zunftbuch eingetragen. Als Knecht musste er dann noch mindestens zwei Jahre arbeiten, bis er sich zum Meisteramt melden durfte.

Auch scheint es regionale Schiffergesellschaften, so in Bonn, Koblenz, Speyer und anderen Städten gegeben zu haben.[51]

Die niederrheinischen Schiffer der Großen Fahrt hatten sich in der zweiten Hälfte des 16. Jahrhunderts formiert, als die Schifffahrt auf dem Strom durch den Aufstand in den Niederlanden, den Kölnischen Krieg und den Kampf zwischen den Generalstaaten und Spanien zunehmend in Mitleidenschaft gezogen wurde. Diese Gilde nahm 1629 feste Formen an und hatte damals schon 79 Mitglieder, meist Holländer. Als Korporation konnten sie leichter gegen die nun zusätzlich zu den Zöllen von den Kriegsparteien erhobene Licenten vorgehen und auch sonst in den schwieriger werdenden Zeiten ihre Interessen wahren. Die niederrheinische Schiffergemeinde ließ sich vom Kurfürsten von Köln patentieren, da diesem das Stromregal auf dem größten Teil des Niederrheins zustand. Im Jahr 1687 erließ Kurfürst Maximilian Heinrich von Köln eine Ausbildungsordnung für die Schiffer der niederrheinischen Gesellschaft. Danach durften nur qualifizierte Mitglieder, die sechs Jahre, davon drei als Junge und drei als Knecht, gedient hatten und ein eigenes Schiff besaßen, Fracht zwischen Köln und Holland nehmen, im Gegensatz zu den Eigenfahrern, die nur eigenes Gut fahren durften. Knechte durften eigene Nachen besitzen, mit denen sie auf der Großen Fahrt unter bestimmten Bedingungen Personen und Gepäck befördern durften. Die Schiffer, die Kölner Bürger waren, mussten Mitglied der Fischmengergaffel, einer politischen Organisation der Stadt, sein.[52]

Beaufsichtigt wurde die Niederrheinische Schiffergemeinschaft durch das erzbischöfliche Salzamt in Köln, die einzige in der Reichsstadt verbliebene kurkölnische Behörde, wenn man vom Hochgericht absieht. 1757 gab Kurfürst Clemens August die Schifffahrt frei, d.h., dass die Zahl der Schiffer nicht mehr beschränkt wurde – 1758 enthielt eine Mitgliederliste 48 Namen –, allerdings mussten sie nun ihre Kenntnisse vor einer kurfürstlichen Kommission nachweisen und sich von der Hofkammer (gegen Zahlung einer Gebühr) privilegieren lassen, worauf unter Protest der Schiffergemeinde eine große Zahl von kapitalkräftigen holländischen Schiffern auf den Rhein drängte. Da die niederrheinischen Schiffer dem Kurfürsten und nicht der Stadt verpflichtet waren, gab es häufig Auseinandersetzungen auch mit dem Kölner Rat, besonders was die Organisation der Schifffahrt anging.[53]

---

51 Kuske, Rheinschiffahrt (wie Anm. 25), S. 318–331; Christan Eckert, Das Mainzer Schiffergewerbe in den letzten drei Jahrhunderten des Kurstaates, Leipzig 1898, S. 6 f. u. 23 f.; von Looz-Corswarem, Stapelrecht (wie Anm. 22), S. 330 ff.

52 Kuske, Rheinschiffahrt (wie Anm. 25), S. 316–331.

53 Ute Teckentrup, Der Kölner Stapel im 18. Jahrhundert (untersucht am Zeitraum 1768–1776)

16 Ansicht von Köln von Süden wohl mit angelandeten Marktschiffen. Kolorierte Lithographie von Samuel Prout, 1824.

Anlass zu Streitigkeiten war nicht zuletzt die Regelung der Reihe- oder Rangfahrt. Die Rang- oder Reihefahrt wurde in der zweiten Hälfte des 18. Jahrhunderts auch Beurt- oder Börtfahrt genannt. Ihr Merkmal war, dass die Reihenfolge der Schiffer durch Vereinbarungen festgelegt war. Auch war die Zahl der Schiffer, die an der Rangfahrt teilnahmen, begrenzt, die Ladezeit wurde häufig auf sieben oder zehn Tage befristet. So einfach dieses Prinzip gewesen sein mag, so gab es doch u. a. die Frage, ob die Schiffer abfahren durften, wenn sie genug Ware hatten, um die Unkosten zu decken, oder ob sie ganz vollladen mussten. Auch die Frage, ob sie bestimmte Kaufleute bevorzugen durften, schon laden durften, wenn ein anderes Schiff noch nicht abgelegt hatte, usw., gab häufig Grund zu Differenzen.[54]

Außer der Großen Fahrt gab es die Kleine Fahrt, auch Beurt- oder Börtfahrt genannt, die sich in der Regel innerhalb der durch die Stapelstädte angezeigten Stromabschnitte abspielte. Diese Schiffer vermittelten, wie schon die Markt-, Messe- und Beurtschiffer des

(Schriften zur Rheinischen Geschichte, H. 2), Köln 1977; Kaufmann Justus (Pseudonym für A. Dolleschall), Geschichte und Verfolgung der Stadt-Kölnischen Frachtwage von ihrem Ursprung her bis zu End des Jahres 1791, Amsterdam 1791.

54 Kuske, Rheinschiffahrt (wie Anm. 25), S. 276 ff.; Gothein, Rheinschiffahrt (wie Anm. 24), S. 8 ff.

16. und 17. Jahrhunderts, manchmal nach festem Fahrplan den Verkehr zwischen den Stapelstädten und den anderen Orten am Rhein. Auch hier bestanden im 18. Jahrhundert Beschränkungen der Teilnehmerzahl und Vereinbarungen über bestimmte Reihenfolgen oder Ladezeiten. So gab es z. B. das ursprünglich einmal pro Woche fahrende Marktschiff von Hitdorf und Rheindorf, das mehr oder weniger regelmäßig Köln und Düsseldorf anfuhr. Für die sogenannte Mülheimer Fahrt wurde am 4. Januar/13. März 1653 eine Ordnung erlassen. Es gab Kölner Marktschiffe, die von Köln nach Düsseldorf und/oder Neuss fuhren, und Neusser Schiffe, die schon im 17. Jahrhundert zweimal die Woche nach Köln fuhren. Zu dieser Schifffahrt gab es schon eine Ordnung vom 18. Februar 1603. Die Abfahrtszeiten waren zwar festgelegt, aber die zahlreichen Klagen zeigen, dass die Schiffer in Erwartung zusätzlicher Reisender und Waren oft zu spät abfuhren. Als im 17. Jahrhundert auch die Düsseldorfer ein Marktschiff nach Köln einrichten wollten, wehrten sich die Kölner Nachenfahrer mit dem Argument, ein solches Marktschiff sei völlig überflüssig. Auf den Einwand, die Kölner Schiffe wären notorisch unpünktlich – sie kämen abends immer erst nach Schließung der Tore in Düsseldorf an, so dass die Reisenden die Nacht im Schiff verbringen müssten – gaben die Kölner an, das läge an den Reisenden selbst, die nicht pünktlich zur Abfahrt erschienen, und am Zoll in Zons, wo man mit vier bis fünf Stunden Aufenthalt rechnen müsse. Der in Düsseldorf residierende Kurfürst von Pfalz-Neuburg setzte in Verhandlungen schließlich durch, dass die Düsseldorfer Marktschiffer an zwei Tagen die Woche fahren durften. Allerdings war es dem Kurfürsten noch um 1700 zunächst nicht möglich, ein Messeschiff von Düsseldorf nach Frankfurt einzurichten, da die Stadt Köln unter Berufung auf ihr Stapelrecht drohte, das Schiff vom Bayenturm aus mit Kanonen beschießen zu lassen.[55]

Auch am Niederrhein gab es zahlreiche privilegierte Marktschiffe, so eines der Stadt Wesel nach Nimwegen, das schon im 17. Jahrhundert bis Antwerpen durchfahren durfte.[56] Ebenfalls schon für das 17. Jahrhundert wird ein Beurtschiff von Wesel nach Rheinberg, Orsoy, Düsseldorf und Köln genannt, auch Duisburger Beurtschiffe fuhren regelmäßig Städte am Niederrhein und in den Niederlanden an.[57]

Auf dem Mittelrhein waren die Marktschiffe, die die rheinanliegenden Städte regelmäßig anfuhren, besonders im Personenverkehr von großer Bedeutung. Das bekannteste,

55 Kuske, Rheinschiffahrt (wie Anm. 25), S. 257–347; Heinz Weber, Die Kölner Marktschiffahrt, in: Jahrbuch des Kölner Geschichtsvereins 49, 1978, S. 199–228.

56 Vgl. Herbert Münker, Die Weseler Schiffahrt vornehmlich zur Zeit des spanisch-niederländischen Krieges. Ein Beitrag zur Verkehrsgeschichte des Niederrheins, Wesel 1908, Nachdruck Wesel 1986.

57 Vgl. Heinrich Averdunk, Die Duisburger Börtschiffahrt, zugleich ein Beitrag zur Geschichte des Gewerbes in Duisburg und des Handelsverkehrs am Niederrhein, Duisburg 1905; Kuske, Rheinschiffahrt (wie Anm. 25), S. 257 ff.

zweimal am Tag verkehrende Marktschiff war das Schiff zwischen Frankfurt und Mainz. Gegen Ende des 18. Jahrhunderts gab es aber auch regelmäßige Marktschiffverbindungen zwischen Mainz und Koblenz und bis Köln.[58] Organisatorisch waren diese Marktschiffe (Wasserdiligencen oder „coches d'eau") von der Großen Fahrt, die sich auf die ganze Stromstrecke zwischen den Stapelstädten bezog und auf Fracht beschränkte, völlig unabhängig. Es gab hier eine relativ strenge Trennung zwischen Fernhandel und Nahverkehr.[59]

4.5 Beeinträchtigungen des Schiffsverkehrs

Bedeutete das Stapel- und Umschlagrecht der Stapelstädte – deren jede in ihren Auswirkungen auf den Handel allerdings besonders betrachtet werden muss – eine starke Beeinträchtigung des Handelsverkehrs auf dem Rhein, so bildete die große Zahl an Zöllen und Licenten eine weitere Hürde. Für das Jahr 1794 werden für die Rheinstrecke von Germersheim (nördlich von Karlsruhe) bis Rotterdam 53 Zollstellen angegeben, wobei wohl nicht jede Zollstelle für jede Art von Schiffen und Waren zuständig war. Am Niederrhein hatten wir, wenn wir von Köln absehen, wo „nur" verschiedene Gebühren für den Umschlag fällig wurden, einen Zoll bzw. Licent zu Zons, teilweise Düsseldorf, Kaiserswerth, Uerdingen, Ruhrort, Orsoy, Wesel, Rees, Emmerich, Lobith, Schenkenschanz, Nimwegen, Tiel, Bommel, Gornichem und Dordrecht. Licenten waren seit dem ausgehenden 16. Jahrhundert erhobene Genehmigungen der damaligen Kriegsparteien im Freiheitskrieg der Vereinigten Niederlande gegen die Spanier für die Passage und für die Ein- und Ausfuhr bestimmter Waren. Diese Licenten wurden dann auch in Friedenszeiten beibehalten und nahmen den Charakter von zusätzlichen Zöllen an. Noch im Frühjahr 1768 hatte sich die Reihe der Zollstellen um drei Orte erhöht. In Orsoy und Friemersheim hatte die preußische Regierung zwei neue Zollstellen eingerichtet, und in Kaiserswerth erhob die kurpfälzisch-bergische Regierung einen neuen Licent, gegen den auch Kurköln und die Stadt Köln sofort Protest erhoben.[60] 1790 wurde in Uerdingen ein Zusatzzoll eingeführt.[61]

58 Eckert, Rheinschiffahrt (wie Anm. 3), S. 57 ff.; vgl. auch Cornelius Neutsch, Reisen um 1800. Reiseliteratur über Rheinland und Westfalen als Quelle einer sozial- und wirtschaftsgeschichtlichen Reiseforschung, (Sachüberlieferung und Geschichte. Siegener Abhandlungen zur Entwicklung der materiellen Kultur, Bd. 6) St. Katharinen 1990, S. 161–164; Heinz Weber, Die Kölner Marktschiffahrt, in: Jahrbuch des Kölnischen Geschichtsvereins 49, 1978, S. 199–228.

59 Schawacht, Schiffahrt (wie Anm. 26), S. 13 ff.; von Looz-Corswarem, Stapelrecht (wie Anm. 22), S. 334 f.

60 Ute Teckentrup, Kölner Stapel (wie Anm. 53), S. 15.

61 Kaufmann Justus, Frachtwage (wie Anm. 53), S. 8 f.

GESCHICHTE
UND
VERFOLGUNGEN
DER
STADT-KÖLNISCHEN
FRACHTWAGE
VON IHREM URSPRUNG HER
BIS
ZU END DES JAHRES
1791
HERAUSGEGEBEN
VON
KAUFMANN JUSTUS.
ERSTE AUFLAGE.
GEDRUCKT ZU AMSTERDAM,
AUF KOSTEN DER WAHRHEIT
1791.

17 Titelblatt einer Streitschrift um die stadtkölnische Frachtwaage, 1791.

Erhoben wurden die Zölle in der Regel nach Art und Gewicht der Waren, so wie sie nach den Angaben der Kaufleute in den Frachtpapieren eingetragen waren. Da sich danach auch die Frachten für die Schiffer berechneten, waren die Schiffer daran interessiert, dass die Gewichtsangaben in den Frachtpapieren stimmten, während die Kaufleute in der Versuchung standen, die Gewichte der Waren zu gering anzugeben. Äußerst kompliziert war auch die Berechnung der Zölle und Abgaben. Dazu hatte man schon im Mittelalter ein Zollfuder eingeführt, das als Bemessungsgrundlage dienen sollte und das von den Zollherren für ihren Zoll unterschiedlich angegeben werden konnte. Wegen der komplizierten Berechnungsmodalitäten war es den Schiffern und Kaufleuten wohl auch häufig möglich, mit den jeweiligen Zollknechten eigene Vereinbarungen zu treffen. Gothein bemerkt dazu:

> Sieht man näher zu, so bemerkt man, daß die Zolltarife nur auf dem Papier standen, daß sich aber in Wahrheit die Zollpächter überall mit den Schiffern auf ermäßigte Pauschzahlungen abfanden – und sich gut dabei standen.[62]

Die politische Zersplitterung des Rheinlandes und die große Zahl der unterschiedlichen Territorien mit ihren z. T. in das Mittelalter zurückreichenden Zollprivilegien hatte dazu geführt, dass durch geschickte Teilung von Rechten die Zahl der Zollstellen nicht ab-, sondern eher zunahm. Es gab zwar immer wieder Zollkongresse, auf denen sich die rheinischen Fürsten und Städte über eine Verminderung der Gesamtzollbelastung berieten, aber ohne eine dauerhafte Verringerung zu erreichen. Auf dem Zollkongress in Köln 1699 z. B. wollte keiner der Zollherren von seinen Rechten etwas aufgeben. Auch alle späteren Ansätze und Vereinbarungen bleiben in den Anfängen stecken.[63] So brachten die

62 Gothein, Rheinschiffahrt (wie Anm. 24), S. 13.

63 Vgl. Eberhard Gothein, Rheinische Zollkongresse und Handelsprojekte am Ende des 17. Jahrhun-

18 Friedrich Justin Bertuch, Rheinfloß oberhalb von Bonn, 1813.

Eigeninteressen der verschiedenen rheinanliegenden Territorien, wie beim Streit um die Zölle und Licenten in Kaiserswerth und Orsoy zwischen Kurpfalz, Kurköln und der Stadt Köln 1768, den Verkehr auf dem Rhein fast zum Erliegen. Auch 1789 sollte eine Auseinandersetzung zwischen der Stadt Köln und Kurköln um die stadtkölnische Frachtwaage am Rheinufer zur zeitweisen Einstellung der Schifffahrt auf dem Rhein führen.[64] Diese von der Stadt Köln nach dem großen Hochwasser von 1784 in Abstimmung mit den Magistraten der niederländischen Städte im Jahre 1789 aufgestellte Schnellwaage erlaubte es den Schiffern, gegen eine geringe Gebühr ihre Waren nachwiegen zu lassen und damit zu kontrollieren, ob die von den Spediteuren in den Frachtbriefen gemachten Angaben der Wahrheit entsprachen. Dies passte den Kölner Kaufleuten und Spediteuren, die nun häufig höhere Frachten zahlen mussten, überhaupt nicht, so dass sie sich an die kurkölnische Regierung als Inhaberin des Rheinregals wandten. Diese verbot den Schiffern den Gebrauch der neuen Frachtwaage und drohte ihnen, sie an den kurkölnischen Zollstellen festzuhalten, sollten sie die neue Einrichtung gebrauchen. Es soll hier nicht ins Detail gegangen werden,

derts, in: Beiträge zur Geschichte vornehmlich Kölns und der Rheinlande. Zum 80. Geburtstag Gustav von Mevissens, Köln 1895, S. 361–400.

64 Vgl. Teckentrup, Kölner Stapel (wie Anm. 53).

denn es kam zu Verordnungen und Drohungen von den verschiedensten Seiten, zu diplomatischen Verwicklungen und Prozessen. Welche Wellen die Angelegenheit schlug, zeigt die große Zahl an zeitgenössischen Streitschriften.[65]

Interessant wäre es, etwas über die auf dem Rhein im 18. Jahrhundert transportierten Gütermengen zu erfahren. Am besten sind wir über den Holzhandel informiert, der in der zweiten Hälfte des 18. Jahrhunderts weitgehend in der Hand einiger holländischer Großhändler lag. Die aus den verschiedenen Waldregionen des Rheinlandes, besonders dem Schwarzwald, kommenden Flöße wurden an einigen Stellen, so in Mannheim und Mainz, den Stromverhältnissen entsprechend zusammengebunden. Unterhalb von Koblenz bei Namedy entstanden die großen, imposanten Kapitalflöße, die aus verschiedenen Holzsorten zusammengestellt waren, da Eichenholzstämme nur im Verbund mit Nadelholz schwimmfähig sind. Ein fertiges Floß konnte 300 Meter Länge und 40 Meter Breite erreichen, war mit qualifizierten Steuerleuten und bis zu 450 Knechten bemannt, die in den 30 Tagen, die die Fahrt von Andernach bis Dordrecht normalerweise dauerte, auf dem Floß lebten und dort auch verköstigt werden mussten.

Der Wert eines solchen Floßes lag bei rund 300.000 Reichstalern. Das Hauptvermarktungszentrum für das rheinische Holz war ab der Mitte des 18. Jahrhunderts Dordrecht, wo ein Teil des Holzes, das nicht fest bestellt war, in großen Auktionen versteigert wurde.[66]

Für die Zeit vor 1800 geht man von ca. 1100 größeren Schiffen auf dem Mittel- und Niederrhein aus, von denen 600 bis 800 jährlich den Kölner Hafen anliefen. 1789 betrug der Umschlag in der Stapelstadt Köln 1.175.151 Zentner der unterschiedlichsten Waren, ohne Kohlen, Holz, Wein und Getreide. Davon waren etwa ein Viertel für den Verbrauch innerhalb der Stadt Köln, drei Viertel für den Weitertransport bestimmt.[67] Für den Mittelrhein wird die Zahl der größeren Rheinschiffe mit 235 angegeben, wozu noch eine gewisse Zahl an Nebenschiffen gerechnet werden muss. Alles in allem, so schätzt Rentmeister Hüpeden aus St. Goar um 1780, waren auf dem Rhein zwischen Köln und Mainz jährlich rund 300 Schiffe mit über 1000 Schiffern, Steuerleuten, Knechten und Schiffsjungen unterwegs.[68]

Als Verkehrsweg war der Rhein im 18. Jahrhundert durch die Stapelrechte von Mainz, Köln und Dordrecht sowie die zahlreichen Zölle gefesselt und gebändigt, wobei, wie nicht zuletzt aus den verschiedenen Publikationen aufgeklärter Schriftsteller vom Ende des Jahrhunderts deutlich wird, den Zeitgenossen das Übel durchaus bewusst war. Es war der Ego-

---

65 Vgl. Kaufmann Justus, Frachtwage (wie Anm. 53).

66 Ebeling, Holländerholzhandel (wie Anm. 30), S. 139 ff.

67 Gothein, Rheinschiffahrt (wie Anm. 24), S. 25; Wilfried Paul Feldenkirchen, Der Handel der Stadt Köln im 18. Jahrhundert (1700–1814), Diss. Bonn 1975, S. 88 f.

68 Johann, Rheinschiffahrt (wie Anm.43), S. 44.

19 Der Rhein bei Koblenz mit Fliegender Brücke. Druckgraphik vom Christian Georg Schmitz, um 1808.

ismus der einzelnen Territorien, einschließlich der Reichsstadt Köln, die überterritoriale Lösungen verhinderten. Innerhalb eines fortschrittlichen Territoriums wie Preußen, das zeigt z. B. die Schiffbarmachung der Ruhr, waren zukunftsweisende Ansätze zu erkennen, im Ganzen musste allerdings erst der Zusammenbruch des Alten Reiches kommen, ehe hier ernsthafte Schritte in Richtung überterritorialer, den Handel und Verkehr auf dem Rhein vereinfachender und entlastender Maßnahmen getan werden konnten. Die Freiheit des Rheins kam erst mit den Gesetzen des revolutionären Frankreich.

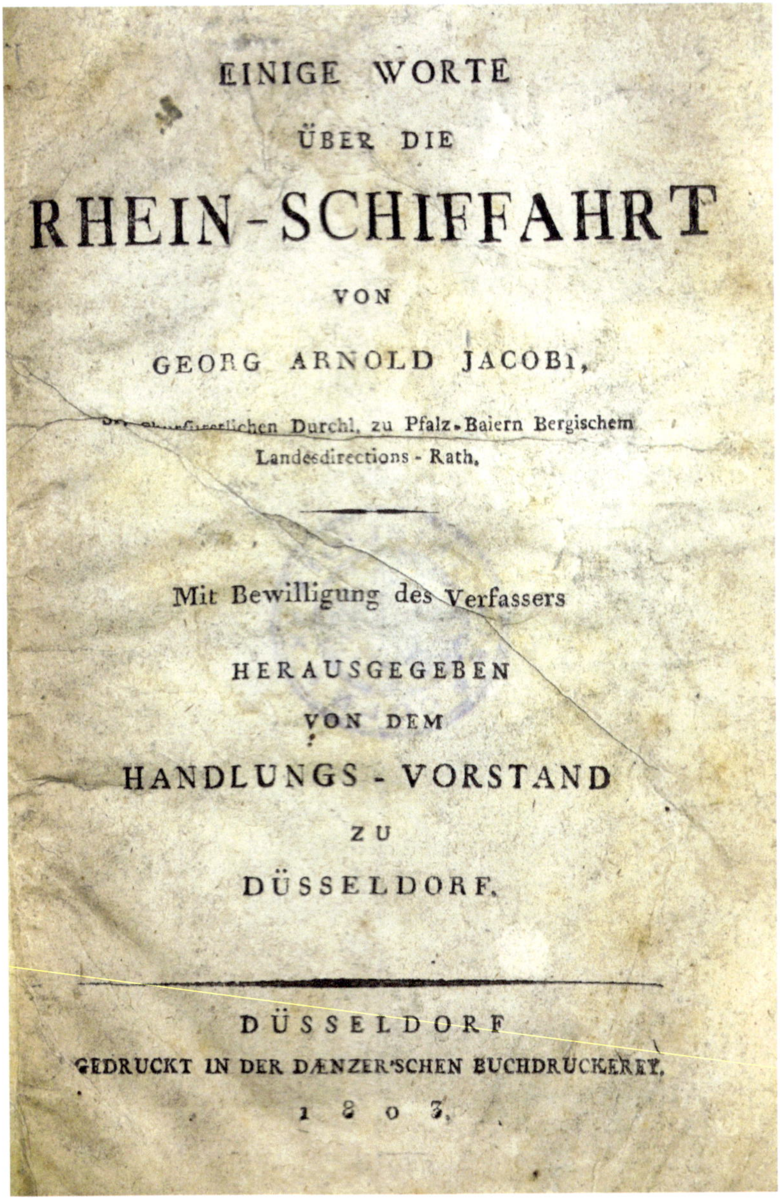
EINIGE WORTE

ÜBER DIE

RHEIN-SCHIFFAHRT

VON

GEORG ARNOLD JACOBI,

Sr. Churfürstlichen Durchl. zu Pfalz-Baiern Bergischem
Landesdirections-Rath.

Mit Bewilligung des Verfassers

HERAUSGEGEBEN

VON DEM

HANDLUNGS-VORSTAND

ZU

DÜSSELDORF.

DÜSSELDORF

GEDRUCKT IN DER DÆNZER'SCHEN BUCHDRUCKEREY.

1803.

1 Titelblatt der Streitschrift von Georg Arnold Jacobi von 1803.

5 „Einige Worte über die Rhein-Schiffahrt“

Die Düsseldorfer Schrift des Staatsrats Georg Arnold Jacobi von 1803 und ihr wirtschaftspolitisches Umfeld

Im Jahre 1803 erschien in Düsseldorf eine mit dem Namen Georg Arnold Jacobi verbundene 16-seitige Schrift mit dem Titel „Einige Worte über die Rhein-Schiffahrt“.[1] Dieses Heft, eine Streitschrift für die freie Schifffahrt auf dem Rhein, erschien zu einem Zeitpunkt, an dem die öffentliche Diskussion über die freie Entfaltung des Handels und Verkehrs auf dem Rhein in vollem Gange war. Jacobi hoffte noch, mit seiner Schrift auf die Entscheidungen „der hohen Reichsdeputation“ in Regensburg Einfluss nehmen zu können. Bisher hatten sich nämlich die Erwartungen der Stadt Düsseldorf und des bergischen Landes auf eine durch Zölle und Stapelrechte ungehinderte Rheinschifffahrt als trügerisch erwiesen. Die Tatsache, dass diese Streitschrift fast gleichzeitig, d. h. noch 1803, in den sehr weit verbreiteten, in Tübingen von D. Ernst Ludwig Posselt herausgegebenen „Europäische Annalen“ erschien, hat sie weit über das Rheinland hinaus bekannt gemacht.[2]

Für Düsseldorf und das Bergische Land brachten die Artikel des am 9. Februar 1801 in Lunéville zwischen Frankreich und Österreich abgeschlossenen Friedens, die die Rheinschifffahrt betrafen, keine grundlegende Verbesserung. Der Rhein war zur Staatsgrenze Frankreichs geworden, die zahlreichen, aus dem Alten Reich überkommenen Zölle sollten nicht abgeschafft, sondern nur in der Zahl reduziert als Oktroi beibehalten werden und die nunmehr zum französischen Staatsgebiet gehörende Stadt Köln sollte, ebenso wie die Stadt Mainz, entgegen der Forderungen und Erwartungen der Zeitgenossen ihr umstrittenes Stapelrecht behalten. Die Stadt Düsseldorf aber sollte – jedenfalls zunächst – ihre Zollstelle verlieren.[3]

---

1 Georg Arnold Jacobi, Einige Worte über die Rhein-Schiffahrt. Mit Bewilligung des Verfassers herausgegeben von dem Handlungs-Vorstand zu Düsseldorf, Düsseldorf, gedruckt in der Daenzer'schen Buchdruckerey 1803, 16 S.; vgl. auch Posselts Europäische Annalen 1803, Bd. 1, 2. Stück, S. 167–176.

2 Christian Eckert, Rheinschiffahrt im XIX. Jahrhundert (Staats- und socialwissenschaftliche Forschungen 18, 5), Leipzig 1900, S. 25.

3 Vgl. Klaus Müller, Politische und rechtliche Veränderungen der Rheinschifffahrt zwischen der Französischen Revolution und dem Ersten Pariser Frieden (30. März 1814), in: Der Rhein als Verkehrsweg. Politik, Recht und Wirtschaft seit dem 18. Jahrhundert, hrsg. v. Clemens von Looz-

Die vom Handlungsvorstand zu Düsseldorf herausgegebene Schrift Jacobis greift in die Diskussion um die Freiheit der Rheinschifffahrt ein, die selten heftiger geführt wurde als in dieser Umbruchszeit. Hatte man doch gehofft, dass sich nun endlich neue, liberale Strukturen gegenüber den Beharrungskräften des Alten Reiches durchsetzen ließen, wozu auch die Abschaffung des seit langem bekämpften Kölner Stapels gehörte. Georg Arnold Jacobi, der jüngere Sohn des Philosophen und Literaten Friedrich Heinrich Jacobi, der sich als pfalz-bayerischer Staatsrat auf den unterschiedlichsten Feldern des öffentlichen Lebens engagierte, war wie kein anderer geeignet, auch in diesem Bereich tätig zu werden. Dass sein Einsatz nur bedingt von Erfolg gekrönt war, es stattdessen noch rund 30 Jahre dauern sollte, bis die Vorrechte der Stapelstadt Köln endgültig fielen und der Rhein ein freier Strom wurde, war zu diesem Zeitpunkt nicht absehbar.

***

Im Oktober 1794 hatten die französischen Revolutionsarmeen das linke Rheinufer mit der Stadt Köln besetzt. Allgemein erwartete man, vor allem in der liberalen und republikfreundlichen Presse, die Abschaffung der Zölle und Stapelrechte sowie anderer obrigkeitlichen Belastungen des Handels und Gewerbes, wie das im Zuge der Französischen Revolution gefordert worden war. Dafür, dass diese Hoffnungen nicht völlig unbegründet waren, sprach auch, dass der Provisorische Exekutivrat und der Konvent in Paris im November 1792 die Öffnung der Schelde bestimmt hatten, und zwar mit dem Argument, dass die Freiheit des Stroms den fundamentalen Grundlagen des Naturrechts entspreche. Auch der Friedensvertrag der Französischen Republik mit den vereinigten Provinzen der Niederlande vom 16. Mai 1795 bestimmte, dass die Schifffahrt für die französische und niederländische Nation auf der Maas, der Schelde und dem Rhein sowie allen Nebenflüssen frei sei „jusqu'à la mer“.[4]

Entgegen dieser Erwartungen haben die Franzosen diese für den niederländischen Teil des Flusssystems ausgesprochenen Freiheiten nicht auf den Rhein als Ganzes übertragen, obwohl nach 1794 das linke Rheinufer von der Schweizer Grenze an ganz französisches bzw. französisch besetztes Gebiet war. Selbst die Kölner Kaufmannschaft scheint die Befreiung des Stroms von den zahlreichen Zöllen und Licenten gewünscht und erhofft zu haben, trat jedoch gleichzeitig für die Beibehaltung ihres Stapel- und Umschlagsrechts ein. Im Gegensatz dazu standen die Kaufleute des rechten Rheinufers und der linksrheinischen Orte zwischen den Stapelstädten, die die Beseitigung aller Beschränkungen, insbesondere der Stapelrechte von Köln und Mainz, forderten.[5]

Corswarem/Georg Mölich (Schriftenreihe der Niederrhein-Akademie/Academie Nederrijn, Bd. 7), Bottrop 2007, S. 37–59.

4 Müller, Veränderungen (wie Anm. 3), S. 32 f.

5 Klaus Müller, Unter pfalz-neuburgischer und pfalz-bayerischer Herrschaft (1614–1806), in: Düssel-

2 Ansicht der Stadt Köln. Aquarell eines unbekannten Künstlers, um 1800, Ausschnitt.

Auch nach dem Frieden von Campo Formio am 17. Oktober 1797, der die Französisierung des linken Rheinufers vorbereitete und in den besetzten Gebieten französische Verwaltungsgrundsätze einführte, gingen die fortschrittlichen und liberalen Kaufleute davon aus, dass nun die Prinzipien der Freiheit auf dem Strom realisiert, d.h. die Zölle, Stapelrechte und privilegierten Schiffervereinigungen abgeschafft würden.[6] Dazu kam es aber nicht, da die Pariser Direktorialregierung Anfang Juli 1798 den Rhein zur Zollgrenze erklärte und die zahlreichen Zollstellen und Stapelrechte beibehielt. Die Grenze des republikanischen Frankreichs sollte der „Thalweg“ des Rheins, die Schifffahrtslinie bzw. die Linie der größten Flusstiefe sein, eine Regelung, die zu größten Problemen führen musste.[7]

Der Regierungskommissar Rudler bestätigte am 10. Thermidor VI (28. Juli 1798) das Kölner und Mainzer Stapelrecht ausdrücklich. Er entschied sich damit für die Einnahmen aus den Zöllen und die Förderung der jetzt ja unter französischer Verwaltung stehenden

dorf. Geschichte von den Ursprüngen bis ins 20. Jahrhundert, hrsg. v. Hugo Weidenhaupt, Bd. 2, Düsseldorf 1988, S. 7–312, hier S. 196 ff.; Klaus Müller, Köln von der französischen zur preußischen Herrschaft 1794–1815 (Geschichte der Stadt Köln, Bd. 8), Köln 2005, S. 207 ff.

6 Zu den bisherigen Auseinandersetzungen um das Stapelrecht der Städte Köln und Mainz sowie die Erwartungen der liberalen Kaufmannschaft ,vgl. Müller, Veränderungen (wie Anm. 3), S. 40 f.

7 Eckert, Rheinschiffahrt (wie Anm. 2), S. 7; Müller, Veränderungen (wie Anm. 3), S. 42.

3 Das Staatsgebiet am Niederrhein 1800.

Stapelstädte, die allerdings durch die Einrichtung des Rheins als Zollgrenze starke Verluste hinnehmen mussten. Auch die Schiffergesellschaften, von denen sowohl die niederrheinische als auch die oberrheinische ihren Sitz in Köln hatten, blieben bestehen. Wahrscheinlich glaubten die französischen Behörden, durch die Beibehaltung der bisherigen Handels- und Verkehrsstrukturen eine bessere Kontrolle über die Schifffahrt und die Einhaltung der Zollgrenze erreichen zu können.[8]

Auf dem am 9. Dezember 1797 in Rastatt eröffneten Kongress verhandelten Frankreich und das Deutsche Reich über die Abtretung des linken Rheinufers an Frankreich und über die Entschädigung der Fürsten, die dort Verluste erlitten hatten. Aber auch die freie Schifffahrt auf dem als Grenze vorgesehenen Rhein stand auf der Tagesordnung. Die Vertreter der Nationen scheinen sich einig gewesen zu sein, dass alle Zölle und sonstigen Behinderungen auf dem Rheinstrom zwischen der niederländischen und der Schweizer Grenze beseitigt werden sollten, was sich auch im Protokoll niedergeschlagen hat.[9] Der Frieden von Lunéville vom 9. Februar 1801 sprach dann das linke Rheinufer Frankreich völkerrechtlich zu. Bestätigt war damit zunächst auch die bei den Rastatter Verhandlungen vorgesehene Aufhebung der Zölle und Stapelrechte, die allerdings noch nicht sofort durchgeführt wurde.[10]

Sofortige Auswirkungen auf die Schifffahrt auf dem Rhein hatte der Paragraph 6, der in Aufnahme des entsprechenden Paragraphen der Vereinbarung von Campo Formio festlegte, dass der „Thalweg“ des Rheins die Grenze zwischen der Französischen Republik und dem Deutschen Reich sein soll. Der Ausdruck „Thalweg“ erscheint auch im französischen Original des Lunéviller Textes. Eine erste Definition des Begriffs gibt der französische Generalkommissar Jean Baptiste Moïse comte de Jollivet in seiner im Herbst 1801 veröffentlichten Schrift, die schon Teil der publizistischen Auseinandersetzung um die freie Schifffahrt auf dem Rhein war.[11] In der in französischer und deutscher Sprache erschienenen Broschüre heißt es: „Unter dem Namen Thalweg oder Stromrinne versteht man überhaupt den tieffsten Ort der schifbaren Bahne eines Flusses.“ Das Problem, das sich sehr schnell in der Praxis zeigte, war, dass sich diese Grenzlinie nicht wie an Land genau markieren ließ und daher als Zollgrenze untauglich war. Denn die Schifffahrt bewegte sich über die ganze Breite des Flusses und die stromauffahrenden Schiffer mussten aus technischen Gründen

---

8 Eckert, Rheinschiffahrt (wie Anm. 2), S. 8 f. u. 11 f.; Müller, Köln (wie Anm. 5), S. 214 f.

9 Müller, Veränderungen (wie Anm. 3), S. 43.

10 Ulrich Hufeld (Hrsg.), Der Reichsdeputationshauptschluß von 1803. Eine Dokumentation zum Untergang des Alten Reiches Köln u. a. 2003, S. 57–64, hier S. 60.

11 [Jean Baptiste Moïse comte Jollivet] Du Thalweg du Rhin, considéré comme Limite entre la France et l'Allemagne; des péages et des douanes établis sur les deux rives du Rhin; et du droit de relâche forcée appartenant aux deux villes de Mayance et de Cologne,˚ Mayance, Vendémiaire, an X [1801]; vgl. auch Müller, Veränderungen (wie Anm.3), S. 42 f.

mal das rechte und mal das linke Rheinufer zum Treideln benutzen.[12] Es waren u. a. diese aus dieser unklaren Rechtslage entstandenen Auseinandersetzungen, die uns weiter unten beschäftigen werden.

Im Paragraphen sieben des Lunéviller Vertragswerkes sollten dann erste Bestimmungen über die Entschädigung der weltlichen Fürsten, die Besitzungen links des Rheins verloren hatten, getroffen werden. Bei der im August 1802 in Regensburg eröffneten außerordentlichen Reichsdeputation standen diese Beratungen über die Entschädigung der Fürsten auf Kosten der säkularisierten geistlichen Fürstentümer im Vordergrund. Sozusagen über die Hintertür kam dann jedoch auch das Thema der Rheinzölle wieder auf den Tisch. Im ersten Entwurf der vermittelnden Mächte vom 18. August 1802 befand sich zwar noch eine Rheinklausel, die die Abschaffung der Zölle vorsah.[13] Als dann aber für die Entschädigung des Erzkanzlers und ehemaligen Kurfürsten von Mainz Karl Theodor von Dalberg die Einkünfte aus dem säkularisierten Hochstift Regensburg nicht ausreichten, wurde – wohl von deutscher Seite – vorgeschlagen, eine Taxe auf die Rheinschifffahrt zu legen. Hierbei sollten die alten Zölle aufgehoben werden, diese dann aber in geringerer Zahl unter dem Namen „Schifffahrts-Oktroi“ unter einheitlicher Organisation wieder eingeführt werden. Außer für die Dotation des Kurerzkanzlers waren die Einkünfte auch für den Unterhalt der Stromverwaltung und z. B. für die Instandhaltung der Leinpfade bestimmt. Das Ergebnis dieser Überlegungen wurde dann im Paragraph 39 des Reichsdeputationshauptschlusses vom 25. Februar 1803 festgeschrieben, wobei jedoch in diesem Dokument die Stapelrechte von Köln und Mainz nicht genannt werden.[14] In den Verhandlungen um die Ausgestaltung des Rheinschifffahrts-Oktrois erreichten die Auseinandersetzungen um die Abschaffung oder Beibehaltung des Stapelrechts von Köln und Mainz dann jedoch ihren Höhepunkt. Gegner und Befürworter versuchten Einfluss auf die Verhandlungen in Paris und Regensburg zu gewinnen.[15] Die am 15. August 1804 verabschiedete Oktroikonvention behielt zwar das Umschlagsrecht der Stapelstädte bei, brachte aber dennoch mit der Reduzierung der Erhebungsstellen, den einheitlichen Erhebungsmodalitäten und der zentralen Verwaltung in Mainz einen grundsätzlichen Vorteil für die Rheinschifffahrt. Vor Ort allerdings, in den einzelnen Territorien, gestaltete sich die Umsetzung nicht immer

12 Jollivet, Thalweg (wie Anm. 11), S. 3 ff.

13 W. J. M. van Eysinga, Geschichte der Zentralkommission von 1816 bis 1934 (Nachdruck), in: ders./H. Walther, Geschichte der Zentralkommission für die Rheinschiffahrt 1816 bis 1969, Straßburg 1994, S. 9 f.

14 Hufeld, Reichsdeputationshauptschluss (wie Anm. 10), S. 101 f.; Eckert, Rheinschiffahrt (wie Anm. 2), S. 15; Müller, Veränderungen (wie Anm. 3), S. 44.

15 Eckert, Rheinschiffahrt (wie Anm. 2), S. 18 f.; Hans Mosler, Die Einführung der Rheinschiffahrtsoktroi-Konvention am deutschen Niederrhein 1803–1807 (Vereinsgabe des Düsseldorfer Geschichtsvereins), Düsseldorf 1908, S. 7 f.; Müller, Veränderungen (wie Anm. 3), S. 39 f.

4 Karl Theodor von Dalberg, Kurfürst von Mainz und Erzkanzler (1744–1817). Öl auf Leinwand, unbekannter Künstler.

einfach, und es waren noch mehrere Zusatzvereinbarungen nötig, bis alle Oktroibüros wie gewünscht arbeiten konnten.[16]

Auf der hohen diplomatischen Verhandlungsebene standen hier die als fortschrittlich angesehenen Forderungen der Französischen Revolution nach Freiheit des Handels und Gewerbes den politischen und fiskalischen Notwendigkeiten gegenüber.

***

Für die Düsseldorfer Kaufmannschaft hatte die politische Entwicklung, vor allem die Verlegung der Zollgrenze an den Rhein, zunächst ganz unerwartete Folgen. Es kam kurzfristig zu einem Aufschwung des Handelsverkehrs in der Stadt. Da nach 1798 die französischen Zollbeamten in Köln oft willkürlich Handelsgut beschlagnahmten und sich wohl auch Übergriffe auf Schiffe im zum bergischen Territorium gehörenden Mülheim leisteten, wurde der Hafen Düsseldorf immer mehr zum Endhafen für Transporte aus den Niederlanden. Die Waren wurden dann, wie schon in den vergangenen Jahrhunderten mehrfach gehandhabt, auf dem Landweg bis Porz oder Zündorf gebracht, wo sie wieder auf Schiffe verladen wurden.[17] Zu einem regelrechten Einkommenszweig scheint sich auch – und das galt gleichermaßen für alle Uferbewohner – der zwar lebensgefährliche, aber einträgliche Schmuggel ausgeweitet zu haben.[18]

16 Eckert, Rheinschiffahrt (wie Anm. 2.), S. 19 f.; Mosler, Einführung (wie Anm. 15), S. 15 ff.; Müller, Veränderungen (wie Anm. 3), S. 44 f.

17 Mathieu Schwann, Geschichte der Kölner Handelskammer, Bd. 1, Köln 1906, S. 211 ff.; Müller, Veränderungen (wie Anm. 3), S. 45 f.

18 Eberhard Gothein, Geschichtliche Entwicklung der Rheinschiffahrt im XIX. Jahrhundert, Leipzig 1903, S. 14 ff.

5 Düsseldorf von Süden. Kolorierter Kupferstich von Rottmann und Schnell, um 1819.

Düsseldorf versuchte, die vermeintliche Schwäche Kölns sofort auszunutzen. Schon im Juni 1798 war von Düsseldorf aus eine Beurtfahrt, eine regelmäßig verkehrende Schiffsverbindung, nach Dordrecht eingerichtet worden, die später auch Amsterdam anfuhr. Auch bemühte man sich wieder, direkte Beurtfahrten nach Koblenz, Mainz, Frankfurt und Mannheim einzurichten.[19] Kurzfristig gelang es auch, wohl mit Genehmigung der französischen Behörden, eine direkte Verbindung nach Koblenz herzustellen, ohne das Köln einschritt.[20] Offensichtlich rechneten die Düsseldorfer damit, dass die Stadt Köln zum damaligen Zeitpunkt nicht in der Lage sei, ihre alten Privilegien durchzusetzen.[21] Die seit langem existierende Beurtfahrt zwischen Düsseldorf und Köln allerdings geriet um 1800 in Unordnung, da sich die verschiedenen Beteiligten nicht auf gemeinsame Regeln, z. B. bei den Frachttaxen, einigen konnten.[22] Eine Auseinandersetzung bahnte sich auch mit der

19 Friedrich Lau, Geschichte der Stadt Düsseldorf. Von den Anfängen bis 1815, Düsseldorf 1921, Bd. 1, S. 162; Josef Wilden, 100 Jahre Düsseldorfer Wirtschaftsleben, Düsseldorf [1931], S. 36; Müller, Düsseldorf (wie Anm. 5), S. 196 f.

20 Gothein, Rheinschiffahrt (wie Anm. 18), S. 19.

21 Jeffry M. Diefendorf, Businessmen and Politics in the Rhineland 1789–1834, Princeton 1980, S. 172; Schwann, Handelskammer, S. 125 ff.

22 Bruno Kuske, Die Rheinschiffahrt zwischen Köln und Düsseldorf vom 17. bis 19. Jahrhundert (Mit einer Darstellung der älteren Kölner Schifferverbände), in: Beiträge zur Geschichte des Nie-

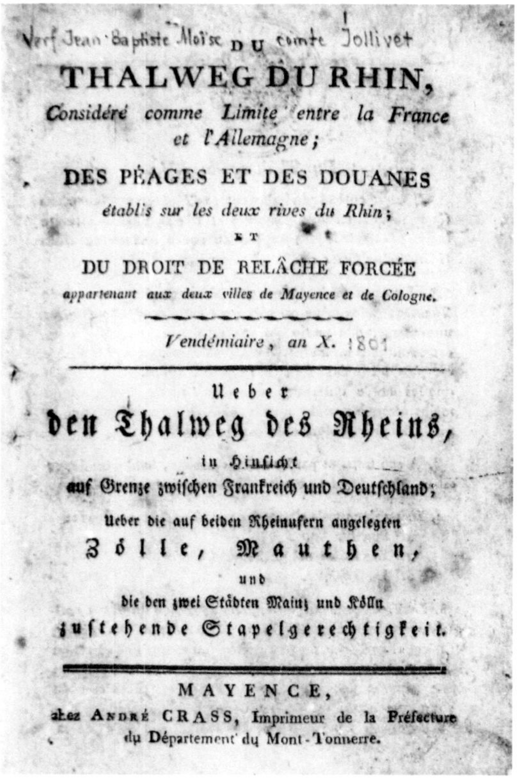
DU
THALWEG DU RHIN,
Considéré comme Limite entre la France et l'Allemagne;
DES PÉAGES ET DES DOUANES
établis sur les deux rives du Rhin;
ET
DU DROIT DE RELÂCHE FORCÉE
appartenant aux deux villes de Mayence et de Cologne.
Vendémiaire, an X. 1801
Ueber
den Thalweg des Rheins,
in Hinsicht
auf Grenze zwischen Frankreich und Deutschland;
Ueber die auf beiden Rheinufern angelegten
Zölle, Mauthen,
und
die den zwei Städten Mainz und Kölln
zustehende Stapelgerechtigkeit.
MAYENCE,
chez André Crass, Imprimeur de la Préfecture
du Département du Mont-Tonnerre.

6 Titelblatt der Schrift: Jan Baptist Moïse, comte de Jollivet, „Du Thalweg du Rhin“, 1801.

Stadt Duisburg an, die den Aktivitäten der Düsseldorfer im Hinblick auf eine Direktverbindung Düsseldorf–Niederlande misstrauisch gegenüberstand.[23] Zur Stärkung und Ausweitung des Düsseldorfer Handelsverkehrs war es für die Düsseldorfer Kaufmannschaft aber dringend notwendig, weiterhin gegen den noch bestehenden Kölner Stapel anzugehen und auch Einfluss auf die geplante Neugestaltung des Zollwesens zu nehmen.

Unbefriedigend zeigte sich nach der Einrichtung des Rheins als Staatsgrenze die Situation auch für die linksrheinischen Kaufleute. Im Jahre 1801 hatte der ehemalige kurkölnische Hofkoch Johann Joseph Eichhoff, der französischer Nationalagent und 1801 Maire von Bonn geworden war,[24] eine Schrift veröffentlicht, in der er auf die Missstände im Zusammenhang mit dem Grenzverlauf in der Fahrrinne des Rheins und der Belastung durch Zölle und Mauten hinwies, die zum Schaden auch des linken Rheinufers den Handel und Verkehr auf dem Strom zum Erliegen brächten.[25]

Was Düsseldorf betrifft, so konnte er schon feststellen, dass es ihm in den letzten vier Jahren gelungen sei, „à organiser, à nos dépens, une navigation réglée et directe avec la

---

derrheins 20 (Jahrbuch des Düsseldorfer Geschichtsvereins 1905) 1906, S. 250–354, S. 257 ff. u. 268; Schwann, Handelskammer (wie Anm.17), S. 126 f.

23 Schwann, Handelskammer (wie Anm. 17), S. 208 ff.

24 Müller, Köln (wie Anm. 5), S. 219.

25 J[ohann]-J[oseph] Eichhoff, Mémoire sur les quatre départements réunis de la rive gauche du Rhin, sur le commerce et les douanes de ce fleuve, par […],Maire de la ville de Bonn et membre du conseil général du département de Rhin et Moselle., A Paris, de L'imprimerie de Testu, rue Haute-Feuille, no 14, An X [1801].

Hollande. Elle en prépare une, qui va s'établir avec Francfort par le Mein".[26] Als Konsequenz seiner Analyse der wirtschaftlichen Verhältnisse am Rhein fordert Eichhoff die Anlage von Freihäfen auf dem linken Rheinufer, in denen für den Transit bestimmtes Handelsgut niedergelegt werden könne, das dann nicht mit Einfuhrzoll belastet zu werden bräuchte. Außerdem fordert er eine Organisation von am Rheinhandel interessierten Kaufleuten, die Regeln für den Handelsverkehr zwischen Frankreich und Deutschland ausarbeiten sollen.[27] Die Forderung, die Kaufleute aus den größeren Städten am Rhein bei der Entscheidung über die Ausgestaltung des Rheinhandels zu beteiligen, war insofern folgerichtig, als sich bereits seit geraumer Zeit in der ein oder anderen Weise Kaufmannschaften organisiert hatten, die sich auch schon in wirtschaftspolitischer Sicht geäußert hatten.

Ein Teil der Kaufleute aus Düsseldorf hatte sich erstmals 1785 wohl zunächst zu einem eher geselligen Kreis zusammengefunden. Dann aber, ab etwa 1794, bildeten sie nicht zuletzt unter dem Eindruck der kriegerischen Ereignisse, der steigenden steuerlichen Belastungen und der finanziellen Misere der Stadt eine Organisation, die Kaufmannsgesellschaft, die liberale wirtschaftspolitische Interessen vertrat und die sich dadurch in ein gespanntes Verhältnis zum Magistrat begab. Fast zwei Drittel der beteiligten Kaufleute waren Protestanten, die einer fortschrittlichen Wirtschaftspolitik aufgeschlossen gegenüberstanden.[28]

Im Jahre 1798 regten die beiden Vorsteher der Kaufmannschaft, Camphausen und Ditges, einen Ausschuss von sechs bis acht Kaufleuten an, der die Interessen der Kaufmannschaft gegenüber dem Magistrat und nach außen hin vertreten sollte. Aus der Wahl des „Handlungsvorstands" vom 21. Oktober 1798 gingen Hofkammerrat Th. J. Lenzen, Kommerzienrat Johann Gottfried Brügelmann[29] sowie die Kaufleute F. H. Clostermann, W. F. Camphausen, C. A. Ditges, F. W. Carstanjan, C. G. Jaeger und W. Zeller hervor, die den Handlungsvorstand bildeten.[30] Gab es zwischen dem Handlungsvorstand und dem Magistrat der Stadt Düsseldorf nach wie vor ernsthafte Konflikte meist um Kleinigkeiten, so waren die Verbindungen zur pfalz-bayerischen Regierung in Düsseldorf und München fruchtbarer, da diese ebenfalls an einer Liberalisierung und Förderung des Handelsverkehrs

26 Eichhoff, Mémoire (wie Anm. 25), S. 31.

27 Eichhoff, Mémoire (wie Anm. 25), S. 50: „De la nécessité de former une commission de négocians intéressés au commerce du Rhin, qui préparerait les bases du tarif des douanes et des réglements de la navigation de ce fleuve, ansi que celles des stipulations commerciales à insérer au prochain traité de commerce entre la France et l'Allemagne, en conformité de celui de Lunéville."

28 Lau, Geschichte (wie Anm. 19), S. 161; Wilden, 100 Jahre (wie Anm. 19), S. 28 f.; Müller, Düsseldorf (wie Anm. 5), S. 197 f.

29 Zu Brügelmann vgl. Jörg Engelbrecht, Führungsschichten in der Spätphase des Herzogtums und den Anfängen des Großherzogtums Berg, in: Düsseldorfer Jahrbuch 64, 1993, S. 57–73, hier S. 63 ff.

30 Wilden, 100 Jahre (wie Anm. 19), S. 29 f.; Müller, Düsseldorf (wie Anm. 5), S. 198.

7 Einfahrt zum alten Düsseldorfer Sicherheitshafen mit Kran. Kolorierter Kupferstich von L. Janscha und J. Ziegler 1798, Ausschnitt.

interessiert war.[31] Gleich nach seiner Gründung engagierte sich der Handlungsvorstand im Ausbau der Schifffahrt und der Hafeneinrichtungen und nahm den Kampf gegen die als unberechtigt empfundene Vorzugsstellung Kölns auf.[32]

Als Verbindungsmann zwischen Handlungsvorstand und Regierung fungierte das Mitglied des Handlungsvorstandes Hofkammerrat Theodor Joseph Lenzen, der auch als Jungrat im Düsseldorfer Stadtrat saß.[33] Lenzen, der als „ungemein regsam und vielseitig"[34]

31 Engelbrecht, Führungsschichten (wie Anm. 29), S. 63.

32 Wilden, 100 Jahre (wie Anm. 19), S. 37; Müller, Düsseldorf (wie Anm. 5), S. 199.

33 Lau, Geschichte (wie Anm. 19), S. 209; Müller, Düsseldorf (wie Anm. 5), S. 98; Jörg Engelbrecht, Das Herzogtum Berg im Zeitalter der Französischen Revolution. Modernisierungsprozesse zwischen bayerischem und französischem Modell (Quellen und Forschungen aus dem Gebiet der Geschichte, NF 20), Paderborn u. a. 1996, S. 152, 157, 281.

34 Lau, Geschichte (wie Anm. 19), S. 209.

bezeichnet wird, begründete 1799 in der Karlstadt eine lokale Armenversorgungsanstalt[35] und war 1801 und 1802 durch Veröffentlichungen zur Stadtgeschichte und zur Statistik des Herzogtums Berg hervorgetreten.[36] Im Frühjahr 1800 verfassten Brügelmann und Lenzen ein Promemoria über die Duisburger und Düsseldorfer Beurtfahrt, als Letztere von den Duisburgern in Frage gestellt wurde.[37]

Ebenfalls mit dem Düsseldorfer Handlungsvorstand zusammen arbeitete Staatsrat Georg Arnold Jacobi. Den Regierungsbeamten Jacobi und den Handlungsvorstand verband die gemeinsame Ablehnung des Kölner Stapelrechts und die Benachteiligung des Düsseldorfer Handels und der Schifffahrt. Wenn in der Literatur der Name Georg Arnold Jacobis genannt wird, dann meist mit dem Zusatz, dass es sich um den Sohn des bekannten Philosophen Friedrich Heinrich Jacobi handelt. Mit einer Definition durch seinen Vater, den Literaten und Goethefreund, wird man jedoch seiner eigenständigen Leistungen weder für die pfalz-bayerische noch für die großherzoglich bergische und später die preußische Regierung gerecht.[38] Georg Arnold Jacobi wurde am 21. März 1768 in Düsseldorf geboren, seine Jugend verbrachte er, da er als schwierig galt, bei dem mit seinem Vater befreundeten Dichter Matthias Claudius in Wandsbek bei Hamburg und dann ab etwa 1782 bei der Fürstin Amalie von Gallitzin in Münster, wo er mit deren eigenen Kindern zusammen erzogen wurde. Georg Arnold Jacobi studierte ab 1787 in Göttingen Jura und kam dort wohl auch mit den wirtschaftstheoretischen Ideen von Adam Smith in Berührung.[39] Wilhelm von Humboldt fiel sein rüder Umgang auf, mit Lichtenberg verband ihn das Interesse für Astronomie, 1790 ließ er sich in der philosophischen Fakultät immatrikulieren. In diesen Jahren machte er auch zusammen mit dem Grafen Stolberg eine ausgedehnte Reise durch die Schweiz und Italien, worüber er 1796 zwei Brief-Bände veröffentlichte.[40]

Johann Wolfgang von Goethe, der sich seit seiner Kindheit für ihn interessiert hatte, verschaffte ihm 1793 den Titel eines Sachsen-Weimarischen Regierungsrates, womit allerdings we-

35 Lau, Geschichte (wie Anm. 19), S. 230.

36 Engelbrecht, Herzogtum (wie Anm. 33), S. 152 f.; Lau, Geschichte (wie Anm. 19), S. 230; Lenzen hat übrigens nachweislich als Letzter die Stadterhebungsurkunde von Düsseldorf von 1288 in der Hand gehabt, deren Text er in seinen Niederrheinischen Blättern wiedergibt.

37 Schwann, Handelskammer (wie Anm. 17), S. 209.

38 Meent W. Francksen, Staatsrat und Gesetzgebung im Großherzogtum Berg (1806–1813) (Rechtshistorische Reihe, Bd. 23), Frankfurt a. M. u. a., 1982, S. 244–249; Engelbrecht, Führungsschichten (wie Anm. 29), S. 70; Engelbrecht, Herzogtum (wie Anm. 33), S. 281.

39 Engelbrecht, Herzogtum (wie Anm. 33), S. 281; vgl. Jan Wartenberg, Der Familienkreis Friedrich Heinrich Jacobi und Helene Elisabeth von Clermont. Bildnisse und Zeitzeugnisse, hrsg. v. Goethe-Museum Düsseldorf. Anton-und-Katharina-Kippenberg-Stiftung, Bonn 2011, S. 133–146.

40 Briefe aus der Schweiz und Italien von Georg Arnold Jacobi in das väterliche Haus nach Düsseldorf geschrieben, 2 Bde., Lübeck/Leipzig 1796, vgl. Friedrich Heinrich Jacobi, 1985, S. 22.

der Posten noch Einkünfte verbunden waren. Seine erste Stelle fand er dann aber im gleichen Jahr als Amtmann in Wickrath bei Mönchengladbach. Nach der Besetzung des linken Rheinufers durch die Franzosen 1794 blieb er zunächst im Amt und wurde 1798 Mitglied der Zentralkommission des Departements Niedermaas in Maastricht. Diese Zeit brachte ihn mit den Ideen der Französischen Revolution in Berührung, denen er sich vielleicht auch annäherte.

Im Jahre 1799 kehrte er nach Düsseldorf zurück. Nach dem Tode seiner ersten Frau Karoline 1795, die aus der mit den Jacobis verwandten Familie von Clermont aus Vaals bei Aachen stammte, hatte Jacobi Louise Brinckmann geheiratet. Louise Brinckmann war die Tochter des Hof- und Medizinalrats Johann Peter Brinckmann aus Solingen, der Direktor des Collegium Medicum in Düsseldorf war. Die Mutter seiner zweiten Frau, Maria Gertrude, Tochter des wohlhabenden Solinger Syndikus Günther, erwarb den hochverschuldeten Pempelforter Besitz der Familie Jacobi und übergab ihn 1799 ihrer Tochter und ihrem Schwiegersohn als Wohnsitz.[41] Jacobi war hochgebildet, stand wie die anderen Mitglieder seiner Familie mit den Geistesgrößen der Zeit in Kontakt und war mit der Familie des damaligen bergischen Ministers und Statthalters Graf Franz Karl von Hompesch verbunden. Ein Sohn des kurpfälzischen Statthalters von Hompesch, Johann Wilhelm, war nur drei Jahre älter als Jacobi und verkehrte auch im Hause Jacobi in Pempelfort.[42] Johann Wilhelm von Hompesch wurde 1800 von Minister Montgelas in München zum Präsidenten des Geheimen Rats und gleichzeitig zum Kommissar ernannt. 1802 begann er, die Behörden des Herzogtums Berg einer grundlegenden Reorganisation zu unterziehen.[43] Möglicherweise in diesem Zusammenhang berief er Georg Arnold Jacobi 1802 zum Mitglied der zweiten Deputation der Landesdirektion und 1804 zum Geheimen Rat.[44]

Georg Arnold Jacobi war sogleich in den verschiedensten Bereichen tätig. Sein Aufgabenbereich bezog sich wohl zunächst auf den Straßen- und Wasserbau sowie das Schulwesen, dann aber wohl auf die Wirtschaft allgemein.[45] Daneben wurde er leitendes Mit-

41 Albert Esser, Vor- und Frühgeschichte der Medizinischen Akademie in Düsseldorf, in: Die Medizinische Akademie in Düsseldorf. Denkschrift vorgelegt von der Gesellschaft von Freunden und Fördern der Medizinischen Akademie in Düsseldorf e.V., o.O., o.J., S. 3–18, S. 16; Friedrich Heinrich Jacobi (1743–1819). Düsseldorf als Zentrum von Wirtschaftsreform, Literatur und Philosophie im 18. Jahrhundert. Eine Ausstellung des Heinrich-Heine-Instituts, zusammengestellt von Klaus Hammacher (Veröff. des Heinrich-Heine-Instituts, Düsseldorf), Düsseldorf 1985, S. 27; Wartenberg, Familienkreis (wie Anm. 39), S. 143.

42 Mosler, Einführung (wie Anm. 15), S. 7; Engelbrecht, Führungsschichten (wie Anm. 29), S. 67.

43 Engelbrecht, Führungsschichten (wie Anm. 29), S. 68; Engelbrecht, Herzogtum Berg (wie Anm. 33), S. 205 ff.

44 Francksen, Staatsrat (wie Anm. 38), S. 242; Engelbrecht, Führungsschichten (wie Anm. 29), S. 70.

45 Josef Wilden, Das Haus Jacobi, Düsseldorf 1943, S. 51 ff.; Wartenberg, Familienkreis (wie Anm. 39), S. 144.

8 Staatsrat Georg Arnold Jacobi (1768–1845). Lithographie von August Dircks nach einer Zeichnung von Theodor Hildebrandt, 1842.

glied der neubegründeten Armenanstalt,[46] Leiter der Kommission für die Schleifung und Neugestaltung der Festungswerke[47], Verantwortlicher für die Neugestaltung des Schul- und Ausbildungswesens und Gutachter für eine Universität Düsseldorf.[48] 1805 ernannte ihn Kurfürst Maximilian Joseph zum Kommissar der Local-Handlungsbehörde, des Vorläufers der Handelskammer.[49] Was Jacobi auszeichnete, war, dass er „ein konsequenter Verfechter liberaler Auffassungen" war und ihm „Monopole und Privilegien genauso ein Dorn im Auge waren, wie jedwede handelspolitische Beschränkung".[50] Der Beginn seiner Tätigkeit als Mitglied der Regierung 1802 fällt in die Phase der Verhandlungen Frankreichs mit dem Reich zu Regensburg um die Entschädigungsfrage und um die Vorbereitung des Reichdeputationshauptschlusses im Februar 1803. Hier wurde Jacobi sofort tätig.[51] Er war der Richtige, um von Seiten der pfalz-bayerischen Regierung mit den Verhandlungen um das Kölner Stapelrecht und den Schifffahrts-Oktroi beauftragt zu werden.[52]

46 Vgl. seine Schrift: Ursprüngliche Fassung der im Jahre 1800 gestifteten allgemeinen Armenpflege in Düsseldorf, 2. Aufl., Düsseldorf 1815.

47 Lau, Geschichte (wie Anm. 19), S. 110. Als solcher verpflichtete er Maximilian Friedrich Weyhe als Gartenbaudirektor für Düsseldorf, vgl. Margret Ritter, Maximilian Friedrich Weyhe 1757–1846. Ein Leben für die Gartenkunst (Quellen und Forschungen zur Geschichte des Niederrheins, Bd. 7 u. Veröff. aus dem Stadtarchiv Düsseldorf, Bd. 13), Düsseldorf 2007, S. 45.

48 Heinrich Willemsen, Ein Gutachten von Georg Arnold Jacobi über die Düsseldorfer Universität, in: DJb 25, 1912, S. 79–98; Esser, Medizinische Akademie (wie Anm. 41), S. 16.

49 Wilden, Das Haus Jacobi (wie Anm. 45), S. 52; Wilden, 100 Jahre (wie Anm. 9), S. 34 f.

50 Engelbrecht, Führungsschichten (wie Anm. 29), S. 70.

51 Eckert, Rheinschiffahrt (wie Anm. 2), S. 25; Engelbrecht, Führungsschichten (wie Anm. 29), S. 70 ff.; Francksen, Staatsrat (wie Anm. 38), S. 242 f.; Müller, Veränderung (wie Anm. 3), S. 8.

52 Mosler, Einführung (wie Anm. 15), S. 2 f.; Francksen, Staatsrat (wie Anm. 38), S. 242 f. Die Tätigkeit Jakobis für die Handelskammer und die Verfassung der Denkschrift wird weder in seinen Erinnerungen noch in der von C. Ilbrig angehängten Biographie genannt, vgl. Cornelia Ilbrig

***

Die Schrift Georg Arnold Jacobis, der sich hier „Sr. Churfürstlichen Durchlaucht zu Pfalz-Baiern Bergischer Landesdirections – Rath“ nennt, ist mit Bewilligung des Verfassers von „Handlungsvorstand zu Düsseldorf“ mit der Jahreszahl 1803 herausgegeben worden. Sie beginnt mit den Sätzen:[53]

> Alle in Rücksicht der Rhein-Schiffahrt zwischen Frankreich und Deutschland zu erörternde Fragen beziehen sich entweder überhaupt auf die freye Benutzung des Stromes, oder insbesondere auf das vorgegebene Stapelrecht der Städte Maynz und Cölln.

Im Weiteren bezieht sich die Schrift auf die Arbeit des Düsseldorfer Hofkammerrats Johann Wilhelm Windscheid (1743–1801) aus dem Jahre 1775,[54] in der Jacobi die Kölner Ansprüche genügend widerlegt sieht, auch scheint es ihm nicht nötig, die vorhandene Problematik näher zu beleuchten. Die Ergebnisse des Lunéviller Friedens von 1801, der den „Thalweg“ als Grenze zwischen Deutschland und Frankreich festgelegt hat, interpretiert er so, „daß in dieser Bestimmung die Bedingung der gemeinschaftlichen Benutzung des Stromes und der unbeschränkten Freyheit der Schiffahrt auf demselben mitbegriffen wäre.“[55]

Dass es in der Praxis mit dem „Thalweg“ als Zollgrenze nicht funktionierte, macht er durch ein Beispiel deutlich.

Er berichtet von dem auf Anraten des kurfürstlichen Gesandten in Paris im Sommer 1801 durchgeführten Versuch, „ein Fahrzeug unter pfalz-bayerischer Flagge und mit einem Pass der Bergischen Regierung und einer Bedeckung von einigen Landdragonern den Rhein hinauf zu senden.“ In Deutz angekommen erhielt es von Kölner Seite die Aufforderung, an den Kölner Stapel zu fahren. Als dieser Befehl nach der von Düsseldorf er-

(Bearb.), „Im Allgemeinen und denkwürdig in historischer Beziehung“. Georg Arnold Jacobis Lebenszeugnisse, fortgesetzt und um einige Erinnerungen ergänzt von Victor Friedrich Leopold Jacobi (Veröff. des Heinrich-Heine-Instituts), Düsseldorf 2010. Vgl. auch Aufsatz von Cornelia Ilbrig, Georg Arnold Jacobis berufliche Laufbahn in Düsseldorf im Spannungsfeld von Revolution und Restauration, in: Düsseldorfer Jahrbuch 82, 2012, S. 45–68, der sich auch auf die Zeit seiner Erinnerungen beschränkt.

53 Jacobi, Einige Worte (wie Anm. 1), S. 3.

54 Joannis Wilhelmi Windscheid, Commentatio de stapula, qua praecipue ducatibus Juliae et Montium libertas navigandi et commercandi in Rheno contra iniustas Agrippinatum molitiones vindicatur. Dusseldorpii typis Carol. Phil. Ludov. Stahl. 1775.

55 Jacobi, Einige Worte (wie Anm. 1), S. 5; Ferdinand von Fuchsius, Nachrichten über die Familie Windscheid. Nebst Beiträgen zur Zeitgeschichte, Düsseldorf 1891, S. 29 f.; Rudolf Möhlenbruch, Professor Dr. Johann Wilhelm Windscheids Einsatz für die „Freie Schifffahrt auf dem Rhein“, in: Beiträge zur Geschichte der Stadt Hennef, NF 11, 2017, S. 21–52.

9 Das Rheinufer bei Linz mit einem getreidelten Schiff, das zur Unterstützung Segel gesetzt hat. Stahlstich, 1838.

haltenen Weisung missachtet wurde, „kam französische Mannschaft herüber“, nötigte die Dragoner an Land zu gehen und brachte das Schiff nach Köln.[56] Dieser bewusst initiierte Testfall gab der pfalz-bayerischen Regierung die Möglichkeit, sich bei den französischen Provinzialbehörden über die Territorialverletzung zu beschweren und die Angelegenheit auch in Paris anzubringen. Während man sich in Köln auf den Frieden von Lunéville berief, der einen Artikel des Vertrags von Campo Formio aufgreifend die Wiederherstellung der alten Verhältnisse am Rhein vorsah, worunter die Kölner nun auch ihr Stapelrecht subsumierten, hielten sich die französischen Provinzialbehörden mit einer Antwort zurück. In Paris erhielten die Vertreter der Düsseldorfer Handelskammer angeblich die allerdings nur mündliche Antwort, dass die „Stapelgerechtsame überhaupt mit den Französischen Staatsgrundsätzen und gegenwärtig bestehenden Ordnungen durchaus nicht verträglich wären, und daher auch ein Maynzisches und Cöllnisches Stapelrecht weder würklich bestehe noch bestehen könne.“[57]

Der genannte Vorfall im Sommer 1801 war wohl der Grund für die Entstehung der bereits genannten Schrift von Graf Jollivet vom Herbst des Jahres über den „Thalweg“ des

56 Jacobi, Einige Worte (wie Anm. 1), S. 6 f.
57 Jacobi, Einige Worte (wie Anm. 1), S. 8.

Rheins. Jollivet begründet darin ausführlich die französische Position. Da sich die Staatsgrenze im Rheinstrom nicht genau bestimmen lasse, habe jeder rheinanliegende Staat das Recht, wechselseitig Zolldefraudationen auch auf dem anderen Ufer zu verfolgen. Das sei schon zu Zeiten des Alten Reiches so gewesen und daran habe der Lunéviller Frieden nichts geändert.[58] Das gleiche gelte für die Stapelgerechtigkeiten der Städte Köln und Mainz. Diese seien (indirekt) durch den Lunéviller Frieden bestätigt worden und weil sie bestünden, müssten sie auch eingehalten werden. Daraus ergebe sich auch das Recht, Schiffe mit Gewalt an den Stapel zu zwingen. Eine Aufhebung der Stapelgerechtigkeit von Köln und Mainz sei übrigens nur durch einen Staatsvertrag Frankreichs mit dem Deutschen Reich möglich.[59]

Außerdem nennt Jollivet mehrere ähnlich gelagerte Fälle, wobei es u. a. um die Beschlagnahme von Getreidelieferungen aus der Pfalz und die Wegnahme bergischer, für Mainz bestimmter Manufakturwaren, die als vermeintliche englische Ware angesehen worden waren, ging. Die hatte dazu geführt, dass die Düsseldorfer Kaufleute es vorzogen, ihre Waren auf dem Landweg nach Frankfurt zu bringen. De facto sei die Zollgrenze damit auf das rechte Rheinufer vorgeschoben worden, was bedeute, dass über kurz oder lang der Handel auf dem Rhein völlig zum Erliegen kommen müsse. „Für den diesseitigen Uferbewohner ist seitdem kein Handel mehr auf dem Rheine, und nichts ist dem Deutschen von seinem vaterländischen Strome übrig, als die Ueberschwemmungen.“ Solche Sätze zeigen, dass die Auseinandersetzung durchaus emotional geführt wurde.[60]

Wenn, so argumentiert Jacobi, der „Thalweg“ des Rheins die Grenze von Frankreich und Deutschland ist, so kann sich das nur auf das gesamte Fahrwasser (inklusive die Leinpfade) beziehen, was wiederum bedeutet, dass der Rhein als Ganzes frei ist. Jacobi kommt aus seiner Sicht zu völlig anderen Ergebnissen und einer völlig anderen Interpretation der Paragraphen des Friedens von Lunéville als Jollivet in seiner Schrift, von der sich Jacobi scharf abgrenzt.[61]

Jacobi greift dagegen Argumente auf, die auch in einer von einem ungenannten Verfasser erstellten Denkschrift der Straßburger Handelskammer „De la Navigation du Rhein“ von 1802 verwendet werden.[62] Wenn der Lunéviller Frieden eine Wiederherstellung der

58 Jollivet, Thalweg (wie Anm. 11), S. 23 ff.

59 Jollivet, Thalweg (wie Anm. 11), S. 43 f.

60 Jacobi, Einige Worte (wie Anm. 1), S. 11. Hier spricht Jacobi schon ein Thema an, dass er 1814 mit seiner Broschüre: „Natürliche Gränzen“, Düsseldorf 1814, 24 S., wieder aufgreifen wird.

61 Vgl. Gothein, Entwicklung (wie Anm. 18), S. 16.

62 Vgl. De la navigation du Rhin. Mémoire imprimé par ordre du Comité consultatif du commerce de Strasbourg, Strasbourg, de Lìmprimerie de Lavrault, Germinal X (1802), S. 15 ff.; Das Exemplar der Universitäts- und Landesbibliothek Düsseldorf ist mit einem Exemplar von Jacobis Schrift zusammengebunden, so dass Francksen, Staatsrat (wie Anm. 38), S. 242 f., davon ausging, bei der

alten Verhältnisse fordere, so bedeute das auch einen ungehinderten Handelsverkehr über den Rhein und einen Wegfall der Zollgrenze. Da dies aber von Frankreich nicht beabsichtigt sei, sei dieser Paragraph auch hinfällig. Was das Stapelrecht von Mainz und Köln angehe, so beruhe dieses auf kaiserlichen Privilegien, die aber, nach „Aufhebung des Staatsvereins“, d. h., des Alten Reiches, ihre Gültigkeit verloren hätten. Nach der augenblicklichen Rechtslage könne Frankreich das Stapelrecht gar nicht aufrechterhalten, da es einen gewaltsamen, durch keinen Vertrag abgesicherten Eingriff in die Rechte eines anderen Staates darstellt. Dies deckt sich auch mit den Forderungen des anonymen Verfassers der Straßburger Denkschrift. Dieser fordert die sofortige Abschaffung der Stapelrechte von Köln und Mainz und stellt ähnlich wie Jacobi fest, diese Privilegien „seront en opposition formelle avec l'article VI du traité de Luneville, où la liberté de la navigation du Rhin se trouve proclamée, en mêmes temps que la ligne de démarcation pour la souverainité respectue y est positivèment tracée“.[63]

Jacobi kann sich in seiner Argumentation auch auf eine schon 1801 von dem Koblenzer Kaufmann Pierre François Paravey[64] speziell gegen das Stapelrecht von Köln und Mainz gerichteten Schrift[65] stützen, in der das Stapelrecht von Köln und Mainz schlicht als illegal bezeichnet und von „Faustrecht“ gesprochen wird,[66] auch laufe es den wirtschaftlichen Interessen der Kaufleute aller Länder, mit Ausnahme der Kölner und Mainzer zuwider. Für den aus Frankreich stammenden Paravey sind die Stapelrechte in hohem Maße anachronistisch, sie wären schon vor der Besetzung des linken Rheinufers durch Frankreich nicht mehr zu rechtfertigen gewesen und seien jetzt erst recht völlig „incompatible avec les loix françaises et les principes sur les quels elles sont fondées“.[67] Er hebt das Problem auch auf eine allgemeine Ebene: In der Auseinandersetzung um das Stapelrecht von Köln und Mainz ständen sich die Barbarei des 18. Jahrhunderts, repräsentiert durch zwei Städte,

Schrift von Jacobi handele es sich um eine Einleitung zu der Schrift der Handelskammer Straßburg. Daniels vermutete dagegen in seiner Schrift „Memoire sur le droit de relache, appartenant aux villes de Cologne et de Mayence“, Köln 1804, dass die Straßburger Schrift auf Initiative der Kaufmannschaft von Düsseldorf verfasst wurde.

63 De la navigation du Rhin (wie Anm. 62), S. 49.

64 Zu Paravey vgl. Karl-Georg Faber, Andreas von Recum 1765–1828. Ein rheinischer Kosmopolit (Pariser Studien 8), Bonn 1969, S. 212 ff.; Mario Kramp, „Der ganze Bau stand von vornherein unter einem Unglücksstern“. Der Sicherheitshafen: Köln und seine Großbaustelle 1788–1896, in: Geschichte in Köln 64, 2017, S. 71–97, hier S. 82. Paravey stammte aus Frankreich, lebte seit 1799 in Koblenz und intervenierte 1802 auch in Paris im Namen seiner Mitbürger gegen die Aufrechterhaltung der Stapelrechte am Rhein; vgl. Müller, Veränderungen (wie Anm. 3), S. 45.

65 P. F. Paravey, De la libre Navigation du Rhin ou réclamation des villes de la rive gauche contre le droit d'étape de Cologne et de Mayence, Coblence [1801].

66 Paravey, Navigation (wie Anm. 65), S. 7.

67 Paravey, Navigation (wie Anm. 65), S. 23.

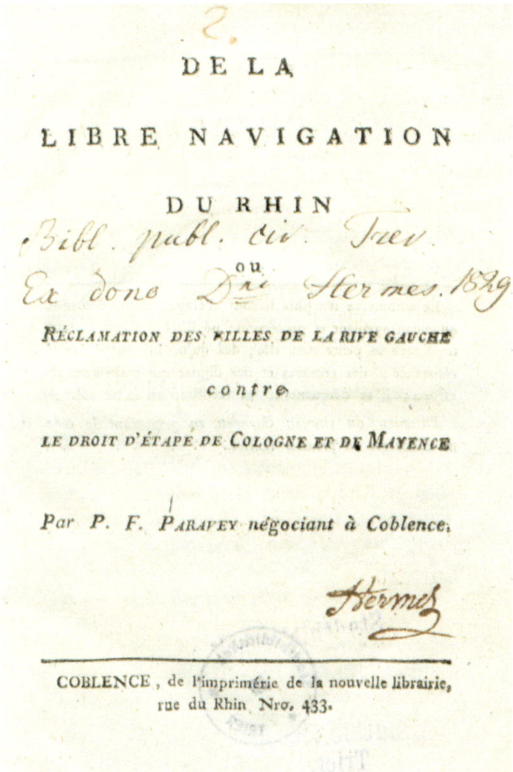
DE LA

LIBRE NAVIGATION

DU RHIN

ou

RÉCLAMATION DES VILLES DE LA RIVE GAUCHE

contre

LE DROIT D'ÉTAPE DE COLOGNE ET DE MAYENCE

Par P. F. PARAVEY négociant à Coblence.

COBLENCE, de l'imprimérie de la nouvelle librairie, rue du Rhin Nro. 433.

10 Titelblatt der Schrift des Koblenzer Kaufmanns Paravey, „De la libre navigation du Rhin“, 1801.

und das zivilisierte 19. Jahrhundert gegenüber. Auf der einen Seite ständen hassenswerte Privilegien, die zu Unwissenheit und Machtmissbrauch führten, während auf der anderen Seite die Prinzipien der freien Wirtschaft ständen, wie sie heute von allen Staaten akzeptiert seien.[68]

Die Tatsache, dass er am Schluss seiner Ausführungen ein Schreiben des Präfekten des Rhein-Mosel-Departements an den Düsseldorfer Kaufmann J. A. Boecker zitiert, in dem dieser ihm für eine Denkschrift über den freien Rhein dankt und ihm seine Unterstützung zusagt,[69] führte zu der Meinung, dass auch die Schrift von Paravey vornehmlich im Interesse der Düsseldorfer Kaufmannschaft entstanden sei. Vielleicht gab es wirklich im Zuge der Vorbereitung einer Beurtfahrt zwischen Düsseldorf und Koblenz entsprechende Kontakte.[70]

Allerdings scheint es nicht möglich, so wieder Jacobi, wie das Beispiel der rechtswidrigen Erzwingung des Kölner Stapelrechts für das Düsseldorfer Schiff in Deutz gezeigt habe, den eigenen Standpunkt mit Gewalt durchzusetzen. Gewalt und Repressalien von Seiten des Reichs sind für Jacobi kein geeignetes Mittel. Er bemängelt, dass die französischen Behörden in Paris von den Schifffahrtsverhältnissen auf dem Rhein nur „höchst unvollkommene Kenntnis haben“.[71]

68 Paravey, Navigation (wie Anm. 65), S. 1 f.

69 Paravey, Navigation (wie Anm. 65), S. 90 f.

70 Müller, Veränderungen (wie Anm. 3), 45 ff.; Schwann, Handelskammer (wie Anm. 17), S. 233.

71 Jacobi, Einige Worte (wie Anm. 1), S. 16; auch Ockhart sieht 1818 den Grund für die Beibehaltung des Stapels in Mainz und Köln in der irrigen Berathung, sowie den willkürlichen Anmassungen der damaligen französischen Administration begründet. J. F. Ockhart, Geschichtliche Darstellung der frühen und späteren Gesetzgebung über Zölle und Handelsschiffahrt des Rheins, mit Rücksicht auf die Beschlüsse des Wiener Kongresses für die künftige Verwaltung dieses Stroms und

Die Tendenz der Denkschrift Jacobis ist die: Wenn die französische Regierung die Zollgrenze auf dem „Thalweg" des Rheins mit ihren Übergriffen auf das rechte Rheinufer und die Stapelrechte von Köln und Mainz aufrechterhalte, werde der Handelsverkehr auf dem Rhein in Kürze mehr oder weniger zum Erliegen kommen, was zu starken wirtschaftlichen Einbußen der linksrheinischen Territorien führen müsse. Mit dem Lunéviller Frieden haben auch die reichsrechtlich fundierten Stapelrechte ihr Ende gefunden.[72]

Die von der pfalz-bayerischen Regierung initiierte Aktion, die Ernsthaftigkeit des von der Stadt Köln und der französischen Verwaltung aufrechterhaltenen Stapelrechts durch ein nach Deutz geschicktes Fahrzeug anzutasten, war sicherlich der Versuch, auf die laufenden Verhandlungen in Paris und Regensburg einzuwirken. Denn es ist Jacobi bekannt, dass „die hohe Reichs- Deputation zu Regensburg jetzt bey den vermittelnden Mächten die zu erwartende Aufhebung des Maynzischen und Cöllnischen Stapelzwanges in Anregung gebracht hat".[73] Wenn es nach „Recht und Billigkeit" ginge, so wäre an dem glücklichen Ausgang der Verhandlungen nicht zu zweifeln.

> Das Wort, der Thalweg des Rheins ist beyder Staaten Gränze, begreift die gegenseitige Gestattung der Gemeinschaft und Freyheit der Schiffahrt schon in sich; weil eben der Thalweg das Fahrwasser ist, und daher auf den Fall, dass es jedem Theile frey stehen sollte, über diesen Gegenstand zu dem Nachtheil des Nachbars willkührlich zu verfügen, die Beschiffung des Stroms in kurzem ganz aufhören müsste.[74]

Was Jacobi nicht ausspricht, was aber die logische Konsequenz seiner Überlegungen sein muss, ist, dass das Fahrwasser und die Leinpfade weder dem einen noch dem anderen Land gehören können, dass die Fahrrinne nicht als Zollgrenze taugt, sondern dass es eine gemeinsame Verwaltung und eine von allen Staaten getragene vertragliche Regelung geben muss. Und genau in diese Richtung entwickelten sich die Verhandlungen zwischen Frankreich und der Reichsdeputation. Auch Jacobi erkannte, dass die Entscheidungen über die Entwicklung der Rheinschifffahrt, die er mit seiner Schrift im letzten Moment noch beeinflussen wollte, in Paris und auf dem Reichstag in Regensburg getroffen werden.

Er wiederholt am Ende seiner Schrift den Hinweis, dass die gegenwärtigen Zustände „höchst nachtheilig" für Handel und Gewerbe insbesondere auch des Herzogtums Berg seien und die „künftige Wohlfahrt" von der Freiheit der Schifffahrt auf dem Rhein abhänge.

seiner Nebenflüsse, Mainz 1818, S. 278.

72 Vgl. Francksen, Staatsrat (wie Anm. 38), S. 242.

73 Jacobi, Einige Worte (wie Anm. 1), S. 11.

74 Jacobi, Einige Worte (wie Anm. 1), S. 11 f.

> Natürlich ist es daher, dass man hier dem Ausgange der angefangenen Unterhandlung mit der gespanntesten Erwartung entgegen sieht, und die feste Hofnung hegt, dass die hohe Reichs-Deputation diesen wichtigen und vor kurzem noch von unserem so aufrichtig und so innig verehrten gnädigsten Churfürsten nachdrücklich in Erinnerung gebrachten Gegenstand ihrer ganzen Sorge würdigen werde.[75]

Wenn auch die Schrift Jacobis die Endredaktion des am 25. Februar 1803 verkündeten Reichsdeputationshauptschlusses in Regensburg nicht mehr beeinflusst haben mag, so forderte sie doch die Kölner zum Widerspruch heraus. Diese konnten die Forderungen nach Abschaffung ihres Stapelrechtes nicht unbeantwortet lassen. Sie hatten ja ihrerseits durch Gesandtschaften in Paris, durch die Gewinnung des Mainzer Präfekten André Jeanbon Saint-André für ihre Zwecke und den Einsatz von Lobbyisten erreicht, dass die französische Regierung das Argument willig aufnahm, bei den Stapelrechten handele es sich um einen Besitz der Französischen Republik, deren Abschaffung nur dem rechten Rheinufer nütze, und mit denen sie die Kontrolle des Handels und der Zollgrenze leichter durchführen könnten,.[76] Schon 1801 war in Köln eine deutsche Kurzfassung der im Jahre 1774 verfassten lateinischen Schrift über den Stapel von Gerhard Ernst von Hamm veröffentlicht worden.[77] 1804 verfasste dann Heinrich Gottfried Wilhelm Daniels, Professor an der Zentralschule in Köln, im Namen der Handlungskammer die Schrift „Ueber das Stapelrecht zu Kölln und Mainz“.[78] Daniels bezieht sich direkt auf die Schriften von Paravey und Jacobi und argumentiert zunächst juristisch, indem er auf die alten Privilegien und Verträge sowie den Vertrag von Lunéville verweist und feststellt, dass es keinen Grund gebe, die Stapelrechte aufzuheben, da ja auch die Zölle entgegen der Ankündigungen nicht aufgehoben worden seien. Dann stellt er ein Schreckensszenario auf, wie sich Handel und Schifffahrt beim Wegfall der Stapelgerechtigkeiten von Köln und Mainz entwickeln würden. Überall entstünden Niederlassungen, Hindernisse, Gefahren und Kosten würden zunehmen, Preise steigen und die Ausländer, vor allem die Niederländer, würden den Handel an sich reißen. Seine Schrift wendet sich direkt an die Verantwortlichen der Französischen Republik und stellt die Wichtigkeit des Stapels für diese dar. Er schließt mit dem Satz: „Die Beibehaltung dieses Rechts für jene Städte wird also zur Grundmaxime der Handlungspolitik von Frankreich.“[79]

75 Jacobi, Einige Worte (wie Anm. 1), S. 16.

76 Müller, Veränderungen (wie Anm. 1), S. 45 ff.

77 Gerhard Ernst von Hamm, Stapel der Ubier-Agrippiner von Anbeginn der Stadt, Köln 1801, 64 S.

78 H[einrich Gottfried Wilhelm] Daniels, Ueber das Stapelrecht zu Kölln und Mainz. Verfaßt, im Namen der Handlungskammer, von [...], Rechtsgelehrter, und Professor bei der Centralschule in Kölln, Köln, bei Oedenkoven und Thirart (Jahr 12) 1804, 43 S..

79 Daniels, Stapelrecht (wie Anm. 78), S. 43; vgl. auch Müller, Veränderungen (wie Anm. 3), S. 9.

11 Düsseldorfer Rheinfront. Kolorierter Stahlstich von J. M. Kolb, ca. 1840.

Die genannte Schrift Jacobis zur Situation der Rheinschifffahrt gehört in die Anfangsphase seiner Tätigkeit in der Vertretung der bergischen Interessen, zumal es ab 1803 um die Ausgestaltung des 1804 in Kraft gesetzten Rheinschifffahrts-Oktrois ging.[80] In dieser Angelegenheit hatte Düsseldorf einiges zu verlieren, war doch bei der ersten Festlegung der neuen Erhebungsstellen für den Oktroi, der die alten Zölle ersetzen sollte, Düsseldorf nicht vorgesehen gewesen.[81] Statt der 29 Zollstellen des Alten Reiches zwischen Straßburg und Lobith (16 rechtsrheinisch, 13 linksrheinisch), sollten nach dem Willen der Oktroikommission 12 Oktroibüros eingerichtet werden, wobei die vier für den Niederrhein vorgesehenen zunächst alle auf dem linken – französischen – Rheinufer liegen sollten.[82] Mit den Protesten wurde erreicht, dass in der „Konvention über den Rheinschifffahrts-Oktrois“ vom 5. August 1804 im Artikel 46 Düsseldorf schließlich wieder unter den Erhebungsstellen aufgeführt wird.[83]

80 Die Konvention über den Rheinschifffahrts-Oktroi wurde vom Kaiser am 27.4.1803 ratifiziert und am 5.8.1804 unterschrieben. Sie besteht aus 132 Artikeln, vgl. Eckert, Rheinschiffahrt (wie Anm. 2), S. 18. Druck u. a. Köln 1805.

81 Mosler, Einführung (wie Anm. 15), S. 8.

82 LA NW, Abt. Rheinl., Jülich-Berg II 4761, f. 72; es waren dies Köln, Uerdingen, Büderich, Gruithausen; vgl. Müller, Düsseldorf (wie Anm. 3), S. 201; Mosler Einführung (wie Anm. 15), S. 6 f.

83 Eckert, Rheinschiffahrt (wie Anm. 2), S. 22; Mosler, Einführung (wie Anm. 15), S. 9 f.; Müller, Veränderungen (wie Anm. 3), S. 49 f.

Nun allerdings ging es bei den Verhandlungen um die Details. Das heißt, für die ehemaligen bergischen Zollstellen Düsseldorf und Kaiserswerth um die Frage, wer den Unterhalt der Leinpfade übernimmt, wer die Pensionszahlungen der ehemaligen Zollbeamten leistet und was es mit den sogenannten Nebengefällen, den Sonderabgaben für Tuffsteinexporte in die Niederlande oder dem Mühlenkehlgeld für die Einziehung von die Schifffahrt behindernden Schiffsmühlen vor Kaiserswerth geschehen soll. Auch über die Verteilung der Einkünfte auf die einzelnen Territorien wurde in Aschaffenburg verhandelt, Verhandlungen, an denen Jacobi teilnehmen musste.[84] Am rechtsrheinischen klevischen Niederrhein war der Oktroivertrag nicht umgesetzt worden, da Preußen an der steuerlichen Entlastung der klevischen Schiffer festhielt. Da dadurch den bergischen Schiffern ein Wettbewerbsnachteil entstand, sollte Jacobi 1805 bei Nachverhandlungen in Paris tätig werden.[85]

Der Rheinschifffahrts-Oktroi, der nach und nach in allen Territorien eingeführt wurde, hatte für die technische Abwicklung der Schifffahrt auf dem Rhein im Prinzip positive Folgen. Zu einem Handelsaufschwung kam es jedoch wegen der verschärften Kontinentalsperre nicht, im Gegenteil, Verkehr und Handel nahmen ab. Was das Stapelrecht von Mainz und Köln anging, so hatten die Bestimmungen des Oktroivertrags jedenfalls den Vorteil, dass es auf ein reines Umschlagsrecht reduziert wurde, d. h., der Zwang zum Anbieten der Ware, der in der Praxis sowieso keine große Rolle mehr gespielt hatte, entfiel.[86]

Noch im April 1813 wurde das Umschlagsrecht der Stadt Köln von Napoleon bestätigt, wohl in der Meinung, dass dadurch die Zollbehörden auch im Hinblick auf die Kontinentalsperre gegen England bessere Kontrollmöglichkeiten hätten. Wieder aufgegriffen wurde das Thema der Freiheit des Rheins dann auf dem Pariser Frieden vom 30. Mai 1814. Der dort eingebrachte Artikel 5 besagt: „Die Schiffahrt auf dem Rhein, von dem Punkt an, wo er schiffbar wird, bis zum Meer und umgekehrt, soll frei sein dergestalt, daß sie niemand untersagt werden kann“.[87] Dies erlaubte lediglich allen Nationen die Schifffahrt auf allen Teilstücken des Rheins.

Damit war aber das Umschlagsrecht der Städte Köln und Mainz noch nicht aufgehoben. Dies sollte erst durch die Rheinschifffahrtsakte vom 31. März 1831 Wirklichkeit werden.[88]

84 Mosler, Einführung (wie Anm. 15), S. 9 ff.

85 Mosler, Einführung (wie Anm. 15), S. 35 f.; Müller, Veränderungen (wie Anm. 3), S. 49 f.

86 Eckert, Rheinschiffahrt (wie Anm. 2), S. 26.

87 Eckert, Rheinschiffahrt (wie Anm. 2), S. 79 ff.; Müller, Veränderungen (wie Anm. 3), S. 51 f.

88 Eckert, Rheinschiffahrt (wie Anm. 2), S. 219 ff.; Gothein, Entwicklung (wie Anm. 18), S. 136 ff.

1 Ansicht von Bonn mit rheinabwärts treibendem Frachtschiff. Gouache, unbekannter Maler, um 1800, Ausschnitt.

6 Zur niederrheinischen Schiffergilde in Napoleonischer Zeit

6.1 Schifffahrt auf dem Rhein am Ende des 18. Jahrhunderts

Vom Mittelalter bis ins 19. Jahrhundert, bis zum Aufkommen der Eisenbahnen, war der Rhein die Hauptverkehrsader Deutschlands, war, wie es schon die Zeitgenossen des 18. und 19. Jahrhunderts formulierten, „Teutschlands hochschlagende Pulsader"[1] und „hervorragende Karawanenstraße Europas".[2] Wo immer möglich, benutzten Reisende den Wasserweg, da dieser gegenüber den schlecht ausgebauten, eher Feldwegen gleichenden Straßen weitaus bequemer war. Das galt in weit höherem Maße noch als für die zu Pferd oder als Fußgänger reisenden Personen für Warentransporte. Anstatt mit Karren oder Wagen auf unbefestigten und nach jedem Regenguss im Schlamm versinkenden Pisten konnten diese wirtschaftlicher und in größeren Mengen auf dem Wasser transportiert werden.

Ganz problemlos war jedoch auch der Transport auf dem Wasser nicht. Zum einen behinderten Hoch- und Niedrigwasser sowie Eisgänge die Schifffahrt, zum anderen war die Fahrrinne des noch nicht befestigten und kanalisierten Stroms häufigen Veränderungen unterworfen, was Gefahren für die Schifffahrt mit sich brachte. Auch wurden die den Fluss begleitenden Leinpfade eher schlecht als recht unterhalten, so dass die Schiffer und Kaufleute häufig über Behinderungen und Unfälle klagten.[3] Ein Weiteres kam hinzu. Vom Warentransport auf dem Rhein wollten auch die Fürsten der am Rhein liegenden Territorien ihren Anteil haben. Deswegen hatten sie sich schon im Mittelalter vom Kaiser das Recht der Zollerhebung verleihen lassen. Später kamen am Niederrhein noch sogenannte Licenten hinzu.[4] Im 18. Jahrhundert hatten wir zwischen Straßburg und der niederlän-

1 Ernst Moritz Arndt nach Franz Irsigler, „Teutschlands hochschlagende Pulsader". Zur wirtschaftlichen Bedeutung des Rheins bis zum frühen 19. Jahrhundert, in: Vom Zauber des Rheins ergriffen … Zur Entdeckung der Rheinlandschaft vom 17. bis 19. Jahrhundert, hrsg. v. Klaus Honnef/Klaus Weschenfelder/Irene Haberland (Katalog zur Ausstellung in Bonn und Koblenz), München 1992, S. 67–80.

2 Christan Eckert, Rheinschiffahrt im XIX. Jahrhundert (Staats- und sozialwissenschaftliche Forschungen, Bd. 18, H. 5), Leipzig 1900, S. 1 f.

3 Annette Fimpeler, Die Schifffahrt und ihre Fahrzeuge auf dem Niederrhein vom späten Mittelalter bis ins 18. Jahrhundert (Studien zur Düsseldorfer Wirtschaftsgeschichte, Bd. 5 u. Veröff. aus dem Stadtarchiv Düsseldorf, Bd. 19), Düsseldorf 2008, S. 57 ff.

4 Zu den Licenten, ursprünglich im 17. Jahrhunderte eingeführten Kriegssteuern, vgl. J. J. Eichhoff, Topographisch-statistische Darstellung des Rheines mit vorzüglicher Rücksicht auf dessen Schifffahrt und Handlung, Köln 1814, S. 69 ff.

dischen Grenze über 30 Zollstellen, an denen die Schiffe angehalten wurden und die Schiffer ihre Waren deklarieren und Abgaben zahlen mussten, deren Höhe häufig von der Willkür des jeweiligen Zollaufsehers abhängig war.[5] Als weiteres bedeutendes Hemmnis für den Transport auf dem Rhein wurden von den Kaufleuten vor allem auch die Stapelrechte der Städte Mainz und Köln angesehen. In gewisser Weise muss auch Dordrecht zu den Stapelstädten gezählt werden, da hier die Schaltstelle zum Seeverkehr lag. Auf dem Oberrhein ging die Schifffahrt bis Straßburg und in bescheidenerem Umfang bis Basel. Gewisse Stapelfunktionen beanspruchten auch Städte an der Mündung von Nebenflüssen wie Koblenz oder Mannheim.[6]

Mit den diesen Städten im Mittelalter verliehenen Stapelrechten – wir beschränken uns hier auf Mainz und Köln – zwangen die Städte alle Handelswaren aus einem bestimmten Umkreis in ihre Mauern. Dass hieß, dass die mit dem Schiff den Rhein hinauf- oder herunterkommenden Kaufmannsgüter an den Stapelstädten ausgeladen sowie, jedenfalls im Idealfall, drei Tage gelagert und angeboten werden mussten. Sie mussten ferner durch einen einheimischen – Kölner oder Mainzer – Kaufmann, Kommissionär oder Spediteur weitertransportiert werden. Auch forderte das Stapelrecht, dass der Großhandel nur zwischen den Stapelstädten stattfand, d. h., dass die Schiffer der Großen Fahrt zwischen Dordrecht oder Rotterdam und Köln und zwischen Köln und Mainz unterwegs keine Waren aus- oder einladen durften. Sie mussten die Güter vollständig, auf „ganzem Boden", zur nächsten Stapelstadt bringen, da sie ansonsten vom Handel ausgeschlossen worden wären. Der Verkehr innerhalb der Stromabschnitte zwischen den Stapelstädten wurde dann von der Kleinen Schifffahrt (später auch Intermediärschifffahrt) besorgt.

Das Stapelrecht von Mainz und Köln zog seine Berechtigung daher, dass auf dem Oberrhein, dem Mittelrhein und dem Niederrhein jeweils sehr unterschiedliche Schifffahrtsverhältnisse bestanden und sich daher für jeden dieser Stromabschnitte eigene Schiffstypen herausgebildet hatten. Da überdies das Stapelrecht der Städte Mainz und Köln verhin-

---

5 Clemens von Looz-Corswarem, Zur Entwicklung der Rheinschiffahrt vom Mittelalter bis ins 19. Jahrhundert, in: Düsseldorf und seine Häfen. Zur Verkehrsgeschichte der Stadt aus Anlaß des 100jährigen Hafenjubiläums 1896–1996, hrsg. im Auftrag der Stadtwerke Düsseldorf AG von Horst Rademacher/Clemens von Looz-Corswarem/Annette Fimpeler-Philippen, Wuppertal 1996, S. 9–31, bes. S. 24 f.

6 Zum Kölner Stapel: Gerd Schwerhoff, Der Kölner Stapel (1259–1831). Werden und Wandlungen einer alteuropäischen Institution, in: Jahrbuch des Kölnischen Geschichtsvereins 80, 2009/10, S. 43–69; vgl. auch Clemens von Looz-Corswarem, Zum Stapelrecht von Köln und der Schiffahrt auf dem Niederrhein in der frühen Neuzeit, in: Köln und die Niederrheinlande in ihren historischen Raumbeziehungen (15.–20. Jahrhundert), hrsg. v. Dieter Geuenich (Veröff. des Hist. Vereins für den Niederrhein, Bd. 17), Pulheim 2000, S. 323–338 (Vgl. Beitrag 3 in diesem Band).

2 Das Kölner Rheinufer von Norden. Bauchige niederrheinische Frachtschiffe am Kölner Rheinufer. Öl auf Leinwand von Clarkson Stanfield (1793–1867), 1826.

derte, dass Schiffe des Niederrheins auf dem Mittelrhein oder dem Oberrhein oder Schiffe des Mittelrheins auf dem Niederrhein fuhren, hatte im Laufe der Jahrhunderte nur eine allmähliche Angleichung der Schiffstypen stattgefunden.[7]

So waren z. B. die Schiffe auf dem Mittelrhein in der Regel kleiner und waren anders gebaut, da hier die Schiffe rheinauf immer getreidelt werden mussten, während sie auf der Talfahrt mit einem zusätzlichen Bugruder (Lappen) in der Strömung gehalten werden mussten. Auf dem Niederrhein waren die Schiffe größer und viel stärker mit Segeleinrichtungen ausgestattet, da hier wegen fehlender Leinpfade teilweise gesegelt werden musste, oder man das Segel bei der Berg- und Talfahrt zu Hilfe nehmen konnte. Die Schiffe, die auch in den Niederlanden, nach Rotterdam, Amsterdam oder Dordrecht fuhren, waren auch mit Seitenschwertern ausgestattet, um den stärkeren Winden im Küstenbereich begegnen zu können. Das Fassungsvermögen der mittelrheinischen Schiffe, die zwischen Mainz und Köln verkehrten und die auch von Köln aus gesehen oberländische Schiffe (Oberländer) genannt wurden, und den niederrheinischen, zwischen Köln und den niederländischen Häfen verkehrenden Schiffen, betrug etwa eins zu zwei. Das heißt, dass ein

7 Zu den Schiffstypen vgl. Fimpeler, Schifffahrt (wie Anm. 3); Kurt Schwarz, Die Typenentwicklung des Rheinschiffs bis zum 19. Jahrhundert, Diss. Karlsruhe 1926.

niederrheinisches Schiff in der Regel fast doppelt so viel Ladung transportieren konnte wie ein mittelrheinisches Schiff.[8]

Neben den großen Handelsschiffen, der Samoreuse, dem Bönder und der Smack, die den Warenverkehr zwischen den Stapelstädten abwickelten, gab es noch eine große Zahl mittelgroßer und kleiner Schiffe, die den Personen- und Warenverkehr der rheinanliegenden Städte und Orte untereinander innerhalb der jeweiligen Stromabschnitte und mit den Stapelstädten besorgten. Das waren auf dem Niederrhein vor allem die sogenannte Aak, dann die verschiedensten Formen von Leichtern und Nachen. Daneben traten Schiffstypen aus den Niederlanden wie die Schnicke, die Poon sowie Jachten und Marktschiffe unterschiedlichster Art.[9]

Schiffer auf dem Rhein zu sein erforderte damals, vielleicht anderes als heute, wo sich der Schiffer auf elektronische Hilfsmittel stützen kann, ein hohes handwerkliches Können verbunden mit großer Verantwortung und einem gewissem Organisationsgeschick. War der Schiffer Besitzer eines großen Handelsschiffes, so bedeutete dies alleine schon eine ziemliche Investition, die, wenn die Geschäfte gut gingen, auch einen Gewinn versprach. Andererseits war das Geschäft zahlreichen Risiken ausgesetzt und höchst abhängig von äußeren Bedingungen und der konjunkturellen Situation.[10]

Die Fahrzeuge der Großen Fahrt auf dem Niederrhein, häufig holländische Schiffe, die zwischen der Stapelstadt Köln und den niederländischen Häfen Dordrecht, Rotterdam und Amsterdam verkehrten, fassten in der Regel 4000–6000 Zentner, ja es gab wohl um 1800 auch große Schiffe, die bis zu 8000 Zentner fassen konnten.[11] Abhängig war die Form und das Fassungsvermögen der großen Schiffe auf dem Niederrhein auch davon, auf welchen Stromstrecken sie eingesetzt wurden. Für die Strecke nach Amsterdam wurden etwas kleinere Fahrzeuge eingesetzt, die wegen der von ihnen befahrenen Kanäle und Schleusen nicht mehr als 5 ½ Fuß (ca. 1,72 m) Tiefgang und 20 Fuß (ca. 6,72 m) Breite haben durften, während es für die Schiffe nach Rotterdam diese Beschränkungen nicht gab.[12]

Auf den unterschiedlichen Stromstrecken kamen auch deshalb unterschiedliche Schiffstypen zum Einsatz, weil die Möglichkeiten, ein Schiff wieder den Strom hinaufzubringen, unterschiedlich waren. Im Prinzip kam nur in Frage, die Schiffe bergauf zu rudern, zu segeln oder von Land aus zu ziehen. Das Rudern schwerer Schiffe gegen die Strömung kam

8 Josef Franz Ockhart, Der Rhein nach der Länge seines Laufs und der Beschaffenheit seines Strombettes mit Beziehung auf dessen Schifffahrtsverhältnisse, Mainz 1816, S. 96 ff.

9 Fimpeler, Schifffahrt (wie Anm. 3), S. 375 ff.

10 Zum Stand der Berufsschiffer vgl. Bruno Kuske, Die Rheinschiffahrt zwischen Köln und Düsseldorf vom 17. bis 19. Jahrhundert. Mit einer Darstellung der älteren Kölner Schifferverbände, in: Düsseldorfer Jahrbuch 20, 1905, S. 250–354, hier S. 316 ff.

11 Ockhart, Rhein (wie Anm. 8) S. 96 ff.

12 Ockhart, Rhein (wie Anm. 8), S. 217.

3 Modell einer Dorstener Aak. Modell von H. Tournay.

nicht in Frage, wäre auch höchst unwirtschaftlich gewesen. Gerudert wurden nur Kähne oder Nachen, meist in der Personenfahrt.

Am Mittelrhein konnten größere Schiffe fast nur getreidelt werden, denn hier war der Strom schmal, die Fließgeschwindigkeit hoch und der Rhein in einem engen Tal eingebettet, in dem wegen der schwierigen Windverhältnisse ein Segeln oder Kreuzen vor dem Wind nicht möglich war. Deshalb besaßen die mittelrheinischen Schiffe im vorderen Drittel einen kräftigen Treidelmast, von dem aus die Treidelleine zu den am Ufer ziehenden Pferden führte. Auch auf dem deutschen Niederrhein musste in der Regel getreidelt werden. Allerdings waren die niederrheinischen Schiffe stärker auf das Segeln ausgerichtet, besaßen teilweise sogar zwei Masten, denn auf den niederländischen Armen des Rheins, Lek und Waal, fehlten teilweise die Leinpfade ganz. Hier musste gesegelt werden. Dies fiel hier auch etwas leichter, da der Strom breiter war, sich der Rhein nördlich von Lobith vornehmlich nach Westen wandte und die hier vorherrschenden stärkeren Westwinde gegen die trägere Strömung einen Vortrieb verschafften.

Wenn der Wind sehr günstig war, konnte ein niederländisches Frachtschiff von Rotterdam aus in ca. vier Tagen bis Emmerich segeln, dann brauchte es von dort mit dem Pferdezug auf dem Leinpfad noch ca. zehn bis elf Tage, bis es Köln erreichte. Für den Pferdezug wurden je nach Größe des Schiffes im Durchschnitt zehn bis 14 Pferde benötigt, aber es sollen auch 20 und mehr Pferde vorgespannt worden sein.[13] Wenn die Wind- und Witterungsverhältnisse ungünstig waren, konnte es durchaus auch sechs und mehr Wochen dauern, bis ein Schiff aus den Niederlanden Köln erreichte.[14] Die Talfahrt ging in der Regel schneller, hier konnten sich die Schiffe mit dem Strom treiben lassen, dabei wurde das Segel eingesetzt, um etwas schneller als die Strömung zu sein und damit eine bessere Steuer- und Manövrierfähigkeit des Schiffes zu erreichen. Hier konnte ein Schiff unter günstigen Bedingungen die Strecke Köln–Rotterdam in etwa zehn Tagen zurücklegen.[15] Im Winter, in der Zeit vom 15. November bis zum 15. März ruhte, in der Regel die Großschifffahrt, denn man konnte jedes Jahr mit einem zugefrorenem Strom und anschließendem Hochwasser rechnen, auch gab es nur wenig Häfen oder Plätze, die den Schiffen zuverlässig Schutz boten.[16]

6.2 Zur Organisation der Schifffahrt auf dem Niederrhein vor 1800

Da die Stromabschnitte Oberrhein, Mittelrhein und Niederrhein durch die unterschiedlichen Schifffahrtsbedingungen und die Stapelstädte streng geschieden waren, hatten sich im Laufe der Frühen Neuzeit auf jeder dieser Stromabschnitte eigene Schifffahrtsorganisationen herausgebildet. Dies ergab auch deshalb Sinn, weil die Schifffahrt eine genaue Kenntnis des jeweiligen Stromabschnitts durch die Schiffer und ihre Steuerleute voraussetzte. Während sich in Mainz die Schiffleute schon 1476 zu einer Zunft zusammengefunden hatten,[17] erscheint in Köln erst im Jahre 1603 eine Schifferzunft oder Schiffergesellschaft für den Mittelrhein, die in Köln oberrheinische Schiffergesellschaft genannt wurde. Sie stand in Konkurrenz zu den Mainzer Schiffern, die ebenfalls den Mittelrhein befuhren, regelte die Ausbildung und Zulassung zum Schifferberuf und stellte Ordnungen für den Berufsstand auf. Die in Köln wohnenden Schiffer mussten Mitglied in der Fischmengergaffel sein.[18] Ende des 16. Jahrhunderts entstand dann, ebenfalls in Köln, eine nie-

13 Zum Treideln vgl. Ulrike Stursberg, Innovation auf dem Rhein. Das Ende der Treidelschifffahrt (Düsseldorfer Geschichtsverein. Kleine Schriftenreihe, H. 3; SchifffahrtMuseum Düsseldorf, Schriftenreihe, H. 4), Essen 2015.

14 Eberhard Gothein, Geschichtliche Entwicklung der Rheinschiffahrt im IX. Jahrhundert (Schriften des Vereins für Socialpolitik, Bd. 101), Leipzig 1903, S. 11.

15 Ockhart, Rhein (wie Anm. 8), S. 214 f.; Eckert, Rheinschiffahrt (wie Anm. 2), S. 51 f.

16 Eckert, Rheinschiffahrt (wie Anm. 2), S. 51.

17 Christian Eckert, Das Mainzer Schiffergewerbe in den letzten drei Jahrhunderten des Kurstaates (Staats- und socialwissenschftliche Forschungen, Bd. 16, H. 3), Leipzig 1898, S. 10 ff.

18 Kuske, Rheinschiffahrt (wie Anm. 10), S. 318 ff. Die Entstehungsgeschichte der Schifferzünfte ist etwas kompliziert und kann daher hier nur grob angedeutet werden.

4 Ankerndes Frachtschiff im Süden von Düsseldorf. Kolorierte Lithographie von Rottmann und Schnell, um 1819, Ausschnitt.

derrheinische Schiffergemeinde, die aus einer Interessenvertretung aller den Niederrhein befahrenden Schiffer, die sich gemeinsam gegen Auswüchse des Zoll- und Licentwesens und andere obrigkeitliche Behinderungen zur Wehr setzten, hervorging. Auch konnten sie als Schiffergemeinschaft selbstbewusster gegenüber den Kaufleuten auftreten und bessere Frachtsätze vereinbaren. Wie alle Zünfte besaßen sie auch Sozialkassen für in Not geratene Schiffer bzw. deren Angehörige. Im 18. Jahrhundert finden wir in Köln also zwei Schiffergesellschaften, von denen eine die Schiffer für den Mittelrhein, die andere die für den Niederrhein zu Mitgliedern hatte. Mitglieder waren nicht nur Kölner Schiffer, sondern, besonders in der Gesellschaft des Niederrheins, auch die aus anderen Städten, ja viele Niederländer, denn nur wer Mitglied in den Schiffergesellschaften war, durfte die Große Fahrt zwischen den Stapelstädten ausüben. Aufsicht über die Schiffergesellschaften führte das kurkölnische Salzamt, die letzte in der Reichsstadt Köln verbliebene kurfürstliche Behörde. Die kurfürstliche Regierung zog ihre Berechtigung, den Rheinverkehr zu beaufsichtigen und die Schiffer zu konzessionieren, aus dem Stromregal, dass der Kölner Kurfürst für den Stromabschnitt zwischen Andernach und Rees für sich beanspruchte.[19]

19 Otto Schneider, Köln als Schiffahrtsort vom Ende des 18. Jahrhunderts bis zum Jahre 1913, Diss. Köln 1928, S. 5; Kuske, Rheinschiffahrt (wie Anm. 2), S. 325 ff.; Clemens von Looz-Corswarem,

Neben den Schiffern der Großen Fahrt werden auch Schiffer der Kleinen Fahrt Mitglied in den Schifferzünften gewesen sein, wenn es wohl auch nicht Voraussetzung für die Ausübung des Schifferberufes auf den Stromstrecken zwischen den Stapelstädten war. Schon seit dem späten Mittelalter hat es eine Marktschifffahrt gegeben, Verkehrsverbindungen über das Wasser, bei denen die Städte und Orte am Rhein besonders an Markttagen angefahren wurden.[20] Seit dem 16. Jahrhundert gab es dann am Niederrhein die sogenannte Beurtfahrt[21], die sich wohl aus der Marktschifffahrt entwickelt hatte und die eine mehr oder weniger regelmäßige Schiffsverbindungen zwischen einzelnen Orten darstellte. 1559 privilegierte der Rat der Stadt Wesel ein Marktschiff nach Nimwegen[22], 1674 gab es eine Beurtfahrt von Duisburg nach Nimwegen[23] und 1614 fuhren regelmäßig Schiffe zwischen Düsseldorf und Köln. Ebenso bestand eine Schiffsverbindung zwischen Köln und Neuss und anderen rheinanliegenden Orten.[24] Gegen Ende des 18. Jahrhunderts finden wir ein ausgebautes System von Beurtfahrten zwischen Köln und niederrheinischen Städten und den niederrheinischen Städten und den Niederlanden.[25] Die Schiffer und Betreiber der Kleinen Schifffahrt wohnten teils in Köln, teils in den anderen Städten, gelegentlich gab es eine scharfe Konkurrenz und Streit darüber, wer wann welche Linie bedienen durfte.[26] Generell kann man sagen, dass in dieser Zeit sowohl die Kaufmannschaft

---

Der Rhein als Verkehrsweg im 18. Jahrhundert, in: Der Rhein als Verkehrsweg. Politik, Recht und Wirtschaft seit dem 18. Jahrhundert, hrsg. v. Clemens von Looz-Corswarem/Georg Mölich (Schriftenreihe der Niederrhein Akademie, Bd. 7), Bottrop 2007, S. 13–36, hier S. 26 ff.((Vgl. Beitrag 4 in diesem Band).

20 Clemens von Looz-Corswarem, Handelsstraßen und Flüsse. Die Verkehrsverhältnisse am Niederrhein zur Hansezeit, in: „Zu Allen theilen Inß mittel gelegen". Wesel und die Hanse an Rhein, Ijssel & Lippe (Ausstellung Wesel 1991), Wesel 1991, S. 94–115, hier S. 102 ((Vgl. Beitrag 1 in diesem Band).

21 Der Begriff „Börd", „Bört", „Beurt" stammt aus dem Niederländischen und soll so viel wie Rang- oder Reihefahrt bedeuten, auf jeden Fall handelt es sich um eine einigermaßen regelmäßige, nach einem gewissen Fahrplan stattfindende Schifffahrt, zunächst für Personen und Waren, dann auch nur für Handelswaren, vgl. Jürgen Heinz Schawacht, Schiffahrt und Güterverkehr zwischen den Häfen des Deutschen Niederrheins (insbesondere Köln) und Rotterdam vom Ende des 18. bis zur Mitte des 19. Jahrhunderts (1794–1850/51) (Schriften zur Rheinisch-Westfälischen Wirtschaftsgeschichte, Bd. 26), Köln 1973, S. 63, Anm. 342.

22 Herbert Müncker, Die Weseler Schiffahrt vornehmlich zur Zeit des spanisch-niederländischen Krieges (Studien und Quellen zur Geschichte Wesels 1), Wesel 1908, S. 13 ff.

23 Heinrich Averdunk, Die Duisburger Börtschiffahrt, zugleich ein Beitrag zur Geschichte des Gewerbes in Duisburg und des Handelsverkehrs am Niederrhein (Schriften des Duisburger Museumsvereins 2), Duisburg 1905, S. 3 ff.

24 Kuske, Rheinschiffahrt (wie Anm. 10), S. 257 f. u. 269 f.

25 Von Looz-Corswarem, Der Rhein als Verkehrsweg (wie Anm. 19), S. 29.

26 Kuske, Rheinschiffahrt (wie Anm. 10), S. 257 f. u. 269 f.

als auch die Schifferverbände an einer Beschleunigung des Handelsverkehrs interessiert waren.[27]

So stellte sich die Schifffahrt auf dem Niederrhein dar, als durch die Französische Revolution, die Koalitionskriege, die Besetzung und die anschließende Inkorporation des linken Rheinufers in die Französische Republik die Wirtschaft und Gesellschaft im Rheinland auf eine völlig neue Basis gestellt wurde. Es ist die Frage, inwieweit auch die Organisation der Schifffahrt auf dem Rhein davon betroffen war.

6.3 Die Rheinschifffahrts-Oktroi-Konvention von 1804

Nach der Besetzung des linksrheinischen Rheinufers durch die Franzosen im Herbst 1794 änderte sich zunächst wenig, wenn man von der starken Beeinträchtigung der Wirtschaft und des Handels durch die kriegerischen Ereignisse absieht. Erst mit dem Frieden von Campo Formio am 17. Oktober 1797, der die Voraussetzung für die Einverleibung des linken Rheinufers nach Frankreich brachte, kam es zu einer Umgestaltung der politischen Verhältnisse, u. a. zur Aufhebung der Zünfte. Zahlreiche aufgeklärte Bürger hatten auch gehofft, dass entsprechend der Forderungen der Französischen Revolution nach Abschaffung aller Privilegien und Beeinträchtigungen auch die Stapelrechte und die zahlreichen Zölle auf dem Rhein aufgehoben würden.[28]

Was die Zölle der rheinanliegenden Staaten anging, so wurden sie wirklich aufgehoben, zumal es diese vielen Einzelstaaten nicht mehr gab. Andererseits lagen auf den Zöllen derart viele Schulden, auch sah man in der Abschöpfung des Verkehrs auf dem Rheinstrom eine Möglichkeit, den ehemaligen Erzkanzler und Kurfürsten von Mainz, Karl Theodor von Dalberg, dem Napoleon verpflichtet war, zu unterstützen. Da der Rheinstrom jetzt dem Reich und Frankreich gemeinsam war, musste eine Vereinbarung zwischen den beiden Partnern getroffen werden. So wurden die 32 Zölle am Rhein durch einen Oktroi (frz.

27 Rheinisch-Westfälisches Wirtschaftsarchiv Köln (RWWA), 1-30-1; vgl. Clemens von Looz-Corswarem, Die Überwindung der Langsamkeit. Zur Frage der Beschleunigung von Warentransporten auf dem Rhein im Übergang vom 18. zum 19. Jahrhundert (Versuch einer Strukturanalyse), in: Niederrhein-Magazin. Zeitschrift der Niederrhein-Akademie/Academie Nederrijn e.V. und des Instituts für niederrheinische Kulturgeschichte und Regionalentwicklung (InKuR), Nr. 18, Herbst/Winter 2014/15, S. 15–32 (Vgl. Beitrag 8 in diesem Band).

28 Ausführlich dazu: Klaus Müller, Politische und rechtliche Veränderungen der Rheinschiffahrt zwischen der Französischen Revolution und dem Ersten Pariser Frieden 1814, in: Der Rhein als Verkehrsweg (wie Anm. 19), S. 37–59; Robert Mark Spaulding, Changing Patterns of Rhine Commerce in the Era of French Hegemony, 1793–1813, in: Vierteljahrsschrift für Sozial- und Wirtschaftsgeschichte, Bd. 100, 2013, S. 413–431.

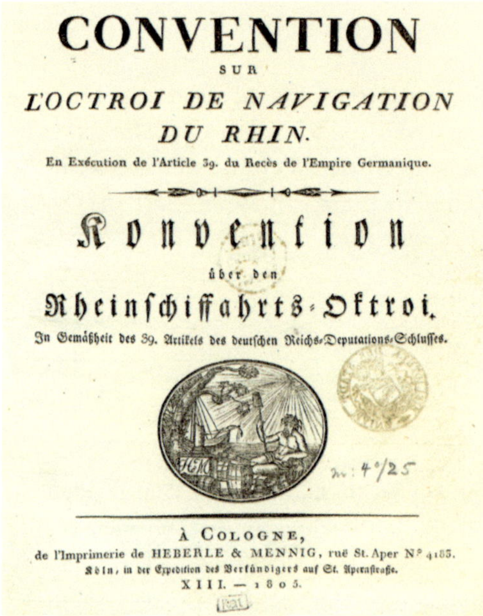
CONVENTION
SUR
L'OCTROI DE NAVIGATION
DU RHIN.
En Exécution de l'Article 39. du Recès de l'Empire Germanique.

Konvention
über den
Rheinschiffahrts-Oktroi.
In Gemäßheit des 39. Artikels des deutschen Reichs-Deputations-Schlusses.

À COLOGNE,
de l'Imprimerie de HEBERLE & MENNIG, rue St. Aper N° 4185.
Köln, in der Expedition des Verkündigers auf St. Aperstraße.
XIII. — 1805.

5 Titelblatt des offiziellen Drucks des Vertrages über den Rheinschifffahrts-Oktroi in Französisch und Deutsch, Köln 1805.

Bewilligung, Zoll) ersetzt, der nach festen Regeln an weitaus weniger Hebestellen erhoben werden sollte. Trotz aller Schwierigkeiten bei der Einführung[29] und bürokratischen Hemmnissen, die es auch bei der Erhebung des Oktrois gab, war er doch ein „Meilenstein" in Hinblick auf die Vereinfachung des Handelsverkehrs auf dem Rhein.[30] Die im Reichsdeputationshauptschluss 1803 verabredete und am 15. August 1804 unterzeichnete „Konvention über den Rheinschifffahrts-Oktroi" war jedoch weit mehr als eine Vereinbarung über Erhebungsstellen und gemeinsame Abgabensätze, es war eine Neuordnung der wirtschaftlichen und rechtlichen Bedingungen der Benutzung des Rheinstroms, die in ein umfangreiches Regelwerk von 132 Artikeln gegossen war. So sollte sichergestellt werden, dass die Einkünfte auch zum Unterhalt der Leinpfade dienen und Schifffahrtshemmnisse weitgehend beseitigt würden.

Unter anderem wurde eine für die rheinanliegenden Staaten gemeinsame Verwaltung beschlossen, die aus einem Generaldirektor und vier Inspektoren bestehen sollte.[31] Damit war eine internationale Behörde geschaffen, die dann später in der bis heute bestehenden Zentralkommission für die Rheinschifffahrt ihre Fortsetzung erhalten sollte.[32]

---

29 Vgl. Hans Mosler, Die Einführung der Rheinschiffahrtsoktroi-Konvention am deutschen Niederrhein 1803–1807, Düsseldorf 1908.

30 Müller, Politische und rechtliche Veränderungen (wie Anm. 28), S. 47.

31 Text der Konvention über den Rheinschifffahrts-Oktroi in: Rheinurkunden. Sammlung zwischenstaatlicher Vereinbarungen, Landesrechtlicher Ausführungsverordnungen und sonstiger wichtiger Urkunden über die Rheinschiffahrt seit 1803, Erster Theil (1803–1860), München/Leipzig 1918, S. 6–26; vgl. auch J. J. Eichhoff, Ueber den bisherigen Zustand und die möglichen Verbesserung der Gebühren-Erhebung und Polizei der Schiffahrt des Rheines, in: Topographisch-statistische Darstellung des Rheins (wie Anm. 4), S. 117 ff.; Gothein, Geschichtliche Entwicklung (wie Anm. 14), S. 29 ff., bes. S. 35; Müller, Poltische und rechtliche Veränderungen (wie Anm. 28), S. 45 ff.

32 W. J. M. van Eysinga, Geschichte der Zentralkommission von 1816 bis 1834, in: Geschichte der

Die Frage nach Aufhebung oder Beibehaltung des Stapelrechts kam zwar auf dem Kongress zu Rastatt Ende 1797 zur Sprache, schlug sich in zahlreichen Schriften für und wider nieder[33] und führte zu einer Delegation von Kölner Kaufleuten nach Paris, die für eine Beibehaltung des Stapelrechtes plädierten. Im Endeffekt wurde der Stapel dann aus wirtschaftlichen und machtpolitischen Gründen, wenn auch nur in der Form eines Umschlagsrechtes, beibehalten. Nachdem Köln eine französische Stadt geworden war, merkten die neuen Herren nämlich, dass das Stapel- bzw. Umschlagsrecht Einnahmen und eine gute Kontrolle des Handelsverkehrs bedeutete. In der Konvention über den Rheinschifffahrts-Oktroi wurde das Umschlagsrecht von Köln und Mainz festgeschrieben, wobei die ehemaligen Stapelstädte jetzt Stationshäfen genannt wurden.[34]

Die alten Schifferzünfte in Köln waren zwar aufgehoben worden,[35] aber die französischen Behörden merkten sehr schnell, dass sie für die Organisation des Warentransports der Großen Fahrt und Garantie des sicheren Transportes der Handelswaren notwendig waren. So wurden sie weiter geduldet.[36] Um aber auch die Schifffahrtsorganisation auf eine neue rechtliche Grundlage zu stellen, wurde im Paragraph 14–17 der Rheinschifffahrts-Oktroi-Konvention festgeschrieben, dass die Rheinschifffahrt, die sehr viel Erfahrung und Praxis benötige, ausschließlich den Schiffervereinigungen, die in den Stationshäfen Köln und Mainz einzurichten seien, übertragen wird und dazu ein Reglement zu erarbeiten sei. Es bestand also ein Auftrag an die Präfekten des Rur-Departements für Köln und des Donnersberg-Departements für Mainz, eine neue Ordnung für die Schiffergilden zu erstellen.[37]

Zentralkommission für die Rheinschiffahrt 1816 bis 1969, Straßburg 1994, S. 1–135, S. 5 ff.; Jean-Maria Woehrling/Sylvain Schirmann/Martial Libera (Hrsg.), Zentralkommission für die Rheinschifffahrt. 1815–2015. Zweihundert Jahre Geschichte, Straßburg 2015.

33 Clemens von Looz-Corswarem, „Einige Worte über die Rhein-Schiffahrt". Die Düsseldorfer Schrift des Staatsrats Georg Arnold Jacobi von 1803 und ihr wirtschaftspolitisches Umfeld, in: Rheinisch – kölnisch – katholisch. Beiträge zur Kirchen- und Landesgeschichte sowie zur Geschichte des Buch- und Bibliothekswesens der Rheinlande. Festschrift für Heinz Finger zum 60. Geburtstag, hrsg. v. Siegfried Schmidt (Libelli Rhenani, Bd. 25), Köln 2008, S. 315–332 (Vgl. Beitrag 5 in diesem Band).

34 Rheinurkunden, (wie Anm. 31), S. 7 (Art. IV u. V).

35 Am 26. März 1798 war in Köln das französische Gesetz von 1791 über die Aufhebung der Zünfte und die Gewerbefreiheit verkündet worden, vgl. Klaus Müller, Köln von der französischen zur preußischen Herrschaft 1794–1815 (Geschichte der Stadt Köln, Bd. 8), S. 208.

36 Müller, Politische und rechtliche Veränderungen (wie Anm. 28), S. 47 f.

37 Rheinurkunden (wie Anm. 31), S. 8 f. (Art. XVII); Eckert, Rheinschiffahrt (wie Anm. 2), S. 27.

6.4 Die neue Schiffergilde 1807

Ganz offensichtlich haben sich die Präfekten sogleich nach der Veröffentlichung der Rheinschifffahrts-Oktroi-Konvention an die Abfassung einer neuen Ordnung für die Schiffergilden gemacht. Dabei war der Präfekt des Donnersberg-Departements wohl etwas schneller, denn ein Entwurf des Reglements für eine Schiffergilde in Mainz lag schon Mitte 1806 vor, als die mit der Ausarbeitung betraute Kommission[38] am 17. Termidor des Jahres 13 (5. August 1805) zusammentrat, um die neue Schiffergildenordnung zu beraten.[39] Auf jeden Fall machte man sich viel Mühe, so wurden zahlreiche Institutionen, u. a. die Stadt Köln, die Handelskammer Köln, der Generaldirektor des Rheinschifffahrts-Oktrois und verschiedene französische Ministerien mit dem Entwurf befasst.[40]

Vorbild war offensichtlich die bestehende Ordnung der Schifffahrt, der Einteilung in die Große und Kleine Fahrt und die von den Stationshäfen ausgehende Rangfahrt. Erklärt werden musste den französischen Behörden, warum die Schiffergilde in Köln, anders als in Mainz, in zwei getrennte Sektionen, eine oberrheinische und eine niederrheinische, aufgeteilt werden sollte. Wenn es nach dem Generaldirektor des Rheinschifffahrts-Oktrois, Johann Joseph Eichhoff, gegangen wäre, so hätte es in Köln sogar zwei verschiedene Reglements, eines für den Niederrhein und eines für den Ober-(= Mittel-)rhein gegeben.[41]

Ende 1807 schließlich waren die „Verordnungen in Betreff der Organisation der Schiffergilden in den Stationshäfen von Cölln und Mainz" fertiggestellt und konnten vom französischen Innenminister in Paris am 12. Dezember 1807 genehmigt und verkündet werden.[42] Die „Verordnung für die Schiffergilde in dem Hafen von Cölln" besteht aus 66 Paragraphen in sechs Teilen. Der erste Teil behandelt die „Organisation der Gilde und die Bedingungen, darin aufgenommen zu werden" (§ 1–18), der zweite Teil die „Bildung

38 Die Kommission bestand unter der Leitung des Unterpräfekten Klespé aus dem Inspektor des Rheinschifffahrts-Oktrois Fasbender, dem Bürgermeister von Köln J. J. Wittgenstein dem Mitglied der Kölner Handelskammer Ludwigs und den älteren Schiffsmeistern Wilhelm Fromm und Johann Coblenz.

39 Landesarchiv NW, Abt. Rheinland (Düsseldorf) (LANW, Abt. Rhld.), Best. Roerdepartement, Nr. 2611, f. 9 u. Nr. 2610.

40 LANW, Abt. Rhld., Best. Roerdepartement, Nr. 2610 u. 2611; RWWA, 1-35-2; einschlägig der Aufsatz von Roger Dufraisse, Les organisations professionelles de la batellerie à Cologne: des tribus de l'Ancient Régime à la guilde napoléonienne, in: Ètude d'institutions (Actes du 92e congrès national des sociétés Savantes, Straßbourg-Colmar 1967, Section d'histoire moderne et contemporaine, tome II), Paris 1970, S. 179–216.

41 LANW, Abt. Rhld., Best. Roerdepartement, Nr. 2611, f. 7: Stellungnahme vom 18. Juli 1806.

42 Text: H. Herman, Sammlung der seit dem Reichs-Deputations-Hauptschluß in Bezug auf Rheinhandel und Schiffahrt erschienenen Gesetze, Verordnungen und allgemeinen Instructionen, Mainz 1820, S. 110–128.

6 Johann Joseph Eichhoff (ca. 1762–1827), Generaldirektor des Rheinschifffahrts-Oktrois. Kopie eines Gemäldes.

und die Amtbefugnisse des Verwaltungs-Bureaus“ (§ 19–35), der dritte Teil die „Innere Polizei d.h. Ordnung der Gilde“ (§ 36–45), der vierte Teil die „Ordnung der Ladungen im Hafen von Köln“ (§ 46–55), der fünfte Teil die „Obliegenheiten und Verantwortlichkeiten des Schiffmeisters während der Fahrt“ (§ 56–58) und der sechste Teil die „Unterstützungskasse“ (§59–65). Der 66. Paragraph schließlich bestimmt, dass dies ganze Verordnung dem Generaldirektor des Rheinschifffahrts-Oktrois zugeschickt, ins Deutsche übersetzt, in beiden Sprachen in genügender Anzahl gedruckt und auf beiden Seiten des Rheins verbreitet werden soll.

Zuständig war diese Verordnung und damit die neue Schiffergilde für die sogenannte Große Fahrt und die Intermediärfahrt, wobei es bis zuletzt Unklarheiten über die Abgrenzung zwischen der Letzteren und der Kleinen Fahrt gab, deren Schiffer nicht Mitglied der Schiffergilden sein und damit auch nicht die für die Gildemitglieder formulierten Bedingungen erfüllen mussten.[43]

Die neue Schiffergilde von Köln sollte aus zwei Sektionen bestehen, wovon die eine, zusammen mit der Schiffergilde von Mainz, den Warenverkehr auf dem Mittelrhein übernehmen sollte, während der anderen Sektion „ausschließlich dieser Transport von Cölln bis zu den Grenzen des Königreichs Holland und den Zwischenhäfen übertragen“ wurde.[44] In Köln sollten nun zwei Register angelegt werden, worin alle Schiffer, die an dieser Schifffahrt teilnehmen wollten, eingeschrieben sein müssten. Bedingung für die Einschreibung der Schiffer waren folgende:

1. dass sie die Landessprache lesen und schreiben können,
2. dass sie Eigentümer eines in gutem Stand befindlichen und für die vorgesehene Stromstrecke geeigneten Schiffes und seiner Geräte (Ausrüstung) sind,

43 Da es Beschwerden von Schiffern gab, sah sich Eichhoff zu einer Definition und Abgrenzung gezwungen, vgl. LANW, Abt. Rhld., Roerdepartement 2502, f. 75 f. (1810); Ernst Stahl, Die Kölner Rheinschiffahrt zur Zeit der französischen Herrschaft, Masch. Diss. Köln 1924, S. 73 f.

44 Herman, Sammlung (wie Anm. 42), S. 110 (Art. 1, Abs. 2).

7 Detail des Modells einer Samoreuse. Es zeigt die Menge an Tauen und Seilen, die einem hohen Verschleiß unterworfen waren. Modell von H. Tournay

3. dass sie eine entsprechende Ausbildung nachweisen können und die entsprechende Tauglichkeit und Fähigkeit haben und
4. dass sie vom Handel als rechtschaffende und zuverlässige Partner anerkannt sind.

Wenn die Schiffer diese Nachweise erbracht hatten, konnten sie in die neue Gilde eingetragen werden und damit das Recht erhalten, die entsprechende Stromstrecke zu befahren. Im Prinzip hatte sich gegenüber der früheren Zeit nicht allzu viel geändert, nur, dass die Organisation der Schifffahrt und die Kontrolle der Obrigkeit auf eine neue rechtliche, letztlich internationale Grundlage gestellt worden war.[45]

Am 1. März 1808 erschien ein zweisprachiges, vom Generaldirektor des Rheinschifffahrts-Oktrois, Eichhoff, unterzeichneter sich an alle Schiffer richtender Aushang mit der Mitteilung, dass die Einschreibungsfrist für die neuen Schiffergilden am 10. März 1808 beginnen und zwei Monate dauern sollte. Wieder wurde auf die Bedingungen für die Aufnahme hingewiesen. Die Bescheinigung über die Fähigkeit, Lesen und Schreiben zu können – keine Selbstverständlichkeit in damaliger Zeit –, und die Bescheinigung über das Zutrauen des Handels sollten sie sich bei der Ortsobrigkeit (wohl den Bürgermeistern)

45 Schneider, Köln als Schiffahrtsort (wie Anm. 19), S. 39 f.; Stahl, Kölner Rheinschiffahrt (wie Anm. 43), S. 71 f.

8 Köln von Süden. Kolorierte Aquatintaradierung von Johann Bachta, um 1822.

und den Handelskammern besorgen, die Bescheinigung über ihre Ausbildung und Qualifikation und das Eigentum eines geeigneten und unbelasteten Schiffs sollten die jeweiligen Hafenkommissare ausstellen. Kontrolliert werden sollten die Unterlagen auf dem linken Rheinufer vom Sekretariat des Generaldirektors des Rheinschifffahrts-Oktrois in Köln und rechtrheinisch vom Präsidenten der Landesregierung bzw. seinem Bevollmächtigten.[46]

Altgediente Schiffer, die seit Jahren, wenn nicht Jahrzehnten den Strom befuhren und ihr Handwerk wahrlich verstanden, mussten nun ihre Ausbildung und Qualifikation nachweisen, Belege für das Eigentumsverhältnis an ihrem Schiff beibringen, sich von den Handelskammern Bescheinigungen besorgen, dass die Kaufleute mit ihrer bisherigen Transportleistung zufrieden waren. Außerdem mussten sie nach Artikel 1, Absatz 5 Sicherheit für die zu transportierenden Waren leisten bzw. durch Immobilienbesitz nachweisen, wobei die Frage, ob das Schiff als Sicherheit dienen konnte, kontrovers diskutiert wurde.[47]

46 Exemplar des Plakats in: RWWA, 1-35-1, f. 6 u. LANW, Abt. Rhld. Best. Roerdep., Nr. 2611, f. 24.

47 Es wurde zunächst ein „Immeuble" als Sicherheitsleistung verlangt. Von den niederrheinischen Schiffern wurde dies abgelehnt. Nach einigem Schriftverkehr mit den französischen Behörden scheint dieser Paragraph gekippt worden zu sein, vgl. RWWA, 1-35-1, f. 51 (7.12.1808) u. f. 67 (12.6.1809).

In die Gilde einschreiben konnten sich nicht nur Schiffsmeister, die mit einem eigenen Schiff quasi ein eigenes Transportunternehmen besaßen, sondern auch sogenannten Setzschiffer, angestellte Schiffsmeister, die die Transportfahrten für alte und kranke Schiffer oder Schifferwitwen durchführten.[48] Nachdem die Prüfungen der von den Schiffern eingereichten Unterlagen abgeschlossen waren, wurde am 15. Oktober 1808 eine gedruckte Liste mit den Namen und Herkunftsorten der als Mitglieder der beiden Sektionen der Kölner Gilde aufgenommenen Schiffer veröffentlicht. In der niederrheinischen Sektion der Gilde sind für die direkte Fahrt zwischen Köln und den verschiedenen Häfen in Holland 71 Namen von Schiffern genannt, weitere 7 werden als Intermediärschiffer für den Niederrhein bezeichnet. In der Sektion des Oberrheins sind 78 Schiffer, davon 44 für die Direktfahrt Köln–Mainz und 34 als Intermediärfahrer, worunter wohl auch die Moselschiffer zu suchen sind, aufgeführt.

Von den Mitgliedern der niederrheinischen Sektion der Großen Fahrt waren 33 Niederländer und 38 Deutsche, von den Niederländern kamen 10 aus Amsterdam, 10 aus Dordrecht, 8 aus Rotterdam und jeweils einer aus Zutphen und Utrecht, von den deutschen Schiffern kamen 18 aus Köln, 4 aus (Köln-)Mülheim,5 aus Ruhrort, je 2 aus Hitdorf und Xanten und jeweils einer aus Emmerich, Orsoy, Düsseldorf, Deutz, Büderich und Vallendar. Die nur für die Intermediärfahrt zugelassenen Schiffer kamen aus Köln, Hitdorf, Andernach und Wesel. Während sich in die niederrheinische Sektion der Gilde zwei Schiffer vom Mittelrhein, aus Andernach und Vallendar eingeschrieben hatten, stammten die Mitglieder der oberrheinischen Sektion der Großen Fahrt, wenn man von den 29 aus Köln stammenden Schiffern absieht, aus Koblenz (7), Andernach (1), Vallendar (1), Bacharach (3) und St. Goar (3). Die oberrheinische Intermediärfahrt wurde von Koblenzern (16) und Schiffern aus Neuwied (5) und Bingen (3) dominiert, allerdings findet sich hier mit Franz Joseph Zentz auch ein Kölner Schiffer.[49]

Zur Aufnahme in die Gilde haben sich die Schiffer teilweise richtiggehend beworben. So stellte sich Stephan Wilson, Schiffer aus Utrecht, der die Stelle des verstorbenen Schiffers Ludwig Handhövel übernehmen wollte und der dessen Frau geheiratet hatte, vor. Er diente von 1799 bis 1803 bei seinem Vater auf der Fahrt von Wageningen nach Duisburg, dann als selbständiger Beurtschiffer von Dordrecht nach Duisburg, 1806 von Wageningen nach Amsterdam, 1807 und 1808 von Mülheim nach Amsterdam und schließlich 1809 von Utrecht nach Köln, er hatte schon Waren der Kölner Kaufleute Heyen, Delonge, Depré, Hoffschlag, Fatte und anderer transportiert. Er besaß eine Bescheinigung der Stadt Duisburg, dass ihm das Schiff gehört.[50] Da Handhöfel in der gedruckten Liste der Mitglieder

48 Herman, Sammlung (wie Anm. 42), S. 112 (Art. 1, Abs. 6).

49 Plakatdruck in: RWWA, 1-35-1, f. 39.

50 RWWA, 1-35-1, f. 64 (10.4.1809); er hatte sich schon am 15. Februar 1809 bei der Handelskammer

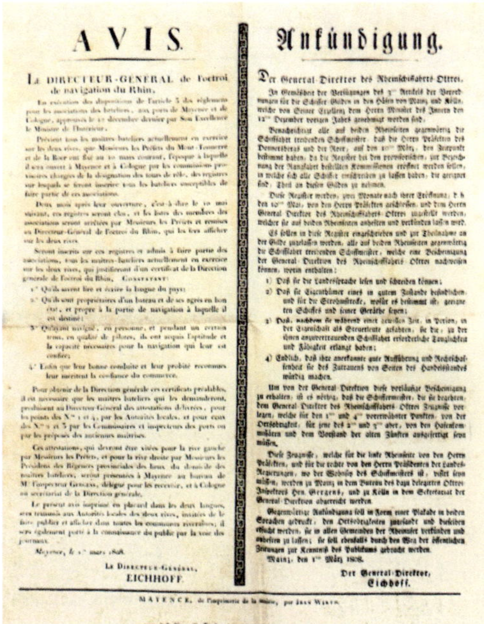
A V I S.

Ankündigung.

LE DIRECTEUR-GÉNÉRAL,
EICHHOFF.

Der General-Director,
Eichhoff.

9 Plakat mit der Ankündigung der Einrichtung von Schiffergilden in Mainz und Köln, 1808.

der Schiffergilde vorkommt, ist es gut möglich, dass Wilson in die Gilde aufgenommen wurde.

Auch Paul Königsfeld – übrigens ein unter Schiffern häufig vorkommender Nachname – bewarb sich um die Fahrt zwischen Köln und Holland. Er ist gebürtiger Kölner Bürger, der bei seinem Onkel Eberhard Königsfeld 1789 gelernt hatte, dann als Steuermann auf mehreren Schiffen innerhalb Hollands gefahren ist und als selbständiger Schiffer sieben Jahre Beurtschiffer nach Utrecht war und zuletzt die Stecke Köln–Amsterdam gefahren ist. Er wurde in die Liste der Großen Fahrt aufgenommen.[51] Anders war es wohl mit Heinrich Freudenberg auch aus Köln, der seit 1786 auf den Strecken Köln–Mainz und ab 1802 die Strecke Köln–Holland gefahren sein will. Da die Beurt Köln–Mainz überbesetzt sei, bat er um die Aufnahme für die Strecke von Köln nach Holland. Sein Schiff hieß „Die Junge Sibilla". Da er normalerweise, wie die Handelskammer Köln festgestellte, die Strecke Köln-Düsseldorf fuhr, wurde er nur unter die Intermediärschiffer für den Niederrhein aufgenommen.[52]

Da wo Lebensläufe und Ausbildungsgänge mitgeteilt werden, wird deutlich, dass in sehr vielen Fällen die Schiffer viele Kinder hatten und die Söhne der Schiffer wieder Schiffer wurden, die dann bei anderen Schiffern ausgebildet und auf dem Schiff der Eltern oder anderen Schiffen als Steuerleute und Setzschiffer tätig wurden, bis sie die Möglichkeit hatten, selbst ein Schiff zu übernehmen. Wegen der Beurtverträge der Städte untereinander war die Zahl der Schiffe auf einer Strecke begrenzt, so dass eine Konzession ein wertvolles Gut war, um das man sich bewerben musste.

Interessant ist, dass sich viele Witwen um Aufnahme in die Gilde bewarben. Es war wohl üblich, dass die Witwen nach dem Tode ihres Mannes das Schifffahrtsunternehmen

Köln gemeldet, vgl. ebd., 1-30-1, f. 94.

51 RWWA, 1-35-2, f. 171 (10. 6.1808).

52 RWWA, 1-35-2, f. 169 (23.5.1808).

weiterführten, entweder mit einem ihrer Kinder als Setzschiffer oder einem fremden Setzschiffer. Besonders auf der Strecke Köln–Mainz war die Zahl der Witwen, die das Geschäft ihres Mannes weiterführten, recht hoch. Nach dem Wortlaut der Verordnung war das eigentlich nicht mehr möglich, da die Witwe keine nachweisbare Ausbildung und Qualifikation zur Führung des Schiffes besaß, andererseits ihr Sohn, wenn er Schiffsführer war, nicht Besitzer des Schiffes. Die Diskussion ging zeitweise dahin, Witwen aus dem Transportgeschäft zu verdrängen, da es auf manchen Strecken zu viel Ladekapazität gab.[53] Um das zu erreichen, bestand die Möglichkeit, ihnen eine Rente zu zahlen. Viele Witwen wollten den Betrieb aber weiterführen, um ihn als Existenzgrundlage für sich und ihre Kinder zu sichern. Häufig wird aus den Anträgen deutlich, dass viele bis zu zehn unmündige Kinder sowie alte und kranke Verwandte zu versorgen waren.[54] Meistens wurden die Witwen unter dem Namen ihres verstorbenen Mannes geführt, so beantragten sie auch ihre Mitgliedschaft in der Gilde. Schließlich erscheinen in der Liste der niederrheinischen Schiffer als aufgenommene Gildemitglieder die Witwen von Heinrich Claasen, Johann Heinrich Meyer und Johann van Waltzem aus Dordrecht, von Cornelius Sückel aus Arnheim, Anton Knipscheer aus Amsterdam, Peter Coesen aus Ruhrort, Hermann Doppelgarten aus Köln und Johann Wilhelm Häring aus Deutz. In vielen Fällen wurde der Antrag zur Aufnahme in die Gilde genutzt, um das Schiff bzw. das Transportgeschäft auf den Sohn, Schwiegersohn oder neuen Ehemann umzuschreiben.

Aus den Anträgen der Schiffer um Aufnahme in die Gilde und später aus den von den Hafenkommissaren aufgestellten Beurtlisten im Kölner Hafen werden häufig auch die Namen und die Größe der Schiffe deutlich. Diese mussten erstmals aufgrund des Rheinschifffahrts-Oktrois festgelegt und registriert werden, wobei immer noch viele Schiffe ohne Namen waren und die Tonnage erst ermittelt werden musste.[55]

Im März 1809 lagen in Köln z. B. in der Großen Fahrt nach Holland in Ladung:[56]

Bernhard Clostermann aus Köln mit dem Schiff „De jonge Engelbert“ (6319 Ztr.) auf Amsterdam, Jacob Vischer aus Dordrecht mit der „Frau von Orleans“ (6158 Ztr.) auf Amsterdam, Friedrich Bergholz aus Köln mit der „Aurora“ (6430 Ztr.) auf Amsterdam, Peter Mayer aus Düsseldorf mit der „Magdalena“ (8500 Ztr.) auf Amsterdam, Heinrich Ewers aus Dordrecht mit der „Frau Christina“ (6000 Ztr.) auf Rotterdam, Heinrich Koch jr. aus

53 Allerdings sahen die Beurtverträge der Stadt Köln mit den niederländischen Städten vor, dass Witwen den Schiffsbetrieb mit ihrem Sohn oder einem Setzschiffer weiterführen durften, vgl. RWWA, 1-30-1, f. 12 (14.5.1791).

54 RWWA, 1-35-2.

55 Vgl. Heinz Weber, Rheinschiffe und ihre Namen, in: Beiträge zur Rheinkunde 31, 1979, S. 40–51; ders., Rheinschiffe und ihre Namen, in: Jahrbuch des Kölnischen Geschichtsvereins 53, 1982, S. 87–98.

56 RWWA, 1-35-1, f. 53.

39

GENERAL-DIRECTION DES RHEIN-SCHIFFFAHRTS-OCTROI

Liste der Mitglieder beyder Sectionen der Schiffer-Gilde in dem Stations-Hafen von Cöln, welche in Gefolg des 3. Art. der Verordnung Sr. Exc. des Ministers vom Innern vom 12. December 1807 durch den Herrn Präfect des Roër-Departements arretiret worden.

SECTION VOM NIEDER-RHEIN.

Nro.	Nahmen.	Vornahmen.	Wohnort.	Nro.	Nahmen.	Vornahmen.	Wohnort.
1	Classen	Wittwe Heinrich	Dordrecht	41	Deutz	Jacob	Rotterdam
2	Bergholz	Friederich	Cöln	42	Deutz	Bernard	id.
3	Weyll	Martin	id.	43	Barten	Johann	id.
4	Meyer	Wittwe Joh. Heinr.	Dordrecht	44	Barten	Stephan	id.
5	Berelsem	Paul	Hittorff	45	Königsfeld	Paul	Cöln
6	Penn	Peter	Amsterdam	46	Doppelgarten	Johann Georg	id.
7	Timmermann	Nicolas	Emmerich	47	Crusemann	Bernard	Xanten
8	Falckenberg	Laurenz	Cöln	48	Königsfeld	Caspar	Cöln
9	de Vries	Peter Hermann	Orsoy	49	Paché	Peter Cornelius	Rotterdam
10	Peil	Peter Conrad	Amsterdam	50	Bronckhoorst	Nicolas	Utrecht
11	Neeven	Johann	Mülheim	51	Handhövel	Ludwig	Xanten
12	Vonck	Winand	Amsterdam	52	Doppelgarten	Wittwe Hermann	Cöln
13	Hack	Christian	Mülheim	53	Haesters	Wilhelm	Arnheim
14	Meyer	Peter	Düsseldorff	54	Häring	Wittwe Joh. Wilh.	Deutz
15	Sückel	Wittwe Cornelius	Arnheim	55	van Maenen	Cornelius	Dordrecht
16	Königsfeld	Everhard	Cöln	56	Castanjen	Verkerk	id.
17	Vonck	Laurenz	Amsterdam	57	Haentjens	Peter Wilhelm	id.
18	Meyer	Gerard Wilhelm	Dordt	58	Koch	Ferdinand	Cöln
19	Wolf	Johann Augustin	Cöln	59	Hack der ältere	Johann Wilhelm	Mülheim
20	Verkerk	Heinrich Gerard	Amsterdam	60	van Maenen	Gerard Wilhelm	Dordrecht
21	Brenner	Peter	Cöln	61	Beers	Heinrich	Cöln
22	Penn	Hyeronimus	Amsterdam	62	van Waltzem	Wittwe Johann	Dordrecht
23	Classen	Johann Jacob	id.	63	Deutz	Johann	Cöln
24	Knipscheer	Wittwe Anton	id.	64	Müller	Georg	Vallendar
25	Haesters	Wilhelm	Ruhrort	65	van Hees	Diederich	Ruhrort
26	Rhindorp	Christian	Cöln	66	Schumacher	Johann	Cöln
27	Visser	Jacob Diederich	Dordrecht	67	Vielet	Jacob	Buderich
28	Classen	Heinrich	Amsterdam	68	Koch der ältere	Heinrich	Cöln
29	Clostermann	Bernard	Cöln	69	Hack der jüngere	Johann Wilhelm	Mülheim
30	Beumerich	Franz	Hittorff	70	Koch der jüngere	Heinrich	Dordrecht
31	Engels	Heinrich Wilhelm	Zütphen				
32	Voogt	Christian	Arnheim				
33	Classen	Wilhelm	Amsterdam	71	Berns	Hermann	Cöln
34	Brincks	Johann Diederich	Ruhrort	72	Schaaf	Engelbert	id.
35	van Hees	Heinrich	Rotterdam	73	Orthz	Arnold	Hittorff
36	Verkerk	Arnold	Cöln	74	Reidt	Jacob	Cöln
37	van Hees, Sohn v. Heinrich	Wilhelm	Rotterdam	75	Kaiser	Johann	Andernach
38	Coesen	Wittwe Peter	Ruhrort	76	Freudenberg	Heinrich	Cöln
39	van den Emster	Heinrich Cornelius	id.	77	Balck	Gerard	Wesel
40	Deutz	Cornelius	Rotterdam				

SECTION VOM OBER-RHEIN.

Nro.	Nahmen.	Vornahmen.	Wohnort.	Nro.	Nahmen.	Vornahmen.	Wohnort.
1	Coblenz	Johann	Cöln	41	Fischel	Gerard Samuel	Bachrach
2	Fleischhauer	Jacob	id.	42	Kimpel	Wilhelm	St. Goar
3	Stammel der ältere	Wittwe Tillmann	id.	43	Kröll	Daniel	id.
4	Stammel	Wittwe Jacob	id.	44	Bauer	Adam	id.
5	Eckstein	Wittwe Heinrich	id.				
6	Berchem	Martin	id.				
7	Buschhammer	Wittwe Philip	id.	45	Erpel	Nicolas	Coblenz
8	Urbahn	Andreas	id.	46	Kröll	Peter	id.
9	Hartmann	Wittwe Georg	id.	47	Oberdahn	Bernard	id.
10	Bussdorff	Wittwe Heinrich	id.	48	Oberdahn	Wittwe Bernard	id.
11	Fromm	Wilhelm	id.	49	Litz	Anton	id.
12	Feith	Johann	id.	50	Oberdahn	Johann	id.
13	Bonn der ältere	Wilhelm	id.	51	Hommen	Lorenz	id.
14	Stammel	Johann	id.	52	Plier	Nicolas	id.
15	Stammel d. jüngere	Tillmann	id.	53	Pohl	Johann Jacob	id.
16	Bonn der jüngere	Wilhelm	id.	54	Mannheim	Anton	id.
17	Rheidt	Paul	id.	55	Lucas	Stephan	id.
18	Bonn	Heinrich Joseph	id.	56	Brillmeyer	Wittwe Hubert	Bingen
19	Hittorff	Jacob	id.	57	Hartmann	Wittwe Anton	id.
20	Schallenberg	Johann	id.	58	Hauck	Heinrich	id.
21	Buschhammer	Hubert	id.	59	Scholl	Philip	Lorch
22	Dollhoven	Carl	id.	60	Grenzhauser	Anton	Vallendar
23	Stammel	Wittwe Wilhelm	id.	61	Babb	Jacob	Oberspay
24	Bonn	Wittwe Wilhelm Bernard	id.	62	Itschert der ältere	Theodor	Vallendar
25	Finck	Wittwe Johann	id.	63	Scheidt	Franz	Bacharach
26	Fromm	Georg Wilhelm	id.	64	Grenzhauser	Wittwe Mathias	Coblenz
27	Grünewald	Johann	id.	65	Zentz	Franz Joseph	Cöln
28	Linz	Hermann	id.	66	Müller	Anton	Coblenz
29	Hartmann	Peter	id.	67	Mendel	Heinrich	Neuwied
30	Müller	Peter	Coblenz	68	Zimmermann	Christian	id.
31	Kröll	Theodor	id.	69	Giesen	Peter	id.
32	Adams	Franz Joseph	id.	70	Lechner	Ludwig	id.
33	Tillmann	Bernard	id.	71	Bucking	Hermann	id.
34	Hartmann	Jacob	id.	72	Coblenz	Peter	Zeltingen
35	Reiffenschneider	Johann	Andernach	73	Brassel	Friederich	Caub
36	Kröll	Martin	Coblenz	74	Oberdahn	Joseph	Coblenz
37	Itschert	Peter Marcellin	Vallendar	75	Weingarten	Bernard	Bacherach
38	Seyll	Joseph	Coblenz	76	Tillmann	Joseph	Coblenz
39	Scheidt	Valentin	Bacharach	77	Tillmann	Jacob	id.
40	Fischel	Christoph	id.	78	Plier	Heinrich	id.

Der GENERAL-DIRECTOR DES RHEINSCHIFFFAHRTS-OCTROI benachrichtiget die in der obenstehenden Liste benannten Schiffer beyder Sectionen der Gilde von Cöln, dass die allgemeine Versammlung der Section des Ober-Rheins unter dem Vorsitze des Herrn Maires, und der Section des Unter-Rheins unter dem Vorsitze des Herrn Octroi-Inspector Fassbender am fünfzehnten des künftigen Monats November Statt haben werde. Diejenigen Mitglieder, welche persönlich zu erscheinen verhindert seyn werden, können sich durch Bevollmächtigte ersetzen lassen.

Cöln am 16 October 1808.

Der General-Director
EICHHOFF.

10 Liste der Mitglieder der beiden Sektionen der Schiffergilde Köln, 1808.

Dordrecht mit der „De Frow Maria Magdalena" (8500 Ztr.) auf Rotterdam, Jacob Deutz aus Rotterdam mit „Handelsbeförderer" (7000 Ztr.) auf Rotterdam und Johann Wilhelm Hack jr. aus Mülheim mit „Neptun" (3154 Ztr.) auf Rotterdam.

Bei der Benennung der Schiffe brachten einige Besitzer viel Phantasie auf. Klassische Gestalten wie „Diana", „Dädalus", „Julius Cäsar" stehen neben positiv besetzten Begriffen wie „Frühling", „Sonnenaufgang", „Maiblume", „Luftballon", „Unschuld", „Gerechtigkeit", „Friedenswunsch" oder eher den Schiffsalltag betreffenden Begriffen wie „Die große Geduld", „Die tägliche Veränderung", „Der geduldige Job von Neuendorf" und „Gott verlässt mich nicht". Die Überzahl der Schiffe hatten Personennamen wie „Anna", „Alexander", „Catharina", „Christine", „Maria", „Nikolaus", „Peter", „De jonge Hubert", „De jonge Friedrich", „Der große Jacob", „Frau Maria Magdalena" usw. Einige Schiffer haben ihren Schiffen französische Namen gegeben wie „L'expedition", „Le commerce", „Le peinteur" oder „Le petit matelot".[57]

57 RWWA, 1-35-1 u. 1-35-2.

11 Der Stempel der niederrheinischen Schiffergilde wurde noch bis weit in das 19. Jahrhundert hinein verwendet. Umschrift: ASSOCIATION DES BATELIERS A COLOGNE – RHENUS.

Im Kölner Hafen wurde ein Gildebüro mit einem Sekretär für beide Sektionen eingerichtet. Jede Sektion hatte eine Geschäftsführung, die laut Satzung aus sechs Mitgliedern bestehen sollte, und zwar aus je drei Schiffsmeistern des linken und des rechten Rheinufers. Die Gremien der beiden Sektionen durften nicht am gleichen Tag zusammentreten, da der Präsident und der Sekretär an Sitzungen beider Sektionen teilnehmen können musste. Präsident war im dreimonatigen Wechsel der Maire von Köln und ein Inspektor der rechten Rheinseite.[58] Am 15. November 1808 fand eine Generalversammlung aller Schiffer in Köln statt, dabei wurden jeweils 20 Kandidaten ausgelost, unter denen der Generaldirektor Eichhoff die Mitglieder des Verwaltungsbüros auswählte.[59] Ausgewählt bzw. bestimmt wurden für das Verwaltungsbüro der niederrheinischen Sektion die Schiffer P. Conrad Perl und Peter Wilhelm Hantjens, Ersatzmitglieder waren Eberhard Königsfeld, Gerhard Wilhelm von Maenen, Friedrich Bergholz und Wilhelm van Hees.[60]

Hauptaufgabe der Gilde war die Organisation der Großen Fahrt und der Intermediärfahrt, d. h., da schon seit geraumer Zeit die Schifffahrt als Beurt- oder Rang- bzw. Reihefahrt organisiert war, die Festlegung der Reihenfolge, in der die Schiffer in Ladung gingen, sowie alle damit zusammenhängenden Fragen. Ziel war auch hier, durch eine straffe Organisation zu einer Beschleunigung des Warenverkehrs bei günstigen Tarifen zu kommen.

Das von den Franzosen durch den Rheinschifffahrts-Oktroi vom 15. August 1804 und die Verordnung für die Schiffergilde vom 12. Dezember 1807 geschaffene Schifffahrtssystem führte allgemein zu einer Verbesserung der Verkehrsverhältnisse auf dem Rhein, wenngleich das größte Hindernis, der Umschlagszwang in Köln, beibehalten wurde. Auch

58 Herman, Sammlung (wie Anm. 42), S. 116 (§1 9 u. 20); Eckert, Rheinschiffahrt (wie Anm. 2), S. 34 f.

59 Schneider, Köln als Schiffahrtsort (wie Anm. 19), S. 45; Eckert, Rheinschiffahrt (wie Anm. 2) S. 43.

60 LANW, Abt. Rhld., Best. Roerdepartement, Nr. 2502, f. 83 (18. Dez.1810).

durch die die Schifffahrt betreffenden Paragraphen der Wiener Kongressakte 1815 und den Übergang der Herrschaft am Rhein an Preußen wurde die Struktur der 1807 geschaffenen Schifffahrtsorganisation kaum geändert. Erst durch die Mainzer Rheinschifffahrtsakte vom 31. März 1831 traten gewichtige Neuerungen ein. Damit, dass die Freiheit des Rheins endlich durchgesetzt und das Umschlagsrecht von Köln aufgehoben wurde, entfiel auch die Teilung des Stroms durch die Stationshäfen. Die Schiffergilden in ihrer bisherigen Funktion wurden obsolet. Der Paragraph 42 der Kongressakte bestimmte, dass zur Ausübung der Rheinschifffahrt nur erfahrene Schiffspatrone oder Führer zugelassen werden dürften, was von jeder der Uferregierungen zu kontrollieren war. Das Patent, das dem Schiffsführer von seiner Landesobrigkeit ausgestellt wurde, gab ihm das Recht, die Schifffahrt „von dem Punkt, von dem der Rhein schiffbar ist, bis ins Meer" auszuüben. „Unter der grossen, intermediären und kleinen Schiffahrt gilt deshalb kein rechtlicher Unterschied." [61] Die Gilden kämpften um ihren Fortbestand, sie organisierten nun die Beurt- oder Rangfahrten auf freiwilliger Basis, wobei, wie schon in früheren Jahrzehnten, Fahrten zu bestimmten Häfen vereinbart wurden, deren Strecken jetzt allerdings nicht mehr an die Stationsstädte gebunden waren.[62] Hinzu kam, dass sich seit den 1820er Jahren von den Schiffergilden unabhängig die Dampfschifffahrt entwickelt hatte, die, da sie den Regeln der Marktschifffahrt unterworfen war, nicht an Stationshäfen gebunden war.[63] Die Treidel- und Segelschifffahrt auf dem Rhein ging dem Ende entgegen.[64]

61 Rheinurkunden, Bd. 1 (wie Anm. 31), S. 241 ff.

62 Dieter Strauch, Die Entwicklung des Rheinschifffahrtsrechts zwischen 1815 und 1868, in: Der Rhein als Verkehrsweg (wie Anm. 19), S. 61–92, hier S. 73 f.; Schawacht, Schiffahrt (wie Anm. 21), S. 99 ff.; Eckert, Rheinschiffahrt (wie Anm. 2), S. 124 ff.

63 Clemens von Looz-Corswarem, Die Anfänge der Preußisch-Rheinischen Dampfschiffahrtsgesellschaft, in: Kölner Unternehmer und die Frühindustrialisierung im Rheinland und in Westfalen (1835–1871), Ausstellungskatalog, Köln 1984, S. 96–115 (Vgl. Beitrag 12 in diesem Band).

64 Stursberg, Die Auswirkungen (wie Anm. 13), S. 62 ff.; Bernhard Weber-Brosamer, „Die Weltordnung will weder Stillstand noch Rückschritt". Zur Einführung der Dampfschiffahrt und ihren wirtschaftspolitischen Auswirkungen, in: Der Rhein als Verkehrsweg (wie Anm. 19), S. 93–116.

1 Das alte Rheinwerft am Rheinort mit dem Kran. Zeichnung, 1825, Ausschnitt.

7 Der Kampf der Stadt Düsseldorf um ihren Freihafen zu Beginn des 19. Jahrhunderts

Kaum eine Epoche hat die politischen, wirtschaftlichen, sozialen und gesellschaftlichen Verhältnisse in Düsseldorf so verändert wie die erste Franzosenzeit, die gemeinhin mit der Besetzung durch die französischen Revolutionstruppen im September 1795 beginnt und mit dem Einmarsch russischer Armee-Einheiten im Herbst 1813 bzw. damit endet, dass Düsseldorf beim Wiener Kongress 1815 Preußen zugesprochen wird, unterbrochen nur durch die Jahre 1801 bis 1806, in denen das Herzogtum Berg mit seiner Hauptstadt Düsseldorf wieder in pfalz-bayerischen Händen war.[1] In wirtschaftlicher Hinsicht, besonders was den Handel auf dem Rhein anging, brachten diese Jahre die Hoffnung und die Möglichkeit, sich von alten lähmenden Strukturen des Alten Reiches, insbesondere dem Kölner Stapel, zu befreien. Zu Recht wurden am Ende des 18. Jahrhunderts diese weitgehend auf Tradition beruhenden Beschränkungen einer freien Schifffahrt auf dem Rhein, die einen eigenständigen Großhandel und eine eigene Schifffahrt von Düsseldorf aus unmöglich machten, von den Zeitgenossen als überholt angesehen.[2] Und wirklich gelang es der Düsseldorfer Kaufmannschaft in der Franzosenzeit, Strukturen zu schaffen und sich Freiheiten zu erkämpfen bzw. anzueignen, die einen kontinuierlichen Wirtschaftsaufschwung einleiteten.

---

1 Zur Franzosenzeit vgl. Hugo Weidenhaupt, Die Haupt- und Residenzstadt Düsseldorf 1794–1815, in: Das Herzogtum Berg 1794–1815. Ausstellungskatalog. Stadtmuseum Düsseldorf 1985, S. 37–40, wieder abgedruckt in: Ders., Aus Düsseldorfs Vergangenheit. Aufsätze aus vier Jahrzehnten, hrsg. v. Clemens von Looz-Corswarem, Düsseldorf 1988, S. 122–129; Friedrich Lau, Geschichte der Stadt Düsseldorf, Bd. 1: Von den Anfängen bis 1815, Düsseldorf 1921, Nachdruck Düsseldorf 1980, S. 65–92; Klaus, Müller, Unter pfalz-neuburgischer und pfalzbayerischer Herrschaft (1614–1806), in: Düsseldorf. Geschichte von den Ursprüngen bis ins 20. Jahrhundert, hrsg. v. H. Weidenhaupt, Bd. 2, Düsseldorf1988, S. 7–312, hier S. 40–50; Hugo Weidenhaupt, Von der französischen zur preußischen Zeit (1806–1856), ebd., S. 313–479, hier S. 316–337.

2 Zum Kölner Stapelrecht vgl. Clemens von Looz-Corswarem, Zum Stapelrecht von Köln und der Schifffahrt auf dem Niederrhein in der frühen Neuzeit, in: Köln und die Niederrheinlande in ihren historischen Raumbeziehungen (15.–20. Jahrhundert), hrsg. v. D. Geuenich (Veröff. d. Hist. Vereins für den Niederrhein, Bd. 17), Pulheim 2000, S. 323–338 (Vgl. Beitrag 3 in diesem Band); Gerd Schwerhoff, Der Kölner Stapel (1259–1831). Werden und Wandlungen einer alteuropäischen Institution, in: Jahrbuch des Kölnischen Geschichtsvereins 80, 2009/10, S. 43–69.

Dass die Wirtschaftsentwicklung im Rheinland und somit auch in Düsseldorf durch die Befreiungskriege zurückgeworfen wurde, ist nachvollziehbar, doch dass die von der Düsseldorfer Kaufmannschaft errungenen Vorteile – und dazu gehörte der Freihafen – von der preußischen Regierung auch nach der Konsolidierung ihrer Herrschaft am Rhein wieder in Frage gestellt wurden, muss als besonders schmerzlich empfunden worden sein. Dabei ging es möglicherweise nicht nur rein pragmatisch um die wirtschaftlichen Nachteile, sondern auch um Emotionen, denn wieder musste die Stadt eine Zurücksetzung gegenüber ihrer alten Rivalin Köln erleben. Interessant ist, wie in der Argumentation der Düsseldorfer die Berufung auf Privilegien und Traditionen genauso Platz findet wie fortschrittliche volkswirtschaftliche Argumente.[3]

***

Am 9. November 1813 erreichten die ersten Kosaken von Elberfeld kommend die Stadt Düsseldorf, von der Bevölkerung, wie es heißt, freudig begrüßt. So waren es russische Truppen, die Düsseldorf von den französischen Besatzern befreiten, deren Vertreter, allen voran der Statthalter Napoleons, Graf Beugnot, aber auch der Maire von Düsseldorf, Freiherr von Pfeill, sich bereits Tage zuvor mit allen Kassen über den Rhein abgesetzt hatten. Der russische General Yusefowitsch, der am 12. November in Düsseldorf eintraf, beließ die Behördenvertreter, soweit sie nicht geflohen waren, im Amt, eine Regelung, die drei Tage später, am 15. November 1813, von General Sr. Priest bestätigt wurde. Dieser schaffte auch sogleich die bei der Bevölkerung verhasste französische Tabak- und Salzregie ab, erzwang aber Kontributionen und Getreidelieferungen für das Militär. Auch Einquartierungen und die Zügellosigkeit der russischen Soldaten belasteten die Bürger. Chef der Zentralverwaltung der von den alliierten Truppen eroberten Länder war der Freiherr vom Stein. Dieser ernannte den russischen Staatsrat Justus Gruner zum provisorischen Generalgouverneur für das Großherzogtum Berg. Der aus Osnabrück stammende Gruner, der bis 1812 in preußischen Diensten gestanden hatte, traf am 25. November 1813 in Düsseldorf ein. Mit Gruner begann im Prinzip der preußische Einfluss auf das Land, wenngleich erst am 16. Juni 1814 die provisorische Übernahme durch Preußen erfolgte und erst am 5. April 1815 nach den Wiener Beschlüssen die offizielle Besitzergreifung durch den preußischen König stattfinden konnte.[4] Nach nur zwei Monate hatte Justus Gruner die französische Verwaltung ersetzt, Graf Nesselrode, der unter Beugnot Minister war, wurde entlassen, aus

3 Otto, Brandt, Studien zur Wirtschafts- und Verwaltungsgeschichte der Stadt Düsseldorf im 19. Jahrhundert, Düsseldorf 1902, bes. S. 77 ff.

4 Lau, Geschichte (wie Anm. 1), S. 92 ff.; Weidenhaupt, Von der französischen zur preußischen Zeit (wie Anm. 1), S. 333 ff.

2 Übergang der Russen über den Rhein bei Düsseldorf am 13. Januar 1814. Kolorierte Radierung von Johann Petersen, um 1814.

dem „Maire" wurde wieder ein „Bürgermeister" gemacht und dessen verwaiste Stelle dem zweiten Beigeordneten, Heinrich Schnabel, übertragen. Sein Aufruf zum Kampf gegen Frankreich hatte großen Erfolg, auch die Einrichtung des Landsturms war eine Neuerung, die in diesen Jahren der nationalen Erhebung günstig aufgenommen wurde.

Um die Düsseldorfer Wirtschaft dagegen stand es schlecht, solange die Franzosen die Festung Wesel hielten und damit die Schifffahrt auf dem Rhein gesperrt war. Schon am 29. November 1813 war die Kontinentalsperre gegen England abgeschafft worden, und am 1. Januar 1814 versprach Gruner der Düsseldorfer Bevölkerung eine Ermäßigung der Zolltarife. Gleichzeitig musste er aber erneut Kriegssteuern ausschreiben, die die Bevölkerung stark belasten mussten. Nach dem Weggang Gruners, der als Generalgouverneur des Mittelrheins berufen wurde, übernahm am 2. Februar 1814 Prinz Alexander von Solms die Verwaltung des Generalgouvernements Berg. Dieser kümmerte sich weniger um die Belange der Bevölkerung, so dass die Stimmung, wie die Polizeiberichte ausweisen, stark gesunken war, als Gruner am 1. Juli 1814 in sein altes Arbeitsgebiet zurückkehrte.[5]

5 Lau, Geschichte (wie Anm. 1), S. 96 f.; Otto, Most, Geschichte der Stadt Düsseldorf, Bd. 2: Von 1815 bis zur Einführung der Rhein. Städteordnung 1856, Düsseldorf 1921, Nachdruck Düsseldorf 1981, S. 151.

3 Ansicht der Stadt Düsseldorf von Süden. Aquarell von Kaspar Scheuren, 1842.

Ein Grund für die schlechte Stimmung in der Bevölkerung lag mit Sicherheit in der daniederliegenden Wirtschaft. Auch in den folgenden Jahren hatte Düsseldorf mit einer starken Depression zu kämpfen, der sich die Kaufmannschaft jedoch aktiv stellte. Der kurzfristige Aufschwung, den Düsseldorf in den Jahren ab etwa 1800 im Handel, in der Industrie und im Gewerbe erlebt hatte, war schon vor dem Ende der Franzosenzeit wieder in sich zusammengebrochen. Die Textilfabriken hatten ihre Produktion nach außerhalb verlegt oder waren ganz geschlossen worden, der Handelsverkehr musste – nicht zuletzt wegen der Kontinentalsperre und der rigiden Zollregelungen – seit etwa 1809 wieder mit abnehmenden Umsätzen leben. Auch das aus dem Zunftzwang entlassene Gewerbe scheint unter der Depression gelitten zu haben. Zudem brachte die Neuordnung Europas auch neue Handelshemmnisse mit sich.[6] So war es nur verständlich, dass die Düsseldorfer Kaufmannschaft ihre Errungenschaften aus dem ausgehenden 18. Jahrhundert und der Franzosenzeit verteidigte und dabei alle Möglichkeiten auszuschöpfen suchte. Zu diesen Errungenschaften gehörte auch der Freihafen, der schließlich fast zum Symbol des Kampfes um freie Entfaltung der Handels und Verkehrs der Düsseldorfer Kaufmannschaft auf dem Rhein wurde.

6 Lau, Geschichte (wie Anm. 1), S. 164 f.

***

In der Stadt Düsseldorf gab es seit dem ausgehenden 18. Jahrhundert eine Kaufmannsgesellschaft, die sich vornehmlich aus protestantischen Kaufleuten zusammensetzte und bei ihrer Entstehung 1785 neben der Vertretung ihrer Interessen wohl zunächst eher geselligen Charakter besaß. Es entwickelten sich jedoch Spannungen zwischen den liberale und wirtschaftliche Freiheiten erhoffenden Kaufleuten und dem eher konservativen Magistrat, zumal der Stadtrat befürchten musste, dass die Kaufleute, wenn sie als Korporation auftraten, in seine Kompetenzen eingreifen wollten. Im Jahre 1798 schlugen die beiden Vorsitzenden der Kaufmannsgesellschaft, Franz Wilhelm Camphausen und Caspar Anton Ditges, vor, aus den Reihen der Kaufleute und Fabrikanten einen „Handlungsvorstand“ zu wählen. Mitglieder waren außer dem Tabakfabrikanten Camphausen und dem Kaufmann Ditges die Kaufleute Johann Gottfried Brügelmann (Textilfabrikant), F. Henrich Clostermann, F. W Castanjan (Textilfabrikant), Christian Gottfried Jaeger (Kaufmann), Theodor Josef Lenzen und Wilhelm Zeller (Fabrikant). Hofkammerrat Lenzen, der auch als Jungrat im Stadtrat saß, hatte die Aufgaben eines Syndikus des neugegründeten Handlungsvorstands übernommen. Der Aufgabenbereich des Handlungsvorstandes war unter den Mitgliedern verteilt: So übernahm Kommerzienrat Brügelmann die Geschäfte der Beurtschifffahrt nach Dordrecht und Utrecht, Herr Clostermann die Kasse, Herr Zeller die Schifffahrt nach Köln, Herr Camphausen die Schifffahrt nach Mannheim und Frankfurt, Herr Carstenjen das Lagerhaus und die innere Verfassung der Kaufmannschaft und des Handlungsvorstandes, Herr Jaeger die Kranen-Gerechtigkeit und die Rheinfuhrleute, Hofkammerrat Lenzen die allgemeine Beratung und Herr Ditges alles, was mit Akzise, Waage- und Wegegeldern sowie Abgaben zusammenhing. Das zeigt schon, dass die Mitglieder des Handlungsvorstandes gewillt waren, bestimmte Bereiche in der Wirtschaftsverwaltung der Stadt besser auszugestalten.[7] Grund für diese Gründung des Handlungsvorstandes war wohl nicht allein das Kölner Beispiel – in Köln war 1797 ein Handlungskollegium entstanden –, sondern auch die günstigen Zeitumstände, die es erlauben mochten, die Wirtschaftsbedingungen und vor allem die Verkehrsverhältnisse auf dem Rhein grundsätzlich zu Gunsten von Düsseldorf zu beeinflussen.[8] Hatte doch die siegreiche Französische Revolution seit dem Herbst 1792 in liberalen Kreisen die Erwartung ge-

7 Josef, Wilden, 100 Jahre Düsseldorfer Wirtschaftsleben, Düsseldorf 1931, S. 28 ff.; Karl Albrecht, Vorspiel und frühes Beginnen, in: 125 Jahre Industrie- und Handelskammer zu Düsseldorf 1831–1956. Beiträge zur Geschichte der Industrie- und Handelskammer und der Düsseldorfer Wirtschaft, Düsseldorf 1956, S. 1–128, hier S. 8 ff.

8 Wilden, Wirtschaftsleben (wie Anm. 7), S. 37 ff.; Lau, Geschichte (wie Anm. 1), S. 161 ff.; Müller, Geschichte (wie Anm. 1), S. 197 ff.

4 Johann Gottfried Brügelmann (1750–1802), Fabrikant, Gründer der mechanischen Spinnerei Cromford in Ratingen. Er engagierte sich im Düsseldorfer Handelsvorstand und reiste in dessen Auftrag zum Friedenskongress nach Rastatt.

nährt, die Franzosen würden, wie im eigenen Land, Beschränkungen des Ancien Régime, worunter auch die Stapelrechte und Flusszölle gerechnet wurden, aufheben und damit der postulierten Freiheit der Rheinschifffahrt zum Durchbruch verhelfen.[9] Besonders nach der Besetzung des linken Rheinufers im Herbst 1794 erwarteten die Kaufleute und Schiffer die Aufhebung der Stapelrechte, während die Stadt Köln selbstverständlich sah, dass ihr Interesse in die entgegengesetzte Richtung ging und sie den Stapel als althergebrachtes und „von der Natur begründetes Recht" verteidigen musste. Unbeirrt versuchten beide Parteien – die Befürworter der Abschaffung des Stapelrechts und die das Stapelrecht verteidigende Partei – durch Streitschriften aller Art und durch Einflussnahme auf die französischen Behörden ihrem Standpunkt zur Geltung zu verhelfen.[10]

Im Juli 1798 hatten die Franzosen ihre Zollgrenze bis an den Rhein vorgeschoben, um ein einheitliches französisches Wirtschaftsgebiet zu schaffen und den Handel mit England soweit wie möglich zu unterbinden. Dadurch waren plötzlich traditionelle Handelsverbindungen zwischen dem linken und dem rechten Rheinufer unterbrochen wor-

9 Klaus Müller, Politische und rechtliche Veränderungen der Rheinschifffahrt zwischen Französischer Revolution und dem Ersten Pariser Frieden 1814, in: Der Rhein als Verkehrsweg. Politik, Recht und Wirtschaft seit dem 18. Jahrhundert, hrsg. v. Clemens von Looz-Corswarem/Georg Mölich (Schriftenreihe der Niederrhein-Akademie/Academie Nederrijn, Bd. 7), Bottrop 2007, S. 37–59, hier S. 37 f.

10 Vgl. Clemens von Looz-Corswarem, „Einige Worte über die Rhein-Schiffahrt". Die Düsseldorfer Schrift des Staatsrats Georg Arnold Jacobi von 1803 und ihr wirtschaftspolitisches Umfeld, in: Rheinisch – kölnisch – katholisch. Beiträge zur Kirchen- und Landesgeschichte sowie zur Geschichte des Buch- und Bibliothekswesens der Rheinlande. Festschrift für Heinz Finger zum 60. Geburtstag, hrsg. v. Siegfried Schmidt (Libelli Rhenani, Bd. 25), Köln 2008, S. 315–332 (Vgl. Beitrag 5 in diesem Band).

5 Das Rheintor am Rheinort mit dem Zugang zum alten Sicherheitshafen an der Citadelle zu Düsseldorf. Zeichnung, um 1789.

den; die linksrheinische Wirtschaft war von ihren Rohstoffen und die bergische Wirtschaft von ihrem Absatz im linksrheinischen Raum abgeschnitten. Auf die Klagen der nun französischen Handelsstädte Köln und Mainz entschied sich deshalb noch im Sommer 1798 die französische Verwaltung, aus pragmatischen Gründen, den Stapel dieser beiden Städte beizubehalten. Dazu gehörte auch die Aussicht, in Köln einen Freihafen einzurichten, ein Versprechen, das erst 1802 eingelöst wurde.[11]

Der Düsseldorfer Handel wurde in dieser Zeit kurzfristig Nutznießer der gewandelten politischen Verhältnisse. Um 1800 luden 37 Schiffe am Düsseldorfer Werft aus, während in den Jahren zuvor nur vier oder fünf gezählt worden sein sollen. Auch stiegen die Einnahmen aus dem Kranengeld sprunghaft an.[12] Die Düsseldorfer Kaufleute, die auf eine Aufhebung des Stapelrechtes spekulierten, legten die Weichen für einige wichtige Neuerungen. Die Kompetenzaufteilung der Mitglieder des Handlungsvorstandes vom 31. Dezember 1798 hatte schon gezeigt, dass ein Lagerhaus eingerichtet worden war sowie dass es Schiffsverbindungen nach Dordrecht und Utrecht sowie nach Mannheim und Frankfurt gab oder geben sollte. Die Kaufmannschaft hatte schon am 15. Juni 1798 durch Vertrag

11 Eberhard Gothein, Geschichtliche Entwicklung der Rheinschiffahrt im XIX. Jahrhundert (Sonderausgabe des 11. Bandes der Schriften des Vereins für Socialpolitik), Leipzig 1903, S. 15 f.; Müller, Veränderungen (wie Anm. 9), S. 40.

12 Lau, Geschichte (wie Anm. 1), S. 162 f.; Müller, Geschichte (wie Anm. 1), S. 196 f.

mit einigen Schiffern eine Beurtschiffverbindung mit Dordrecht, Rotterdam und Amsterdam eingerichtet, so dass unabhängig von der Warenmenge wöchentlich eine regelmäßige Frachtlinie mit holländischen Städten bestand.[13]

Hofkammerrat Lenzen stellt in seinen Beiträgen zur Statistik 1802 fest, dass

> seit drei Jahren eine täglich zunehmende Rangschiffahrt und Speditionshandlung zwischen hier und Holland errichtet [worden ist], welche dem Commerz auf dem Rheinstrome viele Vortheile gewähren würde, wenn die auf diesem Flusse noch bestehenden Hindernisse von gezwungenen Ausladungsplätzen und willkührlichen Zoll-Erhöhungen abgestellt würden.[14]

Außerdem erreichte der Handlungsvorstand von der französischen Verwaltung die Genehmigung für eine freie Fahrt nach Koblenz, Mainz und Frankfurt bzw. Mannheim und plante regelmäßige Schiffsverbindungen mit diesen Städten.[15]

Das Lagerhaus am Hafen in Düsseldorf in der Nähe des aus dem Ende des 16. Jahrhunderts stammenden Krans war ein Teil des ehemaligen kurfürstlichen Hofbräuhauses am Rheinwerft,[16] in dem der Handlungsvorstand Räume belegt hatte.[17] Die Schiffe wurden ja nur teilweise im alten Hafenbecken zwischen Altstadt und Citadelle, das vornehmlich als Sicherheitshafen bei Hochwasser und Eisgang diente, aus- und eingeladen, sondern am Rheinwerft, d. h. weitgehend am offenen Strom. Mit dem 1598 erbauten Tretkran wurden wohl in der Regel nur Weinfässer und sehr schwere Waren, z. B. Mühlsteine, die nicht getragen werden konnten, gehoben.[18]

Die Bereithaltung dieses zunächst angemieteten Gebäudes, in dem ein vom Handelsvorstand bezahlter Aufseher Dienst tat, hatte für die Kaufleute und Schiffer den Vorteil, dass dort Waren, die aus den Schiffen ausgeladen, aber noch nicht direkt weitertranspor-

13 Brandt, Studien (wie Anm. 3), S. 6 ff. gibt den Vertrag mit den Schiffern Mauritz aus Uerdingen und Jansen aus Rees wieder

14 J. J. Lenzen, Beyträge zur Statistik des Herzogthumes Berg, Düsseldorf 1802, S. 23.

15 Lau, Geschichte (wie Anm. 1), S. 162 f.; Müller, Geschichte (wie Anm. 1), S. 197; Brandt, Studien (wie Anm. 3), S. 6–8; Gothein, Entwicklung (wie Anm. 11), S. 19.

16 Das Gebäude war 1695 unter Johann Wilhelm als Hofbräuhaus errichtet worden, vgl. Lau, Geschichte (wie Anm. 1), S. 114; Leo Peters, Zur Geschichte des Hofbräuhauses, in: Düsseldorfer Jahrbuch 55 (1975), S. 105–107; Benedikt Mauer, Der Fürst und seine Stadt – Bauten aus der Jan-Wellem-Zeit, Düsseldorf 2008, S. 51 f.

17 Wilden, 100 Jahre (wie Anm. 7), S. 38.

18 Clemens von Looz-Corswarem, Zur Entwicklung der Rheinschiffahrt vom Mittelalter bis ins 19. Jahrhundert, in: Düsseldorf und seine Häfen. Zur Verkehrs- und Wirtschaftsgeschichte der Stadt aus Anlaß des 100-jährigen Jubiläums 1896–1996, hrsg. v. Horst Rademacher/Clemens von Looz-Corswarem/Annette Fimpeler-Philippen, Wuppertal 1996, S. 9–31, hier S. 22; Annette Fimpeler-Philippen, Düsseldorf und der Rhein, in: ebd., S. 33–46, hier S. 34 ff.

6 Ansicht der Stadt Düsseldorf um 1800 aus einer zeitgenössischen Reisebeschreibung mit Fliegender Brücke. Rechts der Bildmitte das ehemalige kurfürstlichen Hofbräuhaus, spätere Lagerhaus der Kaufmannschaft.

tiert werden sollten, gegen eine Gebühr gelagert werden konnten. Das Haus bekam ein neues Tor zum Rheinufer hin, ein verschlossenes Tor zu Rheinstraße und eine Tür, die in die Straße Rhein-Örtchen führte.[19]

Nachdem das Herzogtum Berg 1801 wieder an Pfalz-Neuburg zurückgegeben worden war, gelang es der Stadt Köln, hinter die sich der französische Präfekt stellte, die direkte Schifffahrt Düsseldorfer Schiffer auf dem Mittelrhein wieder zu unterbinden, wogegen die Düsseldorfer Kaufmannschaft bei den französischen Behörden protestierte und wogegen sich auch die pfalz-bayerische Regierung wandte. Düsseldorf fiel, da der Kölner Stapel wieder streng beachtet werden musste,[20] in Verhältnisse aus dem Alten Reich zurück. Wie schon in vergangenen Jahrhunderten wurde die Stadt zum Endpunkt von aus den Nieder-

19 Albrecht, Vorspiel (wie Anm. 7), S. 16; Oliver Karnau, Der Freihafen, in: Düsseldorfer Hafen-Geschichte vom Alten Werft bis zum Rheinhafen, Ausstellungskatalog Stadtmuseum Düsseldorf, Düsseldorf [1986], S. 35; ders.: Der Düsseldorfer Hafen. Wirtschaftspolitik und Stadtausbau in Wilhelminischer Zeit (Studien zur Düsseldorfer Wirtschaftsgeschichte, H. 4), Düsseldorf 1990, S. 53 ff.

20 Von Looz-Corswarem, Einige Worte (wie Anm. 10), S. 326 f.

landen kommenden Waren, die dann von hier aus auf dem Landweg ins Bergische Land oder auf dem rechten Rheinufer an Köln vorbei bis Zündorf gebracht wurden, wo sie wieder zu Wasser gebracht wurden. Hinzu kamen Verdienstmöglichkeiten, die sich aus dem exzessiven Schmuggel begründeten.[21]

Nach dem Frieden von Rastatt Ende 1798 erwarteten die Kaufleute, dass die zahlreichen Zölle am Rhein, die die Schifffahrt auf die unterschiedlichste Weise belasteten, abgeschafft würden. Im Frieden von Lunéville vom 9. Februar 1801 kam nun aber ein Vertrag zwischen dem Reich und Frankreich zustande, der Frankreich das ganze linke Rheinufer zusprach und den „Thalweg des Rheins", also die tiefste Stelle im Fluss, zur Grenze machte. Diese letztlich höchst unpraktikable Regelung musste zu ständigen Konflikten führen, da die den Rhein befahrenden Schiffe sich mal in französischen, mal in anderen Hoheitsgewässern befanden und eine Kontrolle der Zollgrenze kaum möglich war.[22] Zwar wurde sowohl in Rastatt als dann auch im Reichsdeputationshauptschluss vom 25. Februar 1803 im Prinzip an der Aufhebung der Zölle festgehalten, aber zur Finanzierung des Fürstprimas und Kurfürsten Karl Theodor von Dalberg wurden sie als sogenannte „Oktrois" (Zoll) wieder eingeführt. Allerdings wurde die Zahl der Oktroiserhebungsstellen gegenüber den Zollstellen stark reduziert, was immerhin schon eine gewisse Vereinfachung und Erleichterung für die Schifffahrt bedeutete. Mit Mühe gelang es, wie dann in der am 15. August 1804 abgeschlossenen Oktroiskonvention festgelegt, auch Düsseldorf als Erhebungsstelle einzubringen, zumal auch Köln, das am Ende des Alten Reiches zwar Stapelstadt, aber keine Zollstelle war, auch Oktroiserhebungsstelle wurde. Gerade im Vorfeld der Verhandlungen von Rastatt und Regensburg hatten die verschiedenen Parteien, die Düsseldorfer Kaufmannschaft, die von Kaufleuten in Straßburg und Koblenz unterstützt wurden, und die Kölner und Mainzer, die sich auch gegen die Frankfurter wehren mussten, wieder einen erbitterten mit Broschüren und Pamphleten ausgefochtenen Streit entfaltet. Es ging dabei vor allem darum, die Verantwortlichen bei den Verhandlungen gegen oder für die Beibehaltung der Stapelgerechtigkeiten von Köln und Mainz zu überzeugen.[23]

Die Kaufmannschaft bzw. der Handlungsvorstand in Düsseldorf versuchte nun, soweit dies möglich war, Fakten zu schaffen. Aus den Berichten des Geheimen Rats Theodor Ark an den Kurfürsten in München aus dem Jahre 1801 erfahren wir, dass er mit den nie-

21 Lau, Geschichte (wie Anm. 1), S. 162; Müller, Geschichte (wie Anm. 1), S. 196; Gothein, Entwicklung (wie Anm. 11), S. 19.

22 Müller, Veränderungen (wie Anm. 9), S. 40 ff.

23 Müller, Veränderungen (wie Anm. 9), S. 44 ff.; Hans Mosler, Die Einführung der Rheinschiffahrtsoktroi-Konvention am deutschen Niederrhein 1803–1807 (Vereinsgabe des Düsseldorfer Geschichtsvereins), Düsseldorf 1908, S. 6 f.; von Looz-Corswarem, Einige Worte (wie Anm. 10), S. 331 ff.

7 Ansicht der Stadt Düsseldorf vom Oberkasseler Ufer aus, um 1830.

derrheinischen Schiffern vereinbart habe, auf dem Werft eine Schnellwaage aufzurichten, damit die Schiffer ihre vom Gewicht der Waren abhängigen Frachten feststellen konnten. Auch hatte die Kaufmannschaft das gemietete Lagerhaus im ehemaligen Hofbräuhaus am 14. Oktober 1806 erworben und umgestaltet. Gegen beides protestierte der Magistrat der Stadt. Mit der Schnellwaage griffen die Kaufleute angeblich in ein altes Privileg von 1371 ein, das dem Rat das Aufstellen von Waagen am Rheinufer übertragen habe; bei dem Lagerhaus, in dem Waren lagen, von denen keine Akzise gezahlt würde, entgingen der Stadt Einnahmen. Interessant ist, dass sich einige Regierungsbeamte wie Geheimrat Windscheid und Regierungskommissar von Knapp, aber in gewisser Weise auch Geheimrat Ark selbst auf Seiten der Kaufmannschaft stellten.[24] Denn letztlich hatte der beginnende Aufschwung

24 Albrecht, Vorspiel (wie Anm. 7), S. 15 ff.; Müller, Geschichte (wie Anm. 1), S. 199. Zu Staatsrat Ark vgl. Jörg Engelbrecht, Probleme der Sozial- und Wirtschaftsgeschichte des Großherzogtums Berg, in: Charles Schmidt, Das Großherzogtum Berg 1806–1813. Eine Studien zur französischen Vorherrschaft in Deutschland unter Napoleon I. Mit Beiträgen von B. Dietz, J. Engelbrecht und H.-K. Junk, hrsg. v. Burghard Dietz/Jörg Engelbrecht (Bergische Forschungen XXVII), Neustadt/

8 Georg Arnold Jacobi (1768–1845). Nach einer Zeichnung von J. P. Langer.

des Handelsverkehrs der Kaufmannschaft Recht gegeben, auch war, wie schon an der Beteiligung des Staatsrats Georg Arnold Jacobi an einer die Freiheit des Rheins fordernden Streitschrift von 1803 deutlich wird, ein Teil der pfalz-bayerischen Regierung für eine Aufhebung des Stapels und eine Förderung des Düsseldorfer Handels- und Schiffsverkehrs.[25] Im Jahre 1804 ließ sich der Stellvertreter des Landesfürsten, Herzog Wilhelm von Pfalz-Bayern, die Wünsche und Probleme des Düsseldorfer Handels- und Gewerbestandes vortragen und war bereit, sich als deren Protektor zu bezeichnen.[26]

Ob es nun eine direkte Folge des Besuchs Herzog Wilhelms beim Düsseldorfer Handlungsvorstand war oder auf längerfristige Verhandlungen zurückzuführen ist, mag dahin gestellt sein. Jedenfalls erließ Kurfürst Maximilian am 14. September 1805 ein Reskript, worin er die bisherige Zollfreiheit Düsseldorfs unter bestimmten Bedingungen bestätigte. Im Einzelnen wurde festgelegt, dass 1. sich die Zollbefreiung nur auf die Güter bezieht, die bei der Stadt oder bei den Landestellen „Auf den Steinen“ (Düsseldorf-Hamm) und „Volmerswerth“ anlanden; dass 2. von den Gütern, die in die Stadt gebracht werden, Einfuhrzoll zu entrichten ist, und wenn sie dann weiterverschifft werden, sollen sie auch den üblichen Ausfuhrzoll zahlen; dass 3.

> diejenigen Güter, welche blos auf dem Rheinwerft oder in dem kaufmännischen Lagerhaus niedergelegt werden, bei der Weiterversendung zu Wasser von dem Landzoll, wie auch bisher gebräuchlich gewesen ist, befreyet bleiben, hingegen jenes Lagerhaus, wie auch das Interesse des städtischen Aerarii nothwendig erfordert, von der Stadt gänzlich abgeschlossen werden müßte.

Und 4. wird auf die Umstellung der Erhebung des Wegegeldes an den Toren hingewiesen.

Aisch 1999, S. 407–437, hier S. 421.

25 Looz-Corswarem, Einige Worte (wie Anm. 10), S. 325 ff.

26 Wilden, Wirtschaftsleben (wie Anm. 7), S. 33 f.

Am 30. Oktober 1805 teilte Graf Goltstein dieses Privileg dem Düsseldorfer Magistrat mit.[27] In dem Schreiben erscheint zwar nicht der Begriff „Freihafen", aber im Prinzip ist es das, was einen Freihafen ausmacht. Jedenfalls war es dieses Reskript vom Oktober 1805, worauf sich Handlungsvorstand und Stadt in der Folgezeit noch häufig berufen sollten.[28]

Die lang beantragte, offizielle Anerkennung des Düsseldorfer Handlungsvorstandes als Vertretung der Düsseldorfer Kaufmannschaft durch den Landesherrn, den Kurfürsten Maximilian Joseph in München, erreichte dieser, nicht zuletzt wegen des Widerstandes des Magistrats, erst am 12. Februar 1805. Zur staatlichen Kontrolle sollte Geheimrat Jacobi an den Sitzungen teilnehmen.[29] Jacobi hatte ein positives Gutachten vorgelegt, worin er einräumen musste, dass der städtische Magistrat seinen Aufgaben, das Rheinwerft zu unterhalten und dort durch geeignete Maßnahmen Handel und Verkehr zu fördern, nicht nachgekommen war und er dafür letztlich auch nicht geeignet sei.[30]

Mit Schmerz hatte Düsseldorf nicht nur die Beibehaltung des Kölner Stapelrechts registrieren müssen, sondern auch die Tatsache, dass Köln den 1798 in Aussicht gestellten Freihafen dann auch nach gewissen Umbauten als Freiwerft zwischen Markmannsgassentor und Mühlengassenbollwerk einrichtete und diese am 11. Juni 1802 freigegeben worden war. In Mainz war schon am 8. Februar 1802 ein Freihafen eingerichtet worden.[31] Damit war der Begriff „Freihafen" in der Welt, den die Düsseldorfer Kaufmannschaft nun auch vehement für sich beanspruchte, da sie de facto bereits mit ihrem Lagerhaus in Verbindung mit den Zollprivilegien eine ähnliche Einrichtung besaß.

Hatte die Düsseldorfer Kaufmannschaft nach der Bildung des Großherzogtums Berg als französischer Trabantenstaat unter Joachim Murat am 12. Juli 1806 gehofft, dass die Zollgrenze auf dem Rhein wenn nicht aufgehoben, so doch durchlässiger werden würde, so hatte sie sich getäuscht. Allerdings scheint sie erreicht zu haben, dass die neuen Machthaber – das Großherzogtum Berg sollte ja als eigenständiger „Modellstaat" fungieren – 1807 das Privileg einer zollfreien Einlagerung von Waren, die für den Weitertransport gedacht waren, bestätigten.[32] Zunächst waren am 8. September 1807 alle sich auf Zölle beziehenden Privilegien und Freiheiten aufgehoben worden, dann aber am 17. September 1807 der Stadt Düsseldorf erlaubt worden, „zur Erleichterung der Ueberladung und zur Ausbesserung der Collis (Stückgut), die nicht in das Land eingeführte werdenden Waaren

27 Stadtarchiv Düsseldorf, 0-1-2-235 (Der Freihafen an der Dammstraße 1805–1896), f. 2r/v.

28 Friedrich-Wilhelm Henning, Düsseldorf und seine Wirtschaft. Zur Geschichte einer Region, Bd. 1: Von den Anfängen bis 1860, Düsseldorf 1981, S. 299 f.; Karnau, Hafen (wie Anm. 19), S. 53 f.

29 Wilden, Wirtschaftsleben (wie Anm. 7), S. 34 f.

30 Müller, Geschichte (wie Anm. 1), S. 22.

31 Mathieu Schwann, Geschichte der Kölner Handelskammer, Bd. 1, Köln 1906, S. 185.

32 Karnau, Hafen (wie Anm. 19), S. 54.

9 Niederländisches Beurtschiff (Samoreuse) im ersten Drittel des 19. Jahrhunderts.

zollfrei auf das Werft niederzulegen".[33] Die Düsseldorfer Kaufleute unternahmen alles in ihrer Macht stehende, um in Düsseldorf Handel und Gewerbe zu fördern und dazu die nötigen Voraussetzungen zu schaffen. Dazu gehörten sogar Gedankenspiele, die auf eine Inkorporierung des Großherzogtums in den französischen Staat hinzielten. Gegenüber der französischen Regierung stellten sie die Wirtschaftsverhältnisse in Düsseldorf im August 1808 als besonders schlecht dar, vermutlich, um eine stärkere Unterstützung durch die französischen Behörden zu erwirken. In der Eingabe heißt es:

> Auf jeden Fall wäre des Herrn Staatsminister Excellenz davon zu überzeugen, wie notwendig für den Handel und die Spedition von Düsseldorf die Beibehaltung des, ihm von der vorigen Regierung verliehenen, vom Hafen am Rheinthore bis zum Einflusse der Düssel in den Rhein (am Schloss) reichenden Freihafens, so wie der Freiheit des städtischen Lagerhauses sei.
> Ebenso wäre auf jeden Fall dem Herrn Staatsminister Excellenz das Gehässige und Nacht-

33 J. J. Scotti, Sammlung der Gesetze und Verordnungen welche in den ehemaligen Herzogthümern Jülich, Cleve und Berg und in dem vormaligen Großherzogthum Berg ... ergangen sind, Teil 2, Düsseldorf 1821, S. 1103, Nr. 2983; Henning, Wirtschaft (wie Anm. 28), S. 30.

> heilige des Mainzer und Cölnischen Stapels zu schildern, Hochdemselben vorzuhalten, dass den öffentlich erschienenen Werken zufolge die französischen Handlungsorte, insbesondere Metz und Coblenz am ersten und nachdrucksamsten gegen den Stapel gewirket, daß eben den Stapel-Städten ihre Anmaßung unter dem Vorwande bis hin aufrecht zu erhalten gewusst hätten, daß es ein von Frankreich gegen Deutschland ausgeübt werdendes Vorrecht sei, hiergegen sei aber zu bemerken, dass durch dieses Vorrecht auch die französischen Städte in der freien Benutzung des zur Handlungsschiffahrt so sehr geeigneten Rheinstromes wesentlich beeinträchtigt würden, dass auch in Hinsicht von Düsseldorf jeder Vorwand der Stapelstädte dann wegfalle, wenn es mit Frankreich vereinigt werden sollte.[34]

Die Eingabe zeigt, dass der Düsseldorfer Handlungsvorstand durchaus Vorteile in dem französischen Wirtschaftssystem sah, wozu z. B. die Übernahme der französischen Handwerks- und Gewerbegesetzgebung, die Schaffung von Handels- und Gewerbegerichten, die Vereinheitlichung von Maßen und Gewichten und die Umstellung auf den Franc als Zahlungsmittel gehörten. Auch die unternehmerische Selbstorganisation, d. h. eine Vertretung der Kaufmannschaft in Form eines Handlungsvorstandes, war durchaus im Sinne der französischen Verwaltung.[35]

Der Naturhistoriker Philipp Andreas Nemnich (1764–1822), der in diesen Jahren das Rheinland bereiste, schrieb in seinem im Jahre 1809 in Tübingen erschienenen „Tagebuch“:

> Seit einem Jahr besitzt Düsseldorf einen ziemlich geräumigen, mit einem großen Lagerhause und andern Bequemlichkeiten versehenen Freihafen. Alle Transit-Güter sind daselbst frei von Formalitäten, Zöllen und Abgaben, ausgenommen Lagergeld. Sollen die Güter aber landeinwärts verführt werden, so sind alsdann die gewöhnlichen Zollabgaben zu entrichten.[36]

34 Zit. nach Albrecht, Vorspiel (wie Anm. 7), S. 25, die Eingabe geht möglicherweise auch auf Jacobi zurück.

35 Jörg Engelbrecht, Grundzüge der Sozial- und Wirtschaftsgeschichte des Großherzogtums Berg, in: Das Großherzogtum Berg als napoleonischer Modellstaat. Eine regionalhistorische Zwischenbilanz, hrsg. v. B. Dietz, Köln 1995, S. 54–65, hier S. 56 f.

36 Philipp Andreas Nemnich in seinem im Jahre 1809 in Tübingen erschienenen „Tagebuch einer der Kultur und Industrie gewidmeten Reise“, zit. nach C.-M. Zimmermann (Hrsg.), So lebten sie im alten Düsseldorf. Texte und Bilder von Zeitgenossen, Köln 1983, S. 39 f.; vgl. Fimpeler-Philippen, Düsseldorf und der Rhein (wie Anm. 18), S. 42.

10 Ansicht der Stadt Düsseldorf. Rechts neben dem Kran die Einfahrt zum alten Sicherheitshafen, sichtbar ist ein Teil des Lagerhauses. Nach einem Kupferstich, um 1811.

Hier wird deutlich, dass sich spätestens 1807 ein Freihafen in Düsseldorf etabliert hatte und unter diesem Begriff auch von der interessierten Öffentlichkeit wahrgenommen wurde.

Der Handlungsvorstand hatte das Lagerhaus, das wohl als Zentrum des Freihafens begriffen werden kann, durch die Errichtung einer Aktiengesellschaft finanziert. Gezeichnet hatten die Anteilscheine in Höhe von einem Gesamtwert von ca. 10.000 Talern vornehmlich Düsseldorfer Kaufleute. Die Verzinsung lag bei 5 % und sollte durch Gebühren gedeckt werden.[37] Aber der Handlungsvorstand engagierte sich auch auf anderen Feldern, so bei der Einrichtung eines Sicherheitshafens am Nordende der Stadt, der zwischen 1812 und 1814 fertiggestellt wurde und ca. 50 Schiffen Platz bot.[38] 1809 engagierte er sich bei der Festsetzung von Münzwerten, setzte sich für die Erweiterung des Zolltores und für den Bau von Straßen im Bergischen ein und wurde auch in der Armenpflege tätig, um zur Verminderung der sozialen Probleme beizutragen.[39]

37 Henning, Wirtschaft (wie Anm. 28), S. 30.

38 Düsseldorfer Hafen-Geschichte (wie Anm. 19), S. 30; Henning, Wirtschaft (wie Anm. 28), S. 31.

39 Wilden, Wirtschaftsleben (wie Anm. 7), S. 38 ff.

11 Ehemaliges kurfürstliches Hofbräuhaus am Rheinort. Erbaut 1695, seit ca. 1798 als Lagerhaus genutzt, 1806 von der Kaufmannschaft angekauft, niedergelegt 1896. Foto, vor 1896.

Im Jahre 1811 organisierte er die berühmte Gewerbeausstellung, die Napoleon anlässlich seines Besuches auf die Produkte des Bergischen Landes hinweisen sollte. Es war dies die erste Gewerbeausstellung, die Düsseldorfs Ruf als Ausstellungs- und Messestadt begründete. Die Hoffnung der Kaufleute und Fabrikanten, dass Napoleon grundsätzlich etwas an den für die bergischen Fabrikanten nachteiligen Zollverhältnissen ändern würde, erfüllte sich jedoch nicht, obwohl er sich vom Produktionsangebot des Bergischen Landes sehr beeindruckt gezeigt hatte.[40]

In der Zwischenzeit hatte die im Dekret Napoleons von Trianon vom 5. August 1810 festgeschriebene Verschärfung der seit November 1806 bestehenden Kontinentalsperre die Zollschranke auf dem Rhein erhöht. Auf alle nach Frankreich eingeführten Waren,

40 Hugo Weidenhaupt, Napoleon in Düsseldorf, in: Ders.: Aus Düsseldorfs Vergangenheit, S. 130–149, bes. S. 142 f.; Napoleon im Bergischen Land. 1806–1813: Das Großherzogtum Berg, in: Romerike Berge 56 (2006), H. 3, S. 3–64, hier S. 39 ff.; Clemens von Looz-Corswarem, Der Besuch Napoleons in Düsseldorf im November 1811, in: Napoleon. Trikolore und Kaiseradler über Rhein und Weser, hrsg. v. V. Veltzke, Köln u. a. 2007, S. 67–70; ders., Ein teurer Fürst. Anmerkungen zum Besuch Napoleons in Düsseldorf 1811, in: Rhein-Maas. Studien zur Geschichte, Sprache und Kultur, Bd. 3. Festschrift für Jörg Engelbrecht zum 60. Geburtstag, Oberhausen 2012, S. 125–145; ders., Der Besuch Napoleons in Düsseldorf im November 1811, in: Napoleon [...] Düsseldorf (Schriftenreihe Stadtmuseum), Düsseldorf 2014, S. 12–39.

unabhängig von ihrer Herkunft, war ein 50%iger Zoll zu erheben. Damit war das linke Rheinufer vom rechten wirtschaftlich praktisch abgeschnitten, was der Wirtschaft gerade am rechten Rheinufer schwere Schäden zugefügte. [41] Unter diesem Eindruck erhoben die Kaufleute und Unternehmer des Bergischen Landes wieder die Forderung, das Herzogtum Berg, wie bereits mit dem Königreich Holland geschehen, dem französischen Kaiserreich einzuverleiben.

Inwieweit die napoleonische Zollverordnung vom 1. April 1810, die bestimmte, dass alle vom Rhein kommenden Waren, die nicht gelagert und wieder verschifft würden, verzollt werden müssten, die bestehende Situation in Düsseldorf änderte, mag dahingestellt sein. Auf jeden Fall erkannte dieses Dekret im Umkehrschluss den Düsseldorfer Freihafen an, da alle Waren, die gelagert und wieder verschifft wurden, vom Zoll befreit waren.[42]

Ab 1811 sollte sich die materielle Situation der Menschen im Großherzogtum Berg drastisch verschlechtern. „Die wirtschaftliche Rezession und die damit einhergehende Arbeitslosigkeit, immer neue Steuern und Abgaben, daneben aber auch das Konskriptionswesen, führten zu einer dauerhaften Entfremdung zwischen Staat und Bevölkerung".[43] Dass Napoleon dann 1813, wohl auch im Zusammenhang mit der Verschärfung der Zollkontrollen am Rhein, das Stapel- bzw. Umschlagrecht der Städte Köln und Mainz ausdrücklich bestätigte, stellte eine zusätzliche Zurücksetzung der rechtsrheinischen Wirtschaft dar.[44]

***

Der Düsseldorfer Handlungsvorstand hatte es nach seiner Gründung in den 1780er Jahren geschafft, aus eigener Initiative durch konsequenten Ausbau der städtischen Hafenanlagen, Etablierung eines Freihafens, Nutzung aller rechtlichen Möglichkeiten zur Förderung des Handels und Verkehrs auf dem Rhein sowohl nach Holland als auch an den Oberrhein und schließlich im konsequenten Kampf gegen die Stapelgerechtigkeit von Köln eine eigenständige Position für die Stadt Düsseldorf zu erreichen. Doch nun standen ihm unter den preußischen Herren neue Aufgaben bevor.

Der Wegfall der Zollgrenze auf dem Rhein war nur teilweise ein Vorteil, denn wenn nun auch das preußische Rheinland eine Wirtschaftseinheit bildete, so errichteten doch schon am 20. April und 25. Juni 1814 das restituierte Frankreich und am 20. Juni 1814 die mit Belgien vereinigten Niederlande hohe Zollgrenzen zur Abschottung gegen fremde Importe. Für die linksrheinischen Fabrikanten und Kaufleute bedeutete das, dass der ganze

41 Gesetz-Bülletin des Großherzogtums Berg 1810, Nr. 23, S. 270–274.
42 Karnau, Hafen (wie Anm. 19), S. 54; Henning, Wirtschaft I (wie Anm. 28), S. 31.
43 Engelbrecht, Grundzüge (wie Anm. 35), S. 58 u. 63.
44 Müller, Veränderungen (wie Anm. 9), S. 52.

ehemalige französische Markt nicht mehr zur Verfügung stand. Auch wurde deutlich, dass unter dem Schutz der Kontinentalsperre zahlreiche Produkte in nicht konkurrenzfähiger Weise produziert worden waren, sei es, was die Qualität oder was die Produktionskosten anging, so dass die Aufhebung der Kontinentalsperre keineswegs nur positive Folgen für die rheinische Wirtschaft hatte. Für den Handel und die Schifffahrt auf dem Rhein war besonders die neue Zollgrenze zu den Niederlanden problematisch, kam sie doch fast einer Blockade gleich.[45]

Andererseits war im Wiener Vertrag eindeutig der Wegfall der Stapelrechte erklärt worden, worauf sich der Optimismus nicht nur der Düsseldorfer Kaufmannschaft begründete. Auch die preußische Regierung in Berlin ging zunächst von einer Aufhebung des Kölner Stapels aus. Im Dezember 1815 machte Staatskanzler Karl August von Hardenberg einen Besuch am Rhein. Die Düsseldorfer Kaufmannschaft entsandte eine Delegation und bat in einer Zusammenkunft am 5. Dezember um möglichst baldige Aufhebung des Stapels, „nachdem die Kraft der Wahrheit und das Wohlwollen der hohen verbündeten Mächte die Freiheit der Rheinschiffahrt errungen“ hatten.[46]

Die Düsseldorfer Kaufmannschaft stand, was ihre Handels- und Schifffahrtsverbindungen anging, in den Startlöchern. Sie konnte dabei an die Kontakte aus der französischen Zeit anknüpfen. Schon waren Verträge über eine regelmäßige Beurt- oder Rangschifffahrt mit Frankfurt und Mannheim vorbereitet worden, ebenso wie mit Amsterdam und Rotterdam. Auf die Aufhebung des Stapelrechts von Mainz und Köln vertrauend hatte auch Frankfurt schon Verträge mit Rotterdam abgeschlossen.[47]

Unter dem Eindruck der niederländischen Zollpolitik sah sich jedoch Preußen nicht mehr verpflichtet, die ursprünglich im Wiener Vertrag vorgesehene Aufhebung des Kölner Stapels umzusetzen, zumal die Niederlande ihren Zolltarif am 3. Oktober 1816 noch einmal wesentlich verschärften und keineswegs daran dachten, die Oktroisregelungen auch auf die niederländischen Teilstücke des Rheins und seine Mündungsarme zu übernehmen. Der Hauptstreit mit den Niederlanden entzündete sich vornehmlich an einem Passus des Paragraphen 5 des Pariser Friedens vom 30. Mai 1814 über die Freiheit des Rheins, der fast unverändert in die betreffenden Passagen der Wiener Kongressakte übernommen worden war. Dort heißt es: „La navigation sur le Rhin, du point ou il devient navigable jusqu' à

45 Manfred A. Koltes, Preußens Wirtschaftspolitik nach der „Besitzergreifung“, Staatliche Konzeption, Umsetzung und Reaktion der Betroffenen: Das Problem der Integration, in: Die Rheinlande und Preußen. Parlamentarismus, Parteien und Wirtschaft (Dokumente und Darstellungen zur Geschichte der rheinischen Provinzialverwaltung und des Landschaftsverbandes Rheinland, Nr. 5), Köln 1990, S. 63–81, hier S. 70 ff.

46 Gothein, Entwicklung (wie Anm. 11), S. 85.

47 Vgl. auch Most, Geschichte (wie Anm. 5), S. 152 f.

12 Hafensituation und Schiffe im Norden von Düsseldorf, Stahlstich ca. 1850.

la mer et reciproquement, sera libre […].“[48] Die Niederlande interpretierten diese Stelle dahingehend, dass der Rhein frei sei bis zum Meer und sie das Recht hätten, an der Mündung des Flusses einen Eingangszoll zu erheben, was von fast allen anderen Nationen, vor allem von Preußen, vehement bestritten wurde. Preußen und die anderen Staaten waren der Meinung, dass der Rhein mit seinen Mündungsarmen frei befahren werden dürfe, und zwar bis ins offene Meer hinein. Dadurch wäre für Preußen und andere Rheinanlieger ein direkter Rhein-See-Verkehr z. B. mit England möglich geworden. Dem konnten die Niederlande schon aus Selbsterhaltungstrieb kaum zustimmen. Das neue niederländische Zollgesetz vom 3. Oktober 1816 sah so hohe Transitzölle für den nichtniederländischen Rheinverkehr vor, dass der Weg zur See dadurch so gut wie versperrt war.[49]

48 Dieter Strauch, Die Entwicklung des Rheinschifffahrtsrechts zwischen 1815 und 1868, in: von Looz-Corswarem/Mölich, Der Rhein als Verkehrsweg, S. 61–92, hier S. 69 f.

49 Most, Geschichte (wie Anm. 5), S. 153; Heinrich Bernhard Oppenheim, Der freie deutsche Rhein.

Die Kölner wussten dieses Element propagandistisch geschickt auszunutzen, um Preußen von der Notwendigkeit der Beibehaltung ihres Stapels zu überzeugen und sei es nur als Druckmittel gegenüber den Niederlanden. Die Verhandlungen zwischen den Staaten über die Bedingungen, unter denen der Rhein frei zu befahren sein sollte, wurden seit dem Juni 1815 in Mainz geführt. Dort tagte die Zentralkommission, in der bevollmächtigte Mitglieder aller rheinanliegenden Staaten vertreten waren.[50] Das Prinzip einer Gesamtverwaltung der Belange der Rheinschifffahrt unter der Bedingung, dass der Rhein ein internationales Gewässer sein sollte, war im Oktroisvertrag von 1804 festgelegt worden und sollte sich letztlich bewähren. Zunächst aber trafen dort die verschiedenen Vorstellungen hart aufeinander.[51]

Wenn der Kölner Stapel, und sei es auch nur in der abgeschwächten Form des Umschlagsrechtes, beibehalten wurde, dann bedeutete das für die Düsseldorfer erneut eine starke Beeinträchtigung ihres Handels. Bei einer Beibehaltung des Stapel- bzw. Umschlagsrechtes der Stadt Köln war die Situation für die Düsseldorfer Kaufmannschaft ungünstiger als zur pfalz-bayerischen oder großherzoglichen Zeit, da eine Umgehung des Stapels auf dem Landwege, was ja dem Düsseldorfer Hafen einen temporären Aufschwung verschafft hatte, oder eine verstärkte Schmuggeltätigkeit wie zu Ende der Franzosenzeit wegen der territorialen Einheit nicht mehr möglich war. Es blieb der Düsseldorfer Kaufmannschaft nichts anderes übrig, als bei ihrem neuen Landesherrn auf ihre besondere Situation aufmerksam zu machen. Dabei scheint es so, als ob sie sich der Sympathien der lokalen staatlichen Behörden erfreuen konnten.[52]

Wünsche der Düsseldorfer Kaufleute von 1816

In dieser schwierigen Situation meldeten sich die Düsseldorfer Kaufleute schon unter dem 16. April 1816 mit einem interessanten Vorschlag zu Wort. In einer in Düsseldorf im selben Jahr 1816 gedruckten, 16-seitigen Schrift formulierten sie „Wünsche über die künftige Einrichtung der Rhein-Schiffahrt“ und gaben dabei vor, im Namen und Interesse

---

Geschichtliche und staatsrechtliche Entwicklung der Gesetzgebung des Rheins, Stuttgart/Tübingen 1842, S. 127 ff.; Schwann, Handelskammer (wie Anm. 31), S. 374 ff.

50 W. J. M. Eysinga, Geschichte der Zentralkommission von 1816 bis 1934, in: Eysinga/Walther: Geschichte der Zentralkommission für die Rheinschiffahrt 1816 bis 1969, Straßburg 1994, S. 1–135, hier S. 28 f.

51 Gothein, Entwicklung (wie Anm. 11), S. 92 ff.; Schwann: Handelskammer (wie Anm. 31), S. 374; Strauch, Entwicklung (wie Anm. 48), S. 68 ff.

52 Most, Geschichte (wie Anm. 5), S. 153.

ihrer „Handlungsfreunde in und außer Deutschland[s]" zu sprechen.[53] Zunächst wird das bekannte Motiv wieder aufgegriffen: Wenn erst die unnatürlichen und durch nichts zu rechtfertigenden Vorrechte der Stapelstädte Mainz und Köln aufgehoben seien, dann würden sich die günstigen Lagevorteile von Düsseldorf voll entfalten können. Die Holländer hätten dies schon 1799 erkannt, als sie mit dem Düsseldorfer Handelsstand Verträge über eine regelmäßige Schiffsverbindung abgeschlossen hätten. Düsseldorf stehe in engem Kontakt mit den „gewerbereichen bergischen Fabrikörtern" Elberfeld, Barmen, Ronsdorf, Solingen, Remscheid und Kronenberg, auch sei es durch mehrere Landstraßen mit dem Umland verbunden. Köln dagegen habe in der Nähe keine einzige bedeutende Fabrik- oder Handelsstadt. Es gehe nicht darum, dass Düsseldorf Vorteile gegenüber anderen Städten haben wolle, jede Stadt können sich entfalten, wie sie könne, und ihre Lage nutzen, es gehe lediglich um die „schädlichen Monopole", um das „gräßliche Stapelrecht". Es müsse auf jeden Fall für die niederrheinischen Schiffer „ein Mitgenuss der Oberrheinischen Schiffahrt gestattet" werden.[54]

Wenn allerdings bestimmte Vorrechte für Köln erhalten blieben, dann müsse auch Düsseldorf dieselben Rechte haben. Als Begründung geben die Düsseldorfer an: „Dem in- und ausländischen Kaufmann muss es erwünscht seyn, in jeder Gegend, des Nieder-, Mittel- und Oberrheins doch wenigstens zwei Plätze, einen am rechten, den anderen am linken Rhein-Ufer zu haben, unter denen er zur Versendung seiner Waaren wählen könne."[55]

Im Folgenden machen die Düsseldorfer Kaufleute konkrete Vorschläge, wie die Schifffahrt einzurichten sei, wobei sie von ihren Maximalforderungen abrücken und die Dreiteilung des Rheinstroms in Niederrhein, Mittelrhein und Oberrhein für die „große Rheinschiffahrt" beibehalten sehen wollen. Der Niederrhein soll wie bisher von Köln abwärts bis Dordrecht, Rotterdam, Utrecht und Amsterdam gelten. Allerdings – und jetzt folgt ein genialer Vorschlag der Düsseldorfer – solle die Große Schifffahrt, deren Waren für das rechte Rheinufer bestimmt sind, in Düsseldorf enden, während die großen holländischen Schiffe, deren Waren für das linke Rheinufer bestimmt sind, durchaus bis Köln fahren sollen. Daraus ergibt sich folgende Logik für den Mittelrhein: mittelgroße Schiffe könnten jetzt, jedenfalls, was die Handelsplätze auf dem rechten Rheinufer angeht, von Düsseldorf bis Mannheim und Frankfurt fahren. Um die Schifffahrt der Mosel nicht zu benachteiligen, sollten auch die Schiffe von Trier den Rhein herunter bis Köln und Düsseldorf und den Rhein hinauf bis Mainz, Frankfurt und Mannheim fahren können. So erhielten letzt-

53 Wünsche über die künftige Einrichtung der Rhein-Schiffahrt von den unterzeichneten Düsseldorfer Kaufleuten, Commissionairs und Spediteurs für sich und im Namen ihrer Handlungsfreunde in und ausser Deutschland, Düsseldorf 1816, ULB Düsseldorf DGV 259.

54 Wünsche (wie Anm. 53), S. 9.

55 Wünsche (wie Anm. 53), S. 10.

lich die Handelsstädte Mainz und Mannheim, Frankfurt am Main und Trier an der Mosel die gleichen Rechte wie Düsseldorf und Köln, für den Oberrhein kämen noch Schröck (heute Leopoldshafen bei Karlsruhe) und Straßburg hinzu. An diese Hauptörter für die Große Schifffahrt könne sich dann die Kleine Schifffahrt anschließen. Frachtpreise und Ausladegebühren sollten angeglichen werden, wobei man den 1804 eingeführten Rheinschifffahrts-Oktroi akzeptiert, nur fordert, dass auch die Holländer sich den Tarifen unterwerfen müssen.

Die Unterzeichneten

> erwarten ehrfurchtsvoll jede höhere Anordnung und bitten nur die vielen in schwierigen Zeiten von Düsseldorf zum Besten der Rheinschiffahrt dargebrachten Opfer nun in dem entscheidenden Zeitpunkt allergnädigst zu berücksichtigen, und wenn keine völlige Freiheit der Rheinschiffahrt allen angrenzenden Städten gestattet werden wollte, doch Düsseldorf davon nicht auszuschließen und selbiges mit Cöllen in gleiche Rechte zu setzten.[56]

Die Eingabe, die wohl auf erste Gerüchte von der Beibehaltung des Kölnischen Stapelrechts reagierte und sicherlich an die preußische Regierung gerichtet war, ist von 68 Düsseldorfer Kaufleuten und Fabrikanten unterzeichnet.

Das preußische Zollgesetz von 1818

Gleichzeitig mit den intensiven Verhandlungen der Preußen und anderer rheinanliegender Staaten in Mainz um die Neuordnung der Rheinschifffahrt, mit der die niederländische Zollfrage eng zusammenhing, planten die Preußen ein den ganzen Staat umfassendes neues Zollgesetz, das durch die Aufhebung aller Binnenzölle innerhalb Preußens eine Vereinfachung und Belebung des Handels bringen sollte. Das lang vorbereitete Zollgesetz vom 26. Mai 1818 sollte einen einheitlichen Binnenmarkt schaffen und somit zur Integration der verschiedenen neuen preußischen Landesteile dienen.[57]

Das Gesetz, das erst im September 1818 in Kraft trat, wurde im Rheinland von den Kaufleuten sehr zwiespältig aufgenommen. Es sah nicht nur einen Eingangszoll für ausländische Waren vor, was bei höherwertigen Waren durchaus im Interesse der einheimischen

---

56 Wünsche (wie Anm. 53), S. 15 f.

57 Gesetz über den Zoll und die Verbrauchs-Steuer von ausländischen Waaren und über den Verkehr zwischen den Provinzen des Staats. Vom 26sten Mai 1818 (Ausgegeben zu Berlin den 5ten September 1818), in: Gesetzessammlung für die Königlich Preußischen Staaten 1818, Nr. 9, S. 65–144 (No. 482–484).

Fabrikanten sein konnte, sondern auch einen Transitzoll, der die reinen Kaufleute und Spediteure zusätzlich stark belasten musste.[58]

Das recht umfangreiche und komplizierte Gesetz war in einigen Punkten eindeutig. Der Paragraph 12 besagte, dass von den Gütern, die nicht im Lande blieben, sondern lediglich durchgeführt würden, „als Durchfuhrabgabe nur der Einfuhr- und Ausfuhr-Zoll nach dem Tarif" zu entrichten sei. Und Paragraph 13 erlaubte das Umladen und Lagern solcher Güter, ohne dass ein Verbrauchszoll gezahlt werden musste. Die Randglosse vermerkt euphemistisch „Erleichterung der Durchfuhr."[59] Ausführungsverordnungen wurden sogleich im „Amtsblatt der Regierung zu Düsseldorf"[60] veröffentlicht. Der Landzoll am Rhein wurde aufgehoben, Düsseldorf wurde Hauptzollstelle mit den Nebenstellen Uerdingen und Hitdorf, d. h., dass hier auf die ausländischen Waren, die auf dem Rhein eingingen, Zoll und Verbrauchssteuer zu entrichten war. Von den hier schon lagernden Waren sollte eine Nachsteuer errichtet werden; sie waren bis zur Wiederausfuhr zu verplomben und unter die Aufsicht der Kreis- und Ortsbehörden zu stellen.[61]

Trotzdem scheint es zunächst nicht zu einer Änderung der Situation von Köln und Düsseldorf gekommen zu sein. Im Januar 1818 war in der Zentralkommission in Mainz ein Beschluss gefasst worden, das Umschlagrecht in Köln nur noch gegen Holland bestehen zu lassen, wogegen die Kölner sogleich protestieren und sich an Staatskanzler Hardenberg wenden wollten. Das war aber nicht mehr nötig, denn der Vertreter Preußens bei der Zentralkommission – ausgerechnet der ursprünglich für die Aufhebung jeglichen Stapel- und Umschlagsrechts votierende Staatsrat Georg Arnold Jacobi – plädierte dafür, dass das Umschlagsrecht von Köln für alle erst mit dem Tage fallen solle, an dem auch die Niederlande auf die bisherigen Belastungen des Transits verzichtet und sich bereit erklärt, der Rheinschifffahrt auf ihrem Gebiete bis zur Mündung des Stroms jene Freiheiten zu bewilligen, die im Wiener Traktat festgelegt seien.[62]

Da die preußische Regierung auf der einen Seite den holländischen Transitzoll bekämpfte, auf der anderen die Freiheit des Rheins postulierte, wie sie im Wiener Vertrag vorgesehen war, konnte sie nicht gut ihrerseits auf dem Rhein einen Transitzoll einrichten.

58 Koltes, Wirtschaftspolitik (wie Anm. 45), S. 72; Joseph Hansen, Preußen und Rheinland von 1815 bis 1915. Hundert Jahre politischen Lebens am Rhein. Nachdruck mit Beiträgen von Everhard Kleinertz und Beate-Carola Padtberg, hrsg. v. G. Mölich (Dokumente und Darstellungen zur Geschichte der Rheinischen Provinzialverwaltung und des Landschaftsverbandes Rheinland, Bd. 4), Köln 1990, S. 43.

59 Gesetzessammlung (wie Anm. 57), S. 67.

60 Amtsblatt der Regierung zu Düsseldorf 1818, Nr. 44, S. 315–326 (15.9.1818).

61 Amtsblatt 1818 (wie Anm. 60), S. 323 f.

62 Schwann, Handelskammer (wie Anm. 31), S. 380 f., Eysinga, Zentralkommission (wie Anm. 50), S. 25 ff.

Unter diesem Aspekt scheint Staatskanzler Hardenberg sowohl der Stadt Köln als auch der Stadt Düsseldorf am 9. Oktober und 14. November 1818 ihren Freihafen bestätigt zu haben.[63] Auf diese Genehmigung weist auch die Handelskammer in ihrem zweiten Bericht über die Jahre 1835 bis 1838 hin:

> Der Handelsvorstand ist per copiam hujus decreti zu benachrichtigen, dass wir uns wegen der am Rhein zu errichtenden Freihäfen ebenfalls bereits bei der höheren Behörde verwendet und namentlich darauf angetragen haben, der Stadt Düsseldorf ihre diesfälligen, wohlerworbenen Rechte zu erhalten. Düsseldorf, den 14. September 1818. gez. Dedekind u. Sybel.[64]

Der Umstand, dass das für ganz Preußen bestimmte Zollgesetz von 1818 mit den lokalen Verhältnissen am Rhein nur schwer in Einklang zu bringen war, führte zunächst zu einem Schwebezustand. Die lokalen Behörden konnten oder wollten die preußischen Gesetze nicht so strikt durchführen, wie sie in Berlin erdacht worden waren. Das Umschlagsrecht der Stadt Köln, für das es keinen sachlichen Grund mehr gab, außer den, dass es als Druckmittel gegen die Niederlande dienen sollte, brachte die Verantwortlichen in eine schwierige Lage. Allerdings war das Umschlagsrecht bzw. die Umschlagspflicht schon stark ausgehöhlt, denn zahlreiche Warengattungen waren in der Zwischenzeit davon befreit worden. Befreit von der Pflicht, die Waren aus- und in ein anderes Schiff wieder einzuladen, waren zunächst alle Waren, bei denen das Umladen mit zu großem Aufwand verbunden gewesen wäre, wie Kohlen, Getreide, Selterswasserkrüge, auch Eisenwaren etc., dann aber auch Waren, bei denen die Kosten für das Umladen in keinem Verhältnis zu ihrem Wert standen. Die Pflicht, die Waren drei Tage zum Kauf anzubieten – das eigentliche Stapelrecht –, war schon zu Ende des 18. Jahrhunderts durchlöchert worden und fiel nun ganz weg.[65] Konnte das Umschlagsrecht zu Köln noch als Druckmittel gegen Holland dienen, so gab es keinen Grund mehr für ein Stapel- bzw. Umschlagsrecht in Mainz, zumal die Frankfurter Kaufleute dagegen Sturm liefen. So stimmte Nassau 1818 der Aufhebung des Mainzer Stapels zu.[66]

---

63 Gothein, Entwicklung (wie Anm. 11), S. 108, Gothein gibt als Quelle an: Berliner Staatsarchiv, Rh. Sch. 9, vol. I; Most, Geschichte (wie Anm. 5), S. 154, Anm. 1, bemerkt, dass sich diese Angabe aus den Quellen nicht belegen lasse.

64 Bericht der Königlichen Handelskammer zu Düsseldorf über Handel, Schifffahrt und Gewerbethätigkeit überhaupt in dem Zeitraume von 1835 bis 1838 inklusive und über die Wirksamkeit der Handelskammer, Düsseldorf 1839, S. 7.

65 Christian Eckert, Rheinschiffahrt im XIX. Jahrhundert (Staats- und socialwissenschaftliche Forschungen, Bd. 18, H. 5), Leipzig 1900, S. 117; Strauch, Entwicklung (wie Anm. 48), S. 65.

66 Oppenheim, Rhein (wie Anm. 49), S. 143; Der Mannheimer Stapel, der erst 1808 eingeführt worden war, war schon 1815 wieder aufgehoben worden, ebd., S. 118.

13 Eingang zum Kölner Freihafen von Norden. Stahlstich nach einer Zeichnung von Julius Lange, um 1840.

Da es also nach 1818 den Umschlag in Köln jedenfalls für einige werthaltige Güter noch gab, die Waren demnach an Land gebracht und zeitweise gelagert werden mussten, war es auch sinnvoll, dort einen Freihafen zu unterhalten. Dadurch war das Freihafenrecht wieder an das Umschlagsrecht gekoppelt. Damit konnten die Düsseldorfer Kaufleute keineswegs einverstanden sein, denn es hieß, dass Düsseldorf aufgrund des Zollgesetzes von 1818 seinen Freihafen verlieren musste, während Köln ihn trotz des eindeutigen Paragraphen des Zollgesetzes, das keine Ausnahmen vorsah, beibehielt. Wieder fühlten sich die Düsseldorfer zurückgesetzt, wieder bemühten sie sich wenigstens um die Gleichbehandlung mit Köln und führten einen verzweifelten Kampf um ihren Freihafen, indem sie immer wieder Eingaben an die Regierung richteten, historische und wirtschaftliche Begründungen lieferten und sich schließlich verbittert an den König wandten, um in ihren Rechten und Leistungen anerkannt zu werden. Immerhin gelang es ihnen damit, die endgültige Schließung des Freihafens hinauszuzögern.

***

Vom 13. September 1823 datiert ein nicht erhaltenes Schreiben des Landrates an den Magistrat der Stadt Düsseldorf, in dem dieser von der Stadt Düsseldorf eine „gründliche Darstellung des Ursprungs und des geschichtlichen Bestehens des hiesigen Freihafens, ferner des Interesses, welches die Fortdauer desselben für den hiesigen Platz hat“, anfordert. Es ist möglich, dass dieser Erlass auf die Initiative des Landrates und nicht auf Anforderung einer höheren Stelle, möglicherweise des Ministeriums in Berlin, zurückgeht. Der Magistrat gab diesen Auftrag am 15. September an den Handlungsvorstand weiter, der am 27. September 1823 mit einem ausführlichen Gutachten antwortete.[67] Die Darstellung beginnt mit der Definition eines Freihafens, so als müsse der Leser im fernen Berlin mit einem ihm bisher völlig unbekannten Phänomen vertraut gemacht werden.[68] Sie gibt dann einen historischen Rückblick vor allem der letzten 30 Jahre, um nach einem Seitenhieb auf die Stadt Köln zu den katastrophalen Folgen überzugehen, die eine Schließung des Düsseldorfer Freihafens hätte.

> Ein Freihafen ist ein Platz, wo die Waaren, welche nicht im Lande verbraucht werden, oder worüber der Kaufmann, der Comisssionair oder Spediteur für das Innere des Landes sowohl, als für das Ausland, bei Ankunft noch nicht verfügen kann, zollfrei niedergelegt werden können. Weil ein Landesregent es nicht verlangen kann, dass ein Ausländer die in seinem Lande bestehenden Zölle, oder Verbrauchssteuern bezahlen solle, dahier ist er – wenn er den Handel und die Schiffahrth mit dem Auslande nicht zu Grunde richten will – genöthigt, an den schiffbaren Strömen Freihäfen zu halten.[69]

Der historische Rückblick beginnt hier mit dem Jahr 1465. Graf Adolf von Berg habe der Stadt in diesem Jahr als Dank für ein Geldgeschenk auf ewige Zeiten die Zollfreiheit von allen aus dem Ausland kommenden Waren verliehen, ein Vorrecht, das erst 1810 durch einen neuen französischen Zolltarif ersetzt worden sei. Damit sei aber das Freihafenrecht bestätigt worden.[70] Das Interesse der Stadt an der Beibehaltung des Freihafens begründete man wie folgt:

> Sobald der Freihafen aufhört, würde das Lagerhaus am Rhein ganz in einen Packhafen umgeschaffen werden, und als dann müßte gemäß jetzig bestehendem Zoll- und Steuergesetz von allen besteuerten Waaren die Transitgebühr oder Ausgangsrechte bezahlt werden, hierdurch würde der hiesige, oder der Bergische spekulierende Kaufmann außer Stand gesetzt,

67 Stadtarchiv Düsseldorf, 0-1-2-235, f. 3r–7r.
68 Zit. nach Henning, Wirtschaft (wie Anm. 28), S. 30.
69 Stadtarchiv Düsseldorf, 0-1-2-235, f. 3r.
70 Stadtarchiv Düsseldorf, 0-1-2-235, f. 4r; ein entsprechendes Privileg ist nicht nachzuweisen.

> mit dem Auslande zu handeln, die Schiffer würden aus Holland keine für das Ausland bestimmten Güter mehr hier anbringen.

Wenn der Kölner Freihafen beibehalten würde, dann würde wegen der Tatsache, dass die Waren im Kölner Freihafen billiger einzukaufen seien, der alte Zustand aus der Zeit des Stapels wieder hergestellt sein. Die Schiffe aus den Niederlanden würden wieder an Düsseldorf vorbeifahren und den Kölner Freihafen zum Lagern ihrer Waren in Anspruch nehmen. Köln würde wieder wie vor 1800 das Verteilzentrum für die Waren am Niederrhein werden. Konkret bedeutete das:

> Der hiesige Krahnen würden nicht den zwanzigsten Theil mehr einbringen, die meheste hiesige Kaufleute und Spediteur würden sich genöthigt sehen, von hier weg und nach Cöln zu ziehen, keine fremde Kaufleute würden sich mehr hier niederlassen, ein großer Theil von Häusern würde leer stehen, und deren Werth und Preise bedeutend verlieren.[71]

Zum Schluss heißt es:

> Eine lange Reihe von Jahren war Düsseldorf vor Ankunft der hohen Alliierten im Besitz eines Freihafens, und wenn Seine Majestät, unser Allergnädigster König, Seinem im Besitzergreifungs-Patent gnädigst gegebenen Versprechen, daß keiner in seinen Rechten gekränkt werden solle, wie wir nicht zweifeln, getreu bleiben wird, so dürfen wir hoffen, daß man der Stadt Düsseldorf den Freihafen belassen und derselben die nämlichen Rechte und Vortheile wie der Stadt Coeln für die Zukunft genehmigen lassen wird.[72]

Im Herbst 1823 scheint also in Düsseldorf noch eine gewisse Hoffnung bestanden zu haben, den Freihafen zu behalten. Dafür spricht allein schon die Tatsache, dass von höherer Stelle eine solche Stellungnahme der Stadt angefordert wurde. Wieder scheint zunächst keine Entscheidung getroffen worden zu sein. Vor allem aber ist bemerkenswert, dass die lokalen Behörden in Düsseldorf die Gesetze aus Berlin nicht in der Weise ausführten, wie das dort beabsichtigt war. Das heißt, der Düsseldorfer Freihafen war zwar durch das preußische Zollgesetz von 1818 aufgehoben worden, aber unter Rückendeckung der preußischen Regierung in Düsseldorf wurde an den bestehenden Verhältnissen nichts geändert. Im Düsseldorfer Freihafen konnten also Waren gelagert werden, ohne dass davon Eingangs-, Ausgangs- oder Transitzoll erhoben wurde.

Erst 1826 hatte diese „Duldung" ein Ende, wodurch der Streit um den Freihafen wieder

71 Stadtarchiv Düsseldorf, 0-1-2-235, f. 6r/v.

72 Stadtarchiv Düsseldorf, 0-1-2-235, f. 7r.

in den Akten fassbar wird. Es war das Hauptsteueramt in Düsseldorf, das am 13. April 1826 eine Verfügung der Provinzialsteuerdirektion in Köln an den Handlungsvorstand weitergab, die die Sonderrechte der Speditionskaufleute beschnitt und damit de facto den Freihafen aufhob.[73]

Die Düsseldorfer Kaufmannschaft protestierte unter dem 28. April 1826 energisch beim königlichen Minister der Finanzen in Berlin. Ohne rechtliches Gehör unter Verletzung aller erworbenen Rechte sei dem Handlungsvorstand der Freihafen entzogen worden. Es könne einfach nicht sein, dass sich untergeordnete Behörden wie die Provinzialsteuerdirektion so über alles Recht hinwegsetzen. Nun folgen wieder Erklärungen der speziellen Situation des Düsseldorfer Handels- und Speditionsgeschäfts, das in steter Konkurrenz zu Köln steht. Hingewiesen wird auch auf die jüngere Geschichte des Freihafens mit den von den pfalz-bayerischen und der großherzoglich bergischen Regierungen verliehenen Privilegien und dem Hinweis, dass die „Bewohner Düsseldorfs unter ihrem gegenwärtigen huldreichen Monarchen zum wenigsten das nämliche erwarten" könnten.[74] Die Schärfe des Protestes resultierte wohl auch daraus, dass es ausgerechnet die Provinzialsteuerbehörde in Köln war, die die Rechte des Düsseldorfer Freihafens beschnitten sehen wollte, während ja in Köln der Freihafen weiterbestand.

Die Antwort aus Berlin war ernüchternd. Am 10. Juni 1826 wies Finanzminister Friedrich Christian Adolf von Motz in einem Schreiben an den Handlungsvorstand dessen Anliegen zurück und bestätigte ausdrücklich die Entscheidung der Provinzialsteuerbehörde in Köln:

> Sollte der Stadt Düsseldorf unter den früheren Landes-Regierungen die Befreiung von der Entrichtung des Landzolles für auf dem Rhein ankommende [und] auf der dortigen Rheinwerft und in dessen Lagerhäusern zum Wieder-Abgang rheinwärts niedergelegten Güter zugestanden worden sein, so sind dergleichen Privilegien doch nach der Bestimmung [des] § 27 des Zoll- und Verbrauchs-Steuer-Gesetzes vom 26. May 1818 erloschen und meine die dortige Regierung, es bei jener Bevorrechtigung nicht desto weniger, ohne Vorwissen des Finanz-Ministerii und vom 5. Juli 1823 ab, gegen die ausdrückliche Anweisung desselben, seit dem hat bewenden lassen, so kann solche unbefugte Gestattung nicht, wie Sie in der Vorstellung vom 28. April des Jahres nachsuchen, noch länger fortbestehen.
>
> Den in dem Düsseldorfer Hafen umgeschlagenen und niedergelegten Durchgangsgütern können Vortheile, in Hinsicht der Durchfuhr-Abgaben, nur auf dem Grund des § 15 des gedachten Gesetztes zu theil werden, und zu einer Bewilligung der Art wird, so lange der gezwungene Umschlag von Köln fortdauert, keine hinlängliche Veranlassung gefunden. Auf

73 Stadtarchiv Düsseldorf, 0-1-2-235, f. 15r/v.

74 Stadtarchiv Düsseldorf, 0-1-2-235, f. 10v.

> den Kölner Freihafen können Sie sich übrigens nicht berufen, da derselbe seiner jetzigen Natur nach, hauptsächlich nur das Mittel ist, den Umladezwang so lange er noch besteht mit der vertragsmäßigen Freiheit des unmittelbaren Rhein-Durchgangs vereinbar zu machen. Berlin, den 10. Juni 1826, Der Finanzminister, gez. Motz.[75]

Damit war ein Machtwort gesprochen und der Düsseldorfer Handlungsvorstand hätte sich vielleicht mit dem Entscheid begnügt oder begnügen müssen, wenn nicht für die Stadt Köln wieder eine Ausnahme gemacht worden wäre, die mit gesundem Menschenverstand nicht nachzuvollziehen war und die Düsseldorfer reizen und in ihrem Stolz extrem verletzten musste.

Hier war auch der Hebel, an dem der Düsseldorfer Handlungsvorstand ansetzte. In einem Schreiben an den Oberbürgermeister vom 15. Juli 1826[76] bezeichnete er die eindeutige Verfügung des Finanzministers als „Vorbescheide"[77] und verlangte Gleichbehandlung mit Köln. Die Kaufleute wandten sich vor allem wieder gegen das Zwangsumschlagsrecht (Stapelrecht) von Köln. Wenn es als Repressalie gegen die Niederlande bestehen bleiben müsse, dann nicht zum Nachteil von Düsseldorf, einer Stadt, „die so viele mit unseren jetzigem Herrscherstamm nahe verwandten Herzogen als Residenz bewohnten und die in den letzten Zeiten so vieles eingebüßet hat".[78] Wenn das Gesetz von 1818 keine Ausnahme zulasse, dann dürfe auch für Köln keine Ausnahme gemacht werden. Der Handlungsvorstand bat nun den Stadtrat, sich entsprechend beim Königlichen Finanzministerium für die Beibehaltung des Freihafens einzusetzen. Der Stadtrat beschloss in seiner Sitzung vom 12. August 1826, dem Wunsche des Handlungsvorstandes zu entsprechen und ein Gesuch direkt an den König zu richten, um den seit mehr als 500 Jahren existierenden Freihafen, wenigstens solange es den von Köln gebe, zu erhalten.[79]

Das sicherlich von Mitgliedern des Handlungsvorstandes formulierte Gesuch der Stadt Düsseldorf an den König vom 14. August 1826 ist ein Meisterwerk.[80] Die Autoren greifen weit in die Vergangenheit zurück, erinnern daran, dass im Mittelalter der Handel in den Städten am Rhein blühte, dass Düsseldorf wegen des Stapels der benachbarten Stadt Köln nur aufgrund von Zollprivilegien am Rheinhandel teilnehmen konnte. Schon 1288, dann 1445, 1449, 1451, 1511 und 1596[81] habe es Zollfreiheiten erhalten, die auch in der Folgezeit von allen Fürs-

75 Stadtarchiv Düsseldorf, 0-1-2-235, f. 15r/v.
76 Stadtarchiv Düsseldorf, 0-1-2-235, f. 16r–19r.
77 Stadtarchiv Düsseldorf, 0-1-2-235, f. 17r.
78 Stadtarchiv Düsseldorf, 0-1-2-235, f. 17v.
79 Stadtarchiv Düsseldorf, 0-1-2-235, f. 20r/v.
80 Stadtarchiv Düsseldorf, 0-1-2-235, f. 21r–28v.
81 Von den angegebenen Daten lassen sich für 1445,1449,1451, und 1511 zwar fürstliche Privilegien feststellen, meistens im Zusammenhang mit Mühlenrechten, aber keine Privilegien, die sich auf

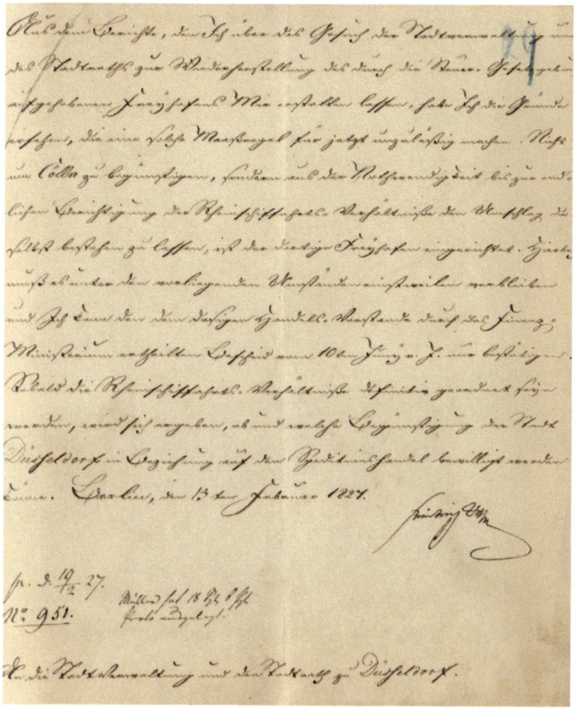

14 Erlass des Preußischen Königs Friedrich Wilhelm III. (1770–1840) zur endgültigen Aufhebung des Düsseldorfer Freihafens vom 13. Februar 1827 mit eigenhändiger Unterschrift.

ten anerkannt worden und noch durch eine Verordnung des kurfürstlichen Geheimen Rates vom 30. Oktober 1805 bestätigt worden seien. Diese Zollverordnung von 1805 besage nichts anderes, als dass Düsseldorf zum Freihafen erklärt worden sei. Obwohl die Großherzoglich Bergische Zollverordnung vom 8. September 1807 alle Privilegien aufgehoben habe, sei doch der Freihafen bestehen geblieben. Erneut wird auf die Bedeutung der zollfreien Lagerung von Waren für den Handel hingewiesen, die bereits dem Finanzminister mitgeteilte Begründung wiederholt und betont, dass es kein Trost für die Düsseldorfer sei, dass das Kölner Umschlagsrecht als Zwangsmaßnahme gegen Holland gerichtet sei. Wenn der Freihafen in Köln erhalten bleibe, werde der Düsseldorfer Handel notwendigerweise nach Köln gezogen, was zum Verderben der Stadt Düsseldorf führen müsse. Man bitte daher, der Stadt Düsseldorf das Freihafenrecht zu belassen, wenigstens solange auch die Stadt Köln es habe. Unterzeichnet war die Eingabe von Bürgermeister, Beigeordneten und Stadträten.

Zollbefreiungen beziehen. Von 1597 datiert ein Privileg, das fremde Waren an der Düsseldorfer Werft unter den Zoll zwingt, wobei sich aus dem Umkehrschluss ergibt, dass Waren Düsseldorfer Bürger frei waren. Lau, Geschichte (wie Anm. 1), Teil II: Urkunden und Akten, S. 195, Nr. 345. Die in dem Schreiben an den König angegebenen Daten erscheinen auch wieder in dem Bericht der Handelskammer 1839, S. 7, vermehrt um die Jahre 1666,1805 und 1807.

Doch auch dieser letzte Versuch, das immediate Gesuch an den König, hatte keinen Erfolg. Wahrscheinlich konnte er seinen Behörden und seinem Finanzminister nicht in den Rücken fallen und Ausnahmen genehmigen. Der König schreibt:

> Aus dem Berichte, den ich über das Gesuch der Stadtverwaltung und des Stadtrathes zur Wiederherstellung des durch die Steuer-Gesetzgebung aufgehobenen Freihafens Mir erstatten lassen, habe ich die Gründe ersehen, die eine solche Maßregel für jetzt zulässig machen. Nicht um Cölln zu begünstigen, sondern aus der Nothwendigkeit bis zur endlichen Berichtigung der Rheinschiffahrts-Verhältniße den Umschlag daselbst bestehen zu lassen, ist der dortige Freyhafen eingerichtet. Hierbei muß es unter den vorliegenden Umständen einstweilen verbleiben und Ich kann den dem dortigen Handlungs-Vorstande durch das Finanz-Ministerium ertheilten Bescheid vom 10. Juny des Jahres nur bestätigen. Sobald die Rheinschiffahrts-Verhältniße definitiv geordnet seyn werden, wird sich ergeben, ob und welche Begünstigung der Stadt Düsseldorf in Beziehung auf den Speditionshandel bewilligt werden könne. Berlin, den 13. Februar 1827. Unterschrift: Friedrich Wilhelm.[82]

Damit war ein Tiefpunkt erreicht. Der Düsseldorfer Freihafen war aufgehoben. Aber es konnte noch schlimmer kommen. Wieder war es eine Zollverordnung, der man ihre Brisanz für den Düsseldorfer Handel bzw. den Hafen auf den ersten Blick nicht ansah. Am 28. Dezember 1828 wurde im Amtsblatt der Regierung zu Düsseldorf die Bekanntmachung veröffentlicht, dass die Rheinzoll-Ämter zu Andernach, Linz, Ruhrort und Wesel aufgehoben worden seien. Damit waren neue Zolltarife für die Fahrstrecken auf dem Rhein verbunden. Erhoben wurden die Rheinzölle in Koblenz für die Strecke Koblenz–Köln. Im Hafen von Düsseldorf wurde der Zoll für die Strecke von Düsseldorf rheinabwärts bis Emmerich erhoben. Wer unterhalb von Düsseldorf abfuhr, zahlte nichts.[83] Das hatte zur Folge, dass sich eine Schifflände in Golzheim herausbildete und ein Teil der bergischen Produkte nicht mehr über Düsseldorf selbst, sondern über das etwa einen Kilometer rheinabwärts liegende Dorf Golzheim verschifft wurde.[84] Verständlich ist, dass der Düsseldorfer Handlungsvorstand sich auch in dieser Angelegenheit an die Regierung wandte, die aber wohl von sich aus – nicht zuletzt, weil ihr damit Einnahmen verloren gingen – eine Änderung herbeiführte. Das Amtsblatt vom 24. Oktober 1829 verkündete, dass zum 1. November 1829 wieder neue Zollsätze gelten sollten, die für die Düsseldorfer vorteilhafter waren.[85]

82 Stadtarchiv Düsseldorf, 0-1-2-235, f. 29.

83 Amtsblatt der Regierung zu Düsseldorf 1928, Nr. 87 (30.12.1828), S. 614–616; Brandt, Studien (wie Anm. 3), S. 5.

84 Karnau, Hafen (wie Anm. 19), S. 5 f.; Most, Geschichte (wie Anm. 5), S. 154; Henning, Wirtschaft (wie Anm. 28), S. 33.

85 Amtsblatt der Regierung zu Düsseldorf 1829, S. 494 f., Nr. 70 (24.10.1829).

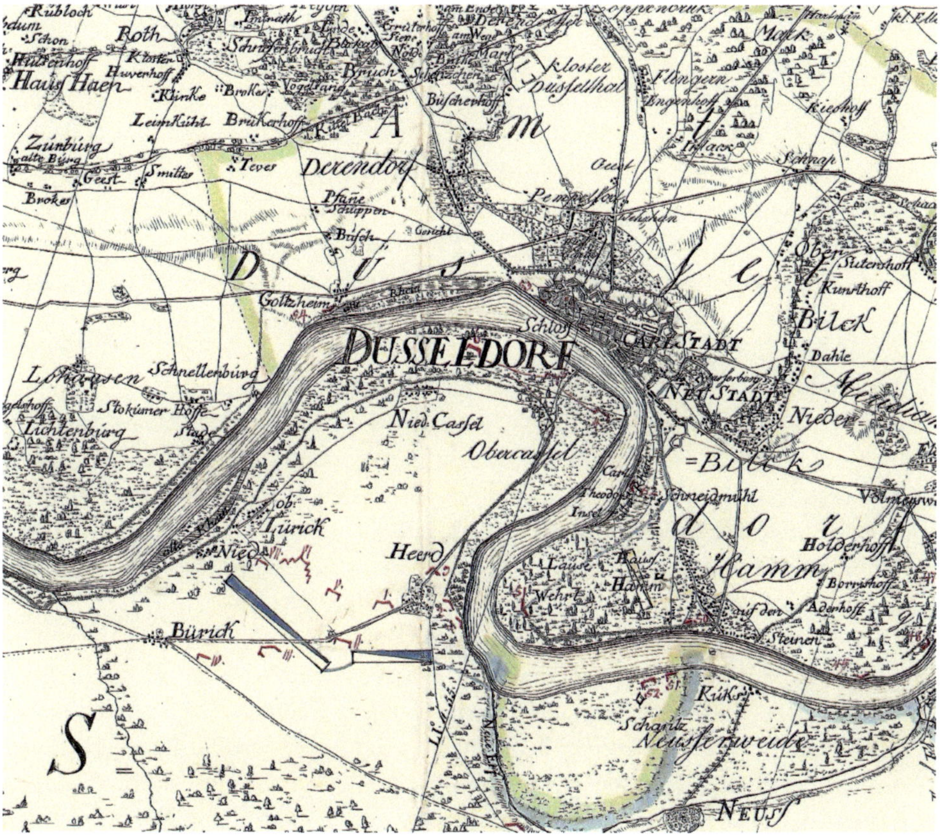

15 Golzheim auf der Karte des Herzogtums Berg von Carl Friedrich Wiebeking, Blatt Düsseldorf von 1789/90. Ausschnitt.

***

Die Düsseldorfer ließen auch in dieser verfahrenen Situation den Mut nicht sinken. Der Handlungsagent und Inhaber des allgemeinen Commissions-Comptoirs, J. F. Wilhelmi, vermerkt in seinem Panorama von Düsseldorf 1828 zu Handel und Schifffahrt der Stadt:

> Die Lage der Stadt Düsseldorf am Rhein, in der Mitte der ost- und westrheinischen Fabrikbezirke, ist zum Handel überaus vortheilhaft geeignet; auch hat es, sowohl von Seiten des Gouvernements als der Stadtverwaltung, nicht an Veranstaltungen gefehlt, dem Handel der Stadt einen Aufschwung zu geben. Hierhin gehören besonders die Anlagen des Rheinwerfts, des Krahnens und des alten Hafens, an dessen Stelle in neuerer Zeit der jetzige neue,

> 50 Schiffe fassende Hafen erbaut worden ist. [...] Regelmäßige Fahrgelegenheit ist hier wöchentlich nach allen bedeutenden Orten der Provinz und des Auslandes vorhanden. Für die Angelegenheiten des Handels besteht ein eigener Handelsvorstand. Ungeachtet aller dieser zweckmäßigen Anordnungen hat dennoch der Handel von Düsseldorf nie einen sonderlichen Flor erreichen können. Von älterer Zeit her haben besonders die Nachbarstädte Cöln und Duisburg ein großes Übergewicht über den hiesigen Handel ausgeübt, und dadurch das Aufblühen desselben erschwert. [...] Die Unterhandlungen mit dem Königl. Niederländischen Gouvernement, die freie Rheinschiffahrt betreffend, werden hoffentlich ein glückliches Resultat, auch für den Handel von Düsseldorf, herbeiführen.[86]

In den Jahren nach 1828 näherten sich wirklich Preußen und die Niederlande an, wodurch auch die festgefahrenen Verhandlungen in der Zentralkommission in Mainz wieder in Gang kamen.[87] Am 19. August 1829 wurde eine erste Convention der Rhein-Uferstaaten unterschrieben, in der Preußen zwei Freihäfen am Rhein zugestanden wurden.[88] Sofort nach Bekanntwerden meldete sich der Düsseldorfer Handlungsvorstand und brachte in seiner Eingabe an Finanzminister von Motz in Berlin vom 1. April 1830 Argumente ins Spiel, die Düsseldorf als Freihafen empfahlen.[89]

> Der hiesige Handelsstand erkennt in vollem Maße die großen Vortheile, welche durch Ertheilung dieses neuen Freihafens unserer Stadt, und nicht alleine unserem Handel, sondern auch dem Handel im allgemeinen der nachbarlichen Handels- und Fabrikstädte dies und jenseits des Rheines besonders aber, demjenigen des fabrikreichen Bergischen Landes segenreich erblühen werden.

Düsseldorf sei Endpunkt der Straße in das Innere der Monarchie, der Vereinigungspunkt zahlreicher Chausseen, Kreuzungspunkt der Schnellposten und somit für den Transithandel bestens geeignet. Auch seien die nötigen Einrichtungen vorhanden, und beim Neubau von Lagerhäusern und Kränen würde die Kaufmannschaft sicherlich von der Stadt unterstützt. Ein weiteres Element komme hinzu:

86 J. E. Wilhelmi, Panorama von Düsseldorf und seinen Umgebungen. Mit besonderer Rücksicht auf Geschichte, Topographie, Statistik, Gewerbefleiß und Handel des Regierungsbezirks Düsseldorf, Düsseldorf 1828, S. 108 f.

87 Eysinga, Zentralkommission (wie Anm. 50), S. 35.

88 Henning, Wirtschaft (wie Anm. 28), S. 33.

89 Stadtarchiv Düsseldorf, 0-1-2-235, f. 30r–35r.; Karnau, Hafen (wie Anm. 19), S. 55.

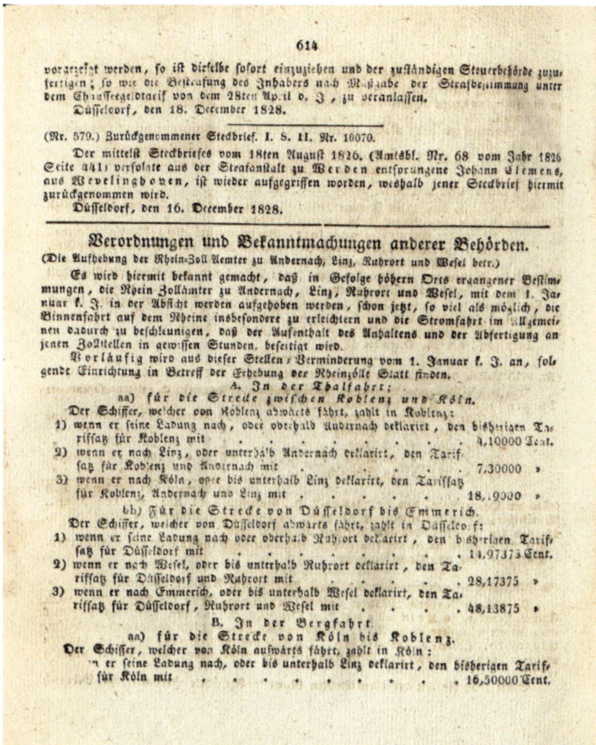

614

vorgezeigt werden, so ist dieselbe sofort einzuziehen und der zuständigen Steuerbehörde zuzufertigen; so wie die Bestrafung des Inhabers nach Maßgabe der Strafbestimmung unter dem Chausseegeldtarif von dem 28ten April d. J., zu veranlassen.

Düsseldorf, den 18. December 1828.

(Nr. 579.) Zurückgenommener Steckbrief. I. S. II. Nr. 10070.

Der mittelst Steckbriefes vom 18ten August 1826. (Amtsbl. Nr. 68 vom Jahr 1826 Seite 441) verfolgte aus der Strafanstalt zu Werden entsprungene Johann Clemens, aus Wevelinghoven, ist wieder aufgegriffen worden, weshalb jener Steckbrief hiermit zurückgenommen wird.

Düsseldorf, den 16. December 1828.

Verordnungen und Bekanntmachungen anderer Behörden.

(Die Aufhebung der Rhein-Zoll Aemter zu Andernach, Linz, Ruhrort und Wesel betr.)

Es wird hiermit bekannt gemacht, daß in Gefolge höhern Orts ergangener Bestimmungen, die Rhein Zollämter zu Andernach, Linz, Ruhrort und Wesel, mit dem 1. Januar k. J. in der Absicht werden aufgehoben werden, schon jetzt, so viel als möglich, die Binnenfahrt auf dem Rheine insbesondere zu erleichtern und die Stromfahrt im Allgemeinen dadurch zu beschleunigen, daß der Aufenthalt des Anhaltens und der Abfertigung an jenen Zollstellen in gewissen Stunden, beseitigt wird.

Vorläufig wird aus dieser Stellen-Verminderung vom 1. Januar k. J. an, folgende Einrichtung in Betreff der Erhebung der Rheinzölle Statt finden.

A. In der Thalfahrt;

aa) für die Strecke zwischen Koblenz und Köln.

Der Schiffer, welcher von Koblenz abwärts fährt, zahlt in Koblenz:
1) wenn er seine Ladung nach, oder oberhalb Andernach deklarirt, den bisherigen Tarifsatz für Koblenz mit . . . . 4,10000 Cent.
2) wenn er nach Linz, oder unterhalb Andernach deklarirt, den Tarifsatz für Koblenz und Andernach mit . . . . . 7,30000 »
3) wenn er nach Köln, oder bis unterhalb Linz deklarirt, den Tarifsatz für Koblenz, Andernach und Linz mit . . . . . . 18,[illegible]9000 »

bb) Für die Strecke von Düsseldorf bis Emmerich.

Der Schiffer, welcher von Düsseldorf abwärts fährt, zahlt in Düsseldorf:
1) wenn er seine Ladung nach oder oberhalb Ruhrort deklarirt, den bisherigen Tarifsatz für Düsseldorf mit . . . . 14,97375 Cent.
2) wenn er nach Wesel, oder bis unterhalb Ruhrort deklarirt, den Tarifsatz für Düsseldorf und Ruhrort mit . . . . . . 28,17375 »
3) wenn er nach Emmerich, oder bis unterhalb Wesel deklarirt, den Tarifsatz für Düsseldorf, Ruhrort und Wesel mit . . . . . 48,13875 »

B. In der Bergfahrt.

aa) für die Strecke von Köln bis Koblenz.

Der Schiffer, welcher von Köln aufwärts fährt, zahlt in Köln:
[illegible]n er seine Ladung nach, oder bis unterhalb Linz deklarirt, den bisherigen Tarif für Köln mit . . . . 16,50000 Cent.

16 Amtsblatt der Düsseldorfer Regierung vom 28. Dezember 1828 mit der Veränderung der Zolltarife.

Bis jetzt haben wir außer unserer wohlgeordneten regelmäßigen Beurt-Schifffahrt nach Amsterdam und Rotterdam und vice versa, wobei noch zweckmäßige Schnellfahrten eingerichtet werden, auch die schon längst hier regelmäßig an- und abfahrenden Dampfschiffe der Niederländischen Dampfschiffahrtsgesellschaft in Rotterdam, welche gleichzeitig hierauf und herunterfahrend, hier Güter aus und einladen. Außerdem hat diese Gesellschaft sich schon bereiterklärt, dass so bald der Freihafen zu Düsseldorf ins Leben trete, sie auch mehrere direkte Güter-Dampfschiffe von Antwerpen und Rotterdam blos für Düsseldorf einrichten wolle. Nach Antwerpen entsteht eine neue Beurthfahrt, nach Coblenz und Mainz bezwecken wir diese gleichfalls.[90]

Hier zeigt sich, dass eine neue Zeit angebrochen ist. Nicht zuletzt aber wenden sich die Düsseldorfer wieder gegen den zu diesem Zeitpunkt noch bestehenden Stapel Kölns. Sie bezeichnen ihn als ein Tribut, der „unseren Handel und Wohlstand täglich neue Wun-

90 Stadtarchiv Düsseldorf, 0-1-2-235, f. 32r/v.

den"[91] schlägt, und weisen mit Recht darauf hin, dass im Zeitalter der Dampfschiffe dieser nun vollständig obsolet geworden sei.[92]

Der Handlungsvorstand entfaltete eine rege Tätigkeit auf allen Ebenen. Diesmal musste die Gelegenheit genutzt werden und diesmal mussten sich die Investitionen und Bemühungen der letzten Jahrzehnte auszahlen. Am 19. November 1830 suchten die Mitglieder des Handlungsvorstandes Göring, Baum und Vogts den Beauftragten des preußischen Ministeriums des Äußeren in der Zentralschifffahrtskommission, Daniel Heinrich Delius, und den Provinzialsteuerdirektor Schütz in Köln auf, um für einen Freihafen in Düsseldorf zu werben. Sie konnten mit dem beruhigenden Gefühl nach Hause fahren, dass ihr Anliegen wohlwollend aufgenommen worden war. „Delius gab", so berichteten sie in Düsseldorf,

> uns die Versicherung, dass uns durch das neue Rhein- Schiffahrts-Regelement der Ufer-Staaten ein Freihafen fest zuerkannt und vom Preußischen Hofe genehmigt sey, und zwarn besonders aus dem Grund, dass unsere Stadt solchen in früheren Zeiten so viele Jahre besessen und die Natur solche in die günstigste Lage eines Handels und Speditions-Platzes gesetzt und mit den fabrikreichen Städten der Umgegend und des bergischen Landes so sehr verschwistert habe.

Delius fügte hinzu, dass er davon ausgehe und fest darauf rechne, dass die Stadt Düsseldorf in der Lage sei, ihrem Freihafen „eine angemessene, zweckmäßige Einrichtung, Ausdehnung und baldige Lebhaftigkeit zu geben".[93]

Die Rheinschifffahrtsakte vom 31. März 1831 hob das Umschlagsrecht von Köln endgültig auf und bestimmte im Paragraph 10 für den Preußischen Rhein die Städte Köln und Düsseldorf als Freihafenstädte.[94] Damit hatte Düsseldorf nach Jahrzehnten, ja Jahrhunderten des Kampfes endlich, jedenfalls auf dem Papier, die ersehnte Gleichberechtigung mit Köln erreicht. Zwar klagte die Handelskammer von Düsseldorf noch immer, dass es Benachteiligungen bei den Zollformalitäten gebe. So sah eine Verfügung vom 13. Juli 1831 vor, dass nach Düsseldorf fahrende Schiffe in Koblenz bzw. Emmerich ihre Ladung deklarieren mussten, während die nach Köln fahrenden Schiffe ohne Aufenthalt an den Grenzzollämtern nur unter Hinterlegung ihrer Papiere durchfahren durften.[95]

---

91 Stadtarchiv Düsseldorf, 0-1-2-235, f. 34v.

92 Vgl. auch Henning, Wirtschaft (wie Anm. 28), S. 33.

93 Landesarchiv Nordrhein-Westfalen, Abt. Rheinland, Bestand: Reg. Düsseldorf, Präsidialbüro 1110 f., 3 f.

94 Strauch, Entwicklung (wie Anm. 48), S. 71 ff.

95 Most, Geschichte (wie Anm. 5), S. 156; Henning, Wirtschaft (wie Anm. 28), S. 303 f.; Karnau, Hafen (wie Anm. 19), S. 55.

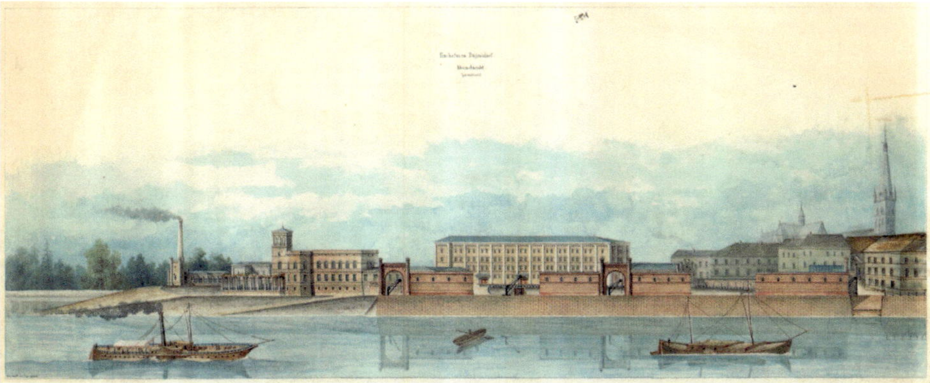

17 Plan für einen Freihafen im Norden der Stadt Düsseldorf. Das nach 1860 errichtete Lagergebäude wird heute von der Kunstakademie genutzt. Aquarellierte Zeichnung, ca. 1859.

Erst 1842 konnte die Handelskammer berichten: „Die solange gehoffte Gleichstellung unseres Freihafens in seinen Rechten mit denen der übrigen rheinischen Freihäfen ist endlich erfolgt, und das deßfalsige Reglement mit dem ersten Januar 1842 eingeführt worden."[96]

Was die Einrichtung des Freihafens in Düsseldorf anging, so brachten Stadtverwaltung und Handelskammer das nötige Kapital auf, erwarben Grundstücke und richteten in den Jahren 1835 bis 1838 das Freihafengelände mit dem „Zollhofetablissement" ein.[97] Im April 1838 war eine Hafenordnung erlassen worden, so dass man davon ausgehen kann, dass der Freihafen zu diesem Zeitpunkt eröffnet worden ist.[98]

96 Zit. nach Karnau, Hafen (wie Anm. 19), S. 55 f.

97 Bericht der Handelskammer 1839, S. 7 f.

98 Karnau, Hafen (wie Anm. 19), S. 56; Henning, Wirtschaft (wie Anm. 28), S. 304 f.

1 Ansicht von Duisburg vom linken Rheinufer aus. Kolorierter Stahlstich von G. Hess nach L. Rohbock, um 1860.

8 Die Überwindung der Langsamkeit

Zur Frage der Beschleunigung von Warentransporten auf dem Rhein im Übergang vom 18. zum 19. Jahrhundert – Versuch einer Strukturanalyse

„Der Handel gehöret zu den ersten und wichtigsten Quellen der bürgerlichen Glückseeligkeit, ihn begleiten Aufklärung und Kultur, ohne ihn kann niemals eine Nation einen hohen Grad von Blühe und Flor erreichen." So schreibt 1786 der die Rheinischen Verhältnisse kritisierende Kölner Johann Arnold Josef Freiherr von Franz.[1] Und 1806 heißt es in einem Schriftsatz der Handelskammer Köln: „Nichts begünstigt mehr den Handel, als die schnelle Expedition."[2]

Der Handelsverkehr und Warentransport auf dem Rhein war am Ende des Ancien Régime zahlreichen (hemmenden) Faktoren unterworfen, die von den daran Beteiligten nicht oder nur in geringem Maße beeinflusst oder geändert werden konnten. Erst mit der Besetzung des Rheinlandes durch die Franzosen ab 1792 und den in der Preußenzeit einsetzenden technischen Entwicklungen (Dampfschifffahrt) fand eine reale, auf Verbesserung und Beschleunigung des Handels ausgerichtete Änderung auch in der Schifffahrtsorganisation statt. Allerdings, und das erscheint eine Überlegung wert, reichen Ansätze und Versuche dazu bereits in die Zeit davor zurück. Erschwert wird die Untersuchung dadurch, dass es sich beim Handelsverkehr auf dem Rhein im 18. und frühen 19. Jahrhundert um ein äußerst komplexes Gefüge handelte, bei dem alle Faktoren in der ein oder anderen Weise miteinander verknüpft waren. Auch war die Interessenlage der Beteiligten, der Kaufleute, Spediteure und Kommissionäre, der Schiffer, der Treidelwirtschaft und nicht zuletzt der Städte und Landesherren mit ihrer fiskalischen und ordnungspolitischen Ausrichtung höchst unterschiedlich.[3]

---

1 J. A. J. F. v. F[ran]z, Gedanken zur Aufnahme und Beförderung der Handlung und der damit in Verbindung stehenden Gewerben in den kurköllnischen Landen, Köln 1786, S. 1; zu Freiherr von Franz vgl. Mathieu Schwann, Geschichte der Kölner Handelskammer, Bd. 1., Köln 1906, S. 23–27 u. 457. Johann Arnold Josef Freiherr von Franz war Scholaster an St. Gereon in Köln. Er war der Sohn eines Kölner Ratsherrn und Bankiers, sein Bruder Johann Matthias von Franz war Bankier in Köln.

2 Rheinisch-westfälisches Wirtschaftsarchiv Köln (RWWA), Best. 1, Abt. 30, Nr. 10, f. 1.

3 Jede Arbeit über neue Strukturen in der Rheinschifffahrt von Beginn des 19. Jahrhunderts an ist

8.1 Voraussetzungen

Als Tatsache kann gelten, dass der Rhein am Ende des Ancien Régime – trotz des starken Chausseebaus durch die Territorialstaaten im 18. Jahrhundert – immer noch der bedeutendste Handelsweg im Deutschen Reich war und dass der größte Teil der in Nord-Süd- und Süd-Nord-Richtung verhandelten Waren auf dem Rhein transportiert wurde. Dies für das ausgehende Alte Reich mengenmäßig einmal genauer darzustellen, wäre teilweise möglich, setzt aber die zielgerichtete Auswertung der verschiedenen Zollquellen voraus.[4]

Groß- und Kleinhandel

Beim Handelsverkehr auf dem Rhein im 18. Jahrhundert muss zwischen dem Groß- und Fernhandel und dem Klein- bzw. Regionalhandel unterschieden werden.

Im Groß- oder Fernhandel bzw. der „Großen Schifffahrt" war der Warentransport auf den jeweils ganzen Stromabschnitten Oberrhein (Straßburg/Mannheim–Mainz, Mittelrhein (Mainz–Köln) und Niederrhein (Köln–Dordrecht, Rotterdam und Amsterdam) derart organisiert, dass die Schiffe in der Regel nicht unterwegs ein- oder ausluden, sondern mit ihrer gesamten Fracht von einem Stapelort oder Stationshafen, wie es in französischer und preußischer Zeit heißt, zum anderen fuhren. Diese Schifffahrt von einer Stapel- oder Stationsstadt zur anderen „auf ganzem Boden", d.h., ohne dass die Ladung unterwegs angebrochen wurde, unterlag besonderen Beschränkungen. Sie wurde nur von eigens dazu bestehenden Schiffergesellschaften oder Gilden betrieben. Daneben gab es die Klein- oder Intermediärschifffahrt, die den Handel auf den Flussabschnitten zwischen den Stapelstädten und zwischen diesen und kleineren rheinanliegenden Orten aufrecht hielt. Sie diente

---

den beiden Standardwerken von Eckert und Gothein vom Anfang des 20. Jahrhunderts verpflichtet. Christian Eckert, Rheinschifffahrt im XIX. Jahrhundert (Staats- und socialwissenschaftliche Forschungen, Bd. 18, H. 5), Leipzig 1900; Eberhard Gothein, Geschichtliche Entwicklung der Rheinschiffahrt im XIX. Jahrhundert (Sonderausgabe des 101. Bandes der Schriften des Vereins für Socialpolitik), Leipzig 1903.

4 Jürgen Heinz Schawacht, Schiffahrt und Güterverkehrt zwischen den Häfen des Deutschen Niederrheins (insbesondere Köln) und Rotterdam vom Ende des 18. bis zur Mitte des 19. Jahrhunderts (1794–1850/51) (Schriften zur Rheinisch-Westfälischen Wirtschaftsgeschichte, Bd. 26), Köln 1973, S. 15 f.; Annette Fimpeler, Segelschifffahrt auf dem Rhein – Arbeitsmittel und Arbeitsbedingungen der alten Holzschifffahrt auf dem Niederrhein, in: Der Rhein im Raum Neuss-Düsseldorf-Meerbusch. Festschrift des Deichverbandes Neue Deichschau Heerdt zum Abschluss der Deichsanierung in Meerbusch-Büderich, hrsg. v. Stefan Kronsbein, Düsseldorf/Krefeld 2013, S. 397–418, S. 389 f.

2 Modell eines Niederrheinschiffs (Samoreuse) des 18. Jahrhunderts. Modell von H. Tournay.

der regionalen und lokalen Versorgung, aber auch, besonders am Niederrhein, dem überregionalen Vertrieb heimischer Produkte.[5] Hier soll vornehmlich die Große Fahrt, d. h. der Großhandel und Warentransport von den Niederlanden den Rhein hinauf bis Köln und Mainz im Vordergrund stehen. Denn hier waren die Kaufleute, nicht zuletzt wegen des Wertes und der Verderblichkeit der Güter, besonders daran interessiert, eine Beschleunigung der Warentransporte zu bewirken.

5 Zum Stapel vgl. Bruno Kuske, Der Kölner Stapel und seine Zusammenhänge als wirtschaftspolitisches Beispiel, in: Jahrbuch des Kölnischen Geschichtsvereins 21, 1939, S. 1–46; Clemens von Looz-Corswarem, Zum Stapelrecht von Köln und der Schiffahrt auf dem Niederrhein in der frühen Neuzeit, in: Köln und die Niederrheinlande in ihren historischen Raumbeziehungen (15.–20. Jahrhundert), hrsg. v. Dieter Geuenich (Veröff. d. Hist. Vereins für den Niederrhein, Bd. 17), Pulheim 2000, S. 323–338 (Vgl. Beitrag 3 in diesem Band); Stefan Gorissen, Strukturbilden durch Handelshemmnisse? Der Kölner Stapel und der Handel der kleinen niederrheinischen Häfen im 18. Jahrhundert, in: Zeitschrift des Bergischen Geschichtsvereins, Bd. 101, 2004–2007, S. 71–94; Gerd Schwerhoff, Der Kölner Stapel (1259–1831). Werden und Wandlungen einer alteuropäischen Institution, in: Jahrbuch des Kölnischen Geschichtsvereins 80, 2009/10, S. 43–69.

Langsamer Transport rheinauf

Tatsache ist auch, dass der Transport von Handelsgütern den Rhein aufwärts – nach unseren heutigen Vorstellungen – sehr langsam vor sich ging. Auf dem Niederrhein waren die schweren holländischen Samoreusen oder Bönder[6] entweder von den Windverhältnissen und/oder dem Gang der Treidelpferde abhängig, die kaum die Geschwindigkeit eines Fußgängers erreichten. Das Segel spielte bei diesen Schiffen ein große Rolle, da auf dem niederländischen Rhein wegen der flachen und unbefestigten Ufer keine oder kaum Treidel- oder Leinpfade vorhanden waren, dafür der Strom aber entsprechend der vorherrschenden Windrichtung nach Westen ausgerichtet und meist breit genug zum Kreuzen vor dem Wind war.[7] Ab etwa Lobith oder Emmerich wendete sich die Fahrstrecke nach Nord-Süd, auch waren die festeren Ufer mit Leinpfaden versehen, so dass hier der zeitlich berechenbarere Pferdezug zum Einsatz kommen konnte. Zum Leinpfad an der Waal heißt es noch 1834, dass die Anlage eines Leinpfades nach Aussage von Sachverständigen zwischen Rotterdam und Nimwegen wegen der Lokalverhältnisse fast undurchführbar sei.[8]

Am Ende des 18. Jahrhunderts waren auf dem Niederrhein Schiffe mit einem Fassungsvermögen von 5600–6400 Zentnern (280–320 t) im Einsatz, wobei die sogenannten Rotterdamer Schiffe das größere Volumen besaßen im Vergleich zu den sogenannten Amsterdamer Schiffen, die wegen der begrenzten Breite der Kanäle und Schleusen, die sie durchfahren mussten, kleiner waren.[9] Bei sehr günstigem Wind benötigten die Rotterdamer Schiffe mit Segel bis Lobith bzw. Emmerich drei bis vier Tage, danach weitere zehn bis elf Tage mit dem Pferdezug nach Köln. So war ein solches Schiff von Rotterdam bis Köln bei günstigen Verhältnissen etwa 14 Tage unterwegs.[10] Sehr gute Windverhältnisse waren auf den niederländischen Rheinarmen jedoch selten, häufig mussten die Schiffer tagelang,

6 Zu diesen Schiffstypen vgl. Annette Fimpeler, Die Schifffahrt und ihre Fahrzeuge auf dem Niederrhein vom späten Mittelalter bis ins 18. Jahrhundert (Studien zur Düsseldorfer Wirtschaftsgeschichte, Bd. 5 u. Veröff. aus dem Stadtarchiv Düsseldorf, Bd. 19), Düsseldorf 2008, S. 412–417.

7 Auch zur Veränderung bzw. Verbesserung der Segeltechnik von Rheinschiffen seit der Mitte des 17. Jahrhunderts sind mir keine abschließenden Untersuchungen bekannt, vgl. Fimpeler, Schifffahrt (wie Anm. 6), S. 329 f.; dies., Segelschifffahrt (wie Anm. 4), S. 397–418.

8 RWWA, 1-30-26, f. 20 (5.2.1834); Schawacht, Schiffahrt (wie Anm. 4), S. 32.

9 H. Herman, Sammlung der seit dem Reichs-Deputations-Hauptschluß vom 25. Februar 1803 in Bezug auf Rheinhandel und Schifffahrt erschienenen Gesetze, Verordnungen und allgemeinen Instructionen, Mainz 1820, S. 523.

10 J. F. Ockhart, Der Rhein nach der Länge seines Laufs und Beschaffenheit seines Strombettes, mit Beziehung auf dessen Schifffahrtsverhältnisse betrachtet. Ein Beitrag zur näheren Kunde der deutschen Flussschifffahrt, Mainz 1816, S. 214–216; Ernst Weyden, Köln am Rhein um 1810 (Neubearbeitung der Ausgabe von 1862), eingeleitet und hrsg. v. Willy Leson, Köln 1976, S. 31 f.

3 Ansicht der Stadt Düsseldorf. Die Treidelpferde ziehen ein Schiff, das sich nicht im Bildausschnitt befindet. Kolorierte Lithographie von August Dircks, um 1835.

manchmal sogar vier bis sechs Wochen warten, ehe sie genügend Auftrieb hatten. Das heißt, es war unmöglich, auch nur einen ungefähreren Zeitpunkt für die Ankunft von in Rotterdam oder Amsterdam verladenen Waren in Köln vorauszusehen.[11]

Für die Strecke, auf denen es einen Leinpfad gab, d.h. ab etwa Lobith, wurden zwölf bis 15 Pferde für den Leinenzug eines großen holländischen Schiffes benötigt. Die etwas kleineren Amsterdamer Schiffe kamen mit zehn bis zwölf, manche auch nur acht bis neun Pferden für die Bergfahrt hin, sie konnten bei sehr guten Winden die Strecke nach Köln in zehn bis zwölf Tagen schaffen, was aber eher die Ausnahme war. Für die Talfahrt benötigten die Rotterdamer Schiffe je nach Wind sechs bis acht Tage, die Amsterdamer Schiffe – wohl wegen der Kanäle und Schleusen – acht Tage.[12]

11 Vgl. RWWA, 1-33-3, f. 148 (3.3.1825).

12 Ockhart, Rhein (wie Anm. 10), S. 214–216; Schawacht, Schifffahrt (wie Anm. 4), S. 30 f.

Schifffahrt auf dem Mittelrhein

Auf dem Mittelrhein zwischen Köln und Mainz mussten die größeren Frachtschiffe wegen der ungünstigen Windverhältnisse im Rheintal immer getreidelt werden, das Segel diente lediglich der Unterstützung. So benötigten die hier 2000–3500 Zentner (100–175 t) fassenden Frachtschiffe von Köln nach Mainz bei normalem Wasserstand und günstigen Bedingungen im Durchschnitt sechs bis sechseinhalb Tage, bei niedrigem Wasser oder im Winter acht bis neun Tage. Für ein Schiff von 2000 Zentnern wurden je nach Wasserstand und Witterung zehn bis zwölf, ja bei der Verwendung von Leichterschiffen auf der Gebirgsstrecke sogar 14 bis 16 Pferde benötigt.[13] Die hohe Zahl der für die kleinen Fahrzeuge benötigten Pferde ergibt sich aus der am Mittelrhein wesentlich stärkeren Strömung des Rheins, die im Verhältnis zum Niederrhein zu einer ungünstigeren Relation zwischen Transportgewicht und benötigter Pferdezahl führte. Bergabwärts benötigte ein Frachtschiff von Mainz nach Köln in der Regel vier bis viereinhalb Tage.[14] Wesentlich schneller waren auf der Strecke Köln–Mainz sowohl bergauf als auch bergab die sogenannte Wasserdiligencen oder Jachten, eigentlich der Personenschifffahrt dienende Fahrzeuge, die aber auch in begrenztem Maße Waren transportierten. Sie waren leicht gebaut, besaßen nur 200–260 Zentner (10–13 t) Ladefähigkeit und benötigten daher auch bergauf weniger Treidelpferde. Im Sommer fuhren sie von Köln nach Mainz in drei, im Winter in dreieinhalb Tagen, bergab bewältigten sie die Strecke von Mainz nach Köln in zwei Tagen. Auf diese Einrichtung der Wasserdiligencen, Eiljachten oder „coches d'eau" als Schrittmacher des Fortschritts wird noch zurückzukommen sein.[15] Auf dem Mittelrhein konnte für die Talfahrt das Segel genutzt werden, um schneller als die Strömung zu sein, wodurch sich die Steuerungsfähigkeit der Schiffe erhöhte. Ausschlaggebend war aber, auch auf dem Niederrhein, die Fließgeschwindigkeit des Stroms.

Dass die Größe und Form der Schiffe auf Nieder- und Mittelrhein (wie auch dem Oberrhein und den verschiedenen Nebenflüssen des Rheins) unterschiedlich waren, hatte seine Ursache einmal in den natürlichen Gegebenheiten der jeweiligen Stromabschnitte – die großen niederländischen Frachtschiffe hätten den Mittelrhein nur bei relativ hohem Wasser befahren können und große Schwierigkeiten an den Engstellen, z. B. dem Binger Loch, gehabt –, zum Zweiten in der unterschiedlichen Schiffbautradition innerhalb der seit dem Mittelalter bestehenden Stromabschnitte und zum Dritten darin, dass auf dem Niederrhein der Transport mit großen Schiffen und damit doppeltem bis dreifachem Ladevolumen kostengünstiger durchgeführt werden konnte. Allerdings ist in der Zeit um

13 Ockhart, Rhein (wie Anm. 10), S. 165–169.

14 Ockhart, Rhein (wie Anm. 10), S. 218.

15 Ockhart, Rhein (wie Anm. 10), S. 166.

4 Ansicht von Bonn. Das Frachtschiff nutzt das Segel für die Talfahrt. Kolorierter Kupferstich von L. Janscha und J. Ziegler, 1798, Ausschnitt.

1800 eine Angleichung der Schiffstypen feststellbar.[16] Das unterschiedliche Transportvolumen der Handessschiffe auf dem Nieder- und dem Mittelrhein hatte z. B. auch zur Folge, dass man für den Weitertransport der mit einem niederländischen Schiff in Köln ankommenden Kolonialwaren rheinauf zwei bis drei mittelrheinische Schiffe (die man in Köln „oberrheinische Schiffe" nannte) benötigte. Diese mussten dann auch bei Ankunft der niederländischen Schiffe in Köln bereitstehen, ansonsten stapelten sich die Güter am Rheinufer.

16 Kurt Schwarz, Die Typenentwicklung des Rheinschiffs bis zum 19. Jahrhundert, Diss. Karlsruhe 1926, S. 97–102.

Organisation des Treidelns

Was das System des Treidelns, des Ziehens der Schiffe mit Pferden und die Organisationsformen anging, so sind wir darüber nur unbefriedigend unterrichtet. Eine genaue Untersuchung zur Geschichte und Organisation des Treidelns steht noch aus. Sie wird dadurch erschwert, dass nur relativ wenig Quellen zu diesem Thema vorhanden sind, vermutlich, weil die Abmachungen der Schiffer mit den Bauern über die Stellung von Zugpferden für die Schiffe sich im nichtschriftlichen Bereich abspielten. Es scheint so gewesen zu sein, dass im 18. Jahrhundert die Schiffer in Lobith für die Strecke bis Köln und in Köln für die Strecke bis Mainz Pferde mieteten, die dann die ganze Strecke im Einsatz waren. Für jeweils zwei bis drei Pferde war ein Pferdeknecht oder Halfe nötig. Die Pferde brauchten natürlich regelmäßig Pausen. Die nicht unerheblichen Kosten für die Fütterung mit Kraftfutter und die Stallung der Pferde sowie die Versorgung und Unterkunft der Treidelknechte gingen zu Lasten der Schiffer. Die Kosten dafür mussten von diesen, ebenso wie die Kosten für die zahlreichen Zölle, vorgestreckt werden, denn die Frachttaxen wurden ihnen erst nach Abschluss der Fahrt vergütet.[17] Abhängig waren die Schiffer auch von dem Zustand der Treidel- oder Leinpfade. Da die Leinpfade während der Kriege in den 1790er Jahren vernachlässigt worden waren, befanden sie sich um 1800 in einem schlimmen Zustand, der das Treideln sehr behinderte.[18] Abhängig waren die Schiffer auch vom Wetter und dem Zustand des Rheins. Bei Hochwasser waren die Leinpfade überschwemmt, so dass die Schiffer nicht bergauf kamen, bei Niedrigwasser mussten sie leichtern, um durch die Untiefen, besonders am oberen Mittelrhein, zu gelangen, wozu sie zusätzliche Zugpferde benötigten. Die Schiffer waren auch abhängig von der Jahreszeit, denn in der Zeit von Mitte November bis Ende Februar ruhte in der Regel die Schifffahrt. Der Rhein fror häufig ganz oder teilweise zu und die losbrechenden Eisschollen stellten eine große Gefahr für die Schiffe und ihre Ladung dar. Es galt also, rechtzeitig einen Sicherheitshafen aufzusuchen.

Köln als Stapelstadt

Die monopolartige Stellung der Stadt Köln am Schnittpunkt von Mittel- und Niederrhein in ihrer Funktion als Stapelstadt und Umladestation seit dem Mittelalter ist bekannter-

17 Zum Treideln zuletzt Ulrike Stursberg, Innovation auf dem Rhein. Vom Treidelzug zum Dampfboot (Kleine Schriftenreihe des Düsseldorfer Geschichtsvereins, Bd. 2), Düsseldorf 2014; vgl. auch Fimpeler, Schifffahrt (wie Anm. 6), S. 324–328.

18 RWWA, 1-30-12.

5 Ansicht von Köln. Gemälde eines unbekannten Künstlers, um 1800, Ausschnitt.

maßen bereits seit dem 17. Jahrhundert angefochten worden. Gegen Ende des 18. Jahrhunderts vermehrten sich die publizistischen Angriffe gegen die als anachronistisch und die Wirtschaft hemmend angesehenen Stapelrechte, zumal sie keine reale Funktion (Versorgung der Bevölkerung, Kontrolle der Lebensmittel) mehr hatten, sondern zur reinen Sinekure der Kommissionäre und Spediteure in den Stapelstädten sowie zu Einnahmen des Fiskus verkommen waren.[19]

19 Z.B. Johann Wilhelm Windscheid, Commentation de Stapula, Düsseldorf 1775; Wahrhafte Beschreibung des Stadtkölnischen Stapels etc., Düsseldorf ca. 1777; Clemens von Looz-Corswarem, „Einige Worte über die Rhein-Schiffahrt". Die Düsseldorfer Schrift des Staatsrats Georg Arnold Jacobi von 1803 und ihr wirtschaftspolitisches Umfeld, in: Rheinisch – kölnisch – katholisch. Beiträge zur Kirchen- und Landesgeschichte sowie zur Geschichte des Buch- und Bibliothekswesens

Dass sich das Stapelrecht in der Form des Umschlagsrechts in Köln noch bis 1831, bis zur Mainzer Rheinschifffahrtsakte, halten konnte, hing zunächst mit dem Beharrungsvermögen von Institutionen im Alten Reich, dann den französischen Wirtschaftsinteressen und schließlich dem Zollstreit Preußens mit den Niederlanden zusammen.[20] Allerdings hatte sich das Stapelrecht in Köln schon vor den rechtlichen Änderungen der Franzosenzeit de facto zu einem reinen Umschlagsrecht geändert. Auch kam es häufiger vor, dass für die Niederlande bestimmte ober- bzw. mittelrheinische Schiffe ohne umzuladen an Köln vorbeifuhren, z. B. Schiffe, die Steine geladen hatten, wobei sie allerdings die entsprechenden Gebühren entrichten mussten. Ähnliches galt für von der Ruhr kommende Kohlenschiffe, die Ruhraaken, bei denen das Aus- und Umladen des Handelsgutes nicht gerade sinnvoll gewesen wäre. Für die großen niederländischen Samoreusen, Aaken oder Bönder bedeutete Köln jedoch nach wie vor das Ende der Fahrt, ebenso wie für die Masse der zahlreichen aus Mainz oder mittelrheinischen Städten (Koblenz) kommenden Schiffe. Darauf achteten auch die beiden für jede der Stromstrecken spezialisierten Schiffergilden.[21]

Aufenthalte an Zollstellen

Eine starke Verzögerung im Warentransport und zusätzliche Aufenthalte für die Schiffer stellten die zahlreichen Zollstellen auf dem Rhein dar. Ursprünglich waren die Zollprivilegien vom König an die Territorialherren verliehene Rechte, die mit der Pflicht der Sicherung des Verkehrs und der Unterhaltung der Leinpfade verbunden war. Längst waren die nicht selten verpfändeten Rheinzölle eine der Haupteinnahmequellen der Fürsten geworden, sie waren häufig vermehrt, ausgedehnt und erhöht worden, während der Unterhalt der Fahrrinne und der Leinpfade häufig auf die unmittelbaren Anlieger abgewälzt

der Rheinlande. Festschrift für Heinz Finger zum 60. Geburtstag, hrsg. v. Siegfried Schmidt (Libelli Rhenani, Bd. 25), Köln 2008, S. 315–332 (Vgl. Beitrag 5 in diesem Band).

20 Diese Thematik soll hier ausgeklammert werden. Sie ist mehrfach ausführlich dargestellt worden. Vgl. Klaus Müller, Politische und rechtliche Veränderungen der Rheinschiffahrt zwischen der Französischen Revolution und dem Ersten Pariser Frieden 1814, in: Der Rhein als Verkehrsweg. Politik, Recht und Wirtschaft seit dem 18. Jahrhundert, hrsg. v. Clemens von Looz-Corswarem/Georg Mölich (Schriftenreihe der Niederrhein-Akademie/Academie Nederrijn, Bd. 7), Bottrop 2007, S. 37–59, und Dieter Strauch, Die Entwicklung des Rheinschifffahrtsrechts zwischen 1815 und 1868, in: ebd., S. 61–92.

21 Clemens von Looz-Corswarem, Zur niederrheinischen Schiffergilde in Napoleonischer Zeit, in: Der Rhein im Raum Neuss-Düsseldorf-Meerbusch. Festschrift des Deichverbandes Neue Deichschau Heerdt zum Abschluss der Deichsanierung in Meerbusch-Büderich, Düsseldorf u. Krefeld 2013, S. 435–456 (Vgl. Beitrag 6 in diesem Band).

6 Der Pfalzgrafenstein, Zollstelle bei Kaub. Kolorierter Kupferstich von L. Janscha und J. Ziegler, 1798.

bzw. von der Obrigkeit vernachlässigt wurde.[22] Die in der Literatur angegebene Zahl von Zöllen auf dem Rhein schwankt, meist werden 29 oder 30 Zollstellen auf dem Rhein angegeben. Die unterschiedlichen Angaben hängen u. a. damit zusammen, dass selbst im 18. Jahrhundert noch zahlreiche Zölle verlegt, gespalten oder neu errichtet wurden, dass nicht alle Zölle in gleicher Weise für die Berg- und die Talfahrt galten, dass zusätzlich zu den Zöllen Licente[23] erhoben wurden, dass nicht für alle Waren und Schiffe die gleichen

22 Vgl. M. Scholz-Babisch, Quellen zur Geschichte des klevischen Rheinzollwesens vom 11. bis 18. Jahrhunderts (Deutsche Handelsakten des Mittelalters und der Neuzeit, 12), 2. Bde, Wiesbaden 1971.

23 Licente waren Ende des 16. Jahrhunderts im Zusammenhang mit dem niederländischen Kriegen bzw. den Truchsessischen Wirren eingeführte zusätzliche Abgaben für die Genehmigung der Ausfuhr von Waren in feindliches Gebiet, vgl. Herbert Münker, Die Weseler Schiffahrt vornehmlich zur Zeit des spanisch-niederländischen Krieges. Ein Beitrag zur Verkehrsgeschichte des Niederrheins (Studien und Quellen zur Geschichte von Wesel, 1), Wesel 1908, S. 27 f. u. 205–209.

Zölle galten, an manchen Zollstellen mehrere Zölle fällig waren, und dass teilweise einige oberrheinische oder niederländische Zölle nicht in die Zählung aufgenommen wurden. Nach der Beschreibung des ehemaligen Generaldirektors des Rheinschifffahrts-Oktrois, J. J. Eichhoff, gab es am Ende des Alten Reichs folgende Zollstellen:[24] 1. Mannheim (Kurpfalz), 2. Oppenheim (Kurpfalz), 3. Mainz (Kurmainz), 4. Geisenheim (Zoll des Fürsten Salm), 5. Bingen (Domkapitel zu Mainz), 6. Bacharach (Kurpfalz), 7. Kaub (Kurpfalz), 8. St. Goar (Hessen-Kassel), 9. Boppard (Kurtrier/Hessen/Haus Hohenlohe), 10. Oberlahnstein (Kurmainz), 11. Koblenz (Kurtrier, auch alternativ in Engers), 12. Andernach (Kurköln), 13. Leutesdorf (Kurtrier), 14. Bonn (Kurköln), 15. Zons (Kölner Domkapitel), 16. Düsseldorf (Kurpfalz), 17. Kaiserswerth (Kurpfalz, auch ehemals kurköln. Licent)[25], 18. Uerdingen (Kurköln und Domkapitel Köln, auch alternativ in Rheinberg), 19. Duisburg (Preußen), 20. Orsoy (Preußen), 21. Rheinberg (Kurköln, auch Licent), 22. Wesel (Preußen), 23. Rees (Preußen), 24. Emmerich (Preußen), 25. Lobith (Preußen, Parallelzoll Huissen). Hinzu kamen die Zölle in den Niederlanden, u. a. in Arnheim, Wyk und Tiel.[26]

Alle Versuche, die Zahl der Zölle zu vermindern, sind im Alten Reich am Eigennutz der Fürsten gescheitert.[27] In der Reichsstadt Köln gab es im Ancien Régime keinen Zoll auf durchgehende Handelswaren, die Stadt begnügte sich, durch das Stapelrecht begünstigt, im Wesentlichen mit den verschiedenen Gebühren für das Ein- und Ausladen im Hafen, das Lagern, das Wiegen und Messen sowie die Kontrolle der Güter.[28] An den Zollstellen mussten die Schiffe anhalten, die Zollbeseher und Zollknechte begutachteten die Ladung, prüften die Warenpapiere und suchten nach versteckten Handelsgütern. Zolltarife bestanden nur auf dem Papier. Wenn sie „ihrer Strenge nach in Ausübung gebracht würden,

24 J.J. Eichhoff, Topographisch-statistische Darstellung des Rheins mit vorzüglicher Rücksicht auf dessen Schifffahrt und Handlung, Köln 1814, S. 27–95. Für Eichhoff war eine gefahrlose Schifffahrt ab Germersheim südlich von Speyer möglich, vgl. S. 20.

25 Vgl. Eichhoff, Darstellung (wie Anm. 24), S. 69.

26 Franz, Gedanken (wie Anm. 1), S. 171, nennt 1786 die Zölle: Germersheim, Mannheim, Gernsheim, Oppenheim, Mainz, Bingen, Kaub, St. Goar, Boppard, Oberlahnstein, Koblenz, Andernach, Leutesdorf, Linz, Bonn, Zons, Düsseldorf, Kaiserswerth, Uerdingen, Ruhrort, Orsoy, Rees, Emmerich, Lobith, Schenkenschanze, und in Holland: Arnheim, Wyk und Rotterdam.

27 Eckert, Rheinschiffahrt (wie Anm. 3), S. 4–6; Eberhard Gothein, Rheinische Zollkongresse und Handelsprojekte am Ende des 17. Jahrhunderts, in: Beiträge zur Geschichte vornehmlich Kölns und der Rheinlande. Zum achtzigsten Geburtstag Gustav von Mevissens, Köln 1895, S. 361–400.

28 Ein Zoll, der der Stadt Köln im späten Mittelalter vom Kaiser verliehen wurde, hatte nur wenige Jahre bestanden, vgl. Wilhelm John, Der Kölner Rheinzoll von 1475–1494, in: Annalen des Historischen Vereins für den Niederrhein 48, 1889, S. 9–123; Bruno Kuske, Die städtischen Handels- und Verkehrsarbeiter und die Anfänge städtischer Sozialpolitik in Köln bis zum Ende des 18. Jahrhunderts, Bonn 1914; Clemens von Looz-Corswarem, Das Finanzwesen der Stadt Köln im 18. Jahrhundert. Beitrag zur Verwaltungsgeschichte einer Reichsstadt, Köln 1978, S. 71–115.

(müsste) aller Rheinhandel aufhören“ [29] In der Regel werden sich die Schiffer und die Zöllner auf eine zu entrichtende Summe geeinigt haben, zumal bekannt war, dass die Angaben in den Frachtbriefen meist zu niedrige Mengen anzeigten. Mit dieser Methode, die als „behagliche Anarchie“ bezeichnet wurde,[30] schienen alle mehr oder weniger zufrieden gewesen zu sein.[31] Der Aufenthalt bei einer Zollstelle konnte mehrere Stunden, ja halbe Tage dauern, die zu den reinen Fahrtzeiten hinzuzurechnen waren. Für ein bergfahrendes Schiff mochte das noch eine willkommene Unterbrechung darstellen, bei der sich die Pferde erholen konnten, für ein zu Tal fahrendes Schiff war der Aufenthalt nur lästig und kostspielig. Die Zollstellen am Rhein waren „Tore, die sich der Schiffer mit goldenen Schlüsseln eröffnen mußte“.[32]

Kaufleute und Handelsgüter

Träger des Fernhandels, des Handels zwischen den niederländischen Städten Amsterdam und Rotterdam und Köln bzw. Köln und Mainz oder Frankfurt bis hin in den oberrheinischen und süddeutschen Raum, waren in erster Linie die Großkaufleute. Es handelte sich hierbei häufig um niederländische Handelshäuser oder Firmen in Frankfurt oder in Süddeutschland, in geringerem Maße auch in Köln und Mainz oder anderen rheinischen Städten.[33] Gehandelt wurden den Rhein aufwärts im Fernhandel von Stapelort zu Stapelort vor allem Kolonialwaren, Kaffee, Tee, Zucker, Tabak, Salz, Baumwolle, Färbemittel, dann auch englische oder französische Manufakturwaren, Stoffe (Seide, Kattun), Häute, Seefische (Hering, Stockfisch), Rüböl, Käse, Reis, Südweine, Gewürze etc. Auf der Talfahrt waren es dann Holz, Steine (auch Mühlsteine), Getreide, Wein, (Pfälzer) Tabak, Eisen und Metallprodukte, Brunnenwasser, Wachholderbeeren zur Branntweinherstellung, Pfeifenerde, Lumpen zur Papierherstellung und Regionalprodukte.[34] Mengenangaben und genaue Hinweise auf Herkunft und Zielort der Handelsgüter gab es erst in der französischen Zeit, nachdem diese statistisch erfasst wurden. Allerdings wurde der Handelsverkehr auf dem

29 Franz, Gedanken (wie Anm. 1), S. 172.

30 Gothein, Entwicklung (wie Anm. 3), S. 12.

31 Clemens von Looz-Corswarem, Der Rhein als Verkehrsweg im 18. Jahrhundert, in: Der Rhein als Verkehrsweg. Politik, Recht und Wirtschaft seit dem 18. Jahrhundert, hrsg. v. Clemens von Looz-Corswarem/Georg Mölich (Schriftenreihe der Niederrhein Akademie/Academie Nederrijn, Bd. 7), S. 13–36, hier S. 21 u. 31 (Vgl. Beitrag 4 in diesem Band).

32 Franz, Gedanken (wie Anm. 1), S. 169 f.

33 Wilfried Feldenkirchen, Der Handel der Stadt Köln im 18. Jahrhundert (1700–1814), Diss. Bonn 1975.

34 Fimpeler, Schifffahrt (wie Anm. 6), S. 140 und 416; Schwann, Handelskammer (wie Anm. 1), S. 29.

7 Der Kran zu Andernach um 1840. Die Kräne wurden vornehmlich zum Laden von Mühlsteinen und Weinfässern genutzt. Zeichnung von L. Lange, Stahlstich von G. M. Kurz, 1842, Ausschnitt.

Rhein in der französischen Zeit durch kriegerische Ereignisse und dann von 1807 an durch die von Napoleon gegen England verstärkte Kontinentalsperre stark beeinträchtigt. Durch diese Beschränkungen fielen ganze Warengruppen wie z. B. Baumwolle oder Färbemittel aus, so dass für diese Zeit ein einseitiger Eindruck entsteht.[35]

Längst wurden die Waren nicht mehr – wie von den alten Stapelrechten gefordert – in Köln in den Kaufhäusern aufgebaut und der Bürgerschaft drei Tage zum Kauf angeboten, sondern die Kölner Spediteure oder Kommissionäre, an die die Waren adressiert waren, versandten sie, wie mit dem absendenden oder bestellenden Kaufmann vereinbart, nach Süden oder Norden weiter, wofür sie neue Frachtbriefe ausstellten. Allerdings war in Köln wegen der umständlichen Hafenorganisation, des Ein- und Ausladens an den Kranen, den verschiedenen Kontrollen und nicht zuletzt die Schifffahrtsorganisation der Beurt- oder Rangschifffahrt ein meist längerer Aufenthalt gegeben.

35 Eichhoff, Darstellung (wie Anm. 24); Robert Mark Spaulding, Changing Patterns of Rhine Commerce in the Era of French Hegemony, 1793–1813, in: VSWG 100, H. 4, 2013, S. 413–431.

Beurt- bzw. Rangschifffahrt

Die Schifffahrt der Großen Fahrt war am Ende des 18. Jahrhunderts in der sogenannten Beurt- oder Rangfahrt organisiert. Diese nach dem niederländischen Wort „Beurt" (= Reihe, Reihenfolge) bezeichnete Struktur hatte sich am Niederrhein bereits seit dem 16. Jahrhundert herausgebildet und besagte, dass Schiffe in einer bestimmten Reihenfolge bzw. nach einem bestimmten Fahrplan fuhren.[36] Die Beurtschifffahrt entwickelten sich aus der mittelalterlichen Marktschifffahrt, die Begriffe wurden zeitweise parallel gebraucht. In privilegierten Linien waren seit dem 17. Jahrhundert z. B. Wesel mit Emmerich, Nimwegen und Amsterdam[37] oder Duisburg ebenfalls mit Nimwegen, Arnheim und Amsterdam, sowie mit Düsseldorf und Mülheim/Rhein verbunden,[38] von Düsseldorf wiederum fuhren regelmäßige Schiffe, die meist ein- bis zweimal pro Woche Personen und Waren zu niederrheinischen Städten oder nach Köln brachten.[39] Merkmal war, dass diese Schiffe zu bestimmten Zeiten abfuhren (oder abfahren sollten), selbst wenn sie nicht voll beladen oder ausgelastet waren.

Ende des 18. Jahrhunderts wurde der Begriff der Beurt-, Rang- bzw. Reiheschifffahrt auch auf die in der Großen Fahrt fahrenden Schiffe angewandt, da auch sie nach Vereinbarung der Städte, Kaufleute bzw. Handelskammern oder Handlungsvorstände mit den Schiffergilden in einer bestimmten Reihenfolge in den Häfen, vor allem in Köln und Mainz, abgefertigt wurden. So sollte jedem Schiffer die gleiche Chance bei Frachtaufträgen eingeräumt werden.[40]

8.2 Die Forderung nach Beschleunigung des Handels auf dem Rhein und die Möglichkeiten

Es waren zahlreiche Faktoren, die bestimmten, wie lange ein Handelsgut von Rotterdam nach Köln oder Mainz unterwegs war. Da diese Bedingungen seit Jahrhunderten bestan-

36 Der Begriff kommt in den unterschiedlichsten Schreibweisen vor, so „Bört", „Böhrt", „Beurd" etc.

37 Münker, Weseler Schifffahrt (wie Anm. 23).

38 Heinrich Averdunk, Die Duisburger Börtschiffahrt, zugleich ein Beitrag zur Geschichte des Gewerbes in Duisburg und des Handelsverkehrs am Niederrhein (Schriften des Duisburger Museumsvereins, 2), Duisburg 1905.

39 Bruno Kuske, Die Rheinschiffahrt zwischen Köln und Düsseldorf vom 17. bis 19. Jahrhundert, in: Düsseldorfer Jahrbuch 20, 1900, S. 250–354.

40 Clemens von Looz-Corswarem, Zur Entwicklung der Rheinschiffahrt vom Mittelalter bis ins 19. Jahrhundert, in: Düsseldorf und seine Häfen. Zur Verkehrs- und Wirtschaftsgeschichte der Stadt aus Anlaß des 100jährigen Hafenjubiläums 1896–1996, hrsg. v. Horst Rademacher/Clemens von Looz-Corswarem/Annette Fimpeler-Philippen, Wuppertal 1996, S. 9–31, S. 16.

8 Treidelzug vor dem Schloss von Koblenz. Der Leinpfad musste am gesamten Rhein nutzbar sein. Kolorierter Kupferstich von L. Janscha und J. Ziegler, 1798, Ausschnitt.

den, hatten sich die Kaufleute und Schiffer weitgehend daran gewöhnt, dass der Transport ihrer Waren seine Zeit brauchte. Trotzdem gab es, vor allem gegen Ende des 18. Jahrhunderts, die Forderung nach Beschleunigung, nach Verkürzung der Transportzeit und damit der Einsparung von Transportkosten. Dabei waren wohl mehrere Motive ausschlaggebend. Das eine Motiv war die Planbarkeit. Es war für Handelsgeschäfte durchaus sinnvoll, ungefähr zu wissen, wann eine Ware wo ankommt. Die Handelsgüter waren gegen Ende des 18. Jahrhunderts in der Regel von Handelsfirmen bestellte Waren, die für vorgemerkte Abnehmer bestimmt waren. D.h., dass z. B. Frankfurter, Nürnberger oder Straßburger Kaufleute in den Niederlanden Baumwolle, Farbholz, Kaffee, Tee, Tabak etc. bestellten, die dann von Spediteuren oder Kommissionären in Rotterdam, Köln und Mainz zu Schiff gebracht wurden.

Die Planbarkeit war auch im Hinblick auf Preisschwankungen interessant, denn bei einer Transportzeit von mehreren Wochen oder Monaten konnte der Preis z. B. von Getreide oder Baumwolle fallen oder steigen. Ein anderes Motiv war, dass Waren, die sich auf Schiffen befanden, die auf dem holländischen Niederrhein auf günstigen Wind warteten oder die wegen Eisgang, Hoch- oder Niedrigwasser festlagen, sozusagen totes Kapital darstellten. Es waren daher vor allem die Kaufleute, die auf eine Beschleunigung des Transportes drangen. Paradoxerweise waren die Schiffer aus verschiedenen Gründen nicht an einer Beschleunigung interessiert bzw. hielten diese sogar für schädlich. Ob ein Handelsgut schnell oder langsam von Rotterdam nach Köln oder von Köln nach Mainz gelangte, war für sie nicht so sehr von Belang, da sie eine vom Wert bzw. vom Gewicht der Waren abhängige Frachttaxe erhielten. Hier war es für sie interessanter und wichtiger, möglichst viele Ware zu transportieren, d.h. ein hohes Ladevolumen zu erreichen. Das führte dazu, dass sie – wenn genug Ware da war – ihre Schiffe überluden sowie Anhangschiffe und Leichter anhängten, um möglichst viel Fracht kassieren zu können.[41] Die Berechnung der Frachttaxen führte häufig zu Auseinandersetzungen der Schiffer mit den Kaufleuten bzw. Spediteuren. Eine Anzahl unseriöser Spediteure setzte wohl in den Frachtbriefen das Gewicht der Waren bewusst zu niedrig an, um damit Frachttaxe zu sparen. Bekannt ist der Streit um die Frachtwaage am Kölner Rheinufer in den 1780er und 1790er Jahren, die die Schiffer gefordert hatten, um die Waren nachwiegen zu können. Eine Forderung, der sich ein Teil der Kaufmannschaft aus nachzuvollziehenden Gründen vehement widersetzte, u. a. mit der Begründung, das Nachwiegen würde die Transportzeit bzw. die Zeit für das Umladen der Waren in Köln unnötig verlängern.[42]

Einer der wesentlichen Gründe, warum die Schiffer an einer Beschleunigung des Handelsverkehrs nicht interessiert waren bzw. dieses für sie keinen Vorteil bedeutet hätte, lag wohl auch in dem Rang- oder Reihesystem.

Die Frage war: Wo konnten die Kaufleute ansetzen, um eine Beschleunigung des Warenverkehrs auf dem Rhein in Gang zu bringen, an welchen Stellschrauben musste gedreht werden und welche Hindernisse und Widerstände mussten überwunden werden? Welchen Einfluss hatten sie? Und gab es überdies bei allen Kaufleuten im Rheineinzugsgebiet die gleichen Interessen? Standen nicht vielleicht rivalisierende Städte (Köln/Düsseldorf, Mainz/Frankfurt) gegeneinander und blockierten einen zügigen Ausbau?

Im Rahmen dieser Untersuchung kann nur auf einzelne Aspekte hingewiesen werden, von denen jeder eine gründliche Ausarbeitung verdient hätte. So werden mehr Fragen gestellt, als Antworten gegeben.

41 Das Anhängen von beladenen Leichtern war in der Regel aus zolltechnischen Gründen verboten.

42 Schwann, Handelskammer (wie Anm. 1), S. 6–8; Ute Teckentrup, Der Kölner Stapel im 18. Jahrhundert (untersucht am Zeitraum 1768–1776), Köln 1977; Clemens von Looz-Corswarem, Finanzwesen (wie Anm. 28), S. 343–245.

Stapel- und Umschlagsrechte

Eine der Hauptforderungen der rheinischen Großhandelskaufleute sowie mehrerer nicht vom Stapelrecht profitierenden Fürsten war die Abschaffung der Stapelrechte in Köln und Mainz. Eine Ausnahme bildeten verständlicherweise die Kaufleute und Handelskammern der Städte Köln und Mainz, die immer wieder Argumente dafür fanden, dass das Umschlagsrecht dieser beiden Städte aufrechterhalten werden musste. Die beiden Städte unterstützten sich auch gegenseitig. So stellte sich z. B. die Handelskammer Köln in der Auseinandersetzung der Stadt Mainz mit Frankfurt wegen der an der Stapelstadt vorbeifahrenden Frankfurter Schiffer nach 1806 auf die Seite der Stadt Mainz. Die Frankfurter hatten versucht, ihr nur für die Zeit der Frankfurter Messe geltendes Privileg auf das ganze Jahr auszudehnen.[43] Im Gegenzug bekämpfte auch Mainz die Beeinträchtigung des Kölner Umschlagsrechtes durch den Landtransport und die Versendung von Waren über die linksrheinischen Hafenorte Zündorf, Mülheim und Hitdorf.[44] Nun war das, was im 18. Jahrhundert unter Stapelrecht lief, de facto schon zu einem Umschlagsrecht geworden und auch dieses weitgehend durchlöchert. Alle Ausnahmeregelungen und Sondergenehmigungen waren aber mit zusätzlichen Kosten für das Vorbeifahren verbunden. Wie hoch die Quote der z. B. an Köln in beiden Richtungen vorbeifahrenden Schiffe war, müsste noch erarbeitet werden. Ausschlaggebend ist, dass die beiden Stapelstädte auch in der Franzosenzeit an ihrem Umschlagsrecht festhielten, wobei das preußische Köln dieses Vorrecht am längsten, bis 1831, konservieren konnte,[45] aber auch nur deshalb, weil die preußische Regierung das Kölner Umschlagsrecht als Druckmittel gegen die niederländische Regierung nutzen konnte, die hohe Eingangszölle am Übergang zur Seeschifffahrt erhob. Dass die Stapel- bzw. Umschlagsrechte von Köln und Mainz in der Franzosenzeit erhalten blieben, haben die Städte dem Umstand zu verdanken, dass sie mit dem Frieden von Lunéville 1801 zu französischen Städten wurden und die französische Verwaltung nicht auf die damit verbundenen Einnahmen und Kontrolle über die Rheinschifffahrt verzichten wollten. Allerdings wurden die ehemaligen Stapelstädte nun Stationsstädte oder -häfen genannt. Innerhalb der Kölner Handelskammer wurde die Frage, ob die Stadt auf das Umschlagsrecht verzichten sollte oder nicht, kontrovers diskutiert. Fortschrittliche Kaufleute, wie Heinrich Merkens und Bernhard Boisserée, sprachen für den Verzicht (da sie ahnten, dass die Abschaffung so oder so kommen würde). Sie meinten, dass beim Wegfall des Umschlagsrechts und damit der sehr bequemen Einnahme durch den Kommissionshandel die Kaufleute wieder ge-

---

43 RWWA, 1-30-8; Schwann, Handelskammer (wie Anm. 1), S. 267–272.

44 Schwann, Handelskammer (wie Anm. 1), S. 273. Klaus Müller, Köln von der französischen zur preußischen Herrschaft 794–1815 (Geschichte der Stadt Köln, Bd. 8), Köln 2005.

45 Mainz musste sein Umschlagsrecht bereits 1815 aufgeben.

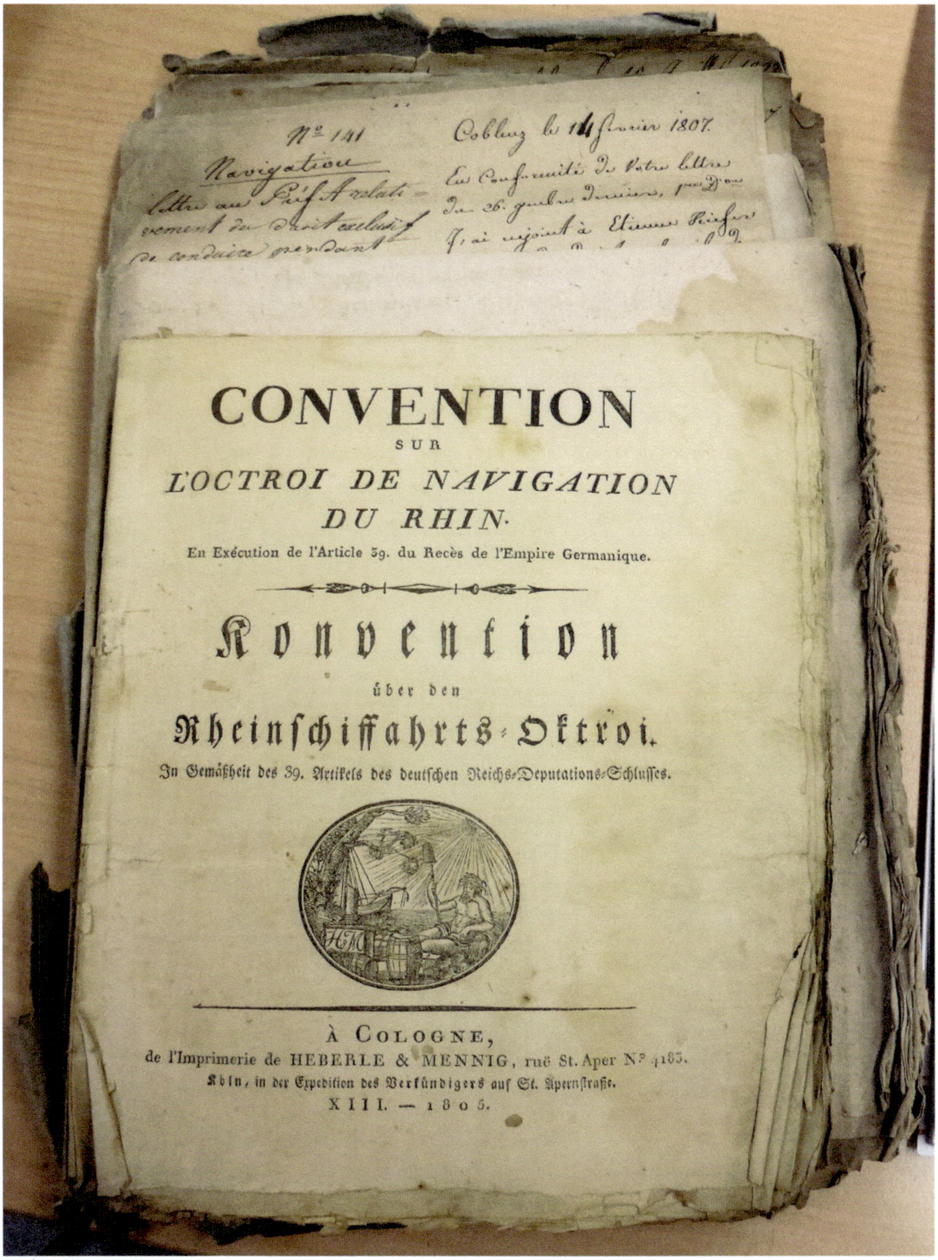

9 Titelblatt der „Konvention über das Rheinschiffahrts-Oktroi", 1805.

zwungen seien, sich dem Eigenhandel zu widmen, was einen wirtschaftlichen Aufschwung der Stadt nach sich ziehen würde. Dem stand natürlich eine große Zahl von Kölner Kaufleuten gegenüber, bei denen der Kommissionshandel die Existenzgrundlage bildete. Dass die Kaufleute von Duisburg, Düsseldorf, aber auch von Koblenz und Straßburg sich gegen das Kölner und Mainzer Stapelrecht aussprachen, ist nicht verwunderlich. Aber auch einige Regierungen unterstützten den Kampf gegen das Stapelrecht.

Allerdings gab es das Kuriosum, dass die Stadt Koblenz in der Franzosenzeit (analog zu Köln und Mainz) ein eigenes, neues Stapelrecht für die Moselschifffahrt begründen wollte, ein Punkt, der m.W. bisher noch nicht untersucht wurde. Der Versuch scheiterte am Protest der Trierer und Metzer Kaufmannschaft, auch die Kölner Kaufleute waren nicht bereit, die Stadt Koblenz in diesem Vorhaben zu unterstützen.[46]

Die Abschaffung der Stapel- und Umschlagsrechte von Köln und Mainz, die seit dem 17. Jahrhundert immer wieder gefordert worden war, konnte, obwohl diese seit langem in zunehmendem Maße anachronistisch geworden waren, erst mit der Neuordnung Europas im Wiener Kongress – und für Köln dann erst mit der Mainzer Rheinschifffahrtsakte von 1831 – erfolgen. Es war dies eine der wichtigsten Voraussetzungen für einen Aufschwung des Handels auf dem Rhein im 19. Jahrhundert und für die Industrialisierung im Rheinland.[47]

Zölle und Licenten und der Übergang zum Oktroi

Die Klage der Kaufleute und Schiffer über und ihr Kampf gegen die zahlreichen Zölle am Rhein begleitet die Geschichte des Handels auf dem Rhein. Allerdings gab es auch Auseinandersetzungen und Prozesse von rheinanliegenden Territorien untereinander wegen der Erhebung von Zöllen, wohl aus dem Wissen heraus, dass eine zu große Belastung des Handelsverkehrs und eine zu große Abschöpfung des Gewinns zum Erliegen des Handelsverkehrs auf dem Rhein und damit auch zu Mindereinnahmen bei den Zöllen führen musste. Die Konkurrenz hatten sich die Landesherren durch den Ausbau von bei jedem Wetter befahrbaren Straßen z.T. selbst geschaffen. Es gab immer wieder die Diskussion bei der Kaufmannschaft, auch als Druckmittel bei der Festlegung der Frachttaxen gegenüber den Schiffern (die Zölle waren in den Frachttaxen enthalten), dass sich der Handelsverkehr vom Rhein auf die Straße verlagert. Darauf, dass die immer wieder durchgeführten Zollkongresse der Fürsten am Rhein zu keinem wirklich die Zahl der Zölle und die Höhe

46 RWWA, 1-31-1.

47 Dieter Strauch, Die Entwicklung des Rheinschifffahrtsrechts zwischen 1815 und 1868, in: Der Rhein als Verkehrsweg (wie Anm. 20), S. 61–92

der Zollsätze begrenzendem Ergebnis kamen, ist schon hingewiesen worden. Hingewiesen wurde auch schon darauf, dass in der Praxis sich zwischen Schiffern und Zollbeamten in der Regel ein Modus Vivendi eingespielt hatte.

Nun war es ja einer der Hauptforderungen der Französischen Revolution, dass alle Privilegien und Vorrechte der Fürsten abgeschafft werden sollten. Dazu gehörten auch die Stapelrechte und in gewisser Weise auch Zölle. Aber ähnlich wie bei den Stapelrechten konnte und wollte die französische Regierung, nachdem der Rhein offiziell Staatsgrenze geworden war, nicht ganz auf die Einnahmen aus dem Rheinhandel verzichten. Überdies gab es das Reich mit seinen rechtsrheinischen Territorien bzw. Staaten ja noch. Trotzdem war der Zeitpunkt, an dem der Rhein französische Staatsgrenze geworden war, günstig, um den zahlreichen Forderungen entgegenzukommen und das wirklich chaotische Zollwesen am Rhein zu reformieren.[48]

Es war eine sehr praktikable Idee der französischen, napoleonischen Diplomatie, wohl im Zusammenwirken mit Institutionen des noch bestehenden Heiligen Römischen Reichs, alle Zölle aufzuheben und durch weit weniger, gleichmäßig auf das rechte und linke (französische) Rheinufer verteilte Erhebungsstationen für einen Oktroi zu ersetzen. Die Oktroierhebungsstellen verteilten sich in etwa gleichen Abständen auf den Rheinlauf bis zur holländischen Grenze, wobei es durchaus Bemühungen einzelner Städte gab, eine solche Oktroistation zu werden. Festgelegt wurden für das linke Rheinufer: Neuburg, Mainz, Andernach, Köln, Homberg und Griethausen, für das rechte Ufer: Mannheim, Wellmich, Thal (Koblenz-Ehrenbreitstein), Linz, Düsseldorf und Wesel. Damit war die Zahl der Erhebungsstationen von ca. 30 auf zwölf reduziert worden.

Dabei hat man unter Oktroi nichts anderes als eine Abgabe zu verstehen, die letztlich einem Zoll entsprach, die aber an jeder Station nach einheitlichen, vereinfachten Erhebungssätzen und durch kontrollierte Oktroibeamten erhoben wurde. Das Oktroisystem wurde, obgleich das Gesamtvolumen der erhobenen Gelder den im Alten Reich erhobenen Zollgebühren wohl nicht wesentlich nachstand, von den Kaufleuten und Schiffern durchweg positiv beurteilt. Einmal, weil sich die Zahl der Erhebungsstellen und damit der Aufenthalte verringert hatte, und zum anderen, weil die Schiffer nicht mehr der Willkür der Zollpächter und Zollerheber ausgeliefert waren.

Da nach 1801 der Rhein Staats- (und Zoll-)grenze zwischen Frankreich und dem Reich war, was im Reichsdeputationshauptschluss vom 17. April 1803 bestätigt worden ist, musste die Organisation der Oktroierhebung einer gemeinsamen Organisation aufgetragen werden. Zwischen dem Reich und dem Kaiser der Franzosen wurde am 15. August

48 Vgl. Jean Baptist Moise Jollivet, Über den Thalweg des Rheins in Hinsicht auf Grenze zwischen Frankreich und Deutschland; Über die auf beiden Rheinufern angelegten Zölle, Mauthen und die den zwei Städten Mainz und Köln zustehende Stapelgerechtigkeit, Mainz 1801.

1804 bzw. 4. Mai 1805 eine Konvention über den Rheinschifffahrts-Oktroi unterzeichnet, bei der zum 1. November 1805 eine von beiden Seiten besetzte Einrichtung geschaffen wurde.[49] In dem zweisprachig veröffentlichten Text der Konvention über den Rheinschifffahrts-Oktroi[50] heißt es, dass die Artikel der Konvention „blos das Beste des Handels zum Zwecke haben, dem daran gelegen ist, dass die weitere Versendung der Waaren geschwind, ordentlich und sicher geschehen" solle.

Für das Reich wurde die Oktroiorganisation dem Erzbischof von Mainz und Erzkanzler des Reichs, Karl Theodor von Dalberg (1744–1817), unterstellt, der auch aus dem Oktroi Einnahmen zog. Somit war der Rheinschifffahrts-Oktroi nach Abzug der Erhebungs- und Verwaltungskosten und der Kosten für den Unterhalt der Leinpfade auch zur Entschädigungsleistung für den damals nach dem Kaiser höchsten Würdenträger des Alten Reichs geworden. Dass diese 1805 geschaffene Organisation der Oktroiverwaltung in Mainz das Vorbild für die dann 1815 im Wiener Kongress geschaffene Zentralkommission für die Rheinschifffahrt, der ersten und ältesten internationalen europäischen Behörde, wurde, sei nur am Rande vermerkt.[51] Der Rolle der Oktroiverwaltung, vor allem ihres ersten[52] Generaldirektors Johann Joseph Eichhoff (1762–1827)[53] und dann der Zentralverwaltung bei der Neuordnung des Schifffahrtswesens auf dem Rhein im Einzelnen nachzugehen, ist bestimmt lohnend.[54] Die Erhebung des Oktrois wurde nach 1815 zunächst fortgeführt, obwohl es in Wien bereits Stimmen gab, die eine Aufhebung aller Abgaben auf dem Rhein forderten. Dass auch die verringerte Zahl der Erhebungsstellen hinderlich für die Schifffahrt war, zeigte sich nicht zuletzt beim Aufkommen der Dampfschifffahrt in den

49 Vgl. Rheinschifffahrtskommission (Zentralkommission für die Rheinschifffahrt), Bestand G 4, bearb. v. Armin Hildebrandt (Repertorien des Hessischen Staatsarchivs Darmstadt), Darmstadt 1988, S. VI f.

50 Conventions sur l'octroi de navigation du Rhin. Konvention über den Rheinschiffahrts-Oktroi, Köln 1805, S. 5.

51 Vgl. W. J. M. van Eysinga/H. Walther, Geschichte der Zentralkommission für die Rheinschiffahrt 1816 bis 1969, Straßburg 1994, S. 3–22; Jean-Maria Woehrling/Sylvain Schirmann/Martial Libera (Hrsg.), Zentralkommission für die Rheinschifffahrt. 1815–2015. Zweihundert Jahre Geschichte, Straßburg 2015.

52 Der Franzose Charles-Ètienne Coquebert-Montbret stellte sich Ende Mai 1805 der Handelskammer in Köln schriftlich als der von der Regierung mit der Einrichtung des Schifffahrts-Oktrois betraute Generalkommissar vor, vgl. Schwann, Handelskammer 250; die Diplomarbeit von Isabelle Laboulais-Lesage, Lectures et pratiques de l'espace. L'Itineraire de Coquebert de Montbert, savant et grand comis d'Etat (1755–1831), Paris 1993, konnte nicht eingesehen werden.

53 Vgl. Max Braubach, Eichhoff, Johann Joseph, in: Neue Deutsche Biographie, Bd. 4, Berlin 1959, S. 375; Schwann, Handelskammer (wie Anm. 1), S. 254 u. 257–264; Gothein, Entwicklung (wie Anm. 3), S. 44.

54 Van Eysinga/Walther, Zentralkommission (wie Anm. 51).

1820er Jahren, für die das jeweilige Anhalten an einer Oktroierhebungsstelle (und die dort jeweils stattfindende Kontrolle der mitgeführten Waren) einen höchst lästigen Aufenthalt darstellte. So wurde von den Kaufleuten und Handelskammern immer wieder beantragt – und schließlich von der preußischen Regierung genehmigt –, dass die aus den Niederlanden kommenden Dampfschiffe nur an einer Erhebungsstelle anzuhalten brauchten.[55] Auch noch in der Rheinschifffahrtskonvention von 1831 ist die Erhebung eines Zolls bzw. einer Schiffsgebühr vorgesehen, wobei, ähnlich wie beim Oktroi, die Schiffsgebühr nach der Größe des Schiffs, ganz gleich ob beladen oder nicht, und der Zoll nach dem Gewicht der Ladung erhoben wurde.[56] In der Folge wurden die Zollsätze mehrfach gesenkt und dann ganz aufgehoben. In der revidierten Schifffahrtsakte vom 17. Oktober 1868 erscheinen noch Zölle, diese werden aber auf die importierten Waren bezogen und an den Grenzen der dem Zollverein angehörenden Staaten erhoben.[57] Für den Unterhalt der Leinpfade und die Wasserbauarbeiten mussten nun die Anliegerstaaten aufkommen, ohne dass der Handel auf dem Rhein zusätzlich belastet wurde. Damit fielen auch Aufenthalte der Schiffer an Zollstellen endgültig weg, außer an den Landesgrenzen.

Das heißt, dass sowohl die Aufhebung des Stapel- und Umschlagsrechts als auch der Zoll- oder Oktroistellen als Haupthindernisse einer Beschleunigung des Handelsverkehrs beseitigt wurden. Da diese beiden Aspekte unter dem Schlagwort „Freiheit des Rheins“ seit dem 17. Jahrhundert zu den Hauptforderungen des europäischen Handels gehörten, wird hier deutlich, wie zählebig Strukturen des Alten Reiches waren.[58]

Verbesserung der Leinpfade und Strombaumaßnahmen

Da die Handelsschiffe in der Regel flussaufwärts von der holländischen Grenze bis an den Oberrhein getreidelt werden mussten, kam dem Zustand der Leinpfade eine besondere Bedeutung zu. Immer wieder finden sich in den Akten Eingaben der Schiffer, Kaufleute und Handelsvorstände an die jeweiligen Regierungen mit der Bitte um Herrichtung der Leinpfade. Am häufigsten kam wohl vor, dass der Treidelweg, besonders nach Hochwassern, unterspült worden und abgebrochen ist.[59] Die Behandlung dieser Frage fiel in den

55 RWWA, 1-33-1, f. 30 (1823 März 12) und öfter.

56 Rheinurkunden. Sammlung zwischenstaatlicher Vereinbarungen, Landesrechtlicher Ausführungsbestimmungen und sonstiger wichtiger Urkunden über die Rheinschiffahrt seit 1803, Bd. I und II, Den Haag/München/Leipzig 1918, Bd. I, Nr. 80, S. 226–283.

57 Rheinurkunden (wie Anm. 56), Bd. II, Nr. 350, S. 80–106.

58 Rudolf Baumgartner, Die Freiheit der Rheinschiffahrt. Ein Beitrag zur Rechtsgeschichte des internationalen Stromschiffahrtsrechtes, Bern 1926.

59 RWWA, 1-30-12.

10 Ansicht der Stadt Düsseldorf mit Hafensituation von Golzheim aus gesehen. Gemälde eines unbekannten Künstlers, um 1840.

Territorien höchst unterschiedlich aus. Wie die fürstlichen Regierungen im 18. Jahrhundert jeweils damit umgingen, müsste im Einzelnen untersucht werden. Wasserbaumaßnahmen sind ja seit dem Spätmittelalter nachweisbar. In den merkantilistisch ausgerichteten Territorien, wie z. B. den preußischen Provinzen am Niederrhein, war der Ausbau der Flüsse zur Förderung des Handels bereits am Ende des 18. Jahrhunderts in Angriff genommen worden. Dazu gehörte u. a. die Schiffbarmachung der Ruhr[60] und dann im 19. Jahrhundert der Lippe[61] sowie der Rheindurchstich von Bislich (bei Xanten) 1788/90. Was die letztere Wasserbaumaßnahme angeht, so ist zu untersuchen, ob hierbei die Verkürzung der Rheinstrecke zur Beschleunigung des Schiffsverkehrs oder die Abwehr der Gefährdung

60 Gustav Adolf Wüstenfeld, Die Ruhrschiffahrt von 1780 bis 1890 (Monographie zur Geschichte des Ruhrgebietes Schrift 2), Wetter 1978.

61 Vgl. Werner Koppe, Die Lippewasserstraße. Schiffahrt auf Lippe und Lippe-Seitenkanal im Rahmen der nordwestdeutschen Binnenschifffahrtsgeschichte (Schriften der Heresbach-Stiftung Kalkar, Bd. 10), Bielefeld 2004.

durch Eisgang (als Folge der Überschwemmung von 1784) das Hauptmotiv war.[62] 1816 stellt Rheininspektor Ockhart jedenfalls den Vorteil für die Schifffahrt fest. „Seit 1790 wurde der Bislicher Canal in einer Länge von mehr als 5000 Fuss gegraben, wodurch die Schifffahrt um vieles abgekürzt wurde und sehr dadurch gewonnen hat.“ [63] Ein systematischer Ausbau des Rheins als Wasserstraße auf dem Nieder- und Mittelrhein sollte allerdings erst in der zweiten Hälfte des 19. Jahrhunderts erfolgen.[64] Auf die Sprengungen im Binger Loch[65] und den Ausbau des Oberrheins unter Tulla zur Schaffung einer nutzbaren Wasserstraße soll nur hingewiesen werden.[66]

Technik der Schiffe, Segeln und Treideln

Im 18. Jahrhundert scheint sich die Bauart der Handelsschiffe auf dem Rhein verändert zu haben. Schwann bemerkt, dass Ende des 18. Jahrhunderts auf dem Niederrhein große und schwere Schiffe im Einsatz gewesen seien, während noch in der ersten Jahrhunderthälfte schnelle, kleine Schiffe gebraucht worden seien.[67] Es ist durchaus einleuchtend, dass kleine Segelschiffe leichter auf dem Rhein kreuzen konnten, sie das Segel möglicherweise auch dann noch benutzen konnten, wenn große und schwere Schiffe wegen der starken Strömung und des hohen Wasserwiderstandes auf den Pferdezug angewiesen sein mussten, auch dass kleine Schiffe, die mit nur drei bis fünf Pferden auskamen, im Gegensatz zu Schiffen, die zehn bis 15 Pferde Vorspann benötigten, schneller den Rhein bergauf und vielleicht auch bergab kamen. Warum Ende des 18. Jahrhunderts größere Schiffe zum Einsatz kamen, kann nur vermutet werden. Möglicherweise ging es den Schiffern, wie schon angedeutet, nicht um Schnelligkeit des Transportes, sondern um möglichst hohes Ladevolumen, um mit wenigen Reisen im Jahr möglichst hohen Gewinn zu erzielen. Noch 1834 werfen die Kaufleute den niederrheinischen Schiffern vor, sie forderten zu hohe Fracht-

62 R. Jasmund, Die Arbeiten der Rheinstrom-Bauverwaltung 1851–1900. Denkschrift anlässlich des 50jährigen Bestehens der Rheinstrombauverwaltung, Berlin 1900; Jochen Rahe/Martin Stieghorst/Urs Weber (Hrsg.), Handbuch Rhein, Darmstadt 2011, S. 218; Eichhoff, Darstellung (wie Anm. 24), S. 79.

63 Ockhart, Rhein (wie Anm. 10), S. 207 f.

64 Vgl. Jasmund, Arbeiten (wie Anm. 62).

65 Hans-Achim Klein, Der Ausbau des Rheins im Rheingau und in der Gebirgsstrecke, in: Beiträge zur Rheinkunde 26,1974, S. 24–36.

66 Martin Stieghorst, Der Ausbau des Oberrheins, in: Rahe, Stieghorst, Weber, Handbuch Rhein (wie Anm. 62), S. 80–91.

67 Schwann, Handelskammer (wie Anm. 1), S. 13 f.

taxen, um nur eine Reise pro Jahr machen zu müssen.[68] Zu prüfen wäre, ob diese Entwicklung mit dem damals noch bestehenden Beurt- oder Rangsystem zusammenhängt. Allerdings waren die großen Segelschiffe des ausgehenden 18. Jahrhunderts meist mit zwei Masten und entsprechenden Segeln ausgerüstet.

Interessant wäre auch eine Untersuchung über die Veränderung im Schiffbau und in der Segeltechnik bei den Frachtschiffen im 18. und beginnenden 19. Jahrhundert sowie ab der 1830er Jahre, nachdem sich die Konkurrenz zu den Dampfschiffen ergab.[69]

Ansätze zu einer Beschleunigung des Fernhandelsverkehrs finden wir Ende des 18. Jahrhunderts und in der Franzosenzeit in der Nutzung von Schnellschiffen bzw. Wasserdiligencen, Postschiffen und ähnlichen, also in eigentlich für den Personenverkehr entwickelten Verkehrsverbindungen. Schon im Spätmittelalter gab es die täglich verkehrenden Postschiffe oder Wasserdiligencen zwischen Frankfurt und Mainz, gegen Ende des 18. Jahrhunderts kam eine solche tägliche Verbindung zwischen Mainz und Koblenz zustande. Diese Schiffe nahmen nicht nur Reisende und ihr Gepäck, sondern auch in begrenztem Maße eilige Handelswaren mit, worüber es immer wieder Streit mit den Schiffergilden gab, die dies als Schmälerung ihrer Privilegien ansahen. So war die Mitnahme von Fracht durch die Oktroikonvention von 1804 (§ 22) verboten, dann aber durch den Generaldirektor Eichhoff eingeschränkt auf eilige Waren und bestimmte Mengen wieder erlaubt worden.[70]

Der Vorteil dieser für den Personentransport konstruierten Schiffe war, dass sie viel leichter gebaut waren und nur zwei bis drei Pferde für den Zug benötigten. Hinzu kam, dass die Unternehmer dieser Wasserdiligencen wegen der Regelmäßigkeit ihres Fahrplans Relaisstationen für die Pferde einrichten konnten. Generell waren die Transporte am Mittelrhein wegen der durchgehenden Leinpfade besser planbar als am Niederrhein. Im Zusammenhang mit der Überlegung zur Einrichtung einer Wasserdiligence für die Strecke Arnheim–Köln 1807, hier „Jachtschiff" genannt, heißt es: „Mit der Pünktlichkeit ist es schwierig, da die holländischen Schiffer von Wind und Wasser abhängig sind. Wenn zu wenig Ladung vorhanden ist, machen sie sich nicht die Mühe, Pferde zu mieten" (sondern warten lieber auf günstigen, kostenlosen Wind).[71] Dieses, zwischen den Städten bzw. Kaufmannschaften von Köln und Arnheim vereinbarte Projekt scheint nicht verwirklicht worden zu sein, möglicherweise deswegen, weil auf dem holländischen Rhein kein Leinpfad vorhanden war und damit eine fahrplanmäßige Regelmäßigkeit der Schiffsverbindung nicht garantiert werden konnte. Andererseits wäre dort, wo der Leinpfad vorhanden

68 RWWA, 1-29-1, f. 176–193.

69 Ansätze dazu finden sich bei Schwarz, Typenentwicklung (wie Anm. 16); Schawacht, Schiffahrt (wie Anm. 4), und Fimpeler, Schifffahrt (wie Anm. 6).

70 RWWA, 1-33-2, f. 164; 1-30-10, f. 1 (1806).

71 RWWA, 1-30-10, f. 8 (1807 April 21).

war, also auf jeden Fall ab Lobith, durchaus eine Beschleunigung möglich gewesen, wie es bei den Wasserdiligencen am Mittelrhein der Fall war.

1816 forderte z. B. einer der Inspektoren des Rheinschifffahrts-Oktrois, J. F. Ockhart, in diesem Zusammenhang: „Um die Transporte für die Beurtschiffahrt des Unterrheins zu beschleunigen, sollten hier eben solche Anstalten einer Geschwindfahrt, wie am Mittelrhein, gemacht werden: dass nämlich von Station zu Station stets die nöthigen Halfterpferde angetroffen würden". Er verweist auch auf holländische Polizeireglemente, in denen „für die Beschleunigung der Waarentransporte und für die Aufrechterhaltung einer zweckmäßigen Ordnung bei der Schifffahrt Wohlthätiges verordnet worden" sei.[72]

Als im Rheinland 1817 eine große Hungersnot herrschte, wurde Getreide von der Ostsee über Holland in die rheinischen Städte gebracht. Um den Transport des Ostseeroggens von Holland nach Köln und Koblenz zu beschleunigen, richtete die preußische Regierung am Niederrhein sogenannte stehende Leinpferdedepots oder -parks ein. Im Regierungsbezirk Kleve wurden zwei solcher Depots eingerichtet, einer in Vossegatt bei Keeken (Kleve) und einer bei Wesel, wohin die anliegenden Landkreise jeweils Pferde zu entsenden hatten, so dass immer ein Pool von 20 Pferden vorhanden sein sollte. Es war nicht leicht, die Pferde zu requirieren, zumal sich zeigte, dass nicht jedes Pferd als Treidelpferd zum Schiffsziehen geeignet war, die Pferde wohl auch eine Art Ausbildung dafür benötigten. Der Verwaltungsaufwand zur Erhebung der Treidelpferde, der Verpflichtung von Treibern etc. scheint groß gewesen zu sein. Wie viele der von den von der Regierung verpflichteten Transportunternehmern Deutz, Kalle und Haentjes befrachteten Getreideschiffe diesen Service nutzten, ist unklar, am 11. Juni 1817 sollen auf dem gesamten Rhein elf solcher Schiffe unterwegs gewesen sein.[73]

Am 27. Juli 1817 erging ein Schreiben der preußischen Regierung in Kleve an die Stadt Wesel, dass die in dem Pferdepark noch vorhandenen Pferde nach Hause geschickt werden könnten, da seit dem 19. Juli wegen Mangels an günstigem Wind und Überschwemmung der Leinpfade kein Roggenschiff mehr bei Emmerich vorbeigekommen sei. Auch seien die Schiffe wo noch möglich von regulären Pferden gezogen worden. Die Einrichtung dieser Pferdedepots oder Relaisstationen hatte sich 1817 ganz offensichtlich nicht bewährt. Die Schiffer hatten diese Möglichkeit nicht angenommen, es wird sogar geklagt, dass die Schiffer die Pferde und Treiber nicht an der nächsten Relaisstation entlassen, sondern behalten

72 Ockhart, Rhein (wie Anm. 10), S. 218.

73 Stadtarchiv Wesel, Best. A1, Caps. 326, Nr. 19; zu der Hungersnot am Niederrhein und den Bemühungen der preußischen Regierung, Getreide aus dem Osten heranzuschaffen, vgl. Hans-Heinrich Boss, Hungerkrisen in Preussen während der ersten Hälfte des 19. Jahrhunderts (Studien zur Wirtschafts- und Sozialgeschichte, Bd. 8), St. Katharinen 1991, S. 128–177, bes. S. 144 f.; Werner Böcking, Schiffstreideln am Niederrhein, in: Beiträge zur Rheinkunde 42, 1990, S. 52–64, bes. 58 f.

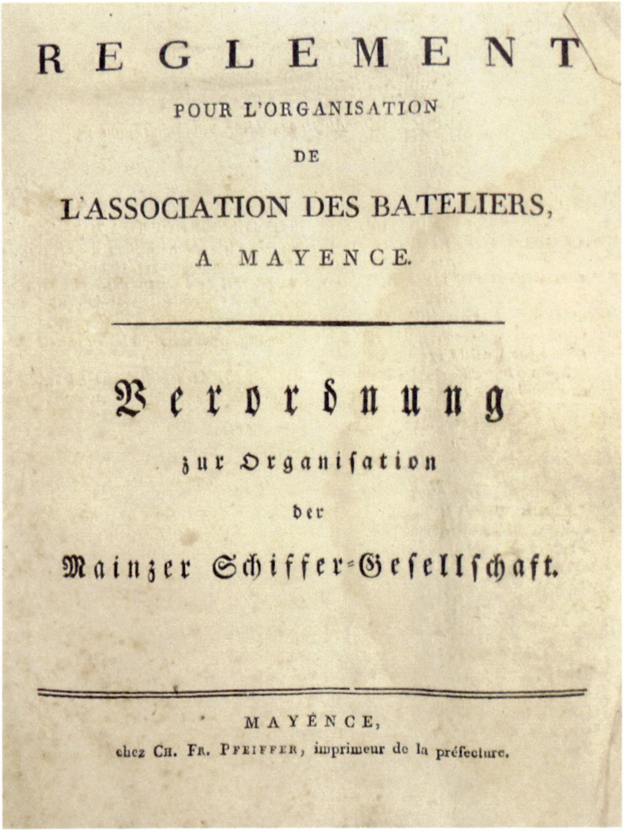

REGLEMENT
POUR L'ORGANISATION
DE
L'ASSOCIATION DES BATELIERS,
A MAYENCE.

Verordnung
zur Organisation
der
Mainzer Schiffer-Gesellschaft.

MAYENCE,
chez CH. FR. PFEIFFER, imprimeur de la préfecture.

11 Titelblatt des Reglements zur Organisation der Mainzer Schiffergilde, Mainz, ca. 1810.

hätten und mit ihnen bis Köln, ja sogar bis Koblenz und Mainz gezogen seien.[74]

Warum die Frachtschiffer die Idee, für die Bergfahrt Relaisstationen zum Pferdewechsel einzuführen, nicht verfolgten, sondern lieber an ihrer traditionellen Methode, Pferde in Lobith oder Köln für die ganze Strecke zu mieten, festhielten, ist schwer zu sagen.

Als um 1824 am Mittelrhein auf Druck der Kaufleute versuchsweise Relaisstationen (fünf zu fünf Stunden) eingerichtet wurden, beschwerten sich die Schiffer, sie seien jetzt der Willkür der Pferdetreiber ausgesetzt, diese würden nur bis zur nächsten Station gehen, selbst wenn günstiger Wind zur Unterstützung der Bergfahrt vorhanden sei.[75]

74 Stadtarchiv Wesel, Best. A1, Caps. 326, Nr. 19, f. 97 f.

75 RWWA, 1-33-1, f. 139 (1824 Mai 24) und1-30-22, f. 111 (1831 Sept. 5).

Organisation der Schiffer, Schiffergilden, Rang- und Reihefahrt

Als eine der größten Hindernisse für eine Reform des Transportwesens auf dem Rhein werden von den Kaufleuten die Organisationen der Schiffer angesehen. Diese waren zwar wie alle Zünfte und vergleichbaren Einungen durch die französischen Gesetze aufgehoben worden, blieben aber de facto weitgehend bestehen, da sie für die Aufrechterhaltung des Warentransportes auf dem Rhein nötig waren. In der Oktroikonvention war bestimmt worden, dass neue Schiffergilden einzurichten seien. Diese ähnelten den alten, waren aber auf eine staatlich kontrollierte Basis gestellt worden.[76] Hauptmerkmal war wohl, dass die Organisation der Schiffer die Zahl der auf dem Rhein in der Großen Fahrt, d.h. in der Direktfahrt zwischen den Stationsstädten, eingesetzten Schiffer begrenzte und somit die freie Konkurrenz ausschaltete. Hier wurde das alte Prinzip der „Nahrung" verteidigt. Es wurden nur so viele Schiffer zugelassen, wie voraussichtlich unter normalen Umständen ihr (gutes) Auskommen haben konnten. Dass es noch anderen Motive geben mochte, die für ein (Weiter-)Bestehen der Schiffergilden in der Franzosenzeit und teilweise auch in der Preußenzeit sprachen, sei dahingestellt. Die von der französischen Verwaltung ausgearbeitete „Verordnung der Schiffergilden in den Stationshäfen von Köln und Mainz" vom Dezember 1807 enthielt Bestimmungen über die Ausbildung und Qualifikation der Schiffer, die Verantwortlichkeit für das transportierte Handelsgut, die Prüfung der Schiffe auf Tauglichkeit, Beilegung von Streitigkeiten, Organisation des Handels in den Häfen etc.[77] Ausschlaggebend war aber die enge Verbindung der Gilde mit der Rangfahrt. So war eine der härtesten Strafen, die die Gilde gegen einen Schiffer aussprechen konnte, der Verlust der Stelle in der Rangschifffahrtsrolle. Dies bedeutete in der Regel, dass er bei der Ladung einmal aussetzen musste. Für einen Schiffer, der nur zwei bis drei Fahrten im Jahr zwischen Rotterdam und Köln machte, bedeutete der Ausschluss von der Ladung eine Leerfahrt und damit einen bedeutenden Verlust.

Wie das System der Rang- oder Reihefahrt, auch Beurtfahrt genannt, genau funktionierte, müsste noch dargestellt werden. Die Gilde organisierte die Reihenfolge, in der die Schiffer in die verschiedenen Richtungen fuhren. Die Schiffe nach Rotterdam und Amsterdam wurden in der Reihenfolge zum Laden zugelassen und abgefertigt, in der sie in

76 Eckert, Rheinschiffahrt (wie Anm. 3), S. 31 f.; Schawacht, Schiffahrt (wie Anm. 4), S. 63–81; Roger Dufraisse, Les organisations professionnelles de la Batellerie à Cologne: Des Tribus de l'ancien régime à la guilde Napoléonienne. Ètude d'institutions, in: Actes du quatre-vingt-douzieme congrès nationaldes sociétés savantes, Strasbourg et Colmar 1967, section d'histoire moderne et contemporaine, tome II: Le commerce et l'industrie, Paris 1970, S. 179–216; von Looz-Corswarem, Schiffergilde (wie Anm. 21).

77 H. Herman, Sammlung (wie Anm. 9), S. 91–128.

der Rangschifffahrtsrolle standen. Wer, wenn er an der Reihe war, mit seinem Schiff nicht bereitstand, wurde für diese Tour ausgeschlossen. Die Schiffer hatten eine bestimmte Zeit zum Laden, meist eine Woche oder zehn Tage. Danach mussten sie bei Strafe abfahren, selbst dann, wenn das Schiff noch nicht voll beladen war. Die Schiffer hatten aber ein Interesse daran, das Schiff voll zu bekommen, und suchten daher die Ladefristen auszudehnen. Immer wieder gab es Klagen der Kaufleute, dass die Schiffe ihre Ladefristen überzogen und damit eine Verzögerung des Transportes bewirkten. Diese Rangfahrt, die vorherige Festlegung der Reihenfolge der Ladung der einzelnen Schiffer, wird auch der Grund dafür gewesen sein, dass die Schiffer es nicht eilig hatten. Nicht eilig abzufahren (man könnte ja noch im allerletzten Moment eine gute Ladung bekommen), auch nicht eilig, die Waren zuzustellen, denn es hatte für sie keinen Vorteil, sich wieder schnell unter die Schiffer einzureihen, die darauf warteten, entsprechend ihrer vorher festgelegten Stellung zum Laden zugelassen zu werden. In der Regel waren die Zahl der eingesetzten Schiffer und die Reihenfolge, in der sie laden sollten, sowie die Länge der Ladefrist in Verträgen zwischen der Schiffergilde bzw. Handelskammer in Köln und z. B. Rotterdam, Dordrecht oder Mainz etc. festgelegt.[78] Zu untersuchen ist, warum die Kaufleute diese Rangfahrten, die bis weit ins 19. Jahrhundert vereinbart wurden, unterstützten, warum sie auch nach 1831 noch neue Rangfahrten mit verschiedenen Städten am Rhein einrichteten.[79] Möglicherweise, weil die Kaufleute die Garantie hatten, dass alle zehn Tage ein Schiff mit Waren abfuhr. Dafür nahmen sie die relative Macht der Schiffergesellschaften bzw. der Schiffergilde – auch bei der Gestaltung der Frachttaxe – in Kauf, garantierte diese doch auch, dass die Schiffer qualifiziert und die Schiffe in guten Zustand waren und dass das Beladen und der Transport entsprechend organisiert und kontrolliert wurde.

Dampfschifffahrt

Bei der Situation der Schifffahrt und des Warentransportes auf dem Rhein zu Beginn des 19. Jahrhunderts ist es nicht verwunderlich, dass die Initiative für die Einführung der Dampfschifffahrt auf dem Rhein von Kölner Kaufleuten aus dem Vorstand der Handelskammer ausging. Später schlossen sich auch Kaufleute anderer Städte an.[80] Die Kölner

78 Vgl. RWWA, 1-30-1 (1800–1814), 1-30-6 (1819–1830).

79 RWWA, 1-30-23, 1-30-24.

80 O. Dresemann, Aus der Jugendzeit der Rheindampfschiffahrt, Köln 1903, S. 14 f.; Clemens von Looz-Corswarem, Die Anfänge der Preußische-Rheinischen Dampfschiffahrts-Gesellschaft, in: Kölner Unternehmer und die Frühindustrialisierung im Rheinland und in Westfalen (1835–1871), hrsg. vom Rheinisch-Westfälischen Wirtschaftsarchiv Köln, Köln 1984, S. 96–115 (Vgl. Beitrag 12

12 Ansicht von Emmerich mit Dampfschiff. Die frühen Dampfschiffe führten noch Segel, u. a. um Kohle zu sparen. Stahlstich von Oeder und Rohbock, ca. 1840, Ausschnitt.

waren es, die sich über verschiedene Dampfschiffpioniere informierten und schließlich Kontakt mit der Gesellschaft des Cornelis van Vollenhoven in Rotterdam, der späteren Nederlandsche Stoomboot Maatschappij (NSM) aufnahmen, da diese Gesellschaft bereits über ein in den Niederlanden verkehrendes Dampfschiff verfügte. Heißt es doch in einem in Französisch abgefassten Schreiben der Handelskammer Köln an den Präsidenten der Kommission zur Überwachung der Schifffahrt auf dem Rhein in Rotterdam, M. van Gennep, vom 23. Dezember 1822: Der Erfolg, den die Dampfschiffe in Europa und Amerika zeigten, hätte sie auf die Idee gebracht, Schiffe dieser Art auf der Waal und dem Niederrhein einzusetzen, um den Transport von Waren von Rotterdam nach Deutschland und in die Schweiz zu beschleunigen. Es gehe auch darum, zu verhindern, dass die (Kolonial-) Waren über Frankreich, Bremen oder Hamburg nach Süddeutschland und in die Schweiz gebracht würden. Der Grund für die Verzögerung liege hauptsächlich im Fehlen der Leinpfade an der Waal. Die Schiffer benötigen, um den Fluss hinaufzukommen, manchmal mehrere Wochen, bis ein günstiger Wind ihr Schiff zum Rhein bringt. Zu diesen physi-

in diesem Band); Klaus Schmitt, Das Dampfschiff kommt auf den Rhein, in: 2000 Jahre Rheinschiffahrt. Begleitpublikation zur Ausstellung des Landesmuseums Koblenz und des Rhein-Museums (Veröff. des Landesmuseums Koblenz, B 40), Koblenz 1991, S. 85–98.

schen Bedingungen komme ein moralischer Grund. Es sei die Lässigkeit mancher Schiffer, die nicht wenig zur Verzögerung beitrage („c'est la nonchalance de quelques bateliers, qui ne contribue pas peu à prolonger ces retards"). Wenn man nun die in Rotterdam beladenen Schiffe mit dem Dampfschiff nach Köln zöge, würde man diese doppelte Behinderung umgehen. Die Schiffer müssten nicht mehr auf günstigen Wind warten, um ihre Fahrt fortzusetzen, und ihre persönlichen Interessen würden durch die Geschwindigkeit des Dampfschiffs neutralisiert. Wenn es gelingen könnte, die Waren in zwei bis drei Tagen von Rotterdam nach Köln zu bringen, dann würden die Kaufleute in Rotterdam und der Schweiz diesen Transportweg wählen, was für alle von Nutzen sei.[81]

Wenn man die Verhandlungen der Kölner Kaufleute, besonders von Bernhard Boisserée, Heinrich Koch, Philipp Engels und Heinrich Merkens, mit der Niederländischen Gesellschaft betrachtet, so fällt auf, dass es ihnen vornehmlich um das Schleppen von Handelsschiffen durch Dampfschiffe auf dem niederländischen Teil des Rheins ging. Da bestand der zeitliche Unsicherheitsfaktor, da konnte die Beschleunigung etwas bringen. Mit dem Beginn des Leinpfades bei Lobith wurde die Transportzeit berechenbar.

Deswegen wurden bei den Versuchsfahrten der „Zeeuw" 1824 und späteren Versuchsfahrten Schleppversuche gemacht, deswegen bestanden die Kölner darauf, dass von ihren Aktien ein für das Schleppen geeignetes Schiff, die „Herkules", gebaut würde.[82] Es zeigte sich bei den verschiedensten Versuchen, dass das Schleppen von großen Holzsegelschiffen zwar möglich, aber auf die gesamte Strecke nicht wirtschaftlich war. Van Vollenhoven betonte mehrfach, dass die (ersten) Dampfschiffe primär zum Transport von Personen und Waren auf dem Dampfschiff selbst und nicht zum Schleppen eingerichtet wären.[83]

Die Entwicklung ging also zunächst in eine andere Richtung. Die Dampfschiffe wurden rechtlich als Postschiffe definiert, wodurch sie in die Lage gesetzt wurden, Personen und Stückgut aufnehmen zu können, ohne – das war vor 1831 von Bedeutung – unter die Regeln der Großen Schifffahrt zu fallen. Das heißt, eilige und hochwertige Güter konnten nun mit dem Dampfschiff transportiert werden.

Das Fehlen der Leinpfade an den niederländischen Rheinarmen hatte dazu geführt, dass die niederländische Regierung in der Rheinschifffahrtsakte von 1831 verpflichtet wurde, wenigstens an der Waal Leinpfade anzulegen.[84] Da dies aus wasserbautechnischen Gründen außerordentlich schwierig und vor allem sehr kostspielig war, kam es 1833 und 1834 zu Verhandlungen, ob die Pflicht des Leinpfadbaus nicht durch die Bereitschaft abgelöst werden könnte, bei Flaute Frachtschiffe durch die Dampfschiffe die Waal hinauf-

81 RWWA, 1-33-1, f. 12 f. (1822 Dez. 23).
82 RWWA, 1-33-4, f. 116 (1830 Sept. 24).
83 RWWA, 1-33-2, f. 133–135 (1825).
84 Rheinurkunden (wie Anm. 56), Bd. I, S. 252, (Art. 67).

ziehen zu lassen und dafür die Kosten zu übernehmen. Dies scheint auch einige Zeit so durchgeführt worden zu sein.[85]

Was das generelle Schleppen von Frachtschiffen auf dem Rhein anging, so brachte erst der Einsatz von eisernen Schleppkähnen in den 1840er Jahren den Durchbruch.[86]

Damit waren die jahrzehntelangen Bemühungen der Kaufleute um Beschleunigung der Handelstransporte auf dem Rhein endlich von Erfolg gekrönt. Während sich allerdings noch verschiedene Dampfschleppschifffahrtsgesellschaften auf dem Rhein etablierten, wuchs der Dampfschifffahrt bereits durch die Eisenbahn neue Konkurrenz.

85 RWWA, 1-29-1, f. 63(1834); 1-30-26, f. 11 u. 16 (1833).

86 Bernhard Weber-Brosamer, „Die Weltordnung will weder Stillstand noch Rückschritt". Zur Einführung der Dampfschifffahrt und ihren wirtschaftspolitischen Auswirkungen, in: Der Rhein als Verkehrsweg (wie Anm. 20), S. 93–116.

1 Volksfest auf dem zugefrorenen Rhein vor Koblenz. Im Hintergrund am Moselufer im Eis eingefrorene Schiffe. Gemälde von Bernhard Gottfried Manskirch, 1768, Ausschnitt.

9 Schiffe im Eis

Zur „Verwinterung“ von Frachtschiffen auf dem Rhein im ersten Drittel des 19. Jahrhunderts

Der Transport von Handelsgütern mit Treidel- oder Segelschiffen auf dem Rhein war zu Beginn des 19. Jahrhunderts, wie auch in den Jahrhunderten zuvor, ein mühsames und nicht ungefährliches Geschäft. Die Schifffahrt, sowohl stromauf wie stromab, wurde nicht nur durch die zahlreichen Zollstellen, sondern auch durch die sich häufig verändernde Beschaffenheit des Flusses und nicht zuletzt durch die Witterung stark beeinträchtigt.[1] Hochwasser und Niedrigwasser, Stürme und Eisgang machten den Schiffern zu schaffen. Die Leinpfade und Treidelwege, auf denen die Pferde die schweren Frachtschiffe stromauf zogen, waren häufig überschwemmt, durch Regen aufgeweicht, durch Hochwasser unterspült oder sogar ganz weggebrochen. Im Rhein selbst entstanden durch die Strömungsveränderungen neue Inseln, Sandbänke und Untiefen, die eine Gefahr für die Schiffe darstellten und die Schiffsführer, Steuerleute sowie die Halfen, die die Pferde führten, vor große Herausforderungen stellten.[2]

Die Fahrt zu Berg musste unterbrochen werden, wenn die Leinpfade überspült waren, während die Talfahrt vom Hochwasser profitierte, da dann auch tiefgehende Schiffe leichter über schwierige Stellen und Untiefen kommen konnten. Dann wurde allerdings Treibgut, z. B. von den Ufern mitgerissene Baumstämme, zur Gefahr für die Schiffe. Selbst bei für die Schifffahrt guten Wasserständen bedeutete – bis zu den Wasserbaumaßnahmen seit der Mitte des 19. Jahrhunderts – die Durchfahrt durch die Engstellen am Binger Loch und beim Wilden Gefährt (bei Bacharach) eine große Herausforderung für die Steuerleute. Richtig schwierig war es bei extremen Wasserständen und im Winter. Hier kam es häufig zu Unfällen.

---

1 Zur Strombeschaffenheit in der Vergangenheit vgl. J. F. Ockhart, Der Rhein nach der Länge seines Laufs und der Beschaffenheit seines Strombettes mit Beziehung auf dessen Schifffahrtsverhältnisse betrachtet. Ein Beitrag zur näheren Kunde der deutschen Flussschifffahrt, Mainz 1816; Annette Fimpeler, Die Schifffahrt und ihre Fahrzeuge auf dem Niederrhein vom späten Mittelalter bis ins 18. Jahrhundert, Düsseldorf 2008, bes. S. 57–74.

2 Heinz Weber, Hochwasser im Rheingebiet, in: Beiträge zur Rheinkunde 29 (1977), S. 50–62; zum Treideln vgl. Ulrike Stursberg, Innovation auf dem Rhein. Das Ende der Treidelschifffahrt, Essen 2015.

Eine Gefahr für die Segelschiffe, die die Talfahrt mit Windunterstützung beschleunigen und bei der Bergfahrt den Leinenzug der Pferde mit dem Segel unterstützen wollten, bedeuteten auch die nur schwer bestimmbaren Windverhältnisse am Mittelrhein. So werden immer wieder Unfälle beschrieben, die durch plötzlich auftretende Böen entstanden.[3]

Die größte Gefahr für die hölzernen Schiffe und die geladenen Güter entstand aber, wenn der Rhein zufror oder starke Eisschollen zu Tal gingen, was im Winter damals relativ häufig der Fall war.[4] Dann konnten die Schiffe leck schlagen, von den Eismassen zerquetscht und durch plötzliche Hochwasserwellen, die, wenn eine Eisbarriere aufgebrochen war, den Rhein herunter kamen, zum Kentern gebracht werden. Die Schiffer mussten daher alles daransetzen, um solchen Gefahren zu entgehen. Es gab damals noch keine Versicherung für die Schiffe, die häufig den einzigen Besitz des Schiffers darstellten und in vielen Fällen auch Wohnort der Familie waren. Aber auch die Kaufleute, deren oft wertvolle Handelswaren auf diesen Schiffen transportiert wurden, waren daran interessiert, dass ihre Güter sicher den Adressaten in Mainz oder Frankfurt, in Köln oder Rotterdam erreichten.

***

Im 18. Jahrhundert und wohl teilweise noch in der französischen Zeit, die für das Rheinland von 1794 bis 1815 angesetzt werden kann, gab es im Winter bestimmte Zeiten, in denen die Frachtschifffahrt ruhte. So scheint von Mitte November an in den Stapelstädten oder Stationshäfen Mainz und Köln nicht mehr eingeladen worden zu sein und die Schiffe wurden entweder in die Sicherheitshäfen oder an geschützte Stellen am Rhein gebracht. Der Wiederbeginn der Schifffahrt fand wohl – wenn die Witterung es zuließ – schon am 15. Februar statt. Möglicherweise erwartete man nach diesem Datum keine langandauernden Frostperioden mehr, die zum Zufrieren des Rheins führen konnten.[5] Allerdings scheint diese Regel in der Franzosenzeit aufgeweicht und in der Preußenzeit so nicht mehr angewandt worden zu sein, denn im Dezember 1807 kamen noch neun Schiffe aus Köln in Mainz an und im Dezember 1814 wurden in Köln noch 39 Schiffer in alle Richtun-

3 Josef Kläser, Schuld war der Wisperwind? Ein Schiffsunglück am Binger Mäuseturm 1831, in: Beiträge zur Rheinkunde 43 (1991), S. 5–8; Josef Kläser, Schuld war der heftige Nordost – ein Schiffsunglück am Wilden Gefährt 1841, in: Beiträge zur Rheinkunde 53 (2001), S. 33–36; Rheinisch-Westfälisches Wirtschaftsarchiv Köln (RWWA), Best. 1-30-2, f. 153: Gebrüder Korb, Kaub, an Handelskammer Köln (HK), 27.12.1803.

4 Zur erhöhten Wassertemperatur in den letzten 100 Jahren vgl. Tilo Wiedemann, Auswirkungen des Klimawandels auf dem Rhein, in: Handbuch Rhein, hrsg. v. Jochen Rahe/Martin Stieghorst/Urs Weber, Darmstadt 2001, S. 146–150, 238 f.

5 RWWA, 1-40-1, f. 312 (15.2.1815).

2 „De Leinreiter". Treidelzug am winterlich verschneiten Mainufer bei Marktheidenfeld. Druck nach einem Gemälde von Max Pitzner, 1905.

gen, nach Amsterdam, Rotterdam, Mainz, Frankfurt, Koblenz, nur bis Bingen oder in die Mosel zur Ladung zugelassen.[6] Ob sie alle ohne winterbedingten Aufenthalt ihre Bestimmungshäfen erreichten, ist unbekannt. Über die Gründe, warum die Schiffe jetzt auch in den Frostmonaten fuhren, kann man nur spekulieren.[7] Sicherlich waren die Schiffer daran interessiert, Waren zu laden und zu transportieren, auch dabei ein gewisses Risiko einzugehen, denn ohne Ladung kein Verdienst. Auch den Kaufleuten kam das entgegen, denn es bestand immerhin eine gewisse Chance, dass ihre Güter ohne nennenswerte Verzögerungen den Adressaten erreichten. In einer Verordnung für die Mainschiffer heißt es 1808, dass der Schiffer, der nach der Rangordnung zu Beginn des Winters mit der Ladung an der Reihe war, sich bemühen müsse, „so lange er ohne Gefahr weiter kann, die Güter suchen

6 RWWA, 1-30-11, f. 40 f. (1807), 1-40-1, f. 264 (1814).

7 Vgl. Clemens von Looz-Corswarem, Die Überwindung der Langsamkeit. Zur Frage der Beschleunigung von Warentransporten auf dem Rhein im Übergang vom 18. zum 19. Jahrhundert (Versuch einer Strukturanalyse), in: Niederrhein-Magazin. Zeitschrift der Niederrhein-Akademie/Academie Nederrijn e.V. und des Instituts für niederrheinische Kulturgeschichte und Regionalentwicklung (InKuR), Nr. 18 (Herbst/Winter 2014/15), S. 15–32 (Vgl. Beitrag 8 in diesem Band).

fortzubringen". Keiner dürfe sich weigern, einzuladen, „solange das Wasser fahrbar ist", da er sonst einmal aussetzen und Strafe zahlen müsse.[8] Andererseits konnte es dadurch auch zu gefährlichen Situationen für die Schiffe und ihre Ladungen kommen.

Die Schiffer wussten natürlich aus Erfahrung, wie sich der Rhein bei andauernder Kälte verhielt, wie lange es dauerte, bis sich Eis an den Ufern festsetzte, wo das zunächst geschah, wie sie mit großen Eisschollen, die den Strom abdrifteten, umzugehen hatten und wann es Zeit war, sich in einen Sicherheitshafen oder an einen anderen sicheren Ort zu begeben. Vermutlich verhielten sich die Schiffer mit leeren Schiffen anders als die mit beladenen Booten, da die Letzteren wesentlich schwerfälliger und wegen des größeren Tiefgangs auch anfälliger waren – vielleicht auch, weil die Schiffer die volle Verantwortung für die Ladung trugen, für die sie im Verlustfalle bei Mitverschulden haften mussten.

Geschützte Häfen und Stellen, an denen die Schiffe sicher überwintern konnten, waren am Rhein gar nicht so häufig. Häfen im heutigen Sinne gab es noch nicht, die Schiffe wurden am laufenden Strom be- oder entladen, wie die Standorte der noch bestehenden alten Kräne bei Andernach, Koblenz und Oestrich sowie die alten Stadtansichten von Köln, Mainz und anderen Rheinorten zeigen. Hafenbecken waren im Alten Reich am Rhein meist nur angelegt worden, um spezielle Schiffe wie z. B. die kurfürstlich-trierischen Jachten in Ehrenbreitstein oder die auch bei Eisgang gefährdeten Schiffbrücken aufzunehmen.[9]

Für das Jahr 1816 hat der Rheinschifffahrtsinspektor Josef Franz Ockhart die Stellen aufgelistet, an denen Schiffe einigermaßen gefahrlos überwintern konnten. Es waren dies am Mittelrhein außer den erst in französischer Zeit angelegten Sicherheitshäfen in Mainz und Köln[10] Inseln bei Deutz, hinter denen zehn bis zwölf Schiffe Zuflucht finden konnten, die Mündung der Sieg, der sogenannte Deisterbaum zwischen Oberwinter und Unkelstein, eine Stelle bei Linz für kleine Schiffe, die Mündung des Brohler

8 RWWA, 1-30-8, Bekanntmachung: Ordnung der für Frankfurt landenden Schiffe für den Obermain, 15.1.1808.

9 Claus Peter Beuttenmüller, Der „alte Hafen" von Ehrenbreitstein, in: Beiträge zur Rheinkunde 55/56 (2003/04), S. 17–23; Peter Brommer/Achim Krümmel, Höfisches Leben am Mittelrhein unter Kurfürst Clemens Wenzeslaus von Trier (1739–1812). Zum 200. Todesjahr des letzten Trierer Kurfürsten, Koblenz 2014, S. 110.

10 Zum Sicherheitshafen von Köln vgl. Klaus Müller, Köln von der französischen zur preußischen Herrschaft 1794–1815, Köln 2005, S. 123 f.; Mario Kramp, „Der ganze Bau stand von vornherein unter einem Unglücksstern". Der Sicherheitshafen: Köln und seine Großbaustelle 1788–1896, in: Geschichte in Köln 64, 2017, S. 71–97; zu dem von Mainz vgl. Ockhart, Rhein (wie Anm. 1), S. 178. Außerdem wurde in französischer Zeit auch ein Sicherheitshafen bei Düsseldorf angelegt, vgl. Oliver Karnau, Der Düsseldorfer Hafen. Wirtschaftspolitik und Stadtausbau in Wilhelminischer Zeit, Düsseldorf 1990, S. 57–59.

Bachs, der bei Brohl in den Rhein fließt, eine Stelle oberhalb von Namedy am Krummen Wörth für einige Schiffe, ebenso bei Leutesdorf unterhalb des Eisbrechers (für drei bis vier Schiffe), dann die Mündung des Wiedbachs unterhalb von Neuwied für acht bis zehn Schiffe, die zwei Inseln bei Vallendar, hinter der sich eine geschützte Stelle für 15 bis 20 Schiffe befand, ferner das Koblenzer Rheinufer, da in der letzten Zeit der Rhein bei Koblenz selten zugefroren sei (wohingegen die Moselmündung zu meiden sei, da dort das Eis als erstes aufzubrechen pflege), dann die Lahnmündung bei Oberlahnstein, bei St. Goar eine Stelle, bei der aber Gefahr durch schnell steigendes und fallendes Wasser bestehe. Schließlich sei bei Bingen in der Nahemündung Platz für 20 Schiffe, bei Oestrich hinter dem Kran für drei bis vier Schiffe sowie bei Weinheim hinter der Insel, ebenfalls für mehrere Schiffe.[11] Es wird deutlich, dass gerade auf der Flussstrecke zwischen Koblenz und Mainz, die vom Zufrieren und vom Eisgang besonders betroffen war, relativ wenige sichere Liegeplätze bekannt waren. Schiffe, die dort bei Eisgang im offenen Strom liegen blieben, waren besonders gefährdet. Dass das Rheinufer vor Koblenz als sicherer Liegeplatz nicht so geeignet war, wie Ockhart meinte, ergibt sich aus der Beurteilung der Kölner Handelskammer, die die dort verwinterten Schiffe lieber ausgeladen wissen wollte.[12]

Dass sich der Rhein bei Eisgang in den Engstellen bei Bingen und Bacharach leicht zusetzte, ist nachvollziehbar, aber auch unterhalb von Oberwesel, bei St. Goar scheint sich der Fluss häufig festgesetzt zu haben, was Ockhart darauf zurückführte, dass dort Gegenströmungen entstünden, wo sich im Winter die Eisteile begegneten und daher oberhalb der Loreley, wo die Gegenströmung am stärksten sei, der Rhein als erstes zufriere. Dagegen scheint der Rhein im Neuwieder Becken damals selten zugefroren zu sein.[13] Die Kölner Handelskammer holte häufig Informationen aus St. Goar ein. Wenn dort der Rhein zugefroren war, also „stand", dann bestand große Gefahr für die unterhalb liegenden Schiffe, vor allem dann, wenn sich bei Tauwetter das Eis in Bewegung setzte und abging.[14]

Die Mosel und die Nebenflüsse des Rheins scheinen schneller und häufiger zugefroren zu sein. Weil dort aber nicht solche Eismassen bewegt wurden, scheint die Gefahr für die Schiffe geringer gewesen zu sein.[15] Die Rheinschiffer der damaligen Zeit haben wohl mit dem immer wiederkehrenden Phänomen des zufrierenden Rheins gelebt; sie haben ihre

11 Ockhart, Rhein (wie Anm. 1), S. 175–178.

12 RWWA, 1-34-3, f. 484 f.

13 Ockhart, Rhein (wie Anm. 1), S. 152 f., 157.

14 RWWA, 1-30-153 (1803); 1-34-3, f. 425 (28.1.1815); 1-34-3, f. 431 (14.12.1815); 1-34-3, f. 463 (5.1.1819).

15 Georg Mantz, Eis auf der Mosel. Eine Chronologie der Ereignisse im Winter 1997, in: Beiträge zur Rheinkunde 49 (1997), S. 40–43.

3 Der zugefrorene Rhein bei Kaub. Foto von Th. Schafganz, Bonn, 1929.

Vorsichtsmaßregeln getroffen, sich rechtzeitig an sichere Orte begeben und die kalte Jahreszeit abgewartet, bis der Rhein im Februar oder März wieder offen war und sie in den Stationshäfen Köln und Mainz wieder Güter laden und ausladen konnten.

***

Was geschah aber, wenn ein Schiffer aus welchen Gründen auch immer mit seinem beladenen Schiff vom Eis überrascht wurde und gezwungen war, an einer Stelle am Strom festzumachen, die als gefährlich gelten konnte? Gefährlich war ja nicht, dass ein Schiff im Eis festfror – das mussten die hölzernen Schiffe aushalten. Gefährlich konnte die Stelle werden, an der das Schiff lag, wenn die Schollen stockten oder flussaufwärts das Eis aufbrach. Denn die Eismassen konnten, wenn sie sich zu Barrieren zusammenschoben oder bei Tauwetter wieder losbrachen, eine solche Gewalt entwickeln, dass ein Schiff zermalmt wurde und mit seinen Waren unterging. Da musste rechtzeitig und vorausschauend gehandelt werden. Wenn das Schiff mit Kaufmannsgütern beladen war, waren auch die

Kaufleute und Spediteure, die Waren in dem Schiff hatten, die „Interessenten", daran interessiert, dass die Waren gerettet wurden. Manche Kaufleute fanden es auch nicht zuträglich, dass die Waren, die sie längst in Köln oder Mainz wähnten, irgendwo unterwegs im Eis feststeckten und der Kaufmann nun damit rechnen musste, dass sie entweder überhaupt nicht, stark beschädigt oder mit mehrmonatiger Verspätung ankommen würden. Diesem Umstand verdankt der Historiker nähere Informationen über das „Verwintern" von beladenen Schiffen, denn die Handelskammern in Mainz und Köln kümmerten sich, stellvertretend für die einzelnen Kaufleute, um solche Fälle. Dadurch hat sich Schriftverkehr erhalten, sei es mit dem Schiffer, sei es mit den örtlichen Behörden oder auch den betroffenen Kaufleuten. Da die Schiffer gegenüber der Handelskammer nachzuweisen versuchten, dass das Unglück oder die gefährliche Situation ohne ihr Zutun eingetreten sei und sie alles getan hätten, um für die Sicherheit von Schiff und Ladung zu sorgen, finden sich bisweilen auch ausführliche Beschreibungen der Situationen in den Akten.[16] Wenn ein Schiff bzw. die Waren aus einer gefährlichen Situation gerettet werden mussten, fielen in der Regel auch Kosten an, die dann nach einem bestimmten Schlüssel auf die betroffenen Kaufleute bzw. ihre Waren umgelegt zu werden pflegten. Um diese berechnen zu können, mussten Abschriften der Frachtlisten eingereicht werden. Diese bisweilen in den Akten erhaltenen Aufstellungen wiederum setzen den Historiker in die Lage, genaue Auskunft über die Ladungen der den Rhein befahrenden Schiffe geben zu können. Wir erfahren also auch, was und in welchen Mengen in den Schiffen zwischen Mainz und Köln transportiert wurde. Aus den Unterlagen wird aber auch deutlich, wie solche Rettungsaktionen vonstattengingen.

***

Die Zahl der selbständigen Schiffer, die zwischen Köln und Mainz unterwegs waren, scheint in der Zeit von ca. 1780 bis 1810 abgenommen zu haben. Nach dem fürstlich-hessischen Rentmeister in St. Goar, Christian Constantin Erich Hüpeden, passierten um 1780 an den Zöllen am Mittelrhein ca. 1.300 Schiffe. Davon waren inklusive der ca. 200 Personenschiffe bzw. Wasserdiligencen 661 Bergschiffe, die von 2.788 Pferden gezogen wurden. Die meisten dieser Schiffe werden mehrfach die Fahrt von Köln nach Mainz gemacht haben, so dass die absolute Zahl bedeutend geringer gewesen sein dürfte. Was die Anzahl der Schiffer angeht, so zählte Hüpeden nur 235 Schiffer bzw. Schiffseigner auf der Bergfahrt, so dass wir für ca. 1780 auf dem Mittelrhein von dieser Zahl Berufsschiffer ausgehen

16 RWWA, 1-34, Havarien 1799–1842, 1-34-1 Schiffsunglücke durch Eisgang 1799–1803; 1-34-2 dto. 1804–13; 1-34-3 dto. 1814–19.

dürfen.[17] In der Folgezeit scheint die Zahl der Schiffer, die die Große Fahrt zwischen Köln und Mainz und umgekehrt betrieben, stark abgenommen zu haben. Das mochte mit der kriegsbedingten schlechten Wirtschaftslage zusammenhängen, vielleicht auch damit, dass größere Schiffe zum Einsatz kamen.[18]

Im Jahre 1808 mussten entsprechend des Oktroivertrages zwischen Frankreich und den rechtsrheinischen Territorien alle Schiffer in eine Schiffergilde aufgenommen, registriert und für die Große Fahrt zugelassen werden.[19] Für den Mittelrhein waren zwei Schiffergilden zuständig, die Mainzer Schiffergilde und die oberrheinische Sektion der Schiffergilde von Köln. In der Kölner Schiffergilde waren 1808 für die Direktfahrt von Köln nach Mainz 44 Schiffer registriert. Hinzu kamen noch 34 sogenannte Intermediärschiffer, die den Warenverkehr innerhalb des Stromabschnittes und in die Mosel abwickelten. In der Mainzer Schiffergilde waren insgesamt 199 Schiffer registriert, davon waren aber 104 für die direkte Fahrt zwischen Köln und Mainz, 44 für die Strecke Mainz–Straßburg, weitere 26 als Intermediärschiffer zwischen Köln und Mainz und 26 als Jachtschiffer privilegiert.[20] Das heißt, dass der gesamte Warenverkehr zwischen Köln und Mainz und umgekehrt mit den großen Frachtschiffen von 44 Kölner und 104 Mainzer Schiffern bewerkstelligt wurde. Hinzu kam vielleicht noch Ware, die mit den Wasserdiligencen versandt wurde; dabei dürfte es sich aber nur um einen geringen Anteil am Gesamtvolumen gehandelt haben.

Es wäre unrichtig zu glauben, dass diese Schiffe stets ausgelastet und immer entweder in einem Hafen ein- oder ausgeladen oder mit Ladung unterwegs gewesen wären. Viel häufiger kam es wohl vor, dass die Schiffer auf Ladung warteten. Dies hing mit dem System der Rangfahrt zusammen. Dieses aus dem Alten Reich stammende System, das bis weit in das 19. Jahrhundert Bestand hatte, besagte, dass die Schiffe in den Stapel- bzw. Stationshäfen in einer bestimmten Reihenfolge zur Ladung zugelassen wurden. Erst wenn sie voll

17 C. C. E. Hüpeden, Vom Rheinhandel. Aus St. Goar, den 1. Juni 1781, in: A. L. Schlözer's Stats-Anzeigen, Bd. 1, H. 1–4, Göttingen 1782, S. 1–24, hier S. 8 f.

18 Robert Mark Spaulding, Changing Patterns of Rhine Commerce in the Era of French Hegemony, 1793–1813, in: VSWG 100 (2013), S. 413–431.

19 Roger Dufraisse, Les Organisations Professionelles de la Batellerie à Cologne: Des tribus de l'ancien régime à la guilde Napoléonienne. Études d'institutions, in: Actes du quatre-vingt-douzième congrès national des sociétés savants, Strasbourg et Colmar 1967, section d'histoire moderne et contemporaine, Tombe II, Paris 1970, S. 179–216; Clemens von Looz-Corswarem, Zur niederrheinischen Schiffergilde in Napoleonischer Zeit, in: Der Rhein im Raum Neuss-Düsseldorf-Meerbusch. Festschrift des Deichverbandes Neue Deichschau Heerdt zum Abschluss der Deichsanierung in Meerbusch-Büderich, hrsg. v. Stefan Kronsbein, Düsseldorf/Krefeld 2013, S. 435–456 (Vgl. Beitrag 6 in diesem Band).

20 RWWA; 1-35-1, f. 39 und 40, Plakatdruck vom 5.10.1808.

geladen hatten oder nach einer bestimmten Zeit, häufig eine Woche oder zehn bis zwölf Tage, fuhren sie ab, um dann dem Nächsten in der Reihenfolge Platz zu machen. Das führte dazu, dass sich, wenn in Köln oder Mainz wenig Ladung zum Weitertransport vorlag, lange Schlangen mit auf Ladung wartenden Schiffen bildeten. Die Reihenfolge, in der die Schiffe sich zur Ladung legen durften, war festgelegt und wurde von den Schiffergilden und den Hafenbehörden kontrolliert.

Ein beladenes Schiff konnte nach Hüpeden 1780 im Sommer bei guten Stromverhältnissen die Strecke von Köln bis Mainz in acht Tagen erledigen, bei weniger guten Bedingungen und bei schweren Schiffen konnten daraus auch leicht 14 bis 17 Tage werden, zumal diese Schiffe an den Engstellen bei Bingerbrück geleichtert werden mussten. Bei Hochwasser, wenn die Leinpfade überschwemmt waren, oder bei extremem Niedrigwasser, konnte es Aufenthalte von acht bis 14 Tagen geben. Umgekehrt wäre der Weg von Mainz bis Köln ohne die lästigen Zollaufenthalte, die manchmal halbe Tage dauern konnten, im Sommer in zweieinhalb Tagen zurückzulegen gewesen.[21] Ockhart gibt für 1816 an, dass beladene Schiffe von Köln nach Mainz bei guten Bedingungen sechs bis sechseinhalb Tage benötigen, bei niedrigem Wasserstand und im Winter acht bis neun Tage. Für die Talfahrt von Mainz bis Köln setzte er für beladene Schiffe vier bis viereinhalb Tage Fahrzeit an. Allerdings war in der Zwischenzeit ein Teil der Zollaufenthalte weggefallen und durch weniger Oktroistellen ersetzt worden. Eine Sonderrolle nahmen die Wasserdiligencen ein, die zu Beginn des 19. Jahrhunderts von Mainz aus auch über Koblenz hinaus bis Köln fuhren. Diese leichten, für den Personenverkehr gebauten Schiffe benötigten zu Tal nur zwei Tage von Mainz nach Köln, zu Berg im Sommer drei und im Winter dreieinhalb Tage, auch, da sie mit Relaispferden arbeiteten.[22]

Die schweren, für die direkte Fahrt von Köln nach Mainz vorgesehenen Frachtschiffe hatten sich in Laufe des 18. Jahrhunderts von der Bauweise her stark an die niederländischen Schiffstypen, die von Rotterdam und Amsterdam bis Köln verkehrten, angeglichen, waren aber entsprechend kleiner. Ging Hüpeden noch von einer normalen Kapazität der großen Mittelrheinschiffe von 2.000 Zentnern (100 t) auf dem Hauptschiff und 1.000 Zentner auf dem Anhangschiff aus,[23] so gibt Ockhart an, dass die großen Fahrzeuge auf dem Mittelrhein 2.500–3.500, sehr große Schiffe bis 4.000 Zentner fassen konnten. Dies war bescheiden im Vergleich zu den niederländischen Schiffen, die 4.000–6.000 Zentner fassten, einige sogar bis 8.000 Zentner.[24] Das heißt, dass man in Köln mindestens zwei mittelrheinische Schiffe benötigte, um die aus den Niederlanden

21 Hüpeden, Rheinhandel (wie Anm. 17), S. 8.
22 Ockhart, Rhein (wie Anm. 1), S. 166.
23 Hüpeden, Rheinhandel (wie Anm. 17), S. 6.
24 Ockhart, Rhein (wie Anm. 1), S. 96, 161.

mit nur einem Schiff angelieferten Güter (wohl meist Kolonialwaren) aufzunehmen, die nach Mainz, Frankfurt und an den Oberrhein weitertransportiert werden sollten.

Es handelte sich bei den mittelrheinischen Frachtschiffen um 1800 wohl meist um sogenannte Bönder,[25] ein der niederländischen Samoreuse nachempfundenes Schiff, das H. Herman in seiner Verordnungssammlung 1820 folgendermaßen beschrieb:

> Mittelrheinische Bönder: Von 1.800 à 3.000 Zentner, mit plattem Boden, vorn und hinten spitz beigebogen, mit gebrennten Hefen (zum Deck hochgezogenen Bodenplatten), einige haben zwei Masten, alle aber auffährige Segel. Die Nieder- und mittelrheinischen Bönder dienen dem Schiffer und seiner Familie zur Wohnung.[26]

Dass auch die mittelrheinischen Schiffe in Anlehnung an die niederländischen Typen dieser Zeit zunehmend mit einem zweiten Mast (Besan) ausgestattet waren, erwähnt 1816 auch Ockhart.[27] Diese zwischen Köln und Mainz verkehrenden Frachtschiffe waren 22–33 Meter lang und hatten eine Breite von 4,6–6,2 Metern.[28] Sie stellten also schon beachtliche Fahrzeuge dar, die ja von dem am Mittelrhein und bei der Bergfahrt nur bedingt nützlichen Segel abgesehen ohne eigenen Antrieb waren. Sie mussten in Gefahrensituationen von Menschen vom Schiff und vom Ufer aus manövriert werden.

***

Aus den Akten der Kölner Handelskammer der ersten Jahrzehnte des 19. Jahrhunderts treten uns am Mittelrhein nur Verwinterungsfälle entgegen, bei denen es durch Eisgang und Überschwemmung zum Glück nicht zu einem Untergang und Totalverlust von Schiffen und Waren gekommen ist. Aber wir erfahren viel über die Anstrengungen und Schwierigkeiten, die Waren und Schiffe aus Gefahrensituationen zu retten.

Im Winter 1798/99 erforderte die plötzlich einfallende Kälte schnelle Maßnahmen. Am 24. Dezember 1798 war der Rhein am Kölner Rheinufer schon so weit zugefroren, dass die Schiffe, die noch auf dem offenen Strom waren, nicht mehr in die Nähe der

25 Kurt Schwarz, Die Typenentwicklung des Rheinschiffs bis zum 19. Jahrhundert, Diss. Karlsruhe 1926, S. 83 f.; Fimpeler, Schifffahrt (wie Anm. 1), S. 428–430.

26 H. Herman, Sammlung der seit dem Reichs-Deputations-Hauptschluß vom 25.2.1803 in Bezug auf Rheinhandel und Schifffahrt erschienenen Gesetze, Verordnungen und allgemeinen Instructionen, Mainz 1820, S. 524.

27 Ockhart, Rhein (wie Anm. 1), S. 161.

28 Wie der Schiffstyp genau genannt wurde, ist unklar und muss noch untersucht werden. Herman, Sammlung, S. 524; Schwarz, Typenentwicklung (wie Anm. 25), S. 83–87; Horst Parchatka, Concordia. Rheinschiff des Georg Esser aus Worms, Anno 1818, in: Das Logbuch 37 (2001), H. 2, S. 81–92.

Kräne kommen konnten, um ausgeladen werden zu können. Es waren dies die Schiffe des Jan Barlo und des Peter Wilhelm Haentjens und die Schiffe des Klostermann und des Jakob Stammel. Was die ersten beiden Schiffe anging, so wurde am 25. Dezember der Stadtbaumeister beauftragt, aus Brettern einen sicheren Zugang über das Eis, eine Art Brücke, zu schaffen, damit die Schiffe ausgeladen werden konnten. Den gleichen Auftrag erhielt der Kettenmann[29] Steinkrüger für die beiden anderen Schiffe. Da der Rhein bei St. Goar bereits zugefroren war, war Eile geboten. Die Kaufleute, die Waren auf diesen Schiffen hatten, wurden aufgefordert, diese sofort in Empfang zu nehmen, weil es nicht möglich sei, die Waren während dieser Aktion vor allem in der Nacht zu bewachen. Für die Stege, die über das Eis gelegt werden mussten, waren kurzfristig 50 Holzdielen beschafft worden, dazu Tannenhölzer; auch waren 15 Arbeiter engagiert worden, um die Ballen und Fässer über die Weihnachtsfeiertage auf dieser Hilfskonstruktion an Land zu schaffen. Verluste an Waren scheint es im Winter 1798/99 keine gegeben zu haben.[30]

Äußerst kritisch wurde es wieder im Dezember 1804. Am 26. Dezember berichtete der Zollbeseher bzw. Aufseher Fassbender aus Leutesdorf, gegenüber von Andernach, der Kölner Handelskammer, dass der Rhein und die Mosel zufrören und dass der Schiffer Johann Coblenz gezwungen gewesen sei, in Leutesdorf Schutz zu suchen. Evtl. seien sie gezwungen die Waren auszuladen, wozu sie vorsichtshalber schon jetzt um Erlaubnis bäten. Der Schiffer sei noch optimistisch, er meinte, solange der Rhein „noch im Treiben bleibe", ohne dass er sich festsetze, bestehe noch keine Gefahr für Schiff und Waren.[31] Es sollte aber nicht bei dem Schiff des Coblenz in Leutesdorf bleiben. Dort musste auch noch der Schiffer Tillmann Schutz mit seinem Fahrzeug suchen und wenige Tage später saßen auch, diesmal bei Oberwinter, die Schiffe der Witwe Dunk, des Nikolaus Erpel, des Baptist Brillmeyer, des Plier und des Philipp Mark im Eis fest. Diese Schiffe scheinen ganz unglücklich und gefährlich im Strom gelegen zu haben, so dass die Handelskammer am 31. Dezember alle Hebel in Bewegung setzte, um das Ausladen und die Rettung der Waren sicherzustellen. Einerseits wurde der Zolleinnehmer von Oberwinter gebeten, das Ausladen zu unterstützen – es war immer gut, die örtlichen Behörden einzubinden –, zum anderen wurde die Firma van Buikens und Gimborn, möglicherweise aus dem Koblenzer Raum,[32] beauftragt, das Ausladen der Schiffe in Oberwinter vorzunehmen.

29 Kettenmann: Mitarbeiter am Kran, der die Waren an die Kette des Kranes hängt. Er ist für das Ausladen verantwortlich.

30 RWWA, 1-24-1, f 4782–4787 (Dezember 1798).

31 RWWA, 1-34-2, f. 4888 (26.12.1804).

32 In Koblenz selbst kann eine solche Firma nicht nachgewiesen werden. Frdl. Auskunft des Stadtarchivs Koblenz.

Vom oberen Mittelrhein kam am 2. Januar die Nachricht, dass der Rhein bei Bingen fest zugefroren sei, in Bacharach das Wasser auf dem Markt stehe und in St. Goar schon alle Schiffe ausgeladen seien. Der Schiffer Brillmeyer hatte es bis Bacharach geschafft und sei, da der Rhein dort zugefroren war, wieder zurückgekommen. Nach einem kurzfristigen Tauwetter war wohl an der Untermosel die Eisdecke in Bewegung geraten, aber zwischen Metz und Trier stand das Eis noch fest und nun fror Anfang Januar 1805 auch dort alles wieder fest zu.[33]

Aus dem Schiff der Witwe Dunk, das 1806 mit einem Fassungsvermögen von 1.453 Zentnern angegeben wurde, [34] waren vor allem Kaffee und Tabakblätter ausgeladen worden, die in Fässern verpackt waren, und von denen einige Eigentümer wünschten, dass sie per Achse nach Mainz transportiert würden. Für die Waren, die nicht auf der Straße weitergeschafft werden sollten, mussten nahe gelegene Magazine und Depots gefunden werden, in denen sie sicher untergebracht waren. Im Schiff des Johann Coblenz, das vor Leutesdorf ausgeladen wurde, hatte der Kaufmann Carl Finck außer zwei Fässern Kaffee auch zehn Ballen Baumwolle, die nicht nass werden durften. Kaufmann Heinrich de Pree aus Köln fragte nach seinen Fässern mit Rohrzucker, mit Tabakblättern, mit geschnittenem Tabak und mit Kaffee. Er hatte auch einige Kisten Kandiszucker und Kaffee in Ballen auf dem Schiff des Coblenz.[35] Brinavesi hatte noch ein Fass Krapp (Farbstoff) dabei und Michael Molinari außer Zucker und Kaffee auch Tran und Bleiweiß (Farbstoff). Noch einige andere Kaufleute hatten Waren auf dem Schiff des Johann Coblenz, wobei es sich auch hier vornehmlich um Zucker, Kaffee, Tabak, Farbstoffe und Gewürze, also aus den Niederlanden stammende Kolonialwaren handelte, die in Köln von Kölner Kaufleuten bzw. Spediteuren aus niederländischen Schiffen übernommen worden waren. Wenn zwischendurch mal eine Kiste Porzellan erwähnt wird, so kann es sich durchaus um chinesisches Porzellan handeln, das schon einen weiten Weg hinter sich hatte und vielleicht von Mainz aus nach Frankfurt, Nürnberg oder Leipzig weitergehandelt wurde.[36]

Es dauerte wohl recht lange, bis in diesem Winter die Gefahr vorbei war. Am 9. Februar 1805 berichtete der Kölner Ansprechpartner in Leutesdorf, der Oberförster mit dem passenden Namen Jäger, das der Schiffer Coblenz wieder einladen wolle, obwohl sich das Eis noch mannshoch auf dem Ufer auftürme und auch noch ein Hochwasser zu befürch-

33 RWWA, 1-34-2, f. 4895 ff.

34 RWWA, 1-30-6, f. 3956, Witwe Dunk ist die Witwe von Simon Dunk aus Mainz, Vorname unbekannt.

35 RWWA, 1-34-2, f. 4908: 8 Fass Melis (Zucker), 1 Fass Blätter Tabak, 1 Fass Kaffee, 20 Ballen Tabakstiel, 23 Kisten Candis, 1 Kistgen Porcelain, 2 Ballen Kaffee.

36 RWWA, 1-34-2, f. 4904–4912 (Januar 1805).

ten sei. Die Handelskammer antwortete darauf, dass er lieber warten solle, bis das vom Oberrhein kommende Eis völlig vorbei und die Schifffahrt wieder ganz offen sei. Erst am 14. März 1805 war das Schiff des Johann Coblenz wieder voll beladen nach Mainz abgegangen.[37] Das heißt, am 26. Dezember war Johann Coblenz gezwungen gewesen, wegen des zufrierenden Rheins in Leutesdorf Schutz zu suchen und erst rund elf Wochen später, am 14. März, konnte er seine Fahrt fortsetzten.

Wenn man aber glaubt, dass damit die Angelegenheit der Verwinterung des Schiffes des Johann Coblenz in Leutesdorf ausgestanden gewesen sei, so täuscht man sich gewaltig. Oberförster Jäger, der das Aus- und Wiedereinladen der Güter aus dem Schiff des Johann Coblenz organisiert hatte, sandte der Handelskammer Köln eine Rechnung für seine Auslagen, bei der er wohl satt zugelangt hatte. Einen so enormen Aufschlag, eine solch übertriebene Berechnung habe die Handelskammer selten erlebt, schrieb sie zurück. Herr Jäger verteidigte sich, es sei nötig gewesen, neue Schlitten, Seile und Leitern anzuschaffen, er habe Kosten für die Kommission gehabt, für Briefporto, Reisekosten; es gäbe ja keinen Kran in Leutesdorf, deswegen hätten alle Güter mit Schlitten über eine Länge von drei bis vier Gassen zu den Magazinen geschleift werden müssen und das bei grimmigster Kälte und unter der ständigen Gefahr, dass das Eis losbreche.[38] Schließlich musste, nachdem die Handelskammer noch 50 Reichstaler von der Rechnung des Jäger abgezogen hatte, die Summe von 794 Talern auf die Ladung der in dem Schiff des Johann Coblenz beteiligten Kaufleute nach dem Gewicht der Waren umgelegt werden. Der Versuch der Handelskammer Köln, das den Mainzer Kollegen mit der Bemerkung aufzudrücken, dass die Kosten zu Lasten der Besitzer der Waren gingen, misslang, denn diese argumentierten, dass sich der Unfall im Kölner Bereich abgespielt habe, also die Kölner Kaufleute die Kosten zu tragen hätten. Am 25. April 1805 schließlich wurden die Kosten durch ein Zirkular, d. h. durch Umlauf, bei den Kaufleuten eingezogen.[39] So konnte eine Verwinterung auch für die Kaufleute eine teure Sache werden und es ist verständlich, dass die Schiffer die Auflage hatten, im Falle des gezwungenen Ausladens möglichst kostengünstig vorzugehen.[40] Dem Renommee des Schiffers Coblenz, der die Strecke Köln–Mainz schon seit rund 30 Jahren fuhr, scheint das nicht geschadet zu haben, denn am 11. April 1805 schlug ihn die Kölner

37 RWWA, 1-34-2, f. 4911, 4912, 4922.

38 RWWA, 1-34-2, f. 4926, 4929.

39 RWWA, 1-34-2, f. 4937 (25.4.1805).

40 RWWA, 1-34-2, f. 4925 (16.3.1805). Die HK warf dem Schiffer Johann Coblenz vor, er habe nicht auf Kostenersparung geachtet und den Oberförster Jäger machen lassen, das könne sich negativ auf sein Renommee auswirken. Coblenz antwortet, die ganze Organisation habe in der Hand des Herrn Jäger gelegen, er habe nicht mit ihm kommuniziert, habe auch die Rechnung nicht gesehen, sein Interesse sei die Rettung der Waren gewesen.

4 Bergung der Schiffe bei Eisgang vor Köln. Holzschnitt nach F. J. Weber, 1888.

Handelskammer zusammen mit dem Schiffer Jakob Fleischhauer als Prüfer für eine Prüfungskommission für angehende Schiffer vor.[41]

Während wir für den Winter 1805/06 am Mittelrhein nur von zwei Schiffen, nämlich dem Schiff des Johann Reichert von Kaub und dem Schiff des Joseph Krämer von Mainz hören, die wegen starkem Eisgangs in den Winterhafen von Leutesdorf in Sicherheit gebracht werden mussten,[42] kam es im Dezember 1808 bei Oberwinter wieder zum witterungsbedingten Ausladen von Schiffen. Der Schiffer Johann Grünewald schrieb am 15. Dezember selbst an die Handelskammer Köln, er sei bis Remagen gekommen, als sich der Rhein immer mehr mit Eis zugesetzt habe. Zunächst habe er die Treidelpferde noch behalten in der Hoffnung, dass sich die Witterung wieder bessere. Sie hätten jetzt aber eingesehen, dass das nichts bringe und seien aus Sicherheitsgründen wieder nach Oberwinter zurück, wo er ausladen wolle.[43] Schwierigkeiten scheint es dabei nicht gegeben zu haben, wenn man mal von Auseinandersetzungen mit den örtlichen Douane-(Zoll-)Behörden ab-

41 RWWA, 1-30-6, f. 3914 (21. Germinal 13).

42 RWWA, 1-34-2, f. 4943 (18.12.1805).

43 RWWA, 1-34-2, f. 4946 (15.12.1808), f. 4956.

sieht, die überall Schmuggel witterten. Ende Februar wurden die Kosten für die Verwinterung des Schiffes des Johann Grunewald in Höhe von 507 Reichstalern, 47 Stübern auf die 47 Kaufleute umgelegt, die Waren auf seinem Schiff hatten.[44]

Einen besonders harten Winter scheint es wieder 1814/15 gegeben zu haben. Bei strenger Kälte wurde am 24. Dezember 1814 in Köln beschlossen, Maßregeln zu ergreifen, um die aus Holland kommenden Schiffe schnell auszuladen und die rheinaufwärts gehenden Schiffe nicht mehr zu beladen, bis man sehe, wie sich die Witterung weiter entwickele. Die Mitglieder der Handelskammer, die Waren auf Schiffe nach dem Oberrhein hatten, wurden zu einer Zusammenkunft gebeten. Am 7. Januar wurde beschlossen, dass die Schiffe, die zum Abfahren bereit lagen, noch abfahren könnten, diejenigen, die noch nicht voll geladen hatten, könnten auch noch abfahren, wenn sie wollten; es sollten aber keine neuen Schiffe mehr zur Ladung zugelassen werden, mit Ausnahme von Nachen für nahe gelegene Orte wie Mülheim, Hitdorf, Düsseldorf etc.[45] Da die Kälte anhielt, war es Ende Januar dann so weit. Die Schiffe der Witwe Kröll und des Schiffers Schallenberg lagen in Leutesdorf fest. Die Mosel war zugefroren und es war nur noch eine Frage von Tagen, bis auch der Rhein „stand", d. h., sich eine für die Schiffe gefährliche Eisbarriere bildete. Am 28. Januar 1815 traf in Köln die Nachricht ein, dass der Rhein zwischen St. Goar und Bacharach auf einer Strecke von anderthalb Stunden zugefroren sei.[46]

Um das Ausladen der beiden Schiffe der Witwe Kröll und des Schiffers Johann Schallenberg zu organisieren und zu beaufsichtigen, schickte die Kölner Handelskammer den Kranenmeister Heinrich Hittorff und den Faßbender Bensenaer nach Leutesdorf, die dafür sorgen sollten, dass die Waren aus den Schiffen in Magazinen und Depots in Andernach sicher untergebracht würden. Das Schiff der Witwe Kröll war immerhin mit 102.830 kg oder rund 2.000 Zentner beladen, von denen rund 48.464 kg auf dem Landwege weitertransportiert werden sollten. Am 4. Februar 1815 scheint sich – wie ein Eilbote in Köln mitteilte – das Rhein-Eis von Kaub bis St. Goar einen Durchgang gebahnt zu haben, so dass der völlige Durchbruch, d. h. der Abgang des Eises, bevorstand.[47]

Im Jahr darauf, 1815, gab es einen frühen Wintereinbruch. Bereits am 8. Dezember 1815 berichteten die Schiffer Heinrich Pohl, Georg Fromm und Peter Müller der Handelskammer Köln, dass sie „wegen dem Eis [die Schiffe] nicht weiter bringen konnten" und an einem sicheren Platz bei Oberwinter vor Anker gegangen seien. Die Schiffe seien in einem guten Zustand, so dass die Kaufleute beruhigt sein könnten. Kurze Zeit später

44 RWWA, 1-34-2, f. 4956; f. 4958 (10.2.1809), f. 4959 (24.12.1808).
45 RWWA, 1-34-3, f. 416 (24.12.1814), f. 418 (7.1.1815).
46 RWWA, 1-34-3, f. 425 (28.1.1815).
47 RWWA, 1-34-3, f. 425 (28.1.1815 und 4.2.1815).

aber baten sie, da der Rhein „zu gehe“ und sie die Schiffe wegen des Hochwassers nicht länger halten könnten, doch ausladen zu dürfen. Wieder wird der Kranmeister Heinrich Hittorff vor Ort geschickt, um die Lage zu beurteilen.

Dieses Mal war die Situation nicht so einfach. Der Rhein stand zwar bei St. Goar, aber es herrschte stürmisches und regnerisches Wetter und es konnte sein, dass das Eis in den nächsten Tagen abging. Das Ausladen war erschwert, einmal, weil keine geeigneten Lagerhäuser in hochwasserfreiem Gebiet in der Nähe waren, zum anderen, weil alles so durchweicht war, dass die Leinpferde nur schwer arbeiten konnten und die Gefahr bestand, dass die Karren mit den Waren in den Rhein stürzten. Unter diesen Umständen würde das Ausladen schwierig und vor allem kostspielig. So wie die Schiffer und Kranmeister Hittorff die Verantwortung für das Ausladen nicht tragen wollten, wollte es der Vorstand der Handelskammer auch nicht, sondern berief kurzfristig auf den 17. Dezember eine Versammlung der betroffenen Kaufleute ein. Diese scheint darauf plädiert zu haben, nicht auszuladen, sondern zu versuchen, die Schiffe bis Mondorf an der Siegmündung zurückzuführen, wo sie sicherer liegen könnten. Nichtsdestoweniger waren Kosten angefallen, und zwar die Spesen für die Reise des Kranmeisters Heinrich Hittorff.[48]

Im Winter 1818/19 kam es zu einem seltsamen Kompetenzgerangel zwischen der Handelskammer Köln und der Handelskammer Frankfurt wegen der Zuständigkeit bei der Verwinterung von Schiffen. Der Schiffer Heinrich Dunck aus Mainz, Direktschiffer von Köln nach Frankfurt, teilte der Handelskammer Köln am 5. Januar 1819 mit, dass er von Mainz kommend bei Bingen festliege, da der Rhein wegen Eis unbefahrbar sei. Bei St. Goar sei der Rhein zugefroren und stehe fest. Er habe sich an die Kammer in Frankfurt gewandt, um das Schiff ausladen zu lassen, habe aber von dort erfahren, dass es einen Vertrag gebe, wonach alles, was unterhalb von Rüdesheim geschehe, in die Kompetenz der Handelskammer Köln falle. Deswegen ließe er ihnen jetzt seine Frachtlisten zukommen, bitte um die Erlaubnis, ausladen zu dürfen, und um die Zusage für die Übernahme der anfallenden Kosten.[49] Einige Tage zuvor hatte er bereits dem für das Ein- und Ausladen der Güter im Hafen Köln zuständigen Hafenbeamten Friedrich Fromm mitgeteilt, dass er den Spediteur Michael Klein aus Bingen mit dem Ausladen der Güter beauftragt habe.[50]

48 RWWA, 1-34-3, f. 429 (16.12.1815), 430 (17.12.1815), 431 (14.12.1815), 432 (17.12.1815), 433 (21.12.1815).

49 RWWA, 1-30-8, f. 3848 ff. (1807 f.), 1-34-3, f. 463 (5.1.1819).

50 RWWA, 1-34-3, f. 463 (20.12.1818).

Die Handelskammer Köln teilte dem Schiffer Dunck mit, dass er von Frankfurt eine falsche Auskunft erhalten habe und für ihn die Handelskammer Frankfurt zuständig sei. Den Kollegen in Frankfurt teilten die Kölner mit, dass es einen solchen Vertrag nicht gebe und dass sie einem Irrtum aufgesessen seien. Allerdings gebe es eine Vereinbarung mit der Handelskammer Mainz, wonach für Unfälle und Verwinterungen südlich von Koblenz (verbessert aus St. Goar) Mainz und nördlich davon Köln zuständig sei. Dieses Kompetenzgerangel zwischen den beiden Handelskammern bzw. der Versuch, sich gegenseitig Arbeit und Kosten zuzuschieben, ist vor dem Hintergrund des zu dieser Zeit noch nicht ausgestandenen Streits um die Umschlagsgerechtigkeit der Städte Mainz und Köln zu sehen, die von Frankfurt seit vielen Jahren mit allen Mitteln bekämpft wurde. Auch der Versuch der Frankfurter einige Jahre zuvor, den Kölner Speditionshandel mit Frankfurt durch einen eigenen Agenten, Herrn Huybens, zu unterlaufen, war noch in frischer Erinnerung, ebenso dass die Stadt Frankfurt unter Bezug auf die Wiener Kongressakte die Direktfahrt von Frankfurt nach Köln unter Umgehung der alten Umschlagsrechte von Mainz intensivierte.[51]

Als Letztes soll noch die „Verwinterung" des Schiffers Franz Hartmann und des Schiffers Jacob Paff im Dezember 1818 und Januar 1819 betrachtet werden. Am 16. Dezember 1818 teilte Franz Hartmann der Handelskammer Köln mit, dass das Schiff der Witwe Georg Hartmann, das mit Waren von Köln nach Mainz,[52] und das Schiff des Jacob Paff aus Kaub,[53] der von Mainz nach Köln unterwegs war, beide bei Leutesdorf vom Eis überrascht worden waren und sich dort in Sicherheit gebracht hätten. Er selbst sei bereit, das Ausladen der Waren zu organisieren.[54]

Die Handelskammer Köln scheint damit einverstanden gewesen zu sein und informierte sowohl die „Interessenten" an der Ladung, d. h. die Kaufleute, die Güter auf dem Schiff hatten, als auch die Regierung in Koblenz, damit die ausgeladenen Waren vom Zoll befreit würden. So einfach war das aber nicht, denn die Zollbehörde in Koblenz machte alle möglichen Auflagen: Die Güter sollten verbleit und mit Begleitscheinen versehen

51 RWWA, 1-34-3, f. 465 (12.1.1819); zur Konkurrenz zwischen Frankfurt und Mainz vgl. auch Karl Georg Bockenheimer, Mainzer Handel und Schifffahrt in der Zeit von 1648–1831, in: Der Zoll- und Binnenhafen zu Mainz (Zur Erinnerung an die Eröffnung des neuen Zoll und Binnenhafens in Mainz am 5./6. Juni 1887), Mainz 1887, S. 15–38, S. 19.

52 Witwe Georg Hartmann wird schon in der Liste der Genehmigungen der Kölner Schiffergilde für den Oberrhein vom 12. Dezember 1807 genannt, RWWA, 1-35-1, f. 39; in welchem Verhältnis Franz Hartmann zu Witwe Georg Hartmann steht (Sohn, Neffe), konnte nicht festgestellt werden. Hartmann ist ein unter Schiffern sehr häufig vorkommender Name.

53 Am 12. Dezember 1807 wird ein Martin Paff aus Kaub als oberrheinischer Gildeschiffer genannt, RWWA, 1-35-1, f. 40.

54 RWWA, 1-34-3, f. 467(16.12.1818), 468 (28.12.1818).

werden, außerdem müsse für alle Waren Bürgschaft geleistet und sie in ein Depot unter doppeltem Verschluss gebracht und bewacht werden, wofür die Kosten zu übernehmen seien. Während die Handelskammer Köln und das Zollamt in Koblenz noch darüber verhandelten, ob für Transitgüter eine Bürgschaft hinterlegt werden müsse oder nicht, und sie hofften, dass das Ausladen wegen angekündigten Tauwetters nicht nötig werde, hatte Hartmann schon für 50 Gulden ein Kelterhaus und eine Remise gemietet, um die Waren dort hochwasserfrei und sicher unterbringen zu können.[55]

Für uns hat der unglückliche Umstand, dass hier ein Rhein aufwärts und ein Rhein abwärts fahrendes Handelsschiff im Winter 1819 gleichzeitig in Leutesdorf verwintert wurden, den Vorteil, dass wir in den Ladelisten eine Momentaufnahme der auf dem Rhein gehandelten Waren erhalten. Der Vergleich mit anderen erhaltenen Ladelisten zeigt an, ob es sich dabei um eine typische Zusammensetzung handelte.

Die Witwe Hartmann hatte auf ihrem Schiff Waren von 28 Kaufleuten im Gesamtumfang von 83.328 kg geladen. Die Kölner Kaufleute und Spediteure hatten ihr ganz unterschiedliche Mengen mitgegeben. Ganz offensichtlich pflegten sie aus Gründen der Sicherheit ihre Waren in kleineren Partien verschiedenen Schiffern anzuvertrauen oder es war noch nicht üblich, große Mengen einer Ware gleichzeitig zu versenden. Bei den in den Ladelisten genannten Versendern handelte es sich bei den meisten um bekannte Kölner Speditionskaufleute.[56] Es fällt auf, dass fast alle gleiche Warengattungen versendeten und nicht auf eine Warengattung spezialisiert waren.

Die Art der Verpackung der Waren scheint ganz unterschiedlich gewesen zu sein. So wird Tabak in Fässern, Packen und Ballen transportiert, Hering in Tonnen, Stockfisch in Ballen und Rollen, Zucker in Fässern und Kisten, Bücher in Kisten, Gewürze auch in Kisten, Fässern oder Ballen, Baumwolle in Ballen, Eisenbleche wohl gebündelt. Die allgemeine Bezeichnung für die Verpackungseinheit ist wohl „collo"; so ist von der Anzahl der „collis" generell die Rede, die für jeden Kaufmann auf dem Schiff geladen waren. Auch war jedes Paket, jedes Fass, jede Kiste und jeder Ballen mit einem individuellen Zeichen gekennzeichnet, das auch in den Listen wiedergegeben ist und woran man das Fass oder

55 RWWA, 1-34-3, f. 469–471.

56 Genannt werden L. W. Bayer, J. W. de Becke, H. J. Becker, die Firma Becker & Zahn, J. A. Boeker, P. J. Cassinone, Cüppers & Comp., J. H. J. Eloen, J. Th. Felten, J. .J. Goedecke. die Firma Haan & Leiden, F. C. Heimann, Mart. Hendrichs, Fa. Witwe Kürten & Comp., H. J. Laurentz, Herm. Löhnis, J. J. Löhnis Sohn, Mich. Molinari, P. H. Molanus, A. Nierstras Sohn, M. H. de Prée, Seydlitz & Merkens, H. W. Sieger, J. H. Stein, Teschenmacher & Bosch, Nic. de Tongre, Th. Tosetti, H. von Wittgenstein und Theod. Stroof. Ein Teil der Namen erscheinen schon in der Liste von 1810 in: Hans Pohl, Wirtschaftsgeschichte Kölns im 18. und beginnenden 19. Jahrhundert, in: Zwei Jahrtausende Kölner Wirtschaft, Bd. 2, hrsg. v. Hermann Kellenbenz, Köln 1975, S. 9–162, hier S. 139–142.

den Ballen zuordnen konnte. Wegen des unterschiedlichen Gewichts und Volumens der Waren wurden diese an jeweils ganz bestimmten Stellen im Schiff verstaut,[57] so die schweren Güter nach unten – also Zuckerkisten häufig im Bauch des Schiffes, wodurch diese bei Leckage besonders gefährdet waren, nass zu werden. Die Baumwollballen fanden dagegen manchmal noch Platz auf dem Dach der Kajüte des Schiffseigners.[58]

Mit über 30.400 kg machte Zucker 36,54 % des Gewichts der transportierten Ware auf dem Schiff der Witwe Hartmann aus. Der Zucker kam in Form von Kandis oder als Melis, einem unvollständig gereinigten gelblichen Zucker, vor. An zweiter Stelle stand mit rund 18.200 kg oder fast 22 % der Tabak, als Tabak, Tabakstengel oder als Karotten, einer speziell fermentierten Rohmasse für Schnupftabak.[59] An dritter Stelle stand mit 12,25 % Tran, dicht gefolgt von Fisch mit 11,33 %. Von der Menge her spielten die weiteren Waren, 1.278 kg Baumwolle (1,53 %) oder 1.184 kg Flachs (1,425 %), 4.735 kg Eisenwaren (5,68 %), ca. 560 kg Gewürze (Zimt, Nelken, Kurkuma; 0,7 %), ca. 400 kg Chemikalien (Borax, Schellack), eine Sendung von 126 kg Käse, von 63 kg Papier, eine Kiste mit 86 kg Büchern oder Sendungen mit Südwein, Rum und Likör (zusammen 1.510 kg = 1,81 %) keine Rolle. Erstaunlich, dass bei dieser Fahrt so wenig Kaffee und Tee an Bord waren, nämlich nur 2.414 kg Kaffee und 114 kg Tee (zusammen 3,04 %). Das Klavier, das mit 325 kg in der Ladeliste steht und das von J. J. Löhnis Sohn eingeliefert worden war, war mit Sicherheit für einen bestimmten Abnehmer auf die Reise gebracht worden, der wegen der Verwinterung des Schiffs das Instrument jetzt mit Verspätung erhielt.[60]

Vergleicht man die Zusammensetzung der Ladung des Schiffes der Witwe Hartmann mit denen anderer Schiffe der Epoche, so muss sie als typisch bezeichnet werden. Der gewichtmäßig größte Teil wird meist von den verschiedenen Zuckersorten eingenommen, gefolgt von Tabak. Der Transport von Fisch war wohl saisonbedingt, manchmal gab es eine größere Partie Holz, Tran oder Öl. Dazu kamen dann immer zahlreiche kleinere „collis“ mit Gewürzen, Farbstoffen, Chemikalien und sonstigen Kolonialwaren. Der Handel mit Baumwolle war wohl in der Franzosenzeit während der Kontinentalsperre stark zurückgegangen und hatte nachher nicht mehr den Stellenwert wie zuvor.[61]

Das Schiff des Jacob Paff, das von Mainz nach Köln unterwegs war, hatte rund 100.000 kg Waren an Bord, die an 52 Kaufleute oder Spediteure gerichtet war, wobei

57 Über das Beladen der Schiffe vgl. Instruktionen 1805, RWWA, 1-30-6, f. 3943.

58 Vgl. Ulrike Stursberg, Innovation (wie Anm. 2), S. 25.

59 Zum Tabakhandel vgl. Pohl, Wirtschaftsgeschichte (wie Anm. 56), S. 87 f.

60 RWWA, 1-34-3, f. 471.

61 Pohl, Wirtschaftsgeschichte (wie Anm. 56), S. 87; die erhaltenen Kranen- und Waage-Register der Stadt Mainz für die von Köln nach Mainz im Dezember 1807 von neun Schiffern transportierten Waren können nur bedingt herangezogen werden, da englische Waren teilweise schon nicht mehr vertreten waren. RWWA, 1-30-11, f. 40–42.

einige Namen mit den bereits bei der Witwe Hartmann genannten identisch sind. Auf dem Schiff des Paff waren noch vielfältigere Waren in kleineren Mengen vertreten. Den Rhein hinunter nach Köln und dann möglicherweise weiter nach Holland unterwegs waren zunächst – als weitaus größter Posten – 34.623 kg Zwetschgen (34,94 %), dann etwas Wein (1,9 %), Kleesamen (3,63 %), in kleinen Mengen Mehl und Dörrgemüse, Nudeln, Gries, Essig und Mandeln. Ansonsten standen neben Hanf (8,55 %) und Wollwaren (0,92 %) größere Mengen Farbe, vor allem 6.678 kg Schmalte (kobaltblaues Glasfarbpulver; 6,74 %) auf der Ladeliste. Dazu kamen Mineralien, Pottasche (6,21 %), Ruß, Kienruß, Teer, Pech (1,06 %), Harz (7,27 %), weiße Seife (3,97%), dann aber auch Manufakturwaren, Nadeln, Uhren, Leimleder, Papier, Kordel, Glas, Chemikalien wie Arsen und Borax, Lumpen sowie 31 Schleifsteine. Die Letzteren brachten mit 1.900 kg relativ viel Gewicht und damit wohl auch viel Fracht.[62]

Nun waren die Schleifsteine wohl unverpackt und mit 61 kg das Stück noch handhabbar, schwieriger war es bei den 99 Zwetschgenfässern, von denen die schwersten ca. 440 kg wogen, oder den 13 Pottaschfässern, von denen das schwerste über 530 kg auf die Waage brachte. Auch das Weinfass war mit seinen 425 kg nicht gerade leicht zu transportieren, zumal die meist ovalen Weinstücke nicht gerollt werden durften. Man kann sich also vorstellen, dass die Schiffer und Arbeiter, die die Schiffe in Leutesdorf unter ungünstigen Umständen, bei grimmiger Kälte und ohne Kran, manchmal über auf das Eis gelegte Bretter entladen mussten, über diese schweren Güter und Gegenstände wie z. B. das Klavier nicht besonders erfreut gewesen sein dürften. Verständlich wird auch, dass das Ausladen eines Schiffs bei der großen Anzahl an einzelnen Gütern und deren Gewicht seine Zeit brauchte, selbst wenn die schiffseigenen Hebewerke unterstützen können.

Zu untersuchen wären z. B. noch die Fragen, ob der hohe Anteil an Zwetschgen saisonbedingt ist, woran das fast völlige Fehlen von Wein liegt, woher der hohe Prozentsatz an Schmalte (Blaufarbe) kommt, ob es sich bei dem von N. Bornschlegel versandten Kistchen mit 8 kg Nudeln um ein Inlandprodukt oder Importware handelte, denn Nudelfabriken scheinen in dieser Zeit erst entstanden zu sein. Möglicherweise ist es eine der ersten Nennungen von Nudeln als Handelsgut überhaupt.[63]

62 RWWA, 1-34-3, f. 471.

63 Die Erfurter Teigwarenfabrik von 1793 bezeichnete sich als älteste Nudelfabrik Deutschlands, während die erste Nudelfabrik Europas von Paolo Agnese 1825 in Genua gegründet worden sein soll, vgl. Jana Männig, Die Erfurter Teigwaren GmbH. Deutschlands erste Nudelmacher. Eine Firmengeschichte seit 1793, Leipzig 2011 (www.erfurter-teigwaren.de/broschuere/erfurter-teigwaren-chronik.pdf [letzter Zugriff: 4.11.2019]).

So können die Protokolle und Unterlagen über die Verwinterung von Schiffen Auskunft über den Handel auf dem Rhein und damit die wirtschaftliche Entwicklung im Rheinland im 19. Jahrhundert geben.

1 Der vereiste Rhein bei Düsseldorf. Foto, 1926, Ausschnitt.

10 Es geschah an der Schnellenburg

Das Unglück des niederländischen Frachtschiffs „Helena“ bei Düsseldorf im Dezember 1830

Am Sonntag, dem 26. Dezember 1830, spät abends, suchte Stephan Scholten, Steuermann von Beruf, Johann Everhard Mittelbach in dessen Wohnung in Köln in der Hohen Straße 121 auf. Er übergab ihm ein dringendes Schreiben und ein Notariatsprotokoll über im Eis festsitzende Schiffe, das ihm der niederländische Schiffer Wilhelm van Ginkel in Düsseldorf anvertraut hatte. Scholten, der in Düsseldorf noch den Spätpostwagen nach Deutz bekommen hatte, war, da die Fliegende Brücke wahrscheinlich ihren Betrieb wegen des starken Treibeises und der späten Stunde schon eingestellt hatte, möglicherweise mit einem Kahn nach Köln übergesetzt.[1]

Herr Mittelbach, der Adressat der eiligen Sendung, wird im Kölner Adressbuch von 1831 als Buchhalter und Kurzwarenhändler angeführt.[2] Er war aber auch Leiter des städtischen Lagerhauses im Gürzenich und damit Ansprechpartner für die Handelsschiffer bei der Entgegennahme und Lagerung von Waren.[3]

Der Schiffer Wilhelm van Ginkel (Ginckel, Vanginkel), Auftraggeber der eiligen Sendung, war Niederländer aus Utrecht und fuhr mit seinem Hauptschiff „Helena“ und evtl. auch dem Anhang- oder Leichterschiff (Lichter) „Der junge Hendrik“ regelmäßig die Strecke Utrecht–Köln. Im Jahr zuvor, am 9. Dezember 1829, hatte er die Kölner Handelskammer gebeten, ihm eine Bescheinigung für die langjährige Teilnahme an der Beurtfahrt Utrecht–Köln auszustellen.[4] Wilhelm van Ginkel stammte wohl aus einer Schifferfamilie,

---

1 Rheinisch-Westfälisches Wirtschaftsarchiv Köln (RWWA), Best. 1, Handelskammer Köln, Abt. 34: Schifffahrt, Nr. 8: Schiffsunglücke durch Eisgang 1830/31, f. 688; Stephan Scholten wird schon 1808 als Setzschiffer genannt (RWWA, 1-35 Schiffergilde 1808–1869, Nr. 2: Ausstellung von Führungszeugnissen 1808, f. 178 (20.7.1808), er wohnt 1831 in Köln in der Wehrgasse 1, vgl. Adress-Buch oder Verzeichnis der Einwohner der Stadt Cöln, Köln 1831, S. 307.

2 Adress-Buch Cöln 1831 (wie Anm. 1), S. 258.

3 RWWA,1-40: Schifffahrts- und Hafenpolizei, Nr. 1 Hafen und Schifffahrtspolizei 1815/16, f. 319 (1815 Febr. 15); möglicherweise war er 1830 aber auch bei der Hafenbehörde, evtl. als Gehilfe des Bestätters tätig, vgl. RWWA, 1-34-8 , f. 691, Liste der Interessenten.

4 RWWA, 1-35, Nr. 4: Schiffergilde 1822–1830, f. 252 (1829 Dez. 9). Unter „Beurt“, „Beurth“, „Bört“ (auch Rang- oder Reihefahrt) versteht man für die erste Hälfte des 19. Jahrhunderts Schiffer, die

2 Der Rhein bei Treibeis vor Düsseldorf. Holzschnitt von A. Beck, ca. 1880.

denn bereits 1805–23 wird ein Verwandter, Theunis van Ginkel, in den Schifffahrtsakten der Kölner Handelskammer genannt. Er muss als erfahrener, vertrauenswürdiger Schiffer angesehen werden. Als van Ginkel jetzt, Ende Dezember 1830, in eine Notsituation geriet, handelte er besonnen und völlig professionell.

Die an Mittelbach gerichtete Sendung enthielt außer einem Schreiben des Schiffers ein von Notar Josef Müller in Düsseldorf aufgenommenes Protokoll über das Festsitzen der beiden Schiffe des van Ginkel im Eis. Eingefroren waren sie bei der Schnellenburg im Norden von Düsseldorf. In dem Anschreiben bittet van Ginkel Mittelbach, das von Notar Müller aufgenommene Protokoll so schnell wie möglich dem Vorstand der Kölner Handelskammer weiterzuleiten, damit von dort die entsprechenden Rettungsmaßnahmen

eine Strecke, z.B. Utrecht–Köln, in einer festen Reihenfolge bedienen und sich verpflichten, nach einer bestimmten Ladefrist (z.B. von zehn Tagen) abzufahren, um dem Kaufmann Planungssicherheit zu geben. Ihre Zahl war vertragsmäßig für eine bestimmte Strecke begrenzt, die Frachten standen fest und waren so für Kaufmann und Schiffer berechenbar. Vgl. Jürgen Heinz Schawacht, Schiffahrt und Güterverkehr zwischen den Häfen des Deutschen Niederrheins (insbesondere Köln) und Rotterdam vom Ende des 18. bis zur Mitte des 19. Jahrhunderts (1794–1850/51) (Schriften zur Rheinisch-westfälischen Wirtschaftsgeschichte 26), Köln 1973, S. 63 f.; Bruno Kuske, Die Rheinschiffahrt zwischen Köln und Düsseldorf vom 17. bis 19. Jahrhunderts. Mit einer Darstellung der älteren Kölner Schifferverbände, in: Düsseldorfer Jahrbuch 20, 1905, S. 250–354, hier S. 260 f.

koordiniert werden könnten. Er selbst werde sich auch bemühen, vor Ort in Düsseldorf die nötige Hilfe zu organisieren, und er habe schon den Düsseldorfer Kaufmann und Spediteur Adolphi gebeten, ihn zu unterstützen. Das vor dem Düsseldorfer Notar Müller in der Wohnung des Seilermeisters Peter Brink am Sonntagnachmittag aufgenommene Notariatsinstrument stellte nicht nur die Situation dar, sondern sollte auch dem Nachweis dienen, dass Schiffer van Ginkel bis dahin nicht schuldhaft gehandelt hatte. Auf jeden Fall bestand große Gefahr für die Schiffe und ihre Ladung, und es musste schnell gehandelt werden. Mit dem zufrierenden bzw. zugefrorenen Rhein war nicht zu spaßen.[5]

***

Was war passiert? In dem Protokoll des Notars Müller vom 26. Dezember liest sich das folgendermaßen:

> Wilhelm van Ginckel erklärte, er sey gestern Morgen gegen sieben Uhr bey Eisfreiem Rhein mit zwei Schiffen, eins davon die „Helena" und das andere „Der junge Hendrik" genannt, von der Werthhauser Rheinfähre,[6] gesteuert von dem obgesagten Steuermann Herrn Cornelius van Ginckel abgefahren und heute Morgen gegen fünf Uhr, nachdem er Tag und Nacht durch stromaufwärtz gefahren, an der vorgenannten Schnellenburg unweit der dasigen Rhein-Überschlags-Fähre angekommen, von wo ab er wegen der unerwartet schnell eingetretenen Menge Treib-Eises in dem Rhein bey seinem besten Willen nicht habe fortfahren können, um die Schiffe sammt der Ladung nach dem Hafen zu Düsseldorf zu bringen.[7]

Van Ginkel fuhr noch im Dezember, bei strenger Kälte, auch auf die Gefahr hin, dass er vom Treibeis überrascht würde. Denn Treibeis auf dem Rhein bildete sich nicht an einem

5 Der noch aus der französischen Zeit stammende, aber auch in der preußischen Zeit gültige „Code de Commerce" sah bei einem Schiffsunfall vor, dass der havarierte Schiffer so schnell wie möglich ein amtliches Protokoll über den Schiffsunfall aufnehmen ließ, vgl. Code de Commerce. Nach der offiziellen Ausgabe aus dem Französischen übersetzt von Herrn Daniels, 2., bearb. u. vermehrte Aufl., Köln 1810, Nr. 246, S. 123, u. Nr. 248, S. 125.

6 Die Werthauser Rheinfähre befand sich bei Rheinkilometer 775,69 zwischen Duisburg-Rheinhausen und Duisburg-Hochfeld in der Nähe der heutigen Brücke der Solidarität. Ein altes Fährhaus von 1791 (Fährstraße 9, Duisburg-Rheinhausen) dient heute als Gaststätte.

7 RWWA, 1-34-8, f. 689 (1830 Dez. 26); im Winter 1830/31 sind mehrere Schiffe „verwintert", vgl. ebd., f. 716 u.731 (Schiffer Wolff und Nussmann in Emmerich); Im Kölner Hafen mussten Schiffer, die wegen des Frostes nicht losfahren konnten, wieder ausladen, ebd., f. 733; vgl. auch Heinz Weber, Allerlei über die Treidelei, in: Beiträge zur Rheinkunde 39, 1987, S. 23–28, bes. S. 27.

3 Der Rhein an der Schnellenburg von Norden gesehen. Gemälde von Fritz Köhler, 1902.

Tag; erst wenn das Thermometer mehrere Tage hintereinander weit unter null anzeigte, kam es zur Bildung von Eisschollen, die den größeren Holzschiffen gefährlich werden konnten. Anders als in der Zeit vor 1800, als die Frachtschifffahrt auf dem Rhein zwischen Mitte November und Mitte Februar ruhte, war es jetzt sowohl im Interesse der Kaufleute als auch der Schiffer, dass der Warentransport auch in der kalten Jahreszeit stattfand. Deshalb hatten die Schiffer auch die Rückendeckung der Handelskammer, wenn sie versuchten, den Verkehr so lange wie möglich aufrecht zu halten.[8] Das barg natürlich das erhöhte Risiko, dass es ein Schiff bei Eisgang nicht mehr in einen der wenigen vorhandenen Sicherheitshäfen am Rhein schaffte.[9]

Van Ginkel war, wahrscheinlich, weil er sich des Risikos bewusst war, die Nacht hindurch gefahren. D.h. seine Schiffe waren getreidelt, von Pferden gezogen worden. Die Tatsache, dass unter den Zeugen, die bei Notar Müller seine Angaben bestätigten, auch zwei „Pferdeknechte zur Fortbringung der Rheinschiffe", Johann Grentgens aus Grieth bei Emmerich und Gerhard Wirtz aus Baerl bei Ruhrort[10] waren, spricht dafür. Dass er die Nacht

8 Vgl. Clemens von Looz-Corswarem, Die Überwindung der Langsamkeit. Zur Frage der Beschleunigung von Warentransporten auf dem Rhein im Übergang vom 18. zum 19. Jahrhundert (Versuch einer Strukturanalyse), in: Niederrhein-Magazin. Zeitschrift der Niederrhein-Akademie/Academie Nederrijn e.V. und des Instituts für niederrheinische Kulturgeschichte und Regionalentwicklung (InKuR) 18, Herbst/Winter 2014/15, S. 15–32 (Vgl. Beitrag 8 in diesem Band)..

9 Vgl. Clemens von Looz-Corswarem, Schiffe im Eis. Zur „Verwinterung" von Frachtschiffen auf dem Rhein im ersten Drittel des 19. Jahrhunderts, in: Geschichte in Köln 62, 2015, S. 87–107 (Vgl. Beitrag 9 in diesem Band).

10 Heute ein Stadtteil im Duisburger Stadtbezirk Homberg/Ruhrort.

4 Der Rhein bei Düsseldorf. Kolorierte Lithographie von August Dircks, um 1835, Ausschnitt.

durchtreideln ließ, ist eher ungewöhnlich und wohl nur der besonderen Situation, dem dringenden Wunsch, noch den Sicherheitshafen in Düsseldorf[11] zu erreichen, geschuldet.

Es ist auch kein Zufall, dass die Fahrt der Frachtschiffe bei der Schnellenburg ein Ende im Eis fand. Denn dieses damals als Wirtshaus und Bauernhof genutzte Gebäude liegt an einer besonderen Stelle am Rheinbogen. Hier endete der aus den Niederlanden kommende Leinpfad auf dem rechten Rheinufer, um dann auf dem linken, Niederkasseler Ufer weitergeführt zu werden.

***

11 Der sogenannte Napoleonische Sicherheitshafen in Düsseldorf befand sich an der Stelle der heutigen Rampe zur Oberkasseler Brücke vor der Kunstakademie; vgl. Oliver Karnau, Der Düsseldorfer Hafen. Wirtschaftspolitik und Stadtausbau in Wilhelminischer Zeit (Studien zur Düsseldorfer Wirtschaftsgeschichte, H. 4), Düsseldorf 1990. S. 57–59.

5 Der Rheinbogen bei Düsseldorf. Der Plan von 1881 zeigt die Stecke zwischen der Schnellenburg und der Stadt Düsseldorf mit der Golzheimer Insel und dem alten Sicherheitshafen.

Die Schnellenburg zwischen Stockum und Golzheim am Rhein wird erstmals 1411 als Hof genannt.[12] Die Herkunft des Namens ist unbekannt.[13] Die Schnellenburg war wohl schon seit der Frühen Neuzeit, möglicherweise sogar seit dem Mittelalter Treidelstation,

12 Friedrich Lau, Geschichte der Stadt Düsseldorf. Von den Anfängen bis 1815, Düsseldorf 1921, Teil 1, S. 269; Paul Kauhausen bezeichnet die Schnellenburg als „freies Bauerngut“, Stadtarchiv Düsseldorf, 4-9-0-21 Nachlass Kauhausen, Vortrag 4. April 1933.

13 Die verschiedenen Erklärungsversuche als Burg eines legendären „Snello“ oder Zollstelle mit Schlagbaum (Schnelle) oder Befestigung an einer Stromschnelle müssen als unbefriedigend bezeichnet werden, vgl. StaD, Geschichtskartei.

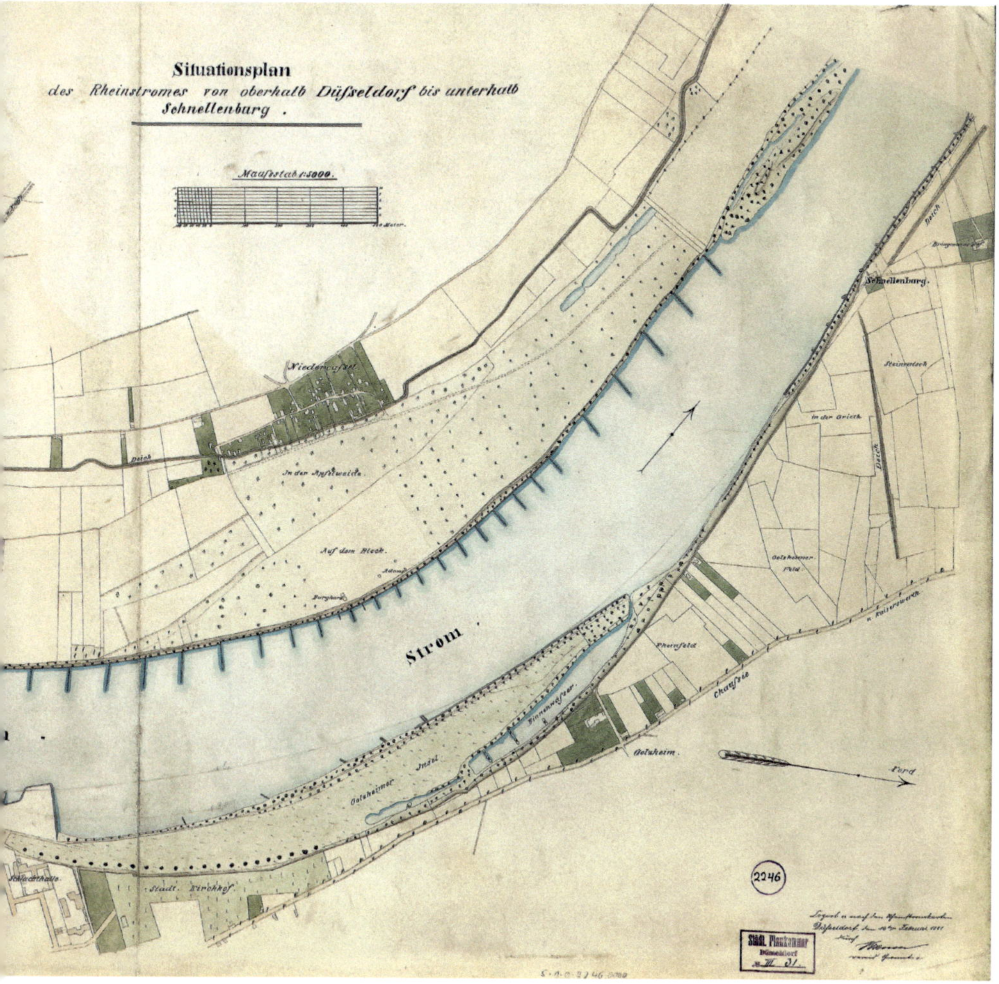

dergestalt, dass hier die Treidelpferde über den Rhein gesetzt wurden.[14] Während die

14 Ulrike Stursberg, Schnellenburg, in: Das große Düsseldorf-Lexikon, hrsg. v. Clemens von Looz-Corswarem/Benedikt Mauer, Köln 2012, S. 634 f; Guntram Fischer, Lohausen und Stockum. Geschichte & Geschichten, Düsseldorf 1989, S. 183 f.; vgl. auch Annette Fimpeler, Den Strom überwinden – Fähren am heutigen Düsseldorfer Rheinufer, in: Das Heute hat Geschichte. Forschungen zur Geschichte Düsseldorfs, des Rheinlandes und darüber hinaus. Festschrift für Clemens von Looz-Corswarem zum 65. Geburtstag, hrsg. v. Benedikt Mauer (Quellen und Forschungen zur Geschichte des Niederrheins 10), Essen 2012, S. 13–38, bes. S. 35; Ulrike Stursberg, Leinpfade im Bereich der Neuen Deichschau Heerdt, in: Der Rhein im Raum Neuss – Düsseldorf – Meerbusch. Festschrift des Deichverbandes Neue Deichschau Heerdt zum Abschluss der Deichsanierung in

Schnellenburg selbst von 1730 bis 1874 im Besitz der Familie Staerken (Sterken) war[15] – Wilhelm Staerken, der auch im Protokoll des Notars Müller als Zeuge auftritt, wird dort „Wirt und Landmann" genannt –, war die „Rheinfähre zum Übersetzen der Schiffspferde vom rechten zum linken Rheinufer" 1826 für zwölf Jahre an Heinrich Heubes aus Düsseldorf verpachtet worden.[16] Fährmann war wohl Christian Ruppertzhofen (Ruppertzhoven), der ebenfalls als Zeuge im Protokoll des Notars Müller erscheint.

Der Grund für das Übersetzen der Treidelpferde war wohl einerseits die Verlagerung der Fahrrinne im Rhein an die Innenseite des Rheinbogens am Niederkasseler Ufer, andererseits – und das mag ausschlaggebend gewesen zu sein – die an dieser Stelle beginnende Golzheimer Insel, die bis kurz vor die damalige Stadt Düsseldorf reichte. Die Golzheimer Insel war zwar schon im 18. Jahrhundert an ihrem südlichen Ende an das Festland angeschlossen worden,[17] aber durch die dort angelegten Buhnen und Kribben, die weit in den Strom reichten, für das Rheinaufwärtsziehen von Schiffen hinderlich.[18] Auch war der Rhein hier besonders breit. Noch heute besitzt er mit ca. 360 Metern bei der Schnellenburg die größte Breite auf Düsseldorfer Stadtgebiet.[19] Die große Breite des Stroms und die verlangsamte Fließgeschwindigkeit im Außenbogen könnte auch zur schnelleren Eisbildung am rechten Ufer beigetragen haben.

So war es das Dilemma des Schiffers van Ginkel, dass er mit seinen Schiffen im Wettlauf mit dem Eis bis zur Pferdefähre an der Schnellenburg, nur wenige Kilometer vor den rettenden Sicherheitshafen, gekommen war, dort aber wegen des Endes des Leinpfades und der Golzheimer Insel, die ein Weitertreideln auf dem rechten Rheinufer verhinderte, nicht weiter kam. Möglicherweise war auch schon das Übersetzen der Pferde auf das Niederkasseler Ufer wegen des Eisganges zu gefährlich, wie einige Zeugen erklärten. Selbst wenn das möglich gewesen wäre, hätte er aber nach wenigen Meilen auf dem linken Ufer von Oberkassel aus wieder zum Düsseldorfer Sicherheitshafen zurückgieren müssen, was wohl angesichts der zunehmenden Trift der Eisschollen zu riskant war.[20]

Meerbusch-Büderich, hrsg. v. Stefan Kronsbein, Düsseldorf/Krefeld 2013, S. 419–434, bes. S. 425 f.

15 Kauhausen (wie Anm. 12).

16 Stadtarchiv Düsseldorf, 0-1-2-277: Die Rheinfähre zu Golzheim resp. an der Schnellenburg 1838–1894, f. 1, 4, 7.

17 Vgl. Carl Philipp Brosii, Beschreibung der fürstlichen Oberkellnerei Düsseldorf 1771 (Quellen und Forschungen zur Geschichte des Niederrheins, 6,1), Düsseldorf 2005, S. 121–124.

18 Clemens von Looz-Corswarem, Die Golzheimer Insel, in: Das große Düsseldorf-Lexikon, hrsg. v. Clemens von Looz-Corswarem/Benedikt Mauer, Köln 2012, S. 281.

19 Stadtarchiv Düsseldorf, Geschichtskartei „Schnellenburg".

20 Möglicherweise war van Ginkel auch nicht der einzige Schiffer, der im Dezember 1830 an der Schnellenburg im Eis liegengeblieben war, denn unter den in der Notariatsurkunde genannten Zeugen finden sich vier Düsseldorfer Beurtschiffer auf Amsterdam und Rotterdam, deren mög-

***

Es hatte sich bei diesen im Winter häufig vorkommenden Fällen seit vielen Jahrzehnten ein Verfahren eingespielt, das sich in einer Zeit herausgebildet hatte, in der die Kaufmannswaren auf den Frachtschiffen noch nicht versichert waren.[21] Die in der Beurtfahrt[22] zwischen Köln und den Niederlanden fahrenden Schiffer, meist Niederländer, waren als selbständige Unternehmer für die Sicherheit der transportierten Ware verantwortlich. Bei ihrer Zulassung für die Beurtfahrt hatten sie zwar eine Sicherheit hinterlegen müssen, die aber nur für den Fall des schuldhaften Herbeiführens von Schäden griff. Bei unverschuldet eingetretenen Havarien und Unglücksfällen lag das Risiko nach wie vor bei den Kaufleuten bzw. Spediteuren. Das heißt ganz lapidar: Wenn die Waren beschädigt oder verloren waren, blieb der Eigentümer auf dem Schaden sitzen. Der Schiffer konnte nur in Regress genommen werden, wenn ihm schuldhaftes Verhalten nachgewiesen werden konnte.[23] Das mag auch ein Grund dafür gewesen sein, dass die Kaufleute und Spediteure ihre Waren auf zahlreiche Schiffe verteilten, um dadurch etwa eintretende Schäden zu minimieren. Es hatte aber auch zur Folge, dass ein Frachtschiffer unterschiedliche Waren von bis zu 20 Kaufleuten auf seinem Schiff transportierte.

Da sich die einzelnen Kaufleute nicht selbst um die Bergung und Sicherung ihrer Waren kümmern konnten, hatte dies die Kölner Handelskammer übernommen und zwar für Unfälle, die sich auf dem Niederrhein zwischen Köln und der niederländischen Grenze und auf dem Mittelrhein zwischen Köln und Koblenz ereigneten, wobei sie in Ausnahmefällen auch weiter südlich tätig geworden zu sein scheint, wenn es sich um Kölner Schiffer handelte.[24] Aus der Verantwortung der Kaufleute für ihre Waren ergab sich auch, dass die

---

liche „Verwinterung“ sich aber nicht in den Kölner Handelskammerakten niedergeschlagen hat, da ihre Ladung nicht an Kölner Spediteure gerichtet war; vgl. Stefan Kronsbein, Hochwasser, Eisgang und Niedrigwasser am Niederrhein – Extremwasserereignisse besonders im Raum Neuss – Düsseldorf –Meerbusch, in: Der Rhein im Raum Neuss – Düsseldorf – Meerbusch. Festschrift des Deichverbandes Neue Deichschau Heerdt zum Abschluss der Deichsanierung in Meerbusch-Büderich, hrsg. v. Stefan Kronsbein, Düsseldorf/Krefeld 2013, S. 485–591, bes. S. 544.

21 Vgl. von Looz-Corswarem, Schiffe im Eis (wie Anm. 9), S. 91 f.

22 Vgl. Anm. 4.

23 Auch solche Fälle haben sich in den Akten der Kölner Handelskammer erhalten, z.B. fuhr das Schiff des Philipp Scholl bei Unkel am 31. Mai 1826 auf einen Felsen und sank, weil der Steuermann nachweislich betrunken war. RWWA, 1-34-4: Schiffsunglücke 1818–1826, f. 282 (13. 6.1826) u. weitere.

24 RWWA, 1-34: Havarien 1799–1842; von Looz-Corswarem, Schiffe im Eis (wie Anm. 9), S. 102 f.; erst 1841 zog sich die Kölner Handelskammer aus dieser Verantwortung zurück und überlies dies der „Kommission des Schifffahrts-Vereins“ und der Assekuranz-Gesellschaft, RWWA, 1-34-9: Schiffsunglücke durch Eisgang 1833–1842, f. 817 (7.1.1841).

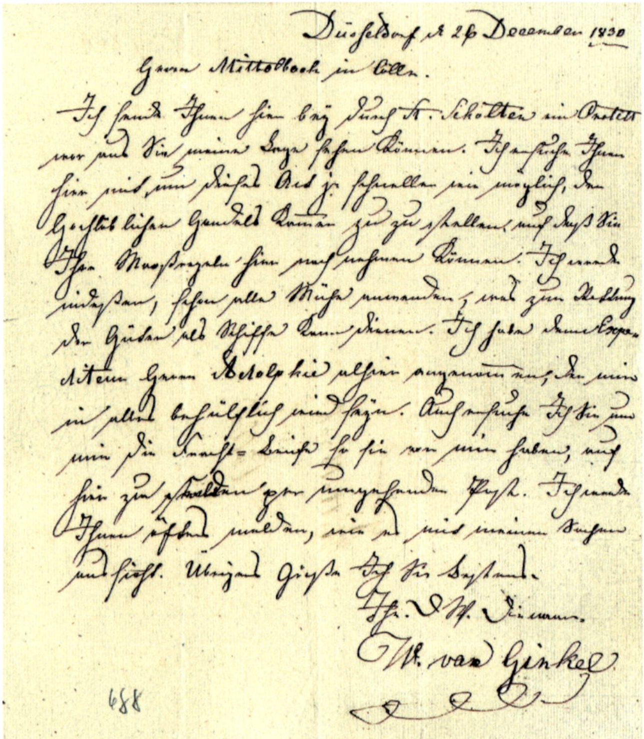
Düsseldorf d 26 December 1830
Herrn Mittelbach in Cöln.
W. van Ginkel

6 Schreiben des Schiffers W. van Ginkel vom 26. Dezember 1830 an Mittelbach mit der Bitte, die Handelskammer Köln über sein Festsitzen im Eis bei Düsseldorf zu informieren.

Kosten für solche Rettungsaktionen, wie hier bei van Ginkel 1830, auf die sogenannten „Interessenten", die Kaufleute und Spediteure, die Waren auf dem Schiff hatten, anteilmäßig nach Warenmenge umgelegt wurden. Obwohl seit Gründung der Rheinischen Assekuranz-Gesellschaft 1818/1822 zunehmend Kaufleute von der Transportversicherung auf dem Rhein Gebrauch machten, war um 1830 doch erst ein gewisser Prozentsatz der auf den Rheinschiffen transportierten Handelswaren versichert.[25]

***

Nicht nur unser niederländischer Schiffer Wilhelm van Ginkel handelte schnell und professionell, auch alle anderen Beteiligten wussten in dieser Gefahrensituation, was zu tun war. Das Schreiben van Ginkels mit dem Notariatsprotokoll vom 26. Dezember, das noch in der Nacht in Köln angekommen war, war wohl am anderen Morgen dem Vorstand der

25 Hermann Kellenbenz/Klara van Eyll, Die Geschichte der unternehmerischen Selbstverwaltung in Köln 1797–1914, Köln 1972, S. 78.

Kölner Handelskammer vorgelegt worden. Entgegen dem Vorschlag von van Ginkel, den Düsseldorfer Kaufmann und Spediteur Gerhard Jacob Adolphi mit der Abwicklung der Rettungsaktion zu beauftragen, entschied sich die Kölner Handelskammer für die Firma von Wilhelm Cleff, der sie noch am selben Tag den Auftrag erteilte, die Handelsgüter zu sichern und in ein geeignetes Lager zu bringen.[26] Und wieder einen Tag später, am 28. Dezember, erhalten wir von dem Kompagnon von Cleff, Herrn Baum, einen ersten ausführlichen Bericht über die Situation und die bereits getroffenen Maßnahmen. Herr Baum verfasste diesen Bericht auf dem in Eis festsitzenden Schiff „Helena" und ließ ihn sofort per Stafette nach Köln abgehen.[27]

Warum sich die Kölner Handelskammer bei der Auswahl der für die Rettungsaktion Verantwortlichen für die Firma Cleff und nicht für Adolphi entschied, ist nicht bekannt, denn Adolphi war bereits tätig geworden. Er hatte sofort, nachdem er von van Ginkel beauftragt worden war, einen „Zugang" aus Tannenstämmen und Brettern über das Eis zu dem havarierten Schiff legen und mit dem Ausladen anfangen lassen, wie sich aus dem Bericht von Baum ergibt. Gerhard Jacob Adolphi war, wie Wilhelm Cleff, schon lange im Handelsgeschäft aktiv, er wird schon im „Wegweiser von Düsseldorf" von Mindel 1817[28] als in Spedition und Kommission tätig genannt und war von 1822 bis 1831 Mitglied des Stadtrates.[29] Vielleicht hatte er sich in den vorausgegangenen Auseinandersetzungen der Düsseldorfer Kaufleute mit der Handelskammer Köln um die Aufhebung des Umschlagsrechtes in Köln zu sehr exponiert, so dass er bei der Handelskammer in nicht so guter Erinnerung war.

Das Speditions- und Kommissionsgeschäft des Wilhelm Cleff hatte sich aus der bereits 1817 bestehenden Großhandlung mit englischen Manufakturwaren „Cleff, Camphausen & Co." entwickelt.[30] Die Firma sollte in den 1830er und 1840er Jahren zu dem bedeutendsten Düsseldorfer Handelsunternehmen und Bankhaus werden. Der Kompagnon von Herrn Cleff, Gerhard Baum, der am 28. Dezember 1830 auf der „Helena" den ersten Bericht für die Düsseldorfer Handelskammer verfasste, hatte in Köln gelernt, er war mit 20 Jahren als Kaufmann in die Firma des Wilhelm Cleff eingetreten, baute dort den Handel mit dem Bergischen Land und vor allem das Geldgeschäft aus, heiratete die Tochter von

26 RWWA, 1-34-8, f. 692 – HK Köln an Wilh. Cleff zu Düsseldorf, 27. Dez. 1830, Konzept. Cleff erhielt das Schreiben noch am gleichen Tag abends.

27 RWWA, 1–34–8 , f. 694 – Baum/Cleff vom Hause Wilhelm Cleff, Düsseldorf, an HK Köln, 28. Dez. 1830 (auf dem Schiff „Helena" des W. van Ginkel).

28 Carl Heinrich August Mindel, Wegweiser von Düsseldorf, Düsseldorf 1817, S. 41.

29 Otto Most, Geschichte der Stadt Düsseldorf, Bd. 2 (Von 1815 bis zur Einführung der Rhein. Städteordnung [1856]), Düsseldorf 1921, S. 38.

30 Mindel, Wegweiser (wie Anm. 28), S. 41; Friedrich-Wilhelm Henning, Düsseldorf und seine Wirtschaft. Zur Geschichte einer Region, 2 Bde. Düsseldorf 1981, S. 279 f.

7 Die Schnellenburg von Süden bei Eisgang. Foto, 1926.

Cleff und führte die Firma später als Bankhaus Baum, Boeddinghaus & Co. weiter. Er war seit den 1830er Jahren an allen bedeutenden Wirtschaftsunternehmungen beteiligt, an der Dampfschifffahrt, der Eisenbahn, Versicherungen und Industrieunternehmungen, auch war er lange Stadtrat und Handelskammerpräsident.[31] So waren bei unserer Schiffsrettung professionelle Kräfte am Werk.

Über den Ablauf der Bergungsaktion sind wir nicht nur durch die regelmäßigen Berichte von Wilhelm Cleff, sondern auch durch das Protokoll des Daniel Friedrich Aschert unterrichtet.[32] Aschert war von Cleff beauftragt worden, den Ablauf der Rettung der Waren genau zu protokollieren, damit nicht später jemand wegen unsachgemäßer Behandlung seiner Waren Beschwerde erheben könne. Daniel Friedrich Aschert war beim Landgericht Düsseldorf akkreditierter Gerichtsschreiber und Gerichtsvollzieher.[33] Er war

31 Peter Hüttenberger, Die Entwicklung zur Großstadt bis zur Jahrhundertwende (1856–1900), in: Düsseldorf. Geschichte von den Ursprüngen bis ins 20. Jahrhundert, Bd. 2, hrsg. v. Hugo Weidenhaupt, S. 481–662, hier S. 507 f.; Henning, Wirtschaft (wie Anm. 30), S. 279 f.; Most, Geschichte (wie Anm. 29), S. 149, Anm. 4.

32 RWWA, 1-34-8, f. 704, Bericht Aschert vom 28./29./30. u. 31.12.1830.

33 Offizielles Adress-Buch für Rheinland-Westfalen. Zum Vortheil armer Kranken hrsg. v. Rüttger

am Vormittag des 28. Dezember, also am zweiten Tage nach dem ersten Hilferuf, zur Unglücksstelle geeilt und hatte nun vier Tage lang, bis zum Ende der Rettungsaktion am 31. Dezember 1830, bei und auf den eingefrorenen Schiffen an der Schnellenburg ausgeharrt und seine Protokolle gefertigt.

***

Wohl schon am 27. Dezember war mit dem Ausladen angefangen worden. Die Ballen, Packen, Tonnen, Fässer und andere Einheiten, im Ganzen ca. 2.800 Zentner (rund 140 t), wurden an eine trockene Stelle am Ufer gebracht. Als erstes wurde die sogenannte Oberlast, wohl die Waren, die auf dem Deck bzw. über der Wasserlinie verstaut waren, von der „Helena" genommen. Das war dringend notwendig, da das Schiff bereits ein durch die Eisschollen geschlagenes Leck am Bug hatte und Wasser einlief. Es wäre wohl über kurz oder lang gesunken. Durch die Leichterung kam das Loch über Wasser und die erste Gefahr war gebannt, so dass als nächstes die Waren aus dem wohl weniger stabil gebauten Leichterschiff geborgen wurden. Die zunächst auf der Böschung gelagerten Waren, die nicht mehr vor der Dunkelheit abtransportiert werden konnten, wurden, da Regen eingesetzt hatte, durch „teerne Kleider", wohl wasserdichte Planen, abgedeckt. Auch mussten sie natürlich über Nacht bewacht werden. In der Zwischenzeit waren in der Stadt Düsseldorf Karren und Wagen requiriert bzw. angemietet worden, die dann unter Aufsicht von Zollbeamten die Waren jeweils im Konvoi die ca. 5 Kilometer lange Strecke nach Düsseldorf in das von Cleff gemietete Depot in der Mühlenstraße brachten. Um die Güter abtransportieren zu können, musste noch eine Rampe in die Rheinböschung gegraben werden. Immer wieder wurden die Arbeiten durch starken Regen behindert, auch konnte bei der gefährlichen Lage nur im Hellen gearbeitet werden. Am Freitag, den 31. Dezember, gegen Mittag waren dann alle Waren aus den beiden Schiffen glücklich in das Depot gebracht, wie Gerichtsvollzieher Aschert protokollierte.[34]

Das Ausladen der 158 Fässer, 148 Kisten, 588 Ballen, 38 Tonnen und 9 Packen, die im Frachtbrief als „colli"[35] bezeichnet werden, über den aus Brettern über das Eis gelegten „Zugang" zu den Schiffen musste von Hand geschehen. Wie weit Hebewerkzeuge auf den Schiffen vorhanden waren und ob sie hilfreich waren, ist unklar. Wilhelm Cleff betonte mehrfach gegenüber der Kölner Handelskammer, dass sich die Düsseldorfer Beurtschiffer Theodor Weerpas (Werfass, Verpas)[36], Cornelius Lamers (Lamertz), Gerhard Bayer (Bei-

Brüning, bearb. v. Goswin Krackrügge, Elberfeld 1833, S. 17; Aschert wohnte in Düsseldorf in der Hohestraße.

34 RWWA, 1-34-8, f. 704 (28.–31.12.1830).

35 Collo oder Kollo war die kleinste Einheit im Warenverkehr, sozusagen eine Verpackungseinheit.

36 Beurtschiffer Amsterdam–Düsseldorf, vgl. Mindel, Wegweiser (wie Anm. 28) S. 45; 1825 hatte

8 Samoreuse um 1800. Modell von H. Tournay, Ausschnitt.

er)[37] und J. H. Brings (Brincks, Breynks)[38] bei der Rettungsaktion hervorgetan hätten. Jeder Schiffer verfügte außer seinem Steuermann über eine Anzahl Knechte, wohl drei oder vier, die anpacken konnten. Auch die Knechte des van Ginkel werden mitgeholfen haben, vielleicht auch die Pferdeführer und Fuhrknechte, die die Karren und Wagen begleiteten. Im Ganzen sollen rund 70 Schiffsknechte bei der Rettungsaktion beteiligt gewesen sein.[39] Menschenkraft war zu dieser Zeit meist genügend vorhanden. Die Beurtschiffer und ihre Mannschaften haben wohl zunächst aus Solidarität mit dem verunglückten van Ginkel mit angepackt, denn das gebot die Schifferehre. Andererseits war bekannt, dass die Helfer auch entschädigt wurden. Wenn durch ihren Einsatz die kostbaren Handelsgüter gerettet wurden, dann hatten die Eigentümer der Ware, die Kaufleute, den Nutzen davon und sollten sich das etwas kosten lassen.

Weerpas einen Unfall mit dem Dampfschiff „James Watt"; RWWA, 1-34-4: Schiffsunglücke 1818–26, f. 263 (15.3.1825).

37 Beurtschiffer Amsterdam–Düsseldorf. Nach J. F. Wilhelmi, Panorama von Düsseldorf und seinen Umgebungen, Düsseldorf 1828, S. 108, war 1799 eine Rangschifffahrt zwischen Düsseldorf und Holland eingerichtet worden, die jedenfalls bis 1828 ihren regelmäßigen Gang hatte.

38 Beurtschiffer Rotterdam–Düsseldorf.

39 RWWA, 1–34–8, f. 709, W. Cleff an HK Köln (7.1.1831).

Nachdem sich Cleff bei der Handelskammer Köln vergewissert hatte, dass der Einsatz der Düsseldorfer Beurtschiffer entsprechend honoriert würde, kündigte er an, dass diese Rechnungen schreiben würden. Die dann von Weerpas, Lamers, Bayer und Brings am 3. Januar 1831 eingereichte Rechnung für

> Arbeits-Lohn für Ausladen, nach dem Ufer zu bringen, auf die Kahrige zu laden u. sonstige damit verbundene Hülfe zu leisten, nebst Mundvorrath und Dranck der sämtlichen Arbeits-Leute vom 28. bis 31. Dezember, für nächtliche Bewachung der Güter und derer Verzehrung, für gebrauchte Deckkleider u. mehrere Gerätschaften u. an denselben entstandenen Schaden [und] für unsere Verzehrung u. Reiseköstеn

betrug 383 Taler, 25 Silbergroschen, 8 Pfennig. Dass diese Rechnung sehr hoch war, musste selbst Wilhelm Cleff eingestehen.[40]

Andererseits war es nicht verwunderlich, dass die Düsseldorfer Beurtschiffer die Gelegenheit ergriffen, an der Havarie des niederländischen Schiffers van Ginkel bei der Schnellenburg zu verdienen. Van Ginkel hatte das Glück, einer der Beurtschiffer der Großen Fahrt zwischen Köln und den niederländischen Städten zu sein, die sozusagen exklusiv im Fern- bzw. Transitverkehr vor allem Kolonialwaren zum Freihafen Köln brachten.[41] Die Düsseldorfer Beurtschiffer waren in dieser Zeit dagegen in einer extrem schwierigen wirtschaftlichen Situation, waren sie doch wegen der noch vorhandenen rechtlichen Beschränkung der Einteilung des Rheins in Stromabschnitte auf den Niederrhein beschränkt und somit vom gewinnbringenden Transithandel ausgeschlossen.[42] Überdies hatte die preußische Regierung wenige Jahre zuvor, 1826, trotz aller gegenteiliger Bemühungen der Düssel-

40 RWWA, 1-34-8, f. 411 (3. Jan.1831).

41 Van Ginkel wird nicht zu den ganz großen holländischen Schiffseignern gehört haben, mit ca. 3000 Ztr. hatte sein Schiff eher eine mittlere Größe, auch war Utrecht als Ausgangshafen wohl nicht so lukrativ wie Amsterdam oder Rotterdam. Beim Schiffstyp wird es sich um eine Samoreuse oder Keulenaak gehandelt haben, die, je nachdem, welche Häfen sie anfuhren – Amsterdam, Rotterdam, Dordrecht, Utrecht – unterschiedliche Größen erreichen konnte. Die Utrechter Schiffe fassten bis zu 5.100 Ztr., vgl. Schwarz, Die Typenentwicklung des Rheinschiffs bis zum 19. Jahrhundert, Diss. Karlsruhe 1926, S. 40–45.
Auch die Tatsache, dass van Ginkel den van Cleff um einen Frachtkostenvorschuss bat, spricht eher für eine knappere Kapitaldecke. Vgl. RWWA, 1-34-8, f. 714 (12.2.1831).

42 Erst 1831 sollte mit der Mainzer Rheinschifffahrtsakte die Einteilung des Rheins in Flussabschnitte (Stationshäfen Köln und Mainz) und damit das Umschlagsrecht der Stadt Köln aufgehoben werden, vgl. Dieter Strauch, Die Entwicklung des Rheinschifffahrtsrechtes zwischen 1815 und 1868, in: Der Rhein als Verkehrsweg. Politik, Recht und Wirtschaft seit dem 18. Jahrhundert, hrsg. v. Clemens von Looz-Corswarem/Georg Mölich (Schriftenreihe der Niederrhein-Akademie/Academie Nederrijn 7), Bottrop 2007, S. 61–92.

9 Eisgang auf dem Rhein. Holzschnitt von W. Simmler, 1875.

dorfer Handelskammer der Stadt Düsseldorf das Freihafenrecht endgültig aberkannt. Damit hatte Düsseldorf einen der letzten schweren Rückschläge in der Auseinandersetzung mit ihrer wirtschaftlichen Rivalin Köln hinnehmen müssen, die das von Napoleon verliehene Freihafenrecht weiterhin nutzen konnte. Der von Düsseldorf aus mögliche Fernhandel nach Frankfurt auf dem Landweg wurde zudem durch hohe Transitzölle erschwert.[43]

Und selbst wenn die Düsseldorfer Beurtschiffer Weerpas, Lamers, Bayer und Brings, die regelmäßig die Strecke Rotterdam, Amsterdam, Dordrecht und Düsseldorf fuhren,

43 Zum Düsseldorfer Freihafen vgl. Most, Geschichte (wie Anm. 28), S. 153 f.; Otto Brandt, Studien zur Wirtschafts- und Verwaltungsgeschichte der Stadt Düsseldorf im 19. Jahrhundert, Düsseldorf 1902, S. 5; Hans Fraenkel, Dampfschiff und Eisenbahn am Niederrhein. Studien über ihre Anfänge, unter besonderer Berücksichtigung Düsseldorfs, in: Düsseldorfer Jahrbuch 27, 1915, S. 179–284, bes. S. 193 f.; Henning, Wirtschaft (wie Anm. 30), S. 302; Schawacht, Schiffahrt (wie Anm. 22), S. 52–55; Clemens von Looz-Corswarem, Der Kampf der Stadt Düsseldorf um ihren Freihafen zu Beginn des 19. Jahrhunderts, in: Geschichte – Unternehmen – Archive. Festschrift Horst A. Wessel, hrsg. v. Wilfried Feldenkirchen/Susanne Hilger/Kornelia Rennert, Essen 2008, S. 17–41 (Vgl. Beitrag 7 in diesem Band).

noch zu den privilegierten Schiffern gehörten, so scheint gerade in den 1820er Jahren eine schwierige wirtschaftliche Situation geherrscht zu haben, in der man für jeden Verdienst dankbar war. 1824 wurden die Düsseldorfer Beurtfahrer in die niedrigste Klasse der Gewerbesteuer eingeschätzt.[44] So ist zu verstehen, dass die Helfer beim Ausladen der havarierten Schiffe „Helena“ und „ Der Grüne Hendrick“ sich ihre Auslagen üppig erstatten ließen.

***

Ein weiteres, rechtliches Problem ergab sich beim Ausladen von Gütern, die für den Kölner Freihafen bestimmt waren, an einem anderen Ort. Denn sobald auf dem „freien“ Rhein transportierte Güter ans Ufer gebracht wurden, griffen die jeweiligen Zollgesetze. Für eingeführte Güter war ein Einfuhrzoll und für durchtransportierte Güter ein Transitzoll fällig. Wenn also Güter von einem havarierten Schiff nach Düsseldorf gebracht werden sollten, musste sofort die zuständige Zollbehörde benachrichtigt werden. Auch war für diesen Notfall eine Sondergenehmigung einzuholen, damit diese Güter, wenn die Gefahr vorüber war, ohne Zoll zu zahlen wieder auf Schiffe gebracht werden durften.

Wilhelm Cleff hatte daher sofort die Düsseldorfer Zollbehörde benachrichtigt, die wohl auch Beamte schickte, um den Transport der ausgeladenen Güter in das Depot in der Stadt Düsseldorf zu begleiten und die auch dafür sorgten, dass die Waren dort unter „doppelten Verschluss“ kamen.[45] In Düsseldorf war für die Zollangelegenheit Steuerrat Jobs[46] zuständig, der aber nicht selbständig entscheiden konnte, ob die Waren vom Transitzoll befreit würden, auch wenn sie, sobald der Rhein eisfrei war, wieder auf einem Schiff weitertransportiert würden. So bittet Cleff die Handelskammer Köln, den Steuerdirektor Schütz in Köln einzuschalten, was diese jedoch schon selbständig getan hatte. Schütz gab dann am 3. Januar 1831 Anweisung an die Düsseldorfer Zollbehörde, dass in diesem Fall die zum Freihafen Köln weitergeführten Waren vom Transitzoll befreit seien.[47]

Das Depot, in dem die geretteten Güter untergebracht waren, die neue Fleisch-Verkaufs-Halle im Marstall an der Mühlenstraße, wird von Cleff folgendermaßen beschrieben:[48]

---

44 Kuske, Rheinschiffahrt (wie Anm. 4), S. 341.

45 RWWA, 1-24-8, f. 694, Baum/Cleff an HK Köln (28.12.1830).

46 Jobs erscheint schon bei Mindel 1817 (vgl. Anm. 28), S. 30, als Kontrolleur beim Landzollamt. Nach Wilhelmi 1828 (wie Anm. 37), S. 12, war Jobs Steuerrat und Oberinspektor beim Königlichen Haupt-Steuer-Amt Düsseldorf.

47 RWWA, 1-34-8, f. 702, Steuerdirektor Schütz an HK Köln (3.1.1831).

48 RWWA, 1-34-8, f. 696, Cleff an HK Köln (30.12.1830).

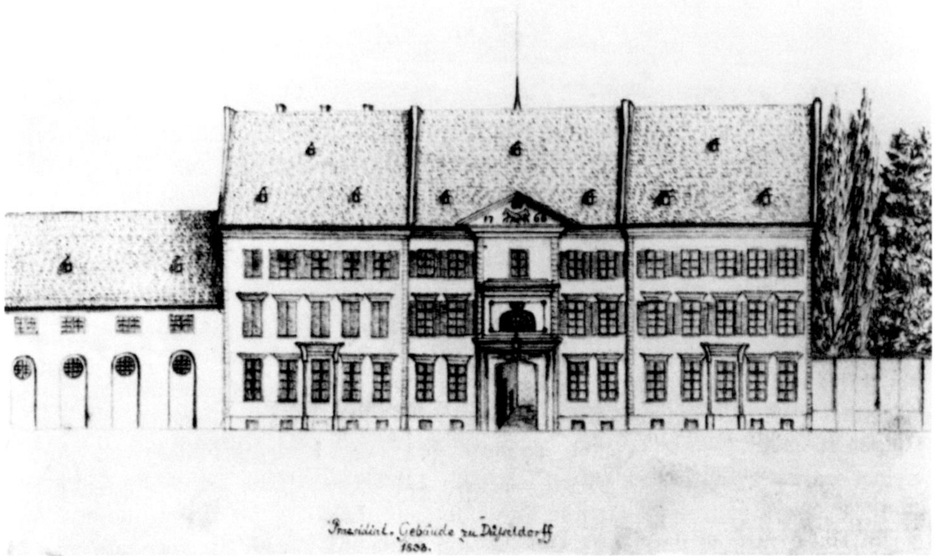

10 Das ehemalige kurfürstliche Statthalterpalais in der Mühlenstraße zu Düsseldorf. Links daneben der alte Marstall, in dem die Stadt eine Fleischverkaufshalle eingerichtet hatte. Zeichnung, 1833.

> Das zur hiesigen Niederlage gewählte Local, neben dem hiesigen Regierungs-Gebäude (seit 1 Jahr zur Fleischhalle bestimmt) mit einzelnen Abteilungen, worin besonders für sich die Parthien nach Zeichen und N^{os}, vertheilt werden, ist geräumig und als Magazin geeignet; es ist kühl jedoch ohne Feuchte, und für Zucker zum langen Lagern, könnte es vielleicht etwas wärmer – trockener seyn; jedoch ist in der ganzen Stadt kein anderes Local zu haben oder frey. Der Packhoff ist voll, von oben bis unten, und zwischen andren Gütern dürften diese Ladungen auch wohl nicht gelegt werden!

Wohl im Jahre 1827 hatte die Stadt das neben dem Statthalterpalais an der Mühlenstraße, dem preußischen Regierungssitz, liegende ehemalige kurfürstliche Marstallgebäude erworben, um darin eine Fleisch-Verkaufs-Halle einzurichten. Ganz offensichtlich waren in dem ab 1828 von einem Albert von Mülmann gepachteten Gebäude auch einzelne Kojen für die Metzger oder Fleischverkäufer eingerichtet worden, aber diese scheinen auch in der Folgezeit das Gebäude nicht angenommen zu haben, so dass es zum großen Teil leer stand. Nachdem die Fleisch-Verkaufs-Halle teilweise – auch an Bankier und Spediteur Wilhelm Cleff – als Lagerhaus verpachtet worden war, wurde sie 1848 wieder geschlossen.[49]

49 Stadtarchiv Düsseldorf, 0-1-2-425: Das Marstallgebäude 1822–1830; 0-1-2-446: Das Marstallgebäude. Versicherungsattest 1831–1858; 0-1-2-2003: Belege zur Gemeinderechnung 1827; Sonja

Am 24. Januar 1831 teilte Cleff der Kölner Handelskammer mit, dass er mit dem Eigner des Depots wegen der Lagermiete in „contestation", in Protest bzw. Streit, geraten sei. In der Eile habe er damals keinen schriftlichen Vertrag gemacht, sondern man habe sich nur mündlich auf eine Lagermiete geeinigt. Jetzt verlange der Eigner 16 Pfennig für das Einlagern von 100 Pfund im Monat. Das wolle er – Cleff – noch herunterhandeln. Es zeigt sich auch hier, dass letztlich alle von dem Unglücksfall profitieren wollten.[50]

Um auf Nummer sicher zu gehen oder um sein Verantwortungsbewusstsein zu demonstrieren, ließ Wilhelm Cleff die in das Depot gebrachten Güter daraufhin untersuchen, ob sie bei der ganzen Aktion Schaden erlitten hatten oder nicht. Schon Gerichtsvollzieher Aschert hatte festgestellt, dass bis auf zwei Ballen Kaffee, die nicht mehr die angegebene Füllmenge enthielten, äußerem Anschein nach alle Waren in gutem Zustand waren. Die zwei beanstandeten Ballen Kaffee, versicherte Schiffer van Ginkel, seien allerdings schon in diesem Zustand übernommen worden.[51] Der Frachtbrief, das sogenannte Manifest, war im Original bei der Zollbehörde hinterlegt. Die Revision durch die Zollbehörde, ob einerseits alle Güter im Depot vorhanden und andererseits auch alle im Frachtbrief aufgeführt waren, wurde durch Zollbeamte durchgeführt, die Begutachtung, ob alle Güter in gutem Zustand seien, durch drei vom Handelsgericht Düsseldorf bestellte Gutachter.[52]

Eine Kopie des Frachtbriefes war der Handelskammer Köln übersandt worden, damit diese die beteiligten Kaufleute benachrichtigen und dann auch entsprechend der jeweiligen Gütermenge die Kosten der Rettungsaktion berechnen und auf diese verteilen konnte.[53] Aus einer Liste der von der Kölner Handelskammer eingeladenen Interessenten an der Ladung des Schiffers van Ginkel erfahren wir die Namen der betroffenen Kölner Speditionskaufleute. Es sind 21 Kaufleute bzw. Handelshäuser, darunter die bekannten Heimann, Koch, Molinari, Stein, de Tongre und von Wittgenstein.[54]

Leider enthält die Liste der Waren auf dem Schiff des van Ginkel nicht die Namen der Kaufleute, sondern nur die Zeichen, die sich auf den Warenballen, Fässern oder Kisten befanden, so dass die einzelnen Waren den Kaufleuten nicht zugeordnet werden können.

Schürmann, Düsseldorf. Eine moderne Landeshauptstadt mit 700jähriger Geschichte und Kultur, Köln 1988, S. 88.

50 RWWA, 1-34-8, f. 710, W. Cleff an HK Köln (24.1.1831).

51 RWWA, 1-34-8, f. 704, Protokoll Aschert (28.–31.12.1830).

52 RWWA, 1-34-8, f. 703, Cleff an HK Köln (7.1.1831).

53 RWWA, 1-34-8, f. 708, Manifest.

54 RWWA, 1-34-8, f. 691, Liste der Interessenten der Ladung des Schiffers Wilhelm van Ginkel (27.12.1830): E. W. Balzer, J. J. Bartmann, J. A. Boeker, A. J. Burgers, Diesmann & Co., Jac. Goedecke, Joh. Ph. Heimann, Fr. Herberts, Kersten & Co., G. H. Koch, D. Leiden, H. J. Mertens, Tob. Molinari, J. H. Richarts & Co., J. H. Stein, N. de Tongre, Ph. Wagner, J. H. von Wittgenstein, A. H. Hilken, J. A. Kohlhaas, J. W. de Buhe.

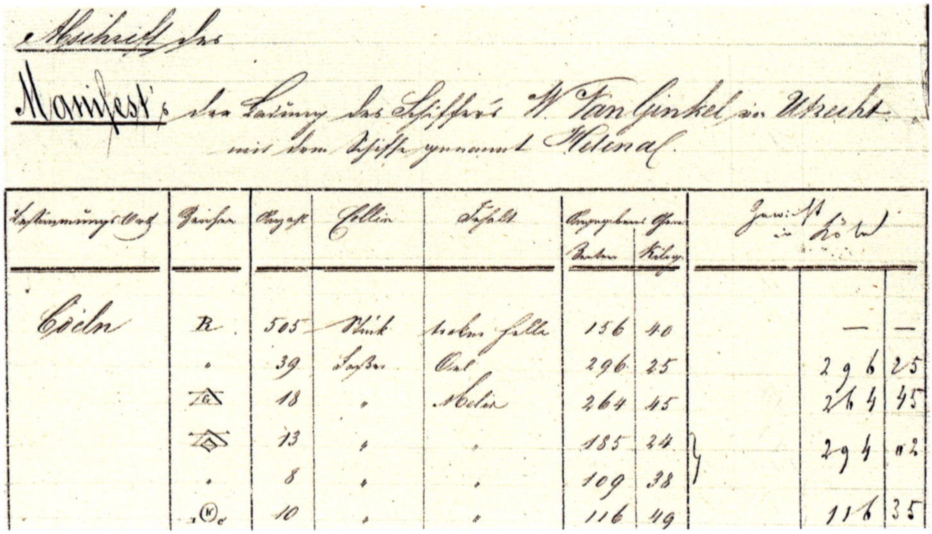

Abschrift des
Manifest's der Ladung des Schiffers W. Van Ginkel in Utrecht
mit dem Schiffe genannt Helena.

Cöln	505	156	40	— —
	39	296	25	296 25
	18	264	45	264 45
	13	185	24	
	8	109	38	294 62
	10	116	49	116 35

11 Ladeliste des verwinterten Schiffs „Helena". 1830, Ausschnitt.

Wir können aber davon ausgehen, dass die meisten Speditionshäuser eine breit gestreute Palette von Waren auf dem Schiff hatten. Es handelte sich vor allem um Zucker, Kaffee, etwas Tabak und verschiedene Kolonialwaren. Im Ganzen sind aus dem Schiff des van Ginkel an der Schnellenburg ausgeladen und in der Düsseldorfer Fleisch-Verkaufs-Halle eingelagert worden: 147 Kisten (1370 Ztr., 32 kg) Melis (das ist unvollständig gereinigter, gelblicher Zucker), 144 Kisten (104 Ztr., 34 kg) Kandiszucker und 2 Fass (23 Ztr., 33 kg) Farinzucker, dann 39 Fässer (296 Ztr., 25 kg) Öl, 586 Ballen (707 Ztr., 47 kg) Kaffee, 6 Fässer (35 Ztr., 7 kg) Reis, 8 Tonnen (3 Ztr., 10 kg) Heringe, dazu kleinere Mengen von jeweils ein bis sechs Zentnern an Korinthen, Zimt, Pfeffer, Spezereien, Sago, Mandeln, Feigen, Lack, Nägeln sowie Bettzeug, ein Packen Zigarren, ein Korb Knöpfe und 505 Felle. Außerhalb der Liste werden noch 23 Fässer Teer (73 Ztr., 10 kg.) aufgeführt, die wegen ihres geringen Wertes mit Zustimmung der Zollbehörde nicht in dem Lagerhaus in der Mühlenstraße, sondern beim Wirt Müngersdorf untergestellt wurden.[55]

***

Bis Mitte Februar 1831 lagen die geretteten Güter in der Düsseldorfer Fleisch-Verkaufs-Halle. Einigen Kaufleuten war die Frist zu lang. Sie baten Wilhelm Cleff, ihnen die Wa-

55 RWWA, 1-34-8, f. 708, Manifest der Ladung des Schiffers van Ginkel, vgl. auch Anm. 34.

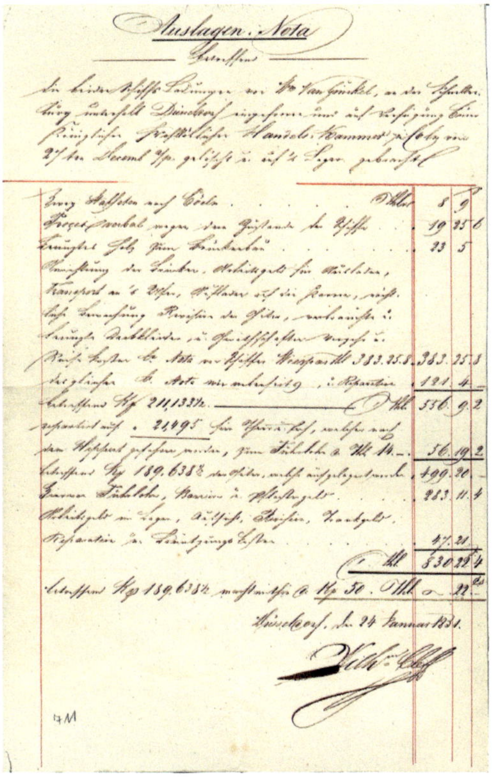
Auslagen . Nota

Düsseldorf, d. 24 Januar 1831.

12 Spesenrechnung des Kaufmanns Wilhelm Cleff für die Rettung der Waren aus dem Schiff des van Ginkel vom 24. Januar 1831.

ren auf dem Landwege zukommen zu lassen. So wurden acht Posten, die Zigarren, die Häute, Feigen, Knöpfe, und vier Posten Kaffee per Wagen nach Köln auf den Weg gebracht.[56]

Es gab noch eine Diskussion, ob die Waren, nachdem der Rhein wieder eisfrei war, mit den Schiffen des van Ginkel weitertransportiert werden könnten. Das wurde aber, nachdem ein Sachverständiger die Schiffe begutachtet hatte, verneint. Die „Helena" musste auf die Werft, und van Ginkel schrieb selbst an die Kölner Handelskammer, dass die Reparatur sechs Wochen bis zwei Monate benötige.[57] Er hatte daher schon Schiffe gemietet, um seinen Vertrag, die Waren nach Köln zu bringen, erfüllen zu können. Aus dem Schriftverkehr ergibt sich die Merkwürdigkeit, dass der Schiffer van Ginkel die Waren bereits am 12. Februar wieder einladen und nach Köln bringen wollte, Wilhelm Cleff aber vorgab, dazu von der Handelskammer Köln noch keine Weisung zu haben. Cleff verhielt sich wie ein Spediteur, der die Waren in eigener Verantwortung von Düsseldorf nach Köln transportieren und damit ins Geschäft einsteigen wollte. Etwas genervt schrieb Heinrich Merkens[58] an Cleff, er solle den Schiffer jetzt endlich einladen lassen, es gebe keinen Grund mehr, die Waren in Düsseldorf zurückzuhalten.[59] Erst am Montag, dem 21. Februar, teilte Cleff der Handelskammer Köln mit,

56 RWWA, 1-34-8, f. 710, W. Cleff an HK Köln (24.1.1831).

57 RWWA, 1-34-8, f. 713, W. van Ginkel an HK Köln (24.1.1831).

58 Heinrich Merkens war zu diesem Zeitpunkt seit 1829 Vizepräsident der Handelskammer Köln, er wurde erst 1831 zum Präsidenten gewählt. Vgl. Klaus Schwank, Peter Heinrich Merkens. Unternehmer und Politiker (Kölner Biographien 2), Köln 1973; Klara van Eyll, P. H. Merkens: Die Symbolfigur, in: Markt und Wirtschaft, Jg. 1985, I, S. 28–31.

59 RWWA, 1-34-8, f. 722, HK Köln an W. Cleff (14.2.1831).

13 Frachtschiff im Eis bei Düsseldorf. Foto von Julius Söhn, 1896.

dass die Waren auf das Schiffe „Concordia“ des Schiffers Mundschenk und das Schiff „Der Tiger von Bingen“ des Schiffers Stammel[60] verladen seien und voraussichtlich am Mittwoch oder Donnerstag in Köln ankämen.[61]

Damit hatte die Havarie des Schiffes „Helena“ des Schiffers van Ginkel nach rund zwei Monaten letztlich doch ein glimpfliches Ende gefunden. Außer Spesen nichts gewesen. Diese allerdings mussten noch eingezogen werden. Schon am 24. Januar hatte Wilhelm Cleff eine Teilrechnung über 830 Thaler, 22 Silbergroschen und 4 Pfennige eingereicht. Darin war allerdings die Rechnung der vier Beurtschiffer in Höhe von 383 Talern, 25 Silbergroschen, 8 Pfennigen enthalten.[62] Die Kölner Handelskammer war nicht bereit, die Rechnung in dieser Höhe zu akzeptieren, sondern verlangte eine Reduktion mit der Begründung, dass Cleff „mehr als das Doppelte an Provision beantragt, welche die hiesigen Kommissionäre zu berechnen pflegen“.[63] Ende Februar kamen weitere Spesenrechnungen

60 Beide Schiffer sind als mittelrheinische Schiffer bekannt. Warum diese gewählt wurden, ist unklar.

61 RWWA, 1-34-8, f. 725 – Wilhelm Cleff an HK Köln, Düsseldorf, 21.2.1831. Lediglich der Teer war auf Wunsch des Eigentümers mit einem anderen Schiff (Schiffer Königsfeld) transportiert worden.

62 RWWA, 1-34-8, f. 711, Auslagen-Nota v. 24.1.1831.

63 RWWA, 1-34-8, f. 714, HK Köln an Cleff, 12.2.1831.

auf die Kölner Handelskammer zu, so u. a. die für den Transport der Waren von Düsseldorf nach Köln (1389 Taler, 68 Silbergroschen) und für sonstige Auslagen, so dass schließlich der für die Berechnung der Fracht im Kölner Hafen zuständige Bestätter[64] Hubert Denzmann pro 50 kg 12 ¾ Silbergroschen auf die Fracht schlagen musste.

Der Schiffer Wilhelm van Ginkel wird, nachdem die „Helena" repariert worden war, seine Rangfahrten zwischen Utrecht und Köln wieder aufgenommen haben. Interessant ist, dass uns bei den beiden Hauptkorrespondenzpartnern in dieser Angelegenheit, dem Düsseldorfer Spediteur, Kaufmann und Bankier Wilhelm Cleff (und seinem Kompagnon Gerhard Baum) und dem Kaufmann und Vizepräsidenten der Kölner Handelskammer Peter Heinrich Merkens zwei Persönlichkeiten begegnen, die beide in der Geschichte der Rheinschifffahrt ihre Spuren hinterlassen haben. Merkens (1778–1854) war nicht nur 1818 der Initiator der Rheinischen Transport-Assekuranz-Gesellschaft,[65] sondern auch zusammen mit Bernhard Boisserée der Gründer und Motor für die Etablierung der „Preußisch-Rheinischen Dampfschiffahrts-Gesellschaft" 1825, die dann vom Mai 1827 an regelmäßig den Rhein zwischen Köln und Mainz bediente.[66] Ein knappes Jahrzehnt später stieg auch Wilhelm Cleff zusammen mit seinem Partner Gerhard Baum in Düsseldorf in das Geschäft mit den Dampfschiffen ein. Zusammen mit der Elberfeld-Barmer errichtete die Düsseldorfer Handelskammer im Mai 1836 die „Niederrheinische Dampfschiffahrtsgesellschaft",[67] und nur zwei Jahre später finden wir Wilhelm Cleff und Gerhard Baum als Initiatoren einer Gesellschaft zur Errichtung einer regelmäßigen direkten Dampfschifffahrt zwischen Köln, Düsseldorf und London. Kurz darauf sind sie involviert in die Gründung der Aktiengesellschaft „Niederrheinische Dampfschleppschiffahrt".[68]

Damit war die alte Beurtschifffahrt, wie sie Wilhelm van Ginkel mit seinem Schiff „Helena" verkörpert hatte, endgültig überholt.

64 Der „Bestätter" hatte die Waren der Kaufleute auf die Schiffe zu verteilen und die Frachtbriefe auszufertigen sowie bei den ankommenden Schiffen die Fracht zu berechnen, von den Kaufleuten einzuziehen und an die Schiffer auszuzahlen.

65 Denkschrift zur Gründung einer Rheinschiffahrt-Versicherung (1817), in: Peter Heinrich Merkens 1778–1854. Aus seinen Schriften zur Wirtschaftspolitik am Rhein, Köln 1958, unpag.

66 Van Eyll, Merkens (wie Anm. 58); Clemens von Looz-Corswarem, Die Anfänge der Preußisch-Rheinischen Dampfschiffahrts-Gesellschaft, in: Kölner Unternehmer und die Frühindustrialisierung im Rheinland und in Westfalen (1835–1871), hrsg. v. RWWA zu Köln, Köln 1984, S. 96–115, bes. S. 99 f. (Vgl. Beitrag 12 in diesem Band).

67 Josef Wilden, Hundert Jahre Düsseldorfer Dampfer. Die Entwicklung der Personendampfschiffahrt auf dem Rhein, Köln/Düsseldorf 1936, S. 50 f.

68 Vgl. F. Wachter, Errichtung einer regelmässigen directen Dampfschifffahrt zwischen Cöln, Düsseldorf und London resp. Hamburg und Havre 1838, in: Düsseldorfer Jahrbuch 7, 1893, S. 305–347, u. 8, 1894, S. 149–210; Wilden, Hundert Jahre (wie Anm. 67), S. 52 f.; Hüttenberger, Entwicklung (wie Anm. 31), S. 507 f.; Hennig, Wirtschaft (wie Anm. 30), S. 279 f.

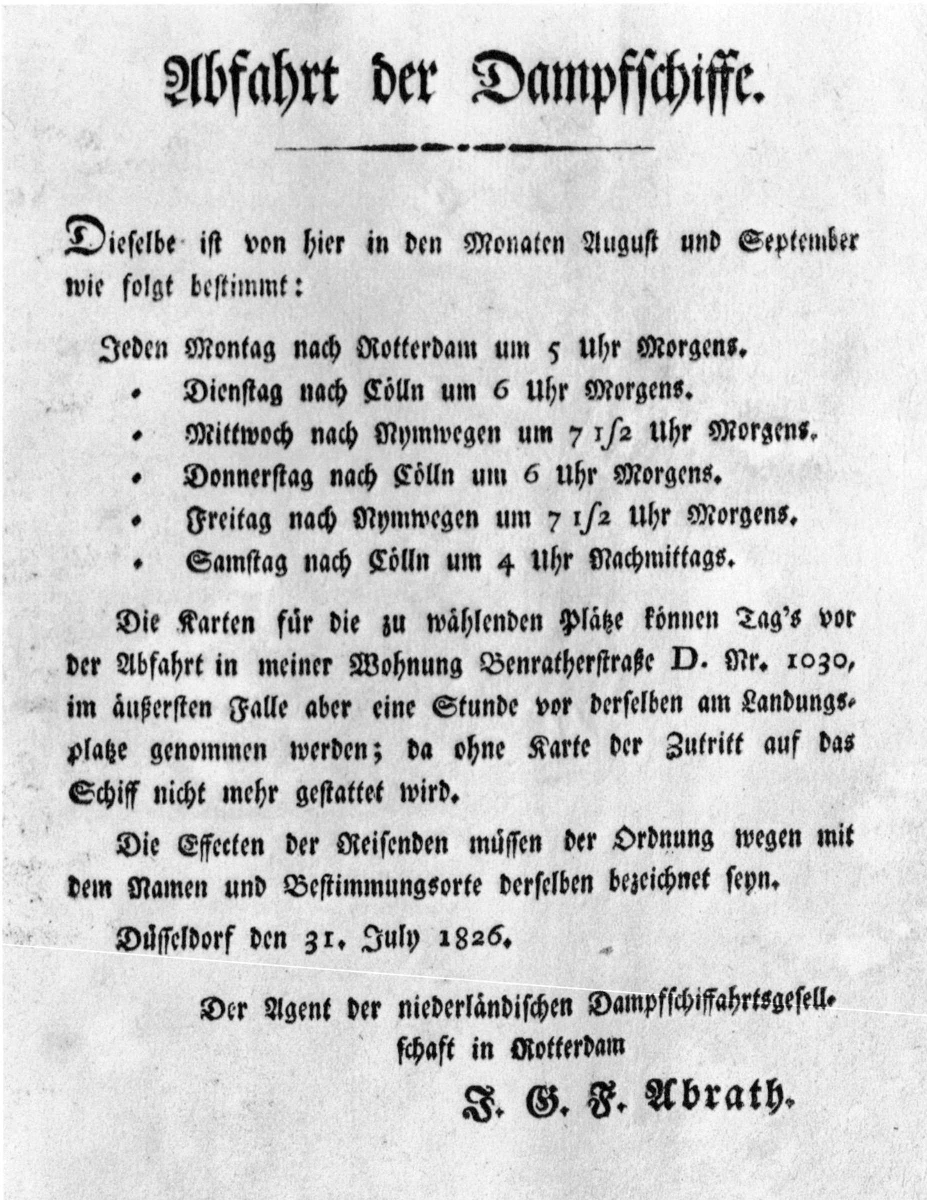

Abfahrt der Dampfschiffe.

Dieselbe ist von hier in den Monaten August und September wie folgt bestimmt:

Jeden Montag nach Rotterdam um 5 Uhr Morgens.
• Dienstag nach Cölln um 6 Uhr Morgens.
• Mittwoch nach Nymwegen um 7 1/2 Uhr Morgens.
• Donnerstag nach Cölln um 6 Uhr Morgens.
• Freitag nach Nymwegen um 7 1/2 Uhr Morgens.
• Samstag nach Cölln um 4 Uhr Nachmittags.

Die Karten für die zu wählenden Plätze können Tag's vor der Abfahrt in meiner Wohnung Benratherstraße D. Nr. 1030, im äußersten Falle aber eine Stunde vor derselben am Landungsplatze genommen werden; da ohne Karte der Zutritt auf das Schiff nicht mehr gestattet wird.

Die Effecten der Reisenden müssen der Ordnung wegen mit dem Namen und Bestimmungsorte derselben bezeichnet seyn.

Düsseldorf den 31. July 1826.

Der Agent der niederländischen Dampfschiffahrtsgesellschaft in Rotterdam

J. G. F. Abrath.

1 Ankündigung der Abfahrtszeiten der Dampfschiffe der Niederländischen Gesellschaft 1826 in Düsseldorf. Eine regelmäßige Verbindung Amsterdam/Rotterdam–Köln war Anfang 1825 eingerichtet worden.

11 An Düsseldorf vorbei

Die ersten Dampfschiffe auf dem Rhein 1816–1825

Im Juni des Jahres 1816 fuhr erstmals ein Dampfschiff auf dem Rhein, wahrscheinlich an Düsseldorf vorbei. Das heißt, wir wissen nicht, ob es an Düsseldorf vorbeifuhr, oder vielleicht doch in der kleinen ehemaligen Residenzstadt mit ihren immerhin rund 22 000 Einwohnern[1] einen Aufenthalt einlegte, denn aus Düsseldorf sind bisher keine schriftlichen Quellen über dieses Ereignis bekannt.[2] Das ist verwunderlich, war doch das Auftauchen dieser ersten Dampfschiffe selbst in diesen schwierigen Jahren nach 1815 etwas so Spektakuläres, dass es sich in amtlichen Quellen, in Zeitungen oder privater Überlieferung auch in Düsseldorf niedergeschlagen haben müsste.[3]

Erst die Ankunft des Schiffs in Köln am Mittag des 12. Juni 1816, einem Mittwoch, hat ihren Niederschlag in der schriftlichen Überlieferung gefunden. Aus einem Bericht in der „Kölnischen Zeitung" vom 13. Juni erfahren wir, dass es sich um ein englisches Dampfboot handelte, dessen Erscheinen in Köln verständlicherweise großes Aufsehen erregte. Es hatte Rotterdam am 8. Juni 1816 verlassen und somit für die Strecke bis Köln knapp sechs Tage benötigt. Das Schiff, das ursprünglich wohl bis Frankfurt fahren wollte, scheint über Köln nicht weit hinausgekommen, umgekehrt und den Rhein wieder abwärts gefahren zu sein.

Etwa eineinhalb Jahre später, im November 1817, mühte sich ein zweites Mal ein Dampfschiff den Rhein hinauf und erreichte am 13. November sogar Koblenz, von wo es nach kurzem Aufenthalt umkehrte. Die Fahrt dieses zweiten Schiffs, der „Caledonia", hat sich seltsamerweise nicht, wie die des ersten, in den öffentlichen Zeitungen niedergeschlagen, dafür sind aber aus anderen Quellen Einzelheiten über diese Fahrt bekannt geworden. Diese beiden Besuche von Dampfschiffen auf dem Rhein waren zunächst Episoden, aller-

---

1 Vgl. Klaus Müller, Düsseldorf (Rheinischer Städteatlas XX, Nr. 100), Köln 2015, S. 38.

2 Auf die Vorbeifahrt dieses ersten Dampfschiffs an Düsseldorf 1816 wies schon Hugo Weidenhaupt, Von der französischen zur preußischen Zeit (1806–1856), in: Düsseldorf. Geschichte von den Ursprüngen bis ins 20. Jahrhundert, Bd. 2, hrsg. v. Hugo Weidenhaupt. Düsseldorf 1988, S. 313–479, hier S. 382, hin.

3 Die Überlieferungslage ist für Düsseldorf auch noch für diese Zeit relativ schlecht, da in den 1830 und 1840er Jahren viele städtische Unterlagen (auch die der frühen Düsseldorfer Handelskammer) kassiert worden sind, vgl. Hugo Weidenhaupt, 75 Jahre Stadtarchiv Düsseldorf, in: Clemens von Looz-Corswarem/Hugo Weidenhaupt, Das Stadtarchiv Düsseldorf. Geschichte und Bestandsübersicht, Düsseldorf 1987, S. 17–34, hier S. 20 f.

dings waren es Zeichen eines neuen Zeitalters, das jetzt auch das Rheinland erreichte. Es waren sozusagen die Vorboten der Industrialisierung. Bis erneut Dampfschiffe auf dem Rhein fuhren, dauerte es noch bis 1824, dann aber handelte es sich um Versuchsfahrten, die zur Einrichtung regelmäßiger Dampferverbindungen zunächst auf dem Niederrhein und dann auch auf dem Mittel- und Oberrhein führen sollten.[4]

Bevor die beiden ersten Versuchsfahrten englischer Schiffe auf dem Rhein 1816 und 1817 und die weitere Entwicklung näher betrachtet werden, muss jedoch ein kurzer Blick auf die allgemeine politische und wirtschaftliche Lage nach dem Wiener Kongress im Rheinland und die Situation der Rheinschifffahrt geworfen werden.

***

Nach dem Ende der verlustreichen Napoleonischen Kriege, in denen das Rheinland in hohem Maße durch Aushebungen und Kontributionen belastet worden war – nach den Kriegswirren 1812/13 war ein Tiefpunkt in der wirtschaftlichen Entwicklung erreicht –, brachte die neue preußische Regierung zunächst nicht die erhoffte Stabilität und den gewünschten Aufschwung. Am 5. April 1815, noch während des Wiener Kongresses, hatte der preußische König Friedrich Wilhelm III. von den Rheinlanden offiziell Besitz ergriffen, am 15. Mai 1815 war ihm in Aachen gehuldigt worden.[5] Die Hoffnungen, die an das Verfassungsversprechen geknüpft waren, waren das eine, eine reale Wiederbelebung von Handel und Verkehr das andere. Zwar war die Zollgrenze am Rhein aufgehoben worden, dafür gab es jetzt neue, hohe Zollgrenzen zu Frankreich und zu den Niederlanden, so dass sich das Gewerbe und der Handel innerhalb weniger Jahrzehnte erneut völlig neu orientieren mussten.[6] Die Aufhebung der seit 1806 bestehenden Kontinentalsperre gegen England, die 1810 noch einmal verschärft worden war, im Jahre

4 Ausführlich zur frühen Dampfschifffahrt auf dem Rhein: Otto Dresemann, Aus der Jugendzeit der Rheindampfschiffahrt, Köln 1903, hier S. 14 f.; Dresemann hat sauber recherchiert, gibt aber keine Quellen an; Heinz Weber, Die Dampfschiffahrt auf dem Rhein geht zu Ende, in: Jahrbuch des Kölnischen Geschichtsvereins 48, 1977, S. 113–138; vgl. auch Cornelius Neutsch, Reisen um 1800. Reiseliteratur über Rheinland und Westfalen als Quelle einer sozial- und wirtschaftsgeschichtlichen Reiseforschung (Sachüberlieferung und Geschichte. Siegener Abhandlungen zur Entwicklung der materiellen Kultur, Bd. 6), St. Katharinen 1990, S. 164–173.

5 Joseph Hansen, Preußen und Rheinland von 1815 bis 1915. Hundert Jahre politischen Lebens am Rhein, Bonn 1918, Nachdruck Köln 1990, S. 20; Wilhelm Janssen, Kleine Rheinische Geschichte, Düsseldorf 1997, S. 272 f.

6 Manfred A. Koltes, Preußische Wirtschaftspolitik nach der „Besitzergreifung". Staatliche Konzeption, Umsetzung und Reaktion der Betroffenen: Das Problem der Integration, in: Die Rheinlande und Preußen. Parlamentarismus, Parteien und Wirtschaft (Landschaftsverband Rheinland, Archivberatungsstelle, Rheinprovinz 5), Köln 1990, S. 63–81, bes. S. 70 f.

1814, hatte neben den erwünschten positiven – der Handel mit Kolonialwaren kam wieder in Gang – auch viele negative Auswirkungen, denn der kontinentale Markt wurde mit in der Zwischenzeit billig, d.h. maschinell in England hergestellten Produkten überschwemmt.[7] Dazu kam, dass die Jahre nach 1815 durch Agrarkrisen gekennzeichnet waren, besonders das Jahre 1816, das „Jahr ohne Sommer", führte zu einem fast völligen Ernteausfall, so dass es 1816 und 1817 zu Versorgungsengpässen, zu Armut weiter Teile der Bevölkerung und zu einer verstärkten Auswanderung nach Amerika und anderen überseeischen Ländern kam.[8]

Die von Napoleon erzwungene Abschottung des Kontinents gegen England und teilweise auch die Behinderung des überseeischen Verkehrs mit den vereinigten Staaten von Amerika, die sich 1783 von England getrennt hatten, hatte aber auch gravierende Folgen für die technische und industrielle Entwicklung Deutschlands. Hinzu kam, dass England seit dem Ende des 18. Jahrhunderts bemüht war, seinen technologischen Vorsprung durch Exportverbote für Maschinen, Modelle und Konstruktionszeichnungen sowie das Verbot der Auswanderung von Fachleuten zu halten. Diese Restriktionen, auch die Maßnahmen gegen Industriespionage waren bis 1824 in Kraft und wurden erst 1843 vollständig aufgehoben.[9] Noch 1825, als Franz Haniel mit seinem Bruder Gerhard London besuchte und auch die Fabrik von James Watt jr. in Soho besuchen wollte, lud ihn Watt zwar zum Essen ein, seine Fabrik wollte er ihm aber nicht zeigen. Haniel hatte Watt bei dessen Fahrt mit der „Caledonia" auf dem Rhein im November 1817 kennengelernt und auch in Ruhrort in seinem Haus bewirtet.[10] Deutschland und die anderen von Frankreich beherrschten Länder waren in den Jahren nach 1815 in ihrer technologischen Entwicklung gegenüber England mindestens 20–30 Jahre zurück. Das ist auch der Grund, warum wir nach den Napoleonischen Kriegen zahlreiche (Bildungs-)Reisen deutscher Ingenieure und Unternehmer nach England feststellen können.[11]

---

7 Gernot Wittling, Zum Verhältnis von früher Industrialisierung und Technologietransfer im Rheinland und in Westfalen nach 1815, in: Die Rheinlande und Preußen (wie Anm. 6), S. 82–102.

8 Manfred Vasold, Der Vulkanausbruch von 1815 auf der indonesischen Insel Sumbawe und seine Auswirkungen auf das Wetter am Niederrhein im Jahr 1816. Ein Beitrag zur Klima und Umweltgeschichte, in: Düsseldorfer Jahrbuch 72, 2001, S. 97–120; Gillen D'Arcy Wood, Vulkanwinter 1816. Die Welt im Schatten des Tambora, Darmstadt 2015.

9 Wittling, Technologietransfer (wie Anm. 7), S. 86.

10 Bodo Herzog, Der Besuch des englischen Dampfschiffes „Caledonia" unter James Watt Jr. auf dem Rhein im Jahre 1817, in: Binnenschiffahrts-Nachrichten 40–42, 1971, S. 562, 577, 592 f.; auf die Fahrt der Caledonia auf dem Rhein im November 1817 wird auch in einem Promemoria für die HK Köln 1822 Bezug genommen, vgl. RWWA, 1-33-1, f. 18 (1822 Dez. 27).

11 Martin Schumacher, Auslandsreisen Deutscher Unternehmer 1750–1851 unter besonderer Berücksichtigung von Rheinland und Westfalen (Schriften zur rheinisch Westfälischen Wirtschaftsgeschichte 17), Köln 1968; Wittling, Technologietransfer (wie Anm. 7), S. 86.

Einfache Dampfmaschinen waren schon seit der zweiten Hälfte des 18. Jahrhunderts in Gebrauch, vornehmlich im Bergbau, wo sie als Pumpen zur Wasserhaltung eingesetzt wurden. Es handelt sich bei diesen frühen Dampfmaschinen meist um sehr große und schwere Maschinen, die riesige Mengen der Kohlen verbrauchten, zu deren Förderung sie eingesetzt waren. Auch auf dem Kontinent gab es bereits vor 1815 vereinzelt Dampfmaschinen, auch hier meist im Bergbau und Hüttenwesen. In Düsseldorf erwarb als erster Graf Karl Wilhelm von Spee auf Schloss Heltorf eine Dampfmaschine, die er 1803 in seinem bei Ratingen liegenden Kalkofen installierte.[12] War man bei der Beschaffung von Dampfmaschinen zunächst auf den englischen und belgischen (aus Seraing bei Lüttich) Import oder Teilimport angewiesen, so änderte sich dies noch in Napoleonischer Zeit. Ab 1801 begann Franz Dinnendahl (1775–1826) in Mülheim an der Ruhr mit dem Bau von Dampfmaschinen, ab 1813 und 1815 richteten seine Brüder Johann und Wilhelm richtige Werkstätten ein. 1816 soll es im Ruhrbergbau zwölf Dampfmaschinen gegeben haben und 1822 sollen im Rheinland 22 Dampfmaschinen aufgestellt gewesen sein, davon wohl der größte Teil im Bergbau.[13] Der Bau von Dampfmaschinen scheint sich in dieser Zeit immer noch in der Experimentierphase befunden zu haben, der Aufwand für die Herstellung solcher Maschinen war groß, mussten doch die einzelnen Teile, die Kessel, Zylinder, Röhren, Pleuelstangen, Schwungräder, Ventile etc. meist noch jeweils einzeln gegossen, geschmiedet, geformt und angepasst werden. Auch waren die aus Kupfer getriebenen, geschmiedeten oder gegossenen Kessel und sonstigen Teile noch nicht für großen Dampfdruck ausgelegt.

Das gleiche galt für den Bau von Dampfschiffen, wozu auch schon im 18. Jahrhundert zahlreiche und spektakuläre, jedoch meist untaugliche Versuche gemacht worden waren. Zunächst waren die Dampfmaschinen für die Schiffe zu schwer, der Kohlenbedarf zu groß und die entwickelte Kraft zu gering, um technisch funktionieren und vor allem wirtschaftlich rentabel eingesetzt werden zu können. Erst die Erfindung des Watt'schen doppelt wirkenden Zylinders, bei dessen Einsatz kleinere Kessel und vor allem bei erhöhter Leistung nur etwa ein Fünftel der Kohlen benötigt wurden, machte den Einsatz von Dampfmaschinen in Schiffen attraktiv.[14]

---

12 Irmgard Lange-Kothe, Die ersten Dampfmaschinen im Düsseldorfer Raum, in: DJb 51, 1963, S. 299–306, hier S. 303 f.; Weidenhaupt, Von der französischen (wie Anm. 2), S. 381.

13 Lange-Kothe, Dampfmaschinen (wie Anm. 12), S. 303; Hedwig Behrens, Mechanikus Johann Dinnendahl 1780–1849. Erbauer von Dampfmaschinen. Gründer der Friedrich-Wilhelms-Hütte zu Mülheim an der Ruhr. Leben und Wirken aus zeitgenössischen Quellen [Mülheim/Ruhr 1974], S. 86–93.; Janssen, Kleine Rheinische Geschichte (wie Anm. 5), S. 279.

14 Otfried Wagenbreth/Helmut Düntzsch/Albert Gieseler, Die Geschichte der Dampfmaschine. Historische Entwicklung – Industriegeschichte – Technische Denkmale, 2. Aufl., München 2011, S. 296 f.; Klaus Schmitt, Das Dampfschiff kommt auf den Rhein, In: 2000 Jahre Rheinschiffahrt (Veröff. des Landesmuseums Koblenz, B. Einzelveröffentlichungen 40), Koblenz 1991, S. 85–98, hier S. 88–90.

Den Durchbruch brachte der Maler und Erfinder Robert Fulton (1765–1815) mit seiner Versuchsfahrt 1803 auf der Seine. Ab 1807 gelang Fulton dann mit dem Bau der „Clermont" und der Einführung einer regelmäßigen Dampferfahrt auf dem Hudson der Beweis, dass das Dampfschiff als nützliche und vor allem auch wirtschaftlich einträgliche Erfindung gelten konnte. Sogleich wurde sowohl in den Vereinigten Staaten als auch in England an verschiedenen Orten mit dem Bau von Dampfschiffen begonnen, obwohl dies einen hohen Kapitaleinsatz sowie entsprechende Werften und Werkstätten und ein gewisses technisches Können erforderte. Allerdings musste auch hier noch bis weit in die 1820er Jahre viel experimentiert werden, ehe die Schiffe alle Kinderkrankheiten überwunden hatten und voll einsatzfähig waren. Berücksichtigt werden mussten auch die, wenn auch häufig nur kurzen, Laufzeiten der Patentrechte.[15]

Im ersten Jahrzehnt des 19. Jahrhunderts wurden Dampfschiffe fast ausschließlich in den Vereinigten Staaten und in England gebaut, wohl weil dort das nötige Kapital vorhanden und die Erfahrungen in der Verarbeitung von Gusseisen und Stahl, der Konstruktion von Maschinen und im Bau von Dampfmaschinen größer waren. So sollen in England im Jahr 1812 ein, 1813 sieben, 1814 wieder sieben und 1815 fünf Dampfschiffe gebaut worden sein.[16] Die fruchtbarste Schiffbaulandschaft in England war Schottland, hier erfolgte auch mit dem 4 PS starken Boot „Comet" 1812 der erste Personen-Linien-Verkehr auf dem Fluss Clyde zwischen Glasgow und Helensburgh. Die „Comet" war der erste kommerziell genutzte Raddampfer in Europa. 1815 begann die Dampfschifffahrt auf der Themse.[17] In den Vereinigten Staaten wurden in den Jahren 1808 bis 1816 alleine von Fulton weitere 16 Dampfschiffe gebaut, die auf dem Hudson, Mississippi, Potomac und für den Fährbetrieb in New York eingesetzt wurden.[18] Während die amerikanischen Schiffe eher für die großen Flüsse konzipiert waren, wurden die in England gebauten Schiffe stärker auf die Küstengewässer hin gebaut, so dass sie in der Lage waren, die Inseln miteinander zu verbinden und auch den Kanal zu überqueren.[19]

---

15 John Kennedy, The History of Steam Navigation, Liverpool 1903, S. 7 f.; Klaus Schmitt, Robert Fultons erstes Dampfschiff, Herford 1986, S. 93 f.

16 Wagenbreth, Dampfmaschine (wie Anm. 14), S. 297 f.; Herzog, Caledonia (wie Anm. 10), S. 562.

17 Akos Paulinyi, Die Umwälzung der Technik in der Industriellen Revolution zwischen 1750 und 1840, in: Ders./Ulrich Troitzsch, Mechanisierung und Maschinisierung 1600 bis 1840 (Propyläen Technikgeschichte, Bd. 3), Berlin 1991, S. 269–513, hier S. 450; vgl. auch Kennedy, History (wie Anm. 15), S. 11 f.

18 Wilhelm Treue, Neue Verkehrsmittel im 19. und 20. Jahrhundert. Dampf-Schiff und Eisenbahn, Fahrrad, Automobil, Luftfahrzeuge, in: Die Bedeutung der Kommunikation für Wirtschaft und Gesellschaft, hrsg. v. Hans Pohl (VSWG Beiheft 87), Stuttgart 1989, S. 321–357, hier S. 323.

19 Johann Josef Prechtl, Technologische Encyklopädie oder alphabetisches Handbuch der Technologie, der technischen Chemie und des Maschinenwesens, Bd. 4(Dampfschiff – Edelstein), Stuttgart 1833, S. 49.

So war es auch nicht verwunderlich, dass die ersten beiden Dampfschiffe, die auf dem Rhein auftauchten, englische Schiffe waren, die nach dem Pariser Frieden und dem Wiener Kongress ihre Versuchsfahrten auf den Kontinent ausdehnten, um neue Möglichkeiten zu erkunden.

***

„The Defiance"

Was das Dampfschiff angeht, das im Sommer 1816 den Rhein hinauf bis Köln kam, so war der Name des Schiffs zunächst nicht eindeutig überliefert. Während die „Kölnische Zeitung" keinen Namen nennt, wird in der Literatur „The Defiance" (Die Herausforderung) angegeben, was in der Zwischenzeit, nachdem auch niederländische Quellen herangezogen wurden, als gesichert gelten kann.[20]

Unklar war auch, ob das Schiff von der Werft der Firma Benitheversen & Bell in London, einer Werft in Norwich (Norfolk)[21] oder der Werft des John Wood in Greenock in Schottland stammte. Sicher scheint allerdings zu sein, dass der Kapitän, möglicherweise auch Besitzer des Schiffs, der Brite William Wager war.[22]

In der „Kölnischen Zeitung" vom 13. Juni 1816 lesen wir:[23]

20 Schmitt, Dampfschiff (wie Anm. 14), S. 91; Eduard Bündgen, Die Personenschiffahrt auf dem Rhein. Vom Schaufelraddampfer zum Kabinenschiff, Freiburg 1987, S. 16 f.; Bodo Herzog, „The Defiance: Das erste Dampfschiff auf dem Rhein, in: Technik-Geschichte 39, 1972, S. 313–321; ders., Das erste Dampfschiff auf dem Rhein war „The Defiance" im Jahre 1816, in: Binnenschiffahrts-Nachrichten, 1972, Nr. 24, S. 373, Nr. 29–30, S. 460–463 (Der Text der beiden Aufsätze ist weitgehend identisch, allerdings enthält die Fassung in der „Technikgeschichte" Anmerkungen.); Heinz Weber, Teil 1, in: Old-Timer der Rheinschiffahrt. 150 Jahre Dampfschiffahrt auf dem Rhein, hrsg. v. Kurt Hill, Duisburg [1967], S. 5–96, hier S. 9 f.: „[...] in der Rheinschifffahrtsliteratur ist stets vom ‚Prinz von Oranien' (Dresemann, Jugendzeit [wie Anm. 4], S. 17), gesprochen worden, der vorher den Namen ‚Orwell' gehabt haben soll. [...] Die neuere Forschung (Szymanski) führe als Namen ‚The Defiance' und als Bauwerft John Wood in Greenock und als Maschinenstärke 12 PS an. [...] Es könnte sich auch um die ‚Elise gehandelt haben, die 1816 den Ärmelkanal überquerte und in Le Havre landete."

21 The Mecanics' Magazine, London 1862 (1826 Januar 10), S. 22.

22 Herzog, Das erste Dampfschiff (wie Anm. 20), S. 460; Weber, Old-Timer (wie Anm. 20), S. 9 f.; Hans Szymanski, Die alte Dampf-Schiffahrt in Niedersachsen und in den angrenzenden Gebieten von 1817 bis 1867 (Schriften der Wirtschaftswissenschaftlichen Gesellschaft zum Studium Niedersachsens e.V., NF, Bd. 67), Hannover 1958, S. 5.

23 Kölnische Zeitung Nr. 94, Jahr 1816, Donnerstag den 13. Juni, Exemplar der Universität Bonn, Abt. f. rheinische Landesgeschichte. Für die Überlassung einer Kopie danke ich Frau Dr. Alheydis Plassmann; vgl. auch Dresemann, Jugendzeit (wie Anm. 4), S. 14; Weber, Old-Timer (wie Anm. 20),

2 Das erste Dampfschiff auf dem Rhein, „The Defiance".

Köln, 12. Juni. Heute gegen Mittag erblickten wir hier auf unserem schönen Rheinstrome ein wundervolles Schauspiel. Ein ziemlich großes Schiff, ohne Mast, Segel und Ruder, kam mit ungemeiner Schnelle den Rhein heraufgefahren. Die Ufer des Rheins, die hier vor Anker liegenden Schiffe waren in einem Augenblicke von der herbeiströmenden Volksmenge bedeckt. – Das die allgemeine Neugierde reizende Schiff war ein von London nach Frankfurt reisendes, englisches Dampfboot. Jedermann wollte den innern Bau dieses Wunderschiffes und die Kräfte erforschen, welche dasselbe in Bewegung setzen. Seine innere Einrichtung, flüchtig betrachtet, ist folgende: Der innere Schiffsraum zerfällt in drei Theile, wovon die äußern ein Wohnzimmer und der mittlere einen Feuerherd sammt den Brennstoffen enthalten. Dieser ist oben mit Steinen zugedeckt, brennt beständig und verwandelt das siedende Wasser in Dämpfe, welche die Walze treiben, die an jedem ihrer Ende ein Rad mit acht Schaufeln hat, wodurch die Kraft der Ruder ersetzt und das Schiff fortgetrieben wird. Bloß hierdurch in Bewegung gesetzt, kam das Schiff, bei der jetzigen starken Wasser-

S. 9 f.; Schmitt, Dampfschiff (wie Anm. 14), S. 91 f.; Herzog, The Defiance (wie Anm. 20), S. 317; Heinz Weber (Hrsg.), In alten Zeitungen geblättert. Köln 1698–1833, Köln 1974, S. 147 f.

> höhe, gegen die heftigste Strömung schneller herauf, als es von Pferden gezogen werden könnte. Vorigen Donnerstag verließ es Rotterdam; und nach der Versicherung der Reisenden kann es in einem Tag eine Strecke von 25 Stunden zurücklegen. – Auf dem Verdecke erblickt man zwei ziemlich erhabene Rauchfänge, wovon der größere dem Feuerherde, der kleinere dem Ofen des Wohnzimmers dient.

Im Folgenden lässt sich der Schreiber noch über die Kraft des Dampfes generell aus und erwähnt, dass Dampfmaschinen mit großem Nutzen im Bergbau und in London in Brauhäusern und Fabriken eingesetzt würden, wo sie viele Menschenarme ersetzten. Die besten Dampfmaschinen baute in Birmingham die Firma Watt und Boulton.

Dieses britische Dampfschiff, „The Defiance", war am 22. Januar 1816 auf der Werft bei John Wood im schottischen Greenock fertiggestellt und am 22. März 1816 auf der Linie Glasgow–Lochgilphead eingesetzt worden. Die Maschine soll 12 bis 14 PS geleistet haben. Am 9. Mai 1816 begann Kapitän William Wager in der kleinen Hafenstadt Margate an der Nordküste der Insel Thanet in Kent seine Propagandafahrt. Er erreichte noch am gleichen Tag die Insel Walcheren, traf am 10. Mai 1816 in Dordrecht ein und fuhr noch am selben Tag nach Rotterdam. Dort verbrachte er einige Zeit und gab den Einwohnern die Gelegenheit, das Schiff zu besichtigen und es bei Fahrversuchen zu beobachten. Dabei wurden, wie die niederländischen Zeitungen berichten, am vordersten Mast und am Schornstein Segel angeschlagen, um die Fahrt vor dem Wind zu beschleunigen und den Kohlenverbrauch zu verringern. Nach etwa einer Woche besuchte auch der niederländische König Wilhelm I. das Schiff, wobei er von einer begeisterten Volksmenge mit Jubel empfangen wurde. Kapitän Wager wurde von der Stadt Rotterdam zum Ehrenbürger ernannt.

Am 8. Juni setzte Wager seine Fahrt auf dem Rhein fort. Am 12. Juni 1816 fuhr das Schiff an Zons vorbei. Der Küster Johann Hermann Schwieren notierte in seinem Tagebuch:

> 1816, am 12. Juny, ist ein engelisches Schieff zu Wasser herauff gefahren ohne Ferdt und ohne Seegellen, sondern durch zwey Rähder im Wasser, welche durchs Feur getrieben worden, und die Menschen hier aus Zonß nach dem Reihn gegangen, um dieß zu sehen. Am gleichen Tag erreichte das Schiff, wie wir gehört haben, Köln.[24]

24 Thomas Schwabach, Die Schwieren-Chroniken aus Zons. Bemerkenswertes aus einer niederrheinischen Kleinstadt und ihrer Umgebung. 1733–1823, Neuss 2006, S. 192 (Nr. 1157); Herzog, Das erste Dampfschiff (wie Anm. 20), S. 373, 460 f.; Ruud Filarski, Tegen de stroom in. Binnenvaart en vaarwegen vanaf 1800, Utrecht 2014, S. 59.

Kön. Pr. Provinz. Jülich. Cleve. Berg.

Kölnische Zeitung.

Jahr 1816. Nro 94. Donnerstag den 13. Juni.

Deutschland.

Köln, 12. Juni. Heute gegen Mittag erblickten wir hier auf unserm schönen Rheinstrome ein wundervolles Schauspiel. Ein ziemlich groses Schiff, ohne Mast, Segel und Ruder, kam mit ungemeiner Schnelle den Rhein heraufgefahren. Die Ufer des Rheines, die hier vor Anker liegenden Schiffe waren in einem Augenblicke von der herbeiströmenden Volksmenge bedeckt. — Das die allgemeine Neugierde reizende Schiff war ein von London nach Frankfurt reisendes, englisches Dampfboot. Jedermann wollte den innern Bau dieses Wunderschiffs und die Kräfte erforschen, welche dasselbe in Bewegung setzen. Seine innere Einrichtung, flüchtig betrachtet, ist folgende: Der innere Schiffsraum zerfällt in drei Theile, wovon die äussern ein Wohnzimmer und der mittlere einen Feuerherd sammt den Brennstoffen enthalten. Dieser ist oben mit Steinen zugedeckt, brennt beständig und verwandelt das siedende Wasser in Dämpfe, welche die Walze treiben, die an jedem ihrer Ende ein Rad mit acht Schaufeln hat, wodurch die Kraft der Ruder ersetzt und das Schiff fortgetrieben wird. Bloß hierdurch in Bewegung gesetzt, kam das Schiff, bei der jetzigen starken Wasserhöhe, gegen die heftigste Strömung schneller herauf, als es von Pferden gezogen werden könnte. Vorigen Donnerstag verließ es Rotterdam; und nach der Versicherung der Reisenden kann es in einem Tage eine Strecke von 23 Stunden zurücklegen. — Auf dem Verdecke erblickt man zwei ziemlich erhabene Rauchfänge, wovon der größere dem Feuerherde, der kleinere dem Ofen des Wohnzimmers dient.

Auf den ersten Blick staunt man über die Gewalt der Dämpfe; allein, wenn man weiß, daß das Wasser in Dampfgestalt einen 1470mal grössern Raum einnimmt, so sieht man leicht, daß unglaubliche Wirkungen hervorgebracht werden müssen, wenn die Dämpfe in einen engen Raum eingeschlossen werden, um durch ihre Ausdehnung fremden Widerstand zu besiegen. Lissabons und Calabriens Zerstörung, die Ausbrüche der Vulkane sind Beweise, die uns über die Allgewalt des Wassers, wenn es sich mit dem Feuer gattet, mit Grauen erfüllen. Die Kraft der Dampfmaschine beruht auf demselben Grunde. Man bedient sich derselben mit ausserordentlichem Nutzen beim Bergbau, in den großen Brauhäusern zu London und in andern Fabriken, wo große Bewegungskräfte gebraucht werden.

Die Dampfmaschinen ersparen der brittischen Nation täglich 75,000 Pf. Sterl.; diese Summe müßte täglich mehr ausgegeben werden, wenn man die Kräfte der Dampfmaschinen durch Menschenarme ersetzen wollte. Watt und Boulton zu Birmingham liefern die vollkommensten Dampfmaschinen. Diese ganze Erfindung und die Vervollkommnung derselben verdankt man dem an Tiefe dem Deutschen verwandten Genius der Britten.

— Der kaiserl. russische geheime Rath Fürst Pignatelli, Belmonte, ist in hiesiger Stadt angekommen, und im Gasthofe zum Geist abgestiegen.

Berlin, 6. Juni. Am verwichenen Freitage, den 31. Mai, war unsers hochverehrten Fürsten von Hardenberg 66ster Geburtstag eingefallen, den unser guter und gerechter König auf eine äußerst gnädige und rührende Art verherrlichte. Um dem Gratulations-Taumel zu entgehen und den Tag in der Stille zuzubringen, hatte sich der Staatskanzler auf sein nahe bei Potsdam gelegenes Landgut Glienicke zurückgezogen. Hier erhielt er am frühen Morgen von seinem Monarchen ein eigenhändiges Glückwünschungs-Schreiben, in welchem Se. Majestät ihm für die dem Staate geleisteten ersprießlichen Dienste nochmals dankten, und ihm die ununterbrochene Fortdauer Ihres ganzen Wohlwollens zusagten. Zu gleicher Zeit hatten Se. Majestät eine von geschickter Hand nach dem Gerardschen Original-Gemälde verfertigte Copie Ihres Portraits in des Fürsten von Hardenberg hiesigen Wohnzimmer aufhängen lassen, um ihn damit bei seiner Rückkehr zu überraschen. Der Eindruck, den diese huldreichen Auszeichnungen auf sein jeder edeln Empfindung offenes Herz machen mußte, ist leicht zu berechnen. Die ganze Stadt hat seine Freude lebhaft getheilt.

Das Andenken der Schlacht von Belle-Alliance soll den 18. dieses in Berlin durch eine große militärische Feier begangen werden. Es sind dazu nicht allein die sämmtlichen Garden aus Potsdam, sondern noch mehrere Regimenter aus den benachbarten Garnisonen, und auch das Kavallerie-Leib-Regiment aus Crossen, hieher entboten worden.

— Dem Vernehmen nach ist die Anstellung des Legations-Sekretärs, Barons von Linden, als Würtembergischer Gesandter am hiesigen Hofe, nicht zu Stande gekommen.

— Durch eine Kabinets-Ordre an den königl. Staats- und Finanz-Minister, Grafen v. Bülow, hat Se. königl.

3 „Kölnische Zeitung" vom 13. Juni 1816.

Wager scheint auch wirklich versucht zu haben, weiter stromauf zu kommen, diesen Versuch aber abgebrochen zu haben. Unklar ist, wie weit er gekommen ist, möglicherweise bis Bonn, denn an Königswinter beim Siebengebirge scheint er nicht vorbeigekommen zu sein, dort wird das erste Dampfschiff erst 1817 registriert. Es war nichts Ungewöhnliches, wenn die frühen Dampfschiffe Schwierigkeiten auf dem Mittelrhein hatten, denn die hier viel stärkere Strömung des Rheins wurde meist unterschätzt. Die Maschinen leisteten ja noch keine 30 PS und konnten unter diesen veränderten Verhältnissen nicht genügend Kraft entfalten, um stromauf zu gelangen.

Am 16. Juni 1816 kam das Schiff wieder zurück und fuhr stromab an Köln vorbei, was auch wieder von der „Kölnischen Zeitung" notiert wurde. Ganz offensichtlich wollte man die Reise nach Frankfurt nicht mit Hilfe von Treidelpferden fortsetzen, was doch ein Eingeständnis des Versagens gewesen wäre. Wager ließ wohl in Frankfurt, wo er sein Ankommen bereits avisiert hatte, verbreiten, dass allein der Mangel an geeignetem Brennstoff ihn an der Weiterfahrt gehindert hätte, was ihm die Frankfurter wohl nicht so ganz abnahmen, da es angeblich schon die Möglichkeit gab, längs des Rheins Kohle zu erwerben.[25] Bei der Rückfahrt muss das Schiff wieder, wahrscheinlich am 17. oder 18. Juni 1816, an Düsseldorf vorbeigekommen sein.

Das Schiff „The Defiance" ist dann am 6. Juli 1816 über die Schelde im Antwerpener Hafen eingelaufen, wo es möglicherweise repariert werden musste. Im September ist es in Amsterdam und im Oktober in Brüssel nachzuweisen. Kapitän Wager hatte sich wohl schon bei seinem ersten Besuch in Rotterdam bemüht, von der niederländischen Regie-

25 Dresemann, Jugendzeit (wie Anm. 4) 17 f.; Herzog, Das erste Dampfschiff (wie Anm. 20), S. 461; Weber, Zeitungen (wie Anm. 23), S. 148.

rung ein Privileg für eine regelmäßige Dampfschiffverbindung zwischen Rotterdam und Antwerpen zu erhalten. Dieses Gesuch wurde schließlich im Dezember 1816 genehmigt. Da scheint Wager allerdings schon die Geduld verloren zu haben, denn er war in der Zwischenzeit nach England zurückgekehrt und hatte sein Schiff dort verkauft. Die niederländische Regierung suchte nun nach einem anderen Schiff und verpflichtete den Reeder des schottischen Schiffs „Orwell“, den Linienverkehr zwischen Rotterdam und Antwerpen durchzuführen. Das Schiff „Orwell“ soll dann in „Prinz von Oranien“ umgetauft worden sein. Ob diese Linienfahrt wirklich eingerichtet wurde, ist unklar, denn als erste regelmäßige Dampfschifffahrtsverbindung in den Niederlanden wird ab 1822 der Einsatz der „Wilhelmina“ auf dem Hollands Diep, dem Hauptmündungsarm des Rheins, angegeben.[26]

Kapitän Wager scheint ähnlich wie in den Niederlanden auch vom preußischen Staat ein Monopol für die Schifffahrt auf dem Rhein gefordert zu haben, wobei er recht forsch auftrat und zeigte, dass es ihn nicht an Selbstbewusstsein mangelte. Als Begründung für das geforderte Monopol gab er an, dass, wenn alle Firmen das Recht hätten, mit Dampfschiffen den Rhein zu befahren, innerhalb von nur zwei Jahren der gesamte Verkehr nur noch mit (englischen) Dampfschiffen abgewickelt würde. Die traditionelle Schifffahrt, die Segel- und Treidelschifffahrt, würde eingehen, die Schiffer arbeitslos, sie könnten dann ihre Schiffe nur noch als Brennholz verkaufen. Dieses Ansinnen wurde dann aber von der preußischen Regierung energisch abgelehnt. Zum einen sei man von der Brauchbarkeit der Dampfboote noch nicht überzeugt und zum anderen empfinde man es als „schmähliche Anmaßung“, man benötige keine Dampfschiffe, wenn sie den Wohlstand vieler Tausender Bürger zum Besten der Engländer untergraben.[27] Es sollte dann noch ein gutes halbes Jahrhundert dauern, bis die Segel- und Treidelschiffe weitgehend vom Rhein verdrängt wurden. Aufhalten ließ sich die Dampfschifffahrt aber nicht.[28]

Die „Caledonia“

Das zweite Dampfschiff, das im November 1817 an Düsseldorf vorbei den Rhein, und zwar bis Koblenz hinauf kam, war die „Caledonia“. Warum sich der Besuch dieses Schiffs

26 Herzog, Das erste Dampfschiff (wie Anm. 20), S. 461 f.; Filarski, Tegen de Stroom (wie Anm. 24), S. 81; Das Dampfschiff „The Defiance“ soll dann unter dem Kapitän William Robius als Fährschiff zwischen London, Billingsgate und Margate (Kent) gedient haben, vgl. Kennedy, History (wie Anm. 15), S. 13.

27 Dresemann, Jugendzeit (wie Anm. 4), S. 17 f., leider ohne Quellenangabe.

28 Vgl. Ulrike Stursberg, Innovation auf dem Rhein. Das Ende der Treidelschifffahrt (Düsseldorfer Geschichtsverein, Kleine Schriftenreihe, H. 3 u. SchifffahrtMuseum Düsseldorf, Schriftenreihe H. 4), Essen 2015.

4 Die „Caledonia" als Fährschiff zwischen Kiel und Kopenhagen. Druck nach einer Originalzeichnung von Carl Baagøe, ca. 1825.

weder in einer Düsseldorfer Zeitung noch in der „Kölnischen Zeitung" niedergeschlagen hat, wissen wir nicht. Der 1815 auf der Werft des John Wood im schottischen Greenock gebaute hölzerne Seitenraddampfer, der zunächst eine Dampfmaschine von 32 PS hatte, wurde im April 1817 von der Maschinenfabrik Boulton, Watt & Co. in Soho (bei Birmingham) erworben. Diese rüstete ihn mit zwei unabhängig arbeitenden, jeweils auf ein Rad wirkenden Balanciermaschinen von 25 PS aus.[29] Mit diesem Schiff unternahm der Sohn des Erfinders James Watt jr. (1769–1843) eine Fahrt über den Kanal auf den Kontinent und fuhr im Oktober in die Schelde, die Maas und dann den Rhein hinauf. Allerdings gab es auf dem Niederrhein eine Panne. Am 24. Oktober 1817 schrieb James Watt jr. von Wesel aus an Wilhelm Greighton nach Soho, dass der Fluss breit und seicht sei und sie mehrfach stecken geblieben seien, zumal der Rhein wenig Wasser führe. Dabei sei der Balancier der Maschine gebrochen. Dieser zentrale Hebel, der die Verbindung zwischen dem Zylinder

29 Szymanski, Die alte Dampf-Schiffahrt (wie Anm. 22), S. 5; Caledonia ist die alte keltische Bezeichnung für Schottland. Zahlreiche Schiffe trugen diesen Namen, u. a. eine Klasse der Linienschiffe der Royal Navy, vgl. Europäische Annalen 1803, Bd. 2, S. 169 (Linienschiff Caledonia mit 120 Kanonen).

und dem Schwungrad herstellte, musste ersetzt werden. Watt hörte von einer Gießerei für Töpfe und Öfen in (Oberhausen-)Sterkrade und wandte sich dorthin, wo der Balancier dann auch nach einigen Versuchen nachgegossen wurde. Es handelte sich bei dieser Gießerei um die Hüttengewerkschaft Jacobi, Haniel & Huyssen, aus der später die Gutehoffnungshütte (GHH) hervorgehen sollte. Der leitende Techniker war Gottlob Jacobi (1770–1823),[30] er kümmerte sich persönlich um den nicht unkomplizierten Nachguss des Balanciers. Der Gesellschafter und Mitbegründer, Franz Haniel (1779–1868), lud Watt in der Zwischenzeit nach Ruhrort ein, worauf er dann auch das Dampfschiff besichtigen konnte. Auch Franz Dinnendahl, der Dampfmaschinen für den Ruhrbergbau herstellte, unterhielt sich mit James Watt, der ihm wohl sagte, dass sie in Deutschland mit dem Dampfmaschinenbau ebenso weit wären wie in England von 20 oder 25 Jahren. Dinnendahl will geantwortet habe, dass er hoffe, in einem Jahr aufgeholt zu haben und genauso gut zu sein wie die Engländer.[31]

Nach der Reparatur des Schiffs ging es über Düsseldorf und Köln weiter rheinaufwärts. Am Nachmittag des 11. November 1817 kam das Schiff an Königswinter vorbei. Der Hauptlehrer Aloys Odenthal (1778–1821) hielt seine Schüler an, besondere Ereignisse festzuhalten, und Joseph Schmitz notierte in seinem Schulheft in Schönschrift: „Königswinter sah eines der neu erfundenen Dampfschiffe auf den Fluten des staunenden Rheins aufwärts fahren am 11. November 1817, gegen 5 Uhr nachmittags bei vergeblich sich widersetzendem Südwinde".[32] Gottlob Jacobi schickte Watt noch eine Aufstellung von Sehenswürdigkeiten und Logiermöglichkeiten längs des Rheins zu und bat, er möge das Dampfschiff doch auch seinen Freunden und Kollegen von der Sayner Hütte (bei Koblenz) zeigen.[33]

In Koblenz hat sich die Ankunft des Dampfschiffs nur in der Chronik des Privatgelehrten Josef Anton Lucas niedergeschlagen: „Am 13. November kömt das erste Dampfschiff hier an, wo es gleich unter der Fliegenden Brücke landet. Am 15. kehrte dasselbe nach Cöln zurück." Die Fliegende Brücke verband bis April 1819 Koblenz mit Ehrenbreitstein, wonach sie durch eine Schiffbrücke ersetzt wurde.[34] Ob es stimmt, dass das Dampfschiff

30 Zu Jacobi vgl. Lars Ulrich Scholl, Ingenieure in der Frühindustrialisierung. Staatliche und private Techniker im Königreich Hannover und an der Ruhr (1815–1873), Göttingen 19768, S. 303–306, bes. S. 305.

31 Hedwig Behrens, Zur Rheinfahrt des James Watt jr. mit dem Dampfschiff „Caledonia" im Jahre 1817, in: Rheinische Heimatpflege 12, 1975, S. 33–35.

32 Siebengebirgsmuseum Königswinter, Sign.: A-Si-2.12; für eine Kopie der entsprechenden Seite und wertvollen Hinweisen danke ich Herrn Elmar Scheuren; Dresemann, Jugendzeit (wie Anm. 4), S. 20; Herzog, Caledonia (wie Anm. 10), S. 592.

33 Jacobi stammte von der Sayner Hütte bei Bendorf, nördlich von Koblenz-Ehrenbreitstein, einer der damals bedeutendsten Eisengießereien in Preußen, Behrens, Rheinfahrt (wie Anm. 31), S. 34.

34 Stadtarchiv Koblenz, Best. 623 Nr. 998, S. 401 Nr. 724; für die Überlassung einer Kopie und wert-

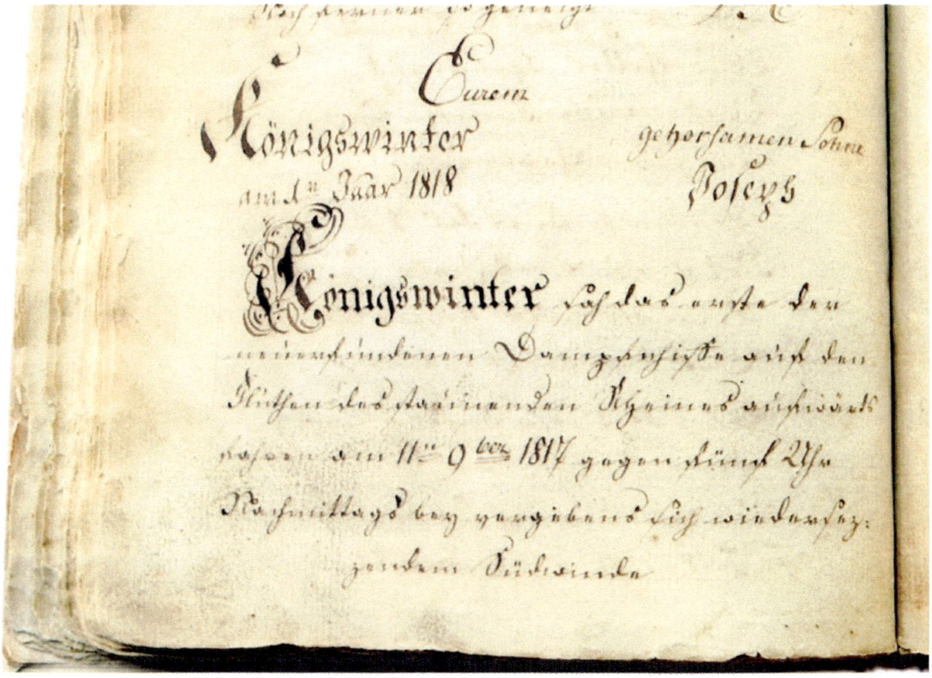

5 Erstes Dampfschiff vor Königswinter am 11. November 1817. Eintrag im Schulheft des Joseph Schmitz, Königswinter.

Koblenz nur durch den Vorspann von Treidelpferden erreichte, wie vielfach in der Literatur zu finden ist,[35] sei dahingestellt. Diese Behauptung geht wohl auf Sulpiz Boissereé zurück, der im Jahre 1824, also sieben Jahre später, schreibt, dass „man noch Pferde hat zu Hilfe nehmen müssen, um es [das Schiff] bis Koblenz zu bringen".[36]

Für die Talfahrt nach Köln wurde der Koblenzer Steuermann Sellbach engagiert, so traf die „Caledonia" am 15. November 1817 wieder in Köln ein. Das Schiff wurde später im Linienverkehr zwischen Kiel und Kopenhagen eingesetzt, wo es bis 1830 in Betrieb war.[37]

---

volle Hinweise danke ich Herrn Michael Koelges; vgl. Weber, Old-Timer (wie Anm. 20), S. 11; Szymanski, Alte Dampf-Schiffahrt (wie Anm. 22), S. 5.

35 Schmitt, Dampfschiff (wie Anm. 14), S. 92.

36 Dresemann, Jugendzeit (wie Anm. 4), S. 20.

37 Weber, Old-Timer (wie Anm. 20), S. 11; vgl. RWWA, 1-33-1, f. 171: Bericht von Bosserée und Molinari vom 26.8./10.9.1824, worin erwähnt wird, dass die Caledonia in Kopenhagen als Fährschiff genutzt wird.

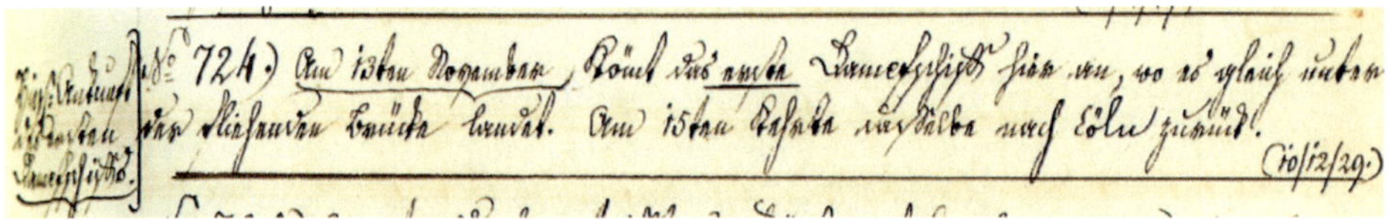

6 Die „Caledonia" in Koblenz am 13. November 1817 im „Zeitbuch" des Josef Anton Lucas.

Die Jahre 1816/17 waren Aufbruchsjahre für die Dampfschifffahrt auf europäischen Flüssen. Im März 1816 kam ein Dampfschiff auf der Seine bis Paris und schon 1818 brachten Kaufleute aus Bordeaux ein in Frankreich selbst gebautes Dampfschiff, die „La Garonne", in Betrieb.[38] Auf der Elbe erschien am 17. Juni 1816 ein englisches Schiff, die in Kincardine in Schottland gebaute „The Lady of the Lake", die dann ein Jahr lang zwischen Hamburg und Cuxhaven eingesetzt war, deren Betrieb sich aber als nicht rentabel herausstellte.[39] Gleichzeitig wurden schon in Deutschland Dampfschiffe auf Kiel gelegt und zwar in Pichelsberg an der Havel (Berlin-Spandau) das Mittelraddampfschiff „Prinzessin Charlotte von Preussen", das im Auftrag der neugegründeten „Königlich Preußischen Patentierten Dampfschiffahrts-Gesellschaft" von dem Engländer John Barnett Humpfreys und seinem Sohn gebaut und am 5. November 1816 in Dienst gestellt wurde.[40] Das zweite Schiff war der ebenfalls in Pichelsberg gebaute Seitenraddampfer „Kurier", Indienststellung am 5. April 1817, der den Liniendienst Hamburg–Berlin übernahm. Ein weiteres Schiff auf der Elbe war die von der gleichen Gesellschaft gebaute und betriebene „Stadt Magdeburg", die am 6. Mai 1818 vor Magdeburg eintraf. Für die Weser wurde 1816/17 auf der Helling in Grohn an der Unterweser der Seitenraddampfer „Die Weser" erbaut und am 20. Mai 1817 in Dienst gestellt, seine Dampfmaschinen stammten allerdings noch von der Firma Boulton, Watt & Co. in Soho bei Birmingham. Bis 1819 sind auf den genannten Werften an der Elbe und Havel weitere fünf Dampfschiffe gebaut worden.[41] Es ist hier so ausführlich über

38 Annick Senotier, À Bord d'un Inexplosible. Petite histoire de la navigation à vapeur sur la Loire au XIXe siècle, Paris [2008], S. 3.

39 Hans Rindt, Heinz Trost, Dampfschiffahrt auf Elbe und Oder, den Berliner- und Märkischen Wasserstraßen 1816–1945 (Schriften des Vereins zur Förderung des Lauenburger Elbschiffahrtsmuseums), 2. Aufl., Hamburg 1984, S. 26 f.; Szymanski, Alte Dampf-Schiffahrt (wie Anm. 22), S. 6 f.

40 Werner Jaeger, Das Mittelrad-Dampfschiff Prinzessin Charlotte von Preussen 1816, Oldenburg/Hamburg 1977, S. 12–14; Szymynski, Alte Dampf-Schiffahrt (wie Anm. 22), S. 7.

41 Bodo Herzog, Aus den Anfängen der Dampfschiffahrt: Das erste Dampfschiff in Berlin, in: Binnenschiffahrts-Nachrichten, Nr. 18 u. 20, 1972, S. 280–282 u. 315 f.; Hermann Raschen, Die Weser, das erste deutsche Dampfschiff und seine Erbauer. Ein Beitrag zur Geschichte der deutschen Schifffahrt und des deutschen Schiffbaus, Berlin 1908, S. 16; Szymanski, Alte Dampf-Schiffahrt (wie Anm. 22), S. 9–13.

die aufkommende Dampfschifffahrt der verschiedensten europäischen Flüsse berichtet worden, um zu zeigen, dass diese Erfindung überall auf großes Interesse stieß, wenngleich noch nicht jeder Einsatz von Dampfbooten auch wirtschaftlich erfolgreich war. Auf dem Rhein allerdings können wir nach den ersten Besuchen der beiden englischen Dampfboote 1816 und 1817 zunächst noch keine weiteren Aktivitäten zu einer Einrichtung eines regulären Dampferverkehrs erkennen. Es gab eine Verzögerung von ca. acht Jahren, bis die nächsten Dampfschiffe auf dem Rhein erschienen. Dies mag verschiedene Gründe haben und in der besonderen politischen Situation im Rheinland nach der preußischen Besitznahme, in den Verhältnissen zu den Niederlanden, die die Rheinmündung abschotteten, in der traditionellen Struktur des Schiffsverkehrs und nicht zuletzt der besonderen hydrographischen Gegebenheiten des Rheinstroms begründet sein.

***

Auf dem Wiener Kongress 1815 war, wie schon im Frieden von Paris vom 30. Mai 1814, die „Freiheit des Rheins“ vereinbart worden, d.h., der Rhein sollte frei zu befahren sein von dem Punkt, wo er schiffbar wird, bis zum Meer.[42] Es sollte lediglich einen Befähigungsnachweis der Schiffer und die Gebührenerhebung (Oktroi) zum Unterhalt der Leinpfade geben, was von einer von den Rheinanliegern international besetzten Kommission, der „Zentralkommission für die Rheinschifffahrt“, organisiert werden sollte.[43] Aufgehoben werden sollten die Stapel- bzw. Umschlagrechte von Köln und Mainz. Wir wissen, dass es noch nicht dazu kam, weil die Niederlande die Formulierung „jusqu’à la mer“ so interpretierten, dass sie berechtigt seien, an der Schnittstelle von Rhein und Meer einen Eingangszoll zu erheben. Preußen als der am meisten betroffene Staat ließ als Druckmittel gegen die Niederlande das Stapelrecht von Köln bestehen. Erst Ende der 1820er Jahre bzw. nach der Belgischen Revolution 1830 gelang es, die Niederlande zum Einlenken zu bewegen und in der Mainzer Rheinschifffahrtsakte oder Konvention vom 31. März 1831 Regelungen über die Nutzung der Rheinarme bis in die See zu vereinbaren.[44]

42 Rheinurkunden/Rijndocumenten, Den Haag/München/Leipzig 1918, I. Teil, S. 36, Nr. 38 (1814 Mai 30), S. 43, Annexe 16B (1815 Juni 9), „du point oû il devient navigable jusqu’à la mer, soit en descendant, soit en remontant, sera entièrement libre“.

43 Die Zentralkommission ist die älteste noch bestehende europäische Einrichtung, vgl. Jean-Marie Woehrling/Sylvain Schirmann/Martial Libera (Hrsg.), Zentralkommission für die Rheinschifffahrt. 1815–2015. Zweihundert Jahre Geschichte, Straßburg 2015.

44 Vgl. Dieter Strauch, Die Entwicklung des Rheinschifffahrtsrechts zwischen 1815 und 1868, in: Der Rhein als Verkehrsweg. Politik, Recht und Wirtschaft seit dem 18. Jahrhundert, hrsg. v. Clemens von Looz-Corswarem/Georg Mölich (Schriftenreihe der Niederrhein-Akademie/Academie Nederrijn, Bd. 7), Bottrop 2007, S. 61–92.

Bis dahin, bis zur Mainzer Konvention von 1831, bestand das Kölner Umschlagsrecht, was bedeutete, dass jeglicher Schiffsverkehr von den Niederlanden in Köln endete, ebenso wie der Verkehr vom Oberrhein sein Ziel in Köln fand. Holländer durften mit ihren Schiffen nicht über Köln hinausfahren, sie mussten ihre Waren in Köln ausladen bzw. auf andere Schiffe umladen, auch galten noch die seit dem Mittelalter kultivierten und ausgebauten Regeln, dass im Fernverkehr Handelsware nicht zwischen den Stapelstädten ausgeladen werden durfte. Mit dieser Regelung war es der Stadt Köln über Jahrhunderte gelungen, Nachbarstädte wie Düsseldorf, Neuss oder Bonn vom ertragreichen Fernhandel abzuhalten.[45]

Was Düsseldorf anging, so erlebte es während der Franzosenzeit infolge der Zollgrenze am Rhein einen kurzen wirtschaftlichen Aufschwung. Die aus den Niederlanden kommenden Waren wurden in Düsseldorf ausgeladen, auf der Achse rechtsrheinisch an Köln vorbei gebracht und bei Porz oder Zündorf, wieder auf, jetzt mittelrheinische, Schiffe geladen oder direkt auf der Achse nach Frankfurt und weiter ins Süddeutsche transportiert. Dazu trug auch das Freihafenrecht bei, das der Stadt noch von Herzog Maximilian Joseph 1805 bestätigt worden war, das aber nach 1815 im Gegensatz zu Köln nicht erneuert wurde. Trotz intensiver Bemühungen gelang es Düsseldorf in preußischer Zeit erst wieder 1830, einen Freihafen zu erhalten.[46] Auch sonst scheint Köln in den ersten Jahrzehnten der Preußenzeit, jedenfalls was den Handel anging, wieder im Vorteil gewesen zu sein, da es sein Umschlagsrecht mit Erfolg verteidigen und die direkten Verbindungen seiner Kaufleute, Kommissionäre und Spediteure zu den Niederlanden oder an den Oberrhein wieder aufnehmen und ausbauen konnte. Man muss wohl davon ausgehen, dass die Tatsache, dass Köln der Angelpunkt des Handels, der Endpunkt jeglichen Verkehrs rheinauf wie rheinab

45 Zum Kölner Stapelrecht vgl. Clemens von Looz-Corswarem, Zum Stapelrecht von Köln und der Schiffahrt auf dem Niederrhein in der frühen Neuzeit, in: Köln und die Niederrheinlande in ihren historischen Raumbeziehungen (15.–20. Jahrhundert), hrsg. v. Dieter Geuenich (Veröff. d. Hist. Vereins für den Niederrhein 17), Pulheim 2000, S. 323–338 (Vgl. Beitrag 1 in diesem Band); Gerd Schwerhoff, Der Kölner Stapel (1259–1831). Werden und Wandlungen einer alteuropäischen Institution, in: Jahrbuch des Kölnischen Geschichtsvereins 80, 2009/10, S. 43–69.

46 Otto Most, Geschichte der Stadt Düsseldorf, Bd. 2: Von 1815 bis zur Einführung der Rhein. Städteordnung (1856), Düsseldorf 1921 (Nachdruck 1981), S. 158 f.; Oliver Karnau, Der Düsseldorfer Hafen (Studien zur Düsseldorfer Wirtschaftsgeschichte, H. 4), Düsseldorf 1990, S. 53–55; Annette Fimpeler-Philippen, Düsseldorf und der Rhein, in: Horst Rademacher/Clemens von Looz-Corswarem/Annette Fimpeler-Philippen, Düsseldorf und seine Häfen. Zur Verkehrs- und Wirtschaftsgeschichte der Stadt aus Anlaß des 100jährigen Hafenjubiläums 1896–1996, Essen 1996, S. 33–46, hier S. 42; Clemens von Looz-Corswarem, Der Kampf der Stadt Düsseldorf um ihren Freihafen zu Beginn des 19. Jahrhunderts, in: Geschichte – Unternehmen – Archive (Festschrift für Horst A. Wessel), hrsg. v. Wilfried Feldenkirchen/Susanne Hilger/Kornelia Rennert, Essen 2008, S. 17–41 (Vgl. Beitrag 7 in diesem Band)..

war, so stark im Denken der Menschen verankert war, dass nur wenige, vor allem Nichtkölner sich eine ungehinderte Vorbeifahrt an Köln vorzustellen vermochten. Außerdem war der Umschlag (noch) geltendes Recht, Vorbeifahrt war die genehmigungspflichtige Ausnahme.[47] Der traditionellen Teilung des Rheins in Stromabschnitte durch die Umschlagsstädte Köln und Mainz entsprach auch die Organisation der Frachtschifffahrt. Zwei in Köln ansässige Schiffergilden, eine für den Nieder- und eine für den Ober-(= Mittel-) Rhein organisierten den Güterverkehr von den niederländischen Städten Rotterdam und Amsterdam nach Köln und von Köln nach Mainz und zurück. Die Schiffe wurden auf dem Niederrhein teilweise gesegelt und teilweise getreidelt, auf dem Mittelrhein in der Regel getreidelt, wobei trotz der dort eingesetzten viel kleineren Schiffe wegen der viel stärkeren Strömung wesentlich mehr Treidelpferde eingesetzt werden mussten. Dass Schiffe auf dem Mittelrhein allein mit dem Segel stromauf kamen, muss als Ausnahme angesehen werden und war wohl auf kleine und leichte Schiffe beschränkt. Die Transportgeschwindigkeit entsprach der Tagesleistung der Zugpferde, war also entsprechen langsam. Da auf dem niederländischen Armen des Rheins wegen fehlender Leinpfade gesegelt werden musste, konnte sich der Transport von Waren von Rotterdam oder Amsterdam nach Köln bei anhaltender Flaute um Wochen verzögern. Dies hat die Kölner Kaufleute schon vor der Erfindung der Dampfschiffe dazu gebracht, eine Beschleunigung des Warenverkehrs zu fordern.[48] Die aus dem Denken des Alten Reiches vorherrschende Tendenz, im Falle eines wirtschaftlichen Einbruchs oder von Krisen – und die gab es nach den Koalitionskriegen, der Hungersnot von 1815/17 und den prohibitiven Zöllen der Niederlande zur Genüge – verbissen an alten Rechten festzuhalten, und neues Denken nicht zuzulassen, hat sich wohl auch hier manifestiert.[49] Bei aller möglichen Faszination für die neue Technik der Dampfschiffe konnte es daher nur eine sehr kleine Gruppe von Menschen sein, die sich aktiv für Dampfboote auch auf dem Rhein einsetzten. Außerdem hatten die beiden Versuchsfahrten von 1816 und 1817 gezeigt, dass die neue Technik noch nicht genügend ausgereift war, um gegen die starke Strömung des (Mittel-)Rheins anzukommen. Hinzu kam ja, dass der Rhein damals noch nicht reguliert war, also keine feste Fahrrinne be-

---

47 Zur Situation von Düsseldorf vgl. Hans Fraenkel, Dampfschiff und Eisenbahn am Niederrhein. Studien über ihre Anfänge, unter besonderer Berücksichtigung Düsseldorfs, in: DJb 27. 1915, S. 179–287, hier S. 188 f.

48 Clemens von Looz-Corswarem, Die Überwindung der Langsamkeit. Zur Frage der Beschleunigung von Warentransporten auf dem Rhein im Übergang vom 18. zum 19. Jahrhundert (Versuch einer Strukturanalyse), in: Niederrhein-Magazin (Programmzeitschrift der Niederrhein-Akademie/Academie Nederrijn e. V. und des Instituts für niederrheinische Kulturgeschichte und Regionalentwicklung), Nr. 18, 2014/15, S. 15–32 (Vgl. Beitrag 8 in diesem Band).

49 Mathieu Schwann, Geschichte der Kölner Handelskammer, Bd. 1, Köln 1906, S. 390–405; Jürgen Herres, Köln in preußischer Zeit 1815–1871 (Geschichte der Stadt Köln, Bd. 9), Köln 2012, S. 56 f.

saß, sondern von zahlreichen Sandbänken und Untiefen durchzogen war und die für den Küstenverkehr gebauten Dampfschiffe nicht flach genug waren, um auf dem Rhein zu verkehren. Ganz abgesehen davon, dass die Dampfmaschinen, wenn sie stark genug sein sollten, einen gewissen Strömungswiderstand zu überwinden, wegen ihres Gewichts einen bestimmten Tiefgang des Schiffs erforderten. D.h., für eine Fahrt auf dem Rhein standen zunächst noch gar keine Dampfschiffe zur Verfügung.

Trotzdem waren es einige fortschrittliche Kölner Unternehmer – es waren auch diejenigen, die sich innerlich auf eine Aufhebung des Umschlagsrechtes vorbereiteten und ihre Mitbürger aufriefen, sich der neuen unausweichlich auf sie zukommenden Situation zu stellen –, die die Entwicklung der Dampfschifffahrt aktiv verfolgten, die positiven auch kommerziellen Möglichkeiten voraussahen und nach Wegen suchten, sich daran zu beteiligen.[50] Es soll daher noch kurz auf die nächsten in den Jahren 1824 und 1825 auf dem Rhein auftauchenden Dampfschiffe eingegangen werden, die schon mit der Gründung der Preußisch-Rheinischen Dampfschiffahrts-Gesellschaft in Verbindung standen.

***

König Wilhelm I. der Niederlande förderte den Dampfmaschinen- und Dampfschifffahrtsbau, da er – vielleicht seit seinem Besuch auf der „The Defiance" 1816 – davon überzeugt war, dass die Dampfschiffe, weil unabhängig vom Wind, besser einsetzbar seien als die Segelschiffe. Er war auch der Meinung, dass die Niederlande die Kenntnisse und Fähigkeiten erwerben sollten, um selbst Dampfschiffe bauen zu können. Um diese Kenntnisse zu erwerben sandte er den jungen Seeoffizier Gerhard Moritz Roentgen (1795–1852) zwischen 1816 und 1821 zu Studienreisen nach England und brachte ihn in Kontakt mit John Cockerill in Seraing bei Lüttich. Der in Friesland aufgewachsene Roentgen, der aus der Familie der bekannten Möbelschreinerei in Neuwied stammte, wurde einer der bedeutendsten Dampfschiffpioniere Nordeuropas. 1820 gab die niederländische Regierung ein erstes Dampfschiff in Auftrag, das, von Roentgen geplant, in England bei Boulton & Watt gebaut wurde, die schon genannte „Wilhelmina", die am 12. August 1822 in Betrieb ging.[51]

Es ist verständlich, dass sich nach diesem Ereignis niederländische Unternehmer fan-

50 Clemens von Looz-Corswarem, Die Anfänge der Preußisch-Rheinischen Dampfschiffahrts-Gesellschaft, in: Kölner Unternehmer und die Frühindustrialisierung im Rheinland und in Westfalen (1835–1871), hrsg. v. Rheinisch-Westfälischen Wirtschaftsarchiv zu Köln e.V., Köln 1984, S. 96–115, hier S. 98 f. (Vgl. Beitrag 12 in diesem Band); Herres, Köln (wie Anm. 49), S. 93–97.

51 Filarski, Tegen de stroom (wie Anm. 24), S. 81–83; M. G. de Boer, Leven en Bedrijf van Gerhard Moritz Roentgen. Grondvester van de Nederlandsche Stoomboot-Maatschappij thans Maatschappij voor Scheeps- en Werktuigbouw „Fijenoord" 1823–1923, [Rotterdam] 1923, S. 41 f.

7 Peter Heinrich Merkens (1777–1854). Bei dem abgebildeten Dampfschiff handelt es sich entweder um die 1827 gebaute „Concordia" oder die im gleichen Jahr gebaute, baugleiche „Friedrich Wilhelm". Gemälde von Simon Meister, 1834.

den, die ihrerseits in den Dampfschiffbau einsteigen wollten. Am 24. September 1822 wurde in Rotterdam die niederländische Reederei van Vollenhoven, Dutilh & Comp. gegründet, die sich am 11. November 1823 in eine Aktiengesellschaft unter dem Namen „Nederlandsche Stoomboot Maatschapij" (NSM) umbenennen sollte. Das auf diese Weise gewonnene Kapital wollte die Gesellschaft zum Bau neuer Dampfschiffe und zur Errichtung von Schifffahrtslinien, auch auf dem Rhein, nutzen. Die Firma wollte zunächst ein Dampfschiff für die Linie Rotterdam–Antwerpen bauen, was ihnen wohl auch wirtschaftlich lukrativ erschien. Cornelis van Vollenhoven (1788–1854), der als Verwaltungsdirektor fungierte, konnte Gerhard Moritz Roentgen als Partner und technischen Direktor gewinnen,[52] auch der Altmeister des Dampfmaschinenbaus, John Cockerill, wurde an die Firma gebunden.

Von der Errichtung der Firma Vollenhoven, Dutilh & Comp. 1822 in Rotterdam hatten einige Mitglieder der Kölner Handelskammer gehört, vor allem Peter Heinrich Merkens (1777–1854) und Bernhard Boisserée (1773–1845), die beide die Idee hatten, die Dampfschifffahrt für den Rhein (und den Kölner Handel) nutzbar zu machen. So schrieben sie

52 Von Looz-Corswarem, Anfänge (wie Anm. 50), S. 98.

am 29. Oktober 1823 an Cornelis van Vollenhoven in Rotterdam und boten an, dass sich die Kölner Handelskammer mit 50 Aktien an der neuen Gesellschaft beteiligte. So kamen Geschäftsbeziehungen der Kölner Handelskammer zur NSM zustande, Bernhard Boisserée nahm an den Aktionärsversammlungen in Rotterdam teil und es wurde der Bau eines eigenen Dampfschiffs für den Rhein vereinbart.[53]

Die Intention der Kölner Kaufleute war beim Bau der Dampfschiffe zunächst eine andere als die der niederländischen Gesellschaft. Die Kölner waren an einem Dampfschiff interessiert, das die Segelfrachtschiffe auf dem niederländischen Rhein, wo es keinen Leinpfad gab, bei Flaute den Rhein hinaufzog, um den Transport der Waren zu beschleunigen. Die NSM dagegen wollte eher Personenschiffe bauen, die auch bis zu einer bestimmten Höhe Fracht mitnehmen konnten, weil bei diesen Schiffen der Kosten-Nutzen-Effekt ein größerer war. Es sollte sich auch herausstellen, dass die Segelschiffer gar nicht daran interessiert waren, ihre Fahrt zu beschleunigen, da sie in der sogenannten Rangschifffahrt eingebunden waren, es also für sie ganz gleich war, ob sie früher oder später in Köln ankamen. Außerdem kostete die Nutzung eines Dampfschiffs als Schlepper, während der Wind kostenlos war. Es stellte sich auch heraus, dass die bisherigen Segelschiffe nicht für das Schleppen durch Dampfer geeignet waren, das sollte sich erst ändern, als in der Mitte des 19. Jahrhunderts eiserne Frachtkähne eingesetzt wurden.[54] Zunächst aber galt es, bei den Verantwortlichen in der Politik und in der breiten Bevölkerung für die Dampfschifffahrt zu werben. Deswegen vereinbarten die Kölner Handelskammer und die NSM Versuchsfahrten, bei denen auch getestet werden konnte, wie Dampfschiffe für den Rhein von der Form und der Kraft her ausgestaltet werden mussten. So wurde für den Oktober des Jahres 1824 eine Versuchsfahrt des neuen Dampfers „De Zeeuw" auf dem Rhein vereinbart. Es sollte somit das dritte Dampfschiff werden, das auf dem Rhein erschien.[55] Mit der Fahrt sollte erstens bewiesen werden, dass eine Fahrt mit dem Dampfschiff oberhalb Kölns möglich ist, und zweitens sollte eine Stromaufnahme durch die Anliegerstaaten angeregt werden.[56]

53 Von Looz-Corswarem, Anfänge (wie Anm. 50), S. 100 f. Da sich in Köln die Akten der Handelskammer (RWWA, 1-33-1) für die 1820er Jahre erhalten haben, sind wir relativ gut über die Einführung der Dampfschifffahrt sowie die Versuchsfahrten unterrichtet.

54 RWWA, 1-33-1; von Looz-Corswarem, Die Anfänge (wie Anm. 50), S. 100 f.; vgl. auch Christian Eckert, Rheinschifffahrt im XIX. Jahrhundert (Staats- und socialwissenschaftliche Forschungen, Bd. 81), Leipzig 1900, S. 198–207.

55 Möglicherweise gab es noch Stippvisiten von Dampfschiffen anderer Gesellschaften, die aber keinen schriftlichen Niederschlag gefunden haben. Bisweilen wurden auch Dampfschiffe angekündigt, die aber meist aus technischen Gründen ihre Fahrten absagen mussten, RWWA, 1-33-1.

56 Weber, Old-Timer (wie Anm. 20), S. 16–19.

8 Modell der „De Zeeuw" (Der Seeländer).

Die Fahrt der „De Zeeuw" (Der Seeländer), die Rotterdam am 26. Oktober 1824 verlassen hatte und nach nur 37 Stunden am 29. Oktober Köln erreichte, war dort durch reitende Stafetten angekündigt worden. Die „Kölnische Zeitung" schrieb von „einer unabsehbaren Menge Zuschauer auf beiden Ufern des Rheins", die trotz stürmischen Wetters das Dampfschiff bewunderten und zusahen, wie es sich mit großer Leichtigkeit auf dem Rhein bewegte. An Bord waren unter anderen van Vollenhoven, Herr Roentgen und Herr Cockerill (Erbauer der Maschine), in Köln wurden die Mitglieder der Handelskammer und Honoratioren an Bord genommen und während einer Rundfahrt bewirtet. Zu Demonstrationszwecken wurden auch Schleppversuche durchgeführt. Die weitere Reise ging nach Koblenz und von da mit Schwierigkeiten – die Röhren waren verschlammt – bis nach St. Goar, wo das Schiff umkehren musste. Als Grund wird angegeben, dass die Saarkohle, die in Koblenz vorrätig war, eine geringere Heizkraft als die Ruhrkohle gehabt habe.[57] Trotzdem war der Eindruck, den diese Versuchsfahrt machte, überwältigend. Vielleicht schon auf dem Schiff fanden Überlegungen zur Gründung einer eigenen Dampfschifffahrtsgesellschaft statt, die allerdings dann in enger Zusam-

57 Heinz Weber, Aus der Jugendzeit der Rheindampfschiffahrt Gerhard Moritz Roentgen, in: Beiträge zur Rheinkunde (Rhein-Museum Koblenz) 36, 1984, S. 32–37; von Looz-Corswarem, Die Anfänge (wie Anm. 50), S. 103 f.; Bündgen, Personenschiffahrt (wie Anm. 20), S. 17–19.

menarbeit mit der NSM stattfinden sollte. Am 9. Dezember 1824 trat Bernhard Boisserée mit dem Projekt in die Öffentlichkeit, stellte einen Prospekt vor und rief zur Zeichnung von Aktien auf. Die Resonanz war sehr groß, die 1200 Aktien zu je 200 Reichstaler waren schnell gezeichnet, wobei nicht nur Kölner Kaufleute, sondern auch solche aus Aachen, Bonn, Düsseldorf, Elberfeld, Frankfurt, Karlsruhe, Kleve, Koblenz, Magdeburg, Mainz, Mannheim, Stuttgart und aus dem Ausland (Antwerpen, Basel, Brügge, Brüssel, Paris, Rotterdam und Straßburg) dabei waren. Ein prominentes Mitglied war der sehr für die Dampfschifffahrt engagierte Verleger Johann Friedrich Cotta (1764–1832) in Stuttgart, dem Goethe vorwarf, er würde sich mehr für die Dampfschifffahrt als für die Herausgabe seiner Werke letzter Hand interessieren. In Düsseldorf zeichneten der Geheime Oberbaurat Bauer, J. G. Baum, Oberbürgermeister F. A. Klüber und M. L. Scheuer, in Elberfeld Heinrich Kampf, P. C. Peill und Godfried Seinweg.[58] Dass die vier Düsseldorfer Persönlichkeiten Aktien der neuen Kölner Gesellschaft erwarben, ist wohl kein Zufall, waren sie doch aus verschiedenen Gründen mit Schifffahrt und Handelsverkehr auf dem Rhein verbunden. Oberbaurat Christian Wilhelm Gottlieb Bauer war schon nach 1803 zusammen mit Hofbaurat Kaspar Anton Huschberger und Gartenbaudirektor Maximilian Friedrich Weyhe beim Ausbau der Stadt Düsseldorf beteiligt und da für den Wasserbau zuständig. Mit Gerhard Baum fassen wird einen Bankier und Unternehmer, Teilhaber des Kommissions- und Bankhauses Cleff, von 1834 bis 1868 Präsident der Handelskammer, Mitglied im Stadtrat und Landtag, Kommerzienrat und 1845 einer der 16 reichsten Düsseldorfer. Baum „war in allen wirtschaftlichen Fragen, namentlich soweit die Verkehrsinteressen eine Rolle spielten, maßgebend“[59], auch war er Mitinitiator der 1836 gegründeten Düsseldorfer Dampfschifffahrtsgesellschaft und später aktiv in der Förderung des Eisenbahnbaus tätig. Oberbürgermeister Friedrich Adolf Klüber, der dieses Amt nur 3 ½ Jahre bekleidete, ehe er in badische Dienste trat, hat in dieser Zeit sehr aktiv für Düsseldorf gewirkt und sich u. a. 1826 in einer Denkschrift für den Düsseldorfer Freihafen eingesetzt. Die Firma M. F. Scheuer war auf Bankgeschäfte spezialisiert, aber auch im Waren-, Speditions- und Kommissionshandel tätig.[60] So waren schon 1824/25 Düsseldorfer und Elberfelder Kreise eingebunden, die dann etwa zehn Jahre später in eine eigene – Düsseldorfer – Gesellschaft investieren sollten.[61] Während die Zeichnungs-

58 Weidenhaupt, Von der Französischen Zeit (wie Anm. 2), S. 382.; von Looz-Corswarem, Anfänge (wie Anm. 50), S. 106–110.

59 Most, Düsseldorf (wie Anm. 46), S. 52.

60 Most, Düsseldorf (wie Anm. 46), S. 27 f., 51, 149 u. 159; Weidenhaupt, Von der französischen Zeit (wie Anm. 2), S. 325, 381, 415; Friedrich Wilhelm Henning, Düsseldorf und seine Wirtschaft. Zur Geschichte einer Region, 2 Bde., Düsseldorf 1981, S. 279 f., 310.

61 Von Looz-Corswarem, Anfänge (wie Anm. 50), S. 106–110, Weber, Zeitungen (wie Anm. 23), S. 149–151.

9 Das Dampfschiff „De Rijn“ vor Mainz am 25. September 1825. Es war für Mainz wirklich das erste Dampfschiff, das vor der Stadt erschien. Stahlstich von Wenzel Pobuda, 1825.

frist für die Aktien lief, organisierte die Handelskammer Köln für den September 1825 eine weitere Versuchsfahrt, zu der sich nach dem Erfolg der ersten im Jahr zuvor die Niederländische Gesellschaft gerne bereitfand. Bestand doch zwischen den beiden Gesellschaften keine Konkurrenz, im Gegenteil, die Absprache ging dahin, dass die Niederländische Gesellschaft die Strecke Antwerpen/Rotterdam/Amsterdam–Köln und die Kölner Gesellschaft die Strecke Köln–Mainz abdecken sollte. Die erstere war von der NSM bereits im Juni 1825 eröffnet worden. Außerdem ließ die Kölner Gesellschaft ihre Schiffe zunächst auf der Werft der niederländischen Gesellschaft in dem Rotterdamer Vorort Fijenoord bauen.

Die Versuchsfahrt des kurz zuvor neu gebauten Dampfers „De Rijn“ im September 1825, die auch von Roentgen persönlich durchgeführt wurde, war deshalb ein so großer Erfolg, weil das Schiff auf der Rückfahrt von Koblenz nach Köln den preußischen König Friedrich Wilhelm III. an Bord hatte, der für die Dampfschifffahrt auf dem Rhein gewonnen werden konnte. Auch konnte Roentgen bei dieser Versuchsfahrt, die über Mainz hinaus bis Straßburg (Kehl) führte, beweisen, dass Dampfschiffe auch den Mittel- und

Oberrhein befahren konnten. Das gab auch den dort in Gründung befindlichen Gesellschaften Aufschwung.[62]

Am 1. Mai 1827 nahm die Kölner Gesellschaft, die „Preußisch-Rheinische Dampfschiffahrts-Gesellschaft" (PRDG), ihre Fahrten auf dem Mittelrhein mit der „Concordia" und am 3. Juni 1827 mit der „Friedrich Wilhelm" auf. Das Schiff „De Rijn" war am 17. Oktober 1825 in Köln feierlich in „Friedrich Wilhelm" umbenannt worden. Diese Umbenennung ist von der jungen Annette von Droste-Hülshoff, die gerade bei Freunden in Köln zu Besuch war, in einem Brief an ihre Mutter beschrieben worden.

> Ein so großes Dampfschiff ist etwas höchst Imposantes, man kann wohl sagen, Fürchterliches – Es wird, wie du wohl weißt durch Räder fortbewegt, die, verbunden mit dem Geräusch des Schellsegelns ein solches Gezisch verursachen, dass es auf dem Schiffe schwer halten muß, sich zu verstehen. Doch dieses ist nicht das eigentlich Ängstliche. Aber im Schiff steht eine hohe dicke Säule, aus der unaufhörlich der Dampf hinausströmt in einer grauen Rauchsäule mit ungeheurer Gewalt und einem Geräusch wie das der Flamme bei einem brennenden Hause. Wenn das Schiff stille steht, oder wenn der Dampf so stark wird, dass er die Sicherheitsventile öffnet, so fängt das Ding dermassen an zu brausen und zu heulen, dass man meint, es wolle sogleich in die Luft fliegen. Kurz das Ganze gleicht einer Höllenmaschine, doch soll gar keine Gefahr dabei sein, und ich möchte diese schöne Gelegenheit wohl benutzen, um nach Koblenz zu kommen, was in fünf Stunden möglich sein soll.[63]

Nachdem 1827 ein neues Schiff mit dem Namen „Friedrich Wilhelm" geliefert worden war, wurde die alte „Friedrich Wilhelm" (die ehemalige „Rijn") in „Prinz Friedrich" umbenannt.[64] Um 1830 fuhren auf dem Rhein bereits zwölf Dampfschiffe, davon vier auf dem Niederrhein zwischen Rotterdam/Antwerpen und Köln, der „Niederländer", die „Stadt Nymwegen", „Die Stadt Köln" und die „Herkules" (Schleppschiff), die alle der niederländischen Gesellschaft (NSM) gehörten, und drei auf dem Mittelrhein zwischen Köln

62 Eckert, Rheinschiffahrt (wie Anm. 54), S. 199 f.

63 Clemens von Looz-Corswarem, „... Das Ganze gleicht einer Höllenmaschine ...". Die ersten Dampfschiffe auf dem Rhein, in: „Die Reise nach dem Mond". Annette von Droste-Hülshoff im Rheinland. Begleitbuch zur gleichnamigen Ausstellung des StadtMuseums Bonn in Zusammenarbeit mit dem Heinrich-Heine-Institut Düsseldorf, der LWL-Literaturkommission für Westfalen und dem Museum für Westfälische Literatur Kulturgut Haus Nottbeck, hrsg. v. Ingrid Botsch, Bonn 2008, S. 94–101, S. 95.

64 Von Looz-Corswarem, Anfänge (wie Anm. 50), S. 111; Dresemann, Jugendzeit (wie Anm. 4), S. 53; Weber, Zeitungen (wie Anm. 23), S. 151 f.

und Mainz und zwar die Boote „Friedrich Wilhelm“, „Concordia“ und „Prinz Friedrich“ der Kölner Gesellschaft (PRDG). Hinzu kam ein Schiff der Mainzer Gesellschaft für den Oberrhein und vier auf den holländischen Gewässern.[65]

***

Und was tat sich in Düsseldorf? Erst nach der Rheinschifffahrts-Konvention von 1831 und der Aufhebung des Kölner Umschlagsrechts war es möglich, Dampferlinien einzurichten, die nicht in Köln oder Mainz endeten, sondern den ganzen Strom abdeckten. Während sich die Niederländische und die Kölner Gesellschaft bis in die 1840er Jahre an ihre Abmachung hielten und sich auf die einzelnen Stromabschnitte, Niederrhein und Mittelrhein, beschränkten, galt dies für die neuen Gesellschaften natürlich nicht. Wie in Köln ging die Initiative für die Errichtung einer eigenen Dampfschifffahrtsgesellschaft aus den Handelskammern, in diesem Fall der Düsseldorfer und der Elberfelder Handelskammer hervor, die gemeinsam Düsseldorf zum Ausfuhrhafen für Bergische Produkte machen wollten. Am 13. Mai 1836 fand die Gründung und erste Generalversammlung der „Dampfschiffahrts-Gesellschaft für den Nieder- und Mittelrhein“ (DGNM) statt, die Aktien waren sowohl im Bergischen Land als auch im gesamten Rheinland gezeichnet worden.[66] Außer dem schon genannten Bankier Baum war der Spediteur und Bankier Carl Luckemeyer (1801–1875), der auch erster Direktor wurde, einer der Initiatoren.[67]

Da die ersten bestellten Schiffe nicht voll einsatzfähig waren, konnte die Düsseldorfer Gesellschaft erst 1838 mit einem in den Niederlanden gebauten Schiff, das mit einer aus England stammenden Dampfmaschine ausgerüstet war, der „Herzog von Nassau“, den Betrieb zwischen Rotterdam und Mainz aufnehmen.[68] Es sollten bald weitere Dampfschiffe hinzukommen, die in Konkurrenz mit den Schiffen der beiden anderen Gesellschaften traten.[69] Auch hatte sich in der Zwischenzeit der Dampfschiffbau in Deutschland am Niederrhein etabliert. Seit 1828 hatte die Firma Jacobi, Haniel & Huyssen (GHH aus Sterkrade) im Ruhrorter Hafen unter der Leitung des Engländers Nicholas Oliver Harvey (1812–1861) und englischer Arbeiter mit dem Ausbessern und dem Bau von Dampf-

65 Dresemann, Jugendzeit (wie Anm. 4), S. 74 f.

66 Fraekel, Dampfschiff (wie Anm. 47), S. 186 f.

67 Henning, Düsseldorf (wie Anm. 60), S. 307–310; Weidenhaupt, Von der französischen (wie Anm. 2), S. 382; Josef Wilden, 100 Jahre Düsseldorfer Dampfer. Die Entwicklung der Personenschiffahrt auf dem Rhein. Zum hundertjährigen Bestehen der Dampfschiffs-Gesellschaft für den Nieder- und Mittelrhein, Düsseldorf 1936.

68 Dresemann, Jugendzeit (wie Anm. 4), S. 97–100.

69 Horst Zimmermann, Aus der Geschichte der Personenschiffahrtsgesellschaften am Rhein, in: Beiträge zur Rheinkunde 31, 1979, S. 27–39, hier S. 32 f.

10 Werbeprospekt der „Dampfschiffahrt für den Nieder- und Mittelrhein" (DGNM) aus dem Jahre 1837 mit dem Schiff „Herzog von Nassau".

schiffen begonnen. Im Oktober 1830 war dort das erste im Westen Deutschlands gebaute Dampfschiff, die von der PRDG bestellte „Die Stadt Coblenz", fertiggestellt worden.[70] In den Folgejahren wurden dort jährlich ein bis zwei Dampfschiffe gebaut, ebenso auf der niederländischen Werft in Fijenoord bei Rotterdam und anderen kleineren Werften, die jetzt zum Dampfschiffbau übergingen. Die hohe Zahl der in den 1830er und 1840 Jahren gebauten Dampfschiffe[71] führte dann, vor allem unter dem Eindruck der sich etablierenden Eisenbahn, bekanntlich im Jahre 1853 zu einer Betriebsgemeinschaft der bis dahin konkurrierenden Kölner und der Düsseldorfer Gesellschaft. Seitdem besteht die Firma unter dem Namen „Rheindampfschiffahrt Kölner und Düsseldorfer Gesellschaft", später als „Köln-Düsseldorfer Rheindampfschiffahrt" (KD) bis heute.[72]

70 Bodo Herzog, Franz Haniel. Kaufmann-Unternehmer-Industriepionier, in: Ders./Klaus J. Mattheier, Franz Haniel 1779–1868. Materialien, Dokumente und Untersuchungen zu Leben und Werk des Industriepioniers Franz Haniel, Bonn 1979, S. 133- 157, hier S. 138 f.; Joachim Kermann, Die Manufakturen im Rheinland 1750–1833 (Rheinisches Archiv 82), Bonn 1972, S. 393–396.

71 Die von der PRDG und der DGNM erworbenen Dampfschiffe sind dokumentiert von Georg Fischbach, Die Schiffe der KD Köln-Düsseldorfer Deutsche Rheinschiffahrts Aktiengesellschaft 1826–2004 [Köln 2004], u. Eduard Bündgen, Die Personenschifffahrt auf dem Rhein. Vom Schaufelraddampfer zum Kabinenschiff, Freiburg 1986 (mit Fehlern).

72 A. F. Napp-Zinn, 100 Jahre Köln-Düsseldorfer Rheindampfschiffahrt. insbesondere Zerstörung und Wiederaufbau 1939–1953, Köln 1953.

Mit dem Jahr 1840, also rund 25 Jahre nach dem ersten Auftauchen eines Dampfschiffs auf dem Rhein, kann die Dampfschifffahrt auf diesem Strom, jedenfalls was die Personenschifffahrt angeht, als eingeführt gelten. Was die Schlepp- und die Frachtschifffahrt angeht, so sollte es noch eine weitere Generation dauern, bis sie sich gegenüber der Segel- und Treidelschifffahrt durchgesetzt hatte.[73]

73 Stursberg, Innovation (wie Anm. 28), S. 69 f.

1 Modell der „Concordia“. Modell von H. Tournay, Ausschnitt.

12 Die Anfänge der Preußisch-Rheinischen Dampfschiffahrts-Gesellschaft

12.1 Die Situation der Schifffahrt auf dem Rhein nach 1815

Als der Wiener Kongress am 8. Februar 1815 die Rheinlande definitiv Preußen zusprach, stand es mit dem Handel der Stadt Köln nicht zum Besten. Äußere Faktoren wie die von den Franzosen 1798 aufgerichtete Zollgrenze am Rhein, die Kontinentalsperre gegen England, hohe Zölle und Schifffahrtsabgaben und nicht zuletzt die kriegerischen Ereignisse hatten sehr zu seinem Niedergang beigetragen. Nicht vergessen werden darf aber, dass schon zur Zeit des Alten Reiches der Handel Kölns fast nur noch aus dem risikolosen und bequemen Kommissions- und Speditionshandel bestand und vom Eigenhandel kaum mehr die Rede sein konnte. Der Grund für diese Entwicklung ist wohl in dem Kölner Stapelrecht zu suchen, das den Kölner Kaufleuten ohne große Eigenleistung eine Beteiligung an dem die Stadt Köln passierenden Handel garantierte und somit zu einer Haupteinnahmequelle der städtischen Bevölkerung geworden war.[1]

Dass es der Stadt Köln, besonders dem Handelsvorstand bzw. der Handelskammer gelang, dieses Stapelrecht in der abgeschwächten Form des Umschlagsrechts bis in die 30er Jahre des 19. Jahrhunderts, genauer bis zur Rheinschifffahrtsakte vom 30. März 1831 aufrechtzuerhalten, zeigt, wie stark die jahrhundertealte Tradition nachwirkte und vor allem, wie sehr die Frage des Stapel- bzw. Umschlagsrechts den Lebensnerv der Stadt berührte.

Der von der französischen Nationalversammlung am 16. November 1792 verkündete Grundsatz der „freien Rheinschiffahrt"[2] wurde von den französischen Gesandten auf dem Rastatter Friedenskongress 1797/99 wieder aufgenommen und fand schließlich im Paragraph 5 des Pariser Friedensvertrages vom 30. Mai 1814 seinen Niederschlag. Da Preußen als neuer Herr der Stadt Köln auch die Wiener Konventionen über die Rheinschifffahrt vom 9. Juni 1815 unterschrieben hatte, in der die Aufhebung des Umschlagsrechts der Stadt

1 Hans Pohl, Wirtschaftsgeschichte Kölns im 18. und beginnenden 19. Jahrhundert, in: Zwei Jahrtausende Kölner Wirtschaft, hrsg. v. Hermann Kellenbenz, Köln 1975, Bd. 2, S. 9–162, bes. S. 66 ff.; Klara van Eyll, Wirtschaftsgeschichte Kölns vom Beginn der preußischen Zeit bis zur Reichsgründung, in: ebd., S. 163–266, bes. S. 199 f.; Mathieu Schwann, Geschichte der Kölner Handelskammer, Bd. 1, Köln 1906, S. 50 ff.

2 Jürgen H. Schawacht, Schiffahrt und Güterverkehr zwischen den Häfen des deutschen Niederrheins (insbesondere Köln) und Rotterdam vom Ende des 18. bis zur Mitte des 19. Jahrhunderts (1794–1850/51) (Schriften zur rheinisch-westfälischen Wirtschaftsgeschichte 26), Köln 1973, S. 17.

Köln ausgesprochen war, konnten sich die Verantwortlichen in der Stadt und bei der Handelskammer keinen Illusionen über das weitere Schicksal des Umschlagsprivilegs mehr hingeben.[3]

Die Stadt Köln bzw. die Handelskammer betrieb nun eine zweifache Politik. Auf der einen Seite setzte sie alles daran, die wirkliche Aufhebung des Umschlagsrechts hinauszuzögern, auf der anderen Seite musste sie sich auf die neue Situation nach der Aufhebung vorbereiten. Ihr kam in der Argumentation um die Beibehaltung des Umschlagsrechts die Tatsache entgegen, dass die natürlichen Stromverhältnisse ober- und unterhalb der Stadt Köln verschiedene Schiffsgrößen und Schiffsformen erforderten. Unterhalb Kölns verkehrten die großbauchigen niederländischen Schiffstypen, während der Mittelrhein von kleineren und flacheren Schiffen befahren wurde. Außerdem sprach für eine Beibehaltung des Umschlagsrechts, dass sich die Niederlande nicht an die in Wien ausgehandelten Verträge über die Freiheit des Rheins hielten.

Die Niederlande interpretierten den Paragraph 1, wonach der Rhein frei sein solle, „du point où il devient navigable jusqu'a la mer“,[4] also von dem Punkt an, wo er schiffbar wird, bis zum Meer, nämlich so, als ob ihnen dadurch erlaubt sei, an der Mündung des Rheins den Umschlag der Waren zu fordern und einen Zoll zu erheben. Dazu kamen in den Niederlanden Transitzölle, Gebühren und Abgaben aller Art. Durch diese Zölle, die nach Warenart und Herkunft unterschiedlich hoch ausfielen, war es den Niederlanden möglich, z. B. deutsche Kaufleute vom direkten Handel mit England abzuhalten und sich somit ein Zwischenhandelsmonopol zu sichern.

Auf diesen Zusammenhang zwischen der hohen Zollbelastung auf den Rheinmündungsarmen Lek und Waal und dem Niedergang des Kölner Eigenhandels machte die Handelskammer zu Köln in einer von Peter Heinrich Merkens 1816 verfassten Denkschrift aufmerksam. Sollte das Umschlagsrecht nur in Köln aufgehoben werden, so wäre Preußen der verlierende, Holland, Frankfurt und Straßburg der gewinnende Teil.

> Preußen kann auf den mit der Souveränität dieser Länder ihm rechtmäßig zugefallenen Besitz des Umschlagsrechtes von Köln unmöglich verzichten, ohne von Holland vorher die feierlichste Zusage erhalten zu haben, daß auch der gezwungene Umschlag an den Mündungen und die Transitzölle auf beiden Armen des Rheins […] in dem nemlichen Augen-

3 H. Herman, Sammlung der seit dem Reichs-Deputations-Hauptschluß in Bezug auf Rheinhandel und Schiffahrt erschienenen Gesetze, Verordnungen und allgemeinen Instruktionen, Mainz 1820, S. 537 f. u. 542 ff.; Christian Eckert, Rheinschifffahrt im 19. Jahrhundert (Staats- und sozialwiss. Forsch., hrsg. v. Schmoller, Gustav, Bd. 18, H. 5), Leipzig 1900, S. 79 ff.; Eberhard Gothein, Geschichtliche Entwicklung der Rheinschiffahrt im 19. Jahrhundert, Leipzig 1903, S. 64 ff.

4 Herman, Sammlung (wie Anm. 3), S. 542.

2 Das Kölner Rheinufer mit dem Eingang zum Freihafen. Kolorierter Stahlstich von A. Picken nach Cl. Stanfield, 1830.

> blicke wie das Umschlagsrecht von Köln, aufgehoben, und daß die Wasserzölle in Holland in einer näher zu bestimmenden Frist auf einen eben so deutlichen als billigen Fuß festgesetzt werden sollten.[5]

Dieser Argumentation der Kölner Handelskammer schlossen sich die preußischen Behörden, allen voran der Kölner Regierungspräsident Heinrich Delius an. So finden wir auch nach 1815 den Rheinstrom handelspolitisch in drei Teilabschnitte, den Niederrhein von der Mündung bis Köln, den Mittelrhein von Köln bis Mainz und den Oberrhein oberhalb von Mainz, eingeteilt, was sich auch in der Organisation der Schifferverbände widerspiegelte.

War es mit Hilfe der preußischen Regierung nochmals gelungen, das Umschlagsrecht der Stadt Köln zu retten, so musste die Politik der Handelskammer doch auch in eine andere Richtung gehen, die auf eine Überwindung der Privilegien, auf Freiheit des Handels von allen Beschränkungen und auf die Förderung des Eigenhandels Kölner Kaufleute

---

5 Peter Heinrich Merkens, 1778–1854. Aus seinen Schriften zur Wirtschaftspolitik am Rhein, Bergisch Gladbach 1958, Denkschrift § 15.

zielte. Die noch immer sehr hohen Belastungen der Rheinschifffahrt hatten zudem zu einem Ausweichen der Handelsströme auf Landwege geführt, Kanalbauten in Frankreich ließen eine weitere Verlagerung des Handels befürchten. Es musste also das Bemühen der Handelskammer Köln sein, den Handel wieder auf den Rhein zu ziehen, den Transport zu beschleunigen und zu verbilligen und sich auch im Hinblick auf den über kurz oder lang zu erwartenden Wegfall des Umschlagsrechts eine gesicherte Position im Zwischenhandel zwischen den Niederlanden und Süddeutschland zu erwerben.

So war die Kölner Handelskammer aktiv an der Einrichtung regelmäßiger Schifffahrtsverbindungen, der gleichmäßigen Befrachtung der Schiffe, der Erhaltung der Rangfahrt, der Vereinheitlichung der Frachtsätze und nicht zuletzt an der Gründung der Rheinschifffahrts-Assekuranz-Gesellschaft im Jahre 1818 beteiligt.[6]

Diese im Zusammenwirken mit der Mainzer Handelskammer eingerichtete „Aßekuranzanstalt zur Sicherheit der [...] zu transportierenden Waaren" war aus dem Interesse der Handelshäuser, nicht der Schiffer entstanden. Die Versicherung von Schiffen blieb ausgeschlossen. Am 30. Juli 1817 erließ die Handelskammer einen entsprechenden von Heimann, Merkens, Koch und Birkenstock unterzeichneten Aufruf an die Kölner Kaufmannschaft.

Wie auch in Mainz, sollten 375 Aktien zu je 1000 Gulden ausgegeben werden, von denen jeweils ein Zehntel in bar, ein Zehntel in Wechseln und acht Zehntel in Wechseln, zahlbar acht Tage nach Sicht, zahlbar sein sollten. Die Wechsel sollten erst eingelöst werden, wenn die Kasse der Versicherung erschöpft war. Während die Genehmigung der Mainzer Gesellschaft durch die großherzoglich-hessische Regierung schon am 8. Januar 1818 erfolgte, erhielt die Kölner Gesellschaft am 12. Mai 1818 eine Arbeitserlaubnis durch den Oberpräsidenten und erst am 6. August 1822 eine formelle Konzessionierung durch den preußischen König.

In Mainz hatten bis zur Genehmigung der Gesellschaft 56 Personen oder Firmen jeweils eine bis drei (insgesamt 145) Aktien gezeichnet, in Köln folgten dem Aufruf zunächst nur 24 Handelsfirmen.[7]

Diese von der Handelskammer ausgegangene Rheinschifffahrts-Assekuranz-Gesellschaft kann als eine der frühesten rheinischen Aktiengesellschaften angesehen werden; sie

6 Hermann Kellenbenz/Klara van Eyll, Die Geschichte der unternehmerischen Selbstverwaltung in Köln 1797–1914, Köln 1972, S. 33 ff.

7 Herman, Sammlung (wie Anm. 3), S. 323 ff.; Gothein, Rheinschiffahrt (wie Anm. 3), S. 146 ff.; van Eyll, Wirtschaftsgeschichte (wie Anm. 1), S. 234; Merkens, Schriften (wie Anm. 5); Gerard Schöpkens, Die Tätigkeit der Handelskammer zu Köln auf dem Gebiet der Rheinschiffahrt vom Wiener Kongreß bis zum Abschluß der revidierten Rheinschiffahrtsakte (1814/15–1868), Masch. Diplomarbeit 1968, S. 320 ff.

sollte, was die Art ihrer Entstehung und ihre Struktur angeht, zum Vorbild für die knapp acht Jahre später gegründete Preußisch-Rheinische Dampfschiffahrts-Gesellschaft werden.

12.2 Das Aufkommen der Dampfschifffahrt

Im Aufkommen der Dampfschifffahrt sahen die Mitglieder der Kölner Handelskammer sogleich eine Möglichkeit, ihrem Anliegen, den Transport von Waren auf dem Rhein zu beschleunigen und dadurch mehr Warenverkehr auf den Rhein zu ziehen, näherzukommen.

Schon im Jahre 1807 waren die ersten planmäßigen Fahrten mit Dampfschiffen auf dem Hudson unternommen worden, es dauerte aber noch bis 1816, bis das erste Dampfschiff auf dem Rhein auftauchte. Es war dies das von dem schottischen Kapitän Wilhelm Wager gesteuerte englische Boot „The Defiance", das am 12. Juni 1816 vor Köln erschien und großes Aufsehen erregte, ebenso wie ein Jahr später das Dampfschiff „Caledonia", das mit James Watt jr. an Bord im November 1817 bis Koblenz kam.[8]

Ebenfalls 1816 befuhr ein englisches Schiff die Elbe, und im September des gleichen Jahres lief in Berlin die von J. B. Humphreys erbaute „Prinzessin Charlotte von Preußen" vom Stapel. Auf anderen europäischen Flüssen, vor allem auf der Seine, machte man ähnliche Versuche.

In den folgenden Jahren wurden, von England ausgehend, auch auf dem Kontinent die technischen Voraussetzungen für den Dampfschiffbau geschaffen. In Belgien und in den Niederlanden waren es vor allem der englische Ingenieur und Unternehmer John Cockerill, der in seiner Fabrik in Seraing bei Lüttich Dampfmaschinen baute, und der in Ostfriesland geborene junge Marineingenieur Gerhard Moritz Roentgen, die sich um den Dampfschiffbau bemühten. Roentgen hatte bei einem mehrjährigen Aufenthalt auf englischen Werften Gelegenheit gehabt, den Dampfschiffbau der Engländer zu beobachten.[9]

Am 3. Juni 1823 hatte die niederländische Reederei van Vollenhoven, Dutilh & Comp. in Rotterdam, die am 24. September des Vorjahres gegründet worden war, einen planmäßigen Dampferdienst von Personen und Gütern zwischen Rotterdam und Antwerpen aufgenommen. Im Oktober 1823 verlegten sie das Schiff „De Zeeuw" (Der Seeländer) auf

8 Gothein, Rheinschiffahrt (wie Anm. 3), S. 176 ff.; Otto Dresemann, Aus der Jugendzeit der Rheindampfschiffahrt, Köln 1903, S. 14 ff.; Heinz Weber, Die Dampfschiffahrt auf dem Rhein geht zu Ende, in: Jahrbuch des Kölnischen Geschichtsvereins 48, 1977, S. 113–138; H. Zimmermann, Aus der Geschichte der Personenschiffahrtsgesellschaften am Rhein, in: Beiträge zur Rheinkunde, H. 31, 1979, S. 27–39, hier S. 27 f.; vgl. auch Schawacht, Schiffahrt (wie Anm. 2), S. 133 ff.

9 Lars U. Scholl, Hollands Bedeutung für die deutsche Dampfschiffahrt in der ersten Hälfte des 19. Jahrhunderts, in: Deutsches Schiffahrtsarchiv Bd. 2 (= Schriften des Deutschen Schiffahrtsmuseums, Bd. 9), 1978, S. 111–135, bes. S. 112 f.

3 Prospekt der „Nederlandsche Stoomboot-Maatschappij", 1824.

die lukrativere Strecke Rotterdam–Nimwegen und wandelten die Gesellschaft am 11. November 1823 in eine Aktiengesellschaft unter dem Namen „Nederlandsche Stoomboot Maatschappij" (NSM) um. Das auf diese Weise gewonnene Kapital wollte die Gesellschaft zum Bau neuer Dampfschiffe und zur Einrichtung neuer Schifffahrtslinien, u. a. auch auf dem Rhein, nutzen. Als technischen Direktor gewann van Vollenhoven, der selbst als Verwaltungsdirektor fungierte, Gerhard Moritz Roentgen, der in der Folgezeit zu einer Schlüsselfigur für die Einführung der Dampfschifffahrt auf dem Rhein werden sollte.[10]

Je stärker sich der praktische Nutzen der Dampfschifffahrt abzeichnete, umso mehr versuchten einzelne Unternehmen Konzessionen für bestimmte Strecken zu erhalten. Schon 1816 war ein englisches Unternehmen an die preußische Regierung herangetreten, um ein Privileg für Dampfschiffe auf dem Rhein zu erhalten, war aber abschlägig beschieden worden.[11]

10 Scholl, Bedeutung (wie Anm. 9), S. 112 f.; zu Roentgen vgl. auch J. J. Brugmans, Paardenkracht en mensenmacht. Sociaal-economische geschiedenis van Nederland, 1795–1940, Den Haag 1961, S. 92 f.; M. G. de Boer, Leven en bedryf van Gerhard Moritz Roentgen, grondvester von de Nederlandsche Stoomboot-Maatschappij, thans Maatschappij voor Scheeps- en Werktuigbouw „Fyenoord" 1823–1923, Rotterdam 1923, S. 69 ff.

11 Dresemann, Jugendzeit (wie Anm. 8), S. 17.

Im Jahre 1823 bemühte sich die Antwerpener Firma Biart, Oreille & Comp. um die Konzession zu einer Dampfschifffahrt zwischen Antwerpen und Köln, ein Projekt, für das sich die Kölner Handelskammer bei der preußischen Regierung einsetzte. Trotz vereinzelter Fahrten in den Jahren 1824 und 1825 kam es wohl aus technischen Gründen – die Dampfschiffe waren für den Dauereinsatz noch nicht geeignet und fielen zu häufig aus – nicht zur Einrichtung einer regelmäßigen Linie.[12]

Die Kölner Handelskammer begriff die Dampfschifffahrt als Chance. Wenn man den Kölner Kaufleuten vorwarf, sie hätten nicht schon zu Beginn der 20er Jahre des 19. Jahrhunderts die Möglichkeit erkannt, ein gewinnbringendes Transportunternehmen mit Dampfschiffen zu gründen, so verkennt man ihre Intentionen. Die Dampfschifffahrt sollte ein Mittel zur Beschleunigung des Warentransports sein, mehr nicht. So verwundert es auch nicht, dass sich ihr Interesse zunächst auf die Schleppschifffahrt richtete.

Schon Ende 1822 schrieb die Handelskammer an den Präsidenten der niederländischen Rheinschifffahrtskommission, M. van Gennep:

> A en juger par les epreuves heureuses qu' on a faites de cette invention en Angleterre, nous ne pourons presque pas douter, qu' elle ne soit applicable a la navigation de Rotterdam à Cologne surtout sur le Waal, dont les eaux sont moins fortes que celles du Rhin.[13]

Damals war noch keineswegs geklärt, ob eine regelmäßige Dampfschifffahrt auf dem Rhein überhaupt möglich war und ob Dampfschiffe, die ja nicht mehr als 16 bis 40 PS hatten, andere Schiffe gegen eine starke Strömung des Rheins aufwärts ziehen konnten. Aus eigener Initiative entschloss sich die Handelskammer daher zu Beginn des Jahres 1823 durch einen Angestellten der Firma Harkort auf Haus Wetter, Herrn Treviranus, der das erste Dampfschiff an der Weser gebaut hatte, eine Untersuchung des Flussbettes des Rheins durchführen zu lassen. Obwohl die preußische Regierung bereit war, diese Untersuchung zu fördern, kam sie aber damals nicht zustande.[14]

12.3 Die Beteiligung der Kölner Handelskammer an der Niederländischen Dampfschifffahrtsgesellschaft

Am 29. Oktober 1823 schrieb die Kölner Handelskammer an den Reeder Cornelis van Vollenhoven in Rotterdam, dass einige Kaufleute in Köln von dem Prospekt und den Statuten

12 RWWA, 1-33-1, f. 35 ff.; Schöpkens, Tätigkeit (wie Anm. 7), S. 193 ff.

13 RWWA, 1-33-12 (1822 Dez. 23).

14 RWWA, 1-33-1, f. 14 ff.

4 Gerhard Moritz Roentgen (1795–1852). Scherenschnitt, 1923

der zu gründenden Niederländischen Dampfschifffahrtsgesellschaft Kenntnis erhalten hätten und sich daran zu beteiligen wünschten. Interessiert wären die Kölner Kaufleute vor allem deshalb, weil die Gesellschaft in ihrem Prospekt auch das Schleppen von Schiffen auf dem Niederrhein vorsehe. Wegen der Kürze der Zeit könne der Prospekt nicht mehr allen Kölner Kaufleuten bekannt gemacht werden, die Handelskammer sei aber bereit, 50 Aktien der Gesellschaft zu übernehmen.[15]

Das Interesse der Handelskammer, mit der Gesellschaft von van Vollenhoven ins Geschäft zu kommen, war umso dringender, als Verhandlungen mit der Antwerpener Firma Biart, Oreille & Comp. bzw. deren Beauftragten, dem Mitglied der Antwerpener Handelskammer Molinard, im Sommer 1823 nicht zu brauchbaren Ergebnissen geführt hatten.[16]

C. van Vollenhoven ging auf das Angebot der Kölner ein, und die Mitgliederversammlung der in der Zwischenzeit gegründeten niederländischen Dampfschifffahrtsgesellschaft stimmte zu, die Kölner Kaufleute als 50 „additionelle" Aktionäre aufzunehmen. Das von den Kölnern aufgebrachte Kapital – eine Aktie hatte den Nennwert von 500 Gulden – sollte zum Bau eines Dampfschiffes gebraucht werden, das auf dem Rhein als Schleppschiff fahren sollte.

Die Initiative in dieser Angelegenheit ging vom Vorstand der Handelskammer und hier zweifelsohne vor allem von Peter Heinrich Merkens und Bernhard Boisserée aus.

Merkens, 1778 als Sohn eines Bäckermeisters in der Freiheit Mülheim gegenüber von Köln geboren, hatte sich zunächst als Lehrling und Mitarbeiter in dem großen Kölner Handelshaus von Everhard Caspar und Johann Jakob Schüll und dann ab 1807 im Betrieb seines Freundes Seydlitz einen hervorragenden Ruf erworben. 1808 übernahm er die Firma Seydlitz und führte das Kommissions- und Speditionsgeschäft unter der Firma Seydlitz & Merkens fort, wobei er auch nebenbei Bankgeschäfte tätigte. 1810 wurde Merkens Handelskammermitglied und engagierte sich sogleich in Fragen des Stapelrechts und der Rheinschifffahrt.[17]

15 RWWA, 1-33-1, f. 61 f.

16 RWWA, 1-33-1, f. 45 f. u. 80 ff.

17 Heinz Grupe, Heinrich Merkens, in: Rheinisch-Westfälische Wirtschaftsbiographien, Bd. V,

5 Das Firmengelände der „Nederlandsche Stoomboot-Maatschappij" in Rotterdam-Fijenoord, 1850.

Bernhard Boisserée stammte aus einer Kölner Ratsherrenfamilie. Der 1773 Geborene studierte zunächst Jura in Würzburg, kehrte aber 1794 nach Köln zurück und trat in das elterliche Geschäft (Nicolas de Tongre) ein, dessen Inhaber er 1813 wurde. Während der Franzosenzeit war er ab 1798 Mitglied der Munizipalverwaltung und von 1800 bis 1815 Beigeordneter der Stadt Köln. Ebenfalls seit der Franzosenzeit war er Mitglied der Handelskammer. Er hatte zehn Geschwister, von denen vor allem die Brüder Sulpiz und Melchior als Kunsthistoriker und Sammler bekannt wurden.[18]

In den Verhandlungen mit der Niederländischen Dampfschifffahrtsgesellschaft tat sich nun besonders Bernhard Boisserée hervor. Von seiner Hand stammt ein Bericht über die bisherigen Initiativen der Handelskammer bei der Einführung der Dampfschifffahrt und über die Gründung der „Nederlandsche Stoomboot Maatschappij", auch die Antwortschreiben der Handelskammer an van Vollenhoven sind von ihm konzipiert.

Zur Unterbringung der von der NSM übernommenen 50 Aktien beschritt die Handelskammer folgenden Weg: Die Aktionäre der Rheinschifffahrts-Assekuranz-Gesellschaft wurden auf den 17. April 1824 in den Sitzungssaal der Handelskammer eingeladen, „um einen sehr wichtigen Vortrag anzuhören". Auch der Kölner Oberbürgermeister Adolf

Münster 1953, S. 1–26; Klaus Schwank, Peter Heinrich Merkens, Unternehmer und Politiker (Kölner Biographien 2), Köln 1973.

18 HASt Köln, Best. Nr. 1010.

Steinberger hatte sein Kommen zugesagt. Die Einladung war von Engels, Merkens und Boisserée unterzeichnet.[19]

Auf der Versammlung führte Bernhard Boisserée aus, dass

> die Rotterdamer Gesellschaft den hiesigen Handelsstand mit 50 Actien, jede zu fl. 500 als Mitbeteiligten in ihr Geschäft aufnehmen und sich dagegen verpflichten, ein Dampfboot sogleich zu erbauen, womit die Rheinschiffe aus den holländischen Häfen hierher gebracht werden sollen.

Bis das Dampfschiff fertiggestellt sei, hätten die Aktionäre nur ein Fünftel des Aktienkapitals einzuschießen, wenn die weiteren vier Fünftel gezahlt seien, würden sie in die vollen Rechte der Gesellschaft eintreten. Bevor die Einladung zur Übernahme von 50 Aktien dem gesamten Handelsstand bekannt gemacht werde, habe man die Herren eingeladen, die sich auch an einem so nützlichen Institut wie der Assekuranz-Gesellschaft beteiligt hätten.[20]

Von den 50 Aktien der Gesellschaft übernahmen:[21]

Emanuel Riegeler	2
Jacob Molinari	2
Philipp Engels	2
Seydlitz & Merkens	2
Hermann Löhnis	2
Sal. Oppenheim jr. & Cie. (u. mehr wenn nötig)	2
Heinrich Joseph Becker	1
J. H. Stein	2
A. Nierstras Söhne	1
M. H. de Prée	2
Bernh. Schmitz	1
H. J. Mertens	1
H. J. Froitzheim	1
J. C. W. Foerster	2
J. A. Böcker	2
Tob. Molinari	2
P. Jas. Cassinone	2
A. H. Zilleken	2

19 RWWA, 1-33-1, f. 96 f.

20 RWWA, 1-33-1, f. 101 ff.

21 RWWA ,1-33-1, f. 101 ff.; vgl. auch Schöpkens, Tätigkeit (wie Anm. 7), S. 199.

J. A. Kohlhaas	1
H. J. DuMont (einstweilen)	1
H. J. Essingh	2
Nic. de Tongre (= B. Boisserée)	2
G. H. Koch	2
J. Ph. Heimann	2
Abr. Schaaffhausen	2
später noch	
J. D. Herstatt	2
Jac. Syversberg	2
Joseph Hackenbroich	1

Von den 33 Aktionären der Rheinschifffahrts-Assekuranz-Gesellschaft beteiligten sich 23 an der Zeichnung der Aktien der Niederländischen Gesellschaft, dazu kamen sechs weitere, die nicht an der Assekuranz-Gesellschaft beteiligt gewesen zu sein scheinen, die aber auch als Kölner Kommissions- und Speditionskaufleute bzw. Bankiers nachzuweisen sind. Keiner der Zeichner hatte mehr als zwei Aktien erhalten, das Angebot Oppenheims und DuMonts, mehr Aktien zu zeichnen, wenn es sich als nötig erweisen sollte, brauchte nicht in Anspruch genommen zu werden.

Es wird bei diesem von der Handelskammer ausgegangenen Projekt, ähnlich wie bei der Rheinschifffahrts-Assekuranz-Gesellschaft, deutlich, dass man eine möglichst große Streuung der Aktien anstrebte. Das dürfte wohl weniger mit der Höhe der Einzelaktie zu 500 Gulden als vielmehr damit zu erklären sein, dass die Handelskammer auf diese Weise eine möglichst große Zahl von Kommissions- und Speditionshäusern an ihren Projekten beteiligen konnte. Das Speditionshaus, das Aktien der Niederländischen Dampfschifffahrtsgesellschaft besaß, würde auch darauf hinwirken, dass die Schiffer die Möglichkeit des Sich-schleppen-Lassens zur Beschleunigung des Warentransports in Anspruch nahmen.

Nach den Statuten der niederländischen Gesellschaft war auf der Hauptversammlung der Aktionäre nur der stimmberechtigt, der mindestens zehn Aktien besaß. Als eine Mitgliederversammlung der Aktionäre in Rotterdam anstand, berief die Handelskammer alle Kölner Aktionäre der niederländischen Gesellschaft ein und ließ sie am 19. Juni 1824 einen Vertrag untereinander schließen. Die 50 Aktien sollten von der Handelskammer gemeinsam verwaltet und in deren Archiv deponiert werden. Um die Interessen der Kölner Aktionäre – und damit natürlich auch der Kölner Handelskammer – auf der Generalversammlung der Nederlandsche Stoomboot Maatschappij angemessen zu vertreten, sollten für die 50 Aktien fünf Stimmführer gewählt werden. Als Stimmführer wurden am 29. Juni 1824 bestimmt: Georg Heinrich Koch, Bernhard Boisserée, Abraham Schaaffhausen, Emanuel Riegeler und Tobias Molinari.[22] Diese fünf Stimmführer nahmen an der Generalversammlung der Aktionäre der Nederlandsche Stoomboot Maatschappij in Rotterdam am 26. August 1824 teil und nutzten die Gelegenheit, um mit van Vollenhoven und Roentgen über den weiteren Ausbau der Dampfschifffahrt auf dem Rhein zu verhandeln.

Nach dem begeisterten Bericht, den Bernhard Boisserée über seine Eindrücke in Rotterdam und die Verhandlungen mit der NSM vor der Kölner Handelskammer gab, hatte die Niederländische Gesellschaft es verstanden, die Kölner Kaufleute für die Dampfschifffahrt einzunehmen.[23] Selbst im Briefwechsel von Sulpiz Boisserée an seinen Bruder Melchior schlug sich dieser Besuch Bernhards in Rotterdam nieder.

> Die ganze Familie habe ich wohl und guter Dinge gefunden, besonders unseren Bruder Bernhard, der von seiner Reise nach Rotterdam und Antwerpen, wo er als Stimmführer der hiesigen Aktionäre bei der Rotterdamer Stoomboot-Maatschappy der Generalversammlung beigewohnt hat, über die Maßen entzückt ist. Die große Handelsthätigkeit in Holland, die freundliche Aufnahme von Seiten der Dampfschiff-Gesellschaft, welche unter dem Präsidium des Grafen Limburg-Stirum steht, und der glückliche Erfolg, den sein Bericht vor dem Ministerium, sowohl als vor den übrigen Behörden, welchen die Handelskammer denselben mitgetheilt, gehabt hat: das alles hat so vorteilhaft auf ihn gewirkt, daß er mir sagte, er fühle sich durch diese Reise um zwanzig Jahre verjüngt. Er hat sich in einigen Stücken sehr verändert; so ist er auch jetzt ganz gut gegen die Regierung gestimmt".[24]

Man kann annehmen, dass auch die übrigen Kölner Delegierten ähnlich beeindruckt waren.

Für den Oktober des Jahres hatte man mit der niederländischen Gesellschaft eine Versuchsfahrt mit dem Dampfschiff „De Zeeuw" den Rhein hinauf verabredet, die zu einem großen Werbezug für die Dampfschifffahrt werden sollte.

12.4 Die Versuchsfahrt der „De Zeeuw" im Oktober 1824

Die auf Vorschlag der Kölner Handelskammer von der Hauptversammlung der Niederländischen Gesellschaft am 26. August 1824 beschlossene Versuchsfahrt eines Dampfschiffs den Rhein hinauf verfolgte einen doppelten Zweck. Erstens sollte die Versuchsfahrt nachweisen, dass Dampfschifffahrt auf dem Rhein, auch oberhalb Kölns, möglich sei, und zweitens sollte durch die Fahrt eine Stromaufnahme durch die Behörden der

22 RWWA, 1-33-1, f. 160.

23 RWWA, 1-33-1, f. 171–188 (1824 Aug. 26).

24 Sulpiz Boisserée, Schriften, Bd. 1, Stuttgart 1862, S. 443 f. (Köln 1824 Okt. 19).

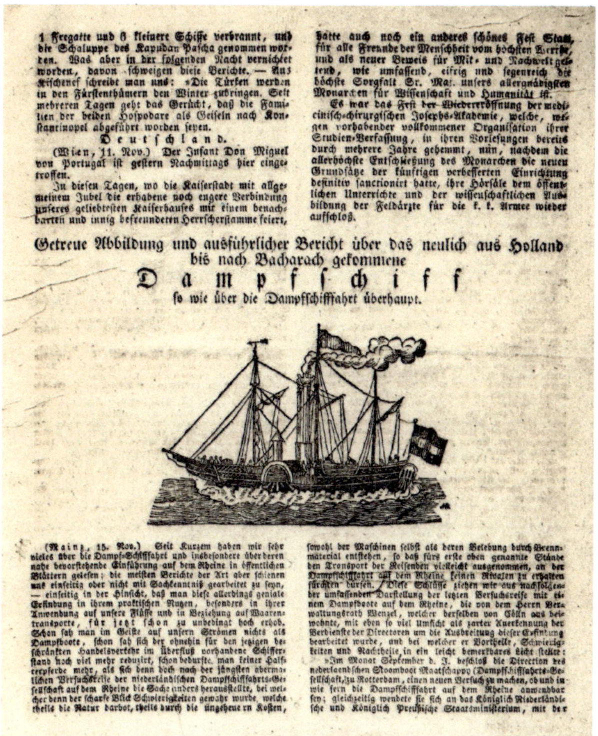

1 Fregatte und 8 kleinere Schiffe verbrannt, und die Schaluppe des Kapudan Pascha genommen worden. Was aber in der folgenden Nacht vernichtet worden, davon schweigen diese Berichte. — Aus Kischenef schreibt man uns: »Die Türken werden in den Fürstenthümern den Winter zubringen. Seit mehreren Tagen geht das Gerücht, daß die Familien der beiden Hospodare als Geiseln nach Konstantinopel abgeführt worden seyen.

Deutschland.

(Wien, 11. Nov.) Der Infant Don Miguel von Portugal ist gestern Nachmittags hier eingetroffen.

In diesen Tagen, wo die Kaiserstadt mit allgemeinem Jubel die erhabene noch engere Verbindung unseres geliebtesten Kaiserhauses mit einem benachbarten und innig befreundeten Herrscherstamme feiert, hatte auch noch ein anderes schönes Fest Statt, für alle Freunde der Menschheit vom höchsten Werthe, und als neuer Beweis für Mit- und Nachwelt geltend, wie umfassend, eifrig und segenreich die höchste Sorgfalt Sr. Maj. unsers allergnädigsten Monarchen für Wissenschaft und Humanität ist.

Es war das Fest der Wiedereröffnung der medicinisch-chirurgischen Josephs-Akademie, welche, wegen vorhabender vollkommener Organisation ihrer Studien-Verfassung, in ihren Vorlesungen bereits durch mehrere Jahre gehemmt, nun, nachdem die allerhöchste Entschließung des Monarchen die neuen Grundsätze der künftigen verbesserten Einrichtung definitiv sanctionirt hatte, ihre Hörsäle dem öffentlichen Unterrichte und der wissenschaftlichen Ausbildung der Feldärzte für die k. k. Armee wieder aufschloß.

Getreue Abbildung und ausführlicher Bericht über das neulich aus Holland bis nach Bacharach gekommene

Dampfschiff

so wie über die Dampfschifffahrt überhaupt.

(Mainz, 15. Nov.) Seit Kurzem haben wir sehr vieles über die Dampf-Schifffahrt und insbesondere über deren nahe bevorstehende Einführung auf dem Rheine in öffentlichen Blättern gelesen; die meisten Berichte der Art aber schienen uns einseitig oder nicht mit Sachkenntniß gearbeitet zu seyn, — einseitig in der Hinsicht, daß man diese allerdings geniale Erfindung in ihrem praktischen Nutzen, besonders in ihrer Anwendung auf unsere Flüsse und in Beziehung auf Waarentransporte, für jetzt schon zu unbedingt hoch erhob. Schon sah man im Geiste auf unsern Strömen nichts als Dampfboote, schon sah sich der ohnehin für den jetzigen beschränkten Handelsverkehr im Überfluß vorhandene Schifferstand noch viel mehr reduzirt, schon bedurfte man keiner Halfterpferde mehr, als sich denn doch nach der jüngsten abermaligen Versuchsreise der niederländischen Dampfschifffahrts-Gesellschaft auf dem Rheine die Sache anders herausstellte, bei welcher denn der scharfe Blick Schwierigkeiten gewahr wurde, welche theils die Natur darbot, theils durch die ungeheuern Kosten, sowohl der Maschinen selbst als deren Belebung durch Brennmaterial entstehen, so daß fürs erste oben genannte Stände den Transport der Reisenden vielleicht ausgenommen, an der Dampfschifffahrt auf dem Rheine keinen Rivalen zu erhalten fürchten dürfen. Diese Schlüsse ziehen wir aus nachfolgender umfassenden Darstellung der letzten Versuchsreise mit einem Dampfboote auf dem Rheine, die von dem Herrn Verwaltungsrath Wenzel, welcher derselben von Cölln aus beiwohnte, mit eben so viel Umsicht als zarter Anerkennung der Verdienste der Directoren um die Ausbreitung dieser Erfindung bearbeitet wurde, und bei welcher er Vortheile, Schwierigkeiten und Nachtheile in ein leicht bemerkbares Licht stellte:

»Im Monat September d. J. beschloß die Direction der nederlaendschen Stoomboot Maatschappy (Dampfschifffahrts-Gesellschaft) zu Rotterdam, einen neuen Versuch zu machen, ob und in wie fern die Dampfschifffahrt auf dem Rheine anwendbar sey; gleichzeitig wendete sie sich an das Königlich Niederländische und Königlich Preußische Staatsministerium, mit der

6 Frankfurter Journal vom 10. November 1824 mit einer Abbildung des Dampfschiffs „De Zeeuw“.

Anliegerstaaten angeregt werden. Zu diesem Zweck ließ die Handelskammer die von der preußischen Regierung 1823 für Herrn Treviranus ausgesprochene Unterstützung zur Untersuchung des Flussbettes erneuern und auf den Technischen Direktor der niederländischen Gesellschaft, Roentgen, übertragen.[25] Auch sorgte sie dafür, dass die vorgesehene Versuchsfahrt des „Seeländer“ nicht durch Aufenthalte an den Oktroistationen oder durch sonstige Eingriffe der Behörden beeinträchtigt werde. Im Gegenteil, Vertreter der Regierung nahmen an der Fahrt teil oder besichtigten das Dampfschiff an seinen Aufenthaltsorten. In Koblenz sollte selbst der Oberpräsident der Rheinprovinz, Staatsminister von Ingersleben, dem „Seeländer“ einen Besuch abstatten.

Das Dampfschiff „De Zeeuw“, das Rotterdam am 26. Oktober verlassen hatte, traf am Vormittag des 29. Oktober nach nur 37 Stunden und 17 Minuten Fahrtzeit in Köln ein, angekündigt durch eine reitende Stafette. Für die Mittagszeit des 29. Oktober waren alle

25 RWWA, 1-33-1, f. 191 (1824 Sept. 11); vgl. A. Arnecke, Zur Geschichte der Preußisch-Rheinischen Dampfschiffahrts-Gesellschaft anläßlich der Feier ihres hundertjährigen Bestehens, in: Rheinfahrt. Führer durch Geschichte, Kunst und Landschaft des Rheintales (bearb. v. P. Clemen), Köln 1926, S. 5–30, hier S. 9.

Aktionäre der niederländischen Dampfschifffahrtsgesellschaft in Köln zu einer „Lustfahrt" eingeladen.[26] Die „Kölnische Zeitung" schreibt:

> Das Dampfschiff, der Seeländer, dessen Ankunft wir gestern meldeten, hielt unerachtet des stürmischen und regnerischen Wetters, eine unabsehbare Menge Zuschauer auf beiden Ufern bis zum späten Abend versammelt, wo sich die herrlichste Augenweide darbot. War sein unerwartet frühes Erscheinen schon überraschend gewesen, so war der Anblick des schönen, reichausgeschmückten und großartigen Gebäudes nicht minder. Bewundernswerth war besonders die Leichtigkeit, mit der sich dieser Koloß, trotz seiner Länge von 112 Fuß, bei 16 Fuß Breite, auf unserem gewaltigen Strome nach allen Richtungen hin bewegte, rasch umwendete, urplötzlich im Laufe innehielt und vorwärts, zurück oder nach den Seiten hin fuhr [...]. Nachmittags wurde eine Lustfahrt rheinaufwärts vorgenommen, während welcher fünfzig Personen im Saale des Schiffes speisten [...].Eine Strecke entlang, die nötig erachtet wurde, um in Gegenwart der Herren van Vollenhoven und Roentgen von Rotterdam, Direktoren der Niederländischen Dampfschiffahrtsgesellschaft, und des Herrn Cockerill von Lüttich, Erbauers der Maschine, die Messungen des Stromes wahrzunehmen und die Wirkungen auf die gegebene Kraft zu berechnen, ward ein mit 2000 Zentnern beladenes Schiff angehängt und fortgezogen. Um diese Wahrnehmung zu vervollständigen, verließen beide Fahrzeuge das stillere Fahrwasser und begaben sich in die Mitte des reißenden Stroms, und überwanden dennoch dessen Gewalt, obschon dieses Dampfschiff keineswegs zum Ziehen, sondern nur zum Personen-Transport, und nicht zur Flußfahrt, sondern auf den hohen Wellenschlag gebaut ist [...].
> Diesen Morgen hat der Seeländer seine Beobachtungsreise nach Koblenz fortgesetzt. Er soll so weit vorwärts gehen, als die wenige Zeit es gestatten wird, die ihm übrig bleibt, um schon am 6. November wieder seine Fahrt von Rotterdam nach Antwerpen machen zu können [...].

An der weiteren Fahrt nach Koblenz nahmen außer den schon genannten Mitgliedern der Niederländischen Gesellschaft und dem Vorstand der Kölner Handelskammer auch Vertreter der Behörden und sonstige Interessenvertreter teil.[27] In Remagen stiegen Sulpiz Boisserée und die Familie von Cotta zu. Der bekannte Verleger von Cotta hatte sich bei der Gründung einer württembergischen und einer badischen Dampfschifffahrtsgesellschaft stark engagiert[28] und war daher auch an dieser Versuchsfahrt interessiert. Sulpiz Boisserée, der nur seinem Bruder zuliebe das Dampfschiff bestiegen hatte, wollte zunächst in Erpel

26 RWWA, 1-33-2, f. 23 (1824 Okt. 29); Dresemann, Jugendzeit (wie Anm. 8), S. 25 ff.; Gothein, Rheinschiffahrt (wie Anm. 3), S. 181 ff.

27 RWWA, 1-33-1, f. 229.

28 Gothein, Rheinschiffahrt (wie Anm. 3), S. 188 f.; Ob von Cotta auch zu den Aktionären der NSM gehörte, konnte nicht verifiziert werden; vgl. Zimmermann, Geschichte (wie Anm. 8), S. 28.

wieder aussteigen, wurde dann aber, wie er selbst schreibt, so von dem „Dampferwesen ergriffen“, dass er die gesamte Fahrt bis zurück in die Niederlande mitmachte und darüber sehr anschaulich seinem Bruder Melchior berichtete:[29]

> Als wir in die große Kajüte kamen, fanden wir eine zahlreiche holländische Gesellschaft, einige Personen von Aachen und Lüttich und die kölnischen Deputierten an der Mittagstafel, an der man eben das Dessert servierte, zwei holländische Damen machten die Honneurs. Es war wirklich wie eine Zauberei, als wir uns auf einmal so in die fremdeste Gesellschaft versetzt fanden, die in der elegantesten holländisch-englischen Umgebung sich auf alle Weise gütlich that, während das Geräusch der Räder uns erinnerte, dass wir durch eine Maschinerie die Wellen bekämpften, daß wir uns in einer Art schwimmender Mühle befanden [...].
> Um euch einen Begriff von der Eleganz und Bequemlichkeit des Schiffes zu geben, brauche ich nur zu sagen, daß das Getäfel und alle Möbel von Mahagoniholz ist, dass zwei Küchen vorhanden sind, daß vier Aufwärter für alle Bedürfnisse sorgen, alles mit Wachs beleuchtet ist, und was der angenehmen Eitelkeiten noch mehr sind. Cotta ist verdrießlich darüber, daß die Schiffe von Church viel unvollkommener sind und viel Geld zu ersparen gewesen wäre, wenn er früher den Direktor dieser holländischen Dampfschiffe, Herrn Roentgen von Neuwied, hätte kennen lernen. Wir sind erst um halb ein Uhr nach Koblenz gekommen, weil während unserer Fahrt das Wasser jede Stunde noch um einen halben Fuß gewachsen und eine wahre Überschwemmung eingetreten ist. Der Strom ist seit gestern um zwölf Fuß gestiegen [...].

Und am 2. November berichtet er aus St. Goar:

> Wir sind doch gestern noch hierher gefahren. Nachdem in Koblenz die Röhren von dem vielen Schlamm gereinigt worden waren und eine Probe mit Holz und Steinkohlenmischung zur Hervorbringung einer gedrängteren Hitze befriedigend ausgefallen, entschloß sich der junge lebhafte Direktor Roentgen, die Reise so weit fortzusetzen als möglich [...].
> Unsere Fahrt glich einem Triumpfzug; es war ein wahrer Freudenzug, überall kamen die Einwohner jung und alt ans Ufer, und staunten das wunderbar einherrauschende Mühlenschiff an, welches bei einer der größten Überschwemmungen, wo kein Schiff mit Pferden gezogen werden kann, seinen Weg durch die mächtigsten Wasserwogen ruhig fortsetzte.[30]

---

29 Vgl. Sulpiz Bosserée, Tagebücher, hrsg. v. H.-J. Weitz, Bd. 2. (1823–34), Darmstadt 1981, S. 25*–29*.

30 Boisserée, Schriften (wie Anm. 24), S. 447 ff.

Die Fahrt des „Seeländers" bis St. Goar, wo das Schiff dann doch umkehren musste, war nicht nur ein publizistisches und gesellschaftliches Ereignis, sondern sollte für die Entwicklung der Dampfschifffahrt auf dem Rhein konkrete Folgen haben. Während Roentgen und die Ingenieure die Gelegenheit nutzten, um Versuche mit verschiedenen Kohlensorten zu machen – die Saarkohle, die man in Koblenz fand, musste wegen zu geringer Heizkraft ausgeschieden werden –, wurden auf dem Schiff Verhandlungen über eine weitere Zusammenarbeit der Kölner Handelskammer mit der Niederländischen Gesellschaft gepflegt.

Schon auf dem „Seeländer" wurde jedenfalls – auch das wissen wir aus einer Notiz von Sulpiz Boisserée – die Gründung einer eigenen Kölner Gesellschaft ins Auge gefasst. Dabei scheint die Handelskammer sogar in Erwägung gezogen zu haben, Sulpiz Boisserée zum Direktor „des hier zu errichtenden Dampfschiffahrts-Vereins" zu machen, wie ihm der Präsident der Handelskammer, Koch, unter vier Augen eröffnete. Sulpiz lehnte aber mit Rücksicht auf seinen Bruder Bernhard ab.[31] Möglicherweise waren erste Überlegungen zur Gründung einer eigenen Kölner Gesellschaft schon während des Besuchs der Kölner Stimmführer der Aktionäre der Niederländischen Gesellschaft in Rotterdam angestellt worden, da darin die einzige Möglichkeit zur Überwindung der politischen und rechtlichen Schwierigkeiten bei der Einführung der Dampfschifffahrt gesehen wurde.

12.5 Die Einordnung der Dampfschifffahrt in das bestehende Schifffahrtssystem

Nach den bestehenden Oktroiverträgen der Rheinuferstaaten gab es vor 1831 drei verschiedene Arten von Schifffahrt auf dem Rhein. Die Große Fahrt besorgte den durchgehenden Warentransport zwischen den Umschlag- bzw. Stationsplätzen. Sie wurde von den monopolartig organisierten Schifferverbänden ausgeübt. Für die Fahrt zwischen den Rheinmündungen und Köln war der niederrheinische Schifferverband zuständig, der zwar ebenso wie der oberrheinische (für den Mittelrhein zuständige) Schifferverband seinen Sitz in Köln hatte, aber zu vier Fünfteln aus Niederländern bestand. Die Schiffer, die Eigner der Frachtschiffe waren, konnten, solange die Gilderechte noch wirksam waren und sie keine Konkurrenz befürchten mussten, weitgehend die Frachtpreise diktieren, die für den Niederrhein relativ hoch waren. Um eine gleichmäßige Auslastung und damit einen gleichmäßigen Verdienst aller Schiffer zu gewährleisten, hielten sie die Rangfahrt ein, d. h., die Schiffe wurden in einer vorher festgelegten Reihenfolge beladen und mussten nach einer bestimmten Ladungsfrist, meist nach sieben oder zehn Tagen, den Hafen verlassen

31 Boisserée, Schriften (wie Anm. 24), S. 452.

und ihre Tour antreten. Da die Schiffer befürchteten, dass sich bei einer Beschleunigung der Fahrt nur ihre Wartezeiten auf Zulassung zur Ladung in der Rangfahrt verlängerten, waren sie nicht an einer Änderung der bestehenden Verhältnisse interessiert.

Die Mitglieder der mittelrheinischen Schiffergilde besaßen meist kleinere Schiffe und können auch nicht als so wohlhabend wie die niederrheinischen Schiffer angesehen werden. Sie hatten die durchgehende Fahrt von Köln nach Mainz zu bewerkstelligen. Die in Mainz beheimatete oberrheinische Schiffergilde war sowohl für den Mittel- als auch für den Oberrhein zuständig.

Die Große Fahrt wurde von der Rheinschifffahrtskommission (Zentralkommission) in Mainz, in der alle Rheinanliegerstaaten durch Gesandte vertreten waren, beaufsichtigt. Änderungen in der Regelung der Großen Fahrt konnten nur nach Zustimmung aller Staaten erfolgen.

Neben der straff organisierten Große Fahrt gab es für den Warenverkehr die Kleine oder sogenannte „Intermediärfahrt". Die Kleine Fahrt knüpfte z. T. an die alte Marktschifffahrt an, die den Verkehr zwischen den kleinen rheinanliegenden Ortschaften und den Stapel- bzw. Umschlagplätzen ausführte.

Neben der Großen und der Kleinen Fahrt gab es nach der Oktroikonvention von 1804 noch die Postschiffe bzw. Wasserdiligencen, die zwar nicht an den Umschlagzwang in Köln oder Mainz gebunden waren, aber dafür nur Personen mit ihrem Gepäck befördern durften. Allerdings wurde die letztgenannte Beschränkung häufig missachtet, so dass die Wasserdiligencen besonders auf dem Mittel- und Oberrhein auch geringe Mengen Frachtgut transportierten.[32]

In welches dieser bestehenden Schifffahrtssysteme war nun die Dampfschifffahrt einzuordnen? Am 19. Juni 1824 richtete die Kölner Handelskammer ein Gesuch an die Zentralkommission in Mainz um die Erlaubnis der niederländischen Dampfschifffahrt auf dem Niederrhein bis Köln. Dabei wollte sie, dass das Dampfschiff als Postschiff behandelt werden sollte, dem man erlauben sollte, auch geringe Mengen Waren mitzunehmen.[33]

Dieser Antrag der Handelskammer kam zu Fall, da Warentransporte von Rotterdam oder Antwerpen nach Köln eine Aufgabe der Großen Fahrt gewesen wären und durch eine Konzessionierung des Dampfschiffs die Gerechtsame der niederländischen Schiffergilde gelitten hätte. Eine Einordnung der Dampfschifffahrt unter die Regeln der Großen Fahrt wäre nicht sinnvoll gewesen, da sich das kapitalistische Unternehmen dann in die Schiffergilde hätte aufnehmen lassen und die Rangfahrt hätte einhalten müssen. Der Erfolg der Dampfschiffe bestand aber ja gerade darin, dass sie die Strecke Rotterdam–Köln in zwei bis drei Tagen bewältigten, während die Segel- bzw. Treidelschiffe dazu bis zu sechs Wochen brauchten.

32 Vgl. Eckert, Rheinschiffahrt (wie Anm. 3); Gothein, Rheinschiffahrt (wie Anm. 3).

33 RWWA, 1-33-1, f. 162 (1824 Juni 30).

So entschloss sich die Handelskammer, eine Konzession für die Dampfschifffahrt als Intermediärfahrt bei der preußischen Regierung zu beantragen. Für die Intermediärfahrt war nicht die Zentralkommission in Mainz, sondern die jeweilige Territorialregierung zuständig. Die Handelskammer wandte sich also zur Konzessionierung der Dampfschifffahrt auf dem Niederrhein an das preußische Ministerium für Handel und Gewerbe in Berlin.

Allerdings traten auch hier Schwierigkeiten auf. Die eine bestand darin, dass die Kölner Handelskammer um die Konzession für ein holländisches Unternehmen auf dem preußischen Rheinstrom bat, die andere darin, dass sich die Schiffergilden natürlich sofort gegen eine solche Konzessionierung zur Wehr setzten und ihrerseits in Berlin vorstellig wurden. Beide Hindernisse konnten überwunden werden, das erste, indem die Handelskammer auf ihre aktienmäßige Beteiligung an der Niederländischen Gesellschaft hinwies, und das zweite, indem die Handelskammer konterte, die niederrheinische Schiffergilde bestehe ja auch fast ausschließlich aus Niederländern. Ausschlaggebend war aber wohl, dass die preußische Regierung den Wert der Dampfschifffahrt erkannt hatte und bereit war, sie zu fördern.[34]

Während in den Jahren 1824 und 1825 zwischen der Kölner Handelskammer und der niederländischen Gesellschaft über die Einrichtung einer Dampfschifffahrt auf dem Niederrhein verhandelt wurde, waren auch am Oberrhein Initiativen zur Einführung der Dampfschifffahrt verwirklicht worden. Schon am 3. Juli 1824 war eine württembergische Gesellschaft zustande gekommen, deren Betreiber außer König Wilhelm selbst vor allem von Cotta und der Konsul der Vereinigten Staaten, Church, waren. Church hatte kurz zuvor auch die Dampfschifffahrt auf Schweizer Seen eingeführt.

Auch auf dem Bodensee waren ja schon Versuche mit Dampfschiffen gemacht worden. Am 18. Februar 1825 hatte die bayerische Regierung dem Kaufmann J. H. Scharpff aus Speyer die Einrichtung einer Dampfschifffahrt zwischen Ludwigshafen/Mannheim und Mainz gestattet,[35] und am 22. September 1825 genehmigte Großherzog Ludwig von Baden eine besondere badische Schifffahrtsgesellschaft, an der auch wieder von Cotta und Church beteiligt waren. Die Interessen der Mainzer Handelskammer waren schon vorher mit der Kölner Kammer abgestimmt worden.[36]

So war bei der Einführung der Dampfschifffahrt auf dem Rhein das territoriale Prinzip zur Geltung gekommen, wenn auch die äußeren Notwendigkeiten sehr schnell zu einer weitgehenden Kooperation der verschiedenen Gesellschaften führten.

34 RWWA, 1-33-2, f. 164 ff.

35 Eckert, Rheinschiffahrt (wie Anm. 3), S. 200.

36 Zimmermann, Geschichte (wie Anm. 8), S. 29; Gothein, Rheinschiffahrt (wie Anm. 3), S. 188 ff.

12.6 Die Gründung der Preußisch-Rheinischen Dampfschiffahrts-Gesellschaft

Aus den Bemerkungen von Sulpiz Boisserée wissen wir, dass schon im Oktober 1824, während der Versuchsfahrt der „Zeeuw", erste Überlegungen zur Einrichtung einer eigenen Kölner Dampfschifffahrt stattgefunden hatten.[37] Die Eröffnung einer regelmäßigen wöchentlichen Dampfschifffahrtsverbindung zwischen Antwerpen/Rotterdam und Köln durch die Niederländische Gesellschaft war für den Beginn des Jahres 1825 vorgesehen.

Am 9. Dezember 1824 gab Bernhard Boisserée der Handelskammer erstmals das Projekt der Einrichtung eines „Dampf-Paketbootes" zum Transport von Reisenden und Gütern für die Strecke Koblenz–Mainz bekannt. Zwei Wochen später, am 23. Dezember, setzte die Handelskammer darauf eine Kommission aus fünf an der Dampfschifffahrt besonders interessierten Kaufleuten ein. Es waren dies der Kammerpräsident Koch, Bernhard Boisserée, Merkens, Löhnis und Cassinone.[38]

In der denkwürdigen Sitzung vom 23. Januar 1825 entwickelte Boisserée den Gedanken eines Gebietskartells für die einzelnen Stromabschnitte. Der niederländischen Gesellschaft sollte der Rhein bis Köln überlassen werden. Die neu zu gründende Kölner Gesellschaft sollte den Dampfschiffverkehr zwischen Köln und Mainz aufnehmen, und die Mainzer bzw. die vereinigten oberdeutschen Gesellschaften sollten den Dampferverkehr auf dem Oberrhein organisieren. Alle Gesellschaften sollten durch gegenseitige Überlassung von Aktien untereinander verzahnt sein. Dabei wollte sich die Kölner Gesellschaft stärker an der niederländischen beteiligen und auch von ihr die Dampfschiffe kaufen.[39]

Bis zur Entscheidungsreife über dieses Projekt sollten noch einige Monate vergehen. Erst am 14. Juli 1825 fasste, wieder auf Antrag Boisserées, die Handelskammer den Beschluss, „die Bildung einer Rhein-Preußischen Dampfschiffahrts-Gesellschaft unmittelbar aus der Handelskammer ausgehen zu lassen und sich mit den dazu nötigen Einleitungen ehestens zu beschäftigen".[40]

In seiner Rede vor der Versammlung der Mitglieder der Kölner Handelskammer wies Boisserée den Vorwurf, er würde die Einführung der Dampfschifffahrt aus Eigennutz betreiben, weit von sich und beteuerte, seine Ernennung zum Kölner Agenten der niederländischen Gesellschaft sei ohne sein Zutun erfolgt. Er beschloss seine Ausführungen mit dem Motto:[41]

---

37 Vgl. Anm. 30; auch B. Boisserée erwähnt in seinem Bericht vor der HK am 14. Juli 1825, dass schon während der Versuchsfahrt mit Roentgen über diese Frage gesprochen wurde, RWWA, 1-33-2, f. 178.

38 Schöpkens, Tätigkeit (wie Anm. 7), S. 218; Arnecke, Geschichte (wie Anm. 25), S. 10.

39 Gothein, Rheinschiffahrt (wie Anm. 3), S. 187.

40 RWWA, 1-12-13, f. 42 ff. (Protokoll vom 14.7.1825).

41 RWWA, 1-33-2, f. 144; 1–33–2, f. 178 f. (1825 Juli 14).

7 Bernhard Boisserée (1795–1852). Portrait..

> Concordia res parvae crescunt; Discordia magnae dilabuntur.
> Geringe Dinge wachsen durch Eintracht; Große aber werden durch Zwietracht zerstört.

Merkens legte der Kammer am 28. Juli einen Prospekt für die Gründung der einzurichtenden Gesellschaft vor, der sofort genehmigt wurde und am 22. August im Druck vorlag.[42] Von diesen Drucken schickte die Handelskammer einige Exemplare auch an die Niederrheinische Schiffergilde, die sie jedoch postwendend zurücksandte, wohl, weil sie sich dem Projekt vollständig verweigerte und nicht bereit war, sich daran zu beteiligen.

Mit der Gründung der „zu errichtenden Preußisch-Rheinischen Dampfschiffahrts-Gesellschaft zu Köln“ waren außer den schon bekannten Mitgliedern der Dampfschifffahrtskommission auch die Handelskammermitglieder Foveaux, DuMont, Oppenheim und Moll befasst.[43]

Nach dem Prospekt sollte sich die Gesellschaft einstweilen auf den preußischen Rhein beschränken.

> Allmählige Ausdehnung und Fortschreiten nach Maßgabe der sich entwickelnden Kräfte und sich beseitigender Hindernisse, ist durch diese Statuten im Voraus schon zugelassen. Nicht minder ertheilen sie die Befugniss, sich mit anderen derartigen Gesellschaften durch Betheiligung gegenseitig zu verbinden, damit zur Erreichung der höheren Zwecke dieses Instituts überall die mitwürkende Hand sich geboten werden könne.[44]

Die Zahl der Aktien war zunächst auf 1200 begrenzt, „jede zu dem kleinen Betrage von X Rthlr (Reichstaler) 200 pr. Ct. (Preußisch Courant)“, wodurch bezweckt wurde, dass „die Erwerbung von Aktien auch Personen vom Schifferstande möglich gemacht wird“. Aus diesem Grunde wurden 250 Aktien für Mitglieder der Schiffergilde reserviert.[45] Wenn

---

42 Schöpkens, Tätigkeit (wie Anm. 7), S. 219.

43 Schöpkens, Tätigkeit (wie Anm. 7), S. 219.

44 Vortrag der Handelskammer als Prospekt der zu errichtenden Preußisch-Rheinischen Dampfschifffahrt-Gesellschaft zu Köln, Köln 1825 (Wirtschaftsbibliothek Köln IX 396), S. 7.

45 Bis vier Monate nach Beginn der Zeichnung.

8 Peter Heinrich Merkens (1777–1854). Druck von Theodor Hildebrandt, um 1850.

300 Aktien gezeichnet waren, wollte man um die Konzession für die neue Gesellschaft nachsuchen.

Das Kapital der Gesellschaft war auf 240.000 Taler beschränkt, da man zunächst damit auszukommen hoffte. Als erstes war die Errichtung einer Fahrt Köln–Koblenz vorgesehen. Die Dampfschiffe sollten bei der niederländischen Gesellschaft gekauft werden, wobei sich diese an einer bestimmten Zahl Aktien beteiligen sollte. Zur Führung und Bemannung der Schiffe sollten vornehmlich preußische Schiffer angeheuert werden.

Nach erfolgter Konzessionierung sollte die Generalversammlung der Aktionäre neun Mitglieder des Verwaltungsrates wählen, die in Köln wohnhaft und mindestens im Besitz von zehn Aktien sein mussten. Die neun Verwaltungsräte wählten dann aus ihrer Mitte einen Direktor, der mindestens 15 Aktien besitzen musste, und einen Subdirektor. Die Aktien des Verwaltungsrates und des Direktors wurden während der Amtszeit außer Kurs gesetzt. Der Verwaltungsrat wählte außerdem einen Präsidenten auf vier Jahre; eine Wiederwahl war möglich.

Innerhalb von acht Tagen nach der ersten Generalversammlung musste ein Fünftel des gezeichneten Aktienkapitals eingezahlt werden, der Rest wurde dann bei Bedarf erhoben. War die gesamte Summe gezahlt, wurde die Aktie ausgefertigt, der 5%ige Zinscoupons beigefügt waren, die jährlich eingelöst werden konnten. Bei der Ausgabe neuer Aktien sollten die Besitzer der alten Aktien diese al pari übernehmen können. Stimmrecht auf der Generalversammlung setzte den Besitz von mindestens fünf Aktien voraus.[46]

Am 25. September 1825 lud die Handelskammer die Kölner Aktionäre der niederländischen Gesellschaft ein, sich schriftlich zu erklären, wie viele Aktien der neuen Gesellschaft sie haben wollten. An diesem Tage wurden 300 Aktien gezeichnet, so viele, wie nötig waren, um satzungsgemäß den Antrag auf Zulassung der Gesellschaft zu stellen. Nach diesem Termin wurde die Gründung der Gesellschaft öffentlich bekannt gegeben und zur Zeichnung der Aktien aufgerufen. Die Abgabe von Aktien war – angeblich wegen der großen

46 Statuten (wie Anm. 44).

Nachfrage – auf maximal fünf Stück pro Person beschränkt, nur die sogenannten Stifter der Gesellschaft konnten 15 Stück erhalten.[47]

Der Zeitpunkt zur Gründung einer Dampfschifffahrtsgesellschaft auf Aktienbasis war gut gewählt. Nach anfänglichen Schwierigkeiten hatte die Niederländische Gesellschaft ab Juli 1825 ihren regelmäßigen wöchentlichen Dienst Antwerpen/Rotterdam–Köln mit den Schiffen „Nijmegen" und „Rhein" aufgenommen. Die Schiffe wurden sogleich stark frequentiert, ihre Ankunft erregte jedes Mal großes Aufsehen. Dass die Dampfschifffahrt wirtschaftlich arbeiten konnte, zeigte die Niederländische Gesellschaft, deren Aktien 25 % über dem Nennwert standen.

Einen weiteren Werbeeffekt hatte die Versuchsfahrt des Dampfschiffs „Rhein" im September 1825. Mit dieser Fahrt, bei der außer Roentgen und anderen Mitgliedern der Niederländischen Gesellschaft auch Vertreter der Kölner und Mainzer Handelskammer sowie der preußischen Regierung teilnahmen, sollte bewiesen werden, dass auch die schwierige Stromstrecke zwischen Koblenz und Mainz für die Dampfschifffahrt geeignet war. Großes Aufsehen in der Öffentlichkeit erregte auch die Tatsache, dass König Friedrich Wilhelm von Preußen, der gerade in Koblenz weilte, das Angebot der Nederländischen Gesellschaft annahm und am 14. September 1825 mit dem Boot „De Rijn" (Der Rhein) nach Köln fuhr. Auf dieser Fahrt gelang es, den König für die Dampfschifffahrt zu erwärmen.[48]

Die Zahl der Anträge auf Aktien der neuen Gesellschaft war außerordentlich groß, allein beim Bankhaus Oppenheim gingen Bestellungen für mehr als 500 Aktien ein. In einer Sitzung der Handelskammer vom 10. Oktober 1825 wurde die Liste geschlossen und den Bestellern mitgeteilt, wie viele Aktien ihnen zugeteilt worden waren. Außerdem wurde die Frage beratschlagt, ob man ein oder zwei Dampfschiffe schon sofort, also vor der Bestätigung der Gesellschaft, bei den Direktoren der Rotterdamer Gesellschaft bestellen solle. Die Handelskammer hielt dies für notwendig, wollte dazu aber zunächst die Zustimmung derjenigen einholen, die die ersten 300 Aktien gezeichnet hatten.[49]

Diese Rücksichtnahme auf die Hauptaktionäre war verständlich, da mit der Anschaffung von zwei Dampfern die gesamte gezeichnete Summe fällig wurde.

Am 3. Oktober 1825 konstituierte sich die Preußisch-Rheinische Dampfschiffahrts-Gesellschaft durch Notariatsakt. Die Handelskammer schickte das Notariatsinstrument so-

47 Schöpkens, Tätigkeit (wie Anm. 7), S. 221; RWWA, 1-33-3, f. 21 ff.

48 RWWA, 1-12-13, f. 62 f. (Protokoll vom 7.9.25); Für den Empfang des Königs waren von der Handelskammer Heimann, Boisserée und Merkens bestimmt worden, Bericht über die Reise, ebd., f. 63–65. An der Versuchsfahrt nahmen Boisserée, Heimann und Löhnis teil, während der Reise wurde ein Vertrag mit van Vollenhoven über die gegenseitigen Interessenabgrenzungen auf dem Rheinstrom ausgehandelt. Vgl. auch Dresemann, Jugendzeit (wie Anm. 8), S. 37 ff.; Arnecke, Geschichte (wie Anm. 25), S. 19; Kellenbenz/van Eyll, Selbstverwaltung (wie Anm. 6), S. 138 f.

49 RWWA, 1-12-13, f. 79 f.

9 De Rijn. Ankunft Friedrich Wilhelms III. auf dem Dampfer „De Rijn" in Köln am 14.9.1825. (Im Hintergrund der unvollendete Dom). Kolorierter Druck nach einem Blatt von Johann Schlappels, 1825.

gleich an den Regierungspräsidenten Delius mit der Bitte, die nach Artikel 37 des Handelsgesetzbuches notwendige Genehmigung zu erwirken.[50]

Die königliche Genehmigung ließ auf sich warten. Lag es daran, dass die Behörden in Berlin Zeit brauchten, um sich mit Antrag und Satzung der neuen Gesellschaft auseinanderzusetzen, oder lag es daran, dass erst die Eingaben und Beschwerden der Schiffergilden geprüft werden mussten? Erst nachdem deren Einwendungen am 8. April 1826 zurückgewiesen worden waren, erfolgte die Konzession am 11. Juni 1826.[51]

12.7 Die Aktionäre der Preußisch-Rheinischen Dampfschiffahrts-Gesellschaft

Leider besitzen wir keine vollständige Liste der Aktionäre der Preußisch-Rheinischen Dampfschiffahrts-Gesellschaft. Wir wissen nur, dass die ersten 300 Aktien von Kölner Kaufleuten und Bankiers gezeichnet wurden, die auch Aktionäre der niederländischen

50 HSTA Düsseldorf, Reg, Köln, Nr. 2438 (1825 Okt. 14).

51 RWWA, 1-33-2, f. 19 (1826 Juni 11), vgl. auch HASt Köln, Best. 400 VII 4 F 26.

Gesellschaft waren. Sie wurden als „Gründer" der Gesellschaft angesehen, was bedeutet, dass sie jeder bis zu 15 Aktien – das entspricht einem Kapital von 3000 Talern – zeichnen konnten.

Weitere 300 Aktien waren für die Mainzer Gesellschaft reserviert, wobei unklar ist, ob die Aktien an Mainzer Kaufleute weitergegeben wurden, wie es mit den 50 Aktien der niederländischen Gesellschaft in Köln geschehen war, oder ob die Mainzer die Aktien als Kompensation für den Verzicht auf die Befahrung der Stromstrecke unterhalb von Mainz erhielten. Das Letztere ist wahrscheinlich, da sich ja im Mainz-Frankfurter Raum die verschiedenen oberdeutschen Gesellschaften gleichzeitig um Aktionäre bemühten.[52]

An Auswärtige wurden rund 350 Aktien vergeben, so dass mit den 250 für Mitglieder der Schiffergilden reservierten Aktien die anvisierte Gesamtzahl von 1200 Aktien erreicht war. Wie sich schon aus der Zurücksendung des Prospekts und der Statuten ergibt, haben die Schiffer die Möglichkeit, Aktien der Dampfschifffahrtsgesellschaft zu zeichnen, nicht wahrgenommen. Das war letztlich auch vorauszusehen. Zwar besaßen die Schiffer der niederrheinischen Gilde wohl genügend Kapital, um einige Aktien erwerben zu können, aber auch durch den Besitz von Aktien der Konkurrenz konnten ja ihre speziellen Probleme nicht gelöst werden. Die Handelskammer hatte vielleicht gehofft, dass die Schiffer, die auch Aktienbesitzer waren, sich von den Dampfschiffen schleppen ließen. Möglicherweise aber war das Aktienangebot an die Schifferverbände nichts anderes als der Versuch, den Widerstand von dieser Seite vor der Öffentlichkeit durch ein vermeintlich großzügiges Entgegenkommen zu entschärfen.

Wer die reservierten 250 Aktien nach Ablauf der Reservierungszeit von vier Monaten übernommen hat, wissen wir nicht, nach den Wünschen der Regierung sollten sie preußischen Untertanen zukommen.[53]

Von Nichtmitgliedern der Kölner Handelskammer wurden an Aktien bestellt:[54]

Name	Zahl der bestellten Aktien	Zahl der bewilligten Aktien	Vermittelndes Bankhaus
Aachen			
L.& P. Beissel	1	1	P. J. Cassinone
Cramer, Regierungsrat	5	5	Oppenheim
Baron von Senfft-Pilsach	15	5	Oppenheim

52 Gothein, Rheinschiffahrt (wie Anm. 3), S. 190.

53 Dresemann, Jugendzeit (wie Anm. 8), S. 56.

54 Zusammengestellt aus den Bestellungen und Zuweisungen in: RWWA, 1-33-3, f. 21 ff.; vgl. auch Schöpkens, Tätigkeit (wie Anm. 7), S. 222.

Name	Zahl der bestellten Aktien	Zahl der bewilligten Aktien	Vermittelndes Bankhaus
Bonn			
Jacob Lamberg	?	5	G. H. Koch
Heusler, Oberbergrat	10	5	Seydlitz & Merkens
N. Simrock	5	5	P. J. Simrock
Dr. Tils	?	5	J. C. Neumann
Friedrich Wierth	?	5	G. H. Koch
Düsseldorf			
Bauer, Geh. Oberbaurat	10	5	Seydlitz & Merkens
F. A. Klüber, Oberbürgermeister von D.	?	5	N. de Tongre
M. L. Scheuer	130	5	Oppenheim
Elberfeld			
Heinrich Kamp	6	5	Seydlitz & Merkens
P. C. Peill	?	5	Selbst
Godfried Steinweg	1	1	Moll & Köhler
Frankfurt/M.			
Dav. & Jac. de Neuville	20	5	Oppenheim
Gebr. Bethmann	100	20	Oppenheim
Halberstadt?			
J. J. & S. Heynemann	16	?	Oppenheim
Karlsruhe			
S. Haber sen.	40	5	Oppenheim
Meerwein & Comp.	?	5	N. de Tongre
Kirchhundem			
Dr. Sommer	1	1	Th. Schmitz-Ditges
Kleve			
Abraham Latz	10	5	Oppenheim
David Cosmann	15	5	Oppenheim
Koblenz			
C. K. Arnold	2	2	Seydlitz & Merkens
J. Heinrich Bertz	1	1	Seydlitz & Merkens
J. P. Clemens	2	2	Seydlitz & Merkens

Name	Zahl der bestellten Aktien	Zahl der bewilligten Aktien	Vermittelndes Bankhaus
von Düring, Regierungsrat	5	5	Oppenheim
M. J. Göbbel	?	5	H. J. Becker
Friedrich Hayn	2	2	Seydlitz & Merkens
Eberhard Heeser	1	1	Seydlitz & Merkens
W. S. Henle	2	2	Seydlitz & Merkens
Lazar Jeist	8	5	Oppenheim
J. C. F. Kalisch, Rendant	1	1	D. Leiden
J. H. Kehrmann	2	2	Seydlitz & Merkens
Schaffhausen & Dietz	4	4	Seydlitz & Merkens
Hubert Schaffhausen	1	1	Seydlitz & Merkens
Pfender & Sehmer	6	5	Seydlitz & Merkens
Christoph Steinebach	1	1	Seydlitz & Merkens
F. C. Vowinkel	2	2	Seydlitz & Merkens
Köln			
Wilhelm Becker	?	5	H. J. Becker
J. J. Disch	?	5	J. C. Neumann
Von Eguet, Regierungsrat	1	1	J. A. Böcker
C. F. H. Feltmann	1		I. Moll
Graun, Appelationsrat	15	5	Oppenheim
P. W. Heeck	2	2	Selbst
J. J. Hildenstadt	5	?	Oppenheim
Carl Anton Jacobi	5	5	Selbst
Friedrich Mannes	5	5	Löhnis, H.
Dr. Menem	?	5	N. de Tongre
D. Merrem, Regierungs- u. Medinzinalrat	12	5	B. Boisserée
Moll & Köhler	?	5	Isaac Moll
J. C. Neumann	?	5	Selbst
Von Oppen, Generaladvokat	15	5	Oppenheim
Peill & Comp.	?	15	Selbst
Fr. Jos. Prestinari	20	5	Selbst
Joh. Georg Riedinger	?	5	Selbst

Name	Zahl der bestellten Aktien	Zahl der bewilligten Aktien	Vermittelndes Bankhaus
Carl Rhodius	?	15	Selbst
Th. Schmitz-Ditges	6	5	Selbst
Schoppelnberg, Rendant	6	5	Seydlitz & Merkens
Gebr. Schulz	2	2	Selbst
P. J. Simrock	5	5	Selbst
J. H. Stein	?	15	Selbst
Von Struensée, Polizeipräsident	5	5	Oppenheim
Magdeburg			
Adolf Susman Heymnn	10	?	Oppenheim
Mainz			
C. L. Lauteren, Sohn	?	5	H. J. Becker
Gebr. Kastell (?)	?	5	J. H. Heimann
G. L. Kayser	?	5	N. de Tongre
J. J. Probst	?	5	J. H. Heimann
Mannheim			
Joh. Phil. Ackermann	1	1	J. A. Böcker
Lado Bassermann	?	5	J. H. Heimann
G. W. Scipio	?	5	J. A. Böcker
Nassau-Dietz			
L. J. Burbach	1	1	J. H. Stein
Stuttgart			
Von Cotta	?	5	N. de Tongre
M. Pfeiffer	1	1	F. Beck
J. C. Richter	1	1	P. W. Heeck
Stahl & Federer	1	1	F. Beck
Julius von Vettnagel	1	1	F. Beck
Ausland			
Antwerpen			
Lüning Gogol	?	5	G. H. Koch
J. J. R. Osy	25	5	Oppenheim
Basel			

Name	Zahl der bestellten Aktien	Zahl der bewilligten Aktien	Vermittelndes Bankhaus
Bischof an St. Alban	1	1	N. de Tongre
J. R. Gemusaeus	5	5	J. W. Becker
Brügge			
Cuninghame	2	2	P. J. Cassinone
Brüssel			
A. v. Wächter, kgl. württemb. Gesandter	?	5	E. Schnitzler
Paris			
B. L. J. & J. Oppenheim	25	?	Oppenheim
Rotterdam			
D. Kuyper & Stahl	?	5	P. J. Cassinone
John Osy	10	5	Oppenheim
Strassburg			
Gebr. Ratisbonne	15	5	Oppenheim
		354	

Die vorstehende Liste kann keine Vollständigkeit beanspruchen, sie zeigt aber doch die räumliche Verteilung der Aktionäre. Verständlicherweise war das Interesse in den am Rhein gelegenen Städten am größten. Es fällt auf, dass viele Beamte an der Aktienbestellung beteiligt sind. Von den vermittelnden Bankhäusern tritt vor allem Oppenheim in den Vordergrund, gefolgt von Nic. de Tongre (Boisserée) und Seydlitz & Merkens.

Auch diejenigen Kölner ‚Kaufleute, die schon unter den Zeichnern der ersten 300 Aktien waren, bestellten zusätzlich Aktien, so Abraham Nierstras Söhne, die zunächst nur drei bestellt hatten und jetzt noch zwei dazu haben wollten, oder M. u. L. Hackenbrodt, der zu seinen schon gezeichneten 14 Stück noch 81 Aktien haben wollte, was ihm natürlich nicht zugebilligt werden konnte.

Es zeigt sich aber an diesen und anderen Nachforderungen, dass schon während der Zeichnungsfrist, d. h. bis zum 26. Oktober 1825, das Interesse an den Aktien stark gestiegen war.

Durch die Begrenzung der Zahl der Aktien auf fünf bzw. 15 Stück pro Person und den geringen Nennwert von 200 Talern pro Aktie wurde eine größtmögliche Streuung erreicht und vor allem eine Kapitalansammlung in einer Hand verhindert. Anders als bei den süddeutschen Gesellschaften, bei denen nur wenige, z. T. nur drei Aktionäre, das gesamte

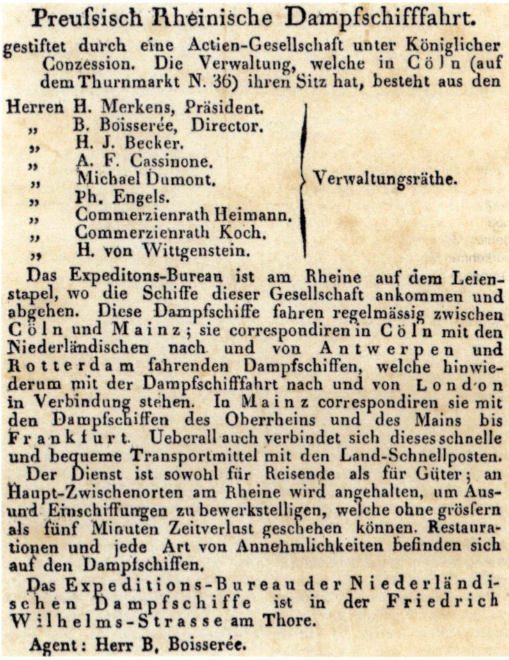

Preufsisch Rheinische Dampfschifffahrt.

gestiftet durch eine Actien-Gesellschaft unter Königlicher Conzession. Die Verwaltung, welche in Cöln (auf dem Thurnmarkt N. 36) ihren Sitz hat, besteht aus den

Herren H. Merkens, Präsident.
„ B. Boisserée, Director.
„ H. J. Becker.
„ A. F. Cassinone.
„ Michael Dumont.
„ Ph. Engels.
„ Commerzienrath Heimann.
„ Commerzienrath Koch.
„ H. von Wittgenstein.
} Verwaltungsräthe.

Das Expeditons-Bureau ist am Rheine auf dem Leienstapel, wo die Schiffe dieser Gesellschaft ankommen und abgehen. Diese Dampfschiffe fahren regelmässig zwischen Cöln und Mainz; sie correspondiren in Cöln mit den Niederländischen nach und von Antwerpen und Rotterdam fahrenden Dampfschiffen, welche hinwiederum mit der Dampfschifffahrt nach und von London in Verbindung stehen. In Mainz correspondiren sie mit den Dampfschiffen des Oberrheins und des Mains bis Frankfurt. Ueberall auch verbindet sich dieses schnelle und bequeme Transportmittel mit den Land-Schnellposten.

Der Dienst ist sowohl für Reisende als für Güter; an Haupt-Zwischenorten am Rheine wird angehalten, um Aus- und Einschiffungen zu bewerkstelligen, welche ohne grösfern als fünf Minuten Zeitverlust geschehen können. Restaurationen und jede Art von Annehmlichkeiten befinden sich auf den Dampfschiffen.

Das Expeditions-Bureau der Niederländischen Dampfschiffe ist in der Friedrich Wilhelms-Strasse am Thore.

Agent: Herr B. Boisserée.

10 Eintrag im Kölner Adressbuch von 1831 nach der Fusion der „Preußisch-Rheinischen“ mit der in Mainz gegründeten „Rhein-Main-Dampfschiffahrts-Gesellschaft“.

Aktienkapital bereitstellten, hat die Kölner Handelskammer bei allen von ihr ausgegangenen Unternehmungen darauf geachtet, dass eine Aktienspekulation von vornherein ausgeschlossen blieb. Die Gründung der Rheinschifffahrts-Assekuranz-Gesellschaft, die Beteiligung an der Nederländischen Dampfschifffahrtsgesellschaft und die Gründung der Preußisch-Rheinischen Dampfschiffahrts-Gesellschaft, aber auch alle späteren Unternehmungen, die geplante Rhein-See-Gesellschaft und die Kölnische Dampfschleppschifffahrt-Gesellschaft, zeigen deren überaus vorsichtigen Umgang mit der Aktie.

Hier berührten sich die Interessen des preußischen Staates, der eine ausgeprägte Abneigung gegen die Unternehmensform der Aktiengesellschaft hatte, mit denen der Kölner Handelskammer.[55] Schon bei der Gründung der niederländischen Gesellschaft befürchtete Merkens, dass die Gründer, die als Dirigenten im Aufsichtsrat fast absolute Machtbefugnisse besaßen, sich mehr den Interessen ihrer eigenen Holz-, Eisen- und Maschinenfabriken verpflichtet fühlen würden als denen der Aktiengesellschaft.[56] Wahrscheinlich um einen ähnlichen Verdacht auszuschließen, hat man in die Statuten der Kölner Gesellschaft den Passus aufgenommen, dass die Aktien der Verwaltungsratsmitglieder während ihrer Amtsdauer außer Kurs gesetzt werden sollten.

Spekulation mit Aktien galt den Kölner Kaufleuten zu diesem Zeitpunkt noch als unseriös und gefährlich. Als 1824 in den Niederlanden eine Handelsgesellschaft für überseeische Geschäfte gegründet wurde, bei der der König ein Drittel des Aktienkapitals von

55 Paul C. Martin, Die Entstehung des preußischen Aktiengesetzes von 1843, in: VSWG 56, 1969, S. 498–542, S. 514 ff.; Joseph Hansen, Gustav von Mevissen, Ein rheinisches Lebensbild 1815–1899, Bd. 1, Berlin .1906, S. 168.

56 Arnecke, Geschichte (wie Anm. 25), S. 7 f.: Scholl, Bedeutung (wie Anm. 9), S. 117.

12 Mio. Gulden hielt, war schon am ersten Tag für 59 Mio. Gulden gezeichnet worden. Merkens schrieb diesen Umstand der „Spielwut" zu: Es hätten Leute 800 Aktien unterschrieben, von denen man wohl wisse, dass sie sich nie für 800.000 Gulden in einem Geschäft engagieren würden, wenn sie nicht vorher berechnet hätten, ihren Anteil mit Vorteil verkaufen zu können, ehe sie für Einzahlungen in Anspruch genommen würden. Die Aktien seien dann auch sofort auf 6 % Agio gestiegen. „Das Jahrhundert ist genau voll geworden", bemerkt Merkens, „seit der Schotte Law die Papierwut in Frankreich anfachte, welche so großes Unglück hervorgebracht und die sich jetzt wieder erneuert hat".[57]

12.8 „Concordia" und „Friedrich Wilhelm"

Nachdem am 11. Juni 1826 die königliche Bestätigung der Preußisch-Rheinischen Dampfschiffahrts-Gesellschaft erfolgt war und die Gesellschaft auch rechtlich existierte, konnte mit der eigentlichen Arbeit begonnen werden. Am 29. August 1826 fand die erste Generalversammlung der Aktionäre statt, auf der der neunköpfige Verwaltungsrat der Gesellschaft gewählt wurde. Die gut vorbereitete Wahl fiel auf B. Boisserée, G. H. Koch, H. Merkens, J. M. DuMont, J. Ph. Heimann, A. F. Cassinone, H. G. Löhnis, Ph. Engels und H. J. Becker. Direktor der neuen Gesellschaft wurde Bernhard Boisserée, Präsident des Verwaltungsrates Peter Heinrich Merkens.[58]

Damit war die neue Gesellschaft arbeitsfähig. Sie schied aus der Handelskammer aus, in deren Schoß sie gewachsen war. Am 24. September 1826 übergab ihr die Handelskammer die auf die Preußisch-Rheinische Dampfschiffahrts-Gesellschaft bezugnehmenden Schriftstücke und Akten und stellte ihr über die für die Gründung der Gesellschaft angefallenen Kosten eine Rechnung aus.[59]

Zwei Dampfschiffe waren ja schon 1825 bei der niederländischen Gesellschaft in Auftrag gegeben worden. Der Zufall wollte es, dass sich das von der Mainzer Gesellschaft bestellte Schiff für den Oberrhein als zu tiefgehend erwies, so dass es die Kölner Gesellschaft übernehmen und somit schon am 1. Mai 1827 mit der Talfahrt Mainz–Köln den regelmäßigen Dampfschifffahrtsverkehr auf dieser Strecke aufnehmen konnte. Der Name des Schiffes, „Concordia", sollte an das Motto erinnern, mit dem Bernhard Boisserée seinen Aufruf zur Gründung der Gesellschaft beschlossen hatte.

Die „Concordia" war 45 Meter lang und 5 Meter breit. Sie war mit einer Watt'schen Einzylinder-Niederdruckmaschine mit Schwungrad ausgestattet, die 70 PS leistete und

57 Zit. nach Schwann, Handelskammer (wie Anm. 1), S. 402.

58 RWWA, 1-33-2, f. 251 (1826 Sept. 8); Arnecke, Geschichte (wie Anm. 25), S. 17.

59 RWWA, 1-33-2, f. 257; Schöpkens, Tätigkeit (wie Anm. 7), S. 224.

11 Die „Friedrich Wilhelm" vor Burg Stolzenfels bei Koblenz, die von der preußischen Königsfamilie als Residenz genutzt wurde. Kolorierter Stich, ca. 1830.

230 Passagiere und ca. 1200 Zentner Fracht befördern konnte. Das Schiff hatte 80.000 Taler gekostet.[60]

Schon am 26. Mai 1827 konnte die Gesellschaft das von ihr selbst bestellte Schiff, die „Friedrich Wilhelm", in Empfang nehmen, die ab 3. Juni 1827 ebenfalls die Strecke Köln–Mainz befuhr, so dass jetzt wöchentliche Fahrten durchgeführt werden konnten.[61]

60 Dresemann, Jugendzeit (wie Anm. 8), S. 58; Arnecke, Geschichte (wie Anm. 25), S. 19; Scholl, Bedeutung (wie Anm. 9), S. 119; Sammlung Bündgen Nr. 1; Herrn E. Bündgen, Köln, danke ich für die Erlaubnis, seine Sammlung zur Geschichte der Köln-Düsseldorfer Dampfschiffe benutzen zu dürfen, vgl. Eduard Bündgen, Die Personenschifffahrt auf dem Rhein. Vom Schaufelraddampfer zum Kabinenschiff, Freiburg 1986; Georg Fischbach, Die Schiffe der KD Köln-Düsseldorfer Deutsche Rheinschiffahrts Aktiengesellschaft 1826–2004, [Köln 2004].

61 Dresemann, Jugendzeit (wie Anm. 8), S. 59; Sammlung Bündgen (wie Anm. 60), Nr. 3.

In Mainz hatten die Reisenden Anschluss an die Dampfschiffe der Rhein-Main-Gesellschaft und in Köln an diejenigen der niederländischen Gesellschaft, die bis Rotterdam fuhren. In Rotterdam gab es dreimal wöchentlich einen Anschluss an die Dampfschiffe nach London.

Im Jahre 1829 besaß die Kölner Gesellschaft drei Dampfschiffe. Die Niederländische Gesellschaft hatte ihr das Schiff „Prinz Friedrich“ überlassen, da sich die von der Kölner Gesellschaft bei ihr in Auftrag gegebene „Agrippina“ als untauglich erwies und zurückgegeben worden war. Die „Prinz Friedrich“ war die alte „Rhein“, die uns schon von der Versuchsfahrt von 1825 bekannt ist und die für kurze Zeit auch den Namen „Friedrich Wilhelm“ trug.[62]

Schon im April 1829 konnte die Kölner Handelskammer berichten, dass sich durch die ungeahnte Frequenz der Fremden, besonders der Engländer, der Wohlstand der ganzen Provinz gehoben hätte.[63] Auf der Strecke Köln–Mainz wurden mit zwei bzw. ab 1829 drei Schiffen transportiert:[64]

1827	18.624	57.135 Ztr.
1828	33.352	83.292 Ztr.
1829	42.942	142.452 Ztr.
1830	52.580	181.441 Ztr.

Mit den neu angeschafften Schiffen hatte die Kölner Gesellschaft in der Folgezeit zunächst wenig Glück. Bis 1832 musste so der Schiffsverkehr vor allem mit den beiden ersten Dampfern „Concordia“ und „Friedrich Wilhelm“ aufrechterhalten werden.[65] 1831/32 trafen drei neue Schiffe ein, die „Marianne“, „Stadt Mainz“ und die „Stadt Coblenz“. Während die „lahme Marianne“, wie sie Merkens zu nennen pflegte,[66] noch auf der niederländischen Werft Fop Smit in Kinderdijk (bei Rotterdam) gebaut worden war, stammten die beiden letztgenannten, 1829/30 und 1830/31 erstellten Dampfschiffe schon von der Werft der Gutehoffnungshütte in Ruhrort.[67]

62 Gothein, Rheinschiffahrt (wie Anm. 3), S. 197; Arnecke, Geschichte (wie Anm. 25), S. 19; Sammlung Bündgen (wie Anm. 60), Nr. 2.

63 Gothein, Rheinschiffahrt (wie Anm. 3), S. 197.

64 Scholl, Bedeutung (wie Anm. 9), S. 119.

65 Arnecke, Geschichte (wie Anm. 25), S. 25.

66 Arnecke, Geschichte (wie Anm. 25), S. 25.

67 Scholl, Bedeutung (wie Anm. 9), S. 126 f.: Sammlung Bündgen Nr. 8 u. 9; Vgl. auch die Verträge der Rhein, Dampfschiffahrts-Gesellschaft, Köln mit der Gutehoffnungshütte über den Ankauf und die Wartung von Dampfschiffen, Haniel-Archiv, Duisburg-Ruhrort, Akte Nr. 883; Herrn Karl Dlugos möchte ich auch an dieser Stelle für gewährte Unterstützung danken,

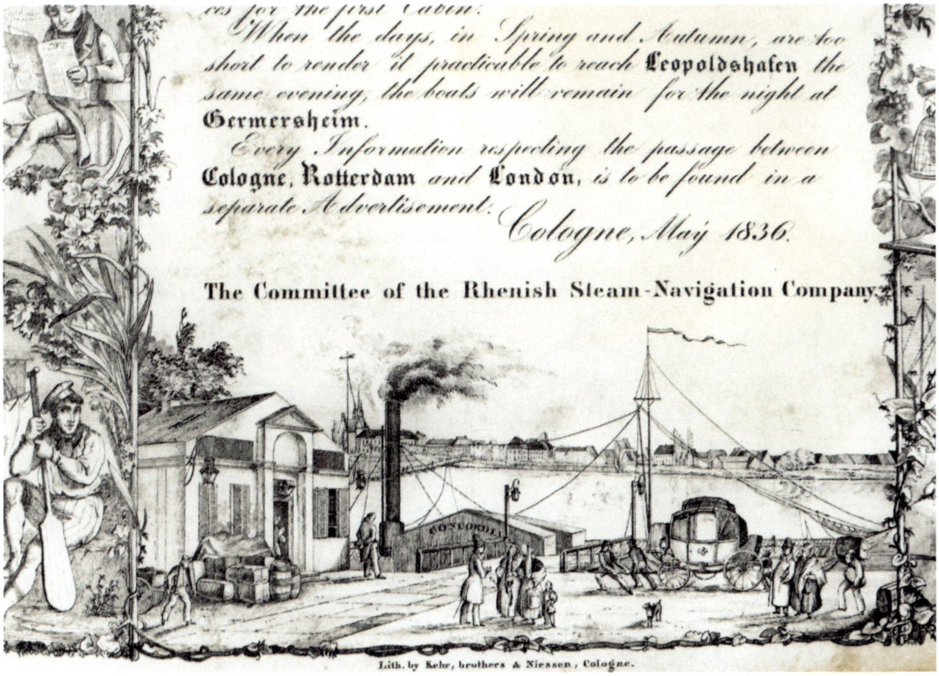

12 Verladen einer Postkutsche auf das Dampfschiff „Concordia". Prospekt in englischer Sprache, 1836, Ausschnitt.

12.9 Das Dampfschifffahrtskartell zerbricht – neue Formen der Zusammenarbeit

Eine erste Konkurrenz bekam das von den verschiedenen Gesellschaften durch Verträge und gegenseitige Beteiligungen abgesicherte Dampfschifffahrtskartell auf dem Rhein im Jahre 1828 durch die kleine niederländische Gesellschaft Theunissen & Comp. aus Nimwegen. Diese beabsichtigte, mit ihrem kleinen, aber sehr starken Schiff „Wilhelm der Erste" ebenfalls die Strecke Rotterdam–Köln zu befahren und erbat von der preußischen Regierung eine entsprechende Konzession.[68] Die Kölner Handelskammer leistete der Rotterdamer Schwestergesellschaft einen Dienst, indem sie sich in einem von Merkens ausgearbeiteten Gutachten gegen diese Konkurrenz aussprach mit der Begründung, es beführen schon zu viele Dampfschiffe den Niederrhein.[69]

Ansonsten waren die Beziehungen zwischen der Rotterdamer und der Kölner Gesellschaft

68 Arnecke, Geschichte (wie Anm. 25), S. 20 ff.

69 Schöpkens, Tätigkeit (wie Anm. 7), S. 232: Gutachten Merkens vom 10.7.1828; Gothein, Rheinschiffahrt (wie Anm. 3), S. 198; Arnecke, Geschichte (wie Anm. 25), S. 20.

nicht immer ungetrübt. Die Kölner beschwerten sich über die Unpünktlichkeit der niederländischen Dampfschiffe, und die Reisenden bemängelten Komfort und Sauberkeit der Boote. Hinzu kam, dass zwischen der preußischen und der niederländischen Regierung starke Spannungen wegen der niederländischen Beschränkungen auf dem Rheinstrom bestanden.[70]

Am 27. November 1828 stellten die Eisenhütten- und Maschinenfabrik-Besitzer Jacobi, Haniel & Huyssen auf der Gutehoffnungshütte bei Oberhausen den Antrag auf Konzession zu einer regelmäßigen Dampfbeurtfahrt zwischen Köln und Antwerpen. Zur Errichtung der Linie waren die Antragsteller mit dem Antwerpener Handelshaus Demedes & Mintjes in Verbindung getreten. Sollte das erste Schiff noch in Holland gekauft werden, so war vorgesehen, die weiteren Schiffe auf ihrer eigenen Werft in Ruhrort selbst zu bauen. Da die niederländische Regierung nicht bereit war, einer preußischen Gesellschaft auf dem niederländischen Teil des Rheins die gleichen Rechte einzuräumen, die die Rotterdamer Gesellschaft auf dem deutschen Niederrhein besaß, kam diese Gesellschaft nicht zustande. Die Initiative zeigt aber, dass auch deutsche Firmen in der Lage waren, eine eigene kommerzielle Dampfschifffahrt aufzunehmen.

Die Ruhrorter Werft der Gutehoffnungshütte baute ab 1830 – allerdings zunächst in enger Zusammenarbeit mit dem technischen Direktor der Rotterdamer Gesellschaft Roentgen – die ersten deutschen Dampfschiffe auf dem Rhein.[71]

Mit der Rheinschifffahrtsakte vom 31. März 1831 sollten sich die rechtlichen Voraussetzungen auf dem Rhein grundsätzlich ändern. Das Umschlagsrecht von Köln und Mainz wurde ersatzlos gestrichen, die Oktroigebühren und sonstigen Beeinträchtigungen auf dem Rhein wurden weiter abgebaut. Vor allem aber wurden die Vorrechte der Schiffergilden mit ihrer für den Handel hemmenden Wirkung beseitigt. Die Niederlande mussten sich dazu bereitfinden, auch den Umschlag an den Rheinmündungen aufzugeben.[72]

In Köln legte Merkens der Handelskammer 1832 den Plan zur Gründung einer Reedereigesellschaft vor. Auch Pläne zur Beförderung der Dampfschleppschifffahrt wurden gemacht. Gleichzeitig bildeten aber zahlreiche Speditionshäuser mit ehemaligen Gildeschiffern zusammen einen Schifffahrtsverein, der auf freiwilliger Basis die alten Verhältnisse, besonders die Rangfahrt, beibehalten sehen wollte. Zwischen diesem Schifffahrtsverein

70 Arnecke, Geschichte (wie Anm. 25), S. 20 f.

71 A. F. Napp-Zinn, Die Anfänge des Deutschen Rheindampferbaues. Ein Beitrag zur Wirtschafts- und Technik-Geschichte, Düsseldorf 1939, S. 10; Scholl, Bedeutung (wie Anm. 9), S. 123 ff.; Haniel-Archiv Duisburg-Ruhrort, Akte 883.

72 G. Schirges, Der Rheinstrom. Ein Beitrag zur Kenntnis der Geschichte, Handelsstatistik und Gesetzgebung des Rheins, nebst der Rheinschifffahrts-Acte vom 31. März 1831, Mainz 1857, bes. S. 157 ff.

13 Dampfschiffe vor der Stadt Düsseldorf. Stich von L. Rohbock und G. M. Kurz, ca. 1842.

und den Befürwortern der Dampfschifffahrt kam es zu Auseinandersetzungen, die bis zu einer Spaltung der Handelskammer führten. 1834 klagte der Schifffahrtsverein gegen die Dampfschifffahrtsgesellschaft, da sich vor allem bei den Frachttarifen keine Einigung erzielen ließ.[73]

Zunächst aber konnte die Preußisch-Rheinische Dampfschiffahrts-Gesellschaft noch einen Erfolg verbuchen. Die Dampfschifffahrtsgesellschaft von Rhein und Main mit Sitz in Mainz hatte zahlreiche Rückschläge, vor allem durch Ausfälle ihrer Dampfschiffe hinnehmen müssen. Durch Vertrag vom 20. Januar 1832 vereinigte sich die Preußisch-Rheinische mit der Rhein-Main-Gesellschaft.

Die Vereinigung bedeutete quasi eine Übernahme der Mainzer durch die Kölner Gesellschaft für 120.000 Rheinische Gulden in Aktien und 2000 Talern in bar. Die Kölner Gesellschaft nannte sich fortan „Rheinische Dampfschiffahrts-Gesellschaft" und befuhr den Rhein bis Straßburg, wo sie Anschluss an eine französische Dampfschifffahrtslinie fand.[74]

73 Arnecke, Geschichte (wie Anm. 25), S. 23.
74 Eckert, Rheinschiffahrt (wie Anm. 3), S. 442 ff.

14 Panorama von Ruhrort 1845 mit Dampfschiff, das Frachtschiffe zieht. Stich von F. G. Wille und Ruff.

War die Dampfschifffahrt von Köln bis Straßburg jetzt in einer Hand, so bestand der Kartellvertrag zwischen der Kölner und der Rotterdamer Gesellschaft von 1825 zunächst fort. Erst durch die am 13. Mai 1836 erfolgte Gründung der „Dampfschifffahrtsgesellschaft für den Nieder- und Mittelrhein" in Düsseldorf wurde das System umgestoßen. Die Düsseldorfer Gesellschaft ging wie die Kölner auf eine Initiative der Handelskammer zurück. Die Aktiengesellschaft wurde aber nicht nur von Düsseldorfer Kaufleuten, sondern auch sehr stark von Industriellen aus Elberfeld und Barmen sowie z. B. aus Rotterdam, Mainz, Koblenz, Nassau und Neuwied getragen. Die Aktionärsliste lässt erkennen, dass es sich hier ebenfalls um viele Kleinaktionäre handelt.[75]

Die neugegründete Düsseldorfer Gesellschaft, die 1838 mit fünf Dampfern den Linienverkehr auf der gesamten Rheinstrecke aufnahm, bot ihre Dienste besonders im Frachtbereich zu weitaus günstigeren Tarifen als die Kölner Gesellschaft an. Ein scharfer Wettbewerb war die Folge. Es ist nur zu verständlich, dass damit die Vereinbarungen zwischen der Kölner und der Rotterdamer Gesellschaft hinfällig geworden waren. Ab März 1839 dehnte die Niederländische Gesellschaft ihre Fahrten bis zum Oberrhein aus, die Kölner Gesellschaft fuhr entsprechend zunächst bis Emmerich.[76]

Die Dampfschifffahrt hatte sich auf dem Rhein etabliert. Nachdem 1841 in Köln und Mainz eine Dampfschleppschifffahrtsgesellschaft ins Leben getreten und man in den 1850er Jahren zum Bau eiserner Schleppkähne übergegangen war, konzentrierten sich die bisherigen Dampfschifffahrtsgesellschaften weitgehend auf den Personenverkehr.[77]

75 Gothein, Rheinschiffahrt (wie Anm. 3), S. 247 ff.; Zimmermann, Geschichte (wie Anm. 8), S. 31 f.
76 Schawacht, Schiffahrt (wie Anm. 2), S. 146.
77 Zimmermann, Geschichte (wie Anm. 8), S. 32.

Nach einem verlustreichen Wettbewerb der Kölner und der Düsseldorfer Gesellschaft untereinander in den 1840er Jahren führte die gemeinsame Konkurrenz zur Eisenbahn die beiden Gesellschaften zusammen. Sie vereinbarten 1853 eine Betriebsgemeinschaft, in die sie zusammen 27 Schiffe einbrachten. Als „Rheinische Dampfschiffahrt. Kölner und Düsseldorfer Gesellschaft" bzw. nach ihrer endgültigen Fusion 1967 als „Köln-Düsseldorfer Deutsche Rheinschiffahrt AG" bestanden die beiden 1825 und 1836 aus den jeweiligen Handelskammern hervorgegangenen Aktiengesellschaften bis 2017.[78] In diesem Jahr, am 31. Juli 2017, endete der Börsengang der Aktie, nachdem fast 100 % der Aktien, die in der Zwischenzeit mehrfach den Besitzer gewechselt hatten, an die River Advice AG in Basel übergegangen waren.[79]

78 Wilhelm Treue, 150 Jahre Köln-Düsseldorfer. Die Geschichte der Personenschiffahrt auf dem Rhein (Köln 1976), Herrn Prof. Wilhelm Treue (1909-1992) bin ich für wertvolle Hinweise sehr zu Dank verpflichtet.

79 Vgl. Clemens von Looz-Corswarem, Köln-Düsseldorfer Dampfschiffahrtsgesellschaft KD, in: Das große Düsseldorf-Lexikon, hrsg. v. Clemens von Looz-Corswarem/Benedikt Mauer, Köln 2012, S. 408 f., Rheinische Post vom 20. April 2017; Handelsregister Düsseldorf HRB 10959 zum 31.7.2017 gelöscht.

1 Das Fährhaus bei Zons, 2019.

13 „Die Fähranstalten zu Urdenbach und Zons“

Ein Beitrag zur Zonser Fähre im 19. Jahrhundert

Der von Karl Emsbach im Jahre 1998 veranlasste Nachdruck des „Preußischen Rheinstromatlas“, Sektion 13, Blatt Benrath, aus dem Jahre 1872 zeigt sehr schön die Fährverbindungen, die damals, im letzten Drittel des 19. Jahrhunderts, im Bereich der Gemeinde Zons das linke mit dem rechten und das rechte mit dem linken Rheinufer verbanden. Da diese Fähren nicht nur auf eine lange Tradition zurückblicken können und z. T. heute noch existieren, sondern sie auch im 19. Jahrhundert die verschiedensten Ämter und Behörden auf beiden Seiten des Flusses bis ins ferne Berlin beschäftigt haben, soll hier ein Blick auf sie geworfen werden.[1]

***

Seit dem zweiten Drittel des 19. Jahrhunderts hatte im Rheinland die Industrialisierung eingesetzt, die Bevölkerung war stetig gewachsen, der Verkehr hatte, auch über den Rhein, entsprechend zugenommen. In Köln und Düsseldorf waren schon 1822 bzw. 1839 die aus dem 18. Jahrhundert stammenden sogenannten „Fliegenden Brücken“ durch Schiffbrücken ersetzt worden, ehe diese dann wiederum festen Brücken Platz machen mussten. Der Errichtung fester Brücken über den Rhein hatte sich das preußische Militär – das Trauma der Napoleonischen Kriege in Erinnerung – aus strategischen Gründen lange widersetzt, bildete der Rhein doch immer noch eine natürliche Grenze gegen Frankreich. Mehr oder weniger notwendig wurden feste Brücken aber mit dem zunehmenden Ausbau der Eisenbahn.[2] So fand die Eröffnung der ersten festen Brücke über den Rhein in Preußen am

---

1 Der offizielle Titel des Preußischen Rheinstromatlas lautet: „Karte über den Lauf des Rheinstroms im Königreich Preußen von Mainz bis unterhalb Bimmen“, M. 1:20 000, Berlin 1872, 19 Bl.; der Titel des vorliegenden Beitrages ist die verkürzte Wiedergabe eines Aktentitels „Die zwei Fähranstalten zu Urdenbach und Zons 1829–1854“, LAV NRW, Abt. Rheinland, Regierung Düsseldorf, Nr. 35602.

2 Pläne, die Eisenbahn mit Fähren, einer sogenannten Trajektanstalt, überzusetzen, wie 1857 für Düsseldorf geplant, wurden am Niederrhein nicht verwirklicht, vgl. Hugo Weidenhaupt, Düsseldorfer Rheinbrückenplanungen im 19. Jahrhundert, in: Ders., Aus Düsseldorfs Vergangenheit. Aufsätze aus vier Jahrzehnten, hrsg. v. Clemens von Looz-Corswarem, Düsseldorf 1988, S. 183–193., sowie ders., Das gescheiterte Projekt einer Eisenbahnfähre über den Rhein bei Düsseldorf. Ein Beitrag zur Geschichte der Aachen-Düsseldorfer Eisenbahngesellschaft, in: ebd., S. 194–200.

3. Oktober 1859 innerhalb der Festung Köln statt. Diese Brücke, die wegen ihres Aussehens im Volksmund „Mausefalle" genannt wurde, musste sich die Eisenbahn noch mit dem Straßenverkehr teilen.[3] Die zweite feste Brücke über den Niederrhein wurde 1870 bei Düsseldorf-Hamm als reine Eisenbahnbrücke errichtet, allerdings noch begleitet von Forts auf dem rechten Rheinufer, die ihrer Verteidigung dienen sollten.[4] Bis zum Bau weiterer Brücken, z. B. der Oberkasseler Brücke 1898 in Düsseldorf,[5] musste der gesamte übrige den Rhein querende Verkehr mit Fähren bzw. Schiffbrücken abgewickelt werden. Die Fähren selbst konnten in der traditionellen, seit Jahrhunderten üblichen Form als Nachenfähre oder Schaldenfähre (Pontonfähre) betrieben werden oder, wie es vereinzelt vorkam, in der Form der Fliegenden Brücke, bei der verschiedene technische Möglichkeiten bestanden, ein Pontonfahrzeug über den Fluss pendeln oder an einem Seil oder einer Kette ziehen zu lassen.[6] Trotz der hohen Zahl von Brücken, die heute den Fluss am Niederrhein überspannen, haben die Fähren in den Bereichen, in denen keine passenden Brücken bestehen, bis heute ihre Existenzberechtigung.

Zu diesen gehört die Zons-Urdenbacher Fähre, die trotz aller Brückenbauten der letzten 150 Jahre noch immer eine wichtige Verbindung zwischen dem heutigen Rheinkreis Neuss und dem seit 1929 zur Landeshauptstadt Düsseldorf gehörenden Benrath-Urdenbach herstellt. Überdies ist sie eine der sehr alten, bereits seit 1396 bestehenden Fähren, die über eine besondere, umgebrochene Kontinuität verfügt.[7] Der Grund aber, warum ihre Geschichte im 19. Jahrhundert hier in den Blick genommen wird, liegt in den besonderen Verhältnissen der Fährgerechtigkeiten und darin, dass diese Fähre dem preußischen Staat nicht unerhebliche Probleme bereitete. Die Zons-Urdenbacher Fähre scheint ein gutes Beispiel dafür zu sein, wie sich frühneuzeitliche, ja teilweise mittelalterliche Strukturen und Denkungsweisen bis weit ins 19., ja vielleicht sogar 20. Jahrhundert hinein erhalten haben. Die vorliegende Darstellung kann keine erschöpfende Darstellung der Geschichte

3 Peter Fuchs, Chronik zur Geschichte der Stadt Köln, Bd. 2, Köln 1991, S. 145.

4 Edmund Spohr/Hatto Küffner, Düsseldorf. Eine Stadt zwischen Tradition und Vision: Brücken über den Rhein, Kleve 2001, S. 66 ff.

5 Vgl. Irmgard Hantsche, Rheinquerungen bei Düsseldorf seit dem 19. Jahrhundert, in: Atlas zur Geschichte des Niederrheins, Bd. 2 (Schriftenreihe der Niederrhein-Akademie 8), Bottrop 2008, S. 126 f.

6 Zur Geschichte der Fähren vgl.: Führungshefte des Schiffahrts-Museums Düsseldorf IV: Rheinfähren bei Düsseldorf, Text: Ulrike Stursberg, Düsseldorf o. J.; Hanna Fastenrath, Fähre zwischen Deutz und Benrath, in: Alles im Fluss. Leben und Arbeiten am Rhein im Mündungsgebiet von Wupper und Dhünn. Beiträge zur Ausstellung anlässlich des 75. Geburtstages der Stadt Leverkusen, Leverkusen 2005, S. 59–91; Josef Elbin, Die Deutz-Kölner Rheinfähre, ein Kurkölner Regal (Veröff. d. Köln. GV 9), Köln 1933.

7 Aenne Hansmann, Geschichte von Stadt und Amt Zons, Düsseldorf 1973, S. 12.; Fastenrath, Fähre (wie Anm. 6), S. 84 ff.

der Zons-Urdenbacher Fähre im 19. Jahrhundert sein, sie kann und will lediglich einige wenige Aspekte aufzeigen und das Augenmerk auf diesen Gegenstand lenken.[8] Wie so oft in der Geschichtsforschung wirft die nähere Beschäftigung mit einer Materie auch hier mehr Fragen auf, als sie Antworten zu geben vermag.

In der Zeit des Alten Reiches, das wir am Rhein historisch etwas unpräzise mit der Besetzung des linken Ufers durch die französischen Revolutionstruppen im Oktober 1794 enden lassen,[9] findet sich am Niederrhein nur sehr selten die Situation, dass beide Seiten des Rheins zum gleichen Territorium gehörten. Erst mit dem Fall des Rheinlandes – de facto 1814, de jure mit der Wiener Kongressakte 1815 – an Preußen wurde dieser Zustand für das nördliche Rheinland aufgehoben, denn auch während der sogenannten Franzosenzeit blieb der Rhein Grenze, besaß als Zollgrenze sogar eine besondere Qualität. Meist befand sich auf der anderen Seite des Stroms „Ausland". In dem uns interessierenden Bereich lag in der Regel linksrheinisch das Kurfürstentum Köln, rechtsrheinisch das Herzogtum Berg. Der Rheinstrom bildete die Grenze – allerdings keine sehr stabile, denn es gab, wie generell am Niederrhein, immer wieder Veranlassung zu mannigfachem Streit. Bis zur Strombegradigung bzw. „Kanalisierung" des Flusses durch die Preußen im 19. Jahrhundert bewegte sich der Fluss recht frei in seinem Bett. Er nahm von einem Ufer, schwemmte es am anderen an, verlagerte seine Fahrrinne, bildete Untiefen, Sandbänke und Inseln oder konnte sogar nach einem Hochwasser seinen Lauf wieder in einen seiner Altrheinarme verlagern. Dadurch waren im Laufe der Jahrhunderte ganz Dörfer verschwunden, Orte und Städte, die am Rhein lagen, fanden sich plötzlich viele Kilometer entfernt von ihm wieder.[10] Das ist das Schicksal des mittelalterlichen Neuss[11] und nicht zuletzt der Stadt Zons, die überdies einen Teil ihres mittelalterlichen Gemeindegebietes mit der ehemaligen Pfarrkirche Bürgel um 1374 an das rechte Rheinufer verlor.[12]

8 Hinweise zur Geschichte der Fähre im 19. Jahrhundert finden sich bei Artur Elicker/Jakob Justenhoven/Herbert Milz, Abriss der Geschichte der Stadt und des Amtes Zons von 1784–1973, in: Hansmann, Zons (wie Anm. 7), S. 166–228.

9 Zur allgemeinen Entwicklung im Kreis Neuss vgl.: Karl Emsbach, Begegnung mit der Vergangenheit, in: Der Kreis Neuss, hrsg. v. Paul Edelmann, Oldenburg 1983, S. 17–26, bes. S. 21 f.

10 Rudolf Strasser, Die Veränderungen des Rheinstromes in historischer Zeit, Bd. 1, Zwischen der Wupper- und der Düsselmündung (PublGesRhGkde LXVII), Düsseldorf 1992, S. 44 ff.

11 Erich Wisplinghoff, Geschichte der Stadt Neuss von den mittelalterlichen Anfängen bis zum Jahre 1794, Neuss 1975, S. 1 f.

12 Hansmann, Zons (wie Anm. 7), S. 10 u. 32 f.; Karl Emsbach, Zons. Portrait einer Stadt, Dormagen 2000, S. 20 f.; Strasser, Veränderungen (wie Anm. 10), S. 44 ff.; vgl. auch Karl-Heinz Hennen, Geschichte der Stadt Monheim am Rhein, Bd. 1 (Von den Römern bis zu Napoleon), Monheim 2016, S. 20–26.

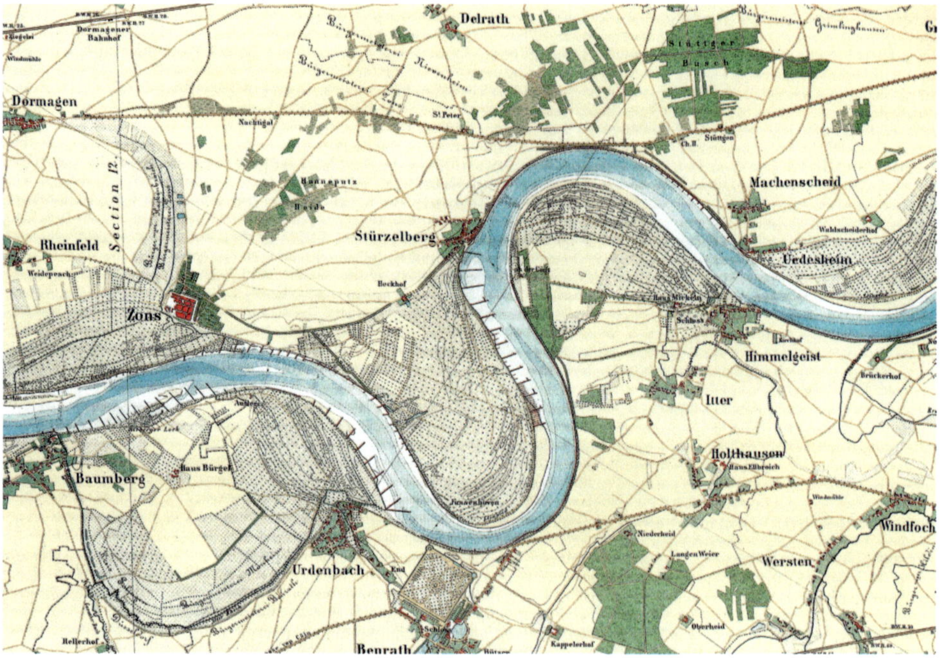

2 Preußische Rheinstromkarte 1872. Ausschnitt.

Diese etwas allgemeinen und vom Inhalt her bekannten Tatsachen in Erinnerung zu rufen ist notwendig, um deutlich zu machen, dass ein Landesherr, der sein Fährregal ausübte, dieses Recht immer nur auf dem ihm gehörenden Rheinufer in Anwendung bringen konnte. Das heißt konkret, dass der Herzog von Berg nur eine Fähre vom bergischen Ufer aus privilegieren konnte, ebenso wie der Kurfürst von Köln nur vom kurkölnischen Ufer aus, denn am anderen, ausländischen Ufer besaß er keine Rechte. Es konnten also durchaus an der gleichen Stelle zwei Fähren existieren, eine vom rechten zum linken Rheinufer, die von dem einen Landesherrn, und eine vom linken zum rechten Rheinufer, die vom anderen Landesherrn privilegiert war. Streitigkeiten waren damit sozusagen vorprogrammiert. Andererseits konnten sich aus dieser Konkurrenz in Zeiten, in denen das Fährwesen noch recht einfach organisiert war, auch gewisse Vorteile in der praktischen Durchführung des Fährbetriebes ergeben.

Der Unterhalt einer Fähre, das Recht, Personen, Tiere oder Waren über den Rhein zu setzen, war, da die Nutzung des Flusses ein Regal, ein an die Fürsten übergegangenes Königsrecht war, von den Landesherren zu privilegieren. Das heißt natürlich auch, dass damit für den Landesherrn im Normalfall Einnahmen verbunden waren. Der Ursprung der Fährgerechtsame, die Frage, ob sie an Ufergrundstücke gebunden waren und alle Bewohner von Ufergemeinden daran teilhatten oder sie zunächst von den Fischern ausgeübt wurden, ist ebenso gründlich untersucht worden wie die Frage, ob die Gerechtsame erblich waren, Anteile verkauft werden konnten und welche Rechtsform die Fährgerechtigkeit hatte. Auch wie weit das Aufsichtsrecht des Landesherrn über die Fähren reichte, ist Gegenstand von juristischen Arbeiten geworden.[13] Im vorliegenden Zusammenhang interessieren vor allem die Verhältnisse der Fähre Zons–Urdenbach zunächst zu Beginn des 19. Jahrhunderts.

***

Die Fähre von Zons scheint seit dem Mittelalter in der Hand der Stadt Zons gelegen zu haben. Seit dem Jahr 1457 hat die Stadt die Fähre jährlich verpachtet.[14] Das heißt, dass die Stadt das Fährrecht (und die Fährpflicht) besaß, wobei im Alten Reich der Landesherr, der Kurfürst von Köln, bzw. später das Kölner Domkapitel Pfandherr und Obereigentümer war. Wenn die Fährgerechtsame nicht, was wohl meistens der Fall war, verpachtet war, wurde sie von bestimmten Einwohnern der Stadt Zons, die in regelmäßigem oder unregelmäßigem Turnus, wohl wochenweise, das Privileg nutzten, indem sie mit ihren Kähnen und Nachen an der Fährstelle im Norden der Stadt für die Überfahrt bereitstanden, ausgeübt.[15]

Dass gegen Ende des 17. Jahrhunderts der Fährverkehr und damit das Interesse der Zonser Bürgerschaft an der Fähre so gering war, dass sie eine in Verlust gegangene Wagenfähre nicht ersetzte, ist in unserem Zusammenhang deshalb von Interesse, weil sogleich von bergischer Seite die Situation ausgenutzt und von dort eine provisorische Fähre eingerichtet wurde. Dies führte damals aber schon zum Eingreifen des Kölner Domkapitels als Obereigentümer der Fähre. Es forderte die Stadt Zons zum Protest gegen die Beeinträchtigung ihrer Rechte auf. Auch in der Folgezeit scheint von bergischer Seite immer wieder versucht worden zu sein, eine Fähre vom rechten Ufer aus nach Zons einzurichten, was die Stadt Zons und das Domkapitel abwehren mussten. D.h., von der Fährstelle nördlich der Stadt Zons bis zum sogenannten Ausleger in der Urdenbacher Kämpe gegenüber bestand eine Fähre der Stadt Zons, die ganz offensichtlich nicht nur den Verkehr vom linken auf

13 Joseph Sandkaulen, Fährgerechtsame unter besonderer Berücksichtigung niederrheinischer Verhältnisse, in: Düsseldorfer Jahrbuch (DJb) 32, 1925/26, S. 1–56; Charlotte Hahn, Das Fährrecht am Niederrhein, Diss. Köln 1949. Für die Überlassung dieses Manuskriptes und mannigfache Unterstützung bei der Abfassung dieses Beitrages danke ich Frau Ulrike Stursberg, Düsseldorf.

14 Hansmann, Zons (wie Anm. 7), S. 12.

15 Hansmann, Zons (wie Anm. 7), S. 120.

3 Fähre Stürzelberg–Himmelgeist, um 1930.

das rechte, sondern auch vom rechten auf das linke Rheinufer bewerkstelligte. Was Letzteres angeht, scheint sie aber von bergischer Seite schon seit dem 17. Jahrhundert angefeindet worden zu sein.[16]

Außer der Fähre zwischen der Fährstelle nördlich von Zons und dem Ausleger in der Urdenbacher Kämpe gab es noch eine zweite Fähre bei dem zu Zons gehörenden Stürzelberg, die 1713 erstmals genannt ist.[17] Diese Fähre verband die Gemeinde Stürzelberg mit dem isoliert stehenden Haus Jücht in einem Rheinbogen auf dem rechten Ufer, von dem aus eine Straße bzw. ein Weg nach Schloss Mickeln und Himmelgeist führte; auch das Dorf Itter war angebunden. Diese Verbindung konnte von denjenigen benutzt werden, die von Wersten, Holthausen, Itter und Himmelgeist in Richtung Zons oder Dormagen und damit auf die Landstraße Neuss–Köln wollten. In Zeiten, da die meisten Menschen zu Fuß gingen, manchmal auch Lasttiere oder Kleintiere vor sich hertrieben, wurden Umwege möglichst vermieden. Auch die Fährberechtigung für diese Stürzelberger Fähre gehörte der Stadt Zons, ausgeübt wurde sie durch die Stürzelberger Einwohner, die sich wöchentlich abwechselten. Eine Pflicht, die sie wohl nicht ungern übernahmen, da sie mit zusätzlichen Einnahmen verbunden war.

16 Hansmann, Zons (wie Anm. 7), S. 12 f.

17 Hansmann, Zons (wie Anm. 7), S. 13; außer in dem oben genannten preußischen Rheinstromatlas sind die Fähren bei Zons auch sehr gut bei R. Jasmund, Die Arbeiten der Rheinstrom-Bauverwaltung 1851–1900. Denkschrift [Berlin 1900], S. 146 ff., zu erkennen.

Obwohl die französische Gesetzgebung Regalien jeglicher Art aufgehoben hatte, scheint dieser Zustand eine gewisse Kontinuität besessen zu haben. Jedenfalls hat die Gemeinde Zons den Fährbetrieb zu Beginn der Preußenzeit in der üblichen Form weiterbetrieben. Dann sollte allerdings eine Veränderung eintreten, in deren Verlauf der Aspekt der unterschiedlichen Fährberechtigungen auf dem rechten und linken Rheinufer deutlich wurde.

Am 20. Mai 1816 erhielt General Freiherr von Hompesch, Besitzer von Schloss Mickeln, auf seinen Antrag hin, von der preußischen Regierung die Genehmigung zur Anlage einer Fähre vom rechten zum linken Rheinufer und zwar zwischen der sogenannten Ittererer Jücht (dem bereits erwähnten Haus Jücht) und Stürzelberg. Ferdinand Ludwig von Hompesch (1766–1831), einer der Söhne des jülich-bergischen Kanzlers und bayerischen Staatsministers Franz Carl von Hompesch, hatte Schloss Mickeln 1809 von seinem verstorbenen Bruder Johann Wilhelm übernommen und sich dort nach einer abenteuerlichen Karriere als königlich-großbritannischer General der Kavallerie zurückgezogen.[18] Er hatte behauptet, dass mit den ihm gehörenden Grundstücken „einer alten Sage nach, seit uralter Zeit das [!] Gerechtsame der Rheinfähre vom rechten zum linken Rheinufer verbunden" sei.[19] Der Antrag des Freiherrn von Hompesch war von Nicolas von Pigage, dem Bürgermeister von Benrath,[20] befürwortet worden, der behauptete, dass viele Reisende mit dem Ziel Köln dort übersetzen wollten, aber oftmals lange warten müssten, bis Stürzelberger Fährleute sie abholten. Deswegen sei es angebracht, wenn es eine wechselseitige Fähre gäbe.[21] Der Protest der Stürzelberger bei der Düsseldorfer Regierung ließ nicht lange auf sich warten: Sie und nur sie alleine besäßen seit unvorstellbaren Zeiten die ausschließliche Konzession, Reisende überzusetzen, und zwar für beide Seiten des Rheins. Der Zonser Bürgermeister Anton Baaden[22] scheint das anders gesehen zu haben, denn er räumte ein, dass die Stürzelberger das mit dem Übersetzen der Reisenden manchmal „zu lässig" gesehen hätten und ihnen sozusagen Recht geschehe.

Die Unsicherheit Reisender, ob eine Fähre kam oder nicht, scheint ein generelles Pro-

18 Gisbert Knopp, Zur Geschichte und Baugeschichte von Schloß Meierhof, dem ehemaligen Schloß Mickeln, in: DJb 56, 1978, S. 21–37, hier S. 27; Wolfgang Löhr, Ein trauriger Zufluchtsort. Die Familie von Hompesch, Schloss Mickeln und der Friedhof in Himmelgeist, in: DJb 81, 2011, S. 67–92, hier S. 84.

19 LAV NRW, Abt. Rhld., BR. D., Nr. 20040 (28.2.1816).

20 Nicolas de Pigage (1768–1840), Neffe von Nicolas de Pigage, dem Architekten von Schloss Benrath, war von 1814 bis 1818 Bürgermeister der Samtgemeinde Benrath, vgl. Wiltrud Heber, Pigages Leben und Werk, in: Nicolas de Pigage (1723–1796) Architekt des Kurfürsten Carl Theodor, Katalog, Düsseldorf 1996, S. 16–80, hier S. 20; Peter Müller, Von der Dingbank zur Bürgermeisterei Benrath, in: Das Benrather Modell (Benrath historisch 18), S. 20.

21 LAV NRW, Abt. Rhld., Bez. Reg. D., Nr. 20040; Elicker u. a., Zons (wie Anm. 8), S. 182.

22 Anton Baaden war Bürgermeister von Zons von 1813 bis 1828.

blem gewesen zu sein, das dann schnell in politische Forderungen umgemünzt werden konnte. So schrieb Bürgermeister Nicolas von Pigage schon 1816 an den Landesdirektor von Düsseldorf:

> Überhaupt wäre es an allen Fährpunkten zu wünschen, daß wechselseitige Fähren bestünden. Wir haben dermalen am Ausläger [!] gegen Zons die Schwierigkeit, daß man öfters, um auf die andere Rheinseite zu kommen, eine halbe Stunde warten muß und zwarn aus dem Grunde, weil sich Zons das Recht der Alleinfahrt anmaßen und dem diesseits wohnenden Jäger Kaimer (Kaymer) kein wechselseitiges Fährgerechtsam zugesteen will.[23]

Der Neusser Landrat Otto Wilhelm von Bodelschwingh, der den Umstand, dass die Bewohner von Stürzelberg die Fähre abwechselnd selbst bedienten, für unzeitgemäß hielt und mehr Professionalität forderte, schlug vor, auch die Stürzelberger wie die Zonser Fähre zu verpachten.[24] Die Stürzelberger Fähre scheint daraufhin zwar (pro forma) an Bertram Richrath verpachtet worden zu sein, trotzdem hat sich das ganze Dorf weiterhin in der Überfahrt abgewechselt, wobei sogar Frauen als Fährleute fungierten. Diese Praxis scheint bis 1829 bestanden zu haben, denn erst in diesem Jahr wird die Stürzelberger Fähre für sechs Jahre an den Schiffer Heinrich Jussenhoven verpachtet.[25]

Die Beeinträchtigung der Zonser Fährgerechtigkeit durch die 1816 genehmigte Personenfähre des Generals von Hompesch auf Schloss Mickeln war wohl nicht so gravierend, dass stärkere Proteste von Seiten der Stadt Zons erfolgten. Die Erlaubnis zum Übersetzen von Personen war dem General auch nur als Privateigentümer ohne besondere Gerechtsame „nur für die Überfahrt vom rechten zum linken Ufer“ erteilt worden. Nach einer Aufstellung von 1822 und 1831 standen dafür zwei Fährnachen zur Verfügung, einer 40 Fuß lang, 4–6 Fuß breit und 2–3 Last tragend, der andere 14–15 Fuß lang, 2 Fuß breit und eine Last tragend. Bei der Inspektion von 1835 heißt es, dass der große Nachen 18–20 Personen, der kleine vier Personen fasst. Ein weiterer Nachen wurde – gemeinschaftlich mit den Stürzelbergern – für das Übersetzen von Vieh vorgehalten. Die jährlichen Einkünfte aus dieser Fähre wurden auf 30 Reichstaler geschätzt.[26] Im letzten Drittel des 19. Jahrhunderts – Schloss Mickeln und damit die Fährgerechtsame lagen seit 1835 in den Händen des Herzogs von Arenberg – scheint die Fähre von Heinrich Richrath aus Stürzelberg als Pächter betrieben worden zu sein.[27]

23 LAV NRW, Abt. Rhld., BR D., Nr. 20040 (9.4.1816).
24 LAV NRW, Abt. Rhld., BR D., Nr. 20040; Elicker u. a., Zons (wie Anm. 8), S. 182.
25 LAV NRW, Abt. Rhld., BR D., Nr. 20040; Elicker u. a., Zons (wie Anm. 8), S. 187.
26 StaD, 0-1-12-763 (Benrath).
27 LAV NRW, Abt. Rhld., BR D., Nr. 20040.

***

Eine neue, gravierendere „Bedrohung" der Zonser Fährgerechtigkeit entstand dagegen im Jahre 1829. Am 27. Juni 1829 berichtete der Landrat des Kreises Düsseldorf, Friedrich von Lasberg (1766–1839), an die Regierung zu Düsseldorf, die Gemeinde Urdenbach, ein Dorf aus 176 Häusern, habe bisher jeglicher Kommunikation mit dem linken Rheinufer entbehren müssen, weil sich keine Gelegenheit zur Anlage eines Fährhauses auf der anderen Seite des Stromes ergeben habe. Jetzt habe ein gelernter Schiffer, Simon Jussenhoven, auf dem sogenannten Zonser Grind auf der linken Rheinseite ein Haus gebaut, so dass diesem Umstand durch die Anlage einer Fähre Abhilfe geschaffen werden könne. Er bat, der Gemeinde Urdenbach die Fährgerechtsame für eine Personenfähre zu erteilen.[28] Damit war geplant, im Bereich der Stadt Zons, vom rechten Rheinufer ausgehend, eine dritte Fähre einzurichten, die, wenn man sich die Karte betrachtet, von Urdenbach/Benrath auf eine wohl damals vornehmlich mit Buschwald bedeckte Fast-Halbinsel führte.

Man kann nicht sagen, dass es sich die Düsseldorfer Regierung mit ihrer Entscheidung über die Genehmigung einer Fähre für Urdenbach leicht gemacht hätte. Sie holte Erkundigungen über die Straßen und Wege ein, die auf beiden Ufern zur Fährstelle führten, und ließ sich zum Umfang des zu erwartenden Verkehrs und zu den vorhandenen Nachen berichten. Auch nahm sie die Proteste der Gemeinde Zons gegenüber der von Urdenbach geplanten Fährverbindung, die dieses Mal wesentlich heftiger ausfielen als 1816, ernst und fragte nach. Bürgermeister Franz Michael Fischer[29] von Zons schrieb der Regierung in Düsseldorf, dass er die neue Fähre auf gar keinen Fall dulden könne. Es stellte sich nämlich heraus, dass Fischer, wie der Landrat des Kreises Neuss berichtete, dem Schiffer Simon Jussenhoven, der vor einigen Jahren das genannte Haus auf dem Grind im Bereich der Bürgermeisterei Zons erbaut hatte (wohl die heutige Gaststätte Schimmelpfennig am Campingplatz auf dem Grind), bereits mehrfach verboten hatte, Fährdienste zu leisten. Dieser aber hätte stets argumentiert, der vorherige, in der Zwischenzeit verstorbene Bürgermeister Anton Baaden habe ihm dies erlaubt. Er hätte niemals dort ein Haus erbaut, wenn er nicht die Erlaubnis für eine Fähre erhalten hätte. Etwas Schriftliches konnte er allerdings nicht vorweisen. Das Übersetzen von Personen ist ihm dann von Bürgermeister Fischer immer wieder verboten worden, ohne dass jedoch ein förmliches Verfahren gegen ihn eingeleitet wurde. Das heißt, er betrieb die Fähre, obwohl es ihm verboten war, weiter. [30]

---

28 LAV NRW, Abt. Rhld. BR D., Nr. 35602; Elicker u. a., Zons, (wie Anm. 8), S. 187; Fastenrath, Fähre (wie Anm. 6), S. 87; Wolfgang Keil, Die vergessene Fähre Urdenbach–Grind!?, in: Kleine Urdenbacher Post, 29. Jg., Nr. 83, Februar 2011, S. 1–5.

29 Fischer war Bürgermeister von Zons von 1829 bis 1837.

30 LAV NRW, Abt. Rhld., BR. D., Nr. 35602, f. 30 ff.

Konnte die Gemeinde Zons bei der Regierung deutlich machen, dass Simon Jussenhoven sich widerrechtlich ein Fährrecht erschleichen wollte, so gab die Gemeinde Urdenbach nicht so schnell auf, zumal sie behauptete, sie habe – seit undenklichen Zeiten – das Recht des Übersetzens vom rechten zum linken Ufer. Dies wiederum bestritt die Gemeinde Zons. Urdenbach habe nie eine Fährgerechtigkeit besessen, es habe lediglich in der Franzosenzeit eine Schmugglerfähre betrieben.[31] Gegen die „Schleichfähre“ des Jussenhoven ging Zons nun massiv vor. Im Juni 1830 beschlagnahmte der Stürzelberger Feldhüter und Polizeidiener den Nachen, der den Namen „Urdenbach“ trug, als Johann Pachen, Tagelöhner des Simon Jussenhoven, zwei Stürzelberger übergesetzt hatte. Die Regierung prüfte nun die Angelegenheit, was Zeit in Anspruch nahm, da in der Zwischenzeit auch der Oberpräsident in Koblenz und die Regierung in Berlin beteiligt wurden. 1833 wurde bei der Berliner Regierung festgestellt, dass die Gemeinde Urdenbach ihr angebliches Recht auf eine Fähre vom rechten zum linken Rheinufer nicht nachweisen könnte. Selbst wenn es ihr gelänge, die Gerechtigkeit für die Überfahrt vom rechten zum linken Rheinufer nachzuweisen, so könne sie doch auf keinen Fall das Recht bekommen, vom linken zum rechten Ufer überzusetzen, denn diese Überfahrt sei dem Simon Jussenhoven, da erst seit kurzem von ihm erschlichen, ausdrücklich verboten worden.[32]

Die Schwierigkeit bei dieser Fähre bestand letztlich in Folgendem: Die Gemeinde Urdenbach behauptete, eine Fährgerechtigkeit vom rechten zum linken Rheinufer zu besitzen, d.h., das Recht vom rechten zum linken Ufer überzusetzen, der Fährmann aber, den sie für diese Fähre am Grind einsetzen wollten, hatte seinen Sitz im „Ausland“, nämlich auf Zonser Gebiet, im Hoheitsgebiet einer anderen Fährberechtigung und hatte von dieser keine Genehmigung für die Ausübung seiner Tätigkeit vom linken zum rechten Ufer erhalten. Die beiden Landräte, der Landrat des Kreises Neuss, der die Interessen von Zons vertrat, und der Landrat des Kreises Düsseldorf, der Urdenbach und Benrath zu fördern trachtete, versuchten beide, ihren Rechtsstandpunkt bei der Regierung in Düsseldorf zur Geltung zu bringen. Sie hielten selbstverständlich daran fest, dass die jeweiligen Gemeinden die Fährgerechtigkeiten jeweils gesondert für die Überfahrt vom rechten zum linken bzw. linken zum rechten Ufer oder ausnahmsweise sowohl vom rechten zum linken als auch vom linken zu rechten Rheinufer besäßen.

Daneben gab es den Provinzialsteuerdirektor in Köln, der generell an einer Belebung des Handels durch Verkehrsverbindungen und an den Einnahmen durch die Konzessionen von Fähren interessiert war und für deren Einrichtung stimmte, anders als der Finanzminister in Berlin, der formaler dachte und wegen nicht nachgewiesener Fährgerechtig-

31 Elicker u. a., Zons (wie Anm. 8), S. 187.

32 LAV NRW, Abt. Rhld., BR. D., Nr. 35602, f. 88 ff.; Elicker u. a., Zons (wie Anm. 8), S. 187.

4 Fähre Zons–Urdenbach, undatiert, ca. 1930.

keiten die Genehmigung versagte.[33] Immerhin erhielt Urdenbach im April 1835 von der Düsseldorfer Regierung die Genehmigung, eine Personenfähre zu unterhalten, allerdings nur vom rechten zum linken Rheinufer.[34] Damit war eine Fähre zwischen Urdenbach und dem Grind, dem Haus des Jussenhoven, nicht viel weitergekommen, denn eine einseitige Fähre an dieser Stelle brachte nicht allzu viel. 1837 beabsichtigte Zons seinerseits, eine Fähre vom Grind nach Urdenbach einzurichten und zu Gunsten der Gemeinde Zons zu verpachten. Dies wurde ihr aber von der Regierung nicht erlaubt, da das Recht des Übersetzens nach dem linken und rechten Rheinufer der Gemeinde Urdenbach zustehe. Wie die Regierung plötzlich zu dieser völlig abweichenden Einschätzung kam, ist völlig unklar. Sie konnte sie auch nicht lange aufrechterhalten. Letztlich ist diese Einschätzung nur so zu erklären, dass die Regierung in Düsseldorf bei den verschiedensten Berechtigungen den Überblick verloren hat.[35]

Diese scheint jedoch die Gemeinde Benrath, zu der Urdenbach gehörte, vor allem ihren Bürgermeister Franz Adolf Schieß ermuntert zu haben, die Fährgerechtigkeit der Stadt

33 LAV NRW, Abt. Rhld., BR. D., Nr. 35602, f. 109 ff. (17.8.1834).

34 LAV NRW, Abt. Rhld., BR. D., Nr. 35602; Elicker u. a., Zons (wie Anm. 8), S. 189 f.

35 LAV NRW, Abt. Rhld., BR. D., Nr. 35602, (22.8.1837); Elicker u. a., Zons (wie Anm. 8), S. 191.

Zons grundsätzlich in Frage zu stellen.[36] Dies hätte dann die Fähre Zons–Ausleger, die Fähre Stürzelberg–Jücht und die Frage betroffen, ob Zons eine Fähre des Jussenhofen auf dem Grind Kraft ihrer Fährgerechtigkeit untersagen konnte.

***

Bis dahin hatte die Gemeinde Zons die Überfahrten zwischen Zons und dem Ausleger in der Urdenbacher Kämpe in beiden Richtungen, vom linken zum rechten und vom rechten zum linken Rheinufer bedient. Nun forderte die Gemeinde Urdenbach 1838, die Stadt Zons solle ihr Fährrecht am Ausleger nachweisen. Das konnte sie natürlich nicht. Da in französischer Zeit – durch Gesetz vom 6. Frimaire VII (23.11.1798) und 14. Floreal X (4.5.1802) – alle Fährgerechtsame aufgehoben worden und ihr keine neuen Rechte verliehen worden waren, besaß die Stadt Zons gar keine Fährgerechtsame. Sie hatte die Fähre in Zons und Stürzelberg bisher aus alter Gewohnheit, ja mit obrigkeitlicher Duldung und ihrem Einverständnis weiterbetrieben und war möglicherweise sogar – fälschlich – der Meinung, eine Fährgerechtigkeit zu besitzen. Konsequenterweise wurde ihr daher 1838 von der Regierung das Übersetzen von Personen am Ausleger verboten, wobei unklar ist, ob das auch für das Übersetzen vom linken zum rechten Rheinufer galt.[37] Das war ein harter Schlag, gegen den die Stadt Zons sofort energisch protestierte.

Bestand doch bisher der vergleichsweise bequeme Zustand, dass die Fähre zwischen Zons und dem Ausleger in einer, nämlich in Zonser Hand lag und nicht für die Überfahrt vom rechten zum linken und linken zum rechten Ufer unterschiedliche Fährpächter zuständige waren. So schrieb auch die Düsseldorfer Regierung am 20. September 1838 an den Neusser Landrat: „[...] und bin ich der Ansicht, dass die Gemeinde Zons mit der Gemeinde Urdenbach deshalb ein gütliches Abkommen treffen könne."[38]

Zons konnte nachweisen, dass sein Fährmann Heinrich Fleischhauer sowie dessen Vater und Großvater die Fähre schon seit Jahrzehnten bedient hatten. Der Pächter Fleischhauer hielt sich daher auch nicht an das Verbot und setzte weiterhin Personen in beide Richtungen über. Dies scheint auch notwendig gewesen zu sein, da sonst kein ordentlicher Fährverkehr stattgefunden zu haben scheint. Trotzdem protestierte Urdenbach, insbesondere der Angestellte des Grafen Nesselrode auf Haus Bürgel, Franz Kaimer, der hier als am Aus-

36 Franz Adolf Schieß (1796–1842) war von 1823 bis 1842 Bürgermeister von Benrath. Die Hinweise aus den Kirchenbüchern und Standesamtsregistern verdanke ich Heike Blumreiter; vgl. Müller, Dingbank (wie Anm. 20), S. 20.

37 LAV NRW, Abt. Rhld., BR. D., Nr. 35602 (22.8.1837); Elicker u. a., Zons (wie Anm. 8), S. 191.

38 LAV NRW, Abt. Rhld., BR. D., Nr. 35602, f. 133 f. (20.9.1838).

leger wohnender Ackerwirt bezeichnet wird, und behauptete, das Fährrecht zu besitzen. Wie weit er aber überhaupt in der Lage war, einen geregelten Fährbetrieb durchzuführen, muss offenbleiben.[39]

Die Regierung musste zurückrudern. Da sie selbst der Stadt Zons am 14. Juni 1832 die Verpachtung der Fähre genehmigt hatte, nahm sie das zuvor ausgesprochene Verbot gegenüber der Gemeinde Zons zurück.[40] Offen blieb aber die Frage nach der Berechtigung für das Übersetzen vom rechten zum linken Rheinufer.

***

Im Jahre 1840 erließ der Preußische König ein neues Gesetz über die Befugnis zum Übersetzen vom linken zum rechten Rheinufer.[41] In diesem Gesetz wird festgehalten, dass „das Recht, Gefäße zu halten, um das Übersetzen vom linken zum rechten Rheinufer gegen Bezahlung zu bewirken, künftig nur vom Staate oder denjenigen, welchen er hierzu die Bewilligung giebt, ausgeübt werden“ dürfe.

Die rechtliche Unsicherheit hatte darin bestanden, dass nach der Aufhebung der Fährgerechtigkeiten durch die französische Regierung 1792/98 auf dem linken Rheinufer jedermann eine Fähre einrichten konnte und diese wie ein Gewerbebetrieb zu behandeln war. Auf dem rechten Rheinufer, auf dem diese Gesetzgebung nicht griff, hatten die Fährgerechtigkeiten dagegen als genehmigungspflichtige Privatberechtigungen (nach dem Allgemeinen Preußischen Landrecht) weiter bestanden bzw. wurden dort so gehandhabt. Mit dem Gesetz von 1840 übernahm der preußische Staat für das linke Rheinufer wieder eine Art Fährregal.[42]

Aufgrund des neuen Gesetzes stellte die Stadt Zons einen Antrag auf eine Konzession, die vom Landrat Otto Wilhelm von Bodelschwingh zu Neuss bei der Regierung in Düsseldorf befürwortet wurde. Diese berichtete im Juli 1841 an das Finanzministerium in Berlin, dass die Fähren zu Zons und Stürzelberg als Kommunikations-Anstalten nicht eingehen dürften, sie seien aber nicht bedeutend genug, um vom Fiskus in Eigenbewirtschaftung genommen zu werden. Also ging das Tauziehen weiter. Am 22. Juli 1841 teilte Bürgermeister Schieß von Benrath der Regierung mit, dass Zons die Fähre von rechten zum linken Rheinufer bei Zons nicht mehr verpachten dürfe, da diese „nun von dem am Ausleger

39 LAV NRW, Abt. Rhld., BR. D., Nr. 35602 (26.1.1839); Elicker u. a., Zons (wie Anm. 8), S. 192.

40 LAV NRW, Abt. Rhld., BR. D., Nr. 35602; Elicker u. a., Zons (wie Anm. 8), S. 192.

41 Gesetz-Sammlung für die Königlichen Preußischen Staaten, No. 16, Berlin 1840 (4.7.1840).

42 Hahn, Fährrecht (wie Anm. 13), S. 35 f.; vgl. auch Der Rheinstrom und seine wichtigsten Nebenflüsse von den Quellen bis zum Austritt des Stromes aus dem Deutschen Reich […], hrsg. v. dem Centralbureau für Meteorologie und Hydrographie im Großherzogtum Baden, Berlin 1889, S. 332 f.

wohnenden Kaimer, einem erfahrenen Schiffer“, übernommen würde.[43] Dass Franz Kaimer ein erfahrener Schiffer sei, war absolut neu, wurde er bisher doch immer als Jäger oder Ackerwirt des Grafen von Nesselrode bezeichnet. Bürgermeister Peter Mathias Schumacher von Zons[44] wies erneut darauf hin, dass die Stadt Zons die Fähre „seit unvordenklichen Zeiten ausübt, nämlich bei Zons von beiden Rheinufern und bei Stürzelberg vom linken zum rechten Rheinufer.“[45] Gleichzeitig macht er einen Vorschlag zur Güte, man könne ja die Zonser Fährgerechtigkeit (vom rechten zum linken Ufer) dem am Ausleger wohnenden Kaimer verpachten, damit „der Gemeinde Urdenbach jede Einrede benommen werde“.[46]

Am 28. März 1842 erteilte der preußische Finanzminister von Alvensleben der Stadt Zons die Konzession für eine Nachenfähre in Zons und Stürzelberg vom linken zum rechten Ufer auf zehn Jahre.[47] Eine Entscheidung darüber, wie es mit der Fährberechtigung am Ausleger von der rechten zur linken Seite gehalten werden soll, wird auch in Berlin nicht gefällt, sondern unentschlossen offengelassen. Ganz offensichtlich bestand eine Pattsituation, und verschiedene rechtliche Auffassungen standen sich gegenüber. Die rechtliche Situation auf dem rechten Rheinufer war nicht zu klären. In dem Bescheid des Finanzministers von 1842 liest sich das so:

> Die Concession lautet auf das Übersetzen vom linken zum rechten Rheinufer, und wenn es auch als Übelstand sich darstellt, dass das Fährgeschäft bei Stürzelberg in umgekehrter Richtung in anderer Hand ist, auch wohl bei der Rückfahrt Passagiere wieder mitgenommen werden, so bildet doch das Übersetzen vom rechten zum linken Ufer einen Gegenstand des Privat Eigenthums oder unbeschränkten Regals, das gewahrt bleiben muß. Will die Gemeinde Zons an der Ausübung dieser Gerechtigkeit ebenfalls Theil nehmen, so bleibt es deren Sache, ihre Befugnis dazu noch nachzuweisen, oder sich mit den Fährberechtigten deshalb zu einigen. So viel sich aus den eingereichten Actenstücken ersehen lässt, steht die Stürzelberg gegenüber am Grend [!] zu Urdenbach betriebene rechtseitige Fähre der Gemeinde Urdenbach zu; die rechtsseitige Fähre am Ausleger, Zons gegenüber, wird aber von der Gemeinde Zons in Anspruch genommen; die Königliche Regierung hat dahin zu wirken, dass auch bei dieser rechtseitigen Fähre der anliegende Tarif eingeführt werde, und ist über den Erfolg der Bemühung zu berichten.[48]

---

43 LAV NRW, Abt. Rhld., BR. D., Nr. 35604, f. 120 f. (22.7.1841).

44 Schumacher war von 1837 bis 1848 Bürgermeister von Zons.

45 LAV NRW, Abt. Rhld., LA Neuss, Nr. 152, 39 ff. (16.10.1841).

46 LAV NRW, Abt. Rhld., BR. D., Nr. 35604, f. 126 f. (15.8.1841).

47 LAV NRW, Abt. Rhld., LA Neuss, Nr. 152, 39 ff. (16.10.1841), f. 50 ff.; LAV NRW, Abt. Rhld., BR. D., Nr. 35604, f. 169 f. (28.3.1842).

48 LAV NRW, Abt. Rhld., BR. D., Nr. 35604, f. 169 f. (28.3.1842).

Die Fähre als solche wurde dann im Dezember in Stürzelberg an Heinrich Doeren und in Zons an Andreas Hahn verpachtet. Sie erhielten die Berechtigung, Personen, Vieh und Handfuhrwerke überzusetzen. Die Fähre vom Ausleger nach Zons konnte 1842 nicht verpachtet werden, da sich plötzlich herausstellte, dass sie gar nicht der Gemeinde Urdenbach gehörte, sondern im Besitz des Grafen Nesselrode auf Haus Bürgel lag. Auf einmal musste der Bürgermeister von Benrath (und mit ihm der Landrat des Kreises Düsseldorf von Frentz) zugeben, die ganze Zeit über von falschen Voraussetzungen ausgegangen zu sein, was ihre Forderungen gegenüber Zons anging. Der Bürgermeister von Benrath versuchte dann, dem Grafen Nesselrode die Fährgerechtsame abzukaufen, jedoch ohne Erfolg. Die eindeutige Rechtslage hinderte die Gemeinde Urdenbach nicht, dem Pächter der Fähre von Zons am Ausleger das Leben schwer zu machen und ihm das Anlanden zu verbieten, so lange, bis die Stadt Zons am Ausleger Grundstücke erwarb, damit ihre Fähre dort ungehindert anlanden konnte.[49] Davon, dass nun Graf Nesselrode oder seine Verwaltung in Bürgel eine eigene Fähre installiert hätte, findet sich nichts in den Akten.[50]

Im Juli 1851 bat die Stadt Zons um die Verlängerung der Konzession und um die Erweiterung zum Übersetzen von Fuhrwerken mittels einer Pontonfähre (Schalde), was von der Provinzialsteuerbehörde vom 1. Januar 1852 an genehmigt wurde. Pächter der Zonser Fähre war Josef Schumacher. Ärger gab es mit den Brüdern Hahn, den Söhnen des vorherigen Fährpächters, die die Konzession für eine Schiffsverbindung zwischen Zons und Düsseldorf besaßen und diese Konzession nutzten, um auch Personen überzusetzen. Durch diese Querfahrten würden, so behauptete Schumacher, die Fährpächter um ihre Gebühren gebracht. Nachdem sich die Vorwürfe häuften, entschied die Regierung, dass die Hahns diese Querfahrten zu unterlassen hätten.[51]

***

In der zweiten Hälfte des 19. Jahrhunderts wurden die Zonser und Stürzelberger Fähren weiterhin von der Stadt Zons verpachtet, wobei die Düsseldorfer Regierung verstärkt Kontrolle und Aufsichtspflicht wahrnahm. So erbat sie jeweils vor der Verpachtung Auskunft über die Personen, die sich um die Pacht beworben hatten. Verpachtet wurden die Fähren meist auf sechs oder neun Jahre, wobei häufig auch über die Pachtsumme verhandelt wurde. Als 1863 die Verpachtung für 1864 anstand, hatten sich für die Fähre von Zons die

49 LAV NRW, Abt. Rhld., BR. D., Nr. 35604, f. 263 (7.2.1843), f. 272 (19.10.1843), f. 327 (16.12.1843); Elicker u. a., Zons (wie Anm. 8), S. 192.

50 Interessant wäre es, der an Haus Bürgel hängenden Fährberechtigung nachzugehen, die möglicherweise bis ins späte Mittelalter zurückreicht und mit der von Zons korrespondiert.

51 LAV NRW, Abt. Rhld., BR. D., Nr. 35602; Elicker u. a., Zons (wie Anm. 8), S. 195 f.

Schiffer Wilhelm und Joseph Fleischhauer und Engelbert Hahn aus Zons beworben, für die Fähre von Stürzelberg Gerhard und Johann Richrath und Heinrich Küpper aus Stürzelberg. Joseph Fleischhauer konnte nicht empfohlen werden, „da er dem Trunke ergeben ist“; den Zuschlag erhielt Engelbert Hahn, der seinem Vater Andreas Hahn folgte und von ihm die Fährgerätschaften übernahm. Der Pachtpreis betrug 15 Reichstaler. Bei der Verpachtung 1875 war erneut Engelbert Hahn dabei, beworben hatten sich auch Franz Kaimer und ein Herr Arenberg, der bei der Unterschrift unter das Versteigerungsprotokoll nur drei Kreuze machte. 1883 bewarben sich die Witwe Hahn, für die seit 1878 der Bootsmann Theodor Scheer aus Zons die Fähre betrieb, sowie der „Schenkwirt“ und Fischer Franz Kaimer aus Urdenbach und der Schiffer Wilhelm Hubert Fleischhauer aus Zons. Den Zuschlag erhielt die Witwe Hahn. Bei dem 1895 und 1899 genannten Fährpächter Andreas Hahn wird es sich wohl um ihren Sohn handeln, so dass man davon ausgehen kann, dass die Schifferfamilie Hahn – ebenso wie die Familie Fleischhauer – über mehrere Generationen das Fähramt ausübte.[52] Die Urdenbacher Fähre zum Grind war 1872 noch in der Hand des Pächters Gerhard Jussenhoven, während in Stürzelberg vom linken zum rechten Ufer Heinrich Richrath und vom rechten zum linken die Witwe Trosdorff Pächter waren.[53] Bei einer Neuverpachtung der Stürzelberger Fähre 1876 wurde statt des Heinrich Richrath der Schiffer Heinrich Hüsch genommen, Heinrich Jussenhoven, der das Höchstgebot abgegeben hatte, musste wegen eines Alkoholproblems disqualifiziert werden. Als Fährhaus galt aber weiterhin die Wirtschaft von Heinrich Richrath. 1882 scheint erneut eine Verpachtung, diesmal an Franz Kaimer jr., stattgefunden zu haben. Da dieser die Fähre aber stark vernachlässigte (möglicherweise war auch er auf dem Ausleger gleichzeitig Fischer, Ackerer und Gastwirt), wurde sie schon 1883 an den Fischer Peter Josef Schimmelpfennig vom Grind verpachtet, der die Abfahrtstelle auf dem rechten Ufer in Richtung Benrath verlegen ließ und die Fähre 1888 erneut pachtete. Damit gab es zeitweise vom Grind aus zwei Fähren, die des Schimmelpfennig nach Benrath und die des Gerhard Jussenhoven nach Urdenbach, die aber mit dem Tod des Letzteren 1896 eingestellt wurde.[54] Interessant ist, dass die Fährstationen sowohl in Zons, am Ausleger, auf dem Grind, evtl. auch auf der Jücht, mit Gastwirtschaften verbunden waren, eine Erscheinung, die sich auch bei anderen Fähren am Niederrhein beobachten lässt.[55]

52 KreisA Zons, Stadt Zons, Nr. 699.

53 LAV NRW, Abt. Rhld., BR D., Nr. 65601 (24.9.1872) u. 20040 (1.10.1872); Elicker u. a., Zons (wie Anm. 8), S. 202.

54 Elicker u. a., Zons (wie Anm. 8), S. 207.

55 Vgl.: Zur Geschichte der Rheinfähre Bislich-Xanten. Ein geschichtlicher Rückblick anläßlich der Wiederaufnahme der Fährverbindung im Sommer 1991, Wesel 1991, S. 11.

5 Fähre Zons–Urdenbach, undatiert, ca. 1930.

In der Praxis vollzog sich das Fährgeschäft am Ende des 19. Jahrhunderts zunächst noch auf ähnliche Weise wie im Mittelalter: Es standen den Fährleuten zur Überfahrt größere und kleinere Nachen zur Verfügung, die sechs bis 24 Personen fassen konnten, dazu Riemen, Stangen, Haken, Mast und Segel. Bei der Revision 1895 durch Strommeister Lewalder wurde bemängelt, dass die große Fährschalde des Andreas Hahn „außer Betrieb liegend und reparaturbedürftig sei". Hahn argumentierte, dass der zum Übersetzen von Fahrzeugen geeignete, breite Nachen nicht mehr gebraucht würde, seitdem bei der Nachbarfähre in Uedesheim eine Pontonfähre eingerichtet worden sei.[56] Worauf die Revisoren besonders achteten, war stets der Zustand der Fährnachen, die Vollständigkeit der Ausrüstung, das Vorhandensein eines Fährhauses (wohl als Wartehäuschen für die Passagiere) und die Existenz eines Beschwerdebuches sowie der korrekte Aushang des Fährtarifs und die Befähigung der Fährknechte, die – wie zeitweise ausdrücklich betont wurde – nicht dem Trunke ergeben sein durften.[57] Beim Fährtarif gab es seit 1829 bzw. seit 1885 drei von der Regierung

56 KreisA Zons, Stadt Zons, Nr. 699; über die nach 1868 eingerichtete Pontonfähre zwischen Uedesheim und Himmelgeist vgl. Stadtarchiv Düsseldorf, 0-1-12-1570.

57 Vgl. Stadtarchiv Düsseldorf, 0-1-12-763 (Benrath); zu den Fähren vgl. auch Fritz Hinrichs, Monheim. Von der alten Freiheit zur jungen Industriestadt, Monheim 1962, S. 49–61, bes. S. 58 f.

festgesetzte Tarife, die aber nur auf dem linken Rheinufer, d.h. bei den fiskalischen Fähren, durchgesetzt werden konnten. Über die Frage, welche Tarife an den jeweiligen Fähren erhoben werden mussten, kam es häufig zu unterschiedlichen Auffassungen zwischen den Fährpächtern und der Regierung, bisweilen wurden sogar unterschiedliche Tarife bei den Fähren angewandt, bei denen die Fähren beider in der Hand unterschiedlicher Pächter lagen.

Auch ein weiteres Problem, von dem wir schon 1816 hörten, war noch nicht gelöst. Immer wieder kam es vor, dass Fahrgäste auf eine Überfahrt ungewöhnlich lange warten mussten. So findet sich auch der ein oder andere Beschwerdebrief in den Akten. Am 11. Juli 1891 wandten sich z. B. Prof. Ernst Roeber und Adolf Junckerstorff an den Bürgermeister von Zons:

> Die zwischen Zons und Urdenbach verkehrende Fähre bindet sich so wenig an die Wünsche der Passanten, dass die Unterzeichneten beispielsweise am 20. Juni [1891] ¾ Stunden (von 5 ¼ – 6 Uhr nachmittags) haben warten müssen, ehe der Fährmann den wiederholten Rufen folge leistete; eine Frau aus der Gegend hatte schon eine viertel Stunde länger vor denselben gewartet.

Ein äußerer Grund habe nicht vorgelegen, der Wind sei zum Segeln günstig gewesen, ein Dampfboot, das die Abfahrt des Fährnachens hätte verzögern können, sei nicht in der Nähe gewesen. Außerdem sei der Fährnachen, der dann gekommen sei, so alt und schmal gebaut und in so mangelhaftem Zustand gewesen, dass sie um ihre Sicherheit gefürchtet hätten. „Übereinstimmend ging aus den Äußerungen der oben genannten Frau sowie anderer Einwohner von Zons und Urdenbach hervor, dass der Geschäftsbetrieb der Fähre eine völlige Plage sei“.[58] Ernst Roeber (1849–1915), der Bruder des bekannteren Historienmalers und Direktors der Düsseldorfer Kunstakademie Fritz Roeber, war ebenfalls ein beachteter Maler und Lehrer an der Kunstakademie. Durch Herkunft und Heirat war er dem Düsseldorfer Geldadel verbunden.[59] Er war mit Adolf Junckersdorff (1842–1923), dem Kaufmann, Fabrikanten und Mitinhaber der Bleiweisfabrik Deus, Junckerstorff & Cie., unterwegs.[60] Das Warten an der Zonser Fähre muss ihn so tief getroffen haben, dass er sich noch drei Wochen nach dem Ereignis zu einem eigenhändigen Beschwerdeschreiben aufraffte.

58 KreisA Zons, Stadt Zons, Nr. 699 (11.7.1891).

59 Lexikon der Düsseldorfer Malerschule 1819–1918, Bd. 3, München 1990, S. 154.

60 StaD, Geschichtskartei. Da Bleiweiß einer der Hauptgrundstoffe für Malerfarben ist, könnten sich Roeber und Junckerstorff auf diesem Wege kennengelernt haben. Interessant wäre es zu erfahren, was sie zu einer gemeinsamen Wanderung veranlasste.

Dem Bürgermeister von Zons, Hermann Heckmann, blieb nichts anderes übrig, als eine entschuldigende Antwort zu verfassen, in der er versicherte, dass er den Fährmann Andreas Hahn nachdrücklich verwarnt und ihn angewiesen habe, den fraglichen Fährnachen nicht mehr zu benutzen.

Unklar ist, ob diese Beschwerde mit dazu beigetragen hat, dass ab 1894 die Fähre am Ausleger vom rechten zum linken Rheinufer von der Gemeinde Zons an Christian Kaimer verpachtet wurde, wobei die Wasserbauinspektion Düsseldorf beteiligt war. Widerstände von Seiten der Gemeinde Urdenbach scheint es dieses Mal nicht gegeben zu haben. Wenn also auch auf der rechten Stromseite am Ausleger ein Fährmann wohnte, der für Fahrten zur Verfügung stand, dann brauchten sich die Reisenden nur bei ihm zu melden, um übergesetzt zu werden. Jedenfalls hielt der Pächter Kaimer am Ausleger jetzt zwei Nachen bereit, einen für 24 und einen für zwölf Personen; im März 1900 allerdings wollte Kaimer seinen Vertrag kündigen, da ihm die Pacht zu hoch war und er nicht genügend verdiente. Möglicherweise ist dann der Schiffer Fleischhauer in die Pacht eingetreten.

Die Fähre vom linken zum rechten Rheinufer lag weiterhin in der Hand des Andreas Hahn, der sie 1900 für weitere sechs Jahre pachtete, allerdings jetzt nicht mehr von der Stadt Zons, sondern direkt von der Königlichen Rheinstromverwaltung in Koblenz.[61] In der Zwischenzeit waren die Nachen und Schalden, die gerudert oder gesegelt wurden, wohl nach und nach ausgemustert und durch Motorboote ersetzt worden. Im Jahr 1900 war der Bootsverkehr Zons–Benrath mit dem 30 Personen fassenden Motorboot „Christiane" eröffnet worden, und da die Zahl der eingesetzten Motornachen schnell zunahm, kann davon ausgegangen werden, dass auch die direkte Fährverbindung nach Urdenbach bald durch einen mit Motor betriebenen Nachen erfolgte.[62] 1902 ließ der Bürgermeister von Zons die Abfahrtzeiten der Motorboote von Benrath zur Zonser Frühkirmes am Sonntag, dem 13. April (und zurück), in die Düsseldorfer Zeitungen setzen.[63] Stürzelberg erhielt erst 1910 eine motorgetriebene Fähre.[64] Die Anschaffung einer Motorfähre oder die Umrüstung eines Fährnachens zum Motorboot erforderte natürlich erhöhte Investitionen und dies war vielleicht auch einer der Gründe, warum Kaimer am Ausleger das Fährgeschäft aufgeben wollte.

***

61 KreisA Zons, Stadt Zons, Nr. 699 (27.10.1905).

62 Elicker u. a., Zons (wie Anm. 8), S. 207.

63 Düsseldorfer Generalanzeiger, 11.4.1902.

64 Elicker u. a., Zons (wie Anm. 8), S. 208; KreisA Zons, Stadt Zons, Nr. 699 (14.6.1910).

Im Jahr 1905 startete der Bürgermeister von Zons, Nikolaus Kohl, einen neuen Versuch, was die Vereinigung der Fährgerechtigkeiten der beiden Rheinufer anging. Er machte der Königlichen Wasserbauinspektion Düsseldorf den Vorschlag, die Pacht der fiskalischen Fähre (von links nach rechts) mit der privatrechtlichen (von rechts nach links) zu vereinigen und einem Pächter, dem Fährmann Fleischhauer, zu übergeben, damit der Fährbetrieb in einer Hand sei. Dies sei im Interesse des in der letzten Zeit stark angestiegenen Fremdenverkehrs in Zons. Die Wasserbaudirektion antwortete, dass sie von einer öffentlichen Ausschreibung der fiskalischen Fähre nicht absehen könne. Der Fährmann Fleischhauer erhielt trotzdem, wie beantragt, den Zuschlag für die Fähre vom linken zum rechten Rheinufer. Die Gemeinde Zons glaubte dies mit gutem Gewissen tun zu können, da der bisherige Pächter Hahn ja eine „einträgliche Fähre zwischen Zons und Benrath“ betreibe.[65] Als dagegen die Verpachtung der Fähre vom rechten zum linken Ufer anstand, machte der bisherige Pächter Andreas Hahn geltend, dass er wegen des gewaltig angestiegenen Fremdenverkehrs eine höhere Pacht zu zahlen bereit sei, so dass er die Pacht behielt. Nun gab es wieder zwei verschiedene Fährpächter auf der gleichen Strecke, Fleischhauer und Hahn, die in der Zwischenzeit beide über Motornachen verfügten – Wilhelm Fleischhauer hatte spätestens seit 1906 eine eigene Werft in Zons – und die auch eigene Landebrücken unterhielten. Die Witwe Fleischhauer hatte 1906 für ihre Söhne Wilhelm Johann und Theodor einen Erlaubnisschein für ihre Motorboote „Maria Katharina“ und „Prinz Heinrich“ erhalten, Andreas Hahn für sein Motorboot „Stadt Zons“. Als Motorbootführer mussten sie im Dienst „eine Joppe von marineblauem Tuch mit einer ebensolchen Mütze“ tragen.[66]

Die Fähre zwischen Urdenbach und dem Grind war in der Zwischenzeit von Josef Schimmelpfennig gepachtet worden, der auf dem Grind wohnte. Auch er richtete 1910 eine Motorverbindung zwischen Stürzelberg, Benrath und Zons ein, die am 1. September 1910 vom Königlichen Wasserbauamt genehmigt wurde.[67]

Die Konkurrenz in diesem Fährgeschäft scheint außerordentlich groß gewesen zu sein. Obwohl die Fahrtzeiten und Einflussgebiete der beiden Fährpächter Fleischhauer und Hahn genau abgegrenzt waren, kam es immer wieder zu Reiberein, Konflikten und gegenseitigen Beschwerden. Das führte so weit, dass sie sich 1913 bei Bürgermeister Alfred Granderath von Zons vorwarfen, sich gegenseitig Fahrgäste abspenstig zu machen und in der Ausübung ihres Berufes zu behindern.[68]

Dies trat alles zurück vor den Problemen, die in den folgenden Jahren mit dem Kriegsausbruch, der Besetzung des linken Rheinufers und dann der Besatzung auch in Benrath

65 KreisA Zons, Stadt Zons, Nr. 699 (27.10.1905).
66 KreisA Zons, Stadt Zons, Nr. 699 (26.4.1906).
67 KreisA Zons, Stadt Zons, Nr. 699 (1.9.1910).
68 KreisA Zons, Stadt Zons, Nr. 699 (5.9.1913).

auf die Fährenbesitzer zukamen. 1919 teilte die Witwe Wilhelm Fleischhauer der Steuerbehörde mit, dass sie den Lokalverkehr zwischen Zons und Benrath noch nicht wieder aufnehmen könne, da ihr einziges noch betriebsbereites Boot von den britischen Behörden beschlagnahmt worden sei. Sie hatte den Fährbetrieb seit Beginn des Krieges – wohl weil die Fährknechte eingezogen worden waren – vollständig eingestellt und ihren Lebensunterhalt durch den Betrieb einer Wirtschaft erzielt. Die Fähre zwischen dem Ausleger und Zons scheint weiterhin in der Hand des Motorfährbesitzers Andreas Hahn gelegen zu haben, der sie auch während der ganzen Kriegszeit in Betrieb gehalten zu haben scheint.[69]

Im April 1929 wurde dann die Autofähre Zons–Urdenbach in Betrieb genommen, damit hatte sich die Frage nach der Fährberechtigung vom rechten zum linken oder vom linken zum rechten Ufer zwar nicht erübrigt, war aber von der Praxis überholt worden.[70] Wie dabei die Frage mit der Fährgerechtigkeit vom linken zum rechten und vom rechten zum linken Rheinufer im Einzelnen aufgelöst worden ist, bedarf noch der Klärung. In anderen Fällen haben sich die unterschiedlichen Fährberechtigungen auf den beiden Rheinufern bis in die Zeit der Bundesrepublik hinein gehalten und sind dann erst durch vertragliche Abmachungen vereinigt worden.[71]

69 StaD, 0-1-12-434 (Benrath).

70 Elicker u. a., Zons (wie Anm. 8), S. 192.

71 Vgl. Peter Bläser, Über die Zeiten. Eine Betrachtung zur Geschichte des Fährwesens zwischen Bad Godesberg und Niederdollendorf, Bad Godesberg 1962, S. 38 ff.

1 Ansicht der Stadt Köln. Holzschnitt von Anton Woensam von Worms, 1531, Ausschnitt.

14 Das Ratsschiff der Stadt Köln im 16. Jahrhundert

Auf dem großen Prospekt der Stadt Köln, den Anton Woensam von Worms im Jahre 1531 geschaffen hat, ist ein Schiff zu sehen, das mit dem Bug stromaufwärts mitten im Fluss, etwa auf der Höhe der Markmannsgassenpforte, verankert liegt.

Es ist eindeutig den Schiffen der Oberländer Bauart zuzurechnen, was man an dem geschwungenen, hochgezogenen Heck erkennt, in dem eine Kajüte eingebaut ist. Ansonsten unterscheidet sich dieses Schiff sehr stark von den oberländischen Lastkähnen, die im Hintergrund am Ufer liegen. Der Bug, der bei den Oberländern, ähnlich wie bei heutigen Schubschiffen, prahmartig gerade und breit ausgebildet ist, ist hier als Spitze gestaltet, auslaufend in einen Drachenkopf, der eine Art Rammsporn im Maul hält. Die Seitenwände sind in Felder eingeteilt, die abwechselnd das Kölner Wappen und eine Helmverzierung tragen. Es ist zu vermuten, dass es sich hierbei um Klappen handelt, hinter denen sich wahrscheinlich Fenster verbargen. Auf dem flachen Deck befinden sich Gestänge, an denen man Sonnensegel aus Stoff anbringen konnte. Eine Reling ist nicht zu erkennen. Die Kajüte im Heck des Schiffes barg entweder den Eingang zu dem im Bauch befindlichen großen Raum oder sie diente als Behausung des Steuermannes. Gesteuert wurde das Schiff durch ein an der rechten Seite (Steuerbord) befindliches großes Steuerblatt. Vorrichtungen für Ruder sind auf dem Woensam-Holzschnitt nicht zu erkennen. Wahrscheinlich wurde das Schiff nur selten gerudert, sondern wie die Oberländer Schiffe den Rhein hinauf getreidelt. Den Rhein hinunter ließ man das Schiff vermutlich treiben, wobei die Richtung durch den Steuermann korrigiert wurde, oder man spannte gut bemannte Kähne vor. Ruderknechte auf dem Oberdeck, wie sie das Hochzeitsbild von 1598 zeigt, hätten auf dem Schiff schon wegen der Gestänge für die Sonnensegel schwerlich einen Platz gefunden.

Dieses Schiff, das auf dem Holzschnitt Anton Woensams von 1531 durch seine exponierte Lage mitten auf dem Strom, seine besondere Bauart, seine reichhaltigen Verzierungen und vor allem durch die Wappen der Stadt Köln auffällt, muss als das Prunkschiff des Kölner Rates bezeichnet werden. Ob auch das Kölner Ratsschiff auf dem Kajütendach einen Löwen als Schildhalter und Fahnenträger hatte, wie er die Prunkschiffe vom Ende des 16. Jahrhunderts ziert und wie er auf einem Modell des Ratsschiffes im Stadtmuseum Köln zu sehen ist, mag dahin gestellt bleiben.[1]

---

1 D. F. Sotzmann, Über des Anton von Worms Abbildungen der Stadt Köln aus dem Jahre 1531, Köln 1819, S. 39 f.; zum Typ des Oberländers vgl. K. Schwarz, Die Typenentwicklung des Rheinschiffs bis

2 Das Ratsschiff auf der Ansicht der Stadt Köln des Anton Woensam. Holzschnitt von Anton Woensam von Worms, 1531, Freizeichnung.

Über den Bau dieses Schiffes haben sich Nachrichten in einem Rechnungsbuch der Stadt Köln von etwa 1500 bis 1511 erhalten.[2] Unter den darin verzeichneten Ausgaben erscheint der Posten „für das neue Schiff unserer Herren" zum ersten Mal im Februar des Jahres 1507. Es wurden damals Rechnungen für angekauftes Holz und Bretter beglichen. In den folgenden Monaten hat die Stadtkasse wöchentlich Ausgaben für das neue Schiff zu tätigen. Es werden Balken, Planken, Bretter, Nägel und Werg angeschafft. Der Bau des Schiffes lag in den Händen des städtischen Schiffsbaumeisters Johann Immhoff, der seit September 1503 im Dienst der Stadt stand. Der städtische Schiffsbaumeister war bei der Stadt fest angestellt, er wurde aber wöchentlich nach geleisteter Arbeit entlohnt. Sein Aufgabenbereich bestand darin, den Zustand der städtischen Schiffe zu überwachen. Dazu gehörten vor allem die Schwimmkranen und die Rheinmühlen. Häufig kam es vor, dass neue Kranschiffe gebaut oder alte ausgebessert werden mussten, so in den Jahren 1501/02 und 1505. Auch war das in den Jahren 1507/08 gebaute Ratsschiff wohl nicht das erste seiner Art,

---

zum 19. Jahrhundert, Diss. Karlsruhe 1926, Köln o. J., S. 65–71; H. Steins, Der Personenverkehr auf dem Rhein von seinen Anfängen bis zur Gegenwart (Beilage zum 59. Jahresbericht des Königlichen Wilhelms-Gymnasium zu Krotoschin), Krotoschin 1913, S. 18; D. Ellmers, Frühmittelalterliche Handelsschiffahrt in Mittel- und Nordeuropa (Schriften des Dt. Schiffahrtsmuseums Bremerhaven, Bd. 3), Neumünster 1972, S. 105, Abb. 82, S. 111. Das Modell des Ratsschiffs im Stadtmuseum Köln weicht in zahlreichen Details von der Vorlage ab und entspricht wohl nicht dem historischen Ratsschiff.

2 Stadtarchiv Köln, Rechnungen 98 (1500–1511).

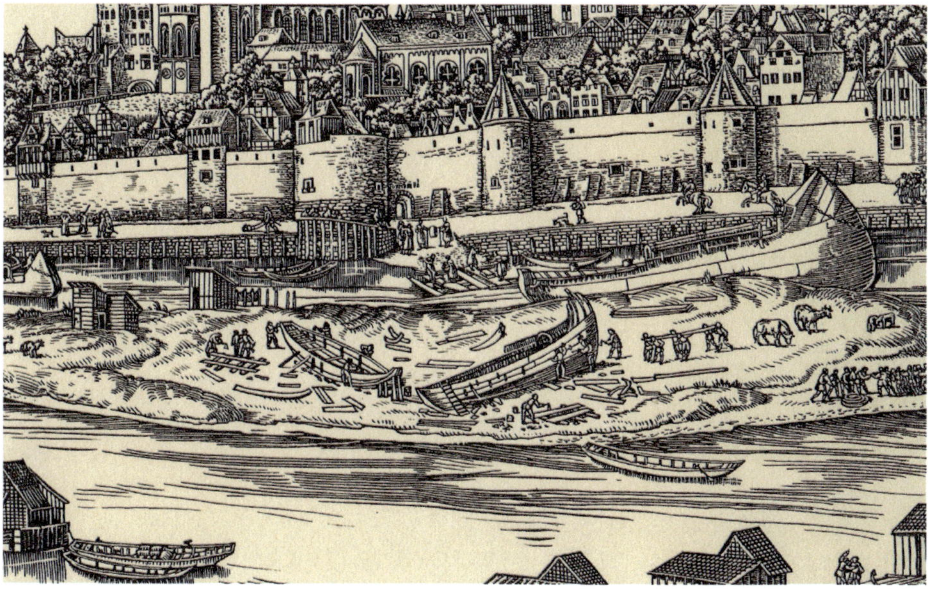

3 Der Schiffsbauplatz auf dem Werth im Süden von Köln auf der Ansicht der Stadt Köln des Anton Woensam. Holzschnitt von Anton Woensam von Worms, 1531, Ausschnitt.

sondern die Stadt besaß vermutlich schon früher Repräsentationsschiffe.

Gebaut wurde das neue Schiff mit großer Wahrscheinlichkeit auf der Kölner Schiffsbauwerft, einer kleinen flachen Insel unterhalb des Bayenturms, die damals „das Werthchen" oder „das werff" genannt wurde. Heute stehen an dieser Stelle Lagergebäude des Rheinauhafens bzw. die die Stadtsilhouette prägenden sogenannten Kranhäuser. Hier arbeitete der Schiffsbaumeister Johann Immhoff meist mit drei Knechten, dazu kam bei großem Arbeitsanfall ein Opperknecht als Aushilfskraft. Immhoff arbeitete fast das ganze Jahr 1507 kontinuierlich an dem neuen Schiff, wobei die Knechte und der Opperknecht vor allem im ersten Halbjahr in Anspruch genommen wurden. Die Feinarbeit scheint er nur mit ein oder zwei Knechten ausgeführt zu haben. Immhoff erhielt pro Tag 10 ½ Albus (Silbermünze) Lohn und gehörte damit zu den Spitzenverdienern unter den Handwerkern. Die Knechte erhielten 5 Albus pro Tag, womit auch ihr Lohn über dem Durchschnittsverdienst lag.

Im August des Jahres 1507 erschien der Stadtbaumeister der Stadt Düsseldorf in Köln, um das neue Schiff zu begutachten. Es wird zu diesem Zeitpunkt im Rohbau fertig gewesen sein, denn im Monat darauf konnte ein Mastbaum eingesetzt werden. Da der eindeutig für das neue Ratsschiff bestimmte Mastbaum auf dem Woensam-Holzschnitt nicht auszu-

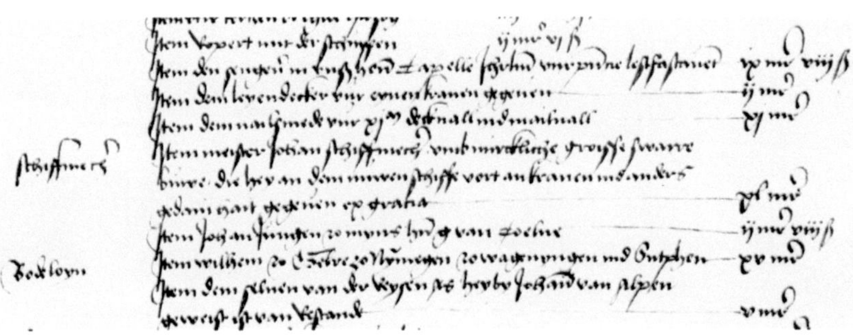

4 Gratifikation für den Schiffbauer. Eintrag in dem Ausgabenbuch der Mittwochsrentkammer 1500–1511 zum 8. März 1508. Ausschnitt.

machen ist, ist zu vermuten, dass er nur bei Bedarf aufgerichtet wurde. Die oberländischen Lastschiffe besaßen alle einen Mast, an dem die Treidelleine befestigt wurde, an der das Schiff von Pferden stromauf gezogen wurde.

Die Ausgaben für Ausstattungsgegenstände ab etwa Oktober 1507 zeigen an, dass das Schiff Ende des Jahres im äußeren Bau fertiggestellt war. Für das Sonnensegel wurden etwa 220 Ellen (ca. 126 m) Leinentuch im Gesamtwert von 92 Mark kölnisch beschafft. Ein Glaser brachte im Inneren des Schiffes 14 Glasfenster an. Der Schiffsbauer war derweil mit der Herstellung eines eigens für das Ratsschiff bestimmten Nachen beschäftigt.

Der Stapellauf des Schiffes wird Anfang 1508 gewesen sein, da im Januar des Jahres 14 Fässer mit Teer angekauft wurden. Am 8. März 1508 erhielt der Schiffsbauer Johann Immhoff für seine großen Verdienste um das neue Schiff unserer Herren „ex gratia" 40 Mark kölnisch. Dieses Geldgeschenk, das vielleicht mit der Abnahme und der Indienststellung des Schiffes zusammenhängt, entsprach etwa dem Gegenwert von ca. 48 Tagelöhnen des Opperknechtes. Der Zusatz „ex gratia" ist als Gunstbezeugung auszulegen, bedeutet aber auch, dass der Schiffsbauer daraus keinen Anspruch auf Zahlungen einer Zulage nach einer größeren Arbeit ableiten konnte.

Schiffmech[er]
Item meister Johan schiffmech[er] umb merckliche groisse sware
buwe, die hey an dem nuwen schiffe, vort an kranen und anders
gedain hait, gegeben ex gratia ……. xl mr [=40 Mark]

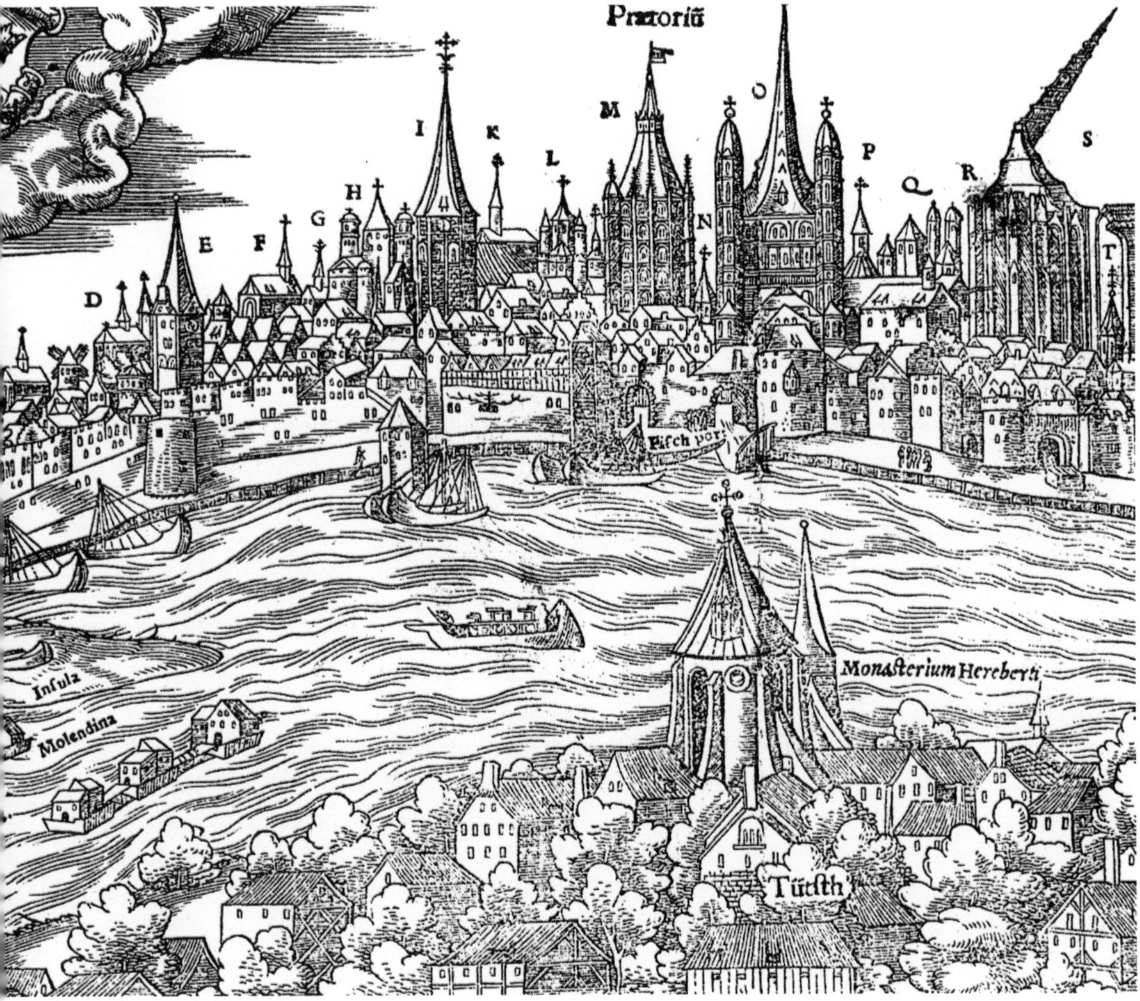

5 Das Ratsschiff auf der Ansicht der Stadt Köln in der Kosmographie des Sebastian Münster. Diese Ansicht wurde bis in die zweite Hälfte des 16. Jahrhunderts nachgedruckt. Holzschnitt, 1554, Ausschnitt.

Das neugebaute Schiff wird in den Quellen „unser Herren Schiff" genannt, es war also für den Gebrauch des Rates und der Stadtregierung bestimmt. Diese benutzte es bei Festlichkeiten, Kaiserbesuchen, für den Transport hoher Gäste oder auch einfach für Lustfahrten. Betrachtet man den Bau des Prunkschiffes im Jahre 1507/08 vor dem Hintergrund der wirtschaftlichen Situation der Stadt, so muss es verwundern, mit welcher Unbekümmertheit die Stadtregierung doch recht bedeutende Summen für ein solches Prestigeobjekt ausgab, obwohl die Stadtkasse kurz vor dem finanziellen Ruin stand. Vielleicht lässt sich der Bau des Schiffes noch mit den Repräsentationspflichten begründen, die die Stadt z. B. beim Reichstag von 1512 wahrnehmen musste. Nicht mehr rechtfertigen lässt sich allerdings der Gebrauch, den einige Ratsherren davon machten. Ende August 1508 machten mehrere Herren von der Fischmengergaffel und dem „Krentzgen" eine Lustfahrt nach Neuss. Diese Fahrt, die vielleicht zur feierlichen Einweihung des neuen Ratsschiffes diente, wurde „causa recreationis", also „zur Erholung" unternommen. Musik spielte, Kanonen schossen Salut, auf dem Schiff wurde gefeiert. In Neuss wurden die Herren offiziell empfangen, erhielten ein üppiges „Frühstück" von der Stadt und ein Festessen in dem vor der Stadt gelegenen Oberkloster. Das „Krentzgen" war eine kleine Gruppe von Ratsherren, die ohne Rücksicht auf den übrigen Rat oder gar die Bürgerschaft, die Stadtregierung zu ihrem Vorteil ausnutzten. So ist es nur natürlich, dass diese aufwendige und prunkvolle Lustfahrt einiger Mitglieder der Stadtregierung böses Blut unter den Bürgern machte und dass diese Lustfahrt während des Aufruhrs von 1512/13 zur Sprache kam. Wegen Korruption und Machtmissbrauch wurden einige Teilnehmer an der „Lustfahrt" hingerichtet.[3]

Bestanden hat das Ratsschiff möglicherweise noch im Jahre 1544, da es auf einem Holzschnitt mit Panorama der Stadt Köln in der „Cosmographia" des Sebastian Münster aus diesem Jahre zu sehen ist, es sei denn, die „Cosmographia" hätte unkritisch ältere Vorlagen kopiert.

Dass nicht nur die Stadt Köln im Besitze eines solchen Prunkschiffes war, zeigt die Darstellung der Fahrt der Herzogin Antonie von Lothringen zu ihrer Hochzeit mit dem Herzog Johann Wilhelm von Jülich-Kleve-Berg 1598 an Köln vorbei nach Düsseldorf. Die vier Prunkschiffe, die die fürstliche Braut und ihr Gefolge den Rhein herabführen, sind alle ober-

3 G. Eckerts, Die Revolution in der Stadt Köln im Jahre 1513, in, Annalen des hist. Vereins für den Niederrhein 26/27, 1874, S. 197–267, bes. S. 250; die Ratsherren fuhren in „magna navi civitatis Coloniensis", woraus man schließen kann, dass es auch noch ein kleines, vielleicht das ältere Ratsschiff gab; L. Ennen, Die alte und die neue Stadt Köln, Köln 1876, S. 3; vgl. auch Clemens von Looz-Corswarem, Unruhen und Stadtverfassung in Köln an der Wende vom 15. zum 16. Jahrhundert, in: Städtische Führungsgruppen und Gemeinde in der werdenden Neuzeit, hrsg. v. W. Ehbrecht (Städteforschung A, 9), Köln/Wien 1980, S. 53–97.

6 Allegorische Darstellung der Kölner Stadtregierung in Form eines „Ratsschiffs" um 1660. Kupferstich von Johann Heinrich Löffler d. J. nach einer Zeichnung von Johann Toussyn, um 1660.

ländischer Bauart, während die jülischen Schiffe, die die Braut in Empfang nehmen, dem niederrheinischen Typus zuzuordnen sind. Ein Prunkschiff der Stadt Köln ist auf dieser Darstellung nicht auszumachen, es ist nicht sicher, ob das zu Beginn des Jahrhunderts gebaute Schiff am Ende des Jahrhunderts noch existierte. Hätte es zu diesem Zeitpunkt ein eigenes stadtkölnisches Prunk- oder Ratsschiff gegeben, so wäre es sicherlich prominent ins Bild gesetzt worden.

Bei genauer Betrachtung des Hochzeitsbildes fällt der Unterschied zwischen den oberländischen Prunkschiffen der Braut und den im Hintergrund am Rheinufer liegenden Lastkähnen Oberländer Bauart auf. Während die Prunkschiffe noch das gleiche Aussehen wie zu Beginn des Jahrhunderts haben – sie sind zusätzlich mit Rudern ausgerüstet –, lässt sich bei den oberländischen Lastkähnen schon eine Verfeinerung der Form bemerken. Das Schiff liegt gleichmäßig im Wasser, das Heck ist nicht mehr so hochgezogen, und der Bug läuft löffelförmig zu. Die typische Form des Oberländers verliert sich im Laufe des 17. Jahrhunderts und wird durch andere Schiffstypen wie z. B. den Bönder ersetzt.

Es ist bisher nicht bekannt, ob die Reichsstadt Köln auch im 17., 18. oder 19. Jahrhundert über ein eigenes Ratsschiff verfügte. Es scheint eher unwahrscheinlich, denn sonst hätte sich irgendein Hinweis in der stadtkölnischen Überlieferung gefunden. Ein Stich von Johann Toussyn von 1660 zeigt ein Ratsschiff, allerdings handelt es sich dabei um eine allegorische Darstellung der Stadt Köln.[4] Die drei göttlichen Tugenden und die vier Kardinaltugenden Spes, Fides, Caritas, Fortitudo, Temperantia, Justitia und Prudentia rudern das Staatsschiff unter der Leitung von Bürgermeister und Rat. Das Schiff entspricht eher einem Seeschiff des 17. Jahrhunderts als einem der auf dem Rhein gebräuchlichen Binnenschiffstypen.

Die zahlreichen Staats- und Privatjachten der Fürsten rheinanliegender Territorien, von denen uns aus dem 17. und 18. Jahrhundert Abbildungen und Beschreibungen erhalten sind, hatten nur noch wenig mit dem stadtkölnischen Ratsschiff gemein, das sich die Stadt zu Beginn des 16. Jahrhunderts bauen ließ. Gewiss, die Funktionen waren noch weitgehend die gleichen, das Schiff diente bei Festlichkeiten und zur Bequemlichkeit fürstlicher Gäste, aber die Jachten des 18. Jahrhunderts waren z. T. so gut ausgestattet, dass sie es dem Fürsten erlaubten, dort zu leben, von dort die Regierungsgeschäfte zu führen oder auch Konferenzen abzuhalten. Diese Schiffe bildeten schwimmende Residenzen, sie waren Bestandteil einer kleinen Flotte, zu der neben Wach- und Bagagebooten auch Schiffe für die Gäste und das Dienstpersonal sowie eigene Küchenschiffe gehörten.[5]

Ein eigenes städtisches Schiff für die Stadt Köln ist erst wieder für das 20. Jahrhundert nachzuweisen. 1938 gab die Stadt ein gut ausgestattetes Repräsentationsschiff für Empfänge und Fahrten besonderer Gäste in Auftrag, das zur „Internationalen Verkehrsausstellung“ 1940 genutzt werden sollte. Das auf einer Werft in Mainz gebaute Schiff wurde auf den Namen „Hansestadt Köln“ getauft. Während des Krieges lag es im Hafen von St. Goar getarnt und wurde nach dem Krieg zunächst von den Alliierten genutzt. 1952 an die Stadt Köln zurückgegeben und restauriert, diente es rund 30 Jahre unter dem Namen „MS Stadt Köln“ der Stadt für Repräsentationszwecke und Rheinfahrten mit Staatsgästen und besonderen Persönlichkeiten. Zu Beginn der 1980er Jahre unwirtschaftlich geworden, war das Schicksal des 1990 unter Denkmalschutz gestellten Schiffs lange ungewiss,

4 M.-L. Schwering, Des Kölner Rates „Herrschaftszeichen“, in: Das Rathaus zu Köln, hrsg. v. P. Fuchs, Köln 1973, S. 107–113, bes. S. 110 f.

5 Clemens von Looz-Corswarem, Die Leibjacht des Kurfürsten Clemens Wenzeslaus von Trier, in: Beiträge zur Rheinkunde, H. 29, 1977, S. 41–49; ders.: Zwei kurtrierische Staatsjachten des 18. Jahrhunderts, in: Das Logbuch. Zeitschrift für Schiffsbaugeschichte und Schiffmodellbau, 14. Jg., 1978, H. 2, S. 36–40 (Vgl. Beitrag 13 in diesem Band).

bis es 2016 von der Stadt dem „Verein der Freunde und Förderer des historischen Ratsschiffes MS Köln“ anvertraut wurde, der sich für eine umfassende Restaurierung einsetzt.[6]

6 Josef Dollhoff, Die Kölner Rheinschiffahrt. Von der Römerzeit bis zur Gegenwart, Köln 1980, S. 86; Georg Fischbach, Das Gästeschiff der Stadt Köln „M.S.Stadt Köln“, in: Beiträge zur Rheinkunde 50, 1998, S. 23–25; Stefanie Keller, Staatsgästetragend. Das Ratsschiff M/S Stadt Köln ist Teil der deutschen Geschichte, in: Monumente 5, 2019, S. 52-56; Webseite des Fördervereins: https://www.ratsschiff-koeln.de/ [letzter Zugriff: 4.11.2019]; Kölner Stadtanzeiger vom 12. Okt. 2008, vom 11/12. Aug. 2018 und vom 4. Nov. 2019; https://de.wikipedia.org/wiki/Stadt_K%C3%B6ln_(Schiff) [letzter Zugriff: 4.11.2019]; https://www.stadt-koeln.de/politik-und-verwaltung/presse/volle-fahrt-voraus [letzter Zugriff: 4.11.2019].

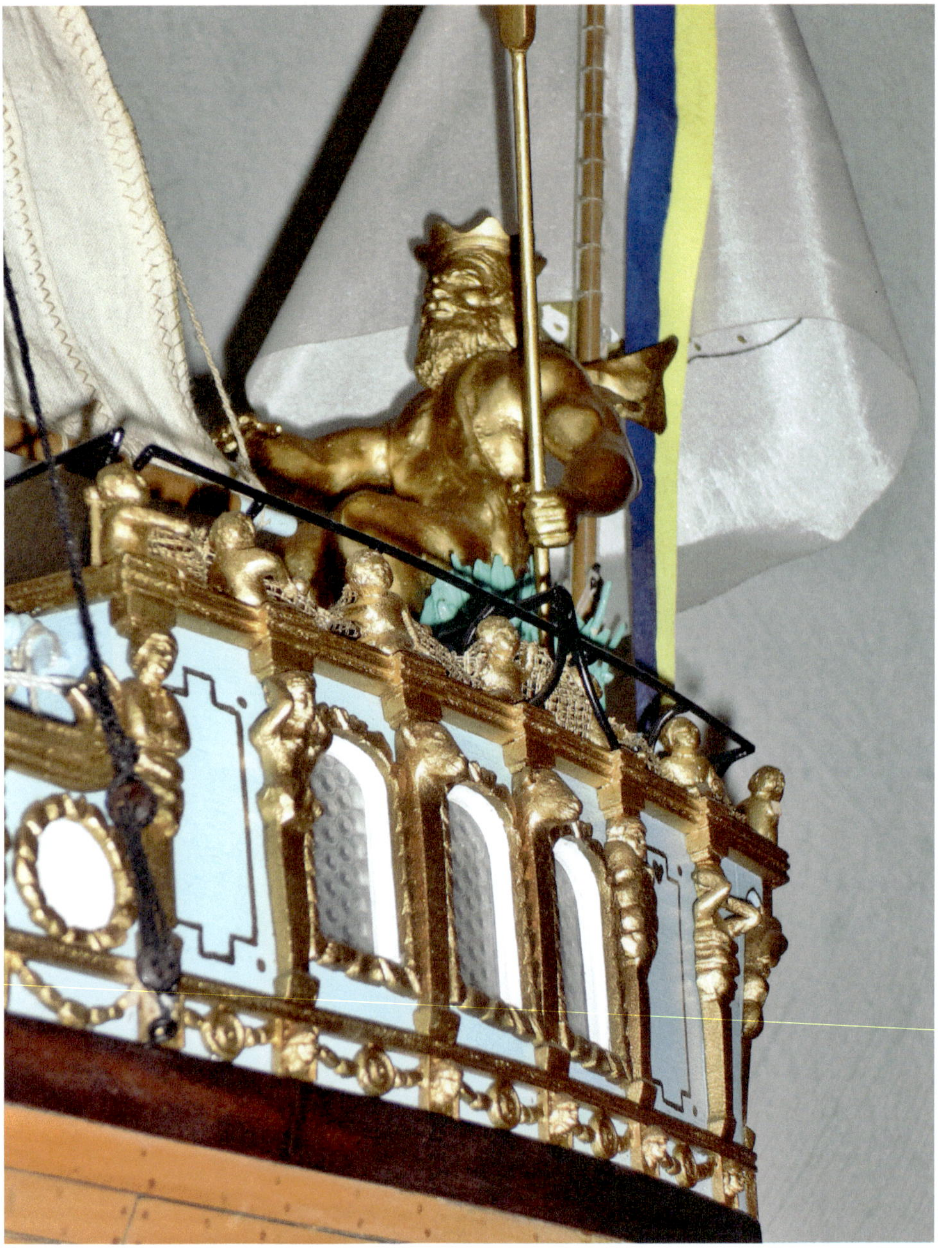

1 Modell der großen Leibjacht des Kurfürsten Clemens Wenzeslaus von Trier, nach Hundeshagen. Modell von Gerhard Wicke, Detail.

15 Die Staatsschiffe des Trierer Kurfürsten Clemens Wenzeslaus von Trier und ihre Schicksale

15.1 Wasserstraßen als bevorzugte Reise- und Transportwege

Im Mittelalter und in der Frühen Neuzeit zogen die Menschen für ihre Reisen und Transporte, wenn immer möglich, den Wasserweg dem Landweg vor. Das hatte seinen Hauptgrund darin, dass befestigte Straßen nur in sehr geringem Maße vorhanden waren. Bei den meisten Verkehrswegen handelte es sich um unbefestigte Feldwege, die sich in der regenreichen Jahreszeit zu Morast verwandeln konnten und von den umliegenden Äckern kaum zu unterscheiden waren. Dies forderte den Reisenden, seien es Fußgänger, Reiter oder Wagenfahrer, eine hohe Leidensfähigkeit ab. Erst im 18. Jahrhundert entschlossen sich die Regierungen der Territorialstaaten zunehmend auf Hauptstrecken befestigte Chausseen bauen zu lassen.[1] Was den Warentransport anging, so war dieser auf dem Land lediglich auf dem eigenen Rücken, auf dem Rücken von Pferden, Maultieren oder Eseln oder auf zwei- oder vierrädrigen Karren und Wagen möglich, wodurch die Menge der zu transportierenden Waren begrenzt war. Personen konnten auf ihren Reisen entweder zu Fuß gehen oder reiten, eigene von Pferden gezogene Wagen sowie seit dem 18. Jahrhundert auch Miet- oder Postkutschen benutzen. Eine befriedigende Federung, die das Reisen in diesen Wagen bequem machte, entwickelte sich allerdings erst im ausgehenden 18. Jahrhundert. Außerdem war das Reisen mit eigenen Wagen oder in Postkutschen nicht billig, so dass die meisten Menschen auch weite Strecken zu Fuß gingen.[2]

Viel bequemer ging es auf dem Wasserweg voran. Mit Schiffen konnte man wesentlich größere Warenmengen transportieren als mit Karren und Wagen. Auch wurde man bei einer Schifffahrt nicht so durchgerüttelt wie bei einer Fahrt mit dem von Pferden gezogenen Wagen auf unbefestigten Straßen. So kam es, dass für den Warentransport nicht nur der Rhein und seine größeren Nebenflüsse, sondern auch kleine Flüsse und selbst Bäche genutzt wurden, um Waren auf Kähnen und schmalen Schuten zu transportieren. Manche Bäche und kleine Flüsse, die heute nicht mehr befahren werden, wurden so wenigstens in den wasserreichen Jahreszeiten, im Frühjahr und im Herbst, genutzt.[3]

---

1 Reinhold Wacker, Das Verkehrswesen im Rheinland vom 15. Jahrhundert bis 1794 (Beiträge zur Landes- und Kulturgeschichte 7), Trier 2008, S. 225 f.

2 Norbert Ohler, Reisen im Mittelalter, 2. Aufl., München 1988, S. 45 f.; Holger Thomas Gräf/Ralf Pröve, Wege ins Ungewisse, Reisen in der Frühen Neuzeit 1500–1800, Frankfurt 1997, S. 75 f.

3 Martin Eckoldt, Schiffahrt auf kleinen Flüssen Mitteleuropas in Römerzeit und Mittelalter

2 Ein Marktschiff bzw. eine Wasserdiligence vor Koblenz-Ehrenbreitstein. Kolorierter Kupferstich von L. Janscha und J. Ziegler, 1798, Ausschnitt.

Die Hauptverkehrsachse im Westen Deutschlands, sowohl für den Waren- als auch für den Personenverkehr, war der Rhein. Er war, wie zeitgenössische Autoren schrieben, „Teutschlands hochschlagende Pulsader"[4] und „hervorragende Karawanenstraße Europas".[5] Der Rhein verband die Alpenregion und damit handelstechnisch Italien mit dem Norden, mit Holland und der Nordsee, er verband die oberdeutschen Wirtschaftsgebiete mit denen des Niederrheins, Flanderns und Englands. Er war also der prädestinierte Handels- und Verkehrsweg.

Der Wasserweg war dem Landweg auch dann noch vorzuziehen, wenn man an die zahlreichen Behinderungen des Verkehrs auf dem Rhein denkt. Da waren zunächst die

(Schriften des Deutschen Schiffahrtsmuseums 14), Oldenburg u. a. 1980, S. 45 f.

4 Ernst Moritz Arndt nach Franz Irsigler, „Teutschlands hochschlagende Pulsader". Zur wirtschaftlichen Bedeutung des Rheins bis zum frühen 19. Jahrhundert, in: Vom Zauber des Rheins ergriffen … Zur Entdeckung der Rheinlandschaft vom 17. bis 19. Jahrhundert, hrsg. v. Klaus Honnef/Klaus Weschenfelder/Irene Haberland (Katalog zur Ausstellung in Bonn und Koblenz), München 1992, S. 67–80.

5 Christian Eckert, Rheinschiffahrt im XIX. Jahrhundert (Staats- und socialwissenschaftliche Forschungen, Bd. 18, H. 5), Leipzig 1900, S. 1–5.

3 Kaub mit dem Pfalzgrafenstein (Zollstelle des Pfalzgrafen bei Rhein). Stahlstich von E. Fröhlich und Th. Beck, ca. 1840.

Beeinträchtigungen durch die Witterung, durch Hoch- und Niedrigwasser, dann die Gefährdungen durch starken Eisgang in den Wintermonaten, bei dem der Rhein häufig zufror, so dass der Verkehr auf dem Strom von Dezember bis Februar ganz oder teilweise zum Erliegen kam. Dann gab es die Behinderungen durch die zahlreichen Zollstellen, von denen es am Ende des 18. Jahrhunderts bis zu 34 Stück gegeben haben soll und bei denen es jeweils längere Aufenthalte gab und deren häufig willkürliche Abgaben die Fracht verteuerten. Außerdem gab es noch die Stapelstädte Basel, Straßburg, Mainz und Köln, an denen die Waren ausgeladen, teilweise angeboten und auf anderen Schiffen unter anderen Spediteuren weitertransportiert werden mussten.[6]

6 Otto Gönnenwein, Das Stapel- und Niederlagsrecht (Quellen und Darstellungen zur Hansischen Geschichte, NF, Bd. 11), Weimar 1939; Clemens von Looz-Corswarem, Zum Stapelrecht in Köln und der Schiffahrt auf dem Niederrhein in der frühen Neuzeit, in: Köln und die Niederrheinlande in ihren historischen Raumbeziehungen (15.–20. Jahrhundert), hrsg. v. Dieter Geuenich (Veröff. d. Hist. Vereins für den Niederrhein, Bd. 17), Mönchengladbach 2000, S. 323–338 (Vgl. Beitrag 1 in diesem Band); Gerd Schwerhoff, Der Kölner Stapel (1259–1831). Werden und Wandlungen einer

Ohne Aufenthalt durften an diesen Zollstellen nur die privilegierten Schiffe vorbeifahren. Das konnten Boote mit dem kaiserlichen Fähnlein sein oder die Schiffe der Fürsten oder auch Fahrzeuge von vom Zoll befreiten Klöstern und Adeligen.

Bedenken muss man auch, dass die Fahrt den Rhein hinab schneller vonstattenging als den Rhein hinauf. Den Rhein hinab konnte sich ein Schiff mit der Strömung treiben lassen oder, jedenfalls in späterer Zeit, im 17. und 18. Jahrhundert, bei günstigem Wind mit dem Segel etwas nachhelfen, um schneller als die Strömung zu sein. Dies erleichterte auch die Steuerbarkeit des Schiffes. Den Rhein hinauf musste in der Regel getreidelt werden, d. h., die Schiffe mussten vom Ufer, von den Leinpfaden oder Treidelwegen aus in der Regel mit Pferden gegen die Strömung rheinauf gezogen werden. Dies war ein aufwändiges Verfahren und die Schiffe kamen nicht schneller voran, als die Pferde mit ihrer Zuglast gehen konnten. Auf dem Schiff war man daher nicht schneller als ein Fußgänger am Ufer, aber man hatte es weitaus bequemer. Den Strom bergauf gesegelt werden konnten meist nur kleine und leichtere Schiffe und das auch erste seit dem 17. und 18. Jahrhundert, nachdem sich das feste Steuerruder und eine verbesserte Segeltechnik durchgesetzt hatten.

Das Rudern größerer Schiffen stromauf wäre höchst unökonomisch gewesen. Gerudert wurden nur kleine Kähne oder Fährboote, große Schiffe nur in Ausnahmefällen, z. B. zum Manövrieren an Anlegeplätzen.[7]

Nicht zufällig entstanden schon in der Römerzeit, im Mittelalter und in der Frühen Neuzeit am Rhein zahlreiche Städte, sowohl Handels- als auch Residenzstädte. Von den mittelalterlichen Herrschaftsorten seien hier nur Speyer, Worms, Kaiserswerth und Nimwegen genannt, von den Residenzstädten Mainz, Wiesbaden, Koblenz, Bonn und Düsseldorf. Über den Rhein waren in der Frühen Neuzeit die Residenzstädte einiger der wichtigsten Fürsten des Reiches, der Kurfürsten von Mainz, Trier und Köln sowie des Pfalzgrafen bei Rhein, miteinander verbunden, außerdem waren sie zusätzlich angeschlossen an so wichtige Handelsstädte wie Köln und Straßburg und über den Main mit der Wahlstadt der Deutschen Könige, Frankfurt, die zugleich bedeutende Messestadt war. Über die Mosel war auch Trier zu erreichen.[8] Rheinanlieger waren in der Frühen Neuzeit unter ande-

---

alteuropäischen Institution, in: Jahrbuch des Kölnischen Geschichtsvereins 80, 2009/10, S. 43–69.

7 Annette Fimpeler-Philippen, Die Schifffahrt und ihre Fahrzeuge auf dem Niederrhein vom späten Mittelalter bis ins 18. Jahrhundert (Studien zur Düsseldorfer Wirtschaftsgeschichte, Bd. 5 u. Veröff. aus dem Stadtarchiv Düsseldorf, Bd. 19), Düsseldorf 2008, S. 151 f.; Ulrike Stursberg, Innovation auf dem Rhein. Das Ende der Treidelschifffahrt (Düsseldorfer Geschichtsverein. Kleine Reihe, H. 3 u. SchifffahrtMuseum Düsseldorf Schriftenreihe, H. 4), Essen 2015, S. 13 f.

8 Am Rhein lag auch Rhens, das im 14. Jahrhundert Wahlort der deutschen Könige war, weil es für vier der sieben Kurfürsten über den Rhein leicht zu erreichen war; vgl auch Achim Thomas Hack, Auf Schiffen und Pferden. Beobachtungen zur Reisepraxis Kaiser Friedrichs III., in: Peter Ettel, Achim Thomas Hack (Hrsg.), Flusstäler, Flussschifffahrt, Flusshäfen: Befunde aus Antike und

4 Treidelszene bei Koblenz. Kolorierter Kupferstich von G. Braun und F. Hogenberg, 1572, Ausschnitt.

ren auch die Landgrafen von Hessen-Kassel mit Rheinfels und St. Goar und von Hessen-Darmstadt mit Braubach sowie die Grafen von Neuwied.[9]

Es gab also mehrere Gründe, wenn die rheinanliegenden Fürsten eigene Schiffe unterhielten, auf denen sie sich leicht und bequem auf dem Rhein und seinen Nebenflüssen bewegen konnten. Es war vor allem die Bequemlichkeit und teilweise auch die Schnelligkeit, mit der die Fürsten dann einen Teil ihres Territoriums bereisen oder benachbarte Fürsten aufsuchen konnten. Ein Schiff, besonders dann, wenn es für einen Fürsten ausgebaut und hergerichtet war, erlaubte es dem Herrscher in ganz anderer Weise, unterwegs seinen Regierungsgeschäften nachzugehen, als wenn er zu Pferd reitend oder in einem schwerfälligen holprigen Wagen gereist wäre. Zu Schiff konnte der Fürst möglicherweise auch seine Familie und einen Teil seines Hofstaates mitnehmen, er konnte das Schiff als schwimmende

---

Mittellater (RGZM Tagungen 39 u. Interdisziplinäre Forschungen zu den Häfen von der Römischen Kaiserzeit bis zum Mittelalter in Europa 7), Mainz 2019, S. 79-104.

9 Franz H. Quetsch, Geschichte des Verkehrswesens am Mittelrhein von den ältesten Zeiten bis zum Ausgang des achtzehnten Jahrhunderts, Freiburg 1891, S. 87.

Residenz nutzen.[10] Häufig war es auch so, dass das Staatsschiff vor einem am Rhein liegenden Schloss die Anwesenheit des Fürsten anzeigte, so dass man bei Abbildungen der Frühen Neuzeit davon ausgehen kann, dass, wenn besondere Schiffe vor Residenzen dargestellt sind, es sich um die entsprechenden Staatsschiffe oder Staatsjachten handelt.

15.2 Repräsentation auf dem Rhein – Fürstliches Reisen – Lustfahrten

Vermutlich schon im Mittelalter besaßen die rheinanliegenden Fürsten jeweils eigene, prunkvoll ausgestattete Schiffe. Es waren diese Dienstfahrzeuge der Obrigkeit, Prunkschiffe für höfische Bedürfnisse, Mittel der Repräsentation und Selbstdarstellung, die den jeweiligen Moden der Zeit entsprechend ausgestattet waren.

Ob das Schiff, mit dem Karl der Große 806 von Thionville in Lothringen mosel- und dann rheinabwärts bis zur Pfalz Nimwegen fuhr, ein extra für ihn gebautes Reiseschiff war, wissen wir nicht. Wir wissen aber, dass nicht nur der Rhein, sondern auch die Mosel seit dem hohen Mittelalter von den rheinanliegenden Fürsten befahren wurde, auf eigenen oder gemieteten Schiffen.[11]

Schon das Schiff des Kurfürsten Anno von Köln, auf das er den jungen König Heinrich IV. im Jahre 1062 vor Kaiserswerth lockte, um ihn zu entführen, soll besonders prachtvoll ausgestattet gewesen sein.[12]

Für den Kurfürsten von Mainz wird für die erste Hälfte des 14. Jahrhunderts ein „herrenschif" genannt und 1442 sollen die Kurfürsten von Mainz und Trier nach der Wahl König Friedrichs III. auf eigenen prächtigen Schiffen von Frankfurt zur Krönung nach Aachen bis Köln gefahren sein, während der neu gewählte König und sein Hofstaat auf sechs bis acht gemieteten Schiffen den Rhein hinunterfuhren.[13] 1439 hat Erzbischof Dietrich von Köln

10 Ähnlich wie heutige Regierungen über bestens ausgerüstete Flugzeuge wie die „Air Force One" verfügen; allgemein: Annette Fimpeler, Herrschaftliches Reisen auf dem Rhein. Unter besonderer Berücksichtigung der Prunkjacht des Kurfürsten Johann Wilhelm von Pfalz-Neuburg, in: Düsseldorfer Jahrbuch 79, 2009, S. 11–56.

11 Karl-Heinz Zimmer, Fürstliche Moselreisen, in: 2000 Jahre Schifffahrt auf der Mosel. Vom römischen Transportweg zum einenden Band Europas. Katalog der Ausstellung im Stadtmuseum Simeonsstift Trier, 18. März 2014 bis 1. März 2015, hrsg. v. Bernd Röder/Bärbel Schulte/Karl-Heinz Zimmer, Regensburg 2014, S. 227–239.

12 Ralf Molkenthien, Straßen aus Wasser. Technische, wirtschaftliche und militärische Aspekte der Binnenschifffahrt in Westeuropa des frühen und hohen Mittelalters, Berlin 2006, S. 40 f.

13 Quetsch, Verkehrswesen (wie Anm. 9), S. 337 f.; nach Molenthien, Straße (wie Anm. 12), S. 43, sind erst für das 14. Jahrhundert spezielle und permanente Reiseschiffe der Fürsten nachzuweisen; vgl. auch Heinz Weber, Prominente auf dem Rhein, in: Beiträge zur Rheinkunde 37, 1985, S. 5–30.

5 Die „Yacht" des Kurfürsten von Mainz. Holzschnitt, 1551.

auf einem von ihm genutzten Schiff Urkunden ausgefertigt. Auch die Grafen von Katzenelnbogen am Mittelrhein besaßen ein eigenes Schiff, das 1450 sogar mit einer Küche und Glasfenstern ausgestattet war.[14] Für die Reichsstadt Köln ist um 1440 ein eigenes städtisches Ratsschiff nachgewiesen, das der Stadtobrigkeit für Dienst- und Lustfahrten auf dem Rhein zur Verfügung stand. In den Jahren 1507/08 gab es einen Neubau, von dem sich sogar eine Abbildung von 1531 erhalten hat. Auch die Stadt Basel besaß städtische Schiffe, die sie hohen Herrschaften und Gästen zur Verfügung stellte.[15] Im Jahre 1512 nutzte Kaiser Maximilian die Jacht des Kurfürsten von Trier zur Fahrt von Koblenz nach Trier zum Reichstag, während der Kurfürst selbst mit einer zweiten, ihm ebenfalls gehörenden Jacht unterwegs war.[16] Ma-

14 Heinrich Steins, Der Personenverkehr auf dem Rhein von seinen Anfängen bis zur Gegenwart (Beilage zum 59. Jahresbericht 1913 des Königlichen Wilhelms-Gymnasiums zu Krotoschin), Krotoschin 1913, S. 23; Fimpeler-Philippen, Schifffahrt (wie Anm. 7), S. 265–267.

15 Steins, Personenverkehr (wie Anm. 14), S. 18; Clemens von Looz-Corswarem, Das Ratsschiff der Stadt Köln im 16. Jahrhundert, in: Beiträge zur Rheinkunde 32, 1980, S. 51–56 (Vgl. Beitrag 14 in diesem Band); Fimpler-Philippen, Schifffahrt (wie Anm. 7), S. 265–169.

16 Fimpeler-Philippen, Schifffahrt (wie Anm. 7), S. 268.

6 Huldigung des Rates der Stadt Köln bei der Vorbeifahrt der Herzogin Antoinette von Lothringen nach Düsseldorf zur Hochzeit mit Herzog Johann Wilhelm I. von Jülich-Kleve-Berg am 20. Juni 1599. Die Schiffe werden mit Böllerschüssen begrüßt. Kupferstich von G. Braun und F. Hogenberg, 1599, Ausschnitt.

ximilian scheint die Moselfahrt genossen zu haben, er war von Koblenz nach Trier vier Tage mit dem Schiff unterwegs, übernachtete aber an Land, in Cochem, Zell und Kues. Während er das bequeme Schiff nahm, musste sein aus ca. 400 Pferden bestehender Tross den Weg entlang der Mosel nehmen.[17]

Im Jahre 1570 reiste die Tochter Kaiser Maximilians II., Anna, mit großem Gefolge den Rhein hinunter nach Nimwegen. Ihr Schiff wurde von dem Kölner, dem Trierer und dem Mainzer Staatsschiff begleitet.[18]

Eine große Zahl von geschmückten Staatsschiffen ist auf einer Ansicht der Stadt Köln von 1598 zu sehen. Vor dem Panorama der Stadt fährt die Flotte mit der Festgesellschaft vorüber, die die Braut Antoinette von Lothringen nach Düsseldorf begleitet. Sie sollte die zweite Gattin des psychisch kranken Herzogs Johann Wilhelm I. werden. Bei den dort abgebildeten Schiffen der oberländischen Bauart wird es sich sowohl um eigene, dem Herzog von Lothringen oder andern oberrheinischen Fürsten gehörende Staatsschiffe als auch um in Mainz oder Koblenz angemietete Schiffe handeln. Sie entsprechen noch ganz der Bauart der oberländischen Frachtschiffe des 15. und 16. Jahrhunderts und

17 Karl-Josef Gilles, Die Geschichte der Stadt Zell-Mosel bis 1816 (Schriftenreihe Ortschroniken des Trierer Landes, Bd. 28), Trier 1997, S. 95.

18 Fimpeler-Philippen, Schifffahrt (wie Anm. 7), S. 270.

7 Das Leibschiff des Kurfürsten von Köln vor dem Schlösschen Vinea Domini in Bonn, 18. Jahrhundert. Scaglioglia-Tafel in Schloss Brühl.

lediglich ihr ausgeformter Bug lässt sie als für die Personenschifffahrt bestimmte Schiffe erkennen.[19]

Für die Frühe Neuzeit häufen sich die Nachrichten, dass die Schiffe der Fürsten wie ihre Residenzen prunkvoll ausgestattet waren und neben der Bequemlichkeit und Funktionalität auch der Repräsentation dienten.[20] So fuhr das prächtig ausgestaltete kurfürstlich-pfälzische Staatsschiff 1613 den Rhein hinab nach Köln, um dort die frisch angetraute Gattin des Kurfürsten Friedrich V. von der Pfalz (des späteren Winterkönigs) aufzunehmen und in die Pfalz zu bringen.[21] Ein herrschaftliches (kurpfälzisches) Schiff ist auf einem Stich von 1620 auf dem Neckar vor dem Heidelberger Marstall zu erkennen[22] und eine Mainzer Jacht liegt

19 Karl Bernd Heppe, Fürstliches Reisen auf dem Rhein. Katalog zur Ausstellung des Stadtmuseum Düsseldorf, Schiffahrtmuseum im Schloßturm, 12. Juli bis 13. September 1987, Düsseldorf 1987, S. 4; Fimpeler-Philippen, Schifffahrt (wie Anm. 7), S. 271.

20 Vgl. W. Sauerbrei, Rheinjachten – Reisemittel der Fürsten, in: Beiträge zur Rheinkunde 54, 2002, S. 68–71; ders., Mittelrheinische Jachten, in: Das Logbuch, 33. Jg., 1997, S. 4–11.

21 Steins, Personenverkehr (wie Anm. 14) S. 18; Fimpeler-Philippen, Schifffahrt (wie Anm. 7), S. 271.

22 Heppe, Fürstliches Reisen (wie Anm. 19), S. 8 f.

1685, einer Abbildung aus diesem Jahr zufolge, vor dem Mainzer Schloss.[23] Von einem Trierer Schiff wissen wir, dass es 1686 von Kurfürst Johann Hugo von Orsbeck (1686–1711) aus den Niederlanden erworben wurde.[24]

Eine Jacht des Kölner Kurfürsten ist auf Abbildungen des Schlösschens Vinea Domini bei Bonn, einem der wenigen Schlösser des Kölner Kurfürsten, das direkt am Rhein lag, um 1750 abgebildet.[25] Unklar ist, ob das Schiff hier nur lag, wenn der Kurfürst anwesend war, oder auch, wenn er sich an einem anderen Ort aufhielt.

Die Repräsentation auf dem Wasser gehörte zum barocken Auftritt eines Fürsten. Kurfürst Clemens August (1700–1761), der zugleich Bischof von Münster war, unterhielt sogar auf den bescheidenen Gewässern bei seinem westfälischen Lustschloss Clemenswerth im Emsland ein eigenes Lustschiff, für das kein geringerer als der bekannte westfälische Baumeister Johann Conrad Schlaun (1695–1773) die Pläne gezeichnet hatte.[26]

Im Oktober 1780 zog der frisch gewählte Koadjutor des Kölner Kurfürsten, Maximilian Franz, der Sohn der Kaiserin Maria Theresia, von Wien kommend über Aschaffenburg und Mainz den Rhein hinab. Diese Fahrt mit einer Flotte geschmückter Schiffe wurde durch die Bonner Künstler Franz und Jakob Rousseau dokumentiert.[27] Deutliche wird dabei, dass bei solchen Ereignissen zahlreiche Schiffe unterschiedlichster Art und Größe auf dem Wasser unterwegs waren. So wurde das Hauptschiff, die kurfürstliche Jacht, nicht nur von anderen Schiffen mit dem Hofstaat, sondern auch durch Bagageschiffe und Boote mit Musikkapellen, mit Böllerkanonen, mit Begleitpersonen und Bediensteten aller Art begleitet.

In einem zeitgenössischen Bericht liest sich das so:

> Höchstdero Jacht war von 40 bis 50 andern Schiffen, theils Jachten, theils kleineren Fahrzeugen begleitet, die durch ihre Schwenkungen, wehenden Flaggen, anhaltendes Feuer aus ihren Kanonen und dem kleinen Gewehre, das Ansehen einer kleinen Schiffsarmee hatten. Bey Annäherung dieser Flotte an dem Ufer wurde dieselbe von den Rheinbatterien mit vielen Kanonenschüssen begrüset und der Gegengrus von allen Schiffen abgestattet.[28]

---

23 Hans Wolfgang Kuhn, Zwei kurfürstliche-trierische Rheinjachten nach Entwürfen von Johannes Seiz, 1717–1779, in: Jahrbuch für westdeutsche Landesgeschichte 8, 1982, S. 25–55, S. 33, Abb. 4.

24 Kuhn, Zwei Rheinjachten (wie Anm. 23), S. 32.

25 Kuhn, Zwei Rheinjachten (wie Anm. 23), S. 35, Abb.

26 Hans Horstmann, Die Lustjacht des Kurfürsten Clemens August in Clemenswerth, in: Johann Conrad Schlaun 1695–1773. Schlaun als Soldat und Ingenieur, hrsg. v. Ulf-Dietrich Korn (Schlaunstudien III), Münster 1976, S. 271–276.

27 Karl Heinz Stader, Rheinfahrt und Einzug des Koadjutors Maximilian Franz im Spiegel der zeitgenössischen Malerei und Graphik, in: Bonner Geschichtsblätter, Bd. 30, 1978, 53–65.

28 Johann Jacob Moser, Zusätze zu seinem neuen Teutschen Staatsrecht, Bd. 2, Frankfurt/Leipzig 1782, S. 347.

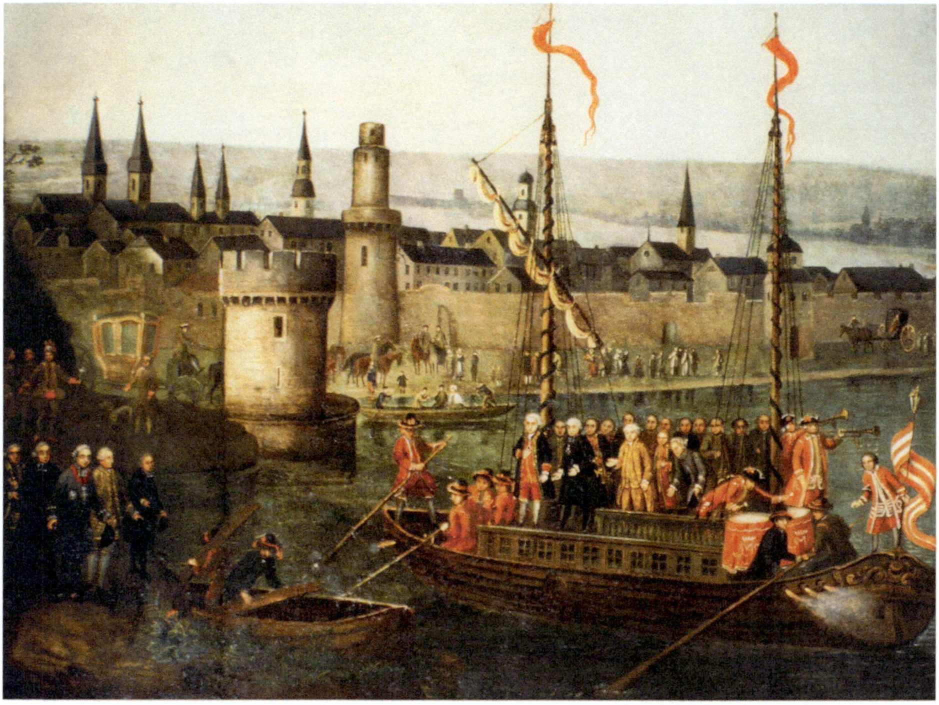

8 Die Rheinfahrt des Kölner Koadjutors Maximilian Franz von Österreich und seine Ankunft am 3. Oktober 1780 in Andernach, der ersten kurkölnischen Stadt am Rhein. Ölgemälde von François Rousseau.

Der Kölner Jurist Johann Baptist Fuchs, der Maximilian Franz bei seinem Aufenthalt in Wien kennengelernt hatte, hatte mit einer Gruppe junger Kölner ein großes niederländisches Schiff gemietet, hatte es den Rhein hinauftreideln und in die Nähe des Schlösschens Vinea Domini ankern lassen, um die Ankunft des Koadjutors zu erwarten. Fuchs schreibt:

> Aber da fing erst unsere Herrlichkeit recht an, als die prächtige kurfürstliche Jacht in Begleitung mehrere kleinerer Jachten und Transportschiffe, umgeben von einer zahllosen Menge von Nachen aller Gemeinden der am Rhein gelegenen erzstiftischen Dörfer, in der Ferne wie ein Flottille sich blicken ließ. (...) Der Kurfürst Coadjutor stutzte, als er das so elegant verzierte, so große holländische Schiff erblickte, und als ihm im Vorbeifahren 48 Salven von diesem Schiff entgegendonnerten und Pauken und Trompeten zwischenunter ihre Pflicht erfüllten, da schien der Prinz an dieser Ehrenbezeugung ein außerordentliches Vergnügen zu empfinden und grüßte dreimal mit der Hand die Schiffsbewohner.[29]

29 Stader, Rheinfahrt (wie Anm. 27), S. 58.

9 Originalmodell der Leibjacht des Kurfürsten Johann Wilhelm II. von der Pfalz, ca. 1708.

Die kurfürstliche Jacht, wie sie der Maler Rousseau 1780 wiedergibt, entspricht dem mittelrheinischen Bautyp. Sie besitzt eine große Mittelkajüte und erinnert an die Marktschiffe oder Wasserdiligencen, wie sie zu dieser Zeit auf dem Mittelrhein verkehrten.[30]

Auch Herzog Johann Wilhelm II., Kurfürst von der Pfalz (1658–1716) in Düsseldorf, war sehr daran interessiert, sich auch auf dem Strom als Prunk liebender Fürst darzustellen. Im Jahr nach seinem Regierungsantritt als Herr von Jülich-Berg gab er in Amsterdam den Bau einer Jacht in Auftrag, die 1687 in Düsseldorf angeliefert wurde, und die als „sehr schön und prächtig" bezeichnet wird.[31] Im Jahre 1703 erwarb er in den Niederlanden eine

30 Vgl. Karl-Heinz, Zimmer, Marktschiffe, in: 2000 Jahr Schifffahrt auf der Mosel. Vom römischen Transportweg zum einenden Band Europas. Katalog zur Ausstellung im Stadtmuseum Simeonsstift Trier, 18. Mai 2014 bis 1. März 2015, hrsg. v. Bernd Röder/Bärbel Schulte/Karl-Heinz Zimmer, Regensburg 2014. S. 241–243.

31 Friedrich Lau, Zwei Prunkjachten Johann Wilhelms II., in: Düsseldorfer Jahrbuch 24, 1920, S. 83–85; Heppe, Fürstliches Reisen (wie Anm. 19), S. 13 f.; vgl. auch Fimpeler, Herrschaftliches Reisen (wie Anm. 10), S. 36–52.

10 Mannheim vom linken Rheinufer aus gesehen. Die große Jacht des Kurfürsten Johann Wilhelm II. vor Mannheim. Lavierte Federzeichnung von Franz Carl van Douwe, um 1735, Ausschnitt.

neue große Jacht, die möglicherweise vorher dem Prinzen Wilhelm III. von Oranien gehört hatte, und einige Jahre später ließ er sich wieder ein neues Schiff in den Niederlanden anfertigen. Schließlich erwarb er 1711 eine weitere Jacht, das vierte Schiff, möglicherweise um bei der Königskrönung 1711 in Frankfurt entsprechend auftreten zu können. So verfügte Kurfürst Johann Wilhelm II. schließlich über eine ganze Flotte hochwertiger Schiffe, was seinem Repräsentationsbedürfnis entgegen kam. Nach seinem Tod 1716 wurden die Schiffe von Düsseldorf abgezogen und von seinem Nachfolger Karl Philipp (1716–1742) auf dem Neckar vor Heidelberg und später auf dem Rhein vor Mannheim in Gebrauch genommen.[32]

32 Lau, Zwei Prunkjachten (wie Anm. 31), S. 83 f.; Heppe, Fürstliches Reisen (wie Anm. 19), S. 9–21.

Von einigen Schiffen des Kurfürsten Johann Wilhelm von der Pfalz besitzen wir Abbildungen. Auf einer Abbildung des Mannheimer Schlosses von 1703 ist die kurpfälzische Staatsjacht zu sehen, auch gibt es Aufrisse und Zeichnungen des Hofmalers F. C. van Douwe (um 1704–1764) aus der Zeit um 1735. Ein zeitgenössisches Originalmodell der Jacht von 1711 befindet sich im Nederlands Schepvaartmuseum in Amsterdam.[33] Kurfürst Karl Theodor von der Pfalz (1742–1799), der zunächst in Mannheim, dann in München residierte, nutzte 1746 eine kleine Jacht, von der sich auch eine Zeichnung erhalten hat.[34] Diese Schiffe, die sowohl auf dem Niederrhein als auch auf dem Mittelrhein, später sogar dem Neckar eingesetzt wurden, entsprachen dem niederländischen Bautyp der Staatenjachten. Ebenso besaß Johann Moritz von Nassau-Siegen (1604–1679), zeitweise Statthalter des Kurfürsten von Brandenburg in Kleve am Niederrhein, in den Niederlanden gebaute Jachten, mit denen er auf dem Rhein und den niederländischen Gewässern unterwegs war.[35]

Auch in anderen Gegenden Deutschlands verfügten die Fürsten, wenn ihr Territorium schiffbares Gewässer besaß, über eigene Staatschiffe und Leibjachten, so z. B. die Fürsten von Löwenstein-Wertheim auf Main und Tauber.[36] Auch Kurfürst Friedrich III. von Brandenburg, der spätere preußische König Friedrich I. (1688–1713) besaß mehrere eigene Jachten nach niederländischem Vorbild.[37]

Was die bayerischen Herzöge anging, so besaßen sie eine eigene Flotte von Prunkschiffen auf dem Starnberger See, die zu Vergnügungsfahrten der verschiedensten Art verwandt wurden. Besonders das 1663/64 gebaute, „Bucentaur“ genannte Lustschiff wurde Mittelpunkt prunkvoller Feste und hat an manchen Fürstenhöfen Nachahmer gefunden.[38]

33 Heppe, Fürstliches Reisen (wie Anm. 19), S. 13–21; Hans Wolfgang Kuhn, Barock auf dem Wasser. Die Jachtschiffe des Kurfürsten von der Pfalz auf Rhein und Neckar, in: Oberrheinische Studien 6, 1985, S. 205–248; Fimpler-Philippen, Schifffahrt (wie Anm. 7), S. 278–290.

34 Kuhn, Barock (wie Anm. 33), S. 242; Fimpeler-Philippen, Schifffahrt (wie Anm. 7), S. 290.

35 Soweit der Erdkreis reicht. Johann Moritz von Nassau-Siegen 1604–1679. Katalog zur Ausstellung im Städtischen Museum Haus Koekkoek Kleve 1979, Kleve 1979, S. 85 und 371 (D5).

36 Detlef Ellmers/Rolf Gansslooser/Norbert Hofmann/Hans-Walter Keweloh, Hafenpläne und Jachtschiffe der Fürsten von Löwenstein-Wertheim im 18. und 19. Jahrhundert, in: Deutsches Schiffahrtsarchiv 7, 1984, S. 25–78.

37 Chr. Voigt, Die Lustschiffe König Friedrichs I. (III.) von Preußen (1688–1713), in: Erforschtes und Erlebtes aus dem alten Berlin. Festschrift zum 50jährigen Jubiläum des Vereins für die Geschichte Berlins (Schriften des Vereins für die Geschichte Berlins, H. 50), Berlin 1917, S. 521–547; Werner Jäger, Die Niederländische Jacht im 17. Jahrhundert. Eine technisch-historische Dokumentation Bielefeld 2001, S. 249–253.

38 Heidrun Kurz, Barocke Prunk- und Lustschiffe am Kurfürstlichen Hof zu München (Miscellanea Bavarica Monacensia, Bd. 163), München 1992; Adolf Kleinschroth, Die Fahrten der bayerischen Regenten auf Binnenseen vom 15. bis zum 19. Jahrhundert, in: Deutsches Schiffahrtsarchiv 9, 1986, S. 97–116; Gerhard Schober, Prunkschiffe auf dem Starnberger See. Eine Geschichte der Lustflotten bayerischer Herrscher, Waakirchen 2008.

11 Gesamtansicht von Neuwied. Treidelszene vor Neuwied. Im Hintergrund am Ufer die Leibjacht des Fürsten Wied. Hofmaler Johann Junker, ca. 1790.

Was den Kurfürsten und größeren Territorialherren teuer war, musste den Fürsten kleinerer Herrschaften jedenfalls im 17. und 18. Jahrhundert billig sein. Von einer von-der-Leyen'schen Jacht wissen wir, weil Kurfürst Clemens Wenzeslaus 1771 an einer „Wasserspazierfahrt" des Grafen von der Leyen nach Schloss Engers teilgenommen hat.[39] Später sind Ausrüstungsgegenstände (Anker) von der von-der-Leyen'schen Jacht für das neue Schiff des Kurfürsten von Trier verwandt worden.[40] Im Jahre 1713 beschaffte sich Graf Friedrich Wilhelm von Wied ein Jachtschiff aus den Niederlanden und auch sein Nachfolger, Graf

39 Peter Brommer und Achim Krümmel, Höfisches Leben am Mittelrhein unter Kurfürst Clemens Wenzeslaus von Trier (1739–1812). Zum 200. Todestag des letzten Trierer Kurfürsten (Veröff. der Landesarchivverwaltung Rheinland-Pfalz, Bd. 114), Koblenz 2012, S. 91.

40 Clemens von Looz-Corswarem, Die Leibjacht des Kurfürsten Clemens Wenzeslaus von Trier, in: Beiträge zur Rheinkunde 29, 1977, S. 41–47, S. 46.

Johann Friedrich Alexander, ließ sich 1778/79 eine neue Jacht in den Niederlanden anfertigen. Ein neues Jachtschiff war auch Symbol für Herrschaft.[41]

In Quellen der Frühen Neuzeit kommen immer wieder Hinweise vor, dass diese fürstlichen Schiffe sowohl den „Dienstreisen" der Fürsten dienten als auch für „Lustfahrten" genutzt wurden. Im 16. und 17. Jahrhundert wurden sie möglicherweise auch noch zu Transportfahrten für den Hof und die Hofökonomie benutzt. Meist waren die Staatsschiffe mit der fürstlichen Gesellschaft nicht allein unterwegs, sondern wurden durch zahlreiche andere Boote begleitet. So waren regelmäßig Küchenschiffe dabei, auf denen die Speisen für den Fürsten, die Gäste und den Hofstaat bereitet wurden, ohne dass die fürstliche Gesellschaft durch die Herstellung der Speisen belästigt wurde. Wenn es anstand, legte das Küchenschiff längsseits der Staatsjachten an und die Speisen wurden herübergereicht. Auch waren meist eigene Schiffe für die Bediensteten und das Gepäck dabei, hinzu kamen Schiffe für das Wachpersonal und die Leibgarde. Wenn ein großer Teil des Hofstaates oder zahlreiche Gäste unterwegs waren, mussten häufig zusätzliche Schiff angemietet werden.

Die fürstlichen Schiffe wurden auch ausgeliehen, um herrschaftliche Gäste zu fahren, so konnte sich der König oder Kaiser auf seinen Reisen auf dem Rhein wohl der Prunkschiffe der anliegenden Fürsten bedienen, die ja, jedenfalls im 17. und 18. Jahrhundert, mit allem damals bekannten Komfort ausgestattet waren.

Wahrscheinlich lässt sich bei systematischer Durchsicht der Graphiken des 17. und 18. Jahrhunderts noch der ein oder andere Hinweis auf eine fürstliche Jacht oder ein fürstliches Schiff finden. Feststellen lässt sich schon bei der Betrachtung der bekannten Abbildungen, dass die fürstlichen Wasserfahrzeuge auf dem Rhein zwei unterschiedlichen Bautraditionen verpflichtet waren. Da war einmal die mittelrheinische Schiffbautradition, die sich von den dortigen Marktschiffen oder Wasserdiligencen ableitete, soweit sie sich nicht, jedenfalls bis Ende des 16. Jahrhunderts, an den oberländischen Frachtschiffen orientiert hat. Diese mittelrheinischen Schiffe waren anders gebaut als die nördlich von Köln eingesetzten, sie waren flacher und meist schmaler und besaßen im vorderen Drittel des Schiffs einen kräftigen Treidelmast, um das Schiff mit Pferden den Fluss heraufzubringen. Das Segeln spielte zunächst eine untergeordnete Rolle, erst im 18. Jahrhundert wurde auch auf die Segelmöglichkeit Wert gelegt, da man durchgehend ein festes Steuerruder benutzte und gelernt hatte, auch seitwärtigen Wind einzufangen. Allerdings waren die Segelmöglichkeiten am Mittelrhein begrenzt, einmal weil zwischen Mainz und Koblenz die Fahrrinne des Rheins recht schmal und voller Untiefen war, zum anderen, weil in dem recht tief eingeschnittenen Tal die Windverhältnisse als alles andere als günstig bezeichnet werden können.

41 Wolfgang Sauerbrei, Die Rheinjacht des Grafen Johann Friedrich Alexander zu Wied-Neuwied, in: Heimat-Jahrbuch des Landkreises Neuwied, 1988, S. 51–55; Ders., Rheinjachten (wie Anm. 20), S. 69 f.; Ders., Mittelrheinische Jachten (wie Anm. 20), S. 8f.

12 Wasserdiligence vor Bingen. Kolorierter Kupferstich von L. Janscha und J. Ziegler, 1798, Ausschnitt.

Am Mittelrhein ließen sich die fürstlichen Schiffe zunächst von den Marktschiffen oder Wasserdiligencen – der letztgenannte Begriff kommt erst am Ende des 18. Jahrhunderts auf, in der Sache aber handelt es sich um die schon vorher bestehende Schiffsform des Marktschiffes – kaum unterscheiden. Sie hatten wie diese ein sogenanntes Roof (Rouf),[42] eine große Kajüte, die sich über den Mittelteil des Schiffes erstreckte und häufig mehrere Zimmer enthielt. Auch besaßen sie teilweise eine begehbare Plattform auf der Mittelkajüte, die meist mit reich verzierten Geländern gesichert war und auf der man sich bei gutem Wetter draußen aufhalten und die Rheinfahrt genießen konnte.

Diese Marktschiffe, Wasserdiligencen, oder in späterer Zeit auch „coches d'eau" genannt, waren regelmäßig verkehrende Schiffe, die Personen mit ihrem Gepäck zu den rheinanliegenden Städten brachten. Das bekannteste dieser Schiffe war das gegen Ende

42 Der Begriff „Roof" kommt aus der niederländischen Schiffbautradition, wo auch die auf den Kanälen eingesetzten Treckschuten einen Roof genannten Aufbau bzw. eine Kajüte hatten.

13 Die Lustjacht des Kurfürsten Clemens August von Köln für Clemenswerth. Kolorierte Federzeichnung von Conrad Schlaun, 1764.

des 18. Jahrhunderts täglich verkehrende Schiff zwischen Frankfurt und Mainz. Den Unterschied zu den Fürstenschiffen machte dann vor allem die Ausstattung aus.[43]

Am Niederrhein, nördlich von Köln, haben wir es mit der niederländischen, vom Seeschiffbau beeinflussten Schiffbautradition zu tun. Sie breitete sich seit dem 17. und im 18. Jahrhundert zunehmend, vor allem was den Jachtschiffbau und die Segeltechnik angeht, nach Süden hin aus. Die Jachtschiffe, wie sie sich seit dem 17. Jahrhundert für den Personenverkehr als Staatenjacht und als Prunkschiffe der Fürsten, hoher Adeliger oder der Städte in den Niederlanden entwickelt hatte, waren auf Kiel gebaute, häufig seetüchtige Schiffe mit einer geräumigen Kajüte im Aufbau am Heck, das mit einem meist reich verzierten Spiegel abschloss. Sie waren in der Regel als leichte und schnelle Segelschiffe gebaut, die gut vor dem Wind kreuzen konnten, die aber auch, was ihre Ausstattung anging, nicht auf Komfort verzichteten.[44]

43 Zu den Marktschiffen, vgl. Wacker, Verkehrswesen (wie Anm. 1), S. 375–279; Heinz Weber, Die Kölner Marktschiffahrt, in: Jahrbuch des Kölnischen Geschichtsvereins 49, 1978, S. 199–228; Horst Parchatka, Mainz-Frankfurter Marktschiff um 1757, in: Das Logbuch, 33. Jg., 1997, S. 184–193.

44 Jäger, Niederländische Jacht (wie Anm. 37), S. 230 f.

14 Rheinjacht des Trierer Kurfürsten Franz Georg von Schönborn (1729–1756). Zeichnung des kurtrierischen Bauschreibers Johann Kaspar Rolshausen, ca. 1769.

So verwundert es nicht, dass sich die Fürsten am Niederrhein, aber teilweise auch andere Fürsten für diese neuen Jachtschiffe begeistern konnten. Der Begriff „Jacht" bürgerte sich dann auch allgemein für Fürstenschiffe und Privatschiffe von Adeligen ein, auch die, die nach anderen Bauprinzipien erstellt worden waren. Für die Schiffe der Fürsten, die ja an keine Stapelbeschränkungen gebunden waren und auf jedem der Teilstücke des Rheins fahren wollten, war es allerdings wichtig, dass sie von der Konstruktion und Ausstattung her den Gegebenheiten des Stroms sowohl auf dem Oberrhein, dem Mittelrhein und dem Niederrhein gerecht wurden. Die Staatsjachten der Kurfürsten von Trier hatten, wie wir gesehen haben, eine lange Tradition. Da sowohl Trier als auch Ehrenbreitstein und Koblenz Residenzorte waren, mussten die Schiffe sowohl auf der Mosel als auch auf dem Rhein eingesetzt werden können. Sie entsprachen daher meist der mittelrheinischen Schiffbauweise. Eine Ausnahme bildete vielleicht die Jacht des Kurfürsten Hugo von Orsbeck (1676–1711), die sich dieser 1684 für seine Residenz Ehrenbreitstein in Holland kaufte. Hierzu kam eine 1676 gebaute Jacht.[45]

Relativ gut Bescheid wissen wir über die Rheinjacht des Trierer Kurfürsten Franz Georg von Schönborn (1729–1756) von 1747.[46] Hierzu haben sich Ansichten des kurtrierischen Bauschreibers Johann Kaspar Rolshausen (1740–1799) aus dem Jahr 1769 erhalten. Damals war die Jacht schon 20 Jahre alt und es sollte eine neue Jacht nach dem gleichen Grundriss gebaut werden. Auch über den Bau und die Ausstattung der Jacht von 1747 haben sich Nachrichten erhalten, so wissen wir, dass damals schon Peter Klöckner als Geselle des Schiffsbaumeisters Wilhelm Hayn tätig war. Klöckner war später auch beim Bau der neuen kurtrierischen Leibjacht beteiligt.[47] Für die Schönborn'sche Jacht sind übrigens 1747 von Johann Bapst (Papst) auf der Festung Ehrenbreitstein zwölf kleine Salutkanonen aus Bronze gegossen worden, die wahrscheinlich später für die Jacht des Clemens Wenzeslaus übernommen wurden.[48]

15.3 Die neue Staatsjacht des Kurfürsten von Trier am Ende des 18. Jahrhunderts: Es sollte etwas ganz Besonderes werden

Wenden wir uns jetzt der Prunkjacht des Kurfürsten Clemens Wenzeslaus von Trier aus dem Ende des 18. Jahrhunderts zu. Dieses Schiff, das nur wenige Jahre vor dem Ausbruch der Französischen Revolution vollendet wurde, ist aus verschiedenen Gründen von besonderem Interesse.

Zum einen ist es ein Beispiel für die absolute Verfeinerung des höfischen Lebens am Ende der absolutistischen Epoche und ist kunsthistorisch schon ein Beispiel für den Übergang vom Spätbarock zum Klassizismus. Es ist auch deshalb von Bedeutung, weil die erhaltenen Pläne zu diesem und einem weiteren Schiff von dem berühmten Barockbaumeister, kurtrierischen Hofarchitekten, Ingenieur und Obristwachtmeister Johannes Seiz (1717–1779) stammen. Zudem haben sich relativ viele Unterlagen zum Bau, der Nutzung und dem weiteren Schicksal der Prunkjacht erhalten. Schon die Zeitgenossen haben dieses

45 Sauerbrei, Rheinjachten (wie Anm. 20), S. 69 f.

46 Kuhn, Die große Rheinjacht (wie Anm. 46), des Trierer Kurfürsten Franz Georg von Schönborn von 1747, in: Jahrbuch für Westdeutsche Landesgeschichte 12, 1986, S. 97–105.

47 Kuhn, Rheinjacht (wie Anm. 46), S. 99.

48 Kuhn, Rheinjacht (wie Anm. 46), S. 101.

15 Festung Ehrenbreitstein mit der kurfürstlichen Philippsburg am Fuße des Berges, davor eine Jacht, Kupferstich 1789.

Schiff als eines der schönsten, prächtigsten und sehenswertesten der Zeit angesehen und in Reisebeschreibungen dessen Besichtigung empfohlen.[49]

So schreibt z. B. der Koblenzer Pfarrer und Weltreisende Joseph Gregor Lang in seiner berühmten „Reise auf dem Rhein“ von 1789, einem Buch, das sich unter den Rheinreisenden großer Beliebtheit erfreute, über das majestätische Erscheinungsbild der kurfürstlichen Jacht vor dem Ehrenbreitsteiner Dikasterialgebäude:

> Gleich vor diesem Gebäude hält in dem Rhein die kurfürstliche Jagd, die über alle Beschreibung schön, kostbar eingerichtet und bewunderungswürdig ist. Sie verdient allerdings von Reisenden und Kunstliebhabern gesehen zu werden. Schon der Anblick von Aussen erreget Staunen und vergewissert die innere geschikte und glänzende Einrichtung, die man nirgends geschmackvoller sehen kann. Auf dem Verdekke am Ruder sitzt ein meisterhaft bearbeiteter und ganz vergoldeter Neptun, der, da er seinen Arm ausstrekket, den Winden und Wellen und den geschäftigen Bootsknechten zu gebieten scheint. Ich sah einmal bei einer kleinen Lustfahrt, die der Kurfürst vornahm, diess merkwürdige Schif mit

49 Zimmer, Fürstliche Moselreisen (wie Anm. 11), S. 230 f.

16 Clemens Wenzeslaus von Sachsen, Kurfürst von Trier (1739–1812). Gemälde von Heinrich Foelix, um 1776.

> seinen bespannten Segeln in vollem Laufe, wo der reichen Vergoldung der allenthalben angebrachten Zierrrathen die blizzende Sonne ihre Strahlen zurückwarf. Ein göttliches Schauspiel.[50]

Nun gehörte der Auftraggeber, Kurfürst und Erzbischof Clemens Wenzeslaus vom Trier (1739–1812), zu den bedeutendsten Familien des damaligen Heiligen Römischen Reiches Deutscher Nation, war er doch ein Sohn des Kurfürsten Friedrich August II. von Sachsen, der gleichzeitig König von Polen war. Sein Großvater war August der Starke von Sachsen,

50 Joseph Gregor Lang, Reise auf dem Rhein vom Siebengebirge bis Düsseldorf, Köln 1976 (1. Aufl., Frankfurt 1790), S. 222 f.; Karl Lohmeyer, Johannes Seiz. Kurtrierischer Hofarchitekt, Ingenieur sowie Obristwachtmeister und Kommandeur der Artillerie 1717–1779. Bautätigkeit eines rheinischen Kurstaates in der Barockzeit. Heidelberg 1914, zum Schiff S. 144–146, hier S. 146; Brommer/Krümmel, Höfisches Leben (wie Anm. 39), zu Leibjacht und Schiffsflotte S. 106–113, hier S. 110 f.

seine Mutter war Erzherzogin Maria Josepha, eine Tochter Kaiser Josefs I. Seine Schwester war die Mutter des französischen Königs Ludwig XVI. Eine andere Schwester Kunigunde, die Fürstäbtissin von Essen und Thorn war, hielt sich meist bei ihrem Bruder am Hof in Koblenz auf, wodurch diesem ein zusätzlicher Glanz verliehen wurde. Auch durch die übrigen Geschwister war Clemens Wenzeslaus mit dem europäischen Spitzenadel versippt. Er unterschied sich dadurch durchaus von den vorangegangenen Kurfürsten, die meist dem kurtrierischen Landadel entstammten.[51]

Und nicht zuletzt spiegelt sich in der Geschichte und dem Schicksal des Schiffes die sogenannte Sattelzeit, die Umbruchszeit der Französischen Revolution, der Koalitionskriege gegen Frankreich, der Besetzung des Rheinlandes und der territorialen Neuordnung nach 1815 wider. Entsprechend haben sich mehrere Autoren mit der Geschichte des Schiffes befasst, zunächst Johan Jakob Wagner 1924[52] und Clemens von Looz-Corswarem 1977 und 1978[53], dann vor allem mehrfach und ausführlich Hans Wolfgang Kuhn 1978, 1982 und 1983[54]. Diesem schließt sich zusammenfassend Horst Parschatka 1982 an.[55] Des Weiteren wird das Schiff von Annette Fimpeler 2008 im Zusammenhang mit ihrer Dissertation über die Schifffahrt und ihre Fahrzeuge auf dem Rhein behandelt,[56] und von Peter Brommer und Achim Krümmel im Rahmen der Darstellung des Hofstaats des letzten Kurfürsten Clemens Wenzeslaus von Trier 2012.[57]

Der Bau der großen Jacht 1772–1781

Kurfürst Clemens Wenzeslaus liebte das Reisen auf dem Wasser. Nach seinem Regierungsantritt in Trier bzw. Koblenz – die Trierer Kurfürsten nutzten seit 1629 die von Philipp

51 Franz-Josef Heyen, Clemens Wenzeslaus von Sachsen. Der letzte Erzbischof und Kurfürst von Trier, in: 200 Jahre Residenz Koblenz. Katalog zur Ausstellung im Schloß zu Koblenz 1986, S. 17–22; Brommer/Krümmel, Höfisches Leben (wie Anm. 39), S. 11–33.

52 Johann Jacob Wagner, Die große Leibjacht des letzten Trierischen Kurfürsten Clemens Wenzeslaus, in: Rheinische Heimatblätter 1924, S. 39–42.

53 Von Looz-Corswarem, Leibjacht (wie Anm. 40), S. 41–47, u. ders., Zwei Kurtrierische Staatsjachten des 18. Jahrhunderts, in: Das Logbuch 14, 1978, H. 2. S. 36–39.

54 Hans Wolfgang Kuhn, Über die Kurtrierischen, später nassauischen Rheinjachten, in: Beiträge zur Rheinkunde 30,1978, S. 66–72; ders., Zwei kurfürstliche-trierische Rheinjachten (wie Anm. 23), S. 25–55; ders., Nochmals: Zu den beiden kurtrierischen, später nassauischen Rheinjachten, in: Das Logbuch 19, 1983, S. 45–49.

55 Horst Parchatka, Die kurtrierischen, später nassauischen Rheinjachten, in: Das Logbuch 18, H. 2 und 3, 1982, S. 43–48 u. 79–85.

56 Fimpeler-Philippen, Schifffahrt (wie Anm. 7), S. 292–294.

57 Brommer/Krümmel, Höfisches Leben (wie Anm. 39), S. 106–113.

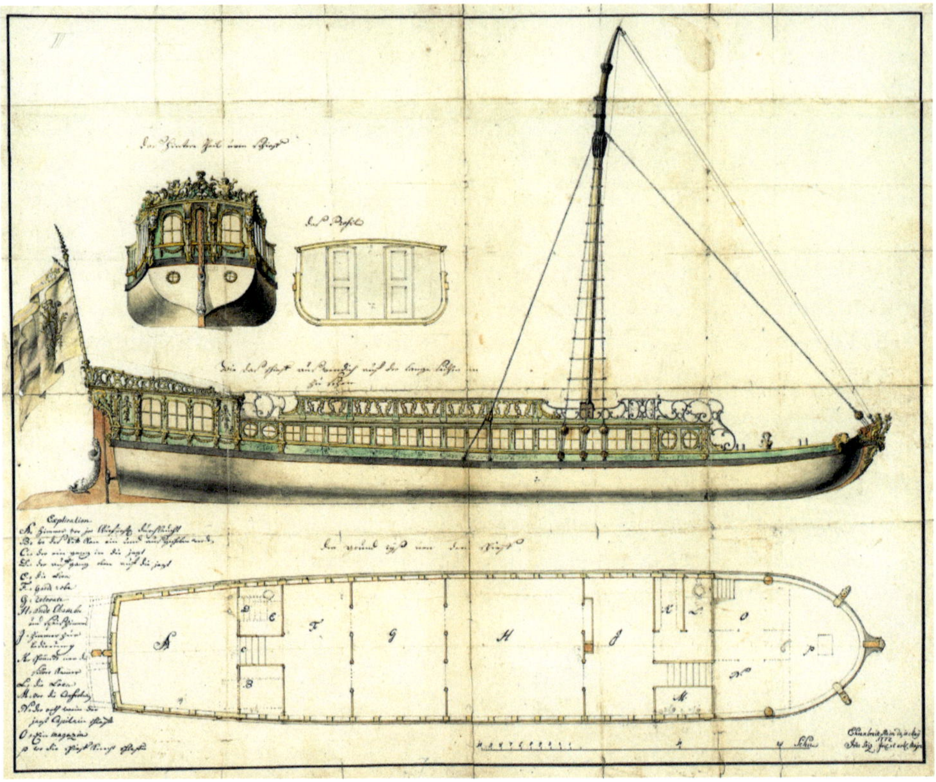

17 Plan der großen kurfürstlichen Jacht. Lavierte Federzeichnung von Johannes Seiz, 1772.

Christoph Soetern in den Jahren 1626–1629 erbaute Philippsburg am Fuße der Festung Ehrenbreitstein als Residenz – gebrauchte er die ihm von seinem Vorgänger Johann Philipp von Walderdorff (1756–1768) hinterlassene Schiffsflotte. Darunter war auch die im Jahre 1747 von Kurfürst Franz Georg von Schönborn (1729–1756) gebaute Jacht. Ganz offensichtlich hatte Kurfürst Clemens Wenzeslaus schon im Jahr nach seinem Regierungsantritt 1769 prüfen lassen, was der Neubau einer Jacht kosten würde, wobei die bestehende, 1747 gebaute Jacht als Vorbild dienen sollte. Damals hatte sich der einheimische Schiffbaumeister Peter Klöckner (1711–1801) in einem „Pro Memoria" vom 14. August 1769 bereit erklärt, für 1900 Gulden eine neue Jacht zu verfertigen, wies aber darauf hin, dass in diesem Betrag die Kosten für den Innenausbau, die Schreiner- und Bildhauerarbeiten nicht inbegriffen seien.[58] Zu diesem Zeitpunkt scheint jedoch noch kein neues Schiff ge-

58 Kuhn, Die große Rheinjacht (wie Anm. 46), S. 105.

18 Modell der großen Jacht nach den Plänen von Johannes Seiz. Das für das Rheinmuseum Koblenz gebaute Modell ist im 2. Weltkrieg verloren gegangen. Modell von Hans Koenen, Düsseldorf.

baut worden zu sein, ob es zu teuer war oder ob man glaubte, dass das alte Schiff noch ausreichen würde, ist ungewiss. Immerhin steht mit diesem Angebot eine Zeichnung der Jacht des Kurfürsten Franz Georg von Schönborn von 1747 in Verbindung, die sich erhalten hat und uns eine Vorstellung von diesem Schiff gibt. Dieses Schiff entspricht noch ganz der mittelrheinischen Schiffbautradition und hat die Bauform eines Marktschiffes, der umlegbare Mast ist von der Platzierung im Schiffsrumpf her eher ein Treidelmast, die Seitenschwerter deuten aber an, dass das Schiff auch gesegelt wurde. Im Zusammenhang mit diesem Auftrag ist uns jedenfalls eine Zeichnung, eine Seitenansicht, ein Längsschnitt und ein Grundriss der Jacht erhalten.[59]

Im Jahre 1772 stellte man nun fest, dass diese, seit 1747 in Gebrauch befindliche Jacht nicht mehr funktionstüchtig und baufällig war, so dass der Kurfürst dieses Mal definitiv

59 Das Schiff ist aufgrund der vom kurtrierischen Bauschreiber Johann Kaspar Rolshausen (1740–1799) gezeichneten Pläne von Hans Wolfgang Kuhn ausführlich beschrieben. Kuhn, Die große Rheinjacht (wie Anm. 46), S. 98 f.

beschloss, eine neue Jacht bauen zu lassen. Mit der Herstellung von Plänen dafür wurde Johannes Seiz beauftragt.[60]

Hofbaumeister Johannes Seiz (1717–1779) stand in der Nachfolge seines Vaters bereits seit 1739 in den Diensten des Kurfürsten von Trier und hatte 1751 den Titel „Hofbaumeister" erhalten. Zahlreiche barocke Schlösser, Kirchen und öffentliche Gebäude im Kurfürstentum Trier tragen seine Handschrift, so z. B. das 1806 zerstörte Schloss Schönbornslust bei Koblenz, das Schloss Engers bei Neuwied, das Schloss in Trier, der Marstall der ehemaligen Philippsburg in Ehrenbreitstein, über zwölf Kirchen sowie zahlreiche Profanbauten, Denkmäler, Inneneinrichtungen und Altäre. Er war ganz dem Barock und in der Inneneinrichtung dem Rokoko verpflichtet.[61]

Bereits im Mai 1772 lieferte Seiz erste Pläne für das neue Schiff. Es sollte eine besonders prunkvolle, repräsentative Jacht werden. Deswegen waren von Anfang an mindestens zwei Jahre Bauzeit veranschlagt, vielleicht auch, um die Kosten für ein solches Projekt etwas strecken zu können. Es wurde beschlossen, durch den von auswärts verpflichteten Schiffbaumeister Ellentz in Ehrenbreitstein erst einmal den Rumpf des Schiffes herstellen zu lassen. Dieser machte sich auch sogleich an die Arbeit, auch weil gerade geeignetes Bauholz vorhanden gewesen sein soll. Eine kleine Verzögerung ergab sich dann doch im August 1772, da ein Teil des gelieferten Holzes nicht brauchbar war. Es wurden aber alle Forstämter, besonders im Faulenborner Wald (Untermosel), angewiesen, geeignetes Holz bereitzustellen, damit der Bau der Jacht voranginge.[62] Der Rumpf des Schiffes war trotz dieser Schwierigkeiten schon im Oktober fertig, das Schiff konnte am 15. Oktober 1772 vom Stapel laufen. Es war mit 24 Meter Länge und 4,5 Metern Breite ein durchaus beachtliches Gefährt. Im Winter waren die Aufbauten wohl schon so weit gediehen, dass es vor der Witterung geschützt war.[63]

Der Fortgang der weiteren Arbeiten, was den Innenausbau des Schiffes anging, stockte jedoch. Möglicherweise entsprach der Rohbau des Schiffbaumeisters Ellentz auch nicht ganz den auf Eleganz und Leichtigkeit ausgerichteten Vorstellungen von Seiz und war etwas zu schwerfällig und klobig geraten. Ein solcher Gedanke könnte sich aus dem Vergleich der von Seiz gefertigten Pläne und der späteren Zeichnung des Schiffes von Hundeshagen ergeben, die eine von den Plänen abweichende Ausführung auch des Schiffskörpers vermuten lassen. Ausschlaggebend für die Verzögerung war jedoch wohl das Votum des Kurfürsten.[64]

60 Lohmeyer, Seiz (wie Anm. 50), S. 144–146; Looz, Leibjacht (wie Anm. 40), S. 43; Kuhn, Zwei kurtrierische Rheinjachten (wie Anm. 23), S. 31; Brommer/Krümmel, Höfisches Leben (wie Anm. 39), S. 106.

61 Vgl. Lohmeyer, Seiz (wie Anm. 50), S. 144–146.

62 Von Looz-Corswarem, Leibjacht (wie Anm. 40), S. 43.

63 Kuhn, Nochmals (wie Anm. 54), S. 46.

64 Kuhn, Zwei kurfürstliche (wie Anm.23), S. 31; Brommer/Krümmel, Höfisches Leben (wie Anm. 39), S. 106.

Zunächst muss man allerdings feststellen, dass die von Seiz gezeichneten Pläne eine fast geniale Konstruktion darstellten, die Kuhn als „originelle Erfindung" bezeichnete.[65] „Für die Schiffsaufbauten hatte Seiz eine neuartige Kombination von Heckkajüte und einer mittschiffs angelegten Kabinenkajüte (Roof) vorgesehen."[66]

Betrachtet man sich die Pläne genauer, so zeigt sich, dass Seiz die mittelrheinische, an den Marktschiffen orientierte Schiffbautradition mit der Bauweise der niederländischen Jachtschiffe verbunden hat. Damit war dieses Schiff von der Konstruktion her einzigartig. Es sollte es auch von der Ausstattung werden.

Die Fertigstellung aber zog sich in die Länge. Im Juni 1773 wurden zwar Kostenvoranschläge für den Ausbau der Jacht eingefordert, aber da der Kurfürst mit den vorgelegten Plänen von Seiz nicht einverstanden war, machte er den Vorschlag, die Ausschmückung der großen Jacht nicht zu übereilen und stattdessen die alte Jacht wieder in Stand setzen zu lassen oder eine neue kleine Jacht bauen zu lassen. Auch hierfür wurde Seiz mit der Erstellung von Plänen beauftragt. Diese neue, kleinere und leichtere Jacht sollte „theils zu geschwinden reisen, theils bey grösseren zur churfürstlichen taffel- und cavaliers-jagd, auch auf alle wässer dienen."[67]

Zwischenspiel: Die kleine Jacht

Die kleine Jacht sollte 59 Schuh (ca. 17,5 m) lang werden und mittschiffs einen Aufbau mit elf Fenstern auf jeder Seite tragen. Von der Konstruktion her entsprach die neue kleine Jacht ganz der alten, abgewrackten von 1747, aus der man dann auch Teile wieder verwenden wollte. Vor allem die noch brauchbaren Teile wie Fenster, Türen und Böden aus der alten Jacht sollten in der kleineren, leichteren Jacht verbaut werden. Das für den Bau der kleinen Jacht benötigte Bauholz war vorhanden. Es sollte aus den Wäldern um Ehrenbreitsein, dem Kammeralwald bei Faulenborn und aus dem Wald der Abtei Sayn genommen werden. Für das Trocknen des Holzes musste man fünf bis sechs Wochen rechnen, heißt es in den Akten. Die Kosten für die neue kleine Jacht wurden von Seiz auf 1000 bis 1200 Reichstaler angesetzt, sie sollten von der Kellerei Ehrenbreitstein aufgebracht werden. Diese neue Jacht konnte in vier Monaten fertig sein, das Schiff sollte in Kraweelbauweise erstellt werden, d.h., es sollte glatte Fugen haben.[68]

65 Kuhn, Zwei kurfürstliche (wie Anm. 23), S. 32.

66 Brommer/Krümmel, Höfisches Leben (wie Anm. 39), S. 106; vgl. Kuhn, zwei kurfürstliche (wie Anm. 23), S. 32.

67 Brommer/Krümmel, Höfisches Leben (wie Anm. 39), 106 f.; von Looz-Corswarem, Leibjacht (wie Anm. 40), S. 43.

68 Von Looz-Corswarem, Leibjacht (wie Anm. 40), S. 45.

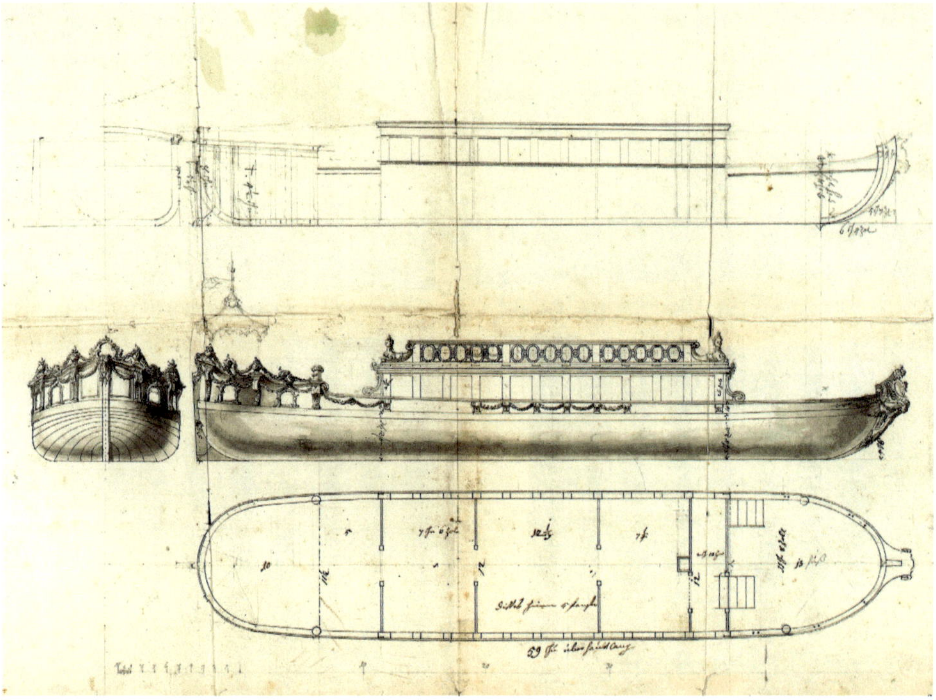

19 Skizze der geplanten kleinen Jacht. Zeichnung, vermutlich von Johannes Seiz, ca. 1774.

Den Auftrag für den Bau des Schiffes erhielt Schiffsbaumeister Peter Klöckner von Niederwerth bei Koblenz, der sich schon 1769 bereit erklärt hatte eine neue Jacht zu bauen. Er war übrigens, wie wir gesehen haben, schon als Geselle dabei, als Schiffsbaumeister Wilhelm Hayn 1747 das Schiff für Kurfürst Franz Georg von Schönborn zimmerte.[69]

Der Kostenvoranschlag Klöckners für den Rumpf das kleine Jachtschiffs vom 12. April 1774 belief sich auf 325 Reichstaler, der Voranschlag des Schreinermeisters Johann Süß vom 8. April 1774 für die nötigen Arbeiten des Innenausbaus auf 300 Reichstaler. Nach nur acht Wochen, schon im Spätsommer 1774, scheint die kleine Jacht fertiggestellt und in Gebrauch genommen worden zu sein.[70]

Die Bugkonstruktion des kleinen Jachtschiffes war so ausgebildet, dass am Vordersteven eine Bildhauerarbeit in der Form einer Galionsfigur angebracht werden konnte. Seiz hatte wohl zunächst nur Löwenfiguren vorgesehen, die das erzbischöfliche Wappen halten

69 Kuhn, Die große Rheinjacht (wie Anm. 46), S. 99.

70 Von Looz-Corswarem, Leibjacht (wie Anm. 40), S. 45; Brommer/Krümmel, Höfisches Leben (wie Anm. 39), S. 106; Kuhn, Zwei kurfürstliche (wie Anm. 23), S. 45.

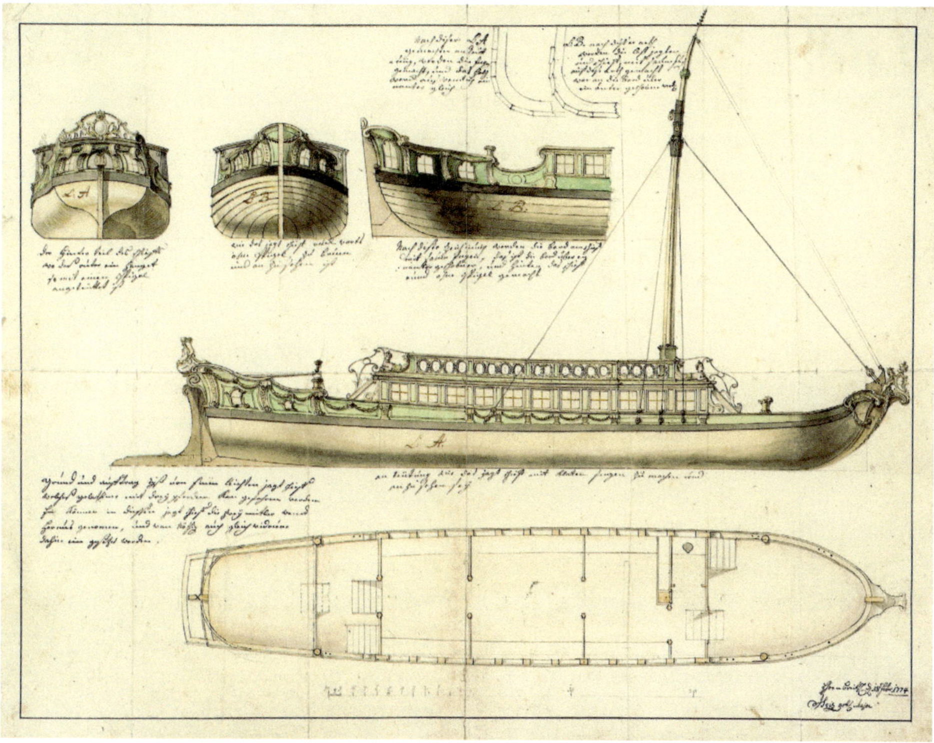

20 Plan für die kleine kurfürstliche Jacht. Lavierte Federzeichnung von Johannes Seiz, ca. 1774.

sollten. Schließlich erhielt das Schiff, wie auf der Zeichnung von Hundeshagen zu erkennen, als halbplastische Figur die Büste eines bärtigen Mannes.[71] Wohl erst um 1780 wurde ein zweiter Mast eingesetzt, der aber nicht auf dem Schiffsboden verankert war. Mit den Schreinerarbeiten an der kleinen Jacht war der Ehrenbreitsteiner Meister Johannes Süß beauftragt worden, die Schlosserarbeit hatte Michael Degen übernommen und als Bildhauer wurde Georg Kaspar Stadelmeyer tätig. Für Treidelzwecke waren acht Pferdegeschirre vorgesehen.[72]

Die kleine Jacht hatte eine Heckkajüte und eine Mittelkajüte, die aber, anders als in der großen Jacht, voneinander getrennt waren, wobei die Heckkajüte, der Pavillon, weitaus niedriger, bescheidener und weniger attraktiv gestaltet war. So ist fraglich, ob er als fürstliches Prunkzimmer dienen konnte. In der Mittelkajüte gab es drei, durch Türen verbundene Räume hintereinander, die letztlich, wie die Hundeshagen'schen Zeichnungen

71 Kuhn, Zwei kurfürstliche (wie Anm. 23), S. 45 f.
72 Kuhn, Zwei kurfürstliche (wie Anm. 23), S. 48 f.

zeigen, insgesamt durch 13 Fenster auf jeder Seite erhellt wurden. Die Wände waren herausnehmbar, um einen großen Raum schaffen zu können. Es gab auch eine Toilette und ein Waschbecken mit einer Pumpe, die wahrscheinlich Rheinwasser in das Becken förderte.[73] Die kleine Jacht war nicht besonders prächtig ausgestaltet, war sie doch von Anfang an als Ersatz- und Reserveschiff, als Teil der kurfürstlichen Flotte gedacht.

Die große Jacht wird doch fertig

Nachdem die kleine Jacht fertiggestellt und auch an den übrigen Schiffen die nötigen Reparaturen vorgenommen worden waren, konnte man sich ab 1775 wieder ganz dem weiteren Innenausbau und der Ausschmückung der großen Jacht zuwenden.[74] Dazu wurde im Juni 1775, wie Hofbauschreiber Johann Kaspar Rolshausen anzeigte, bestimmtes Holz benötigt, u. a. für die „Bildhauerei ein Clotz Lindenholz".[75] Der Lindenholzblock wurde dann vom Ehrenbreitsteiner Zimmermann Wirth am Bug des Rohbaus angebracht. Später wird der Bildhauer Georg Kaspar Stadelmeyer daraus einen wohl von Nereiden und Tritonen begleiteten bärtigen Poseidon herausgearbeitet haben. Diese fragile Plastik wurde dann noch durch einen eisernen Fangkorb geschützt.[76] Der Rumpf des Schiffes wurde geteert, wozu man den Teer teuer einkaufen musste, dagegen sparte man bei den Ankern. Diese erwarb man gebraucht von der von-der-Leyen'schen Jacht.[77]

Anfang 1777 wurde nach trockenem Holz für den Innenausbau der großen Jacht gesucht, denn das für diese Zwecke bereitgelegte Holz hatte der Kabinett-Schreiner anderweitig verwendet. Mitte 1777 kam wieder etwas Schwung in den weiteren Ausbau der Jacht. So legte Hoftapezierer Coudray verbesserte und veränderte Pläne vor, die von den Seiz'schen Plänen abwichen. Der Kurfürst hatte ja an den Seiz'schen Plänen Kritik geübt, die wohl hauptsächlich dahin ging, dass der 55-jährige Seiz mit seiner am Rokoko orientierten Gestaltung nicht mehr der Mode der Zeit entsprach. Der Kurfürst wünschte es etwas mehr „à l'antique", d. h. mehr in den Formen des aufkommenden Klassizismus.[78] Schon 1774 hieß es in einem Gutachten des Hofkammerrats Wilhelm Fritsch, man solle der „Kindelarbeit jene nach dem Altertum untertänigst vorziehen", womit er – klassizis-

73 Kuhn, Zwei kurfürstliche (wie Anm. 23), S. 48 f.
74 Kuhn, Zwei kurfürstliche (wie Anm. 23), S. 46.
75 Von Looz-Corswarem, Leibjacht (wie Anm.40), S. 45.
76 Kuhn, Zwei kurfürstliche (wie Anm. 23), S. 46.
77 Von Looz-Corswarem, Leibjacht (wie Anm. 40), S. 46.
78 Von Looz-Corswarem, Leibjacht (wie Anm. 40), S. 45; Brommer/Krümmel, Höfisches Leben (wie Anm. 39), S. 196.

21 Neue kurfürstliche Residenz zu Koblenz von Georg Balthasar Probst. Kolorierter Kupferstich, um 1787, Ausschnitt. Im Hintergrund die Fliegende Brücke und die Schiffslände in Ehrenbreitstein.

tisch gesinnt – deutlich machte, dass der Kurfürst, der am Dresdner Hof mit modernen Stilentwicklungen konfrontiert worden war, dieses auch hier zum Einsatz kommen sehen möchte.[79]

Ausgestattet wurde das Schiff dann, wenn man von dem schon erwähnten Poseidon als Galionsfigur absieht, durch die obligatorischen Löwen, die das erzbischöfliche Wappen hielten, durch einen großen Delphin, der hinten auf das Ruderblatt zu sitzen kam, und einer

79 Kuhn, Zwei kurfürstliche (wie Anm. 23), S. 44.

vergoldeten Holzplastik, einem wohl 1,80 Meter großer Neptun auf dem hinteren Verdeck, der in keiner Beschreibung des Schiffes fehlt. Kuhn meint, dass diese Holzplastik nicht von Stadelmeyer stammt, sondern schon 1701 von dem Koblenzer Bildhauer Jean Baptist de Horn für die zweite Jacht des Kurfürsten Johann Hugo von Orsbeck geschaffen worden sei.[80]

Zum Komfort des Schiffes gehörten einige technische Spielereien. So kam in die große für den Kurfürsten vorgesehen Kajüte im Heck des Schiffes ein Bett, das auch als Sofa dienen konnte, versenkbare Tische, eingebaute Uhren, ausklappbare Betschemel und anderes mehr. Für den Hauptraum, der durch Falttüren verkleinert bzw. vergrößert werden konnte, wurden Spiegeltüren, Schlafsofas, auch ausklappbare Tische, Wandschränke und Ähnliches vorgesehen. Nach der Rechnung des Hofbaumeisters Stadelmeyer waren in der kurfürstlichen Kajüte ein Konsoltisch, Fensterverzierungen mit Bocksköpfen, Ranken von Lorbeerblättern und die Fassungen der Fenster in Schnitzwerk ausgeführt worden. Für die Stühle und Kanapees musste Rosshaar beschafft werden. Nach einem Inventar von 1802 befanden sich auf dem Schiff 44 Stühle, mehrere Kanapees, fünf Tafeltische, zwei Schreibtische, zwei Spieltische, zwei Konsoltische mit marmornen Platten, ein Betstuhl, sechs Sessel, ein Ruhesessel und drei Betten mit einem Spiegel. Auch gab es wohl eine mit Schranktüren verschließbare Altarnische. Darin stand möglicherweise ein drehbarer Tabernakel.[81]

Von der Inneneinrichtung wissen wir, dass die ursprünglich vorgesehenen Wandgemälde wohl nicht zustande kamen, sondern die Wanddekoration in Bildhauerarbeit ausgeführt wurde. Allerdings ist das Programm der vorgesehenen Gemälde bekannt. Dargestellt werden sollten im ersten Audienzzimmer die Mündung der Saar in die Mosel mit Karthause, die Stadt Trier, Bernkastel mit dem alten Schloss und Bergwerken, die Festung Trarbach, Zell mit dem Karmeliterkloster, der Ort Alken mit Schloss und Umgebung, die Stadt Koblenz von der Moselseite, das Residenzschloss und die Festung Ehrenbreitstein, die Mündung der Sauer in die Mosel, die rechte Moselseite der Stadt Trier, das Städtchen Pfalzel, die Festung Mont Royal, die Marienburg über der Mosel, Stadt und Burg Cochem, die Schlösser bei Lehmen, Burgen und Hatzenport sowie die Mündung in den Rhein mit Petersberg und Schönbornlust. In dem zweiten Audienzzimmer sollten entsprechend Ansichten von Orten am Rhein, die zum Herrschaftsgebiet des Kurfürsten gehörten, gemalt werden. Vermutlich sollten die Gemälde innen zwischen den Fenstern angebracht werden. Da der Kurfürst aber entschieden hatte, das Innere in Bildhauerarbeiten ausführen zu lassen, hat Seiz hierzu noch Skizzen angefertigt. Die Ausführung hatte auch Bildhauer Stadelmeyer übernommen, möglicherweise hat auch der Bildhauer Heinrich

80 Kuhn, Zwei kurfürstliche (wie Anm. 23), S. 46.

81 Kuhn, Zwei kurfürstliche (wie Anm. 23), S. 47; von Looz-Corswarem, Leibjacht (wie Anm. 40), S. 46; Georg W. Zisgen. Sankt Marcellinus u. Petrus. Vallendar am Rhein. Eine Alt-Vallendarer Bilddokumentation, Vallendar 1995. S. 77.

Alken aus Mayen daran mitgearbeitet. Die Innenausstattung mit besonderen Hölzern und Einrichtungsgegenständen war äußerst kostbar, sie wurde 1802 auf 3000 Taler geschätzt.[82]

Das ganze Schiff hat nach einer Mitteilung des Reisemarschalls Boos von Waldeck 40.000 Gulden gekostet.[83] Auch Christian Stramberg nennt in seinem „Rheinischen Antiquarius" von 1851 diese Summe.[84] 1786 wurde das große Leibschiff von der Kabinettskasse mit Genehmigung des Kurfürsten in das Eigentum des Erzstifts überschrieben. Dabei wurde der Wert auf 13.625 Reichstaler angesetzt.[85]

Pfarrer Johann Jacob Wagner aus Ehrenbreitstein beschreibt das Schiff folgendermaßen:

> Was zunächst das Äußere des Schiffes betrifft, so zerfiel es der Länge nach in drei Hauptteile. Vorn am Vordersteven war das kurfürstliche Wappen mit den beiden Löwen in reicher Vergoldung angebracht; hier befanden sich die Räume für die Schiffsbedienung und den Kapitän, ferner ein großes Magazin und kleinere Vorrats- und Silberzimmer. Den Hauptteil des Mittelschiffes nahmen vier große Zimmer oder besser Prachtsäle ein, die durch Wegnahme der Trennwände oder Flügeltüren zu einem großen Saal umgeschaffen werden konnten. Der prachtvollste Teil aber war die Kajüte des Kurfürsten im Heck des Schiffes, schon äußerlich durch sehr reiches Schnitzwerk gekennzeichnet. Auf dem Verdeck darüber saß ein gewaltiger Meergott, Neptun mit dem Dreizack, in künstlerisch vergoldeter Holzbildhauerarbeit und reich vergoldet. Die Jacht hatte einen einzigen großen Mast, dessen Segel bei gutem Winde derselben einen starken Antrieb verleihen. Außerdem führte sie stets Pferdegeschirr für 14 Heuerpferde mit sich, ein kleines Boot, Fahnen und 12 Kanonen standen für sie oder ihre Nebenschiffe bereit. Sowohl der Salon des Kurfürsten als auch der lange Mittelbaue hatten eigene Verdecke, die noch mit Segeltuch überzogen werden konnten.
>
> Im Innern bot das Schiff allen Luxus und Komfort, wie er in damaliger Zeit nur denkbar war. Große Trumeaus (Spiegelmöbel) mit reichgeschnitzten Konsolen, Sofas, Klubsessel, Spieltische, große Ausziehtische, prachtvolle Schlafräume, Betten mit seidenen Matratzen usw. Im Audienzsaal alleine standen acht Kanapees, im Vorzimmer mehrere Spieltische und Sessel, im kurfürstlichen Zimmer sehr schöne Gemälde, Uhren, Spiegel, eine Bibliothek, ein Schreibsekretär [à Silaindre u. a.[86]

---

82 Wagner, Die große Leibjacht (wie Anm. 52), S. 39 f., Brommer/Krümmel, Höfisches Leben (wie Anm. 39), 108 f.

83 Wagner, Die große Leibjacht (wie Anm. 52), S. 40; Brommer/Krümmel, Höfisches Leben (wie Anm. 39), S. 109: andere Quellen sprechen von 100.000 Gulden.

84 Christian Stramberg, Denkwürdiger und nützlicher Rheinischer Antiquarius, 1. Abt. (Mittelrhein), Bd. 1 (Koblenz), Koblenz 1851, S. 690.

85 Brommer/Krümmel, Höfisches Leben (wie Anm. 39), S. 109.

86 Wagner, Die große Leibjacht (wie Anm. 52), S. 40 f.

War das Schiff nach dem Plan von Seiz nur mit einem kombinierten Treidel-/Segelmast ausgestattet, so scheint später, wie bei der kleinen Jacht, ein zweiter Mast hinzugekommen zu sein. Dieser Besanmast scheint erst nach Fertigstellung von Rumpf und Kajüte eingebaut worden zu sein. Nach Kuhn war das Schiff mit einem Gaffelsegel (Schobersegel) ausgestattet, das die Treidelpferde bei der Bergfahrt unterstützten konnte, und einer Rahe mit Fahrsegel für die Talfahrt. Auch konnte zwischen Gaffel und Hauptmast noch ein Topsegel (Aap) gespannt werden. Kuhn meint, dass die Segeleigenschaften des Schiffes gering gewesen sein müssen, zumal Seitenschwerter fehlten. Da hat man sich sicherlich eher auf die Treidelpferde verlassen, für die ja 14 Geschirre vorrätig waren.[87]

Verantwortlich für die Jacht war zunächst der Kommandant der kurfürstlichen Leib- und Hofjachten, Obristkämmerer Franz Ludwig Freiherr von Bürresheim (1718–1797). Dann unter ihm der schon seit 1762 in kurfürstlichen Diensten stehende Jachtkapitän Georg Adam Perner, der auch eine Liste der Gegenstände aufstellte, die für die große Jacht noch benötigt wurden. Erster Leibjachtknecht war seit 1782 der Schiffer Jakob Margaretha aus Ehrenbreitstein. Für die beiden Schiffsknechte Abundius Müller und Simion Wirschheber wurden bei Indienststellung des Schiffes neue Uniformen bewilligt. Weitere Schiffer übten das Amt des Jachtknechts im Nebenberuf aus, sie wurden bei Bedarf herangezogen.[88]

Ein sicherer Hafen für die kurfürstliche Prunkjacht

Um das wertvolle Gefährt sicher unterzubringen, wurde dafür ein Wasserbecken am Bauhof in Ehrenbreitstein hergerichtet. Dieses Bassin war schon 1734 aus einem Wassergraben, der an der südlichen Ringmauer des Residenzkomplexes bestand, angelegt worden. Es musste jetzt für die kurfürstlichen Schiffe ausgebaggert, von Lattich und Schlinggewächsen befreit und neu befestigt werden. 1781 erhielt der Hofwerkmeister Luber den Auftrag, für das neue Prunkschiff eine Art Schuppen „mit italienischem gebrochenem Dach“ zu errichten. Es muss dies eine Halle mit einem großen Dach in Holzkonstruktion auf steinernen Pfeilern gewesen sein.[89] Soviel bekannt ist, wurden diese Baumaßnahmen im Herbst und Winter 1781/82 ausgeführt.[90] In den neugeschaffenen Becken konnten fünf bis sechs große Schiffe überwintern. Hier wurden auch im Winter bei Eisgang die Pontons bzw. Buchtnachen der

87 Kuhn, Zwei kurfürstliche (wie Anm. 23), S. 47 f.

88 Kuhn, Zwei kurfürstliche (wie Anm. 23), S. 50; von Looz-Corswarem, Leibjacht (wie Anm. 40), S. 46; Brommer/Krümmel, Höfisches Leben (wie Anm. 39), S. 111.

89 Wagner, Die große Leibjacht (wie Anm. 52), S. 41; Kuhn, Zwei kurfürstliche (wie Anm. 23), S. 51; Brommer/Krümmel, Höfisches Leben (wie Anm. 39), S. 110.

90 Von Looz-Corswarem, Leibjacht (wie Anm. 40), S. 46; Kuhn, Zwei kurfürstliche (wie Anm. 23), S. 50 f.

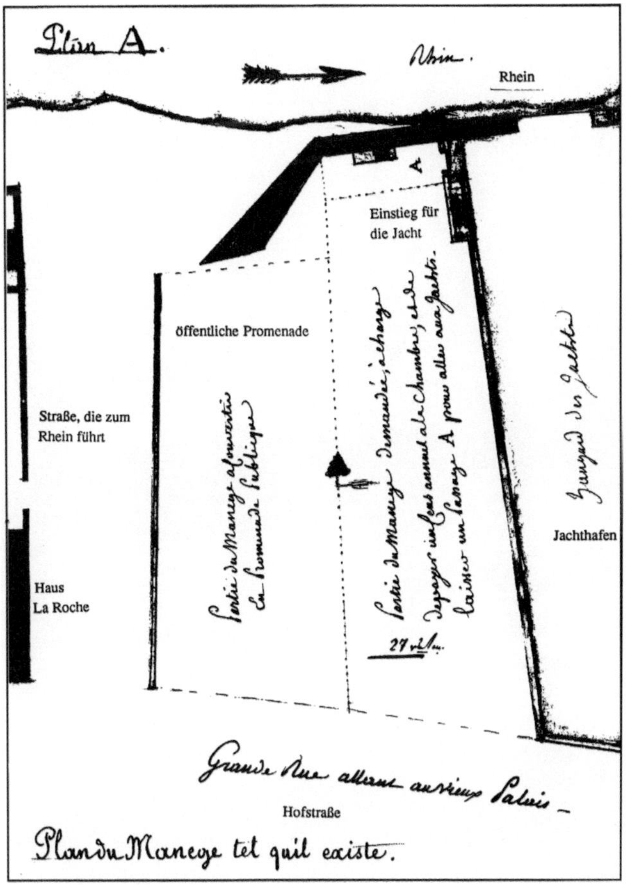

22 Situationsplan am Jachthafen in Ehrenbreitstein, 1786.

Fliegenden Brücke, die Koblenz mit Ehrenbreitstein verband, untergebracht. Das Becken war durch einen schmalen Graben mit dem Rhein verbunden.[91]

Christian Stramberg beschreibt das Hafenbecken folgendermaßen:[92]

> Ein unbebauter Raum, dessen Verlängerung, vom Rheine abwärtz, zu der nach dem Sauerwasserthor hinaufführenden Charlottenstraße sich gestaltet, wird begränzt durch ein um-

91 Kuhn, Zwei kurtrierische (wie Anm. 23), S. 50; Brommer/Krümmel, Höfisches Leben (wie Anm. 39), S. 109 f.; Claus Peter Beuttenmüller, Der „alte Hafen" von Ehrenbreitstein, in: Beiträge zur Rheinkunde 55/56, 2003/2004, S. 17–23; Marianne Schwickerath, Wo stand eigentlich die Philippsburg? Die ehemalige kurfürstliche Residenz in Ehrenbreitstein, Koblenz o.J., S. 20 f.

92 Christian Stramberg, Rheinischer Antiquarius II, 1 (wie Anm. 84), S. 151.

23 Zeugnisformular für wandernde Handwerksgesellen mit der Festung und der Philippsburg in Ehrenbreitstein aus den Anfangsjahren des Kurfürsten Clemens Wenzeslaus. Vor dem Marstallgebäude liegt eine Jacht vor Anker.

mauertes, mit dem Rheine zusammenhängendes Wasserbecken. Es ist das der Hafen, bestimmt zu Winterszeiten die Rheinbrücke aufzunehmen, gleichwie in kurfürstlichen Zeiten seine untere Hälfte die Flotte zu beherbergen pflegte. Da lagen geschützt unter einem von Säulen getragenen Dache, die sogenannte kurfürstliche Jacht, das Küchenschiff und die zweite Jacht, und wurde zumal die kurfürstliche Jacht, vermöge ihrer geschmackvollen und reichen Ausstattung, als eines der sieben Wunderwerke des Landes in Ehren gehalten.

Die ganze Flotte des Kurfürsten bestand nach Fertigstellung der großen Jacht 1781 aus diesem Leibschiff, der kleinen Leibjacht, einem Segelboot mit kleiner Kajüte (Schaluppe) einem Küchenschiff, einem „Schießnachen" mit zwölf Kanonen zum Salutschießen,[93] einem „Leibnachen" und einem „Kavaliersnachen", die Letzteren wohl, um den Kurfürsten und die hohen Herrschaften vom Land zum Schiff zu bringen. Außerdem gab es zu jedem der

93 Zu den Schießnachen vgl. auch Kuhn, Nochmals (wie Anm. 54), S. 48.

größeren Schiffe sogenannte Ankernachen. Alle diese Schiffe waren einheitlich außen gelb und blau, in den Farben der trierischen Livreen (Bedientenuniformen) gestrichen, wobei die Schiffsdecks in Englischrot gehalten waren.[94]

Nutzung der Jacht – Ein prächtiger Anblick

Die beeindruckende Erscheinung, die kunstvolle Ausstattung und die sinnvolle Einrichtung der großen kurfürstlichen Leibjacht brachte das Erstaunen und die Bewunderung aller Gäste und Zuschauer hervor. Der Kurfürst von Mainz soll am 14. Juni 1788 inkognito von Lahnstein nach Koblenz gekommen sein, um das prächtige Schiff zu besichtigen, was allerdings auch in den Bereich der Fabel gehören mag.[95]

Der Kurfürst gebrauchte die Jacht häufig, um zwischen seinen Schlössern, der Philippsburg in Ehrenbreitstein und nach Fertigstellung des neuen Schlosses in Koblenz 1786 von Koblenz aus zu seinen Lustschlössern Engers, Kärich und Schönbornslust zu fahren.[96] Wahrscheinlich hat er auch auf Fahrten nach Trier die Jacht genutzt, wenn wir auch darüber bisher keine Nachrichten besitzen. Den Rhein hinauf bis Mainz und hinab bis Köln wird die Jacht auch häufig zum Einsatz gekommen sein, auch wenn der Kurfürst selbst nicht immer mit an Bord war. Für die Befahrung der Lahn wird die Leibjacht wohl zu groß gewesen sein, dafür war aber die kleine Jacht geeignet, von der es ausdrücklich heißt, dass ihre Maße es erlauben, auf der Lahn verkehren zu können.

Es gibt eine Beschreibung der Ankunft des Kurfürsten von Trier in Frankfurt zur Teilnahme an der Krönung des Kaisers Leopold II., die von Hans Wolfgang Kuhn aufgefunden worden ist. Auf fünf großen Jagdschiffen unter Trompeten und Paukenschall sowie Kanonendonner hielt der Kurfürst in der Krönungsstadt Einzug.

> Das erste Schiff, wo der Prinz und die Prinzessin und viele Geistliche und Herren Offiziers darauf waren, war so lang als bei uns in Dresden die halben Fleischbänke. Oben eine große Galerie, bedeckt mit Segeltuch. Da waren seine Trabanten nebst Trompeten und Pauken, unter der Galerie waren vier schöne Zimmer austapeziert. Allda waren die Herrschaften logiert. Hinter diesen kam ein großer Kahn, mit zwölf Böllern gepflanzt, und jedes von den übrigen vier Schiffen war für seine Läufer, Domestiken wie auch seinen ganzen Hofstaat, auf jedem Schiff 60 Mann und auch viel Equipage und zwei Staatskutschen, welche emballiert waren. Zuletzt kam noch ein großer Kahn mit zwölf Böllern. Diese fünf Schiffe

94 Brommer/Krümmel, Höfisches Leben (wie Anm. 39), S. 110.
95 Von Looz-Corswarem, Leibjacht (wie Anm. 40), S. 47.
96 Lohmeyer, Seiz (wie Anm. 50), S. 144.

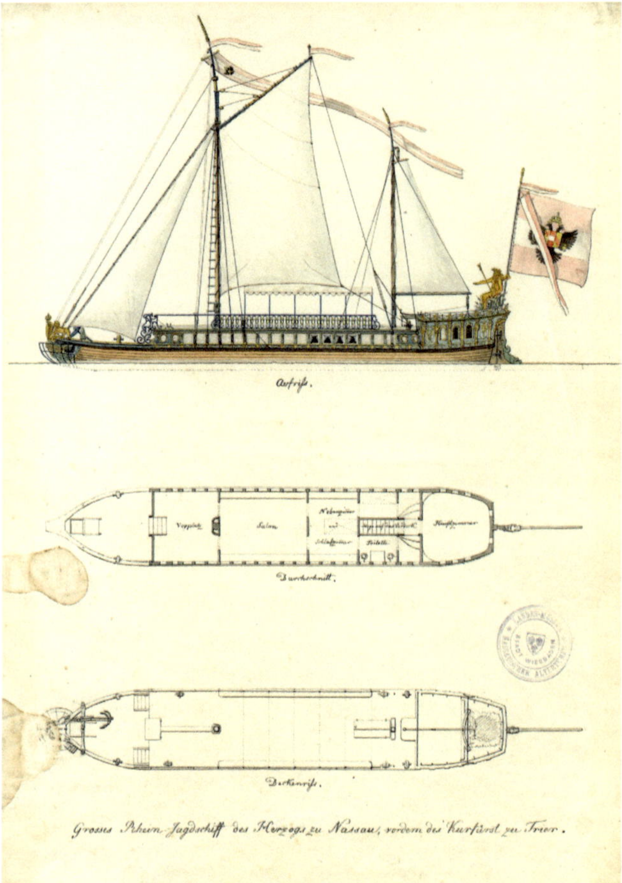

24 Die große, ehemals kurfürstliche, jetzt nassauische Jacht. Kolorierte Zeichnung von H. B. Hundeshagen, 1818.

> sind aus dem Rhein in den Main gelaufen. So bald als sie in den Main eingefahren, wird jedes Schiff mit sechs bis acht Postpferden am Ufer herauf gezogen. Sobald sie sich der Stadt näherten, so fingen sie an, eine Salve von 24 Kanonen zu feuern. Angelegt wurde beim Fahrtore. Dieses alles war sehr schön anzusehen, wie die Häuser alle fünf auf dem Wasser geschwommen kamen. Dieses sind andere Schiffe als wie bei uns in Dresden! Unsere sind nur eine Hand groß gegen diese.[97]

Der „Frankfurter Staats-Ristretto", einer der drei Frankfurter Tageszeitungen, schrieb in Nr. 159 vom 8. Oktober 1790: Da die Jacht

97 Kuhn, Zwei kurfürstliche (wie Anm. 23), S. 53: Autor ist der Feldscher der kursächsischen Schweizergarde, Johann Georg Schreyer.

> erst vor einigen Jahren von den geschicktesten Meistern in Koblenz erbaut worden und fast 100 Schuh lang ist, und in einer Abteilung von drei schönen Zimmern und einer Kajüte, wo unter andern viele und mancherlei Bequemlichkeiten auch noch drei verdeckte Better angebracht sind, besteht und über 90.000 Gulden gekostet hat, so wird solche schon morgens in der Frühe bis abends ganz spät in ununterbrochener Reihe fort bewundert.

Die Längenangabe war allerdings eine Übertreibung.[98]

Nach der Krönung Kaiser Leopolds II. lud der Kurfürst von Trier die kaiserliche Familie und hohe Gäste am 6. Oktober 1790 zu einem Essen auf seine auf dem Main liegende Jacht ein. Am 12. Oktober besuchte die kaiserliche Familie den Kurfürsten von Trier wieder auf seiner Jacht. Sie nahm dort ihr „Dejeuner" ein und

> abends speisete der kaiserliche Hof nebst den Kurfürsten und anderen Herrschaften auf der großen kurtrierischen Jacht, die gleich der cölnischen, auf das herrlichste erleuchtet war. [...] Am 18. traf der Kurfürst nebst Prinzessin Kunegunde, nachdem er einen vollen Monat in Frankfurt zugebracht, zu Wasser in Coblenz ein. Er wurde am Ufer von allen Zünften mit fliegenden Fahnen und einem Fackelzuge unter lautem Vivatrufen und dem Donner der Kanonen empfangen.[99]

Seit 1791 machten sich die revolutionären Ereignisse im benachbarten Frankreich auch in Kurtrier bemerkbar und zunehmend standen die politischen und militärischen Entwicklungen im Zusammenhang mit dem Ersten Koalitionskrieg gegen das revolutionäre Frankreich im Vordergrund.[100] Seit dem Sommer 1791 waren zunehmend französische Emigranten, vornehmlich Adelige und Geistliche, nach Kurtrier gekommen, unter ihnen am 15. Juni und 7. Juli 1791 die Brüder Ludwigs XVI., der Graf von Artois und der Graf von Provence, die vom Kurfürsten Clemens Wenzeslaus wegen ihrer Verwandtschaft freundlich aufgenommen wurden. Er stellte ihnen das Schloss Schönbornslust für ihre Hofhaltung zur Verfügung. Koblenz wurde so ein Zentrum der französischen Emigranten, die hier auch eigene militärische Formationen aufstellten und zunächst viel Geld ausgaben.[101]

Da die französischen Adeligen glaubten, dass es sich bei der Revolution in Paris um

98 Kuhn, Nochmals (wie Anm. 54), S. 46.

99 Stramberg, Antiquarius I, 1 (wie Anm. 84), S. 713; von Looz-Corswarem, Leibjacht (wie Anm. 40), S. 47.

100 Von Looz-Corswarem, Leibjacht (wie Anm. 40), S. 47.

101 Otto Graf von Looz-Corswarem, Koblenz um 1800 (Mittelrheinische Hefte 6), Koblenz 1981, S. 25–29; vgl. auch Christian Henke, Coblentz. Symbol für die Gegenrevolution. Die französische Emigration nach Koblenz und Kurtrier 1789–1792 und die politische Diskussion des revolutionären Frankreich 1791–1794, Stuttgart 2000.

25 Modell der großen Jacht nach dem Plan von Hundeshagen. Modell von Gerhard Wicke.

einen kurzlebigen Spuk handelte, der mit Hilfe der deutschen Fürsten, wozu diese auch bereit waren, schnell beseitigt werden würde, legten sie sich weder in ihrem aufwändigen, luxuriösen Lebensstil noch in ihrer Arroganz und Verachtung gegenüber dem revolutionären Frankreich – eine Verachtung, die auch die als bäuerisch und wenig kultiviert angesehen Einheimischen einschloss –Beschränkungen auf. Hatten die Koblenzer Hausbesitzer, Kaufleute und Handwerker zunächst von dem Geld der geflüchteten Adeligen profitiert, so blieben sie zunehmend, als dieses aufgebraucht war und sich die Rückkehr nach Frankreich hinzog, auf unbezahlten Rechnungen sitzen.

Am 20. April 1792 erklärte das revolutionäre Frankreich Österreich den Krieg. Die österreichische Armee sammelte sich zum Einmarsch in Frankreich im Juni 1792 bei Koblenz, am 8. Juli 1792 erklärte Frankreich auch Preußen den Krieg. Das führte zu vermehrten Reisen und Kontakten hoher Persönlichkeiten, bei denen auch die Jachtschiffe des Trierer Kurfürsten zum Einsatz kamen. Erhalten hat sich eine Schilderung des Obristkäm-

26 Ansicht von Ehrenbreitstein mit der Landestelle der Fliegenden Brücke, davor ein fürstliches Schiff. Ausschnitt.

merers Graf Boos von Waldeck über die Ankunft des Königs Friedrich Wilhelms II. von Preußen im Juli 1792 auf dem kurtrierischen Leibschiff:[102]

> Nachdem die Nachricht eingelaufen, daß Ihro Maj. der König von Preussen anheut, 22. Juli, von Mainz zu Wasser abfahren, und diesen Abend dahier eintreffen würden, so geruheten Ihro Kurf. Durchl. diesen Morgen um 9 Uhr in Höchstihro großen Leibjacht mit Höchstdero Frau Schwester, der Fürstin von Thorn und Essen, und Herrn Bruder, Prinz Xaveri, mit nachfolgender Suite bis ober Boppard Ihro Majestät entgegenzufahren. [...] Der Nachgänger Fassbender von Leudesdorf hatte abermalen bei dieser Reise das Schiffscommando, unter dem Befehl des Obristkämmerers Graf von Boos. Von Schiffen fuhren mit: a) die kurfürstliche Leibjacht mit dem Anhang des Hofnachen, b) die zweite kurfürstliche Jacht, worin auf der Hinfahrt zu Mittag gespeist wurde, mit dem Anhang des Bootchen, c) eine Jacht von Schiffer Litz für die Officianten und Bediente; d) das Kuchenschiff mit dem darzu gehörigen Personale, mit einem Anhange für die Conditorie und Bottlei; e) die Kanonier-Chalupe, welche mit zwei Constablern und den kleinen Kanonen voranfahrt. [...]

102 Wagner, Die große Leibjacht (wie Anm. 52), S. 40 f.; Stramberg, Antiquarius I, 1 (wie Anm. 84), S. 87–90; von Looz-Corswarem, Leibjacht (wie Anm. 40), S. 47.

Nach 12 Uhr Mittags war die Ankunft in Boppard, allwo die Geistlichkeit und die Bürgerschaft paradierte, und Serenissimus sehr fröhlich complimentieren. Die allda gelegene französische Emigrierte empfingen Höchstdieselbe aufs ehrerbietigste. Der Commandant wurde zur Tafel eingeladen. [...] Hier zu Boppard geruhten die höchsten Herrschaften in der zweiten Jacht zu Mittag zu speisen, und mehrere Franzosen vorzulassen. Das Wetter war sehr ungünstig, rau, windig und naß. Nach der Tafel schickte man einen Boten voraus, um sich zu erkundigen, ob nichts von des Königs Ankunft zu vernehmen sei. Die emigrierte Franzosen von der königlichen Garde zogen auf, paradierten am Rhein mit Estandart und Waffen und machten Ser(enissimus) les honneurs. Gegen 4 Uhr geruhten Ihro Kurf. Durchl. unter Paucken und Trompetenschall, und unter Kanonierung von der Kanonier-Chaloupe bis über Salzig (oberhalb von Boppard) zu fahren, und allda die Ankunft des Königs abzuwarten; da man nun bis bald 8 Uhr nichts hörte, wurde der englische Capitaine Smith mit einem Nachen vorausgeschikt, um zu recognosciren, welcher den König bei Hirtzenach antraf und Allerhöchstdieselbe prävenirte, daß Ser[enissimus] unweit davon Ihro Maj. erwarteten.

Imittels kam eine kleine Mainzer Jacht auf die kurfürstliche Jacht an, auf befragen, wer darin wäre, und ob sie nicht vom König gehört hätten, waren es Ihro kurf. Durchl. von Cöln und I[hre] K[önigliche] H[oheit] der Erzherzog Karl, Höchstwelche voraus von Mainz abgereist waren. Höchstdieselben stiegen in die kurfüstliche Leibjacht und wurden von den Höchsten Herrschaften aufs freundschaftlichste empfangen. I[hre] K[önigliche] D[urchlaucht] von Cöln hatten zu ihrem Gefolge den Oberstallmeister Graf von Spee und der Erzherzog den Obristhofmeister Baron von Warnsdorf bei sich. Beide gnädigste Herren verblieben in der kurfürstlichen Jacht und schickten die Ihrige voraus fort. Man sahe von weitem eine schwere Schifferei mit königl. preussischen Flaggen, und glaubte, es wäre die kurmainzische Hofjacht mit dem König; allein auf Zurufen hörte man, dass es des Königs Kuchen- und Equipageschiffe wären. Kurz hiernach kame ein Couriernachen, mit der Ordre das Kuchenschiff unterwegs halten zu machen.

Das Wetter wurde stürmischer, es finge an stark zu regnen und dunkel zu werden, so zwar, dass man kaum was mehr sehen konnte. Die kurf. Jacht wurde daher oben mit Laternen beleuchtet und in diesem Sturm und Regen langte der König in der kurmainzischen Jacht an, und bestiegen die fürstliche Trierische. Serenissimus empfingen Ihro Majestät oben bei dem uebersteigen, Allerhöchstwelche Ihro Kurf. Durchl. aufs zährtlicheste embrassierten. Hierauf stiegen der König herunter und Serenissimus präsentierte Ihnen Höchstihre Frau Schwester und Herrn Bruder der K[öniglichen] H[oheit]. Ihro Majestät führten gleich die Frau Fürstin von Thorn K[önigliche] H[oheit] in das Jachtzimmer, allwo die Freude allgemein wurde, als Allerhöchstdieselbe den Kurfürst von Cöln und den Erzherzog ganz unvermutet erblickten. Der König präsentierten hier gleich Ihren Kronprinzen, und Ihro Kurf.

27 Modell der großen Jacht nach dem Plan von Hundeshagen. Modell von Gerhard Wicke, Detail.

> Durchl. von Trier hatten die höchste Gnade, Ihren Hofstaat Ihro Majestät vorzustellen, worauf die Allerhöchste und Höchste Herrschaften sich in die Kajüte begaben.
> Inmittels wurde die Wand im Zimmer geöffnet, die Tafel gedeckt und das Souper servieret, der Oberstallmeister von Thünefeld aber fuhren sogleich in einem Nachen voraus nach Coblenz ab, um zum Empfang alle Vorkehrungen zu treffen. Die Tafel ware von 25 Couverts. Als das Souper serviret, und der Obermarschall Graf von Leiningen solches in der Kajüte angemeldet hatte, traten Ihro Majestät mit den übrigen höchsten Herrschaften hervor, verwunderten sich sehr über die so geschwind zugenommene Größe des Saals, belobten die Construction und herrliche Einrichtung der Jacht, und setzten sich zur Tafel. [...] Der kurfürstliche Hofstaat, mit Einbegriff des Ministers von Duminique soupierten in der zweiten Jacht.

In der Folge der Nacht schliefen die Herrschaften auf den Sesseln und Kanapees in den Schiffen ein, als dann die Flotte gegen 3 Uhr morgens vor Koblenz eintraf, wurden von der Festung 200 Kanonen Salut abgefeuert. Der König und der Kurfürst mit den höchsten

Herrschaften wurden mit Kutschen durch die mit Fackeln und Laternen erleuchtete Stadt nach Schloss Schönbornslust gefahren.

Kriegszeit und Flüchtungen

Das Jahr 1792 brachte den Alliierten die unglückliche Kanonade von Valmy (20. September 1792) und die Besetzung von Speyer, Worms, Mainz und Frankfurt. Als die Franzosen auf Mainz vorrückten, verließ der Kurfürst von Trier am 21. Oktober 1792 überstürzt seinen Sommeraufenthalt in Kärlich und begab sich auf seinen Schiffen nach Düsseldorf und von da über Münster nach Augsburg. Die kurfürstlichen Schiffe waren mit Teilen des Mobiliars und Wertgegenständen vollgepackt, sie blieben fast ein Jahr in Düsseldorf liegen. Die meisten Schiffsknechte wurden entlassen und nach Hause geschickt. Wahrscheinlich kamen die Schiffe mit dem Mobiliar im Oktober 1793 wieder nach Koblenz zurück, als die Gefahr eines französischen Einfalls gebannt schien.[103]

Aber schon im Sommer 1794 war, nach dem erneuten Vormarsch der französischen Armeen an den Rhein, wieder eine Flucht notwendig. Diese war aber nach den Erfahrungen von 1792 wesentlich besser vorbereitet. Schon Anfang 1794 waren schriftliche Fluchtpläne erarbeitet worden. Bei der Aufstellung über die mitzunehmenden Gegenstände standen an erster Stelle das Archiv, daneben die Silbersachen, Wertgegenstände, Möbel aus den Schlössern und nicht zuletzt die kurfürstlichen Weine, deren Transport besondere Probleme bereiteten.[104]

Auf die kurfürstlichen Schiffe, die große Leibjacht, eine Schaluppe und das Küchenschiff, wurden vornehmlich Teile der Koblenzer Residenzeinrichtung verladen. Die Schiffe verließen Ehrenbreitstein am 3. Oktober 1794 in Richtung Mainz. Die Schiffe wurden in den Mainhafen Hanau gebracht, wo sie sieben Jahre liegen bleiben sollten. Hanau gehörte zum Territorium Hessen-Kassel. Bewacht wurden die Schiffe mit ihrem Inhalt von dem Silberdiener Stockhammer und dem Jachtknecht Frank, die zeitweise auch auf den Schiffen wohnten. Nach der Ankunft in Hanau war eine Liste der auf den Schiffen befindlichen Möbel angefertigt worden, da wohl schon damals an einen Verkauf dieser Effekten gedacht wurde. 1795 dankte der kurtrierische Staatsminister von Duminique dem Fürsten von Hessen-Kassel für die Zuflucht der Schiffe in Hanau. Die Schiffe schienen dann ver-

103 Von Looz-Corswarem, Leibjacht (wie Anm. 40), S. 47; Wagner, Die große Leibjacht (wie Anm. 52), S. 41.

104 Von Looz-Corswarem, Leibjacht (wie Anm. 40), S. 47; Hans Wolfgang Kuhn, Die Archivalienflüchtungen des Erzstifts Trier 1792–1805, in: Jahrbuch f. Westdeutsche Landesgeschichte 2, 1976, S. 211–254.

28 Modell der kleinen Jacht nach dem Plan von Seiz von ca. 1774. Modell von Karl Marquard.

gessen worden zu sein, ihr Zustand verschlechterte sich. Am 24. März 1796 berichtete der Silberdiener, dass die Schiffe unbedingt neu gestrichen werden müssten, was auch von der Regierung des Rumpfstaates Trier in Ehrenbreitstein bewilligt wurde. Wieder zwei Jahre später zahlte man dem Jachtknecht, der auf den Schiffen ausharrte, seinen rückständigen Lohn und einen Zuschuss zu den Heizungskosten im Winter.[105]

Da das Küchenschiff und eines der Boote mittlerweile völlig verdorben waren, mussten sie 1799 verkauft werden. Ein Teil der Möbel und Einrichtungsgegenstände, die auf den Schiffen transportiert und dort gelagert worden waren, wurden im Mai 1799 in Hanau versteigert. Der hoch verschuldete Rest-Kurstaat in Ehrenbreitstein musste nach Geldquellen Ausschau halten. Es handelte sich im Ganzen um 1.650 Nummern, darunter Packen von Decken, Tischtüchern, Vorhängen und Ähnlichem, die aus den Koblenzer Schlössern stammten.[106]

105 Von Looz-Corswarem, Leibjacht (wie Anm. 40), S. 47.

106 Kuhn, Zwei kurfürstliche (wie Anm. 23), S. 51; von Looz-Corswarem, Leibjacht (wie Anm. 40), S. 47 f.

29 Schloss Philippsruhe bei Hanau vom Rhein aus gesehen. Postkarte, Farbdruck, ca. 1900.

Im Sommer 1801 wurde die kleine Restflotte nach Ehrenbreitstein zurückgeholt. Man hatte sich entschlossen, die Schiffe zu verkaufen, denn nach dem Frieden von Lunéville (9. Februar 1801) war an eine Wiederherstellung des linksrheinischen Kurstaates nicht mehr zu denken, da das linke Rheinufer französisches Staatsgebiet geworden war. Erst im Mai 1801 wurde dem Kurfürst die volle Souveränität über den rechtsrheinischen Rumpfstaat wieder eingeräumt, der bis dahin weitgehend von französischen Truppen besetzt war. Der Kurfürst, der sich vornehmlich in Augsburg aufhielt, benötigte die Schiffe nicht mehr. Die Rückführung der Schiffe sollte möglichst ohne großes Aufsehen vor sich gehen. Auf Bitten der kurfürstlichen Regierung wurden die Schiffe in Hanau von den Hafengebühren befreit.

Die kleine Flotte traf am 2. Juli 1801 gegen 5 Uhr nachmittags nach fünfjähriger Abwesenheit wieder in Ehrenbreitstein ein. Als sie in Wellmich bei St. Goarshausen vorbeikam, wo ehemals das kurtrierische Gebiet begann, wurde die Leibjacht von der Bevölkerung erkannt, die spontan in ein lautes Vivat auf den Kurfürsten ausbrach. Diese Anhänglichkeit seiner Untertanen nahm der Kurfürst in Augsburg mit Befriedigung zur Kenntnis. Die Regierung in Ehrenbreitstein war nicht so glücklich darüber, befürchtete sie doch Konflikte mit den französischen Behörden auf dem linken Rheinufer.[107]

107 Wagner, Die große Leibjacht (wie Anm. 52), S. 41; von Looz-Corswarem, Leibjacht (wie Anm. 40), S. 48.

30 Wellmich bei St. Goarshausen. Stahlstich von Joh. Poppel nach Ludwig Lange, 1842/47.

Die Schiffe sollten in Ehrenbreitstein versteigert werden. Ein Gutachten vom 17. Juli 1801 stellte fest, dass man bei der kleinen Jacht etwa die Hälfte des Wertes als Angebot erwarten könne, allerdings erst, wenn vorher kleinere Reparaturen an ihr vorgenommen worden seien. Die große Jacht war noch in sehr gutem Zustand. Die erste Idee ging dahin, sie in Köln oder Mainz anzubieten, wo ein größerer Käuferkreis vermutet wurde. Sie sollte durch Generalfaktor Quaita mit allen dazu gehörigen Möbeln, jedoch nach Entfernung der kurfürstlichen Wappen, versteigert werden. Andererseits befürchtete man, für diese kostbare Jacht überhaupt zu einem einigermaßen annehmbaren Preis keinen Käufer zu finden. Der wegen einer Versteigerung gefragte Kurfürst erklärte dann aber, dass er eine Veräußerung der großen Jacht vorerst nicht wünsche.[108] Wir wissen nicht, welche Gedanken ihn bei diesem Entschluss bewegten.

Da auch für die kleine Jacht kein Käufer gefunden worden war, blieben die beiden Schiffe in ihrem Hafen in Ehrenbreitstein liegen. In der Zwischenzeit drehte sich die Weltgeschichte weiter.

108 Wagner, Die große Leibjacht (wie Anm. 52), S. 41; von Looz-Corswarem, Leibjacht (wie Anm. 40), S. 48; Kuhn, Zwei kurfürstliche (wie Anm. 23), S. 51.

15.4 Politische Umwälzungen. Der Herzog von Nassau als neuer Besitzer

Schon nach dem Frieden von Rastatt 1797 hatten Frankreich und Österreich vereinbart, dass das linke Rheinufer an Frankreich abgetreten und die dadurch geschädigten Fürsten aus Besitz der geistlichen Fürsten entschädigt werden sollten. Im Frieden von Lunéville am 9. Februar 1801 wurde diese Vereinbarung bestätigt, nach ihren Bestimmungen mussten mehrere rechtsrheinische Festungen, die dem französischen Herrschaftsgebiet gegenüber lagen, u. a. Düsseldorf und Ehrenbreitstein, zerstört werden. Bei der Sprengung der Festung Ehrenbreitstein 1801 wurde die am Fuße des Berges liegende alte kurfürstliche Philippsburg so stark beschädigt, dass sie abgebrochen werden musste. Auch waren die Tage des kurfürstlichen Reststaates gezählt. Schon Ende 1802 hatten die meisten geistlichen Fürsten auf ihre weltlichen Herrschaftsrechte verzichtet, so dass die Entscheidung des Reichstages im sogenannten Reichsdeputationshauptschluss am 25. Februar 1803 (kaiserliche Ratifizierung 26. April 1803) über die Aufhebung dieser geistlichen Territorien ohne ihre Teilnahme zu Stande kam. Diese Entwicklung hatte zur Folge, dass der rechtsrheinische Reststaat von Kurtrier schon Ende 1802 an Nassau-Weilburg fiel.[109] Mit ihm gingen auch die in Ehrenbreitstein liegenden Prunkschiffe, die ja Staatseigentum waren, in den Besitz des Herzogtums Nassau über und standen nun Fürst Friedrich Wilhelm von Nassau-Weilburg (1768–1816) zur Verfügung.[110]

Dieser wollte, wie Kuhn schreibt, vor allem für Repräsentationszwecke „das in seiner Art merkwürdige und eine sorgfältige Erhaltung verdienende große Jachtschiff mit allem Fleiß wiederhergestellt und konserviert wissen".[111]

> Auf mündlichen Befehl seines Geheimrates und Regierungspräsidenten v. Gagern ließ die Nassauische Hofkammer das große Jachtschiff sofort durch den Jachtknecht Jakob Margaretha, der das Schiff im Hanauer bzw. Ehrenbreitsteiner Hafen betreut hatte,[112] und den Hofverniseur (Lackierer) Karth auf seine Beschädigungen untersuchen und die Kosten der Wiederherstellung veranschlagen. Karth meinte, man müsse zur Reinigung der inneren, in noch guter Vergoldung stehenden Verzierungen, zur Ausbesserung des auf dem Hinterteil des Schiffes in kolossaler Größe sitzenden Neptunus, zur Ausbesserung und zum An-

109 Wolf-Heino Struck, Die Gründung des Herzogtums Nassau, in: Herzogtum Nassau 1806–1866. Politik, Wirtschaft, Kultur. Katalog Museum Wiesbaden 1981, S. 1–19.

110 Kuhn, Zwei kurfürstliche (wie Anm. 23), S. 50; von Looz-Corswarem, Leibjacht (wie Anm. 40), S. 48.

111 Kuhn, Zwei kurfürstliche (wie Anm. 23), S. 51.

112 Jachtschiffer Margaretha ging am 1. August 1818 in Pension, sein Nachfolger wurde Joseph Blees aus Niederwallurf, vgl. Parchatka, Die Kurtrierischen (wie Anm. 55), S. 48.

31 Fürst Friedrich Wilhelm von Nassau-Weilburg (1768-1816). Gemälde von Johann Friedrich August Tischbein 1810.

strich der am Vordertheil das Wappen haltenden Löwen, des ganzen Verdecks, der Galerien, der Fensterrahmen usw. etwa 152 Thaler veranschlagen. Margaretha aber stellte fest, dass der Hauptmastbaum zum Tragen der sehr schwer ins Gewicht fallenden Segel und Seile nicht mehr fähig sei. Er wünschte darum eine neue, 60 Fuß lange und 14 ½ Zoll dicke Forle [Kiefer] und einen Achterbaum für einen neuen Schiffslappen.[113]

Das ehemalige kurfürstlich-trierische Wappen könnte leicht abgehobelt und durch das nassauische ersetzt werde. Nachdem die Gesamtkosten für die Wiederherstellung des Schiffes mit 200 bis 250 Reichstaler veranschlagt worden waren, genehmigte der Fürst von Nassau die notwendigen Arbeiten. Allerdings meinte er, das neue Wappen solle erst angebracht werden, wenn er das Schiff gesehen habe.

Nun konnte sich Fürst Friedrich Wilhelm von Nassau-Weilburg an dem schönen Schiff erfreuen. Die Jacht lag in ihrem Hafen in Ehrenbreitstein und der Fürst nutzte sie, wenn er in diesen Regionen unterwegs war, vor allem auch zu Fahrten auf dem Rhein zu dem ihm nun auch gehörenden, ehemaligen kurtrierischen Schloss Engers. Wahrscheinlich nutzte er sie auch zu häufigen Fahrten zu seinem Vetter Friedrich-August aus dem Hause Nassau-Usingen, der in Schloss Biebrich bei Wiesbaden residierte. Da Friedrich-August von Nassau-Usingen (1738–1816) keine männlichen Nachkommen besaß, hatte er mit seinem etwa 30 Jahre jüngeren Vetter vereinbart, dass dieser nach seinem Tod beide Herrschaften übernehmen sollte.

In der Folgezeit scheint die ehemals kurtrierische, jetzt nassau-weilburgische Jacht häufiger im Einsatz gewesen und vor allem auch von Napoleon und seiner Familie benutzt worden zu sein.

Im September 1804, kurz nach seiner imperialen Erhebung, besuchte Kaiser Napoleon Koblenz, wobei sich ihm auch Fürst Friedrich Wilhelm von Nassau-Weilburg vorstellte.

113 Wagner, Die große Leibjacht (wie Anm. 52), S. 42; Kuhn, Über die kurtrierischen (wie Anm. 54), S. 66 f.

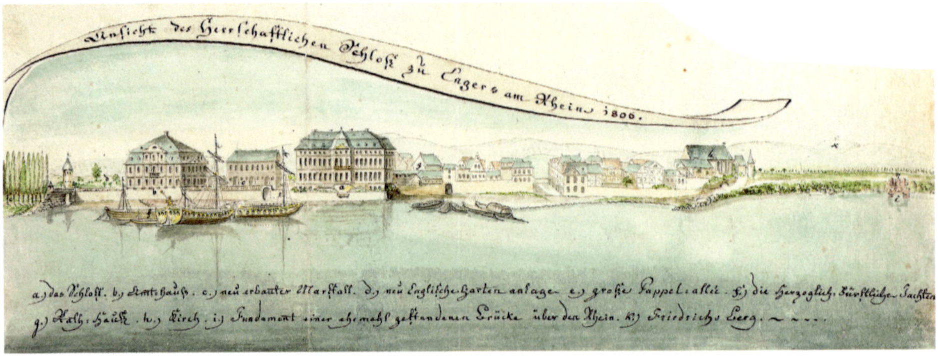

32 Schloss Engers mit fürstlichen Schiffen. Lavierte Federzeichnung, 1806.

Als dieser hörte, dass Kaiserin Josephine mit ihrem Gefolge schon vor dem Kaiser nach Mainz fahren wollte, stellte er ihr seine Schiffe zur Verfügung.[114]

Eine Hofdame Kaiserin Josephines, die aus einer italienischen Adelsfamilie stammende Madame Anne de Brignole (1765–1815), berichtet über diese Rheinreise auf der fürstlichen Jacht auf Französisch:[115]

Am 19. September morgens um 6 Uhr begab sich die Kaiserin mit ihrem Gefolge zum Rheinufer und bestieg unter großer Anteilnahme der Koblenzer Bevölkerung die Jacht des Fürsten von Nassau-Weilburg. Der Nebel war so dicht, dass man sich sofort nach unten begab, um das Innere des Schiffs zu besichtigen („à visiter l'intérieur de l'élégante gondole"). Anne de Brignole schreibt, dass es schwierig sei, auf so beschränktem Platz mehr nützliche und angenehme Dinge zu vereinigen. Jedes Objekt sei mit Geschmack ausgewählt und nehme nur den absolut notwendigen Raum ein. Man habe die vorhandene Fläche optimal eingeteilt, um dafür umso freigiebiger Annehmlichkeiten anbieten zu können und Vorhänge und Sitzmöbel bereitzuhalten. Ein vergoldeter Neptun auf dem Heck scheint dem Fluss zu gebieten, damit er das Schiff nur sanft und ohne Gefahr trage; die vergoldeten Geländer auf beiden Seiten geben eine zusätzliche Sicherheit.

Das Mittagessen („déjeuner") ließ sich die Kaiserin nicht weit von Boppard fast genau gegenüber von Nieder- und Oberspay auf dem Verdeck servieren. Mit Vergnügen betrach-

114 Zum Besuch Napoleons in Koblenz 1804 vgl. Mario Kramp (Hrsg.), Napoleon. Der Kaiser kommt! Verehrung und Mythos in Koblenz. Ausstellung im Mittelrhein-Museum Koblenz 2004, Koblenz 2004, bes. S 26; vgl. auch Walter Degen, Koblenz und die Franzosen. Schicksalhafte Begegnungen von 842 bis heute. Festschrift des Bischöflichen Cusanus-Gymnasiums (ehemals Ursulinenschule) Koblenz anlässlich des 100-jährigen Bestehens 1902–2002, Koblenz 2001, S. 213–218.

115 Wagner, Die große Leibjacht (wie Anm. 52), S. 42; Stramberg, Rhein. Antiquarius, II, 2 (wie Anm. 84), S. 596 f.

tete die Hofgesellschaft die sich verändernde Kulisse der Rheinlandschaft. An der Loreley nutzten sie ein Sprachrohr, um ein Echo hervorzurufen. So fuhren sie rheinauf, wurden allerdings fast bei jedem größeren Ort von Musikkapellen und den Honoratioren erwartet, die der Kaiserin die Aufwartung machen wollten. Am Abend kam ein Unwetter auf, so dass man nur mit Mühe durch das Binger Loch kam. Mitternacht kamen sie in Bingen an. Um 7 Uhr morgens verließ die Kaiserin Bingen, nachdem sie die Aufwartung von Abgesandten des Fürsten von Nassau-Usingen erhalten hatte. So kam man mit Verspätung in Mainz an. Wegen des nächtlichen Gewitters und der Tatsache, dass die Pferdewechselstationen, die für die Jachten eingerichtet waren, schlecht geführt waren („les relais des cheveaux qu'on avait placés sur les bord du Rhein pour remonter les yachts, ayant été mal servis") – was wohl bedeutet, dass nicht genügend frische Pferde für die Weiterfahrt stromauf bereitstanden –, kam man zu spät in Mainz an. Die Kaiserin war für 11 Uhr angekündigt, kam aber erst am frühen Nachmittag an, so dass die Honoratioren, Ehrenjungfrauen, Musikkorps, Paradesoldaten und das ganze Volk seitdem am Mainzer Rheinufer warteten. Eine Flotte fürstlicher Schiffe ankommen zu sehen, war wohl auch ein Vergnügen, das man nicht mehr alle Tage hatte. In der Zwischenzeit war der Kaiser mit dem Wagen von Koblenz gekommen. Er hatte sich zwar eine Stunde vorher ankündigen lassen, aber der Bote fand niemanden in der Stadt vor, dem er dies hätte ausrichten können. So fuhr der Kaiser dann durch das völlig ausgestorbene Mainz und wurde nicht wie sonst üblich mit den „vive l'imperateur"-Rufen einer großen Menschenmenge, der Übergabe von Stadtschlüsseln am Stadteingang und der Rede des Bürgermeisters begrüßt. Am Abend soll es – wie Madame Brignole berichtet – einen gewaltigen Ehekrach gegeben haben, weil der Kaiser dies als Schuld von Josefine darstellte, die die Lustfahrt mit dem Schiff hinausgezögert und so Napoleon die Schau gestohlen habe.[116]

Die Napoleonische Zeit war für das Rheinland nur für wenige Jahre eine einigermaßen ruhige Epoche. Häufig änderten sich die territorialen Grenzen, nach Napoleons Willen verschwanden Herrschaften von der Landkarte, andere entstanden durch seine Gnade. Mit dem Reichdeputationshauptschluss vom 25. Februar 1803 wurden größere Mittelstaaten gestärkt, kleine Herrschaften wurden mediatisiert. Nach dem Frieden von Pressburg im Dezember 1805 begannen die Verhandlungen zur Gründung des Rheinbundes, der dann am 12. Juli 1806 ins Leben trat und die Niederlegung der Kaiserkrone durch Kaiser Franz am 6. August 1806 zur Folge hatte. Damit war das im Jahre 800 von Karl dem Großen gegründete Heilige Römische Reich Deutscher Nation erloschen. Für die beiden Territorien Nassau-Usingen und Nassau-Weilburg, die sich noch rechtzeitig dem Rheinbund angeschlossen hatten, bedeutete dies eine Zusammenfassung der beiden Teilherrschaften

116 Stramberg, Rhein. Antiquarius II, 2 (wie Anm. 84), S. 599 f.

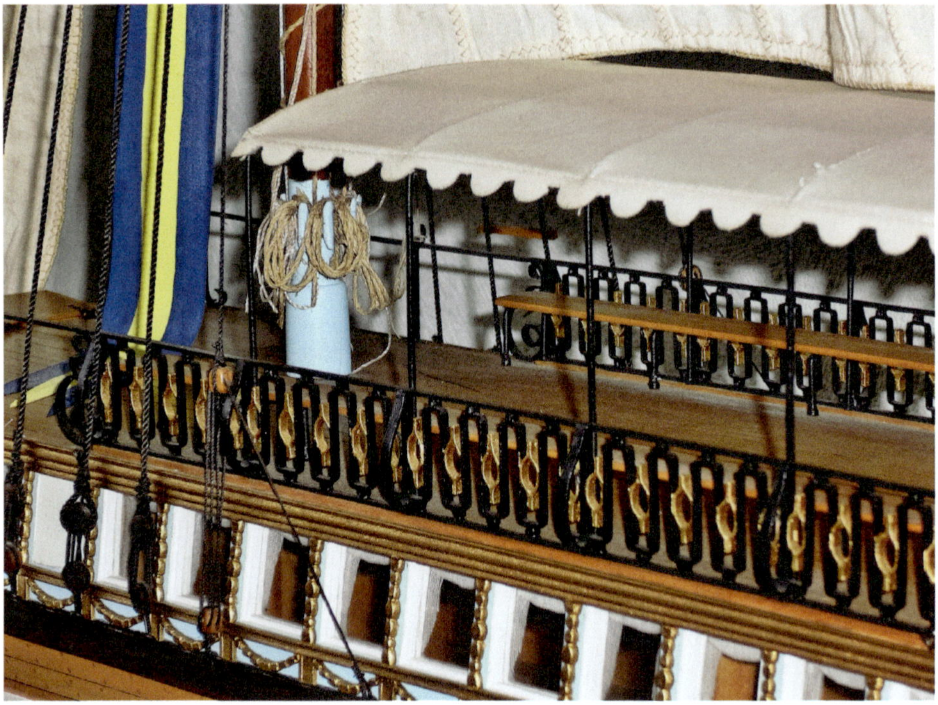

33 Modell der großen Leibjacht nach Hundeshagen. Modell von Gerhard Wicke, Detail.

und die Rangerhöhung zum Herzogtum. So wurden am 30. August 1806 Friedrich-August von Nassau-Usingen Herzog und Friedrich Wilhelm von Nassau-Weilburg Fürst des neugeschaffenen Herzogtums Nassau.[117]

Die Leibjacht des Fürsten von Nassau-Weilburg auf dem Rhein war jetzt eine herzogliche Jacht. Und da das Herzogtum weitgehend von Schloss Biebrich bei Wiesbaden aus regiert wurde, wird man sie wohl auch häufiger dort auf dem Rhein liegen gesehen haben.

Wie 1804 so stellte Friedrich-Wilhelm von Nassau-Weilburg Napoleon auch 1813 sein Schiff zur Verfügung. Der Kaiser war am 25. Juli 1813 von Dresden nach Mainz gekommen, wo er am folgenden Tag mit seiner Gattin Marie Louise[118] zusammentraf. Am 30. Juli 1813 gönnte sich Napoleon auf Einladung des Prinzen von Nassau einen kurzen Ausflug mit der Jacht auf dem Rhein, wobei der Prinz von Nassau ihn auf die prachtvollen Wein-

117 Struck, Gründung (wie Anm. 109), S. 5 f.

118 Napoleon hatte sich im Januar 1810 von seiner ersten Gattin Josephine Beauharnais (1763–1814) scheiden lassen und am 1. April 1810 die Tochter Kaiser Franz I., Marie-Louise von Österreich (1791–1847), geheiratet.

berge hinwies und Auskünfte zu Schloss Biebrich gab. Auf diesem Ausflug soll sich nach dem Bericht des kaiserlichen Kommissars und Finanzministers im Großherzogtum Berg, Graf Beugnot, folgende Episode zugetragen haben.[119]

Der Kaiser stützte sich gedankenverloren auf das Geländer des Schiffs und beugte sich darüber, um auf das Wasser zu blicken. Da sagte der mit Beugnot in einiger Entfernung stehende Präfekt des Departements Donnersberg, Jeanbon St. André: „Welche eigenartige Situation! Das Schicksal der Welt hängt mehr oder weniger von einem Fußtritt ab." Als Beugnot darauf erstarrte und zitternd stammelte: „In Gottes Namen, seien sie still", antworte Jeanbon: „Beruhigen sie sich, entschlusskräftige Menschen sind selten [...]. Lassen sie es sich gesagt sein, wir werden noch blutige Tränen darüber weinen, dass seine heutige Promenade nicht seine letzte gewesen ist."[120]

Napoleon reiste am 1. August wieder ab, die Kaiserin folgte am 2. August und wurde vom Mainzer Bürgermeister und einer Ehrenformation zum Rheinufer begleitet, wo sie in die Jacht des Herzogs von Nassau stieg, die sie bis nach Köln bringen sollte. Über die Vorbeifahrt der Kaiserin an Bonn liegt uns ein Bericht des Bonner Chronisten Jakob Müller vor:

> Dieß geschahe ungefehr ein viertel vor 5 Uhr Nachmittags, wo man die ehemahlige Kurfürstl Trierische, jetzt Nassau-Willburgische schöne Jacht den Rhein bey widrigem Winde langsam herunter schwimmen sahe, diese Jagd wurde mit einig-andern Schiffen, und den Hiesigen bis auf die Gränzen des Departements nämlich bis Rheindorff begleitet. Das ganze RheinUfer war mit mehrern Hundert Menschen besetzt und man hörete nichts als Vive l'Imperatrice, vive l'Empereur et le Roi de Rome unterm Läuten aller Glocken, Türkischer Musick und Böllerschüssen.
>
> Die Kayserinne befand sich auf dem Vordecke der Jacht mit einigen Damen und Herrn, sie hatte einen Strohehut auf dem Kopfe, und schiene unter demselben viel freundlicher und schöner zu sein als auf den Kupferstichen und portraits vorgestellt ist.[121]

Als die napoleonische Herrschaft zu Ende ging, gelang es den beiden Nassauer Fürsten wieder, rechtzeitig die Seiten zu wechseln, so dass sie nicht in den Sog der Niederlage hineingezogen wurden. Allerdings mussten sie bei der Neuaufteilung Teile ihres Territoriums

119 Jochem Rudersdorf, Die feierliche Begrüßung der Kaiserin Marie Louise auf dem Rhein bei Bonn am 4. August 1813 und das Ende ihrer Regentschaft 1814, in: Bonner Geschichtsblätter 64, 2014, S. 73–91, hier S. 77 f.

120 Nach Rudersdorf, Die feierliche Begrüßung (wie Anm. 119), S. 77 f.; vgl. Robert Lacour-Gayet, Mémoires du Comte Beugnot 1779–1815, Paris 1959, S. 221.

121 Rudersdorf, Die feierlich Begrüßung (wie Anm. 119), S. 75.

34 Ansicht von Schloss Biebrich bei Wiesbaden um 1840. Stahlstich nach C. Reiss.

an Preußen abgeben. Nach den Bestimmungen der Wiener Kongressakte vom 31. Mai 1815 wurden so auch die ehemaligen rechtrheinischen kurtrierischen Teile, die noch als eigener Regierungsbezirk Ehrenbreitstein bestanden, an Preußen übergeben. Nicht mit übergeben wurden die beiden nun dem Privateigentum des Fürsten zugeschlagenen Leibjachten, die jetzt ihre Heimat endgültig verlassen mussten und nach Biebrich überführt wurden. So wurden sie im Sommer 1815 von Engers, wo sie zuletzt vor dem Schloss lagen, nach Biebrich gebracht und dort am 15. November dem zuständigen Hofmarschallamt unterstellt.[122] Da bis zu den Forschungen von Hans Wolfgang Kuhn das weitere Schicksal der Jachten unbekannt war, hatte sich in der Literatur das Gerücht verdichtet, sie seien 1814 in Ehrenbreitstein bei einem Scharmützel von den Franzosen in Brand geschossen und vernichtet worden. Woher diese irrige Meinung kommt, konnte nicht festgestellt werden.[123]

1816 gingen die Schiffe im Erbgang in den Besitz des jungen Herzogs Wilhelm von Nassau über. Im Jahre 1816 waren nämlich sowohl der Vetter seines Vaters, der erbenlose

122 Kuhn, Über die kurtrierischen (wie Anm. 54), S. 68.

123 So jedenfalls noch im Katalog des Schifffahrts-Museums Düsseldorf: Schiffahrt-Museum im Schloßturm Düsseldorf Altstadt, hrsg. v. Stadtmuseum der Landeshauptstadt Düsseldorf, Schiffahrtsmuseum, Düsseldorf [1984], S. 27, Abb. 23; vgl. von Looz-Corswarem, Leibjacht (wie Anm. 40), S. 48; Kuhn, Über die kurtrierischen (wie Anm. 54), S. 68.

Herzog von Nassau, Friedrich August, als auch sein Vater und Mitregent Friedrich Wilhelm gestorben, der letztere mit 47 Jahren nach einem tragischen Sturz von einer Treppe in Schloss Weilburg.

Herzog Wilhelm von Nassau (1792–1839), der mit 24 Jahren Herzog geworden war, gehörte einer neuen Zeit an. Er war nach dem Ausbruch der Französischen Revolution geboren, war jünger als die beiden Staatsschiffe, die jetzt zu seiner Verfügung standen und die sicherlich auch emotional einer anderen, vergangenen Zeit angehörten. Wilhelm regierte das Herzogtum Nassau zunächst von Schloss Biebrich aus, baute aber zunehmend Wiesbaden zu seiner Residenzstadt aus.[124]

Aus dem Jahre 1818 besitzen wir Zeichnungen und Aufmaße der Schiffe durch den Juristen und Kunstdilettanten Helfrich Bernhard Hundeshagen (1784–1858), der ab 1813 als Bibliothekar in Wiesbaden tätig war. Anlass für die Erstellung der Dokumentation war, wie Hans Wolfgang Kuhn festgestellt hat, die geplante Reise Kaiser Franz' I. von Österreich zum Kongress der Heiligen Allianz in Aachen im Herbst 1818. Dass diese lange Zeit unbekannten Zeichnungen, die erstmals 1981 in der Ausstellung „Herzogtum Nassau 1806–1866" im Museum Wiesbaden gezeigt wurden, und die dort „Große Rheinjacht des Herzogs von Nassau" und „Jacht der Herzogin" benannt sind,[125] die ehemals kurtrierischen Jachten darstellten, wurde von Hans Wolfgang Kuhn erkannt, der dann in den Blättern für Rheinkunde 1978 und im Jahrbuch für westdeutsche Landesgeschichte 1982 darauf aufmerksam machte. Er stellte auch durch die parallele Wiedergabe der Grund- und Aufrisse von Johannes Seiz (1772) und Bernhard Hundeshagen (1818) fest, dass die Pläne von Seiz offensichtlich in dieser Form nicht verwirklicht worden waren, sondern dass es durchaus Veränderungen im Aufbau und der Dekoration gegeben hat. Die Tatsache, dass die Hundeshagen'schen Darstellungen nicht bekannt waren bzw. nicht der kurtrierischen Jacht zugeordnet worden waren, hatte dazu geführt, dass die bekannten Schiffsmodelle der großen Jacht im SchifffahrtMuseum Düsseldorf[126] und im Stadtmuseum Köln[127] und der kleinen

124 Struck, Gründung (wie Anm. 109), S. 15 f.

125 Katalog zu dieser Ausstellung, Wiesbaden 1981, S. 434 f.; Kuhn, Zwei kurfürstliche (wie Anm. 23), S. 26.

126 Schiffahrt-Museum im Schloßturm Düsseldorf (wie Anm. 123), S. 27, Abb. 23; Fimpeler-Philippen, Schifffahrt (wie Anm. 7), S. 293, Abb. 216.

127 Das Kölner Modell wurde für die Ausstellung: Große Leute – Kleine Leute. 2000 Jahre Koblenzer Geschichte 1992, Koblenz 1992, ausgeliehen, S. 99, Nr. 7.1.11.; das Kölner Modell aus den 1920er Jahren soll von dem Schiffbauer Hans Koenen (1869–1945) stammen, der auch ein Modell für das Rheinmuseum Koblenz gefertigt haben soll, dass aber im Krieg verloren ging; zu Hans Koenen vgl. Hans Seeling, Hans Koenen (1869 bis 1945) und seine Schiffsmodelle, in: Das Tor, Jg. 1987, H. 3, S. 35–40. Das Düsseldorfer Modell stammt von dem Modellbauer Jakob Keßler aus Oberwesel (Auskunft von Ulrike Stursberg aus den Akten des Schifffahrtsmuseums Düsseldorf).

35 Die kleine, ehemals kurfürstliche, jetzt nassauische Jacht. Kolorierte Zeichnung von H. B. Hundeshagen, 1818.

Jacht im Rheinmuseum in Koblenz[128] ausschließlich nach den Seiz'schen Plänen erstellt wurden, also nicht ganz dem verwirklichten Zustand des Schiffs entsprechen. Allerdings kann es sein, dass auch noch im Nachhinein Veränderungen an den Schiffen vorgenommen worden sind, wie der Einsatz eines zweiten Mastes zeigt.

Nach den Bestandsplänen von Bernhard Hundeshagen im Hessischen Hauptstaatsarchiv Wiesbaden hat Gerhard Wicke 1986 ein Holzmodell der großen Jacht gefertigt, das u. a. in der Ausstellung „2000 Jahre Schifffahrt auf der Mosel“ in Trier 2014/15 gezeigt wurde.[129]

Da die Schiffe aus Anlass der Fahrt des österreichischen Kaisers den Rhein hinunter abgebildet wurden, führen sie auf der Hundshagen'schen Ansicht eine Flagge mit dem kaiserlich-österreichische Wappen. Die Schiffe waren für diese Fahrt mit großem Aufwand wiederhergerichtet und weitgehend neu möbliert worden.[130]

128 Mario Kramp (Hrsg.), Ein letzter Glanz. Die Koblenzer Residenz des Kurfürsten. Zum 200. Todesjahr des Hofmalers Heinrich Foelix (1732–1803), S. 57: Beschreibung der kleinen Jacht durch Reiner Doetsch.

129 Katalog 2000 Jahre Schifffahrt auf der Mosel (wie Anm. 11), S. 233.

130 Zur Beschreibung der Hundeshagen'schen Zeichnungen vgl. auch Parschatka, Die kurtrierischen (wie Anm. 55), S. 43–48 u. 79–85; Zimmer, Fürstliche Moselreisen (wie Anm. 11), S. 237 f.

Die Fahrt des Kaisers von Österreich mit seinem Gefolge fand Ende September 1818 statt. Mit an Bord waren außer dem Kaiser u. a. auch sein Staatskanzler Fürst Clemens von Metternich (1773–1859), der ein Patenkind des letzten Trierer Kurfürsten Clemens Wenzeslaus von Sachsen war.[131] In einem in Wien erhaltenen Reisetagebuch über diese Fahrt heißt es:

> 25. September 1818: Auf der Jacht des Herzogs von Nassau von Mainz bis Bingen ¾ Stunden bei nicht günstigem Wind gefahren mit Segel. In Biebrich speisten wir. Dann fuhren wir wieder auf der Jacht 2 ½ Stunden gut bis Winkel. Von Winkel zu Wagen stark eine ½ Stunde nach Johannisberg, dem Fürsten Metternich gehörig, vormals Fuldaisch; ein guter Feldweg führt dahin.[132]

Übernachtet wurde in Bingen. Wahrscheinlich ging die Fahrt später auf dem Rhein bis Bonn oder Köln weiter.

Da der Ort Biebrich über keinen Hafen verfügte, wurden die Schiffe, nachdem sie 1815 Ehrenbreitstein verlassen haben, zunächst im schräg gegenüber von Biebrich liegenden, zu Hessen-Darmstadt gehörenden Mainz untergebracht. Ab 1818 waren sie dann in Niederwalluf (heute Walluf) etwa sechs Kilometer rheinabwärts von Biebrich stationiert, auch weil dort der neue Jachtschiffer, Joseph Blees, zu Hause war. Wie stark die Schiffe in den 1820er Jahren genutzt wurden, wissen wir nicht. Auf jeden Fall scheinen zunehmend Reparaturen aller Art nötig geworden zu sein. Schon 1818 waren die mit Leinwand belegten und Ölfarbe angestrichenen Schiffsdecks bei der großen Jacht durch Zink ersetzt worden, 1824 wurde dies auch bei der kleinen Jacht durchgeführt.[133] 1820 wurde durch den Niederwallufer Schiffbauer Damian Heun ein großer Teil der Beplankung erneuert und der Bildhauer Johannes Keilhauer musste die Zierrate wiederherstellen und flicken. So mussten die Bildhauerarbeiten am Bug erneuert werden, auch eine Neuvergoldung der Löwen wurde erforderlich. Auch wurde ein neuer Delphin auf dem Steuerruder benötigt, was zusammen 300 Gulden kosten sollte. Hinzu kamen Ausgabe des Schmiedemeisters Bechtold und des Nagelschmiedes Rosenbeck für Nägel und Beschläge sowie für den Glaser Schmidt für Glaserarbeiten, vermutlich zerbrochene Spiegel und Fenster.[134]

Die kostspielige Erhaltung und Instandsetzung der maroden Jachten stand unter der Leitung des nassauischen Hofdirektors Friedrich Ludwig Schrumph. Das Interesse an dem zunehmend unmodern gewordenen Schiff scheint dann aber stark nachgelassen zu ha-

131 Kuhn, Zwei kurfürstliche (wie Anm. 23), S. 26.
132 Nach Kuhn, Zwei kurfürstliche (wie Anm. 23), S. 26 f.
133 Kuhn, Über die kurtrierische (wie Anm. 54), S. 66.
134 Parchatka, Die kurtrierischen (wie Anm. 55), S. 48.

ben.[135] Es ist in diesem Zusammenhang daran zu erinnern, dass im Juni 1816 ein erstes Dampfboot bis Köln und im November 1817 ein Dampfschiff, die englische „Caledonia", den Rhein herauf bis Koblenz gekommen waren.[136] Handelte es sich bei dieser Fahrt noch um ein singuläres Ereignis, so zeigt die systematische Versuchsfahrt der niederländischen „De Zeuw" im Oktober 1824 und der „Rijn" im Herbst 1825 in Richtung Mainz, dass die Dampfschifffahrt auf dem Vormarsch war. Ab dem 1. März 1827 fuhr ein Dampfboot die Strecke Köln–Mainz im Linienverkehr.[137]

Als bei der letztgenannten Versuchsfahrt des Schiffes „Rijn" 1825 der preußische König Friedrich Wilhelm III. mit seiner Familie für die Strecke von Koblenz bis Köln das Dampfschiff nahm und sich von dem Konstrukteur Gerhard Moritz Roentgen, einem Enkel des bekannten Kunsttischlers aus Neuwied, der alle europäischen Fürstenhöfe mit seinen hochwertigen Rokokomöbeln beliefert hatte, die Funktionsweise erklären ließ, war der Durchbruch geschafft. Die neue Zeit war angebrochen. Es wird nicht mehr lange dauern und die Fürsten lassen sich Dampfbote für ihre Dienst-, Staats- und Lustreisen bauen, wobei bemerkenswert ist, dass sich diese ersten Dampfschiffe in der äußeren Gestaltung teilweise ganz an den Jachten des 18. Jahrhunderts orientierten.[138]

15.5 Das Ende: Sic transit gloria mundi

Was unsere Prunkschiffe anging, so suchte man zu Beginn der 1830er Jahre vergeblich nach einem Käufer für die Jachten, der bereit gewesen wäre, sie museal zu retten. Schließlich wurde das große Jachtschiff in ein Badeschiff umgewandelt, indem in der großen Kajüte Bottiche aufgestellt wurden. Im November 1831 wurde das „morsche alte Fahrzeug" in einem Sturm derart leck geschlagen, dass es auf den Strand gesetzt werden musste. Es half nichts, am 31. Januar 1832 ließ das Hofmarschallamt in Biebrich beide Jachten auf Abbruch verstei-

135 Kuhn, Zwei kurfürstliche (wie Anm. 23), S. 52; Parchatka, Die kurtrierischen (wie Anm. 55), S. 48.

136 Clemens von Looz-Corswarem, An Düsseldorf vorbei. Die ersten Dampfschiffe auf dem Rhein 1816–1825, in: Düsseldorfer Jahrbuch 86, 2016, S. 145–169 (Vgl. Beitrag 11 in diesem Band).

137 Horst Zimmermann, Aus der Geschichte der Personenschiffahrtsgesellschaften am Rhein, in. Beiträge zur Rheinkunde 31, 1979, S. 27–39, hier S. 28; Clemens von Looz-Corswarem, Die Anfänge der preußisch-rheinischen Dampfschiffahrtsgesellschaft, in: Kölner Unternehmer und die Frühindustrialisierung im Rheinland und in Westfalen (1825–1871), Ausstellung des Rheinisch-Westfälischen Wirtschaftsarchivs zu Köln, hrsg. vom Rheinisch Westfälischen Wirtschaftsarchiv zu Köln, Köln 1984, S. 96–115 (Vgl. Beitrag 12 in diesem Band).

138 Otto Dresemann, Aus der Jugendzeit der Rheindampfschiffahrt, Köln 1903, S. 13–16; von Looz-Corswarem, Die Anfänge (wie Anm. 137), S. 98 f.

36 Drehtabernakel, der von der großen kurfürstlichen Jacht stammen soll. Der Drehtabernakel befindet sich im Besitz der Familie Goeht, Vallendar, und wird an Fronleichnam bei der Prozession verwendet.

gern.[139] Auch Christian Stramberg schreibt, dass die Schiffe versteigert worden seien.[140]

Nur wenige Einrichtungsgegenstände der Jachten scheinen erhalten geblieben zu sein. So soll sich ein Drehtabernakel aus der in der großen Jacht eingebauten Kapelle in Privatbesitz befinden,[141] auch soll eine barocke Konsole aus der großen Jacht den Weg in das Rheinmuseum in Ehrenbreitstein gefunden haben.[142] Ebenso scheinen sich die zur großen Jacht gehörenden zwölf Salutkanonen, die wahrscheinlich auf dem genannten eigenen „Schießnachen" standen, erhalten zu haben. Zehn befinden sich in der Sammlung des Großherzogs von Luxemburg im großherzoglichen Palais. Zwei weitere Kanonen konnte das Landesmuseum Trier 1898 aus Wiesbadener Privathand erwerben. Die Aufschrift auf wenigstens einer der Kanonen deutet darauf hin, dass sie schon 1747 durch Johannes Bapst in der Festung Ehrenbreitstein gegossen wurden, d. h., dass sie wahrscheinlich sogar noch zu der Schönborn'schen Jacht gehören.[143]

Die Auktion erbrachte für das große Jachtschiff 345 Gulden, als Einzelposten wurden acht Tafeln aus der Kajüte für je einen Gulden abgegeben. Für die kleine Jacht waren, ob-

139 Kuhn, Zwei kurfürstliche (wie Anm. 23), S. 52; Kuhn, Über die kurtrierische (wie Anm. 54), S. 69 f.

140 Christian Stramberg, Rheinischer Antiquarius, II, 1 (wie Anm. 84), S. 15: „Der Fürst von Nassau-Weilburg, des Eigenthum sie 1803 geworden, hat sie nachmalen in Wilhelmsbad (Hanau) öffentlich an den Meistbietenden versteigern lassen."

141 Zimmer, Fürstliche Reisen (wie Anm. 11), S. 231; Zisgen, St. Marzellinus (wie Anm. 81), S. 77. Der Drehtabernakel befindet sich im Besitz der Familie Goeth, Vallendar, er wird noch bei Fronleichnamsprozessionen verwendet.

142 Reiner Doetsch, Neues Objekt im Rhein-Museum. Barocke Konsole aus der Yacht des Kurfürsten Clemens Wenzeslaus, in: Beiträge zur Rheinkunde 54. 2002, S. 72.

143 Parchatka, Die kurtrierischen (wie Anm. 55), S. 83 f. Kuhn, Nochmals (wie Anm. 54), S. 48. Dass sie sich in Luxemburg befinden, verwundert nicht, stammt doch das Haus Luxemburg aus dem Nassauer Herzogshaus ab.

37 Konsole, die aus der großen kurfürstlichen Leibjacht stammen soll.

38 Fünf der 1749 von Johannes Papst gegossenen, zu den kurfürstlichen Leibjachten gehörenden und auf einem eigenen „Schießnachen" mitgeführten Böllerkanonen aus dem großherzoglichen Palais in Luxemburg.

39 Zwei der Böllerkanonen aus dem Landesmuseum Trier.

40 Schloss Engers. Sehr gut ist der Neptun auf dem Heck der großen Jacht zu erkennen. 1806, Ausschnitt.

wohl sie noch schwimmfähig und im Prinzip brauchbar war, auch nur 555 Gulden zu bekommen. Sonstige Ausrüstungsgegenstände erhielten für 310 Gulden einen neuen Eigentümer. Der Jachtschiffer Joseph Blees wurde als Diener ins Hofmarschallamt übernommen.[144]

So endeten die prächtigen Schiffe des Kurfürsten Clemens Wenzeslaus von Trier. In der Zeit ihres rund 50-jährigen Bestehens haben sie eine Epoche begleitet, in der sich, wie in kaum einer anderen, das Gesicht der Welt verändert hat. Mit der Versteigerung der kurfürstlichen Leibjachten auf Abbruch Anfang 1832 ging endgültig das Ancien Régime zu Ende.

Ein letztes Denkmal setzte Johann August Klein in seiner als Handbuch für Rheinreisende weit verbreiteten „Rheinreise von Mainz bis Köln“ aus dem Jahre 1828 dem Schiff:[145]

> Neptun, von Dämpfen gezogen,
> spaziert den Rhein aufwärts:
> goldend sitzt er auf dem Steuerdecke der Nassauer Herzogsjacht,
> wenn er dem Ozeane wieder zufährt.

144 Kuhn, Über die kurtrierischen (wie Anm. 54), S. 70.

145 Johann August Klein, Rheinreise von Mainz bis Köln, Coblenz 1828, S. 204; von Looz-Corswarem, Leibjacht (wie Anm. 40), S. 48; Kuhn, Zwei kurfürstliche (wie Anm. 54), S. 52; vielleicht deutet dies an, dass das Jachtschiff schon von einem Dampfschiff den Rhein hinaufgezogen wurde.

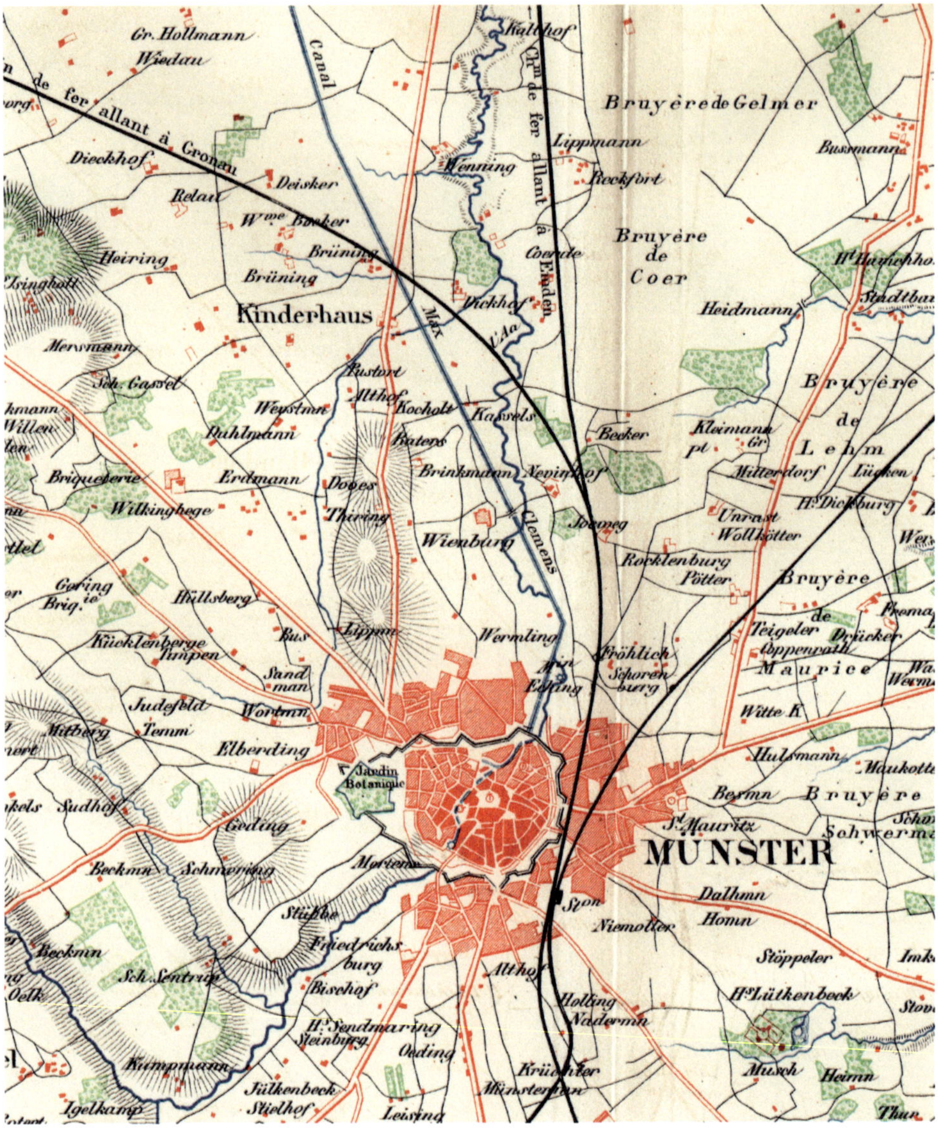

1 Der Max-Clemens-Kanal auf einer Umgebungskarte von Münster. Farblithographie von Malte-Brun, 1885, Ausschnitt.

16 Schiffe auf dem Max-Clemens-Kanal

16.1 Der Kanal von Münster

Der Kanal von Münster, wie der Max-Clemens-Kanal bis ins 19. Jahrhundert hinein genannt wurde, verlief von der Stadt Münster aus in nordwestlicher Richtung auf die niederländische Grenze zu. Er endete auf freiem Felde in der Gemeinde Wettringen südlich von Rheine, ohne Anschluss an einen schiffbaren Fluss.[1] Es ist die Frage laut geworden, ob es sich bei diesem Kanalbau des 18. Jahrhunderts um eine grandiose merkantilistische Fehlplanung gehandelt hat oder ob nur widrige Umstände die Fertigstellung und das Aufblühen dieses Schifffahrtsweges verhindert haben, zumal heute eine der wichtigsten Kanalverbindungen Nordwestdeutschlands, der Dortmund-Ems-Kanal, ungefähr in die gleiche Richtung verläuft.[2] Der Max-Clemens-Kanal ist noch immer als breiter, teilweise mit Wasser gefüllter Graben in der Landschaft zu erkennen; er stellt ein technisches Kulturdenkmal besonderer Art dar.

Bis zum Ende des 18. Jahrhunderts, ja bis zum Ausbau des Eisenbahnweges, wurden die Wasserwege vom Handel den oft schlecht ausgebauten Straßen vorgezogen. Die Kosten für den Landtransport waren wegen der begrenzten Kapazität und der Anfälligkeit der Karren und Wagen, auch wegen des kostspieligen Unterhalts der Pferde, wesentlich aufwendiger als der Transport mit dem Schiff. Auch die Reisenden zogen in der Regel eine Fahrt mit dem Schiff einer unbequemen Postkutschenfahrt vor. Diese Bevorzugung des Wasserweges hatte zur Folge, dass auch kleine, heute unbedeutende Flüsse für den Schiffsverkehr genutzt wurden, häufig nur in den wasserreichen Frühjahrs- und Herbstmonaten, oft nur unter Zuhilfenahme von „Schüttwasser" aus den Mühlenbächen.[3]

Folgerichtig sahen es die auf wirtschaftliche Förderung ausgerichtete Territorien des 18. Jahrhunderts als vordringliche Aufgabe an, durch den Ausbau von Schifffahrts- und

---

1 Alfred Bruns, Münsters Weg zum Meer. Ende auf freiem Feld: der Max-Clemens-Kanal, in: Westfalenspiegel 5, 1979, S. 54 f.; Wilhelm Brockpähler, Wettringen. Geschichte einer münsterländischen Gemeinde, Wettringen 1970, bes. S. 358 ff.

2 Hans-Georg Braun/Hans Rohde/Walter Strähler, Wasserstraßenverbindungen Rhein-Ems-Weser-Elbe, in: Flüsse und Kanäle. Die Geschichte der deutschen Wasserstraßen, hrsg. v. Martin Eckoldt, Hamburg 1998, S. 356–438, hier bes. S. 358–360; Andreas Falk/Jörg Schultze-Rhonhof, Ein Vergleich zwischen dem Max-Clemens-Kanal von 1724 und dem Dortmund-Ems-Kanal von 1892. Arbeitswelt und Technik beim deutschen Kanalbau im Wandel (Schülerwettbewerb Deutsche Geschichte: Arbeitswelt und Technik im Wandel), masch. Münster 1978.

3 Martin Eckoldt, Schiffahrt auf kleinen Flüssen Mitteleuropas in Römerzeit und Mittelalter (Schriften des Deutschen Schiffahrtsmuseums 14), Oldenburg – Hamburg – München 1980.

Canal zwi-
schen Mün-
ster und
Schwoll.
1724.

Se. Churfürstl. Durchl. von Cöln, als Bi-
schoff zu Münster, liessen Sich gefallen, den 19. May
nach angehörter Messe, unter Trompeten- und Paucken-
Schall, auch Lösung derer darzu aufgeführten Canonen,
in Gegenwart der Königl. Polnisch- und Preußischen Ge-
sandten, mit eigener hohen Hand, den ersten Wasen
dazu auszustechen

2 Spatenstich des Kurfürsten Clemens August von Köln am 9. Mai 1724 zum Kanal zwischen Münster und Zwolle. Holzschnitt, ca. 1724.

Kanalverbindungen den allgemeinen Wohlstand ihres Landes und seiner Bevölkerung zu heben, wobei auch hier das Beispiel Frankreichs mit seinen berühmten Kanalbauten (Canal du Midi) als Vorbild gedient haben wird.[4]

4 Hermann Rothert, Westfälische Geschichte, Bd. III: Absolutismus und Aufklärung, 4. Aufl., 1951, Nachdruck Gütersloh 1976, S. 234 f.; Heinrich Knüfermann, Geschichte des Max-Clemens-Ka-

3 Medaille auf den Baubeginn des Kanals Münster–Zwolle 1724. Vorders.: Brustbild des Kurfürsten Clemens August von Bayern (1719–1761), Erzbischof von Köln, Bischof von Münster, Paderborn und Hildesheim, Rücks.: Minerva als Schützerin des Handels mit Füllhorn, zu ihren Füßen Warenballen und Merkurstab, von Stempelschneider. Georg Wilhelm Vestner (1677–1740).

Am 9. Mai 1724 stach Clemens August, Erzbischof von Köln und Bischof von Münster, in einer feierlichen Zeremonie auf freiem Felde nördlich von Münster die erste Rasenplagge zum Aushub eines von Münster nach Zwolle in den Niederlanden zu bauenden Kanals. Der junge Kurfürst wollte damit einen schon seit dem 17. Jahrhundert bestehenden Plan, eine Schifffahrtsverbindung zwischen der Stadt Münster und dem Meer herzustellen, verwirklichen. Es lagen ihm Berechnungen der münstersche Kaufmannschaft vor, wonach sich ein solcher Kanal in wenigen Jahren amortisiert haben würde. Der Optimismus, der sich an den Baubeginn knüpfte, kommt in einer von dem Baumeister und Artillerieoberst Lambert Friedrich von Corvey entworfenen und dem bekannten Stempelschneider Georg Wilhelm Vestner ausgeführten Gedenkmedaille zum Ausdruck.[5]

Der 1724 mit großem Aufwand begonnene Bau des „Münsterschen Kanals“, an dem zeitweise bis zu 1500 Arbeiter beschäftigt waren, ging nicht so voran, wie man gehofft hatte. Von den finanziellen Schwierigkeiten ganz abgesehen – das Unternehmen wurde

nals im Münsterland (Beiträge für die Geschichte Niedersachsens und Westfalens 10), Hildesheim 1907; Bruns, Münsters Weg wie Anm. 1), S. 54 f.; Wilfried Reininghaus, Die vorindustrielle Wirtschaft in Westfalen, Münster 2018 Bd. 3, S. 1131–1157.

5 Wolfgang-Georg Schulze, Der Max-Clemens-Kanal. Eine Medaille erinnert an den Versuch, das Fürstbistum Münster an den Welthandel anzuschließen, in: Münstersche Numismatische Zeitung (Inter Münz-Kurier 76) v. 11. Nov. 1977, S. 8–9.

4 Der Hafen des Max-Clemens-Kanals vor dem Neubrückentor zu Münster. Nach einem Kupferstich von ca. 1820/30.

wesentlich teurer, als veranschlagt –, machten sich bald gravierende Planungsfehler bemerkbar, die schließlich zur Ablösung des verantwortlichen Bauingenieurs, des Niederländers Georg Michael Meetsma, führten.[6] Dazu traten noch diplomatische Schwierigkeiten. Man hatte versäumt, sich vor Baubeginn mit den Landständen von Overijssel und der benachbarten Grafschaft Bentheim über die Schiffbarmachung der Vechte zu einigen, in die der Kanal münden sollte. So beschloss man 1731, als der Kanal ca. 31 Kilometer lang bis zum Frischhofsbach nordöstlich von Burgsteinfurt fertiggestellt war, ihn in diesem halbfertigen Zustand für den Warentransport herzurichten und an seinem Endpunkt, dem

6 Brockpähler, Wettringen (wie Anm 1) S. 358 ff.; Knüfermann, Geschichte (wie Anm. 4), S. 34 f.

nach seinem Erbauer genannten Clemenshafen, ein Lagerhaus und Verladeeinrichtungen zu errichten. Das andere Ende des Kanals wurde bis an den Stadtgraben der Stadt Münster vor dem Neubrückentor herangeführt, ohne mit ihm verbunden zu werden. Auch hier entstand eine Anlegestelle mit einem Kran.

Der Kanal war im Einschnitt ca. 12 Meter und im Auftrag ca. 18 Meter breit, seine Tiefe betrug in dem eingeschnittenen Gelände zwischen 1,5 und 1,9 Meter, zwischen den aufgeworfenen Dämmen zwischen 2,5 und 3,5 Meter, er wurde von der Münsterschen Aa gespeist. Zum Ausgleich des Wasserniveaus wurden auf der ganzen Länge zwei Schleusen, eine steinerne bei Greven und eine hölzerne Schleuse bei Kinderhaus nördlich von Münster, errichtet.[7]

Die Verwaltung des Kanals wurde 1734 mit der münsterschen Postverwaltung vereinigt. Die Abwicklung des Verkehrs lag in den Händen eines bei Clemenshafen wohnenden Spediteurs und Posthalters, dem auch die Angestellten, die Packer, Schiffsführer, Pferdeknechte, Schleusenwärter und Fuhrleute unterstanden. Aller Handelsverkehr zwischen den Niederlanden und der Stadt Münster musste über den Kanal geführt werden. Dieses Monopol führte zur Verpflichtung, die Waren bei Vereisung des Kanals im Winter oder sonstigen Behinderungen zu den gleichen Frachtkosten mit dem Wagen über den Kanaldamm zu transportieren.

Trotz der Mühe des Umladens in Clemenshafen scheint der Verkehr auf dem Kanal lebhaft gewesen zu sein, wenn er auch nicht den Umfang erreichte, der bei der Planung vorausberechnet worden war. Während des Siebenjährigen Krieges (1756–1763) wurden nur die dringendsten Ausbesserungsarbeiten an dem sowieso schon anfälligen Kanal vorgenommen, so dass es größerer Anstrengungen bedurfte, den Kanal in den 60er Jahren des 18. Jahrhunderts wieder in Stand zu setzen. 1765 wurde ein Vertrag mit dem Postkommissar Duesberg abgeschlossen, wonach dieser gegen eine jährliche Pachtsumme den Kanalbetrieb übernahm. Er musste sich allerdings verpflichten, den Kanal sechs Kilometer weiterzuführen, eine Arbeit, die 1771 beendet war. Der jetzige Endpunkt wurde nach dem regierenden Fürstbischof Max Friedrich von Königsegg Maxhafen genannt, auch hier entstanden Lagergebäude und Kraneinrichtungen.[8]

7 Bernhard Lensing, Der Max-Clemens-Kanal im Gebiete des ehemaligen Fürstbistums Münster 1724–1840, in: Auf roter Erde. Beiträge zur Geschichte des Münsterlandes und der Nachbargebiete 1935/36 (XI. Jg. der heimatkundlichen Beilage des Münsterischen Anzeigers), Münster 1936, S. 91–95.

8 Führbringer, Der Max-Clemens-Kanal und sein Erbauer Kurfürst Clemens August von Köln, Bischof von Münster. Auszug aus dem Reisetagebuch des Heinrich Bernhard von dem Appelle vom Jahre 1724, in: Jahrbuch d. Ges. d. bild. Kunst u. vaterl. Altertümer zu Emden, Bd. 8, 1888, H. 1, S. 103–128; Lensing, Max-Clemens-Kanal (wie Anm. 7), S. 91–95.

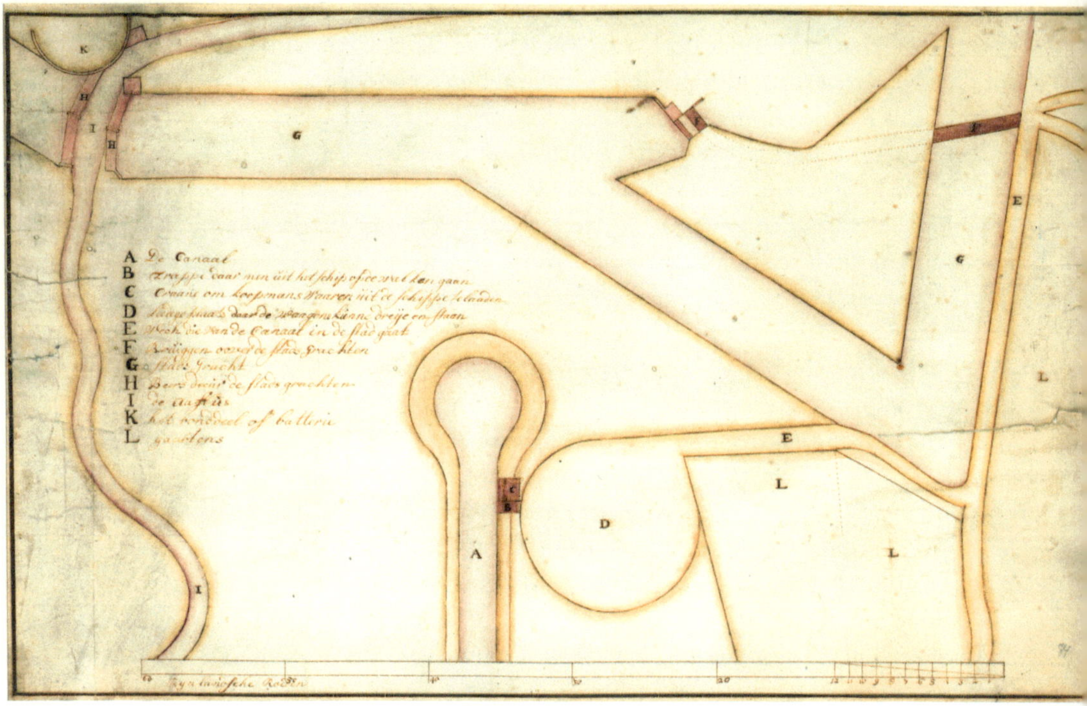

5 Plan des Hafens des Max-Clemens-Kanals vor dem Neubrückentor zu Münster, ca. 1724.

Legende:
A De Canaal;
B Trappe daar men uit het ship op de wal kann gaan;
C Craane, om koopmanswaaren uit de shipppe te laaden;
D Leedege plaats, daar de waagens kunne dreijn en staan;
E Wech, de van de canaal in de stad gaat;
F. Bruiggen oover de stads grachten;
G Stadtsgracht (Wassergraben der Befestigung);
H Beers (Damm) deeur de stads grachten;
I de Aafluss;
K het ronddeel of batterie;
L gaartens.
Eine rheinische Rute (zu 12 Fuß) entspricht ca. 3,76 Metern.

Unter der Preußischen Herrschaft von 1802 bis 1806 sowie während der Zugehörigkeit Münsters zum Großherzogtum Berg und zum Kaiserreich Frankreich wurden verschiedene Pläne zum Ausbau des Kanalnetzes entworfen, die aber nicht zur Ausführung gelangten. Im Gegenteil, der Kanal verwahrloste in dieser unruhigen Zeit wieder. Ein Schaden an der steinernen Schleuse 1815 wurde nicht mehr behoben, stattdessen ein Damm durch den Kanal gezogen, so dass er nun aus zwei Teilen bestand und die Waren an der Nahtstelle umgeladen werden mussten. Als in den 30er Jahren eine starke Versandung

6 Das Ende des Kanals zu Maxhafen. Foto eines verschollenen Gemäldes.

und Verschlammung des Kanalbettes sowie weitere Schäden eintraten, ließ die preußische Regierung den Verkehr auf dem Kanal zu Beginn des Jahres 1840 einstellen und in den folgenden Jahren das Inventar, die Gebäude und Grundstücke versteigern.[9]

16.2 Die Treckschuten auf dem Kanal

Eine erste Treckschute für den Kanal scheint schon im Sommer 1725 gebaut worden zu sein, denn auf ihr machte Kurfürst Clemens August im Herbst dieses Jahres eine Besichtigungsfahrt über das bis dahin vollendete Teilstück des Kanals. Für den Handelsverkehr wurden dann im Frühjahr 1731 von Nordhorner Schiffbauern Treckschuten gebaut. In Nordhorn, dem Endpunkt der Vechteschifffahrt, verfügte man über eine alte Schiffbautradition. Ob die von Nordhorner Handwerkern gebauten Schiffe in Nordhorn selbst oder am Kanal hergestellt wurden, ist unklar.[10]

9 Vaders, Der Max-Clemens-Kanal, in: Münsterische Heimatblätter, Bd. 1, 1914, S. 68–71, Peter Werland, Der Max-Clemens-Kanal. Ein alter Wasserweg durch die münsterländische Heide (Das schöne Münster, 11. Jg., H. 7), Münster 1939.

10 R. E. J. Weber, De treckschuit, in: Spiegel historiael, 2. Jg., Mai 1967, Nr. 5, S. 301–305; A. G(or-

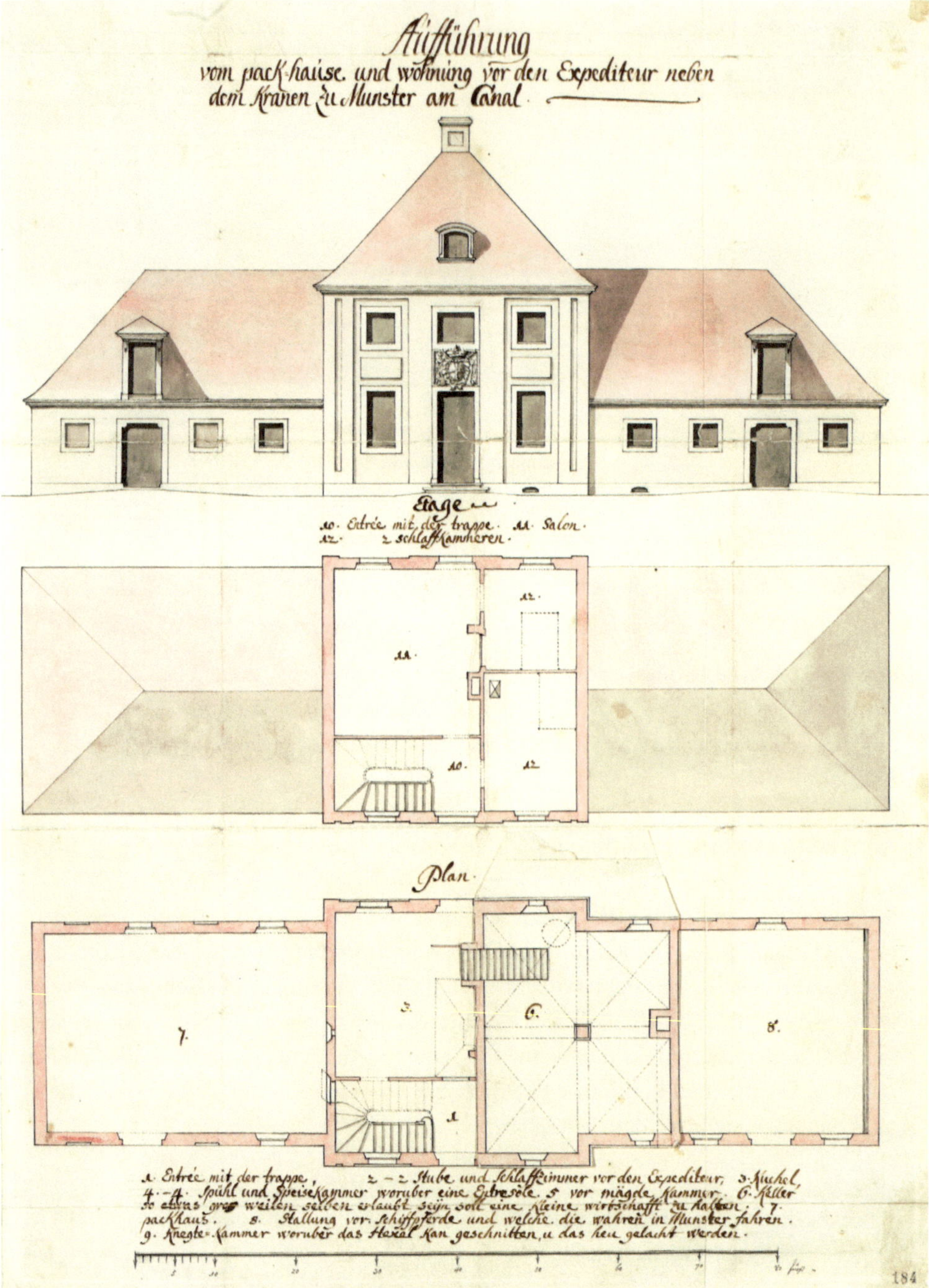
vom pack-haüse und wohnung vor den Expediteur neben dem Kranen zu Munster am Canal
Etage
10. Entrée mit der trappe. 11. Salon.
12. 2 schlaffKammeren.
Plan.
1. Entrée mit der trappe, 2 – 2 Stube und SchlaffZimmer vor den Expediteur, 3. Kuchel,
4. – 4. Spühl und Speisekammer woruber eine Entresole. 5 vor mägde Kammer. 6. Keller
so etwas gros weilen selben erlaubt seijn soll eine kleine wirtschafft zu halten. 7.
packhaus. 8. Stallung vor Schiffpferde und welche die wahren in Munster fahren.
9. Knegte-Kammer woruber das Hexel kan geschnitten, u das heu gelacht werden.
184

7 Entwurf zu einem Packhaus mit Expeditionswohnung an der Verladestation des Max-Clemens-Kanals in Münster. Lavierte Federzeichnung von Johann Conrad Schlaun, um 1731, nicht ausgeführter Entwurf.

Ausführung vom Packhaus und [von der] Wohnung vor [=für] den Expediteur neben dem Kranen zu Münster am Kanal.
1. Entrée mit der trappe; 2. Stube und Schlafzimmer vor den Expediteur;
3. Kuchel; 4. Spühl- und Speisekammer worüber eine Entresole (Zwischengeschoss); 5. vor Magdekammer; 6. Keller, so alles gros, weilen selbem erlaubt seyn soll, eine kleine Wirtschaft zu halten. 7. Packhaus; 8. Stallung vor Rhytpferde und welche die Wahren na Münster fahren; 9. Knegte-Kammer, worüber das Heu (?) kann geschnitten u. das Heu gelacht werden;
Etage
10. Entrée mit der Trappe; 11. Salon; 12. 2 Schlaffkammeren.
Bei der Zeichnung ist der Plan des Kellers über einen Teil des Erdgeschosses gelegt worden, so dass einige Räume und Ziffern nicht zu sehen sind.

Die flachbodige Treckschute, auch Punte oder Pünte genannt, war der auf den Wasserläufen der nördlichen Niederlande und der angrenzenden Gebiete übliche Schiffstyp. Sie konnte je nachdem, für welchen Wasserlauf sie bestimmt war, unterschiedliche Größen erreichen. Kennzeichnend für die Treckschute ist der kurze Mast im ersten Drittel des Bootes, an dem sich eine Halterung für die Treidelleine befand.

Die in der ersten Hälfte des 18. Jahrhunderts gebauten Fahrzeuge waren ca. 16,5 Meter lang und ca. 3 Meter breit, ihre Traglast betrug 60 bis 70 Schiffspfund, was ca. 9–10 ½ Tonnen entspricht. 1740 betrugen die Baukosten eines solchen Schiffes 180 Reichstaler, wobei aber das Holz aus den Kammeralwaldungen des Stifts genommen worden zu sein scheint.

Bis 1757 befuhren für den Güterverkehr drei Treckschuten den Kanal, die zunächst von Postpferden, später von Pferden des Spediteurs gezogen wurden. Die Frachtschiffe fuhren, wenn eine hinreichende Menge Frachtgut eingetroffen war. Wenn sie morgens in Clemenshafen abfuhren, erreichten sie Münster am Nachmittag. Der Lein- oder Treidelpfad, der sich auf dem westlichen Kanaldamm befand, durfte nur von Kanalpferden oder Fuhrwerken benutzt werden.

Während des Siebenjährigen Krieges waren wegen der großen Transporte für Militärzwecke zahlreiche zusätzliche Schiffe und Kähne auf dem Kanal eingesetzt, von denen jedoch mehrere bei der Belagerung Münsters 1759 zerstört wurden. Während der Pachtzeit des Inspektors Duisberg verkehrten vier Frachtschuten zwischen Münster und Maxhafen, auch soll ein eigenes Schiff für den Gebrauch des Kurfürsten bereitgestanden haben. Allein drei Schiffe sollen im Jahr 1765 neu gebaut worden sein.[11]

schlüter), Mit der Treckschute durch das Münsterland. Das Postschiff auf dem Max-Clemens-Kanal, in: Postgeschichtsblätter Münster, 11. Jg., 1965, Nr. 2, S. 3–5.

11 Knüfermann, Geschichte (wie Anm. 4), S. 127 f.; Helmut Lahrkamp, (Hrsg.), Lambert Friedrich

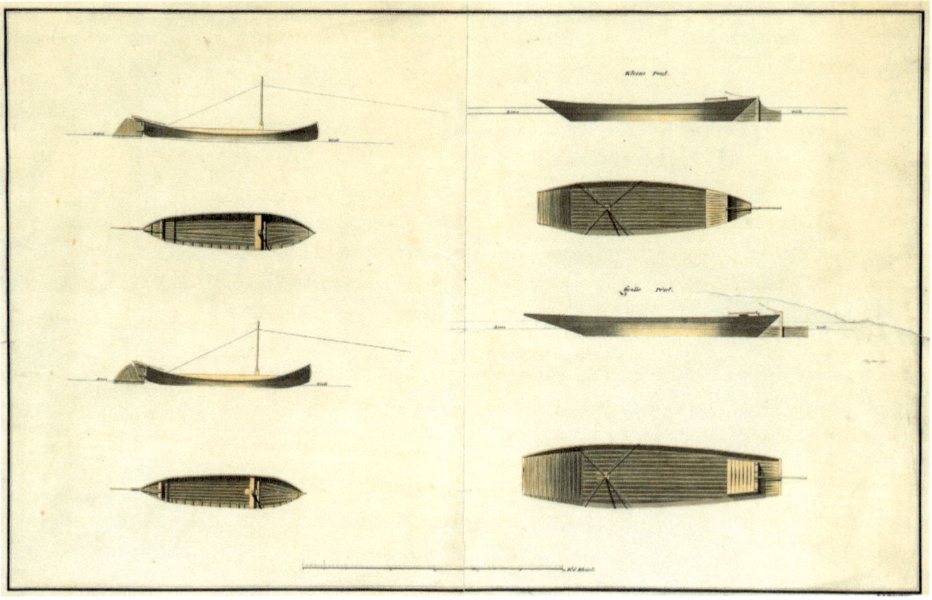

8 Kanalpünten, erste Hälfte 19. Jahrhundert.

Die im 19. Jahrhundert gebauten Kanalschiffe sollen etwas flacher als die früheren Treckschuten gewesen sein, da die Wassertiefe des Kanalbettes abgenommen hatte. H. Berghaus gibt für 1822 die Länge eines Frachtschiffes mit oben 50 Fuß 3 Zoll (15,75 m), unten mit 47 Fuß (14,75 m) an.

Die Breite an Bord betrug 9 Fuß 5 Zoll (2,86 m), am Boden 7 Fuß 4 ½ Zoll (2,23 m). Auch scheinen die Schuten wegen der Verschlammung des Kanals nicht mehr voll beladen worden zu sein.

Von den bei Einstellung des Verkehrs auf dem Kanal 1840 noch vorhandenen sieben Schiffen besaß das größte eine Länge von 42 ½ Fuß (13,35 m) und eine Breite von 9 ½ Fuß (3 m), es trug am Bug einen Beschlag aus Eisenblech, um im Winter als Eisbrecher zu dienen. Eines der Schiffe schaffte man zur Ems, das dort bei Strombauarbeiten Verwendung fand. Die anderen Schiffe wurden an den letzten Kanalpächter Brefeld verkauft, der sie einige Jahre liegen ließ und später als Brennholz weiterverkaufte.

Corfey. Reisetagebuch 1698–1700 (Quellen und Forschungen zur Geschichte der Stadt Münster, NF 9), Münster 1977, bes. S. 301–324: Die Aufzeichnungen Corfeys zur Geschichte des münsterschen Max-Clemens-Kanals.

Eine ca. 60 × 93 Zentimeter große, farbig lavierte Zeichnung mit vier Schiffen, den zwei Kähnen „Wilhelm" und „Blücher" und den zwei Pünten, stammt wohl aus den 20er Jahren des 19. Jahrhunderts. Als Zeichner ist P.-A. Overduyn angegeben. Bei den abgebildeten Schiffen handelt es sich wahrscheinlich nicht um Emspünten, wie Prinz annimmt, denn wegen ihrer Länge und Breite hätten sie nur mit Mühe auf der gewundenen und mit Stromschnellen durchsetzten Ems eingesetzt werden können.

Die Treidelmasten erscheinen bei den Pünten nicht im Aufriss, aber aus der Aufsicht wird deutlich, dass sie im ersten Drittel des Bootes liegen. Sie stehen in einem Mastschuh und werden von vier Seilen gehalten. Die Zeichnung lässt sehr gut die einfache Bauweise dieser flachen Schuten oder Pünten erkennen.

Nach der auf dem Plan angegebenen Skala in rheinischen Fuß (31,4 cm) hatten die Schiffe in natura etwa folgende Abmessungen:

	1. Schiff Wilhelm	2. Schiff Blücher
Länge mit Ruder	15,35	14,35
Länge ohne Ruder	12,95	12,20
Breite mittschiffs	2,80	2,50
Höhe mit Mast	4,80	4,95
Bordhöhe	0,95	0,85
Tiefgang leer	0,20	0,25

	3. Kl. Pünte	4. Gr. Pünte
Länge mit Ruder	17,70	20,60
Länge ohne Ruder	15,50	18,70
Länge Unterkante	11,65	12,50
Breite	4,05	4,80
Breite des Bugs	2,30	2,80
Bordhöhe	1,16	1,35
Tiefgang voll	0,97	1,08
Tiefgang leer	0,46	0,54

Die Namengebung der Schiffe deutet auf die Zeit nach den Befreiungskriegen hin. Das eine Schiff scheint zu Ehren des preußischen Königs Friedrich Wilhelm III. benannt worden zu sein, der im Volk recht beliebt war. Auch die Benennung des kleineren Schiffes nach dem volkstümlichen Heerführer, Generalfeldmarschall Fürst Blücher, verweist auf die patriotische Gesinnung des Kanalverwalters. In diesen Zusammenhang passt eine Mitteilung aus den Berlinischen Nachrichten vom 15. Juli 1824: Der Kanalinspektor Veltmann hatte aus Anlass des 100-jährigen Gründungsdatums des Kanals am 9. Mai 1824 eine Feier ausgerichtet, mit der er vielleicht auch die Diskussion um Stilllegung oder Wiederinstandsetzung der Wasserstraße beeinflussen wollte.[12]

> Am frühen Morgen wurde das Schiff FRIEDRICH WILHELM DER DRITTE mit Flagge und Wimpel geziert und mit Böllern begrüßt. Hierauf wohnte die gesamte Familie Veltmann einer besonderen gottesdienstlichen Feier bei. Gegen Abend, als die Dunkelheit einbrach, wurde ein Feuerwerk auf der über den Kanal dazu geschlagenen Schiffbrücke abgebrannt. [...] Einen malerischen Anblick gewährte es, als das seit 7 Uhr abgefahrene Schiff FRIEDRICH WILHELM III. mit dem illuminierten Namenszuge des Königs geschmückt sich auf der dunklen Wasserfläche von fern bewegte.

16.3 Das Postschiff

Seit 1733 diente der Kanal auch der Postbeförderung. Für den Personenverkehr war ein der fürstbischöflichen Postverwaltung gehörendes Postschiff eingesetzt, eine Treckschute mit einer Kajüte, wie sie in den Niederlanden in dieser Zeit häufig war. Das Postschiff fuhr zweimal die Woche, montags und donnerstags von Clemenshafen nach Münster und dienstags und freitags wieder zurück. Außer Briefpost und Personen wurde auch Frachtgut befördert, das später auf Stücke bis zu 40 Pfund beschränkt wurde.[13]

Bis eine direkte Postverbindung von Clemenshafen nach Rheine geschaffen wurde, brachte ein Postwagen die Reisenden zu einer Station der Rheine-Zwoller-Fahrpost. Im Jahre 1749 richtete man einen direkten Anschluss nach Groningen, wenig später eine Fahrpost über Rheine und Lingen nach Emden ein. So war die Kanalpost eine der wichtigsten Postverbindungen von Münster aus in die Niederlande und den friesischen Raum.

Ein Postschiff wurde während des Siebenjährigen Krieges zerstört, so dass in den 1760er Jahren ein neues gebaut worden sein muss, das wohl bis zur Jahrhundertwende seinen Dienst versehen hat. Wegen des schlechten Zustandes des Kanals hatte die preußische Postverwaltung schon bei der Übernahme der münsterschen Post 1802 die Einstellung des Postschiffsverkehrs auf dem Kanal erwogen, da das Postschiff nicht mehr regelmäßig verkehrte. In der französischen Zeit ließ sich die Generalpostdirektion des Großherzog-

12 Knüfermann, Geschichte (wie Anm. 4), S. 110f.

13 Gorschlüter, Treckschute (wie Anm. 10), S. 3–5: Wilhelm Fleitmann, Wann fuhr das letzte Postschiff auf dem Max-Clemens-Kanal?, in: Postgeschichtsblätter Münster, NF 17, 1980, S. 332.

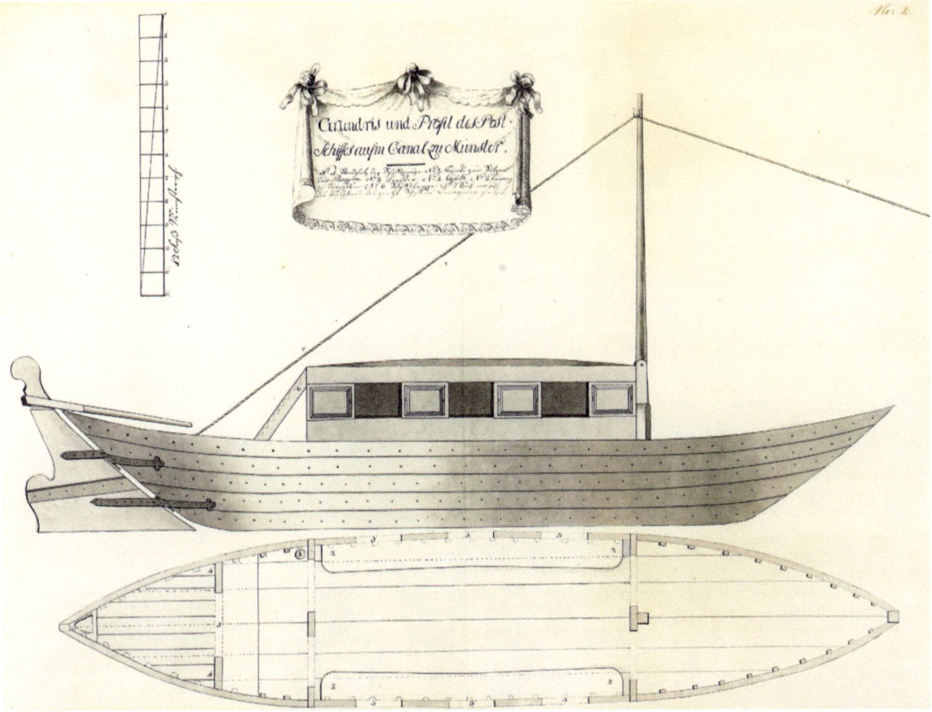

9 Grundriss und Profil des Postschiffs zwischen Münster und Maxhafen. Kolorierte Zeichnung, 1803.

tums Berg allerdings von dem damaligen Postdirektor Bernhard Anton Duesberg davon überzeugen, das Postschiff weiter fahren zu lassen. Es wurde in den Jahren 1809/10 sogar ein neues Postschiff gebaut. Hierfür war zunächst die Schiffswerft Sweighuis und Brass in Nordhorn vorgesehen, deren Kostenvoranschlag mit 900 holländischen Gulden aber zu hoch lag. Auch eine Schiffswerft in Dorsten an der Lippe scheint nicht zum Zuge gekommen zu sein, bis dann ein Unternehmer de Gruter aus der Grafschaft Mark den Auftrag für 390 Konventionstaler erhielt.

Nach der endgültigen Übernahme des Münsterlandes durch Preußen Ende 1813 richtete die preußische Postverwaltung den Postverkehr auf dem Kanal nicht wieder ein und ersetzte die Verbindung nach Zwolle durch eine Postkutschenverbindung. Was aus dem Postschiff geworden ist, ist unbekannt.

Die hier wiedergegebene Zeichnung des Postschiffes wurde nach W. Fleitmann im Jahre 1803 angefertigt, sie ist somit wohl im Zusammenhang mit der ersten Übernahme des Postbetriebes durch die Preußen entstanden. Die Erläuterungen in der Kartusche besagen:

„Grundris und Profil des Postschiffs aufm Canal zu Münster.
Nr. 1: Standplatz der Schiffspumpe;
Nr. 2: Bänke zum sitzen der Passagiere;
Nr. 3: Fenster;
Nr. 4: Cajütte;
Nr. 5: Eingang zu derselben;
Nr. 6: Schiffstreppe;
Nr. 7: Seil, woran das Postpferd das ganze Schiff in Bewegung setzt."

Wenn man den münsterschen Fuß mit dem in Münster gebräuchlichen rheinischen Fuß zu 0,314 Meter gleichsetzt, so hatte das Postschiff etwa folgende Abmessungen:

	Postschiff
Länge mit Ruder	11,55
Länge ohne Ruder	11,00
Breite mittschiffs	2,32
Höhe mit Mast	5,81
Höhe mit Aufbau	2,32
Bordhöhe	1,16
Breite der Sitzbank	0,35

Leider ist der Maßstab dieser Zeichnung nicht bekannt, die Originalzeichnung ist ca. 36 × 48 Zentimeter groß.

16.4 Die Kräne und Hebemaschinen am Kanal

An der Planung und am Bau des Kanals 1724–1731 scheint auch der bekannte münstersche Baumeister Johann Conrad Schlaun beteiligt gewesen zu sein, denn von ihm sind Pläne zu einem Packhaus mit Lagerraum und Wohnung des „Expediteurs" sowie zu zwei Kränen erhalten.[14]

Ein Plan trägt die Überschrift „Seiten Aufführung vom Krahn" mit dem späteren Zusatz „so zu Münster im anfang hatt söllen verfertigt werden". Dieser Kran, ein achteckiges Fachwerkgebäude auf steinernem Sockel mit drehbarem Mittelstamm und Dachhaube

14 Leopold Schütte (Bearb.), Karten und Pläne zur Technikgeschichte. Ausstellung des Nordrhein-Westfälischen Staatsarchivs Münster, Münster 1979; Johann Conrad Schlaun, 1695–1773. Ausstellungskatalog (Schlaunstudien I), Münster 1973, Bildteil, bes. S. 104.

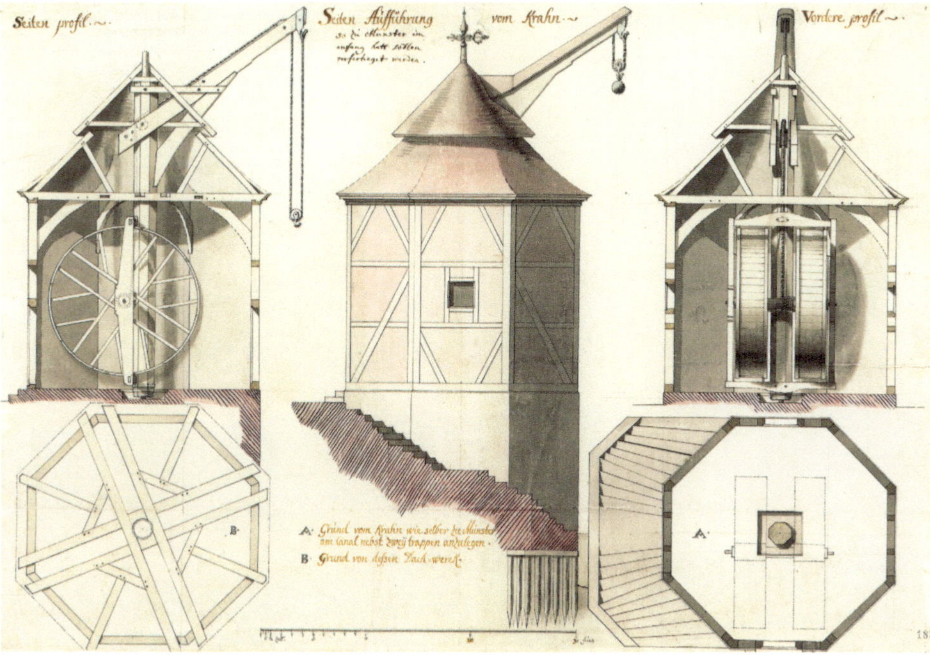

10 Der geplante Kran am Hafen des Kanals zu Münster. Lavierte Federzeichnung von Johann Conrad Schlaun, ca. 1731.

und zwei großen Laufrädern im Innern, entsprach ganz dem Krantyp, wie er seit dem späten Mittelalter aus fast allen größeren Hafenstädten bekannt ist.[15] Das geplante Kranhaus sollte einen Durchmesser von 22 Fuß (6,90 m) und mit Dach eine Höhe von 33 Fuß (10,30 m) erreichen. Die Laufräder sollten 14 ½ Fuß (4,55 m) Durchmesser erhalten, womit sich eine Person bequem im Laufrad bewegen konnte.

Dass dieser Plan nicht verwirklicht wurde – auch von dem Bau des Packhauses ist nichts bekannt –, mag daran gelegen haben, dass zu Beginn der 1730er Jahre die finanziellen Möglichkeiten des gesamten Kanalbaus erheblich eingeschränkt waren. Vielleicht hatte man auch erkannt, dass ein so großer zum Heben von Schwerlasten geeigneter Kran bei dem zu erwartenden Transportaufkommen kaum ausgelastet sein würde.

Statt eines solchen Kranhauses scheint dann ein einfacher, hölzerner Kran mit Stangenwinde gebaut worden zu sein, wie er von den Ansichten der Endpunkte des Kanals her bekannt ist. Eine Zeichnung aus der zweiten Hälfte des 18. Jahrhunderts zeigt einen Kran mit einfachem Flaschenzug und Kreuzstangenwinde, die möglicherweise als Vorlage

15 Vgl. heute noch in Andernach, Trier, Lüneburg, Stade.

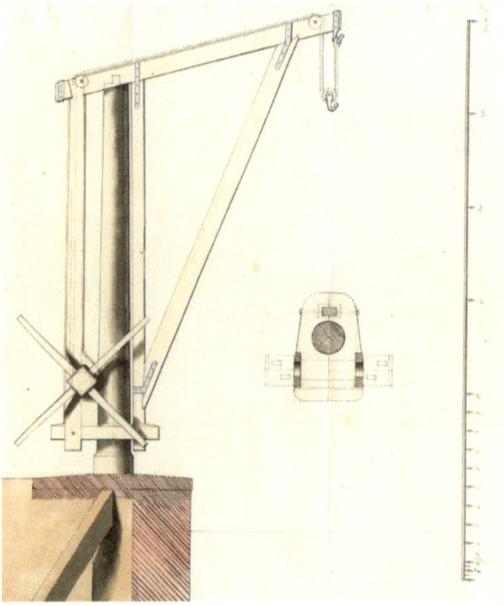

11 Holzkran mit Stangengewinde. Lavierte Federzeichnung von Johann Conrad Schlaun, ca. 1731.

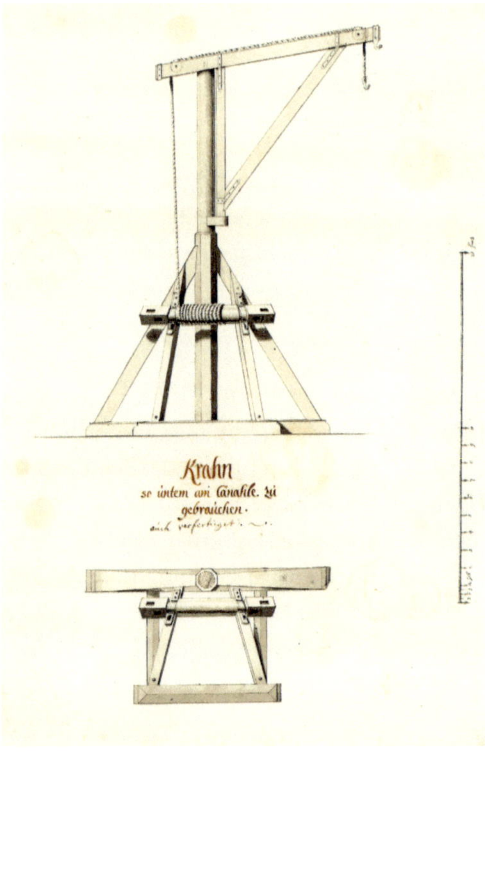

12 Lastenkran mit einfachem Flaschenzug, 18. Jahrhundert.

für den Neubau des 1759 von den Engländern bei der Wiedereroberung Münsters zerschossenen Krans vor dem Neubrückentor diente. Vielleicht sollte nach ihr auch der wohl 1771 errichtete Kran in Maxhafen ausgeführt werden. Nach den Maßangaben des Blattes erreichte dieser Kran eine Höhe von etwa 7,85 Meter und ragte ca. 2,20 Meter über die Kaianlage hinaus.[16]

16 Schlaun, Ausstellungkatalog (wie Anm. 14), S. 104.

17 Schifffahrt im Spiegel der Kölner Handelskammerakten 1795–1830

Akten der Handelskammer Köln, die sich auf die Schifffahrt und den Handelsverkehr auf dem Rhein und seinen Nebenflüssen beziehen, vornehmlich für die Zeit von 1795 bis 1830 – Versuch einer analysemäßigen Verzeichnung

Die Akten des 1797 gegründeten Handlungsvorstandes und der 1803 von den Franzosen eingerichteten Kölner Handelskammer sind für die Zeit bis ca. 1830 weitgehend komplett vorhanden. Sie sind eine Fundgrube für die Wirtschaftsgeschichte Kölns und des Rheinlandes für die Franzosenzeit und das erste Drittel des 19. Jahrhunderts. Da der Kölner Handel weitgehend über den Rhein abgewickelt wurde und das bis 1831 gültige Stapel- bzw. Umschlagsrecht den gesamten Handel in die Stadt Köln zwang, beziehen sich viele Akten auf die Hafensituation, den Frei- und Sicherheitshafen, die Abwicklung des Handels, die Organisation der Schifffahrt, die Auseinandersetzung um den Beibehalt des Umschlagrechtes und eine Stärkung des Eigenhandels. Da nach französischer Gesetzgebung alle Schiffer der Großen Fahrt zwischen Amsterdam/Rotterdam und Köln und Köln und Mainz eine Zuverlässigkeitsbescheinigung der Handelskammer benötigten, gibt es Hunderte von Lebensläufen von Schiffern in den Akten ebenso wie Schriftverkehr mit der Oktroibehörde über Steuer- und Zollfragen. Sehr interessiert war die Handelskammer daran, dass die Waren der Kaufleute sicher ihren Bestimmungsort erreichten, weshalb sie nicht nur auf die Ausrüstung der Schiffe achtete, sondern auch bei Unfällen und bei der sogenannten Verwinterung, wenn ein Frachtschiff im Eis festgefroren und aus Sicherheitsgründen entladen werden musste, beteiligt war. Sehr lag ihr auch die Beschleunigung des Handelsverkehrs am Herzen. So verwundert es nicht, dass sich aus der Handelskammer heraus die Rheinisch-Preußische Dampfschiffahrts-Gesellschaft, der Vorläufer der Köln-Düsseldorfer Dampfschifffahrtsgesellschaft, entwickelte. So bilden diese Akten auch eine Grundlage für die Erforschung der Entwicklung der Dampfschifffahrt auf dem Rhein.

Schon für meinen Aufsatz über die Anfänge der Preußisch-Rheinischen Dampfschiffahrts-Gesellschaft 1984 bin ich auf diese Akten der Handelskammer gestoßen, wieder damit konfrontiert wurde ich bei der Suche nach Unterlagen zum Übergang von der Segelschifffahrt zur Dampfschifffahrt, ein Thema, das Ulrike Stursberg in ihrer 2015 erschienenen Magisterarbeit „Innovation auf dem Rhein. Das Ende der Treidelwirtschaft" thematisierte. Ich habe mich dann, fasziniert von der Fülle an Informationen zu Handel und Schifffahrt in diesen Akten der frühen Kölner Handelskammer entschlossen, die Akten zur Schifffahrt und zum Stapel systematisch durchzugehen und kurze Inhaltsangaben der einzelnen Vorgänge für die Zeit von den Anfängen bis in die 1830/40er Jahre zu machen. Das wurde erleichtert dadurch, dass die Einzelblätter in den thematischen Mappen in der Regel chronologisch abgelegt und mit einer oder manchmal zwei Paginierungen versehen waren.

Das gesamte Verzeichnis der bisher bearbeiteten 74 Faszikel umfasst ca. 1300 Seiten. Dieses Material ist digital ab Herbst 2020 an folgender Stelle aufzufinden:

Passwort: Akibs5i
www.vandenhoeck-ruprecht-verlage.com/rheinisch-westfaelische-wirtschaftsgeschichte-48

Eine Übersicht der in den Abteilungen Schifffahrt und Stapelrecht vorhandenen Faszikeln wird im Anschluss wiedergegeben, wobei die kursiv gesetzten im Detail verzeichnet sind. Weitere Erläuterungen werden in der online Ausgabe gegeben.

Übersicht zu den die Schifffahrt betreffenden Akten im Bestand RWWA 1 (Handelskammer Köln) nach dem Findbuch

Die Titelaufschriften auf den Akten können von den Angaben im Findbuch abweichen.

Signatur: RWWA 1-xxx-xx

Die Positionen 30 bis 43 betreffen die Schifffahrt, zusätzlich wurden die Positionen 23b – Stapel und 29 – Vereine (Schifffahrtsverein) berücksichtigt.

Kursiv: ist im Regest verzeichnet.

30 Rheinschiffahrt 1800–1895

30-1 Schiffahrt zwischen Köln und Holland, 1800–14

30-2 Rheinschiffahrt 1803–06
30-3 Schiffahrt zwischen Köln und Kleve 1803–13
30-4 Bestellung von Bestättern für die Schiffahrt 1803–13 (wurde geändert in Nr. 1-25-1, courtiers interpretes et courtiers de change et de marchandises 1803–13)
30-5 Schiffahrt zwischen Köln, Düsseldorf, Neuß und Uerdingen 1804–13
30-6 Schiffahrt zwischen Köln und Mainz 1804–13
30-7 Schiffahrt zwischen Köln und Mülheim 1805–10
30-8 Schiffahrt zwischen Köln und Frankfurt 1805–11
30-9 Rheinschiffahrt: auch Gesetze zur Unterbindung und Bestrafung von Bankrotten 1806–1807 (Affaires générales et particulières II)
30-10 Einrichtung und Betrieb von Rheindiligenzen 1806–09
30-11 Rheinschiffahrt u. a. Frachttarife und Güterpreise 1807–09 (auf dem Aktendeckel: Affaires générales et particuliers III)
30-12 Bemängelung des Zustandes der Leinpfade 1808–09
30-13 Bemühungen um die freie Schiffahrt auf dem Rhein 1814–19
30-14 Unterminierung des Rangfahrtsystems durch die Rheinschiffer 1814–25
30-15 Bemühungen um die freie Schiffahrt auf dem Rhein 1816–23
30-16 Bemühungen um die freie Schiffahrt auf dem Rhein 1816–23
30-17 Schiffahrt zwischen Köln und Antwerpen 1819–30
30-18 Bemühungen um die freie Schiffahrt auf dem Rhein 1821–30
30-19 Unterminierung des Rangfahrtsystems durch die Rheinschiffer 1822–32
30-20 Kölner Rangfahrten 1829–31
30-21 Bemühungen um die freie Schiffahrt auf dem Rhein 1829–32 (auf der Akte: Schiffahrt im allgemeinen, Fluß- und Seeschifffahrt c.)
30-22 Kölner Rangfahrten 1831
30-23 Kölner Rangfahrten 1831–32
30-24 Kölner Rangfahrten 1833–41
30-25 Rheinschiffahrt (Rhein-See-Schifffahrt) 1833–42
30-26 Zustand und Umfang der Rheinschiffahrt 1833–42
30-27 Schiffahrt zwischen Köln und Antwerpen 1838–42
30-28 Ladeverzeichnis der Mannheimer Beurtschiffahrt 1870–73
30-29 Regelung der Rheinschiffahrt 1874–83
30-30 Ladelisten zur Rangschiffahrt auf dem Oberrhein 1874–83
30-31 Schiffahrt zwischen Köln und Rotterdam 1892 (1. Abt.)
30-32 Verbesserung der Wasserstraße von Straßburg nach dem Mittelrhein 1894–95
30-33 Zusammenstellung der Resultate der nivellistischen und trigonometrischen Aufnahme des Rheins im Regierungsbezirk Köln o. J.

31 Schiffahrt auf dem Rhein und seinen Nebenflüssen 1808–1900

31-1 Schifffahrt zwischen Köln und den Moselstädten 1808–12
31-2 Schiffahrt auf dem Rhein und den Nebenflüssen 1862–74
31-3 dto. 1890–97
31-4 dto. 1897–98
31-5 dto. 1898–99
31-6 dto. 1899–1900

32 See- und Flußschiffahrt 1884–1901

32-1 See- und Flußschiffahrt im Allgemeinen, auch Handel 1884–97
32-2 Geschäftsberichte Rhein-Seeweg 1888–95 (Geschäftsberichte der Rhein-Seeschiffahrtsgesellschaft 1887)
32-3 See- und Flußschiffahrt 1897–98
32-4 dto. 1898–99
32-5 dto. 1899–1900
32-6 dto. 1900–01

33 Dampfschiffahrt auf dem Rhein 1822–1895

33-1 Dampfschiffahrt 1822–24
33-2 dto. 1824–26
33-3 Dampfschiffahrt: u. a. Beschwerden des Handelsstandes und der Segelschiffer über die Handhabung des Dampfschiffahrtsbetriebes 1825
33-4 Dampfschiffahrt 1827–34
33-5 Versuch einer direkten Dampfschiffahrt Köln–London durch Captain Milne 1829 [Es handelt sich nicht um ein Dampfschiff, sondern einen Schoner (Segelschiff)!]
33-6 Einnahmen und Ausgaben des Captains Thomas Milne bei der Versuchsfahrt Köln–London 1829 [Diese Akte ist nach Notiz auf einem Leerumschlag mit der Akte 1-30-18 identisch, in der sich wirklich in Innenmappen Berechnungen der Kosten dieser Versuchsfahrt befinden.].
33-7 Einrichtung eines Schlepperdienstes auf dem Rhein und andere Dampfschiffahrtsangelegenheiten 1832–42
33-8 Dampfschiffahrt und Dampfschleppschiffahrt auf dem Rhein 1867–73
33-9 Dampfschiffahrt 1874–83
33-10 Dampfschiffahrt und Überseeischer Schiffsverkehr 1884–95
33-11 Dampferlinie Köln–Bremerhaven–Hamburg 1886.

34 Havarien 1799–1842

34-1 Schiffsunglücke durch Eisgang 1799–1803
34-2 dto. 1804–13
34-3 dto. 1814–19
34-4 Schiffsunglücke 1818–26
34-5 Schiffsunglücke durch Eisgang 1822–29
34-6 Unfälle auf dem Rhein 1826–27
34-7 Schiffsunglücke 1827–30
34-8 Schiffsunglücke durch Eisgang 1830–31
34-9 dto. 1833–42

35 Die Schiffergilde 1808–1869

35-1 Reglement und Mitgliederverzeichnisse der Schiffergilde 1806–13
35-2 Ausstellung von Führungszeugnissen durch die HK zur Vorlage bei der Schiffergilde 1808
35-3 Diverses (Mitgliederverzeichnis der Schiffergilde Köln) 1820–21
35-4 Gesuche von Schiffern betr. Aufnahme in die Schiffergilde und Übertragung vakanter Rangfahrten 1822–30 (auf der Akte: Schiffergilde 1822–1830)
35-5 Schiffer- und Steuermannspatente 1831–36
35-6 Schiffer- und Steuermannspatente 1833–42
35-7 Beglaubigungen von Schifferzeugnissen zur Erlangung des Rheinschifferpatents 1843–61
35-8 Von der HK beglaubigte Schifferprüfungszeugnisse 1862–69

36 Schiffsfrachttarife 1803–1833

36-1 Schiffsfrachttarif im Güterverkehr Köln–Holland 1803–06
36-2 dto. Köln–Mainz und Frankfurt 1804–07
36-3 dto. Köln–Wesel und Köln–Neuwied 1804–12
36-4 dto. auf dem Ober- und Niederrhein 1805–13
36-5 dto. Köln–Holland 1806–13
36-6 dto. Köln–Mainz u. Frankfurt 1807–13
36-7 Schiffsfrachttarife 1809–11 (identisch mit 1-24a-6: Affaires générales et particulaires IV [1809–1811])
36-8 dto. 1814–16
36-9 dto. 1816–18
36-10 dto. 1818–19

36-11 dto. 1819–21
36-12 dto. 1822–24
36-13 dto. 1824–25
36-14 dto. 1825–26
36-15 dto. 1826–30
36-16 dto. 1830–33

37 Der Kölner Freihafen 1804–1842

37-1 Errichtung und Betrieb des Kölner Freihafens 1804–31
37-2 Erhebung städtischer Akzisen für den Freihafen 1805–13
37-3 Betriebliche Angelegenheiten 1805–40
37-4 Entwurf einer Freihafen- und Werftordnung für Köln 1819–20 [verweist an 1-54-4, dabei handelt es sich um eine Akte über Zolltarifangelegenheiten: Abänderung von Zolltarifen 1819–20]
37-5 Auseinandersetzung der HK mit der Stadtverwaltung Köln wegen des Freihafens 1822–33
37-6 Betriebliche Angelegenheiten 1833–42
37-7 Betriebliche Angelegenheiten, auch Prozess der HK gegen den Tabakhändler Bürger 1840–41
37-8 Entwurf eines Freihafenreglementes 1841–42

38 Der Sicherheitshafen 1806–1850

38-1 Verhandlungen betr. die Errichtung eines Sicherheitshafens 1806–13
38-2 Sicherheitshafen Köln 1814–31
38-3 Berichte betr. die Anlage eines Sicherheitshafens an der Rheinau 1849
38-4 Projekt des Rheinauhafens 1849–50

39 Hafengebühren 1805–1842

39-1 Hafengebühren 1805–13
39-2 dto. 1818–33
39-3 dto. 1833–42

40 Schiffahrts- und Hafenpolizei 1814–1842

40-1 Schiffahrts- und Hafenpolizei 1814–15

40-2 dto. 1815–16
40-3 dto. 1816–20
40–4 dto. 1817–18
40-5 dto. 1818–20
40-6 dto. 1821
40-7 dto. 1821–24
40-8 dto. 1824
40-9 dto. 1825
40-10 dto. 1826
40-11 dto. 1827–28
40-12 dto. 1828–29
40-13 dto. 1829–33
40-14 dto. 1833–35
40-15 dto. 1835–42

41 Statistik des Kölner Hafenverkehrs 1815–1897

41-1 Hafenverkehr 1815.[1]
41-2 dto. 1824–1900
41-3 Monatsberichte des Hafenkommissars 1842–47
41-4 Hafenverkehr 1870–83
41-5 dto. 1883–86
41-6 dto. 1892
41-7 dto. 1893
41-8 dto. 1894
41-9 dto. 1895
41-10 dto. 1896
41-11 dto. 1897

42 Anlagen und Einrichtungen im Hafenbetrieb 1834–1925

42-1 Verordnungen betr. die Regelung des Hafenbetriebes 1834–59
42-2 dto. 1848–61
42-3 Neuanlagen im Kölner Hafengelände 1862–73
42-4 dto. 1874–83

1 Darin-Vermerk. Bestandteil der Akte 1-26-5.

42-5 Geschäftsbetrieb im Hafen 1883
42-6 dto. 1884–90
42-7 dto. 1890–96
42-8 Bestallung von Dispacheuren (vereidigten Sachverständigen für Havarieschäden) 1894–97
42-9 Projekt betr. die Einrichtung eines Lagerhauses für den freien Verkehr im Kölner Hafen 1894–96.
42-10 Eisenbahnanschluß im Kölner Hafen 1897–98
42-11 Beschwerden über die Lagerungsverhältnisse im Hafen 1898
42-12 Pläne und Statistiken der Rheinhäfen 1913–25

43 Kanäle 1874–1899

43-1 Verschiedene Kanalprojekte 1874–83
43-2 Memoire des Vereins deutscher Eisen- und Stahl-Industrieller betr. die Kanalisierung der Mosel 1888
43-3 Projektierung des Dortmund-Rheinkanals 1892–97
43-4 Projektierung des Rhein-Weser-Elb-Kanals 1895
43-5 Schiffahrtsgebühren im kanalisierten Main 1897–98
43-6 Projektierung des Rhein-Elb-Kanals 1898–99

Stapelrecht (gehört zu Handel und Gewerbe)

23b Das Stapelrecht 1798–1831
23b-16 Auseinandersetzung um das Stapelrecht der Stadt Köln 1798–1803
23b-17 dto. 1803–1806
23b-18 dto., u. a. eine Petition an Napoleon I. 1807–13
23b-19 Aufhebung des Stapelrechtes der Stadt Köln durch die preußische Monarchie 1814–31

Schifffahrtsverein (gehört zu 29 Vereine)

29-1 der Kölnische Schiffahrtsverein 1834–35
29-9 Statuten des Internationalen Binnenschiffahrts-Congresses 1894

Abbildungsnachweis

1 Handelsstraßen und Flüsse

Abb. 1: Ansicht der Stadt Wesel. Kupferstich von Wenzel Hollar, 1647, nachgestochen 1782, Ausschnitt. Stadtarchiv Wesel.

Abb. 2: Der Rheinlauf (Le cours du Rhin), nördlicher Teil. Kupferstich von Georges Louis le Rouge, 1744, Ausschnitt, Stadtarchiv Wesel.

Abb. 3a: Liegeplatz der niederrheinischen Schiffe am Kölner Rheinufer. Vogelschauplan der Stadt Köln. Kupferstich von Arnold Mercator (1537–1587), 1571, Ausschnitt. Aus: Uwe Westfehling, Glückliches Köln, 1992, S. 96 f.

Abb. 3b: Große Stadtansicht von Köln. Kolorierter Holschnitt (aus drei Stöcken) von Hans Weigel (um 1520–um 1577), ca. 1570, Ausschnitt. Aus: Uwe Westfeling, Glückliches Köln. Graphische Kunst aus 10 Jahrhunderten, Köln 1992, S. 68.

Abb. 4: Straßennetz und Hansestädte am Niederrhein im späten Mittelalter. Aus: Irmgard Hantsche, Atlas zur Geschichte des Niederrheins, Bottrop/Essen 1999, S. 57.

Abb. 5: Ansicht von Düsseldorf. Fähre bei Düsseldorf. Kupferstich von Matthäus Merian, 1645/47, Ausschnitt. Stadtarchiv Düsseldorf, Nr. 032-100-013.

Abb. 6: Die Sieben Berge bei Bonn. Kupferstich von Hendrik de Leth, 1767. Stadtmuseum Köln/RBA Nr. c016301.

Abb. 7: Abconterfeyung und Description. Der Rheinlauf und Erftmündung bei Neuss. Kolorierte Federzeichnung von Michael Hupertz, 1616, Ausschnitt. Clemens-Sels-Museum Neuss, durch frdl. Vermittlung des Stadtarchivs Neuss.

Abb. 8: Die Rheinteilung bei Lobith und Schenkenschanz im 16. und 17. Jahrhundert. Aus: Irmgard Hantsche, Atlas zur Geschichte des Niederrheins, Bd. 2, Bottrop 2008, S. 48 f.

Abb. 9: Älteste bekannte Hochwassermarke in Köln an der Schifferkirche St. Maria Lyskirchen. Foto, Juli 2018, privat.

Abb. 10: Wasserbauarbeiten an den Poller Köpfen oberhalb von Köln, 1603. Aus: Denkschrift zur Eröffnung der neuen Werft- und Hafenanlagen, Köln 1898, S. 28 f.

Abb. 11: Ruhrort mit der Mündung der Ruhr. Kupferstich aus einem Atlas von Willem Janszoon Blaeu, 1648, Ausschnitt. Aus: Duisburg und der Rhein, Duisburg 1992, S. 186.

Abb. 12: Fossa Eugeniana, im Jahre 1626 begonnener, nie vollendeter Kanal, der den Rhein und die Maas miteinander verbinden sollte. Kupferstich von Willem Janszoon Blaeu, 1645. https://upload.wikimedia.org/wikipedia/commons/0/07/Blaeu_1645_-_Fossa_Sancta_Mari%C3%A6_qu%C3%A6_et_Eugeniana_dicitur_vulgo_De_Nieuwe_Grift.jpg [letzter Zugriff: 4.11.2019].

Abb. 13: Ansicht von Schloss Thurnberg (Burg Maus) bei Welmenach (Wellmich), Kolorierter Kupferstich von L. Janscha und J. Ziegler. Aus: L. Janscha/J. Ziegler: Vues du Rhin, Wien 1798, Blatt 15 Faksimile Edinburgh 1980.

Abb. 14a: Ansicht von Köln. Kupferstich von Wenzel Hollar, 1635, Ausschnitt. Stadtmuseum Köln.

Abb. 14b: Schenkenschanze. Kolorierter Kupferstich von Willem Janszoon Blaeu, 1649, Ausschnitt. Privatbesitz.

Abb. 15: Treidelzug von Düsseldorf. Gouachierter Stich von Johann Heinrich Weiermann, 1820. Vorlage: Stadtarchiv Düsseldorf.

Abb. 16: Oberländisches Schiff auf der Ansicht der Stadt Köln 1531. Holzschnitt von Anton Woensam von Worms, 1531, Ausschnitt. Stadtmuseum Köln.

Abb. 17: Ansicht von Oberwesel. Kupferstich von Peter Schenk, 1794, Ausschnitt. Rheinmuseum Koblenz, Graphiken, Nr. 523.

Abb. 18: Niederländisches Schiff auf der Ansicht der Stadt Köln 1531. Freizeichnung nach Anton Woensam, 1531. Aus: Denkschrift zur Eröffnung der neuen Werft- und Hafenanlagen, Köln 1898, S. 39.

Abb. 19: Keulenaar (Kölnaak). Aus: G. Groenewegen, Verzameling van 84 Stuks Hollandische Schepen, Rotterdam 1789, F 3.

Abb. 20: Holzschnitt von Anton Woensam von Worms, 1531, Ausschnitt. Stadtmuseum Köln.

Abb. 21: Modell einer holländischen Staatenjacht. Modell von Hans Koenen. Schifffahrt-Museum Düsseldorf.

Abb. 22: Großes Holländerfloss bei Unkel. Kolorierter Kupferstich von L. Janscha und J. Ziegler, Ausschnitt. Aus: L. Janscha/J. Ziegler, Vues du Rhin, Wien 1798, Blatt 30: Unkel, Faksimile Edinburgh 1980.

Abb. 23: Niederländisches Beurtschiff. Aus: G. Groenewegen, Verzameling van 84 Stuks Hollandische Schepen, Rotterdam 1789, F 9.

Abb. 24: Marktschiff bzw. Wasserdiligence vor Schloss Biebrich bei Wiesbaden. Kolorierte Zeichnung, unbekannter Maler, ca. 1800. Gut Panker (bei Kiel). Durch Vermittlung von Dieter Eyhoff, Düren.

Abb. 25: Niederländisches Frachtschiff. Modell von H. Tournay. Foto: P. Warrass. SchifffahrtMuseum Düsseldorf.

Abb. 26: Große Ansicht der Stadt Köln. Wenzel Hollar, 1635, Kupferstich, Ausschnitt. Stadtmuseum Köln.

Abb. 27: Rheinkran am Rheinort in Düsseldorf. Ölgemälde von August Wilhelm John (1813–1881), ca. 1830. Stadtmuseum Düsseldorf.

Abb. 28: Holzschnitt von Anton Woensam von Worms 1531, Ausschnitt. Stadtmuseum Köln.

Abb. 29: Zollstellen am Niederrhein vom 12. bis zum 15. Jahrhundert. Aus: Irmgard Hantsche, Atlas zur Geschichte des Niederrheins, Bottrop/Essen 1999, S. 48.
Abb. 30: Das Zollhaus zu Lobith. Teilansicht auf einem Stich der Schenkenschanze. Kolorierter Kupferstich, 17. Jahrhundert, Ausschnitt. LVR Niederrhein Museum Wesel.
Abb. 31: Belagerung von Rheinberg durch Moritz von Oranien am 12. Juni 1601. Aus: Franz Hogenberg, Geschichtsblätter, Köln ca. 1560–1623. Online-Ausgabe der Düsseldorfer Universitäts- und Landesbibliothek.
Abb. 32: Hügelige Landschaft. Gemälde von Jan Wijnants (ca. 1632–1684), 1666, Ausschnitt. Stadtmuseum Bonn.
Abb. 33: Das Bonner Rheinufer. Öl auf Leinwand von Abraham Storck (1635–1710), 1674, Ausschnitt. Stadtmuseum Bonn.
Abb. 34: Ansicht der Stadt Düsseldorf von der Rheinseite von John Carr, Aquatinta, Ausschnitt. Aus: John Carr, A tour through Holland, London 1807. Sammlung Stadtsparkasse Düsseldorf.
Abb. 35: (Köln-)Rheinkassel. Radierung von Wenzel Hollar, um 1630. Aus: Werner Schäfke, Wenzel Hollar – Die Kölner Jahre, Köln 1992, S. 73 f.
Abb. 36: Der Hafen von Antwerpen. Silberstiftzeichnung von Albrecht Dürer, 1520. Original in der Albertina Wien.

2 Koggen vor Köln

Abb. 1: Abbildung der Stadt Köln in der Koelhoff'schen Chronik 1499. Aus: A. D. Sievers/W. Schäfke, Köln von seiner schönsten Seite, Köln 1997, Kat. Nr. 6.
Abb. 2: Seeschiff vor dem Kölner Stadtpanorama. Kolorierter Holzschnitt. Aus: Hermann Schedel, Weltchronik, Nürnberg 1493, hrsg. v. Stephan Füssel, Köln u. a. 2001, Bl. 91r.
Abb. 3: Ursulaschrein von Hans Memling im St.-Jans-Hospital in Brügge, 1489. Aus: Hugo Borger/Frank Günter Zehnder, Köln. Die Stadt als Kunstwerk. Stadtansichten vom 15. bis 20. Jahrhundert, Köln 1982, S. 88–91.
Abb. 4: Martyrium der Hl. Ursula auf dem Georgsaltar in der St. Nikolaikirche in Kalkar, um 1500. Aus: Hugo Borger/Frank Günter Zehnder, Köln. Die Stadt als Kunstwerk. Stadtansichten vom 15. bis 20. Jahrhundert, Köln 1982, S. 110 f.
Abb. 5: Ursulazyklus im Wallraf-Richartz-Museum, Köln.
Abb. 6: Anna Selbtritt und die Heiligen Christophorus, Gereon und Petrus. Tafelbild, 2. Hälfte 15. Jahrhundert. Wallraf-Richartz-Museum, Köln, Ausschnitt.
Abb. 7: Niederrheinschiff vor Köln. Holzschnitt des Anton Woensam von Worms, Köln 1531, Ausschnitt. Stadtmuseum Köln.

3 Zum Stapelrecht von Köln und der Schifffahrt auf dem Niederrhein in der Frühen Neuzeit

Abb. 1: Stapelprivileg für Köln von 1259. Historisches Archiv der Stadt Köln, Best. 210 (Domstift) U 2/268/2.
Abb. 2: Ansicht der Stadt Köln von Matthäus Merian, erschienen bei Gerhard Altzenbach, 1620. Aus: A. D. Sievers, Köln von seiner schönsten Seite, Köln 1979, Nr. 20, S. 47/48.
Abb. 3: Rheinlaufkarte von G. L. le Rouge, 1744, Ausschnitt, Privatbesitz.
Abb. 4: Großer Stadtplan von Köln. Arnold Mercator, 1570/71, Kupferstich, Ausschnitt. Stadtmuseum Köln.
Abb. 5: Das Kaufhaus Gürzenich zu Köln. Stahlstich von Joh. Poppel nach einer Zeichnung von L. Lange, ca. 1840, Privatbesitz.
Abb. 6: Schiffskran. Freie Nachzeichnung nach Anton Woensam von Worms. Aus: Dietmar, Chronik Kölns, Dortmund 1991, S. 87.
Abb. 7: Ordnung des Kaufhauses Gürzenich 1707. Druck, Historisches Archiv der Stadt Köln.
Abb. 8: Marktgeschehen auf dem Alter Markt zu Köln. Kupferstich nach einer Zeichnung von Johann Toussyn, um 1660. Aus: Dietmar, Chronik Kölns, Dortmund 1991, S. 193.
Abb. 9: Ansicht von Ruhrort. Kupferstich nach einer Zeichnung von Wenzel Hollar, 1634. Aus: Der Niederrhein. Sammlung Angerhausen, Kleve 1993, S. 235.
Abb. 10a: Ansicht der Stadt Neuss. Kolorierter Kupferstich nach einer Zeichnung von F. Hogenberg, 1575, Ausschnitt. Aus: G. Braun/F. Hogenberg, Städte der Welt, Köln 2008, S. 170.
Abb. 10b: Vogelschauplan von Neuss aus dem Städtebuch von G. Braun und F. Hogenberg, 1590, Ausschnitt.
Abb. 11: Ansicht von Bonn. Kupferstich von Matthäus Merian, 1646, Privatbesitz.
Abb. 12: Modell eines kleinen niederrheinischen Frachtschiffs des 18. Jahrhunderts. Modell von Hans Koenen, vor 1934. SchifffahrtMuseum Düsseldorf.
Abb. 13: Ansicht von Remagen. Kolorierte Federzeichnung von Wenzel Hollar, 1636. Aus: Wenzel Hollar, Reisebilder vom Rhein, Mainz 1986, S. 61.
Abb. 14: Schenkenschanze. Kupferstich nach einer Zeichnung von Wenzel Hollar, 1634. Aus: Der Niederrhein. Sammlung Angerhausen, Kleve 1993, S. 235.
Abb. 15: Erste Seiten der Rheinschifffahrtsakte von 1831 (Mainzer Konvention). Faksimile der Originalurkunde. Museum der Deutschen Binnenschifffahrt, Duisburg.

4 Der Rhein als Verkehrsweg im 18. Jahrhundert

Abb. 1: Rheinufer mit Kran und Fliegender Brücke bei Düsseldorf. Kolorierter Kupferstich von L. Janscha und J. Ziegler, Ausschnitt. Aus: L. Janscha/J. Ziegler, Vues du Rhin, Wien 1798, Blatt 46, Faksimile Edinburgh 1980.

Abb. 2: Le Rhin. Fleuve Considerable de l'Europe en Allemagne. Französische Rheinkarte. Anonym, um 1700. Reprint, Monumentale Rheinlaufkarten, Wiesbaden o. J.

Abb. 3: Von Rheinverlagerungen beeinflusste Siedlungen am Niederrhein. Aus: Irmgard Hantsche, Atlas zur Geschichte des Niederrheins, Essen 1999, S. 44.

Abb. 4: Uferbefestigungen beim Dorf Poll gegenüber von Köln, 1783, Ausschnitt. Aus: Everhard Kleinertz, Alte Handgezeichnete Kölner Karten, Köln 1977, Abb. 1.

Abb. 5: Vogelschauplan der Stadt Neuss. Kolorierter Kupferstich von G. Braun und F. Hogenberg, ca. 1585. Aus: G. Braun/F. Hogenberg, Städte der Welt, Köln 2008, S. 300.

Abb. 6: Die Stadt Wesel mit Lippehafen. Kolorierter Kupferstich von G. Braun und F. Hogenberg, 1572. Stadtarchiv Wesel.

Abb. 7: Ansicht von Köln von der Rheinseite. Kolorierter Kupferstich, um 1740, erschienen bei Jeremias Wolf Erben, Augsburg. Aus: Köln von seiner schönsten Seite, Köln 1997, S. 102.

Abb. 8: Deutsche Zusammenfassung der Verteidigungsschrift des stadtkölnischen Syndikus Gerhard Hamm zur Verteidigung des Stapelrechts von 1776 aus dem Jahre 1801. Universitäts- und Stadtbibliothek Köln.

Abb. 9: Der Düsseldorfer Rheinbogen mit Kran. Pinselzeichnung von Jan de Bischop (zugeschrieben), um 1640. Universität Leiden, Prentenkabinet, Sammlung Welcker, nach Clemens von Looz-Corswarem, Düsseldorf Panorama, Köln 1996, S. 16.

Abb. 10: Der „Mäuseturm" bei Bingen. Zeichnung von Wenzel Hollar, 12. Mai 1636. Aus: Wenzel Hollar, Reisebilder vom Rhein, Mainz 1986, S. 99.

Abb. 11: Niederrheinische Frachtschiffe bei Düsseldorf. Kolorierte Lithographie von August Dircks (1806–1871), um 1840. SchifffahrtMuseum Düsseldorf, Sammlung Sparkasse.

Abb. 12: Samoreuse vor Köln. Kupferstich von Henrik de Leth, um 1767. Stadtmuseum Köln, RBA Nr. c013005.

Abb. 13: Rheinaaken bei Rodenkirchen. Stahlstich, um 1800, Ausschnitt. Aus: J. Dollhoff, Rheinschifffahrt, Hamburg 1999, S. 24.

Abb. 14: Wasserdiligence vor Koblenz-Ehrenbreitstein. Kolorierter Kupferstich von L. Janscha und J. Ziegler, Ausschnitt. Aus: L. Janscha/J. Ziegler, Vues du Rhin, Wien 1798, Blatt 24, Faksimile Edinburgh 1980.

Abb. 15: Ansicht von Wesel. Aquarell des Weseler Malers Franz Tetsch, 1809. Stadtarchiv Wesel.

Abb. 16: Ansicht von Köln von Süden. Kolorierte Lithographie von Samuel Prout, 1824. Stadtmuseum Köln. Aus: Köln von seiner schönsten Seite, Bd. 2. Köln 2005, S. 96.

Abb. 17: Titelblatt zu einer Streitschrift um die stadtkölnische Frachtwaage, 1791. Universitäts- und Stadtbibliothek Köln.

Abb. 18: Die merkwürdigen großen Rheinflöße. Ankunft eines Rheinfloßes oberhalb von Bonn. Aus: Justin Bertuch, Bilderbuch für Kinder, Bd. 8, Blatt CLXXXIII, Weimar 1813. Rheinmuseum Koblenz.

Abb. 19: Der Rhein bei Koblenz. Druckgraphik vom Christian Georg Schmitz, um 1808. Mittelrhein Museum Koblenz (G 198 67-76).

5 „Einige Worte über die Rhein-Schiffahrt"

Abb. 1: Titelblatt der Streitschrift von Georg Arnold Jacobi von 1803. Universitäts- und Stadtbibliothek Köln.

Abb. 2: Ansicht der Stadt Köln. Aquarell eines unbekannten Künstlers, um 1800, Ausschnitt. Kölnisches Stadtmuseum.

Abb. 3: Das Staatsgebiet am Niederrhein 1800. Aus: I. Hantsche, Atlas zur Geschichte des Niederrheins, Essen 1999, S. 108.

Abb. 4: Karl Theodor von Dalberg, Kurfürst von Mainz und Erzkanzler (1744–1817). Öl auf Leinwand, unbekannter Künstler. Ratssaal im Rathaus Meersburg.

Abb. 5: Düsseldorf von Süden. Kolorierter Kupferstich von Rottmann und Schnell, um 1819. Sammlung Stadtsparkasse Düsseldorf.

Abb. 6: Titelblatt der Schrift: Jan Baptist Moïse, comte de Jollivet, „Du Thalweg du Rhin", 1801. Universitäts- und Stadtbibliothek Köln.

Abb. 7: Einfahrt zum alten Düsseldorfer Sicherheitshafen mit Kran. Kolorierter Kupferstich von L. Janscha und J. Ziegler, Ausschnitt. Aus: L. Janscha/J. Ziegler, Vues du Rhin, Wien 1798, Blatt 46, Faksimile Edinburgh 1980.

Abb. 8: Staatsrat Georg Arnold Jacobi (1768–1845) Lithographie von August Dircks nach einer Zeichnung von Theodor Hildebrandt, 1842. Aus: Jan Wartenberg, Der Familienkreis Friedrich Heinrich Jacobi und Helen Elisabeth von Clermont, Bonn 2011, S. 145.

Abb. 9: Das Rheinufer bei Linz. Stahlstich, 1838. Aus: Duisburg und der Rhein, Ausstellung 1991/1992, Duisburg 1991, S. 122.

Abb. 10: Titelblatt der Schrift des Koblenzer Kaufmanns Paravey, „De la libre navigation du Rhin", 1801. Universitäts- und Stadtbibliothek Köln.

Abb. 11: Düsseldorfer Rheinfront. Kolorierter Stahlstich von J. M. Kolb, ca. 1840. Stadtmuseum Düsseldorf.

6 Zur niederrheinischen Schiffergilde in Napoleonischer Zeit

Abb. 1: Ansicht von Bonn. Gouache, unbekannter Maler, um 1800, Ausschnitt. Sammlung RheinRomantik Nr. 381. Aus: K. Keune, Der Rhein. Strom der Romantik, Petersberg 2011, S. 30 f.

Abb. 2: Das Kölner Rheinufer von Norden. Öl auf Leinwand von Clarkson Stanfield (1793–1867), 1826. Landesmuseum Bonn, RBA Nr. c001898.

Abb. 3: Modell einer Dorstener Aak. Modell von H. Tournay. Foto: Petra Warrass. SchiffahrtMuseum Düsseldorf.

Abb. 4: Ansicht der Stadt Düsseldorf von Süden. Kolorierte Lithographie, um 1840. Sammlung Stadtsparkasse Düsseldorf. Foto: SchifffahrtMuseum Düsseldorf.

Abb. 5: Titelblatt des offiziellen Drucks des Vertrages über den Rheinschifffahrts-Oktroi in Französisch und Deutsch, Köln 1805. Universitäts- und Stadtbibliothek Köln.

Abb. 6: Johann Joseph Eichhoff (ca. 1762–1827), Generaldirektor des Rheinschifffahrts-Oktrois. Kopie eines Gemäldes. Kölnisches Stadtmuseum. Aus: RBA_mf086378.

Abb. 7: Detail des Modells einer Samoreuse. Modell von H. Tournay. Foto: Petra Warrass. SchifffahrtMuseum Düsseldorf.

Abb. 8: Köln von Süden. Kolorierte Aquatintaradierung von Johann Bachta, um 1822. Kölnisches Stadtmuseum. Aus: Bettina Mosler, Köln von seiner schönsten Seite, Köln 2005, S. 88.

Abb. 9: Plakat mit der Ankündigung der Einrichtung von Schiffergilden in Mainz und Köln, 1808. Stiftung Rheinisch-Westfälisches Wirtschaftsarchiv 1-35-1, f. 6.

Abb. 10: Liste der Mitglieder der beiden Sektionen der Schiffergilde Köln, 1808. Stiftung Rheinisch-Westfälisches Wirtschaftsarchiv Köln, 1-35-1, f. 39.

Abb. 11: Der Stempel der Niederrheinischen Schiffergilde. Stiftung Rheinisch-Westfälisches Wirtschaftsarchiv Köln, 1-30-3-1367 vom 10. August 1812.

7 Der Kampf der Stadt Düsseldorf um ihren Freihafen zu Beginn des 19. Jahrhunderts

Abb. 1: Das alte Rheinwerft am Rheinort mit dem Kran. Zeichnung, Unbekannter Künstler, 1825, Ausschnitt. Stadtmuseum Düsseldorf.

Abb. 2: Johann Petersen, Übergang der Russen über den Rhein unter Anführung der Generäle von Winzingerode, Czernitschew und Fürst Wolkonsky am 13. Januar 1814, Kolorierte Radierung um 1814. Stadtmuseum Düsseldorf D 4609.

Abb. 3: Ansicht der Stadt Düsseldorf von Süden. Aquarell von Kaspar Scheuren, 1842. Stadtmuseum Düsseldorf.

Abb. 4: Johann Gottfried Brügelmann, Porträt, bearbeitet von Bernd Lieven. LVR-Industriemuseum, Foto: Jürgen Hoffmann.

Abb. 5: Das Rheintor am Rheinort mit dem Zugang zum alten Sicherheitshafen an der Zitadelle. Zeichnung, um 1789. Sammlung Custodis, Plansammlung Stadtarchiv Düsseldorf, Nr. 117.

Abb. 6: Ansicht der Stadt Düsseldorf um 1800. Zeichnung, Stadtmuseum Düsseldorf, Vorlage: Stadtarchiv Düsseldorf.
Abb. 7: Ansicht der Stadt Düsseldorf um 1830. Kupferstich, Stadtmuseum Düsseldorf, Vorlage: Stadtarchiv Düsseldorf.
Abb. 8: Georg Arnold Jacobi (1768–1845). Nach einer Zeichnung von J. P. Langer. Stadtarchiv Düsseldorf.
Abb. 9: Niederländisches Beurtschiff (Samoreuse) im ersten Drittel des 19. Jahrhunderts. Stahlstich, SchifffahrtMuseum Düsseldorf.
Abb. 10: Ansicht der Stadt Düsseldorf. Nach einem Kupferstich, um 1811. Sammlung Korth. Stadtmuseum Düsseldorf, Vorlage: Stadtarchiv Düsseldorf.
Abb. 11: Ehemaliges kurfürstliches Hofbräuhaus am Rheinort. Foto, vor 1896. Stadtarchiv Düsseldorf.
Abb. 12: Hafensituation und Schiffe im Norden von Düsseldorf, ca. 1850. Stadtmuseum Düsseldorf, Vorlage: Stadtarchiv Düsseldorf (12-32-300-09).
Abb. 13: Eingang zum Kölner Freihafen von Norden. Stahlstich nach einer Zeichnung von Julius Lange, um 1840. Aus: Ludwig Lange, Der Rhein und die Rheinlande. Von Mainz bis Köln, Darmstadt/Wiesbaden 1842.
Abb. 14: Erlass des Preußischen Königs Friedrich Wilhelm III. (1770–1840) zur endgültigen Aufhebung des Düsseldorfer Freihafens vom 13. Februar 1827. Stadtarchiv Düsseldorf (0-1-2-235).
Abb. 15: Golzheim auf der Karte des Herzogtums Berg von Carl Friedrich Wiebeking, Blatt Düsseldorf von 1789/90. Ausschnitt. Stadtarchiv Düsseldorf (5-1-0-200).
Abb. 16: Amtsblatt der Düsseldorfer Regierung vom 28. Dezember 1828 mit der Veränderung der Zolltarife. Stadtarchiv Düsseldorf.
Abb. 17: Plan für einen Freihafen im Norden der Stadt Düsseldorf. Das nach 1860 errichtete Lagergebäude wird heute von der Kunstakademie genutzt. Aquarellierte Zeichnung, ca. 1859. Stadtarchiv Düsseldorf (5-1-0-2398).

8 Die Überwindung der Langsamkeit

Abb. 1: Ansicht von Duisburg vom linken Rheinufer aus. Kolorierter Stahlstich von G. Hess nach L. Rohbock, um 1860. Binnenschifffahrtsmuseum Duisburg.
Abb. 2: Modell eines Niederrheinschiffs (Samoreuse) des 18. Jahrhunderts. Modell von H. Tournay. SchifffahrtMuseum Düsseldorf.
Abb. 3: Ansicht der Stadt Düsseldorf. Kolorierte Lithographie von August Dircks, um 1835. SchifffahrtMuseum Düsseldorf.
Abb. 4: Ansicht von Bonn. Kolorierter Kupferstich von L. Janscha und J. Ziegler, Aus-

schnitt. Aus: L. Janscha/J. Ziegler, Vues du Rhin, Wien 1798, Blatt 42, Faksimile Edinburgh 1980.

Abb. 5: Ansicht von Köln. Gemälde eines unbekannten Künstlers, um 1800, Ausschnitt. Aus: H. Borger/F. G. Zehnder, Die Stadt als Kunstwerk, Köln 1982, S. 207.

Abb. 6: Der Pfalzgrafenstein bei Kaub. Kolorierter Kupferstich von L. Janscha und J. Ziegler, Vues du Rhin, Wien 1798, Blatt 11, Ausschnitt.

Abb. 7: Der Kran zu Andernach um 1840. Zeichnung von L. Lange, Stahlstich von G. M. Kurz, 1842, Ausschnitt. Rheinmuseum Koblenz.

Abb. 8: Treidelzug vor dem Schloss von Koblenz. Kolorierter Kupferstich von L. Janscha und J. Ziegler, Ausschnitt. Aus: L. Janscha/J. Ziegler, Vues du Rhin, Wien 1798, Blatt 23, Faksimile Edinburgh 1980.

Abb. 9: Titelblatt der „Konvention über das Rheinschiffahrts-Oktroi", 1805. Stadtarchiv Koblenz.

Abb. 10: Ansicht der Stadt Düsseldorf mit Hafensituation. Gemälde eines unbekannten Künstlers, um 1840. Stadtmuseum Düsseldorf.

Abb. 11: Titelblatt des Reglements zur Organisation der Mainzer Schiffergilde, Mainz, ca. 1810. Stadtarchiv Koblenz.

Abb. 12: Ansicht von Emmerich mit Dampfschiff. Stahlstich von Oeder und Rohbock, ca. 1840, Ausschnitt. SchifffahrtMuseum Düsseldorf.

9 Schiffe im Eis

Abb. 1: Volksfest auf dem zugefrorenen Rhein. Gemälde von Bernhard Gottfried Manskirch, 1768, Ausschnitt. Mittelrheinmuseum Koblenz.

Abb. 2: „De Leinreiter". Treidelzug am winterlich verschneiten Mainufer bei Marktheidenfeld. Druck nach einem Gemälde von Max Pitzner, 1905. Privatbesitz.

Abb. 3: Der zugefrorene Rhein bei Bacharach. Foto von Th. Schafganz, Bonn, 1929. Rheinmuseum Koblenz.

Abb. 4: Bergung der Schiffe bei Eisgang vor Köln. Holzschnitt nach F. J. Weber, 1888. SchifffahrtMuseum Düsseldorf.

10 Es geschah an der Schnellenburg

Abb. 1: Der vereiste Rhein bei Düsseldorf. Foto, 1926, Ausschnitt. SchifffahrtMuseum Düsseldorf.

Abb. 2: Der Rhein bei Treibeis vor Düsseldorf. Holzschnitt von A. Beck, ca. 1880. SchifffahrtMuseum Düsseldorf.

Abb. 3: Der Rhein an der Schnellenburg von Norden gesehen. Gemälde von Fritz Köhler, 1902. Stadtarchiv Düsseldorf. (Original im Besitz der Düsseldorfer Jonges).

Abb. 4: Der Rhein bei Düsseldorf. Kolorierte Lithographie von August Dircks, um 1835. SchifffahrtMuseum Düsseldorf.

Abb. 5: Der Rheinbogen bei Düsseldorf. Plan von 1881. Stadtarchiv Düsseldorf (Plan 5-10-246).

Abb. 6: Schreiben des Schiffers W. van Ginkel vom 26. Dezember 1830. Stiftung Rheinisch-Westfälisches Wirtschaftsarchiv Köln (1-34-8, f. 688).

Abb. 7: Die Schnellenburg von Süden bei Eisgang. Foto, 1926. Stadtarchiv Düsseldorf.

Abb. 8: Samoreuse um 1800. Modell von H. Tournay, Ausschnitt. SchifffahrtMuseum Düsseldorf.

Abb. 9: Eisgang auf dem Rhein. Holzschnitt von W. Simmler, 1875. SchifffahrtMuseum Düsseldorf.

Abb. 10: Das ehemalige kurfürstliche Statthalterpalais in der Mühlenstraße zu Düsseldorf. Zeichnung, 1833. Stadtarchiv Düsseldorf Nr. 035-210-014.

Abb. 11: Ladeliste des verwinterten Schiffs „Helena". 1830, Ausschnitt. Stiftung Rheinisch-Westfälisches Wirtschaftsarchiv Köln (1-34-8, f. 708).

Abb. 12: Spesenrechnung des Kaufmanns Wilhelm Cleff vom 24. Januar 1831. Stiftung Rheinisch-Westfälisches Wirtschaftsarchiv Köln (1-34-8, f. 711).

Abb. 13: Frachtschiff im Eis bei Düsseldorf. Foto von Julius Söhn, 1896. Stadtarchiv Düsseldorf.

11 An Düsseldorf vorbei

Abb. 1: Ankündigung der Abfahrtszeiten der Dampfschiffe der Niederländischen Gesellschaft 1826 in Düsseldorf. Stadtarchiv Düsseldorf (1-2-188).

Abb. 2: Das erste Dampfschiff auf dem Rhein, „The Defiance". Aus: Bodo Herzog, „The Defiance": Das erste Dampfschiff auf dem Rhein, in: Technik-Geschichte 39, 1972, S. 313–321.

Abb. 3: „Kölnische Zeitung" vom 13. Juni 1816. Universität Bonn, Abt. f. Rheinische Landesgeschichte.

Abb. 4: Die „Caledonia" als Fährschiff zwischen Kiel und Kopenhagen. Druck nach einer Originalzeichnung von Carl Baagøe, ca. 1825. Privatbesitz.

Abb. 5: Erstes Dampfschiff vor Königswinter am 11. November 1817. Eintrag im Schulheft des Joseph Schmitz, Königswinter. Siebengebirgsmuseum Königswinter.

Abb. 6: Die „Caledonia" in Koblenz am 13. November 1817 im „Zeitbuch" des Josef Anton Lucas. Stadtarchiv Koblenz.

Abb. 7: Peter Heinrich Merkens (1777–1854). Gemälde von Simon Meister, 1834. Foto: Stadtmuseum Köln.

Abb. 8: Modell der „De Zeeuw" (Der Seeländer). SchifffahrtMuseum Düsseldorf.

Abb. 9: Das Dampfschiff „De Rijn" vor Mainz am 25. September 1825. Stahlstich von Wenzel Pobuda, 1825. SchifffahrtMuseum Düsseldorf.

Abb. 10: Werbeprospekt der „Dampfschiffahrt für den Nieder- und Mittelrhein" (DGNM) 1837. SchifffahrtMuseum Düsseldorf.

12 Die Anfänge der Preußisch-Rheinischen Dampfschiffahrts-Gesellschaft

Abb. 1: Modell der „Concordia". Modell von H. Tournay, Ausschnitt. SchifffahrtMuseum Düsseldorf.

Abb. 2: Das Kölner Rheinufer mit dem Eingang zum Freihafen. Kolorierter Stahlstich von A. Picken nach Cl. Stanfield, 1830. Rheinisches Bildarchiv Köln Nr. c001342.

Abb. 3: Prospekt der „Nederlandsche Stoomboot-Maatschappij", 1824. Stiftung Rheinisch-Westfälisches Wirtschaftsarchiv Köln (1-33-2-162).

Abb. 4: Gerhard Moritz Roentgen (1795–1852). Scherenschnitt, 1923. Aus: M. G. de Boer, Leven en Bedrijf van Gerhard Moritz Roentgen, 1923.

Abb. 5: Das Firmengelände der „Nederlandsche Stoomboot-Maatschappij" in Rotterdam-Fijenoord, 1850. Aus: M. G. de Boer, Leven en Bedrijf van Gerhard Moritz Roentgen, 1923.

Abb. 6: Frankfurter Journal vom 10. November 1824 mit einer Abbildung des Dampfschiffs „De Zeeuw". Rheinmuseum Koblenz. Aus: M.G. de Boer, Leven en Bedrijf van Gerhard Moritz Roentgen, 1923.

Abb. 7: Bernhard Boisserée (1795–1852). Portrait. Stadtmuseum Köln. RBA c019581.

Abb. 8: Peter Heinrich Merkens (1777–1854). Druck von Theodor Hildebrandt, um 1850. Stadtmuseum Köln. RBA 019385.

Abb. 9: De Rijn. Ankunft Friedrich Wilhelms III. auf dem Dampfer „De Rijn" in Köln am 14.9.1825. (Im Hintergrund der unvollendete Dom). Kolorierter Druck nach einem Blatt von Johann Schlappels, 1825. © akg-images.

Abb. 10: Eintrag im Kölner Adressbuch von 1831 nach der Fusion der „Preußisch-Rheinischen" mit der in Mainz gegründeten „Rhein-Main-Dampfschiffahrts-Gesellschaft". Aus: K. van Eyll, In Kölner Adreßbüchern geblättert, Köln 1978, S. 33.

Abb. 11: Die „Friedrich Wilhelm" vor Burg Stolzenfels bei Koblenz. Kolorierter Stich, ca. 1830. Stadtmuseum Düsseldorf.

Abb. 12: Verladen einer Postkutsche auf das Dampfschiff „Concordia". Prospekt in englischer Sprache, 1836, Ausschnitt. Binnenschiffahrtsmuseum Duisburg.

Abb. 13: Dampfschiffe vor der Stadt Düsseldorf. Stich von L. Rohbock und G. M. Kurz, ca. 1842. Sammlung Stadtsparkasse Düsseldorf.
Abb. 14: Panorama von Ruhrort 1845. Stich von F. G. Wille und Ruff. Binnenschifffahrtsmuseum Duisburg.

13 „Die Fähranstalten zu Urdenbach und Zons"

Abb. 1: Das Fährhaus bei Zons, 2019. Foto: Privat.
Abb. 2: Preußische Rheinstromkarte 1872. Ausschnitt. Archiv des Rhein-Kreises Neuss, Dormagen-Zons.
Abb. 3: Fähre Stürzelberg–Himmelgeist, um 1930. Aus: Jost Auler/Jacob Justenhoven, Stürzelberg in alten Ansichten 1988.
Abb. 4: Fähre Zons–Urdenbach, undatiert, ca. 1930. Archiv des Rhein-Kreises Neuss.
Abb. 5: Fähre Zons–Urdenbach, undatiert, ca. 1930. Archiv des Rhein-Kreises Neuss.

14 Das Ratsschiff der Stadt Köln im 16. Jahrhundert

Abb. 1: Ansicht der Stadt Köln. Holzschnitt von Anton Woensam von Worms, 1531, Ausschnitt. Stadtmuseum Köln.
Abb. 2: Das Ratsschiff auf der Ansicht der Stadt Köln des Anton Woensam. Holzschnitt von Anton Woensam von Worms, 1531, Freizeichnung. Aus: Denkschrift zur Eröffnung der neuen Werft- und Hafenanlagen, Köln 1898, S. 39.
Abb. 3: Ansicht der Stadt Köln. Holzschnitt von Anton Woensam von Worms, 1531, Ausschnitt. Stadtmuseum Köln.
Abb. 4: Gratifikation für den Schiffbauer. Eintrag in dem Ausgabenbuch der Mittwochsrentkammer 1500–1511 zum 8. März 1508. Ausschnitt. Historisches Archiv der Stadt Köln, Rechn. 98, f. 261 (1508 März 8).
Abb. 5: Ansicht der Stadt Köln in der Kosmographie des Sebastian Münster. Holzschnitt, 1554, Ausschnitt. Stadtmuseum Köln.
Abb. 6: Allegorische Darstellung der Kölner Stadtregierung in Form eines „Ratsschiffs". Kupferstich von Johann Heinrich Löffler d. J. nach einer Zeichnung von Johann Toussyn, um 1660. Stadtmuseum Köln.

15 Die Staatsschiffe des Trierer Kurfürsten Clemens Wenzeslaus von Trier und ihre Schicksale

Abb. 1: Modell der großen Leibjacht des Kurfürsten Clemens Wenzeslaus von Trier, nach Hundeshagen. Modell von Gerhard Wicke, Detail. Foto: Gerhard Wicke, Bingen.

Abb. 2: Koblenz-Ehrenbreitstein. Kolorierter Kupferstich von L. Janscha und J. Ziegler, Ausschnitt. Aus: L. Janscha/J. Ziegler, Vues du Rhin, Wien 1798, Blatt 24: Ehrenbreitstein, Faksimile Edinburgh 1980.

Abb. 3: Kaub mit dem Pfalzgrafenstein. Stahlstich von E. Fröhlich und Th. Beck, ca. 1840. Rheinmuseum Koblenz.

Abb. 4: Ansicht von Koblenz. Kolorierter Kupferstich von G. Braun und F. Hogenberg, 1572, Ausschnitt. Privatbesitz.

Abb. 5: Die „Yacht" des Kurfürsten von Mainz. Holzschnitt, 1551. Aus: F. H. Quetsch, Geschichte des Verkehrswesens, Freiburg 1891, S. 66

Abb. 6: Huldigung des Rates der Stadt Köln bei der Vorbeifahrt der Herzogin Antoinette von Lothringen 1599. Kupferstich von G. Braun und F. Hogenberg, 1599, Ausschnitt., Nachdruck, Privatbesitz.

Abb. 7: Das Leibschiff des Kurfürsten von Köln vor dem Schlösschen Vinea Domini in Bonn, 18. Jahrhundert. Scaglioglia-Tafel in Schloss Brühl. UNESCO-Welterbestätte Schlösser Brühl, Foto: Kunsth. Inst. der Univ. Bonn, Jean-Luc Ikelle-Matiba.

Abb. 8: Die Rheinfahrt des Kölner Koadjutors Maximilian Franz von Österreich und seine Ankunft am 3. Oktober 1780 in Andernach. Ölgemälde von François Rousseau. Stadtmuseum Bonn.

Abb. 9: Originalmodell der Leibjacht des Kurfürsten Johann Wilhelm II. von der Pfalz, ca. 1708. Scheepvaartmuseum Amsterdam. Foto: Scheepvaartmuseum Amsterdam, Bart Lahr.

Abb. 10: Mannheim vom linken Rheinufer aus gesehen. Lavierte Federzeichnung von F. C. van Douwe, um 1735, Ausschnitt. Kurpfälzisches Museum Heidelberg. Aus: Annette Fimpeler, Die Schifffahrt und ihre Fahrzeuge auf dem Niederrhein vom späten Mittelalter bis ins 18. Jahrhundert, Düsseldorf 2008, S. 287, Abb. 210.

Abb. 11: Gesamtansicht von Neuwied. Hofmaler Johann Junker, ca. 1790. Kreismuseum Neuwied.

Abb. 12: Wasserdiligence vor Bingen. Kolorierter Kupferstich von L. Janscha und J. Ziegler, Ausschnitt. Aus: L. Janscha/J. Ziegler, Vues du Rhin, Wien 1798, Blatt 7: Bingen, Faksimile Edinburgh 1980.

Abb. 13: Die Lustjacht des Kurfürsten Clemens August von Köln für Clemenswerth. Kolorierte Federzeichnung von Conrad Schlaun, 1764. Landesarchiv Nordrhein-Westfalen, Abt. Westfalen, Münster (KSA 9101).

Abb. 14: Rheinjacht des Trierer Kurfürsten Franz Georg von Schönborn (1729–1756). Zeichnung des kurtrierischen Bauschreibers Johann Kaspar Rolshausen, ca. 1769. Hauptstaatsarchiv Wiesbaden, Abt. 150, Nr. 388.

Abb. 15: Festung Ehrenbreitstein mit der kurfürstlichen Philippsburg, 1789. Aus: Josef Gregor Lang, Reise auf dem Rhein, 1789.

Abb. 16: Clemens Wenzeslaus von Sachsen, Kurfürst von Trier (1739–1812). Gemälde von Heinrich Foelix, um 1776. Domschatzkammer Essen (nach http://rheinische-geschichte.lvr.de/Persoenlichkeiten/clemens-wenzeslaus-von-sachsen-/DE-2086/lido/57c68d2d367f28.75605388)

Abb. 17: Plan der großen kurfürstlichen Jacht. Lavierte Federzeichnung von Johannes Seiz, 1772. Landeshauptarchiv Koblenz, Best. 702, Nr. 15184.

Abb. 18: Modell der großen Jacht nach den Plänen von Johannes Seiz. Modell von Hans Koenen, Düsseldorf. Foto: SchifffahrtMuseum Düsseldorf.

Abb. 19: Skizze der geplanten kleinen Jacht. Zeichnung, vermutlich von Johannes Seiz, ca. 1774. Landeshauptarchiv Koblenz, Best. 702, Nr. 13695.

Abb. 20: Plan für die kleine kurfürstliche Jacht. Lavierte Federzeichnung von Johannes Seiz, ca. 1774. Landeshauptarchiv Koblenz, Best. 702, Nr. 3694.

Abb. 21: Neue kurfürstliche Residenz zu Koblenz von Georg Balthasar Probst. Kolorierter Kupferstich, um 1787, Ausschnitt. Im Hintergrund die Fliegende Brücke und die Schiffslände in Ehrenbreitstein. Aus: Geschichte der Stadt Koblenz, Bd. 1, Koblenz 1992, S. 474.

Abb. 22: Situationsplan am Jachthafen in Ehrenbreitstein, 1786. Aus: M. Schwickerath, Wo stand eigentlich die Philippsburg? Koblenz 1992, S. 19.

Abb. 23: Zeugnisformular für wandernde Handwerksgesellen mit der Festung und der Philippsburg in Ehrenbreitstein, aus den Anfangsjahren des Kurfürsten Clemens Wenzeslaus. Aus: M. Schwickerath, Wo stand eigentlich die Philippsburg? Koblenz 1992, S. 101.

Abb. 24: Die große, ehemals kurfürstliche, jetzt nassauische Jacht. Kolorierte Zeichnung von H. B. Hundeshagen, 1818. Landesmuseum Wiesbaden.

Abb. 25: Modell der Großen Jacht nach dem Plan von Hundeshagen. Modell von Gerhard Wicke. Foto: Gerhard Wicke, Bingen.

Abb. 26: Ansicht von Ehrenbreitstein. Ausschnitt. Landesarchiv Koblenz, Best. 700,30 Nr. 418/75. Aus: Peter Brommer/Achim Krümmel, Höfisches Leben am Mittelrhein unter Kurfürst Clemens Wenzeslaus von Trier (1739–1812). Koblenz 2012, S. 84.

Abb. 27: Modell der großen Jacht nach dem Plan von Hundeshagen. Modell von Gerhard Wicke, Detail. Foto: Gerhard Wicke, Bingen.

Abb. 28: Modell der kleinen Jacht nach dem Plan von Seiz von ca. 1774. Modell von Karl Marquard. Foto: Rheinmuseum Koblenz.

Abb. 29: Schloss Philippsruhe bei Hanau. Postkarte, Farbdruck, um 1900. Privatbesitz.

Abb. 30: Wellmich bei St. Goarshausen. Stahlstich von Joh. Poppel nach Ludwig Lange, 1842/47. Privatbesitz.

Abb. 31: Fürst Friedrich Wilhelm von Nassau-Weilburg (1768–1816). Gemälde von Johann

Friedrich August Tischbein, 1810. Sammlungen des Großherzoglichen Hauses Luxemburg-Nassau, nach: Herzogtum Nassau 1806-1866, Politik-Wirtschaft-Kultur, Ausstellung Museum Wiesbaden 1981, S. 54 u. 429.

Abb. 32: Schloss Engers mit fürstlichen Schiffen. Lavierte Federzeichnung, 1806. Landesarchiv Koblenz, Best. 700, 30, Nr. 420, Bl. 107.

Abb. 33: Modell der großen Leibjacht nach Hundeshagen. Modell von Gerhard Wicke, Detail. Foto: Gerhard Wicke, Bingen.

Abb. 34: Ansicht von Schloss Biebrich bei Wiesbaden um 1840. Stahlstich nach C. Reiss. Privatbesitz.

Abb. 35: Die kleine, ehemals kurfürstliche, jetzt nassauische Jacht. Kolorierte Zeichnung von H. B. Hundeshagen, 1818. Landesmuseum Wiesbaden.

Abb. 36: Drehtabernakel, der von der großen kurfürstlichen Jacht stammen soll. Nach: G. W. Zisgen. Sankt Marcellinus u. Petrus, Vallendar 1995. S. 77.

Abb. 37: Konsole. Rheinmuseum Koblenz. Foto: Privat.

Abb. 38: Böllerkanonen. Sammlungen des Großherzoglichen Hauses Luxemburg-Nassau. Foto: Claude Pisciteli, Luxemburg.

Abb. 39: Böllerkanonen aus dem Landesmuseum Trier. Foto: Thomas Zühmer, Landesmuseum Trier.

Abb. 40: Schloss Engers. 1806, Ausschnitt. Landesarchiv Koblenz, Best. 700, 30, Nr. 420, Bl. 107.

16 Schiffe auf dem Max-Clemens-Kanal

Abb. 1: Der Max-Clemens-Kanal auf einer Umgebungskarte von Münster. Farblithographie von Malte-Brun, 1885, Ausschnitt. Privatbesitz.

Abb. 2: Spatenstich des Kurfürsten Clemens August von Köln am 9. Mai 1724 zum Kanal zwischen Münster und Zwolle. LA NRW, Abt. Westfalen, Bilderslg. 00340001.

Abb. 3: Medaille auf den Baubeginn des Kanals Münster–Zwolle 1724. Von. Georg Wilhelm Vestner (1677–1740). Landesmuseum Münster, Inv. Nr. 45661 Mz. Foto: LWL-MKuK/Sabine Ahlbrandt-Dornseif.

Abb. 4: Der Hafen des Max-Clemens-Kanals vor dem Neubrückentor zu Münster. Nach einem Kupferstich von ca. 1820/30. Vorlage aus Privatbesitz. Aus: Das Logbuch, 17. Jg., 1982, S. 42.

Abb. 5: Plan des Hafens des Max-Clemens-Kanals vor dem Neubrückentor zu Münster, ca. 1724. LA NRW, Abt. Westfalen, Karten A, Nr. 4391.

Abb. 6: Das Ende des Kanals zu Maxhafen. Vorlage: Westfälisches Landesamt für Denkmalpflege, Münster.

Abb. 7: Entwurf zu einem Packhaus mit Expeditionswohnung Lavierte Federzeichnung von Johann Conrad Schlaun, um 1731, nicht ausgeführter Entwurf. LWL-Museum für Kunst und Kultur (Westfälisches Landesmuseum) Münster.

Abb. 8: Kanalpünten, erste Hälfte 19. Jahrhundert. LAV NRW, Abt. Westfalen, Karten A 01332.

Abb. 9: Grundriss und Profil des Postschiffs zwischen Münster und Maxhafen. Kolorierte Zeichnung, 1803. Museumsstiftung Post und Telekommunikation, Museum für Kommunikation, Frankfurt am Main, Nr. 4.0.7854.

Abb. 10: Der geplante Kran am Hafen des Kanals zu Münster. Lavierte Federzeichnung von Johann Conrad Schlaun, ca. 1731. Landesmuseum Münster, Sammlung Schlaun.

Abb. 11: Holzkran mit Stangengewinde. Lavierte Federzeichnung von Johann Conrad Schlaun, ca. 1731. Landesmuseum Münster, Sammlung Schlaun.

Abb. 12: Lastenkran mit einfachem Flaschenzug, 18. Jahrhundert. LA NRW, Abt. Westf., Karten A, Nr. 1341.

Benutzte Archive und Museen

Amsterdam: Scheepvaartmuseum Amsterdam
Bonn: Stadtarchiv Bonn
Bonn: Stadtmuseum Bonn
Bonn: Universität Bonn, Abt. für Rhein. Landesgeschichte
Brühl: UNESCO-Weltkulturerbestätte Schlösser Augustusburg und Falkenlust Brühl
Duisburg: Binnenschifffahrtmuseum Duisburg
Düsseldorf: SchifffahrtMuseum Düsseldorf
Düsseldorf: Stadtarchiv Düsseldorf
Düsseldorf: Stadtmuseum Düsseldorf
Frankfurt: Museum für Kommunikation Frankfurt
Frankfurt: Historisches Museum Frankfurt
Koblenz: Landesarchiv Koblenz
Koblenz: Mittelrhein Museum Koblenz
Koblenz: Rheinmuseum Koblenz
Koblenz: Stadtarchiv Koblenz
Köln: Historisches Archiv der Stadt Köln
Köln: Kölnisches Stadtmuseum
Köln: Rheinisches Bildarchiv Köln
Köln: Stiftung Rheinisch-Westfälisches Wirtschaftsarchiv zu Köln
Königswinter: Siebengebirgsmuseum Königswinter
Luxemburg: Administration des Biens de S.A.R. le GrandDuc de Luxembourg
Münster: Landesarchiv NRW, Abt. Westfalen
Münster: LWL-Museum für Kunst und Kultur
Münster: Westf. Landesamt f. Denkmalpflege
Neuss: Stadtarchiv Neuss
Neuss: Clemens Sels Museum Neuss
Neuwied: Roentgen-Museum
Ratingen: LVR Industriemuseum Cromford
Trier: Landesmuseum Trier
Wesel: Stadtarchiv Wesel
Wiesbaden: Hauptstaatsarchiv Wiesbaden
Wiesbaden: Landesmuseum Wiesbaden
Zons: Archiv des Rhein-Kreises Neuss in Zons

Verzeichnis der Originalpublikationsorte

1 Handelsstraßen und Flüsse. Die Verkehrsverhältnisse am Niederrhein zur Hansezeit, in: „Zu Allen theilen Inß mittel gelegen". Wesel und die Hanse an Rhein, Ijssel & Lippe, Katalog Stadtarchiv und Städtisches Museum Wesel, Wesel 1991, S. 94–115. Überarbeitete Fassung.

2 Koggen vor Köln. Seeschiffe auf dem Rhein im Mittelalter, in: Beiträge zur Erforschung des Kulturraums an Rhein und Maas. Dieter Geuenich zum 75. Geburtstag (Rhein-Maas. Geschichte, Sprache und Kultur, Bd. 8), Hamburg 2018, S. 91–111.

3 Zum Stapelrecht von Köln und der Schifffahrt auf dem Niederrhein in der frühen Neuzeit, in: Köln und die Niederrheinlande in ihren historischen Raumbeziehungen (15.–20. Jahrhundert, hrsg. v. Dieter Geuenich (Veröff. des Hist. Vereins für den Niederrhein insbes. das alte Erzbistum Köln 17), Pulheim 2000, S. 323–338.

4 Der Rhein als Verkehrsweg im 18. Jahrhundert, in: Der Rhein als Verkehrsweg. Politik, Recht und Wirtschaft seit dem 18. Jahrhundert, hrsg. v. Clemens von Looz-Corswarem/Georg Mölich (Schriftenreihe der Niederrhein-Akademie, Band 7), Bottrop 2007, S. 13–36.

5 „Einige Worte über die Rhein-Schiffahrt". Die Düsseldorfer Schrift des Staatsrats Georg Arnold Jacobi von 1803 und ihr wirtschaftspolitisches Umfeld, in: Rheinisch – kölnisch – katholisch. Beiträge zur Kirchen- und Landesgeschichte sowie zur Geschichte des Buch- und Bibliothekswesens der Rheinlande. Festschrift für Heinz Finger zum 60. Geburtstag, hrsg. v. Siegfried Schmidt (Libelli Rhenani, Bd. 25), Köln 2008, S. 315–332.

6 Zur niederrheinischen Schiffergilde in Napoleonischer Zeit, in: Der Rhein im Raum Neuss – Düsseldorf – Meerbusch. Festschrift des Deichverbandes Neue Deichschau Heerdt zum Abschluss der Deichsanierung in Meerbusch-Büderich, hrsg. v. Stefan Kronsbein, Düsseldorf und Krefeld 2013, S. 435–456.

7 Der Kampf der Stadt Düsseldorf um ihren Freihafen zu Beginn des 19. Jahrhunderts, in: Geschichte – Unternehmen – Archive (Festschrift Horst A. Wessel), hrsg. v. Wilfried Feldenkirchen/Susanne Hilger/Kornelia Rennert, Essen 2008, S. 17–41.

8 Die Überwindung der Langsamkeit. Zur Frage der Beschleunigung von Warentrans-

porten auf dem Rhein im Übergang vom 18. zum 19. Jahrhundert. (Versuch einer Strukturanalyse). Langfassung. Kurzfassung in: Niederrhein-Magazin (Zeitschrift der Niederrhein-Akademie/Academie Nederrijn e.V. und des Instituts für niederrheinische Kulturgeschichte und Regionalentwicklung [InKuR]), Nr. 18, Herbst/Winter 2013/14, S. 15–32.

9 Schiffe im Eis. Zur „Verwinterung" von Frachtschiffen auf dem Rhein im ersten Drittel des 19. Jahrhunderts, in: Geschichte in Köln, 62, 2015, S. 87–107.

10 Es geschah an der Schnellenburg. Das Unglück des niederländischen Frachtschiffs „Helena" bei Düsseldorf im Dezember 1830, in: Düsseldorfer Jahrbuch 87, 2017, S. 269–293.

11 An Düsseldorf vorbei. Die ersten Dampfschiffe auf dem Rhein 1816–1825, in: Düsseldorfer Jahrbuch 86, 2016, S. 145–169, geringfügig ergänzte Fassung.

12 Die Anfänge der Preußisch-Rheinischen Dampfschiffahrts-Gesellschaft, in: Kölner Unternehmer in der Frühindustrialisierung im Rheinland und in Westfalen (1835–1871). Ausstellung des Rheinisch-Westfälischen Wirtschaftsarchivs zu Köln e.V. in enger Zusammenarbeit mit dem Historischen Archiv der Stadt Köln in den Räumen des Historischen Archivs, Severinstraße 22–228, 17. September 1984 bis 30. November 1984, hrsg. v. Rheinisch-Westfälischen Wirtschaftsarchiv zu Köln e.V., Köln 1984, S. 96–115.

13 „Die Fähranstalten zu Urdenbach und Zons". Ein Beitrag zur Zonser Fähre im 19. Jahrhundert, in: Archiv und Erinnerung im Rhein-Kreis Neuss. Festschrift für Karl Emsbach, hrsg. v. Franz-Josef Radmacher und Stefan Kronsbein (Schriftenreihe des Kreisheimatbundes Neuss, Bd. 18), Neuss 2011, S. 179–196.

14 Das Ratsschiff der Stadt Köln im 16. Jahrhundert, in: Beiträge zur Rheinkunde, H. 32, 1980, S. 51–56. Geringfügig ergänzt.

15 Die Staatsschiffe des Trierer Kurfürsten Clemens Wenzeslaus von Trier und ihre Schicksale. Der Beitrag wurde 2013 für das Internet-Portal „Rheinische Geschichte" verfasst, aufbauend auf einem kleinen Aufsatz, der in „Beiträge zur Rheinkunde" 29, 1977, S. 41–49, und in: „Das Logbuch. Zeitschrift für Schiffsbaugeschichte und Schiffsmodellbau" 14, 1978, S. 36–40, erschienen ist. Er wurde erneut überarbeitet und ergänzt.

16 Schiffe auf dem Max-Clemens-Kanal, in: Das Logbuch. Zeitschrift für Schiffsbaugeschichte und Schiffsmodellbau, 17. Jg., 1981, S. 41–46.

Orts- und Personenregister

Die Begriffe „Rhein“, sowie „Nieder-, Mittel- und Oberrhein“ sind nicht aufgenommen. Auch die Begriffe „Deutschland, Nord-, Süd-, West-, Ost, und Oberdeutschland“ wurden nicht indiziert, da sie als geographische Begriffe recht ungenau sind. Da die Stadt Köln fast auf jeder Seite vorkommt, wurde auch auf diesen Begriff verzichtet, allerdings wurden die Straßen und Gebäude in Köln genannt. Ehemals selbständige Orte sind unter diesen aufgeführt, so z.B. Köln-Mülheim unter Mülheim/Rhein. Regierende Fürsten sind unter dem Vornamen genannt.